ORGANISATION ET DYNAMIQUE URBAINES DU NORD DU MASSIF CENTRAL

Auvergne - Limousin - Nivernais

Ouvrage publié avec le concours de la Fondation Alexandre Varenne.

Qu'elle en soit ici remerciée par l'auteur.

Jean-Charles EDOUARD

Maître de Conférences à l'Université Blaise Pascal

ORGANISATION ET DYNAMIQUE URBAINES DU NORD DU MASSIF CENTRAL

Auvergne - Limousin - Nivernais

Centre d'Etudes et de Recherches Appliquées au Massif Central
à la moyenne montagne et aux espaces fragiles

CERAMAC
Université Blaise Pascal
Maison de la Recherche, 4 rue Ledru
63057 Clermont-Ferrand Cedex 1

Cet ouvrage reprend l'essentiel d'une thèse de Doctorat de Géographie soutenue en janvier 1999 à l'Université Blaise Pascal de Clermont-Ferrand. Il représente l'aboutissement d'un travail de recherche de près de cinq années où de nombreuses énergies humaines ont été mobilisées. Celles-ci sont venues d'horizons très divers : responsables des différents organismes consulaires et services décentralisés de l'Etat, décideurs politiques et économiques, inspecteurs d'académie, instituteurs, clients de grandes surfaces...

Que tous ceux qui ont participé peu ou prou à enrichir, même modestement, mes connaissances sur le rôle des villes dans l'organisation de l'espace nord du Massif central soient ici remerciés.

Je tiens à exprimer toute ma gratitude à mon directeur de thèse, Christian Jamot, pour sa disponibilité et ses conseils toujours précieux. Je le remercie également d'avoir accepté de donner une préface à ce livre.

Cet ouvrage ne serait pas sans la compétence de Frédérique Van Celst, technicienne du CERAMAC, qui a mis en page le texte, les tableaux et les croquis. Elle a également eu la gentillesse de retravailler certaines cartes, réalisées à l'origine par Michel Boudinhon, pour les adapter aux contraintes d'une publication.

De même, les conseils avisés et rigoureux de Frédéric Faucon, ingénieur d'étude du CERAMAC, ont été très précieux.

Enfin, une pensée à ma famille pour le soutien moral qu'ils ont bien voulu m'apporter.

A ma mère.

A Martine, Mathieu et Hermeline.

PRÉFACE

La ville existe dans le Massif central et dans cet espace « creux » qu'est le centre de la France. Jean-Charles Edouard l'a rencontrée... et il nous en administre la preuve. L'idée de traquer la ville dans ces régions, vues de l'extérieur comme des milieux ruraux, largement affublés de l'étiquette de profond, était une gageure en soi.

Mais l'homme et les faits sont tenaces et Jean-Charles Edouard nous déroule un panorama scientifique complet sur la présence et le rôle des villes, sur l'espace, le développement local et l'aménagement du territoire. Alors, les poncifs tombent, les idées reçues s'écroulent : le nord du Massif central est normalement urbanisé, selon la moyenne nationale ; ses villes présentent un équilibre fonctionnel classique, avec une part parfaitement standard faite à l'industrie, ce qui ne les empêche en rien d'être des villes tertiaires normalement constituées et rayonnant sur l'espace. Elles sont organisées en réseaux urbains conventionnels, autour de métropoles efficaces (Limoges, Clermont-Ferrand, Saint-Etienne, Lyon...) et structurent ainsi un espace parfaitement intégré au monde urbain contemporain !

Au-delà de cet acte de foi scientifique et militant, il y a là un apport dense, riche et fortement illustré sur un espace régional revisité, au travers de l'optique du géographe urbain contemporain, lequel ne renie pourtant en rien la vision traditionnelle de ses prédécessseurs. Un nouvel ouvrage de référence, nous n'en doutons pas.

Christian JAMOT
Professeur
Université Blaise Pascal

INTRODUCTION

A une époque où les réseaux de villes (« réseaux à plat ») sont considérés comme une évolution nécessaire des relations interurbaines dans le cadre d'un réseau européen, nous nous sommes posés la question de la pertinence actuelle des réseaux christallériens et celle de la nécessité de prendre en compte cet aspect relationnel dans l'aménagement du territoire. Une compétition acharnée est en train de se jouer entre les villes qui souhaitent atteindre la taille européenne et tenir un rôle de premier plan dans le nouvel ensemble urbain qui se met en place. Cette évolution ne se fera pas sans conséquence au niveau des réseaux nationaux qui sont composés de plusieurs réseaux régionaux dont notre espace d'étude fait partie. En effet, si certaines villes parviennent à se développer suffisamment pour atteindre la taille européenne, quelle place vont avoir celles qui resteront à l'écart de cette évolution et qui sont dépendantes hiérarchiquement, ou proches spatialement, de ces têtes de réseaux qui vont alors émerger. Par exemple, quelle place pourra avoir Clermont par rapport à Lyon, ville européenne, dans le cadre de la mise en place d'une grande région Centre-Est à l'échelle de l'Europe ? La question clef, qui sous-tend donc notre étude, est de savoir si une politique de réseau (dans une logique christallérienne), classique, n'est pas indispensable pour éviter une marginalisation accrue de notre espace d'étude, même si elle va à contre-courant des choix actuels qui visent plutôt à la constitution d'un réseau maillé, basé sur des relations de coopérations entre les villes de même niveau hiérarchique ou de niveau hiérarchique différent !

L'idée de notre travail est alors d'analyser la situation des réseaux urbains, leur fonctionnalité et leur efficacité dans la desserte des territoires, à partir d'un exemple régional. Mise en place dans les années trente, la théorie des « places centrales » a été, depuis, maintes fois vérifiée dans de nombreux espaces régionaux, en particulier dans les années 1960 à 1970. C'est donc une problématique ancienne, admise par les géographes urbains comme une approche théorique utile de l'organisation de l'espace par les villes. Elle permet, notamment, d'observer les carences éventuelles par rapport à une desserte rationnelle du territoire. En effet, jusqu'aux années quatre-vingt, la conception du réseau urbain était simple. Il s'agissait d'une hiérarchisation des villes en fonction de leur poids démographique, de leur niveau d'équipements et de l'étendue de leur zone d'influence, allant ainsi de l'organisme urbain le plus petit à la grande capitale régionale ou nationale. Une telle approche était déclinée aux différentes échelles du territoire (nationale et régionale). C'est cette conception de l'organisation urbaine qui a prévalu dans la politique d'aménagement du territoire pendant deux décennies, aboutissant, notamment, à la mise en place des métropoles d'équilibre qui devaient permettre de constituer, dans les régions, des têtes de réseau renforcées et capables de contrebalancer la toute puissance parisienne. Toutefois, depuis quelques années, cette approche a été quelque peu délaissée, tant dans les études de géographie, où l'analyse de régions par le biais de leur réseau urbain est de plus en plus rare, que dans les politiques d'aménagement du territoire, au profit d'autres problématiques et notamment celles des réseaux de villes. Notre finalité est donc d'étudier la durabilité, la permanence des réseaux christallériens. Peut-elle encore s'appliquer à la structure de l'organisation urbaine d'aujourd'hui ? Il s'agit donc de voir si l'approche de l'organisation d'un espace, par l'analyse des réseaux, est encore pertinente.

Il paraît logique d'analyser un réseau urbain dans un milieu souvent qualifié d'« extrême », de par « la faiblesse de ses densités humaines », « la carence supposée de la présence urbaine », « le retard alloué à son économie »... Le réseau christallérien, impliquant une organisation rationnelle de l'espace, avec une véritable équité de l'accès des populations à la ville (et aux différents niveaux hiérarchiques), est-il fonctionnel dans cette France dite du « vide » et « enclavée » ? La spécificité humaine et physique du nord du Massif central pourrait, a priori, impliquer une application imparfaite du système avec, par exemple, une carence dans les niveaux supérieurs et la surreprésentation des petites villes. Cette image négative, pessimiste, de la présence urbaine est celle qui nous est, le plus souvent, renvoyée dans les différentes études. P. Barrère et M. Cassou-Mounat (Barrère et Cassou-Mounat, 1980) ont écrit pour l'ensemble du Massif central : « *C'est, de tous les ensembles régionaux, celui qui présente la plus faible urbanisation... aucun département n'atteint la moyenne nationale, quatre départements sur dix comptent plus de ruraux que de citadins, et la Creuse présente le taux le plus faible de tout le territoire national* ». Voilà qui en dit long sur l'image du Massif central en matière de retard d'urbanisation, celle-ci perdure encore largement aujourd'hui.

Le problème qui se pose donc est de savoir si elle ne résulte pas d'une analyse trop superficielle, trop ancienne, prenant appui sur des données statistiques, notamment, mal adaptées pour saisir la réalité de la présence des villes. De même, le Massif central est souvent décrit comme un ensemble disparate, en relation, en particulier, avec une géographie physique qui oppose nettement des zones basses, d'orientation généralement méridienne, à des zones de moyennes montagnes. Pourtant, il représente, en fait, un bon espace d'étude d'un réseau urbain. En effet, loin de l'hétérogénéité souvent décrite, nous pouvons observer une relative homogénéité donnée par les facilités actuelles de circulation, par les activités économiques (nous sommes dans la partie du Massif central qui a connu la révolution industrielle), mais aussi par une certaine unité physique (vaste plan incliné vers le nord). Nous avons donc, là, les conditions nécessaires pour vérifier la mise en place d'un réseau de type christallérien, pour voir comment celui-ci s'adapte à un espace à la fois homogène et aux caractéristiques de détail variées.

Il s'agit également, pour nous, d'aborder (à travers le prisme urbain) une problématique de géographie régionale, dans la continuité de nombreux travaux concernant des espaces régionaux aussi divers que l'Alsace, les Alpes du nord, la Loire moyenne, le Bas-Languedoc... La finalité est alors de voir comment fonctionne un réseau dans une région de contact (raccordée sans rupture avec les grandes plaines du Bassin parisien) ouverte sur deux mondes urbains : le Bassin parisien et l'axe séquano-rhodanien. Sur le plan purement urbain, la localisation de Clermont, par rapport à Paris et Lyon, ou de Limoges, entre Paris et Bordeaux, pose un problème de positionnement spatial, de ces deux villes, tout à fait intéressant. De plus, nous retrouvons ici la problématique de départ, à savoir la situation hiérarchique que peuvent occuper les deux métropoles du nord du Massif central, localisées à proximité (surtout pour Clermont avec Lyon) d'une agglomération de niveau bien supérieur.

Dans ce cadre d'une thématique de géographie régionale, nous souhaitions aussi nous interroger, par une étude scientifique approfondie, sur la réalité même de l'existence d'un espace souvent considéré comme sous-urbanisé. Les taux d'urbanisation qui apparaissent dans les différentes études de géographie régionale montrent une réelle faiblesse par rapport à la moyenne nationale. Mais nous avons, dans ce domaine, la conviction que ceci ne correspond pas à la réalité actuelle. Cette vision, trop ruraliste, de l'espace nord du Massif central résulte, en grande partie, de deux problèmes. Le premier est l'absence d'une définition rigoureuse de la ville. Les études s'appuient, en France, sur les seules données statistiques de l'INSEE qui minorent fortement le phénomène urbain par une approche inadaptée à la France du XXIe siècle. Le second est lié à un regard trop général porté sur l'entité Massif central et à l'absence d'études fines montrant l'opposition fondamentale entre des zones basses (plaines, vallées), très bien urbanisées, et des zones de moyennes montagnes effectivement plus à l'écart du développement des villes, mais pas de leur influence !

Nous voulions donc produire une géographie urbaine actuelle de notre espace d'étude, tenant compte de l'interdépendance totale des espaces entre eux, et mettant fin à une vision qui privilégie encore trop l'existence de « sous-régions » géographiques immuables et héritées du passé.

Pour le développement de nos problématiques, la dialectique enquête de terrain/travail statistique et cartographique nous est apparue essentielle. De fait, la méthode utilisée, très classique en géographie, reposera sur trois bases :

> • La première est l'utilisation et le dépouillement de nombreuses sources statistiques (et bibliographiques) issues, en particulier, des productions de l'INSEE, mais également celles de nombreuses administrations ou organismes (CCI, DRE, DRASS…). Ces données quantitatives, fort riches, nous ont permis de rétablir la réalité géographique des agglomérations, d'observer leurs évolutions démographiques, d'approcher les caractéristiques fonctionnelles de nos villes, de quantifier leurs équipements tertiaires (commerces et services). Nous avons également pu observer l'évolution de ces paramètres dans le temps, et ce à l'échelle du nord du Massif central, mais,

également, en comparaison avec l'échelle nationale comme pour d'autres unités urbaines prises individuellement.

• La deuxième consistera, bien sûr, en la réalisation de cartes suggestives permettant le plus souvent la mise en place de typologies plus ou moins nettes, mais surtout apportant, pour chaque phénomène observé, une réelle dimension géographique, par l'analyse de sa répartition et de ses caractéristiques dans sa dimension spatiale.

• La troisième s'appuiera sur des enquêtes de terrain afin de prendre en compte des éléments difficilement quantifiables, mais essentiels à la compréhension de l'organisation urbaine de notre espace d'étude. Des rencontres ont été organisées autour de questionnaires structurés, auprès des animateurs de la vie économique et sociale (directeurs ou rédacteurs en chef de journaux, responsables du secteur commerce dans les CCI, chargés d'études...).

Le souci de réhabiliter la présence de la ville sur la bordure nord du Massif central, et de voir si nous avons affaire à un espace bien intégré à la France urbaine, nous a finalement conduit à envisager des bases de lecture, diverses, de notre espace, qui peuvent se regrouper en cinq thématiques essentielles :

• La première résulte de la nécessité, pour apprécier la réalité de la présence urbaine, de redéfinir la ville à partir de critères géographiques, et non statistiques, dépassant la stricte observation statique de celle-ci, basée essentiellement sur une notion de continuité du bâti. Cette définition géographique des villes étant effectuée, nous pourrons donc envisager une analyse scientifique de celles-ci dans le domaine démographique et fonctionnel.

• A partir de là, il est logique d'envisager la structuration de notre espace par les villes, en définissant les niveaux hiérarchiques présents et en observant l'organisation de celui-ci par l'intermédiaire des aires d'influence urbaines. Il s'agit alors d'une approche christallérienne classique qui a pour objectif d'évaluer l'efficacité d'une telle organisation dans l'accès à la ville, et à une grande diversité d'équipements, des populations.

• La hiérarchie étant établie, les zones d'influence délimitées, il nous restera à « monter » les réseaux en insistant sur les relations de ville à ville. Il s'agira de déterminer à quel type de réseau ils appartiennent. A l'échelle de la France, comme de l'Europe, on peut distinguer deux types de réseaux bien connus des géographes. Il y a tout d'abord, le type parisien, défini par l'existence d'une métropole qui concentre la totalité des fonctions supérieures, par la présence de niveaux hiérarchiques bien individualisés avec des zones d'influence parfaitement délimitées et qui s'emboîtent les unes dans les autres. Les rapports entre villes sont alors largement concurrentiels. Ensuite, il existe le type rhénan qui se caractérise par la présence de plusieurs têtes de réseaux, avec des niveaux hiérarchiques moins individualisés, des zones d'influence moins nettes et plus réduites et qui ont plutôt tendance à se juxtaposer. Il existe naturellement des types intermédiaires.

• Une fois le réseau caractérisé, il sera indispensable d'avoir une approche comparative avec les autres réseaux régionaux, mais aussi de le replacer dans le système national en étudiant, en particulier, la position de Clermont et Limoges par rapport à Paris, Lyon ou Bordeaux. Nous aborderons ici le problème de la métropolisation et des politiques à suivre pour éviter une marginalisation des têtes de réseaux du nord du Massif central à l'échelle nationale, mais surtout européenne.

• Cette approche nous conduira naturellement à envisager le concept de réseau de villes conçu de plus en plus comme un moyen de renforcement des villes et de leur intégration dans le réseau européen. Il s'agira de voir si une telle conception des rapports de ville à ville est bien adaptée à l'organisation urbaine du nord du Massif central. Nous pourrons également comparer l'efficacité d'une telle politique dans une volonté de création de pôles forts, capables d'atteindre la taille européenne, à une approche plus classique qui jouerait sur le réseau christallérien et ferait le choix du renforcement des têtes de réseaux et d'une amélioration des bases relationnelles (notamment dans le domaine des voies de communication) entre celles-ci et leurs relais (villes moyennes et petites villes).

Notre position de thèse est donc de voir si les réseaux christallériens, analysés dans leurs différentes composantes, peuvent servir de bases à l'aménagement urbain de l'espace. Nous prenons alors le contre-pied de l'approche actuelle d'un renforcement de la cohérence de l'organisation de l'espace par l'association des villes, avec la mise en place de rapports axés sur la complémentarité, et non sur des relations hiérarchiques.

Livre Premier

LES VILLES DANS L'ESPACE NORD DU MASSIF CENTRAL

La première partie est consacrée à une classique présentation de l'espace d'étude et de ses villes. En fait, elle est guidée par trois objectifs majeurs. Le premier est de justifier une étude ne s'appliquant qu'à une partie d'une entité géographique plus vaste, dont les limites d'ensemble ne sont d'ailleurs pas toujours déterminées avec précision (en dehors peut-être de la géologie) : le Massif central. Il s'agit de montrer en quoi la partie nord du Massif central peut être considérée comme un ensemble géographique en soi, différent, notamment, de la partie sud et présentant donc une unité, une individualité suffisamment affirmée pour être isolé dans une étude géographique.

Le deuxième objectif est issu de la volonté de montrer que l'espace nord du Massif central s'inscrit dans la France urbanisée, et pas dans celle qui serait non seulement du vide humain, mais également du vide urbain (nous renvoyons ici aux nombreux ouvrages traitant de l'existence d'une France centrale « vide » ou de très faible densité : Bontron J.C., Mathieu N. en 1977, R. Béteille en 1981 et R. Brunet en 1986). En fait, l'idée est que cette image d'un Massif central sous-urbanisé est en grande partie le résultat d'une définition, statistique, trop restrictive de la ville. C'est pourquoi, nous proposons à partir de plusieurs critères scientifiques, de redéfinir les villes de notre espace d'étude. L'image de la présence urbaine sur cette partie de la France en est alors considérablement modifiée.

Si une ruralité exacerbée « colle » à la réputation du Massif central, celle de la déprime démographique est également souvent présente, et les villes ne sont pas épargnées. Toutefois, si une définition trop elliptique de la ville peut aboutir à une sous-estimation du phénomène urbain, l'oubli de nombreuses banlieues nouvelles (communes qualifiées de rurales par l'INSEE, par exemple !) conduit à l'insuffisante prise en compte de l'étalement urbain et donc à l'exagération du déclin démographique des villes. En effet, bon nombre d'habitants de ces banlieues se trouvent comptabilisés comme ruraux et disparaissent donc des statistiques urbaines au plus grand bonheur des ruralistes qui trouvent, là, matière à se réjouir du renouveau démographique des campagnes ! Ainsi, après avoir redonné des limites géographiques aux villes, nous analyserons la réalité de l'évolution de la population dans les entités urbaines redéfinies. L'objectif est, naturellement, de voir si notre espace est celui du déclin des villes, ou si, au contraire, elles sont des môles de résistance, concentrant une part croissante de la population et s'inscrivant, en cela, dans l'évolution nationale.

Ce souci de mettre en parallèle les caractéristiques urbaines et démographiques, de notre espace d'étude, par rapport à celles de la France des villes dans son ensemble, se retrouvera dans un troisième temps pour une analyse classique des fonctions, pour lesquelles le secteur tertiaire occupera une place majeure dans la mesure où il représente, souvent, plus des trois quarts des emplois et des entreprises.

Chapitre 1

UN ESPACE, DES VILLES À DÉFINIR

Si nous avons choisi de porter notre attention sur l'organisation et la dynamique urbaines de *nord du Massif central,* avec pour cadre de référence administratif l'*Auvergne, le Limousin et la Nièvre* (voir fig. n°1), c'est que cet espace répond à plusieurs justifications, d'ordres géographique et statistique.

L'intérêt majeur de ce dernier est qu'il constitue une zone de contact entre plusieurs types d'espace. Effectivement, il est, sans conteste, le lieu de rencontre des influences des deux plus grandes métropoles françaises, à savoir au nord Paris, et à l'est Lyon. Nous sommes au contact de deux mondes urbains différents, celui du Bassin parisien et celui de la région lyonnaise. Nous avons donc, ici, une problématique forte qui consiste à savoir comment le nord du Massif central, qui appartient à la classique « France du vide » (R. Béteille, 1981), s'inscrit à la confluence de ses deux régions urbaines. Parvient-elle à disposer d'une véritable identité urbaine, remettant en cause une vision trop pessimiste, et ruraliste, de cette France du milieu ? Est-elle, finalement, aussi périphérique, du point de vue urbain au moins, qu'on le pense en général ? Ou bien, au contraire, est-elle parfaitement intégrée à la France urbaine, en général, par le niveau démographique de ses villes, leurs caractéristiques évolutives (démographie, fonction), les relations de villes à villes, horizontales ou verticales... ? Le préalable indispensable pour répondre à de telles questions est de donner aux villes qui occupent l'espace nord du Massif central leur dimension géographique réelle ; ce sera l'objet central de ce chapitre. De par sa situation géographique, le nord du Massif central présente, à coup sûr, un intérêt majeur pour une étude urbaine.

Enfin, nous avons là, sans conteste, un espace homogène par bien des points, et original de par sa géographie physique, humaine, économique par rapport notamment à la partie sud du Massif central. C'est pourquoi, il est indispensable de l'analyser comme un tout « indépendant » du reste du Massif.

Fig. n°1 : Le nord du Massif central - Les unités urbaines, le cadre physique et les principaux axes de communication

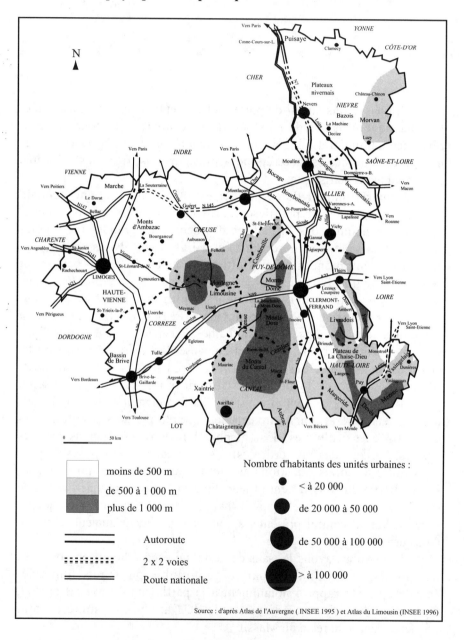

Source : d'après Atlas de l'Auvergne (INSEE 1995) et Atlas du Limousin (INSEE 1996)

I - LA PERSONNALITÉ DE L'ESPACE D'ÉTUDE

A - Une unité « physique » et humaine forte

1 - Plan incliné et espace de contact

Notre espace d'étude s'appuie d'abord sur des données de géographie physique évidentes. Effectivement, la partie septentrionale du Massif central présente une certaine homogénéité, puisqu'elle correspond à un vaste plan incliné ouvert vers le nord. Espace de contact entre le Bassin parisien et le Massif central, elle est constituée par un système de plaines d'origine sédimentaire et de plateaux cristallins bordés au sud, à l'est et à l'ouest par des moyennes montagnes, qui sont le plus souvent des horsts ou des ensembles volcaniques. C'est le socle cristallin qui affleure dans la plus grande partie de notre espace. A cette unité morphologique et géologique, nous pouvons ajouter celle liée au climat. A l'abri de toute influence méditerranéenne, nous sommes, dans cette partie du Massif central, dans le domaine d'un climat océanique aux données classiques, ou à tendance continentale vers l'est. Il est vrai toutefois que notre champ d'étude réel dépassera cette stricte partie nord, homogène, du Massif central pour déborder au sud les hauteurs cantaliennes. Nous pousserons encore l'infidélité jusqu'à inclure dans notre étude la retombée sud du Limousin, avec le bassin de Brive-la-Gaillarde, centre traditionnel d'échanges avec les Causses et le Périgord, véritable porte ouverte vers le Sud-Ouest et le Bassin aquitain.

2 - Dualité des paysages agraires

La partie nord du Massif central s'individualise également, en grande partie, vis-à-vis du sud par une économie plus diversifiée et par des paysages agraires duals. Du point de vue agricole, dans un premier temps, une unité est donnée par l'omniprésence de l'élevage bovin sur les hauteurs et les plateaux (à viande, avec notamment les races charolaises et limousines, mais également laitier). La céréaliculture se concentre dans les plaines (Limagne, Forez) et occupe un espace plus restreint. A ces systèmes de production s'associent des paysages agraires fort bien typés dans cette partie du Massif central. D'abord le bocage, même si celui-ci est le plus souvent très imparfait et a tendance à disparaître sous les coups de boutoir du couple modernisation-mécanisation. Il occupe surtout les hauteurs, mais nous pouvons également le retrouver dans les parties basses en Bourbonnais (Bocage bourbonnais). En plaine, le plus souvent, l'homogénéité est donnée par l'openfield qui s'apparente aux paysages parisiens.

3 - La partie industrialisée du Massif central

La présence industrielle est également plus marquée et surtout plus complète qu'au sud. Effectivement, nous trouvons ici l'essentiel des espaces ayant connu la révolution industrielle et notamment le développement d'une activité sidérurgique, qui a aujourd'hui souvent disparu. C'est le cas du Nivernais dans l'orbite du Creusot, mais également de l'ensemble Montluçon-Commentry. De plus, certaines villes ont également bénéficié des décentralisations stratégiques liées à la Première ou Deuxième Guerre mondiale, comme à Issoire. Ajoutons que cette partie du Massif central est la seule à avoir été intégrée à la politique de décentralisation industrielle menée par l'Etat après 1960. Enfin, cette partie septentrionale peut s'enorgueillir de la présence de villes disposant d'activités industrielles traditionnelles ou modernes, dont le rayonnement et la réputation dépassent les limites de la région. Nous pouvons ainsi citer en exemples, Le Puy avec la dentelle, Saint-Junien et le gant de peau, Limoges avec la porcelaine, l'émail et la chaussure, Thiers et la coutellerie, Clermont-Ferrand et le pneumatique, sans oublier le Sigolénois et l'Yssingelais avec le plastique.

4 - Les autres éléments de l'unité

Si notre espace d'étude se distingue par son agriculture, ses paysages agraires et son industrie, il parachève sa diversité économique par la présence des principales villes thermales du Massif central, même si elles ne sont plus aussi brillantes que par le passé, et par le développement touristique en général. En effet, par exemple, nous avons dans cette partie nord les seules stations de ski existantes dans le Massif central. Du point de vue de l'activité thermale, aujourd'hui largement complétée par l'activité touristique, nous trouvons ici La Bourboule, Le Mont-Dore, Néris-les-Bains, Royat, Châtel-Guyon, sans oublier celle qui fut pendant longtemps la « reine des villes d'eaux » : Vichy.

Il est également utile, pour bien marquer la personnalité de cette partie nord, de noter que nous avons ici les seules grandes villes internes à l'ensemble Massif central, avec Limoges et Clermont-Ferrand qui sont sans aucun doute les deux métropoles du Massif central, même si leur influence dépasse les limites de l'unité physique de celui-ci. Le nord est partagé entre le commandement de ces deux villes, auxquelles il faut ajouter Saint-Etienne qui joue un rôle important sur le nord-est de la Haute-Loire, alors que le sud est dominé par des métropoles extérieures comme Montpellier et Toulouse.

De même, c'est dans cette partie nord que se concentrent les principaux axes et systèmes de transports internes au Massif central. Ceci est vrai dans le domaine ferroviaire où la voie ferrée Paris-Clermont-Ferrand est la seule grande ligne directe du Massif central, alors qu'il n'y en a aucune au sud de la capitale auvergnate en direction de Toulouse ou Montpellier. Le domaine autoroutier confirme également ce déséquilibre entre le nord et le sud du Massif central, puisque l'essentiel du réseau rayonne autour de Clermont-Ferrand avec l'A71, l'A72 et l'A75. Cette dernière se poursuivant au sud du Massif central en direction de Béziers. De même, une grande partie du tracé de l'A20, Paris-Toulouse concerne la partie nord du Massif central sur sa bordure occidentale. Enfin, le seul aéroport véritable du Massif central est à Clermont-Aulnat, puisque l'on peut y trouver des lignes internationales. C'est d'ailleurs, en 1996, l'aéroport français qui a connu la plus forte progression du nombre de passagers, tant grâce aux liaisons avec Paris, qu'à la mise en place du hub de la compagnie Régionale Airlines. L'aéroport de Limoges-Bellegarde reste beaucoup plus modeste, même si des améliorations techniques récentes, permettant notamment les atterrissages par tous types de temps, en font le troisième aéroport du Sud-Ouest après Toulouse et Bordeaux.

Toutefois, si la plus grande partie de notre région d'étude bénéficie d'une certaine unité physique et d'une véritable individualité économique et humaine, la géographie urbaine ne peut ignorer le rôle des critères dynamiques dans son espace d'application. Sur ce plan, le nord du Massif central présente un certain nombre d'intérêts.

B - La dynamique de l'espace

1 - Une position théorique de carrefour

Nous souhaitions travailler sur un espace qui échappe pour l'essentiel, voire en totalité, a priori du moins, à l'attraction des métropoles du sud (Montpellier, Toulouse, Bordeaux), mais qui, à l'inverse, reste sous la forte influence des métropoles régionales

« nordistes » de l'Auvergne et du Limousin (Clermont-Ferrand et Limoges), justifiant du même coup le fait d'étudier nos deux régions de programme dans leur totalité. Ensuite, donnée essentielle, la partie nord du Massif central est au croisement des influences parisienne et lyonnaise, qui représentent un niveau supérieur de l'organisation urbaine.

2 - Un espace « ouvert »

Plusieurs critères dynamiques peuvent être mis en évidence pour justifier les limites de notre espace d'étude. Si nous avons choisi d'inclure le Nivernais, c'est en raison de ses relations privilégiées avec le nord du Bourbonnais. Il existe effectivement beaucoup de communes du sud de la Nièvre qui entretiennent des relations régulières, voire quotidiennes (lycées, emplois, commerces et services), avec Moulins située dans l'Allier. Cette observation est également valable dans l'autre sens pour les communes du nord du département de l'Allier tournées vers Nevers. De plus, le Nivernais se trouve dans la continuité du Val d'Allier (n'oublions pas que l'Allier conflue avec la Loire au sud de Nevers) et dans l'axe méridien des communications routières et ferroviaires entre Clermont-Ferrand et Paris. « *Les liaisons entre les villes de Nevers et Moulins : industrielles, commerciales, culturelles, voire familiales, le rôle des bourgeoisies locales, contribuent à renforcer le sentiment d'appartenance à un même monde géographique, celui de l'ensemble Val d'Allier, Haut Val de Loire. L'influence de Clermont est ainsi perceptible jusqu'à La Charité* » (C. Jamot, 1979). L'espace d'étude choisi nous permettra également de prendre en compte le rôle des axes importants de circulation. D'abord, celui méridien du Val d'Allier déjà cité, mais aussi ceux des axes transversaux (A72, RN89, RCEA), en intégrant la notion de carrefours à positionnements multiples, échelonnés sur cette frange de contact.

On peut cependant s'interroger sur la non prise en compte de la région berrichonne et de sa capitale Bourges. On répondra que celle-ci ne correspond pas à tous les critères dynamiques précédemment définis. En effet, trop influencée par la capitale nationale, elle échappe totalement à l'influence de Clermont-Ferrand ou de Limoges. Toutefois, il est bien évident que la région berrichonne sera prise en compte dans notre analyse chaque fois que l'un de ses espaces sera influencé par une ville du nord du Massif central ou que l'une de ses villes, Bourges, Châteauroux, Saint-Amand-Montrond ou autres, interviendra dans notre espace d'étude. Dans le même ordre d'idée, une interrogation peut être soulevée pour le cas de

Saint-Etienne qui, de par sa proximité par rapport à notre espace d'étude, ajoutée à son poids urbain qui lui donne un rôle métropolitain, sera souvent pris en considération dans notre analyse urbaine, notamment au moment de l'étude des zones d'influence. Pourtant, nous l'avons délibérément exclue de notre zone d'étude de départ. L'argument rejoint alors celui de Bourges, puisque l'agglomération stéphanoise appartient également à un autre milieu géographique, à un autre monde urbain, celui des fossés de l'est, et du système urbain lyonnais. La limite des zones d'influence entre Clermont-Ferrand et Lyon « *suit scrupuleusement la limite portée sur la carte entre Clermont et Saint-Etienne. Saint-Etienne est donc entièrement incluse dans l'aire lyonnaise, comme subordonnée, ou du moins partie intégrante de la métropole d'équilibre lyonnaise* » (C. Jamot, 1979). Enfin, la région Poitou-Charentes, à l'ouest de notre espace d'étude, sera partiellement intégrée à notre travail dans la mesure où l'influence limougeaude s'exerce notamment sur la Charente limousine. Nous souhaitons donc travailler sur un espace dynamique et ouvert, dont les limites sont adaptables, de surcroît.

3 - La réalité du phénomène urbain

Il nous est encore apparu intéressant de mesurer l'importance du phénomène urbain dans un espace appartenant à la « *France des faibles densités* »(Bontron J.C., Mathieu N., 1977), encore marqué par une importante ruralité relative. Cependant, aucune région, même encore considérée comme rurale, n'échappe à l'existence de la ville, fut-elle petite et isolée, et à l'influence des villes extérieures, de préférence de grande taille. Ces espaces du vide sont-ils normalement structurés par le système urbain hiérarchique ? Quels liens ce système urbain entretient-il avec les espaces denses et métropolisés ? Est-il, lui-même, vraiment métropolisé… ? De même, la faiblesse quantitative des études sur cette partie du Massif central, surtout dans le domaine de la géographie urbaine, constitue une motivation supplémentaire pour apporter, à la connaissance de cet espace, une étude rigoureuse sur le rôle des villes et sur leurs possibilités d'évolution.

C - Deux régions de programme et un département

Nous avons, dans ce cadre, l'avantage de disposer d'un support administratif (régions Limousin et Auvergne, département de la Nièvre) relativement proche de la réalité géographique, nous permettant de travailler à partir d'unités de compte précises et d'accès aisé. Ceci nous permet également de pouvoir effectuer des comparaisons avec d'autres régions ou départements grâce à la prise en compte de critères rigoureusement communs (mêmes unités de compte, mêmes cadres de découpage statistique comme les communes, les cantons, les départements, etc.). Toutefois, ces limites ne doivent être ni contraignantes ni absolues...

Au total, nous sommes donc face à un espace, à la personnalité marquée, qui s'individualise clairement par rapport au sud du Massif central, mais également aux autres espaces environnants (Bassin parisien, fossé rhodanien, Bassin aquitain...). De plus, il s'agit d'un espace parfaitement bien intégré au territoire français dans sa dimension économique, notamment. En effet, nous trouvons ici tous les types d'industries (des plus traditionnelles aux plus modernes), et une histoire industrielle fort ancienne et complète, marquée en particulier par la révolution économique du XIXe siècle (largement absente de la partie sud du Massif), une activité agricole qui « résume » finalement bien celle du territoire national avec les deux grands systèmes de production dominants : élevage et céréaliculture, associés au deux grands types de paysage agraire : bocage et openfield. A cela s'ajoutent une activité touristique diversifiée et le thermalisme. L'intégration à l'espace français de cette partie nord du Massif central se fait également par le biais des transports, puisque l'on trouve ici tous les grands axes de communication du Massif central (routes, autoroutes, voie ferrée).

Donc, à une partie sud dominée par des hauts plateaux et la moyenne montagne tombant brutalement sur les plaines languedociennes, s'oppose une partie nord qui représente un vaste plan incliné vers le Bassin parisien, où les zones basses (plaines et vallées) occupent l'essentiel de l'espace. De même, à une partie sud « plus marginale » économiquement (forte dominante agricole) s'oppose un nord bien intégré à l'espace économique français (industrie, agriculture, tourisme, thermalisme...). Enfin, à un sud du Massif central encore largement « enclavé » s'oppose un nord parfaitement bien relié aux régions extérieures (avec, il est vrai, une faiblesse en direction de l'ouest qui devrait être compensée par l'A89 future). Tout ceci nous amène à poser la question de la présence urbaine. Dans ce domaine, le nord du Massif central est-il ou non intégré à la France urbaine ? Ou appartient-il à la France du « vide urbain » ? Avant de répondre à cette question, il est indispensable de donner une définition géographique à la « ville » permettant de dépasser le strict cadre de l'observation statistique du phénomène urbain.

II - AGGLOMÉRATIONS ET VILLES DE LA BORDURE NORD DU MASSIF CENTRAL

Si on analyse la situation des « agglomérations » et des « villes isolées » des régions Auvergne et Limousin et du département de la Nièvre, plusieurs regroupements apparaissent possibles. Effectivement, bon nombre d'unités, de taille démographique modeste, se localisent à proximité d'une ville de niveau démographique supérieur. En fait, il paraît certain que beaucoup d'unités urbaines définies selon les critères de l'INSEE, notamment celui de la continuité du bâti urbain, réduite à sa plus simple expression, ne résistent pas à l'analyse objective de critères géographiques permettant de redéfinir nos agglomérations.

A - Limoges et Clermont-Ferrand : des métropoles à recomposer

1 - Limoges : une agglomération fortement minorée par l'INSEE

Au regard de l'observation des unités urbaines de l'INSEE (« *Chaque unité est constituée d'une ou plusieurs communes sur le territoire desquelles se trouve un ensemble d'habitations qui présentent entre elles une continuité et comporte au moins 2 000 habitants* ») proches de la capitale régionale du Limousin, on peut s'interroger sur l'intégration éventuelle de quatre « agglomérations » ou « villes isolées » : Aixe-sur-Vienne, Ambazac, Rilhac-Rancon et Saint-Léonard-de-Noblat.

A l'analyse des différents critères choisis (voir Tab. n°1), il ne fait aucun doute qu'Aixe-sur-Vienne et Rilhac-Rancon sont deux « communes-dortoirs », caractérisées par l'intensité des relations avec l'agglomération limougeaude, proche et rapidement accessible. Ajoutons un poids démographique relativement modeste (surtout pour Rilhac-Rancon), des équipements faibles (respectivement 1 équipement pour 31 habitants et 1 équipement pour 60 habitants !) et peu diversifiés (près de 50 % de commerces banaux). Sans aucune ambiguïté, Aixe-sur-Vienne et Rilhac-Rancon font partie de l'agglomération de Limoges. A Ambazac, seul le critère des migrations alternantes serait favorable à son maintien comme « ville isolée ». Par contre, les cinq autres critères ne laissent planer aucun doute sur les relations très étroites qu'entretient cette unité avec l'agglomération limougeaude dans laquelle elle doit être incluse, surtout depuis la mise en place de l'autoroute (A20), avec des critères de dépendance qui se sont donc accrus.

Tab. 1 - Analyse des critères de recomposition de l'agglomération de Limoges

	Aixe-sur-Vienne	Ambazac	Rilhac-Rancon	St-Léonard-de-N.
Nombre d'habitants	5 567	4 888	3 423	5 024
Distance kilométrique du centre de l'agglomération	11	20	12	21
Migrations de travail vers l'agglomération (%)	52	38,3	68,9	20,8
Pourcentage de la population active travaillant dans la commune	35,8	44,2	15,8	67
Nombre total d'équipements tertiaires (commerces et services)	175	114	58	190
Part des commerces dans le total des équipements tertiaires	49,1	48,2	37,9	57,4
Taux d'équipement (nombre de commerces et services/habitant)	1/31	1/43	1/60	1/26
Nombre de critères favorables au rattachement (base de travail retenue)	6/6	5/6	6/6	3/6

Sources : INSEE (RGP 1990, « MIRABELLE »1990, « SIRENE »1994)

Le cas de Saint-Léonard-de-Noblat est plus ambigu, puisque seules les faiblesses quantitative et qualitative des équipements et la distance peuvent jouer en faveur d'un rattachement à Limoges. Par contre, le critère essentiel des migrations alternantes montre une forte autonomie de cette ville, même si les flux vers Limoges sont importants. Ainsi, nous maintiendrons Saint-Léonard comme « ville isolée », dans la mesure où près de trois actifs sur quatre occupent un emploi sur place, grâce à la porcelaine (ceci crée d'ailleurs un lien économique fort avec la capitale régionale), ce qui lui donne dans ce domaine un degré d'autonomie sans commune mesure avec les trois autres unités précédemment rattachées à l'agglomération limougeaude.

En dehors de ces unités urbaines, il existe un nombre important de communes non incluses, dans ces dernières ou dans Limoges, qui répondent parfaitement aux critères de recomposition de l'agglomération Limougeaude.

Ces communes de banlieue enregistrent toutes une évolution positive de leur population depuis 1975. Celle-ci résulte naturellement de l'étalement urbain. Ainsi, l'agglomération de Limoges, dans sa réalité géographique, regroupe-t-elle 214 383 habitants sur trente-cinq communes en 1990, au lieu des 170 072, sur sept communes, accordés par l'INSEE (voir fig. n°2). La capitale régionale représente alors près de 30 % des habitants du Limousin et 61 % de ceux de la Haute-Vienne.

2 - L'agglomération de Clermont-Ferrand : une réalité géographique tout autre

a - De fausses « agglomérations » ou « villes isolées »

La région de Clermont-Ferrand est, très nettement, la plus urbanisée de l'espace nord du Massif central. Aussi, notre analyse de recomposition de l'agglomération clermontoise porte-t-elle sur un nombre relativement important d'unités urbaines, « villes isolées » ou « agglomérations » (selon l'INSEE), assez proches de la grande ville et pouvant éventuellement appartenir à son unité économique et sociale, donc à son agglomération géographique. Notre étude concerne ainsi les unités urbaines suivantes : Billom, Vic-le-Comte, Pont-du-Château, Les Martres-de-Veyre, La Roche-Blanche, Orcet, Saint-Amand-Tallende (voir Tab. 2).

Réglons d'abord le cas des « agglomérations » ou « villes isolées » qui apparaissent sans aucun doute comme des « communes-dortoirs » évidentes de l'agglomération clermontoise, dans la mesure où plus de la moitié de leur population active travaille dans cette dernière. Il s'agit des Martres-de-Veyre, d'Orcet, de La Roche-Blanche et de Pont-du-Château. Pour cette dernière, une population relativement importante (plus de 8 000 habitants) permet une structure d'équipements plus étoffée, surtout du point de vue quantitatif. Malgré cela, il paraît peu cohérent de l'analyser comme unité urbaine indépendante. De même, toutes les conditions d'une intégration de Vic-le-Comte à l'agglomération clermontoise sont réunies même si les flux pendulaires sont un peu moins importants que dans les cas précédents en raison, notamment, de la présence locale de sources d'emploi assez importantes (à Longues) comme la papeterie de l'imprimerie de la Banque de France (environ 400 emplois) située à Chamalières. A Saint-Amand-Tallende, également, seul le critère des migrations de travail n'atteint pas le seuil des 40 % minimum pour être inclus dans la réalité géographique de l'agglomération clermontoise. En fait, cela s'explique par la part également importante des flux vers Issoire, dans la mesure où Saint-Amand-Tallende ne bénéficie d'aucune autonomie en matière d'emploi. Ceci ajouté à la faiblesse du nombre d'équipements, du taux d'équipement, à la très forte prépondérance des commerces banaux et, enfin, à la proximité géographique, avec, qui plus est, des liaisons autoroutières, ne laisse planer aucun doute sur son rôle de banlieue. Donc, Vic-le-Comte, Pont-du-Château, Les Martres-de-Veyre, Orcet, La Roche-Blanche et Saint-Amand-Tallende font partie de l'agglomération de Clermont-Ferrand et viennent s'ajouter aux dix-sept communes déjà incluses par l'INSEE. C'est déjà 28 540 habitants en plus.

Tab. 2 - Analyse des critères de recomposition de l'agglomération de Clermont-Ferrand

	Billom	La Roche-Blanche	Les Martres-de-Veyre	Orcet	Pont-du-Château	St-Amand-Tallende	Vic-le-Comte
Nombre d'habitants	3 988	2 633	7 408	2 522	8 564	3 264	4 149
Distance kilométrique du centre de l'agglomération	25	12	15	12	10	18	24
Migrations de travail vers l'agglomération (%)	28,4	70	52	70	50,9	36	40,6
Pourcentage de la population active travaillant dans la commune	57,1	17,2	29,8	14,7	31,8	40	42,6
Nombre total d'équipements tertiaires (commerces et services)	232	84	107	3	320	93	97
Part des commerces dans le total des équipements tertiaires	47	46	54	46	41,6	35,5	41,9
Taux d'équipement (nombre de commerces et services/habitant)	1/17	1/31	1/70	1/40	1/26	1/35	1/42
Nombre de critères favorables au rattachement (base de travail retenue)	1/6	6/6	6/6	6/6	4/6	5/6	6/6

Sources : INSEE (RGP 1990, « MIRABELLE »1990, « SIRENE »1994)

Par contre, il ne fait aucun doute, à l'étude des différents critères choisis, que Billom doit être maintenue hors de Clermont-Ferrand. Effectivement, les flux pendulaires sont considérablement plus limités que dans les cas précédents (moins d'un actif sur trois), même s'ils restent importants, et la commune dispose d'une petite autonomie en matière d'emploi, puisque plus de la moitié de ses actifs travaille sur place. Enfin, son rôle traditionnel passé de ville-marché, ou gros bourg-centre limagnais, lui permet de disposer encore d'un nombre de commerces et de services important en regard de sa taille démographique, ce qui explique qu'elle ait un taux d'équipement assez fort. La forte domination des équipements courants induit quand même un recours extrêmement fréquent à l'agglomération clermontoise. Il semble, dans le cas de Billom, que nous ayons réellement affaire à une commune périurbaine, dans la mesure où elle présente de véritables signes d'une activité autonome : majorité d'actifs travaillant dans la commune, présence d'une véritable petite vie commerciale locale…, mais l'influence de Clermont-Ferrand est déjà spectaculaire au quotidien (flux pendulaires, influence des commerces et services plus rares…).

b - Des communes rurales… urbaines !

En dehors de ces unités urbaines, la réalité géographique de l'agglomération clermontoise impose l'intégration d'un grand nombre de communes rurales qui ne présentent aucun signe d'autonomie, de vie propre, et jouent le rôle parfait de « banlieues-dortoirs ». C'est donc, à ce chapitre, plus de trente-cinq mille habitants que l'on doit ajouter à l'agglomération clermontoise telle qu'elle est définie par l'INSEE (voir fig. n°3). Nous aboutissons alors à une unité urbaine de 317 998 habitants, soit 63 547 de plus (c'est-à-dire l'équivalent d'une agglomération comme Moulins). Toutefois, nous ne pouvons considérer l'agglomération clermontoise redéfinie dans sa totalité sans aborder le cas de Riom.

c - Le cas spécifique de Riom

Nous avons volontairement séparé l'analyse des critères de recomposition de Riom, dans la mesure où nous nous trouvons ici dans un cas de figure relativement complexe. D'autant plus que ceux-ci sont, a priori, plutôt favorables à son maintien comme unité urbaine indépendante de la métropole. Nous étudierons dans le même temps le cas des « villes isolées » de l'INSEE proches de l'agglomération riomoise : Volvic et Châtel-Guyon (voir Tab. 3)
Tout d'abord, la ville de Riom définie par l'INSEE, par sa masse démographique (deuxième ville du département du Puy-de-Dôme), par son autonomie relative en matière d'emplois (plus de la moitié des actifs trouve un emploi à Riom), par l'importance et la diversité de ses commerces et services, par son passé même, semble disposer de tous les

atouts pour être une agglomération à part entière, indépendante. Toutefois, la continuité urbaine effective et absolue avec la métropole régionale (dix fois plus peuplée et avec un nombre d'équipements plus de dix fois supérieur !), la relation, par train de banlieue, par voie express et même par autoroute, ne laissent présager aucun doute sur l'intensité des relations que peut entretenir la population riomoise avec celle de Clermont-Ferrand. Il est donc incontestable que ces deux villes, qui ont grandi séparément autrefois, appartiennent désormais à un même espace urbain que l'on aurait pu alors qualifier de conurbation, si les termes de la comparaison était un peu plus équilibrés, comme entre Lille, Roubaix et Tourcoing. « *La perte d'autonomie a été quasi totale et Riom est devenue une banlieue, d'un type particulier puisque bien équipée en commerces et services de base. On est donc passé à la notion de région urbaine (ou conurbation) avec un pôle septentrional vivant, mais sans commune mesure avec le centre-ville clermontois* » (C. Jamot, 1982). Nous avons ici une agglomération-mère, Clermont-Ferrand, et celle qui est devenue, en raison d'un développement trop inégal et d'une proximité géographique trop forte, sa fille adoptive : Riom. Effectivement, cette dernière a encore sa propre vie culturelle, sportive, voire commerciale mais elle est fortement dépendante comme le montre le pourcentage des sorties de main-d'œuvre, plus de 60 % (Fichier « MIRABELLE »), en direction de Clermont-Ferrand. Il s'agit donc plutôt d'une ville-satellite par l'emploi et le recours tertiaire.

Tab. 3 - Analyse des critères d'intégration de l'agglomération riomoise à celle de Clermont-Ferrand

	Riom	Volvic	Châtel-Guyon
Nombre d'habitants	25 113	3 931	4 746
Distance kilométrique du centre de l'agglomération	15	20	20
Migrations de travail vers l'agglomération (%)	27,5	36,5	20,6
Pourcentage de la population active travaillant dans la commune	56,6	39,4	39,9
Nombre total d'équipements tertiaires (commerces et services)	1 090	132	374
Part des commerces dans le total des équipements tertiaires	39,1	26,5	55,6
Taux d'équipement (nombre de commerces et services/habitant)	1/23	1/30	1/13
Nombre de critères favorables au rattachement (base de travail retenue)	2/6	3/6	3/6

Sources : INSEE (RGP 1990, « MIRABELLE »1990, « SIRENE »1994)

L'emprise de Clermont-Ferrand sur Riom se traduit encore nettement dans les relations qu'elle entretient avec Volvic et Châtel-Guyon, déjà intégrées à cette dernière. Si on prend l'exemple précis des migrations alternantes (on retrouverait les mêmes tendances pour la fréquentation générale des commerces et des services), on s'aperçoit que ces deux petites unités urbaines, banlieues de Riom par ailleurs, envoient plus d'actifs à Clermont-Ferrand qu'à Riom, pourtant beaucoup plus proche, même s'il est évident que le volume d'emplois proposé joue nettement en faveur de la métropole régionale. Ce phénomène est d'ailleurs nettement plus marqué à Volvic où l'agglomération riomoise ne reçoit que 13,3 % des actifs volvicois contre 36,5 % pour Clermont-Ferrand. La répartition est beaucoup plus équilibrée à Châtel-Guyon, située plus au nord. Il semble tout à fait judicieux, de par la proximité géographique, l'importance des relations entre Volvic, Châtel-Guyon et Riom, de considérer ces trois communes comme appartenant bel et bien à l'agglomération clermontoise.

Notons, de plus, que l'analyse des communes rurales proches de l'agglomération de Riom telle que définie par l'INSEE nous permet de constater qu'un certain nombre d'entre elles ont été « oubliées » et correspondent aux critères de recomposition dès lors que l'on considère l'agglomération clermontoise dans sa définition géographique, c'est-à-dire en intégrant dans sa totalité l'agglomération riomoise.

Ainsi l'agglomération de Clermont-Ferrand comprend-elle en réalité 356 791 habitants en 1990 sur 66 communes (voir fig. n°3), ce qui représente d'ailleurs un chiffre proche de celui obtenu dans le cadre des nouvelles « aires urbaines » définies par l'INSEE, puisque ce dernier est de 340 637[4]. C'est donc bien au niveau de cette entité que l'on doit trouver des éléments de comparaison avec les autres agglomérations françaises au sens géographique. Au total, la capitale régionale représente, dans sa réalité géographique, 27 % de la population auvergnate et 59,6 % de celle de son département. De même, il semble opportun d'utiliser désormais le nom de Clermont-Riom pour cette nouvelle entité urbaine redéfinie.

B - Les agglomérations polynucléaires

1 - Nevers : une agglomération polynucléaire type

Selon nos critères, il ne fait aucun doute que Pougues-les-Eaux et Guérigny appartiennent à l'agglomération de Nevers et intègrent la même unité économique et sociale (voir tableau n°4). Il paraît donc contre nature de les étudier en tant qu'unités urbaines indépendantes. Effectivement, nous trouvons, dans les deux cas, de solides critères favorables à l'intégration : faiblesse relative du poids démographique de chacune d'elle (moins de 5 000 habitants), proximité géographique (moins de 25 km), faible part des actifs travaillant dans leur commune d'origine, laquelle ne bénéficie ainsi d'aucune autonomie, et enfin faiblesse quantitative des équipements (moins de 200 équipements et un taux d'équipement faible) marquée, de plus, par une forte prépondérance des commerces et services banaux (pratiquement un équipement tertiaire sur deux à Guérigny !).

**Tab. 4 - Analyse des critères de recomposition
de l'agglomération de Nevers**

	Fourchambault	Guérigny	Imphy	Pougues-les-Eaux
Nombre d'habitants	8 968	4 147	6 072	2 357
Distance kilométrique du centre de l'agglomération	7	14	11	11
Migrations de travail vers l'agglomération (%)	32,8	39,6	24,5	31,5
Pourcentage de la population active travaillant dans la commune	42,1	36,8	61,5	31,8
Nombre total d'équipements tertiaires (commerces et services)	218	97	145	150
Part des commerces dans le total des équipements tertiaires	49,1	45,4	40	34
Taux d'équipement (nombre de commerces et services/habitant)	1/41	1/42	1/42	1/15
Nombre de critères favorables au rattachement (base de travail retenue)	4/6	5/6	4/6	4/6

Sources : INSEE (RGP 1990, « MIRABELLE » 1990, « SIRENE », 1994)

Le cas est moins évident pour Fourchambault et Imphy, même si la majorité des critères est favorable à l'intégration dans l'agglomération de Nevers (voir tableau n°4). En effet, leur poids démographique, supérieur à celui des deux unités précédentes, leur permet de disposer d'un équipement quantitativement plus étoffé, même s'il reste fort modeste (un commerce ou service pour 41 ou 42 habitants !) et si la faiblesse des commerces et services anomaux ne laisse aucun doute sur l'importance des relations avec Nevers. On constate également qu'il y a dans ces deux communes une plus forte part d'actifs travaillant sur place qu'à Nevers, ceci en raison de la présence de grandes industries (ainsi, Imphy SA employant plus de 1 200 personnes). Sans remettre en cause les relations liées au décalage qualitatif des équipements commerciaux et de services existants entre ces deux communes et Nevers, le fait de retenir une part non négligeable, voire majoritaire de leurs actifs (plus de 60 % à Imphy) permet à celles-ci de bénéficier d'une autonomie relative vis-à-vis de la grande agglomération proche. Toutefois, la proximité géographique joue sans aucun doute en faveur d'un rattachement de ces communes à l'agglomération nivernaise.

Dans ce cas, il semblerait bien que l'on ait évolué vers une structure de type polynucléaire, dans la mesure où l'équipement industriel et le poids démographique permettent à ces deux dernières unités une certaine autonomie, tout en restant étroitement liées à l'agglomération de Nevers, tête du système de par la concentration de l'essentiel des activités tertiaires. L'enquête de terrain montre qu'il y a aussi une attraction modeste de Fourchambault sur les habitants de Nevers. Nous retiendrons donc ces deux communes, en les considérant comme partie intégrante d'une agglomération polynucléaire comportant un noyau principal : Nevers, centre historique, administratif et tertiaire et deux noyaux secondaires : Imphy au sud-sud-est et Fourchambault à l'ouest, anciennes villes industrielles du XIXe siècle, rejointes par le développement spatial de l'agglomération nivernaise. Nous nous trouvons ici, en grande partie, dans le cas des agglomérations polynucléaires définies par P. George dans son dictionnaire de géographie : « *Au-delà d'un certain seuil, à la fois quantitatif et qualitatif (nombre d'habitants, niveau de vie, intensité des mécanismes de l'économie de services et de consommation), les agglomérations évoluent vers une structure polynucléaire, par équipement de noyaux périphériques à l'intérieur de la banlieue* ». Dans le cas de Nevers, il y a eu intégration à la banlieue d'anciennes villes industrielles autonomes. L'agglomération polynucléaire comprend ainsi 80 461 habitants.

En dehors de ces unités urbaines exagérément isolées par l'INSEE, il y a bon nombre de communes dites périurbaines, le plus souvent définies comme rurales par l'INSEE, qui répondent en tous points aux critères d'intégration à l'agglomération de Nevers, dont elles représentent, en fait, les banlieues. Ainsi l'agglomération nivernaise comprend-elle 88 484 habitants en 1990 (voir fig. n° 4). L'évolution globale de sa population depuis 1975 sera analysée ultérieurement.

2 - Montluçon : une agglomération tripolaire.

Nous devons remettre en question l'opportunité d'isoler Néris-les-Bains et Commentry comme unités urbaines indépendantes de Montluçon et même en tant que « ville isolée » et « agglomération » (voir tableau n°5) !

**Tab. 5 - Analyse des critères de recomposition
de l'agglomération de Montluçon**

	Commentry	Néris-les-Bains
Nombre d'habitants	8 844	2 835
Distance kilométrique du centre de l'agglomération	15	8
Migrations de travail vers l'agglomération (%)	7	30
Pourcentage de la population active travaillant dans la commune	67	46
Nombre total d'équipements tertiaires (commerces et services)	297	153
Part des commerces dans le total des équipements tertiaires	47,1	52
Taux d'équipement (nombre de commerces et services/habitant)	1/30	1/18
Nombre de critères favorables au rattachement (base de travail retenue)	3/6	4/6

Sources : INSEE (RGP 1990, « MIRABELLE » 1990, « SIRENE », 1994)

a - Néris-les-Bains : un pôle thermal

Montluçon et Néris-les-Bains sont distantes de huit kilomètres de centre à centre. Il ne faut guère plus de cinq minutes pour les joindre. De plus, la discontinuité spatiale est réduite entre elles. En effet, un golf existe entre les deux, or il s'agit bel et bien d'un équipement urbain. Il n'y a entre elles aucun obstacle important pour des relations régulières et intenses. Le poids démographique de Néris-les-Bains est faible avec 2 835 habitants. Ainsi, cette masse de population est-elle insuffisante pour la mise en place d'un équipement étoffé, surtout en terme qualitatif (forte prépondérance des services marchands), pour freiner le recours régulier aux commerces et services montluçonnais. La fonction thermale lui assure toutefois une petite autonomie, puisque Néris offre quand même un équipement pour seulement dix-huit personnes. Mais la faible représentation des commerces et des services anomaux joue en faveur

Recomposition des agglomérations du nord du Massif central

Fig. n° 2 : L'agglomération de Limoges

Fig. n° 3 : L'agglomération de Clermont-Ferrand

Fig. n° 4 : L'agglomération de Nevers

Fig. n° 5 : L'agglomération de Montluçon

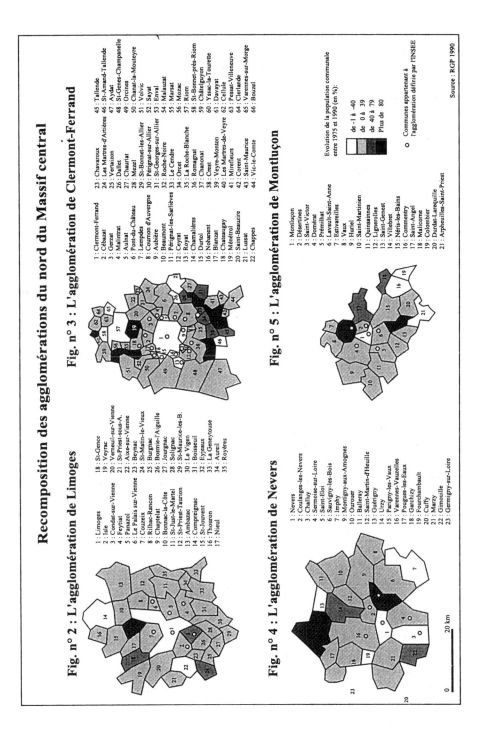

Fig. n° 2 : L'agglomération de Limoges

1 : Limoges	18 : St-Gence
2 : Isle	19 : Veyrac
3 : Condat-sur-Vienne	20 : Verneuil-sur-Vienne
4 : Feytiat	21 : St-Priest-sous-A.
5 : Panazol	22 : Aixe-sur-Vienne
6 : Le Palais sur-Vienne	23 : Beynac
7 : Couzeix	24 : St-Martin-le-Vieux
8 : Rilhac-Rancon	25 : Burgnac
9 : Chaptelat	26 : Bosmie-l'Aiguille
10 : Bonnac-la-Côte	27 : Jourgnac
11 : St-Just-le-Martel	28 : Solignac
12 : St-Priest-Taurion	29 : St-Maurice-les-B.
13 : Ambazac	30 : Le Vigen
14 : Compreignac	31 : Boisseuil
15 : St-Jouvent	32 : Eyjeaux
16 : Thouron	33 : La Geneytouse
17 : Nieul	34 : Aureil
	35 : Royères

Fig. n° 3 : L'agglomération de Clermont-Ferrand

1 : Clermont-Ferrand	23 : Chavaroux	45 : Tallende
2 : Cébazat	24 : Les Martres-d'Artières	46 : St-Amand-Tallende
3 : Gerzat	25 : Vertaizon	47 : Aydat
4 : Malintrat	26 : Dallet	48 : St-Genes-Champanelle
5 : Aulnat	27 : Chauriat	49 : Orcines
6 : Pont-du-Château	28 : Mezel	50 : Chanat-la-Mouteyre
7 : Lempdes	29 : St-Bonnet-les-Allier	51 : Volvic
8 : Cournon d'Auvergne	30 : Pérignat-sur-Allier	52 : Sayat
9 : Aubière	31 : St-Georges-sur-Allier	53 : Enval
10 : Beaumont	32 : Roche-Noire	54 : Malauzat
11 : Pérignat-les-Sarlièves	33 : Le Cendre	55 : Marsat
12 : Ceyrat	34 : Orcet	56 : Mozac
13 : Royat	35 : La Roche-Blanche	57 : Riom
14 : Chamalières	36 : Romagnat	58 : St-Bonnet-près-Riom
15 : Durtol	37 : Chanonat	59 : Chatelguyon
16 : Nohanent	38 : Crest	60 : Yssac-la-Tourette
17 : Blanzat	39 : Veyre-Monton	61 : Davayat
18 : Chateaugay	40 : Les Martres-de-Veyre	62 : Cellule
19 : Ménétrol	41 : Mirefleurs	63 : Pessat-Villeneuve
20 : Saint-Beauzire	42 : Corent	64 : Clerlande
21 : Lussat	43 : Saint-Maurice	65 : Varennes-sur-Morge
22 : Chappes	44 : Vic-le-Comte	66 : Bouzel

Fig. n° 4 : L'agglomération de Nevers

1 : Nevers	
2 : Coulanges-les-Nevers	
3 : Challuy	
4 : Sermoise-sur-Loire	
5 : Saint-Eloi	
6 : Sauvigny-les-Bois	
7 : Imphy	
8 : Montigny-aux-Amognes	
9 : Ourouer	
10 : Balleray	
11 : Saint-Martin-d'Heuille	
12 : Guérigny	
13 : Urzy	
14 : Pangny-les-Vaux	
15 : Varennes-Vauzelles	
16 : Pougues-les-Eaux	
17 : Garchizy	
18 : Fourchambault	
19 : Cuffy	
20 : Marzy	
21 : Gimouille	
22 : Germigny-sur-Loire	

Fig. n° 5 : L'agglomération de Montluçon

1 : Montluçon	
2 : Désertines	
3 : Saint-Victor	
4 : Domérat	
5 : Prémilhat	
6 : Lavault-Saint-Anne	
7 : Estivareilles	
8 : Vaux	
9 : Huriel	
10 : Saint-Martinien	
11 : Quinssaines	
12 : Lignerolles	
13 : Saint-Genest	
14 : Villebret	
15 : Néris-les-Bains	
16 : Commentry	
17 : Saint-Angel	
18 : Malicorne	
19 : Colombier	
20 : Durdat-Larequille	
21 : Arpheuilles-Saint-Priest	

Evolution de la population communale
entre 1975 et 1990 (en %) :

- de -1 à -40
- de 0 à 39
- de 40 à 79
- Plus de 80

o   Communes appartenant à
l'agglomération définie par l'INSEE

Source : RGP 1990

20 km

d'une recherche de satisfaction dans le centre équipé le plus proche : Montluçon. Cette relation est d'autant plus évidente qu'elle est le relais de relations domicile-travail importantes. En observant le fichier « MIRABELLE », on s'aperçoit que 30 % de la population active de Néris travaillent dans l'« agglomération » montluçonnaise, dont 27 % sur la seule commune de Montluçon. De plus, plus du tiers des actifs qui viennent travailler à Néris-les-Bains, plus particulièrement dans le secteur thermal, est montluçonnais. Ainsi même, si 46 % des habitants de Néris travaillent dans leur commune, les relations avec Montluçon sont importantes et les deux unités font sans conteste partie d'un même espace urbain, d'une même agglomération au sens géographique du terme. Toutefois, s'il ne fait aucun doute que Néris-les-Bains soit une banlieue résidentielle de Montluçon, le thermalisme lui assure une vie propre, au moins en été, c'est pourquoi nous pouvons considérer qu'elle constitue un deuxième pôle dans l'agglomération montluçonnaise. Elle est effectivement nettement plus individualisée que Royat dans l'unité urbaine clermontoise, par exemple. Sa situation est plus proche de celle de Châtel-Guyon vis-à-vis de Riom.

b - Commentry : un pôle industriel

Nous pouvons également nous interroger sur la place de Commentry comme « agglomération » autonome (selon la définition de l'INSEE), en raison de sa proximité spatiale avec Montluçon (15 km). Malgré tout, celle-ci bénéficie d'une masse de population non négligeable puisque proche de neuf mille habitants (même si elle a connu et connaît encore une forte diminution), d'une masse d'équipements plus complète et diversifiée que pour Néris-les-Bains (1 équipement pour 30 personnes). Mais celle-ci présente quand même de sérieuses lacunes, avec l'absence totale d'un service médical spécialisé, en raison justement de la proximité de Montluçon qui dispose d'une infrastructure complète et importante. Nous pouvons retrouver les mêmes insuffisances pour l'hôtellerie, par exemple, où Commentry doit également faire face à la concurrence de Néris-les-bains. Et si la municipalité tente de donner une véritable autonomie à sa ville en matière culturelle et sportive, ce n'est pas sans fausses illusions, comme le prouve le manque d'intérêt de la population locale pour les spectacles, fort modestes, organisés dans la salle de l'Agora. La concurrence d'Athanor à Montluçon est ici impitoyable. Pour lutter contre l'hégémonie montluçonnaise, l'équipe municipale doit se lancer alors dans des projets fort coûteux comme la construction d'une grande médiathèque ou d'une piscine aux normes olympiques ! Cependant, l'importance industrielle de Commentry (qui lui assure des moyens financiers communaux solides !), au centre d'un bassin d'emplois réel, permet à une très forte majorité de Commentryens d'occuper un emploi sur place, environ 67 %, limitant ainsi les déplacements de travail vers le centre-ville ou les banlieues montluçonnaises (environ 7 %). Toutefois, le samedi, « on descend à Montluçon » et la fréquentation des commerces et services de Commentry se limite aux besoins de proximité, banaux. Les achats de vêtements ou chaussures, par exemple, s'effectuent en quasi-totalité à Montluçon en raison de la modestie des commerces locaux, souvent en difficulté, qui ne peuvent offrir une diversité de choix suffisante et, surtout, des prix attractifs.

Si les critères de recomposition laissent place à la discussion, surtout pour l'emploi, quant à l'intégration de Commentry dans l'agglomération montluçonnaise, il existe des éléments tangibles mais difficilement quantifiables qui permettent de trancher. En effet, il ne fait aucun doute que le recours aux équipements tertiaires de Montluçon est omniprésent. De plus, le passé historique industriel a créé une unité économique entre les deux villes, basée sur l'exploitation du charbon et son utilisation dans la sidérurgie, et ce dès le XIXe siècle. Même s'il est vrai qu'aujourd'hui cette unité n'existe plus, elles gardent en commun les difficultés de la reconversion. Ainsi, Commentry constitue bien le troisième pôle d'une agglomération polynucléaire et multifonctionnelle. Effectivement, si Montluçon en constitue l'élément central et directeur avec une dominante tertiaire, Néris en constitue le pôle thermal et touristique, Commentry représentant un pôle à dominante industrielle et la mémoire du passé économique. S'il est vrai que le terme de polynucléaire est plutôt spatial qu'économique, culturel ou tertiaire plus généralement, nous retrouvons bien à Montluçon une intégration de Néris et Commentry, communes spatialement autrefois distinctes, rejointes par l'étalement urbain de l'agglomération montluçonnaise. Ce phénomène est particulièrement clair pour la petite ville thermale. Enfin, pour être complet et rigoureux dans l'application des critères de redéfinition des agglomérations, il faut reprendre celle de Commentry qui est minorée par l'INSEE. En effet, il y a une commune qui fait partie intégrante de l'agglomération commentryenne et qui doit donc être intégrée, en premier lieu à celle-ci, mais également à l'agglomération tripolaire de Montluçon. Il s'agit de Colombier (331 habitants) qui envoie 42,3 % de sa population active travailler chaque jour à Commentry.

L'agglomération de Montluçon ainsi redéfinie ne serait être complète, elle aussi, sans la prise en compte des communes proches, définies le plus souvent comme rurales par l'INSEE, qui appartiennent en fait à sa réalité géographique.

Finalement, l'agglomération polynucléaire de Montluçon comprend vingt et une communes (voir fig. n° 5), soit un total de 82 282 habitants, ce qui représente un gain de plus de 30 % par rapport aux limites définies par l'INSEE !

C - La nébuleuse urbaine du nord-est de la Haute-Loire : continuité spatiale avec l'agglomération stéphanoise, agglomération polynucléaire ou région urbaine ?

Au nord-est de la Haute-Loire, nous trouvons une série d'unités urbaines isolées par l'INSEE et pourtant fort proches les unes des autres et de la grande agglomération stéphanoise. C'est pourquoi nous pouvons légitimement nous interroger sur les rapports urbains qui existent, réellement, entre ces différents éléments.

1 - Aurec-sur-Loire et Saint-Just-Malmont : des communes de l'agglomération stéphanoise

Nous allons nous intéresser, dans un premier temps, aux deux unités urbaines les plus proches géographiquement de l'agglomération stéphanoise, à savoir Aurec-sur-Loire et Saint-Just-Malmont (voir tableau n°6).

Tab. 6 - Analyse des critères de recomposition de l'agglomération stéphanoise

	Aurec-sur-Loire	St-Just-Malmont
Nombre d'habitants	4 510	3 670
Distance kilométrique du centre de l'agglomération	10	10
Migrations de travail vers l'agglomération (%)	27,9	33,7
Pourcentage de la population active travaillant dans la commune	57,8	53,2
Nombre total d'équipements tertiaires (commerces et services)	167	109
Part des commerces dans le total des équipements tertiaires	44,3	42,2
Taux d'équipement (nombre de commerces et services/habitant)	1/27	1/33
Nombre de critères favorables au rattachement (base de travail retenue)	3/6	4/6

Sources : INSEE (RGP 1990, « MIRABELLE » 1990, « SIRENE », 1994)

L'analyse du tableau et la comparaison avec les situations déjà étudiées nous incite à inclure les deux centres dans l'agglomération stéphanoise, même si ceux-ci n'ont pas la structure type de « villes-dortoirs » et ce pour au moins une raison. Les relations de travail avec Saint-Etienne sont importantes, près d'un actif sur trois, mais plus de la moitié de la population active travaille dans sa commune d'appartenance (57,8 % pour Aurec-sur-Loire, 53,2 % pour Saint-Just-Malmont), en raison de la présence d'une petite industrie locale dynamique.

Leur équipement est quantitativement trop modeste (1 équipement pour 31 habitants environ) pour empêcher des relations commerciales et de services importantes avec Saint-Etienne. De plus, nous pouvons ajouter, à cela, la faiblesse des achats effectués sur place, au maximum 30 % du total[5], et ceci ne concernant que les achats courants (alimentaires pour l'essentiel). Enfin, il ne faut pas oublier la dépendance économique vis-à-vis de la grande ville stéphanoise où les donneurs d'ordre des industries locales résident le plus souvent. Voici donc un faisceau de critères qui nous oblige à inclure ces deux unités dans l'agglomération de Saint-Etienne, extérieure à notre zone et en même temps contact avec un autre monde urbain, celui des fossés de l'est du Massif central, en région lyonnaise.

2 - La région urbaine du Sigolénois

Nous pouvons également nous demander, au simple vu de la disposition géographique des centres, s'il n'est pas opportun de regrouper Sainte-Sigolène, Saint-Didier-en-Velay et Monistrol-sur-Loire dans une même unité urbaine (agglomération polynucléaire). A l'étude des données chiffrées et surtout de celles concernant l'équipement tertiaire, nous constatons bien une certaine complémentarité entre les trois unités, même si celle-ci est sûrement plus quantitative que qualitative (même faiblesse de la part des commerces et services anomaux). Cependant, d'autres éléments d'analyse montrent que les relations entre ces trois villes restent fort modestes, ce qui n'est pas le cas dans le cadre d'une agglomération polynucléaire, comme nous avons pu en définir une à Montluçon ou à Nevers.

Nous pouvons, notamment, observer la faiblesse des relations de travail à l'intérieur de la zone. Les échanges représentent, dans tous les cas, moins de 6 % des actifs communaux, soit un total souvent inférieur à celui qui concerne les déplacements de travail de chacune de ces trois communes vers Saint-Etienne (entre 4 et 17 %). En fait, plus de la moitié des résidents ayant un emploi travaille dans leur commune d'appartenance (56 % à Saint-Didier-en-Velay, 57,6 % à Monistrol-sur-Loire, 74,7 % à Sainte-Sigolène). Ces chiffres n'ont rien de surprenant dans une véritable petite région industrielle où la plupart des communes dispose d'une petite et moyenne industrie, assez diversifiée, même si l'activité du plastique domine. Une situation fragilisée depuis l'arrivée de firmes à capitaux étrangers (notamment anglo-koweitiens) qui ont racheté des PME locales, lesquelles obéissent dès lors à des contraintes internationales et non plus locales !

La proximité géographique des trois communes urbaines est pourtant évidente, puisqu'aucune n'est à plus de dix kilomètres de sa voisine la plus éloignée, ceci représentant alors plutôt un argument favorable au regroupement de ces trois unités dans une même entité géographique. Toutefois, les voies de communication qui les relient se limitent à une route départementale, souvent sinueuse, rendant les déplacements mal aisés et matérialisant une véritable coupure rurale entre les trois villes.

Enfin, à l'image de Saint-Just-Malmont, les relations de commerces et de services avec l'agglomération stéphanoise sont très largement prépondérantes et celles internes à nos trois villes (Saint-Didier-en-Velay, Monistrol-sur-Loire et Sainte-Sigolène) restent très limitées[6], conformément aux relations de travail. Pour confirmer la faiblesse des relations intercommunales, on peut prendre l'exemple de l'attraction du nouveau lycée de Monistrol-sur-Loire. Très proche géographiquement (plus que ceux de Saint-Etienne), il attire finalement peu d'élèves de Saint-Didier-en-Velay et de Sainte-Sigolène (ceux-ci ne représentant respectivement que 4,4 % et 8 % de l'effectif total du Lycée)[7]. En fait, la majorité des élèves de ces deux communes fréquente les lycées stéphanois, suivant en cela les habitudes de leurs prédécesseurs qui ne disposaient pas de lycée public à Monistrol. Ils suivent également les habitudes de fréquentation enregistrées pour toutes les autres activités tertiaires. Il est vrai que se pose également un problème de temps dans l'observation des flux, dans la mesure où l'ouverture de ce lycée est très récente (1993). Effectivement, il faut souvent plusieurs années pour que des habitudes de plusieurs décennies puissent réellement être modifiées.

Au total, il est donc évident ici que nous ne nous trouvons pas dans le cas d'une véritable agglomération polynucléaire, telle que l'on a pu l'observer pour Nevers ou Montluçon par exemple. Par contre, il ne fait aucun doute que ces trois unités appartiennent à une région urbaine fortement dominée par Saint-Etienne, puisque l'on retrouve tous les critères pour l'intégration à l'espace stéphanois. En premier lieu, la proximité géographique, puisque la distance la plus importante enregistrée est de vingt-six kilomètres entre Sainte-Sigolène et Saint-Etienne. Chacune des trois villes dispose d'une autonomie en matière d'emplois offerts mais elles entretiennent entre elles, et surtout avec l'agglomération principale, des relations de travail et surtout tertiaires non négligeables, voire fondamentales. Nous les étudierons donc séparément, mais sans oublier qu'elles appartiennent à une région urbaine cohérente commandée par un centre tertiaire de niveau régional (Saint-Etienne) qui représente, également, leur donneur d'ordre économique. Ceci doit amener à prendre en considération plus souvent l'espace urbain stéphanois.

D - Les agglomérations incomplètes, les « villes isolées » de l'INSEE qui sont en réalité des agglomérations

1 - Vichy : une agglomération incomplètement cernée par l'INSEE

Pour Vichy, dès l'abord, deux possibilités de rattachement apparaissent : à savoir, les agglomérations de Vendat et de Saint-Germain-des-Fossés (voir tableau n°7).

**Tab. 7 - Analyse des critères de recomposition
de l'agglomération de Vichy**

	St-Germain des Fossés	Vendat
Nombre d'habitants	4 736	3 855
Distance kilométrique du centre de l'agglomération	13	6
Migrations de travail vers l'agglomération (%)	33,3	40
Pourcentage de la population active travaillant dans la commune	45,2	24
Nombre total d'équipements tertiaires (commerces et services)	134	40
Part des commerces dans le total des équipements tertiaires	45,5	55
Taux d'équipement (nombre de commerces et services/habitant)	1/35	1/96
Nombre de critères favorables au rattachement (base de travail retenue)	5/6	6/6

Sources : INSEE (RGP 1990, « MIRABELLE »1990, « SIRENE »1994)

Pour Vendat, à nouveau, l'analyse des critères objectifs cumulés ne laisse aucune place à l'ambiguïté dans la réponse. Proximité géographique, importance des migrations de travail vers Vichy, absence quasi totale d'autonomie en matière d'emploi, indigence des équipements (un équipement pour 96 habitants !), sont autant de facteurs clairs qui montrent nettement qu'il n'est pas concevable d'isoler cette agglomération de celle de Vichy. Si l'on ajoute qu'il existe dans l'agglomération de Vendat un aéroport (à Charmeil), celui de Vichy naturellement, on se trouve dans le cas type d'une unité urbaine sans réalité autre que purement statistique !

Quant à Saint-Germain-des-Fossés, seule une part plus importante d'actifs travaille sur place (45,2 %), en comparaison de ceux qui migrent vers Vichy (33,3 %), permet de justifier son isolement. Par contre, la proximité géographique (13 km de Vichy, mais moins de 4 km de Creuzier-le-Vieux qui appartient à l'agglomération vichyssoise), la faiblesse de la structure des équipements (quantitative et qualitative) et la présence d'une gare importante qui est aussi en grande partie celle de Vichy, sont autant de facteurs favorables à l'intégration de Saint-Germain-des-Fossés dans l'unité économique et sociale que constitue cette dernière, donc dans son agglomération au sens géographique du terme. Il est ainsi clair que nous devons étudier Saint-Germain-des-Fossés comme partie intégrante de l'agglomération vichyssoise, au même titre que Vendat.

En dehors de ces deux unités urbaines, l'agglomération de Vichy comprend également une série de communes rurales, proches de la commune centre, qui entretiennent avec elle des relations très importantes, tant du point de vue des migrations de travail que de celui de la fréquentation des équipements tertiaires.

Ainsi, l'agglomération de Vichy redéfinie dans sa réalité géographique comprend vingt communes (voir fig. n°6) regroupant 75 951 habitants en 1990. C'est ainsi plus de quatorze mille personnes et onze communes que l'INSEE oublie de comptabiliser dans la réalité urbaine de Vichy. Seules les nouvelles « aires urbaines » parviennent à un chiffre comparable 73 659 habitants, mais pour exprimer toutefois une réalité différente, puisqu'il ne s'agit que d'un simple regroupement de compte, purement basé sur l'emploi, auquel échappe, d'ailleurs, Saint-Germain-des-Fossés !

RECOMPOSITION DES AGGLOMERATIONS DU NORD DU MASSIF CENTRAL

Fig. n° 6 : L'agglomération de Vichy

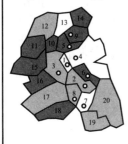

1 : Vichy
2 : Abrest
3 : Bellerive-sur-Allier
4 : Cusset
5 : Creuzier-le-Vieux
6 : Le Vernet
7 : Saint-Yorre
8 : Hauterive
9 : Creuzier-le-Neuf
10 : Charmeil
11 : Vendat
12 : St-Rémy-en-Rollat
13 : St-Germain-des-Fossés
14 : Seuillet
15 : Espinasse-Vozelle
16 : Serbannes
17 : Brugheas
18 : St-Sylvestre-Pragoulin
19 : Mariol
20 : Busset

Fig. n° 7 : L'agglomération de Brive-la-G

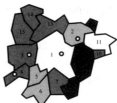

1 : Brive-la-Gaillarde
2 : Malemort-sur-Corrèze
3 : Saint-Pantaléon-de-Larche
4 : Larche
5 : Lissac-sur-Couze
6 : Chasteaux
7 : Noailles
8 : Jugeals-Nazareth
9 : Cosnac
10 : La Chapelle-aux-Brocs
11 : Dampniat
12 : Venarsal
13 : Ussac
14 : Saint-Viance
15 : Varetz

Fig. n° 8 : L'agglomération de Tulle

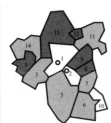

1 : Tulle
2 : Laguenne
3 : Chameyrat
4 : Favars
5 : Ste-Fortunade
6 : Lagarde-Enval
7 : Ladignac-sur-Rondelles
8 : St-Bonnet-Avalouze
9 : Chanac-les-Mines
10 : Marc-la-Tour
11 : Gimel-les-Cascades
12 : Les Angles-sur-Corrèze
13 : Naves
14 : Saint-Mexant

Fig. n° 9 : L'agglomération d'Aurillac

1 : Aurillac
2 : Arpajon-sur-Cère
3 : Roannes-Saint-Mary
4 : Prunet
5 : Vézac
6 : Yolet
7 : Giou-de-Manou
8 : Velzic
9 : Saint-Simon
10 : Naucelles-Reilhac
11 : Jussac
12 : Tessières-de-Cornet
13 : Crandelles
14 : St-Paul-des-Landes
15 : Ytrac
16 : Sansac-de-Marmiesse

Fig. n° 10 : L'agglomération du Puy

Evolution de la population communale
entre 1975 et 1990 (en %) :

de -1 à -40
de 0 à 39
de 40 à 79
Plus de 80

Communes appartenant à
l'agglomération selon l'INSEE

0   10 km

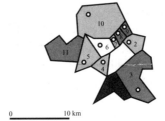

1 : Le Puy
2 : Brives-Charensac
3 : Coubon
4 : Vals-près-le-Puy
5 : Ceyssac
6 : Espaly-St-Marcel
7 : Aiguilhe
8 : Chadrac
9 : Le Monteil
10 : Polignac
11 : Sanssac-l'Eglise
12 : Cussac-sur-Loire

Source : RGP 1990

2 - Les autres agglomérations tronquées par l'INSEE

Dans les lignes qui ont précédé, nous avons privilégié l'observation des cas flagrants d'unités urbaines définies par l'INSEE pour lesquelles nous avons remis en cause une pure approche statistique. En fait, nous avons voulu montrer que la plupart d'entre elles appartenait à la réalité géographique d'agglomérations plus importantes et plus étendues. Dans cette logique, nous avons complété ces dernières par l'ajout de communes (le plus souvent définies comme rurales par l'INSEE) qui étaient à l'évidence des banlieues résidentielles (faiblesse des équipements tertiaires, présence unique d'équipements banaux, proximité géographique, absence d'autonomie en matière d'emploi et forte part des actifs migrants vers l'agglomération de rattachement).

Notre travail de recomposition n'est toutefois pas terminé, dans la mesure où un nombre important d'organismes urbains définis par l'INSEE bénéficient autour d'eux, et sans qu'il s'agisse d'unités urbaines isolées par l'INSEE, de communes, rurales ou non, qui sont en fait de véritables banlieues même si une coupure de plus de deux cents mètres rompt la continuité du bâti entre elles et la commune-mère. Nous revenons, ici, au problème général de départ, à savoir le besoin de redéfinir les bases même du travail de l'INSEE. En appliquant nos critères à l'ensemble du lot urbain, nous pouvons proposer une nouvelle lecture de la carte urbaine du nord du Massif central en recomposant les unités géographiques réelles. Plusieurs cas de figure existent.

a - Des agglomérations à compléter

Il en est ainsi de plusieurs agglomérations dont celle de Brive-la-Gaillarde qui comprend, selon l'INSEE, quatre communes et 61 049 habitants. En réalité, nous trouvons, selon nos critères, quinze communes pour un total de 72 232 habitants (voir fig. n°7). De même, à Tulle, nous devons ajouter aux trois communes de l'agglomération, définie en fonction de la simple continuité du bâti, pas moins de 11 autres qui appartiennent à son unité géographique (voir fig. n°8). La préfecture corrézienne se retrouve ainsi avec 28 793 âmes.

De son côté, la préfecture cantalienne ne se contente pas de s'étaler sur deux communes (Aurillac et Arpajon-sur-Cère), puisqu'il y en a, en fait, quatorze qui entretiennent suffisamment de relations étroites, et notamment des migrations pendulaires, avec elle pour être considérées comme des banlieues. Ainsi avec seize communes, l'agglomération d'Aurillac comprend-elle 50 757 habitants (voir fig. n°9).

Le Puy gagne deux communes par rapport à l'agglomération définie par l'INSEE qui en comprend déjà dix. L'ensemble regroupe alors 45 640 habitants (voir fig. n°10).

La préfecture du Bourbonnais (Moulins) s'étale sur dix-neuf communes et atteint un chiffre de 54 034 personnes (voir fig. n°11).

Mais des agglomérations plus modestes, quant à leur taille démographique, doivent être également redéfinies. Ainsi Issoire, à laquelle l'INSEE accorde sur deux communes (Issoire et Perrier) 14 302 habitants, regroupe en fait 20 571 personnes sur dix-neuf communes (voir fig. n°12). Et la réalité géographique de Mauriac nous impose de lui inclure la commune de Chalvignac et ses cent vingt-neuf habitants, portant le total démographique de l'agglomération à cinq mille deux cent seize habitants.

b - Des agglomérations « oubliées »

Une série de « villes isolées » selon l'INSEE sont en fait des agglomérations dès lors que l'on veut bien s'intéresser aux relations qui existent entre elles et les différentes communes qui les entourent, et non pas s'en tenir aux seuls critères spatiaux, comme la continuité du bâti. Nous trouvons dans ce cas Ussel qui, avec huit communes, regroupe 13 483 habitants (voir fig. n°13), Aubusson et ses cinq voisines pour un total de 6 698 habitants (voir fig. n°14), Guéret avec treize communes et 22 733 habitants (voir fig. n°15), Saint-Junien : trois communes et 12 932 habitants (voir fig. n°16), Saint-Flour : six communes et 10 285 habitants (voir fig. n°17) et, enfin, Brioude avec cinq communes et 9 360 habitants (voir fig. n°18).

c - Des « villes isolées » à regrouper ?

D'autres recompositions, ou associations de « villes isolées » ou agglomérations de l'INSEE, peuvent encore s'effectuer. Nous trouvons dans ce cas les deux unités urbaines de La Bourboule et du Mont-Dore, dans le Puy-de-Dôme, celles de Varennes-sur-Allier et Saint-Pourçain-sur-Sioule dans le département de l'Allier et enfin le trio : La Machine, Decize et Cercy-la-Tour (même si le profil économique de ces dernières est sensiblement différent), dans le département de la Nièvre.

RECOMPOSITION DES AGGLOMERATIONS DU NORD DU MASSIF CENTRAL

Fig. n°11 : L'agglomération de Moulins

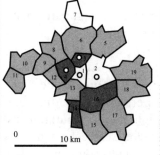

1 : Moulins
2 : Yzeure
3 : Avermes
4 : Neuvy
5 : Gennetines
6 : Trévol
7 : Aurouer
8 : Montilly
9 : Marigny
10 : Saint-Menoux
11 : Autry-Issards
12 : Coulandon
13 : Bressolles
14 : Chemilly
15 : Bessay-sur-Allier
16 : Toulon-sur-Allier
17 : Neuilly-le-Réal
18 : Montbeugny
19 : Lusigny

0   10 km

Fig. n° 13 : L'agglomération d'Ussel

1 : Ussel
2 : Saint-Fréjoux
3 : Chaveroche
4 : Saint-Angel
5 : Mestes
6 : St-Exupéry-les-Roches
7 : Saint-Pardoux-le-Neuf
8 : Lignareix

0   15 km

Fig. n° 12 : L'agglomération d'Issoire

1 : Issoire
2 : Perrier
3 : Parentignat
4 : Broc
5 : Bergonne
6 : Solignat
7 : Meilhaud
8 : St-Cirque-sur-Couze
9 : Saint-Vincent
10 : Chidrac
11 : Sauvagnat-Ste-Marthe
12 : Saint-Yvoine
13 : Orbeil
14 : Flat
15 : Brenat
16 : Varennes-sur-Usson
17 : Pradeaux
18 : St-Rémy-de-Chargnat
19 : Usson

0   10 km

Fig. n° 14 : L'agglomération d'Aubusson

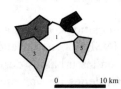

1 : Aubusson
2 : Saint-Amand
3 : St-Marc-à-Frongier
4 : Blessac
5 : St-Pardoux-le-Neuf

0   10 km

Evolution de la population communale entre 1975 et 1990 (en %) :

de -1 à -40
de 0 à 39
de 40 à 79
Plus de 80

○ Communes appartenant à l'agglomération selon l' INSEE

Source : RGP 1990

RECOMPOSITION DES AGGLOMERATIONS
DU NORD DU MASSIF CENTRAL

Fig. n° 15 : L'agglomération de Guéret

1 : Guéret
2 : Sainte-Feyre
3 : Saint-Fiel
4 : St-Sulpice-le-Guérétois
5 : St-Léger-le-Guérétois
6 : La Chapelle-Taillefer
7 : St-Christophe
8 : St-Victor-en-Marche
9 : Savennes
10 : Peyrebout
11 : La Saunière
12 : St-Laurent
13 : Glénic

0   10 km

Fig. n°16 : L'agglomération de St-Junien

1 : Saint-Junien
2 : Chaillac-sur-Vienne
3 : Saint-Brice-sur-Vienne

0   15 km

Fig. n° 17 : L'agglomération de St.-Flour

1 : Saint-Flour
2 : Saint-Georges
3 : Villedieu
4 : Coren
5 : Andelat
6 : Roffiac

0   10 km

Fig. n° 18 : L'agglomération de Brioude

1 : Brioude
2 : Vieille-Brioude
3 : Saint-Laurent-Chabreuges
4 : Paulhac
5 : Beaumont

Fig. n° 19 : L'agglomération de Thiers

1 : Thiers
2 : Peschadoire
3 : La Monnerie-Le Montel
4 : St-Rémy-s/Durolle
5 : Escoutoux
6 : St-Jean-d'Heurs
7 : Orléat
8 : Dorat

Evolution de la population communale
entre 1975 et 1990 (en %) :

de -1 à -40
de   0 à 39
de 40 à 79
Plus de   80

o   Communes appartenant à
    l'agglomération selon l'I.N.S.E.E.

0   15 km

Source : RGP 1990

- 49 -

Effectivement, la première des trois est une unité monofonctionnelle née de l'exploitation du charbon, alors que les deux autres, plus anciennes, sont plus tertiaires et plus évoluées quant à leurs équipements.

Dans le cas de la Haute vallée de la Dordogne, La Bourboule et le Mont-Dore entretiennent des relations assez limitées en matière d'emploi et de fréquentation des commerces et des services. Ceci s'explique, notamment, par le fait qu'elles présentent une structure d'équipements assez comparable (même si celle de La Bourboule est plus étoffée). Les commerces et services présents sont surtout en rapport avec leur fonction thermale et touristique (forte prépondérance des commerces, hôtels et restaurants). Ainsi, nous serions tentés, au premier abord, de maintenir ces deux communes séparées. Toutefois, force est de constater que les critères précédemment établis ne sont pas pertinents dès lors que l'on s'intéresse aux cas, peu fréquents dans le nord du Massif central, de villes à fonctions dominantes type, en l'occurrence ici le thermalisme et le tourisme. Ainsi, si nous ajoutons à la proximité géographique une réelle unité culturelle qui se traduit par la présence de nombreux équipements communs, par exemple dans le secteur des loisirs (piscine, patinoire, notamment), il semble fort raisonnable d'étudier ces deux villes comme un seul organisme urbain, en l'occurrence une agglomération.

Pour les deux unités urbaines de l'Allier, nous retrouvons également l'argument de la faiblesse des relations de travail entre les deux communes. En ce qui concerne les commerces et les services, elles sont largement tournées vers Moulins pour l'une ou Vichy pour l'autre et s'ignorent en grande partie. Si on ajoute à cela qu'elles sont situées sur deux axes de communication parallèles (RN9-RN7), et sur les deux rives opposées de l'Allier, il ne fait guère de doute que nous sommes bel et bien en présence de deux unités urbaines indépendantes ayant leur propre vie. Elles apparaissent alors comme une exception, un héritage du passé, tant historique que géographique, des villes doublets à l'indépendance culturelle marquée.

Pour le trio de la Nièvre, la tentation est grande de voir une agglomération tripolaire, d'autant plus que les relations de travail sont bien plus importantes que dans les deux cas précédents. Malgré tout, les trois communes bénéficient d'une large autonomie en matière d'emploi (forte part des actifs travaillant dans leur commune d'origine) et regardent prioritairement vers Nevers en matière de fréquentation des commerces et des services. En fait, les relations qu'elles entretiennent entre elles restent marginales, d'autant plus qu'elles n'ont aucun lien économique. Elles n'ont notamment aucune tradition industrielle en commun. Ces trois communes seront donc étudiées séparément.

3 - La Monnerie-le-Montel et Courpière : des éléments de l'agglomération thiernoise ?

Une forte proximité géographique, une structure d'équipements insuffisante quantitativement (1 équipement pour 41 habitants) et qualitativement permettent nettement d'inclure La Monnerie-le-Montel dans l'agglomération de Thiers et ceci malgré une forte autonomie en matière d'emploi (66,6 % de la population travaillent sur place). Les chiffres limités de flux pendulaires et l'importance des actifs travaillant sur place indiquent la présence d'une industrie locale entretenant une fausse illusion d'autonomie. La Monnerie n'est qu'un élément de la fabrication coutelière thiernoise, elle suit d'ailleurs ses reconversions actuelles, et ne dispose, en fait, d'aucune indépendance économique. Les mêmes secteurs industriels (plasturgie, travail des métaux) se retrouvent désormais à La Monnerie et à Thiers, constituant ainsi, bel et bien, une seule entité économique (voir tableau n°8).

Tab. 8 - Analyse des critères de recomposition de l'agglomération thiernoise

	La Monnerie-le-Montel	Courpière
Nombre d'habitants	4 633	4 677
Distance kilométrique du centre de l'agglomération	6	15
Migrations de travail vers l'agglomération (%)	26,3	5
Pourcentage de la population active travaillant dans la commune	66,6	74,3
Nombre total d'équipements tertiaires (commerces et services)	111	214
Part des commerces dans le total des équipements tertiaires	34,2	57,3
Taux d'équipement (nombre de commerces et services/habitant)	1/41	1/22
Nombre de critères favorables au rattachement (base de travail retenue)	3/6	2/6

Sources : INSEE (RGP 1990, « MIRABELLE » 1990, « SIRENE » 1994)

La proximité géographique de Courpière peut également nous amener à poser le problème de son intégration à l'agglomération thiernoise. Toutefois, l'analyse des critères géographiques adoptés montre l'existence d'une réelle autonomie. En effet, celle-ci est très forte en matière d'emploi, puisque plus de trois actifs sur quatre travaillent sur place et que moins de 5 % d'entre eux migrent quotidiennement vers Thiers. De plus, si la structure d'équipements tertiaires est très largement dominée par les commerces banaux, le taux d'équipement est nettement supérieur à celui que l'on peut observer dans les communes que l'on a généralement intégrées dans les agglomérations redéfinies. Cependant, il est évident que Courpière entretient des relations privilégiées avec Thiers (commerces et services notamment aux entreprises). De plus, comme La Monnerie-Le Montel, elle appartient, en fait, à la même unité économique (le bassin coutelier thiernois). Ceci nous amène à considérer Courpière comme une ville-satellite de Thiers dont nous étudierons isolément les composantes démographiques, industrielles et tertiaires. La présence de l'ex-société Couzon qui travaille l'acier inoxydable et emploie sur place et dans les environs près de deux cent cinquante personnes est un beau témoignage de ce lien économique fort avec la tradition thiernoise.

Mais l'agglomération thiernoise ne s'arrête pas à l'intégration de cette unité urbaine. En effet, un certain nombre de communes proches ne sont également que des banlieues résidentielles. Thiers est ainsi à la tête d'une agglomération de huit communes (voir fig. n°19) abritant 24 994 âmes, à laquelle il faut ajouter une ville satellite de 4 677 habitants

Ainsi, avons nous effectué une remise en question des choix de l'INSEE. Nous pouvons ainsi dénombrer trente agglomérations contre les trente-quatre définies par l'INSEE (voir tableau n°9 et fig. n°20). En fait, plusieurs d'entre elles ne recouvrent aucune réalité géographique et appartiennent à une agglomération proche et de plus grande taille démographique.

En définitive, et surtout, la prise en compte de l'ensemble des communes de banlieue des différentes agglomérations explique que la population vivant dans celles-ci soit plus importante (avec 1 268 276 hab.) que celle dénombrée par l'INSEE, qui ne représente que 990 440 hab. C'est ainsi 277 836 urbains qui étaient considérés comme ruraux, périurbains ou enfin appartenant à une « ville isolée » qui sont en réalité bien urbains et appartiennent même souvent à la trame supérieure de l'urbanisation. C'est donc l'équivalent d'une métropole régionale comme Limoges qui manquait aux comptes !

En ce qui concerne les unités urbaines ne comprenant qu'une seule commune, le nombre d'entre elles, réellement justifié par la réalité géographique, a été réduit à trente-neuf, au lieu des cinquante-neuf de l'INSEE (voir tableau n°9 et fig. n°20). Vingt « villes isolées » ne sont en

Tab. 9 - Villes et agglomérations du nord du Massif central

Agglomération	Hab.	Département	Ville*	Hab.	Département
Clermont-Ferrand	356 791	Puy-de-Dôme	Monistrol-sur-Loire	9 141	Haute-Loire
Limoges	213 383	Haute-Vienne	St-Yrieix-la-Perche	7 558	Haute-Vienne
Nevers	88 481	Nièvre	Ambert	7 424	Puy-de-Dôme
Montluçon	82 282	Allier	Sainte-Sigolène	6 779	Haute-Loire
Vichy	75 951	Allier	Yssingeaux	6 120	Haute-Loire
Brive-la-Gaillarde	75 232	Corrèze	Gannat	5 924	Allier
Moulins	54 034	Allier	La Souterraine	5 459	Creuse
Aurillac	50 757	Cantal	St-Pourçain/Sioule	5 168	Allier
Le Puy	45 640	Haute-Loire	Varennes/Allier	5 036	Allier
Tulle	28 793	Corrèze	St-Léonard-de-Noblat	5 024	Haute-Vienne
Thiers	24 994	Puy-de-Dôme	Lezoux	4 818	Puy-de-Dôme
Guéret	22 700	Creuse	Courpière	4 677	Puy-de-Dôme
Issoire	20 571	Puy-de-Dôme	Egletons	4 487	Corrèze
Ussel	13 481	Corrèze	Bort-les-Orgues	4 208	Corrèze
Cosne-Cours-sur-Loire	13 201	Nièvre	Langeac	4 196	Haute-Loire
Saint-Junien	12 932	Haute-Vienne	La Machine	4 194	Nièvre
Saint-Flour	10 285	Cantal	Billom	3 988	Puy-de-Dôme
Brioude	9 360	Haute-Loire	Rochechouart	3 895	Haute-Vienne
Decize	9 057	Nièvre	Objat	3 868	Corrèze
St-Eloy-les-Mines	7 072	Puy-de-Dôme	Dompierre/Besbre	3 807	Allier
Aubusson	6 698	Creuse	Bourganeuf	3 386	Creuse
La Charité-sur-Loire	6 416	Nièvre	Riom-ès-Montagnes	3 221	Cantal
Bellac	6 060	Haute-Vienne	Argentat	3 190	Corrèze
La Bourboule-Le Mt-D.	5 875	Puy-de-Dôme	Dunières	3 009	Haute-Loire
Clamecy	5 528	Nièvre	Craponne-sur-Arzon	3 006	Haute-Loire
Mauriac	5 216	Cantal	Chambon-sur-Lignon	2 854	Haute-Loire
Lapalisse	4 445	Allier	Uzerche	2 813	Corrèze
St-Georges-de-Mons	4 362	Puy-de-Dôme	Meymac	2 797	Corrèze
Brassac-les-Mines	3 883	Puy-de-Dôme	Puy-Guillaume	2 634	Puy-de-Dôme
St-Didier-en-Velay	3 796	Haute-Loire	Prémery	2 603	Nièvre
Total agglomérations	1 267 276	ALN**	Aigueperse	2 537	Puy-de-Dôme
			Château-Chinon (ville)	2 503	Nièvre
			Cosne-d'Allier	2 453	Allier
			Eymoutiers	2 442	Haute-Vienne
			Luzy	2 428	Nièvre
			Murat	2 410	Cantal
			Cercy-la-Tour	2 259	Nièvre
			Le Dorat	2 205	Haute-Vienne
			Felletin	2 196	Creuse
			Total villes	156 717	ALN**

* Villes : il s'agit des unités urbaines ne comprenant qu'une commune.
** ALN : Auvergne-Limousin-Nivernais.
Source : Recomposition personnelle, d'après RGP 1990

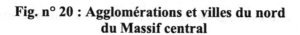

Fig. n° 20 : Agglomérations et villes du nord du Massif central

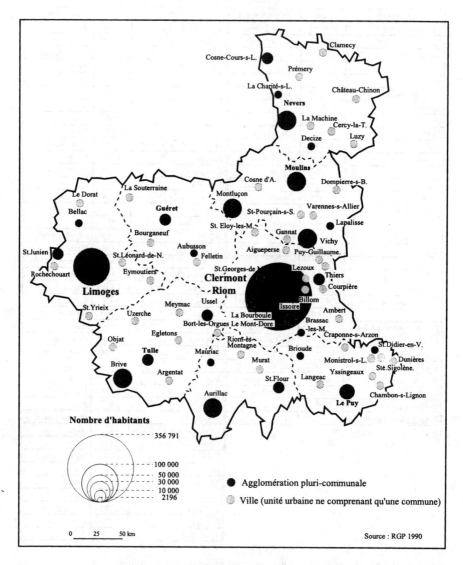

fait que des communes de banlieue, comme La Roche-Blanche, Orcet, Vic-le-Comte pour Clermont-Ferrand. Aussi, le nombre total d'habitants qui vit réellement dans ce type d'unités urbaines (156 717) est-il moins important que celui issu des définitions de l'INSEE (269 437). Il y a donc, en fait, 112 720 personnes qui appartiennent à une agglomération déjà constituée.

Enfin, si l'on fait le total général, réel, des urbains, on arrive au chiffre de 1 411 512. On observe alors un gain net de 151 635 habitants par rapport aux résultats de l'INSEE. C'est alors 62 % de la population du nord du Massif central qui appartient au monde urbain, chiffre balayant ainsi une injustifiable réputation de ruralité et de retard dans le cadre français, même si les standards de concentration ne sont pas tout à fait ceux du niveau national !

En conclusion de ce chapitre, plusieurs idées clefs peuvent être mises en avant. La première est que nous sommes bel et bien en présence d'un espace individualisé, homogène, dont la personnalité se dégage nettement par rapport au reste du Massif central (en particulier le sud). En effet, doté d'une belle unité physique, il en est aussi la partie la plus « développée » économiquement par ses industries, son tourisme, son agriculture....

Deuxièmement, le Massif central, dans sa totalité, est souvent considéré comme partie intégrante de la France du « vide », à l'écart des grandes concentrations urbaines qui, en dehors de Paris, sont plutôt périphériques à l'échelle de notre hexagone. Cette idée est largement appuyée sur des résultats statistiques qui montrent dans cette partie centrale de la France des taux d'urbanisation particulièrement faibles (bien en deçà de la moyenne française), où le monde rural concentre encore près de la moitié de la population, et ce dans une civilisation européenne très largement urbaine ! Mais, nous l'avons vu, ce « déficit » urbain, apparent, du nord du Massif central, est en grande partie le résultat d'un réel « déficit » de critères rigoureux, géographiques, adaptés à la réalité urbaine de la fin de ce siècle. En effet, au nom de la « sacro-sainte » continuité du bâti (notion mise en place dans l'immédiat après guerre !), les statisticiens de l'INSEE considèrent comme rurales des communes quasi totalement habitées par des urbains ! En effet, celles-ci se trouvent à proximité immédiate de la commune-centre d'une grande agglomération, à laquelle elles sont d'ailleurs parfaitement bien reliées (voie express, autoroute, train de banlieue...). Elles sont dépourvues, ou presque, de commerces et de services, d'emplois sur place, impliquant des déplacements massifs, quotidiens vers l'agglomération proche, et enfin, elles ont accueilli, depuis vingt ans au moins, la déconcentration des populations urbaines. Aujourd'hui encore, ces communes sont exclues des statistiques urbaines ! Nous l'avons vu, les exemples de ce type d'aberration ne manquent pas au nord du Massif central (voir, par exemple, les cas d'Orcet, La Roche-Blanche pour Clermont-Ferrand ou Aixe-sur-Vienne pour Limoges).

En fait, si nous appliquons des critères géographiques à la définition des « villes », le nord du Massif central est bel et bien un espace géographique très majoritairement urbanisé (avec plus de 6 citadins pour 10 habitants), et intègre parfaitement la France urbaine. Dans celle-ci, notre zone d'étude n'a plus rien de marginal, de spécifique, même si les taux sont quelque peu inférieurs à ceux des grandes concentrations urbaines de la région parisienne, du Nord ou de la côte méditerranéenne, par exemple. L'idée communément admise de l'opposition entre une France urbanisée qui est celle de la périphérie du territoire national (Bassin parisien, régions littorales) et une France rurale, sous-urbanisée, « vide », qui est celle du centre, est largement remise en cause par l'analyse géographique des « villes » (et non statistique, au sens de l'INSEE).

Il serait, sans aucun doute, plus judicieux d'opposer une France des grandes concentrations urbaines qui reste largement périphérique géographiquement, et une France de la « dispersion » urbaine où la ville est plus espacée sur un territoire donné, mais bien présente, permettant en cela, probablement, un encadrement plus équilibré du territoire. C'est pourquoi, nous allons maintenant, dans un deuxième chapitre, mesurer précisément la réalité de la présence urbaine sur le nord du Massif central, les possibilités et facilités d'accès des habitants à la « ville ». De même, dans la mesure où notre espace d'étude ne présente, finalement, aucune spécificité marquée, aucun retard réel, en termes d'importance de l'urbanisation, la particularité de celui-ci se marque-t-elle, peut-être, dans l'évolution démographique des unités urbaines ?

Chapitre 2

DES VILLES QUI OCCUPENT
PARFAITEMENT L'ESPACE

La bordure nord du Massif central est souvent considérée comme un espace fragilisé par la carence de son urbanisation. Toutefois, dans le chapitre précédent, nous avons montré que les limites généralement données aux agglomérations (surtout par l'INSEE) étaient trop restrictives pour prendre l'exacte mesure du phénomène urbain. En effet, les statisticiens de l'INSEE omettent, dans leur définition de la ville, de nombreuses communes de banlieue où se trouve, bien souvent, l'essentiel de la dynamique urbaine aujourd'hui. C'est pourquoi, après avoir redonné aux agglomérations leurs limites réelles, nous proposons maintenant de mesurer scientifiquement la présence urbaine au nord du Massif central, ainsi que sa dynamique, notamment démographique.

I - UN SEMIS URBAIN RÉGULIER

Si nous partons d'une carte de localisation des unités urbaines, nous constatons une excellente répartition spatiale de ces dernières (voir fig. n°20), avec simplement un espacement des villes en relation avec les densités de population. Mais c'est en fait, largement, la masse de population urbaine qui fait la différence entre plaines et plateaux ou moyennes montagnes. En effet, logiquement, les plus grandes villes sont dans les espaces bas, alors que les petites sont souvent les seules présentes dans les zones les plus hautes. Alors, nous pouvons distinguer les espaces à plus forte présence d'organismes urbains, s'opposant aux régions où la ville se fait plus rare. Mais aucun secteur, même montagnard, n'échappe à la présence urbaine.

A - Méthodologie

1 - Trois approches géographiques de la réalité du phénomène urbain

Pour apprécier scientifiquement l'importance de la présence urbaine sur la bordure nord du Massif central, trois approches seront effectuées successivement. Dans un premier temps, nous partirons des taux d'urbanisation[8] calculés selon les régions géographiques. Le but est de corriger les présentations faites par l'INSEE, données par départements et régions de programme, soit un cadre administratif peu souple et peu conforme à la réalité.

Ensuite, nous évaluerons le nombre de villes par unité de référence rapporté à mille kilomètres carrés. Ceci nous permettra de mieux cerner la densité des villes dans chacun de nos espaces régionaux et de comparer celle-ci avec la moyenne française. Nous pourrons ainsi apprécier le décalage, existant ou non, entre la situation du nord du Massif central et celle concernant la France dans son ensemble.

Enfin, nous calculerons la distance moyenne d'accès à une unité urbaine, quelle que soit sa taille démographique. Nous prendrons ici comme unité de référence, comme lieu de départ, le chef-lieu de canton qui présente au moins deux avantages. Tout d'abord il a, la plupart du temps, une position centrale par rapport au canton, mais également il regroupe, en général, la plus forte part de la population cantonale. Ainsi, nous pourrons obtenir l'image de la situation de la majorité de la population d'un canton donné vis-à-vis de l'accès, en termes de distance, à une unité urbaine.

2 - Le choix des espaces géographiques à étudier

Les différentes régions géographiques, que nous avons retenues, sont délimitées sur la fig. n°21 et présentées par le tableau n°10. Nous avons choisi des espaces géographiques classiques qui présentaient un profil topographique, historique et économique connu[9], comme les plateaux, les plaines ou les ensembles de moyenne montagne. Chacun d'entre eux a été ensuite recomposé à base de cantons. La population et la superficie de ceux-ci, indiquées dans le recensement général de la population, nous permettent de calculer avec une précision relativement satisfaisante le nombre de kilomètres carrés de chaque région géographique, ainsi que son nombre d'habitants. Il suffit ensuite de comptabiliser le nombre de villes ou agglomérations présentes dans chacune d'entre elle, et leur nombre d'habitants, pour obtenir le taux d'urbanisation et la densité des villes. Pour ce qui est du calcul de la distance entre le chef-lieu de canton et l'unité urbaine la plus proche, il a été effectué à partir d'une carte IGN au 250 000e.

n° (voir fig. n°21)	Régions géographiques	Superficie totale (km²)	Nb d'hab.	Densité (en km²)	Nb d'unités urbaines	Nom des villes	Nb de ville pour 100 km²	Pop. urbaine totale	Taux d'urbanisation
1	Yssingelais, Sigolenois, bassin du Puy	1 804,5	129 615	71,8	9 (dont 2 appartenant à St-Étienne)	Aure/L., St-Just-M., St-Didier-en-V., Monistrol/L., Ste-Sigolène, Dunières, Yssingeaux, Chambon/L., Le Puy	0,4/100	82 654	63,8
2	Margeride cantalienne, Aubrac, Châtaignerale, Xaintrie	3 006	96 415	32,1	1	Aurillac	0,02/100	50 757	52,6
3	Mézenc, Devès, Margeride (Haute-Loire)	1 438	27 668	19,2	1	Langeac	0,06/100	4 196	15,2
4	Monts du Cantal, Artense - Monts Dores, Monts-Dômes, Cézallier	4 265,4	104 317	24,4	6	Bort-les-O., La Bourboule/Le Mont-Dore, Mauriac, Riom-es-M., Murat, Saint-Flour	0,1/100	31 215	29,9
5	Plateau de la Combraille	3 123,4	72 030	23,1	2	Saint-Éloy-les-Mines, Saint-Georges-de-Mons	0,06/100	11 434	15,9
6	Les Limagnes, la Vallée de la Dore	5 454,6	630 138	115,5	14	St-Pourçain/S., Gannat, Vichy, Aigueperse, Puy-Guillaume, Thiers, Lezoux, Courpière, Billom, Ambert, Clermont-Riom, Brassac-les-M., Brioude, Issoire	0,3/100	526 650	83,5
7	Plateau de la Chaise-Dieu, Livradois-Forez (versant ouest)	1 555,8	33 612	21,6	1	Craponne-sur-Arzon	0,06/100	3 006	8,9
8	Montagne du Limousin, Plateau de Millevaches	2 500,2	46 280	18,5	4	Ussel, Meynac, Eymoutiers, Felletin	0,16/100	18 885	40,8
9	Bassin de Brive, Plateaux du Sud-Ouest, Plateaux de la Vienne	6 808,7	480 057	70,5	12	Argentat, Egletons, Brive, Tulle, Uzerche, Objat, Saint-Yrieix, Saint-Léonard, Limoges, Rochechouart, Saint-Junien, Bellac	0,18/100	368 235	76,7
10	Plateaux du nord du Limousin (Marche, Basse-Marche)	4 291,1	128 961	30	5	Aubusson, Guéret, Le Dorat, La Souterraine, Bourganeuf	0,11/100	40 481	31,3
11	Bocage bourbonnais et bassin du Cher	2 748,3	179 187	65,2	3	Cosne-d'Allier, Montluçon, Moulins	0,1/100	138 769	77,4
12	Sologne bourbonnaise	2 442,8	54 467	22,3	4	Cercy-la-Tour, Varennes/A., Lapalisse, Dompierre/B.	0,16/100	15 547	28,5
13	Val de Loire nivernais	1 744,1	153 789	88,2	4	Decize, Nevers, La Charité/L., Cosne-Cours/L.	0,2/100	117 158	76,2
14	Bazois, Haut nivernais, Puisaye	3 237,5	63 802	19,7	3	La Machine, Prémery, Clamecy	0,09/100	12 325	19,3
15	Le Morvan nivernais	1 319,1	22 720	17,2	2	Château-Chinon, Luzy	0,16/100	4 931	21,7
Total	Bordure nord du Massif central	45 739,5	2 223 058*	48,6	69		0,13/100	1 426 243	64,1

*Certains cantons à la limite de plusieurs régions n'ont pas été comptabilisés, ceci explique le décalage de ce total, pour le nord du Massif central, avec la population réelle qui est de 2 277 292 hab.

Source : RGP 1990

Tab. 10 - Importance de la présence urbaine dans les différentes régions géographiques du nord du Massif central

Fig. n°21 : Les taux d'urbanisation dans les différentes régions géographiques du nord du Massif central

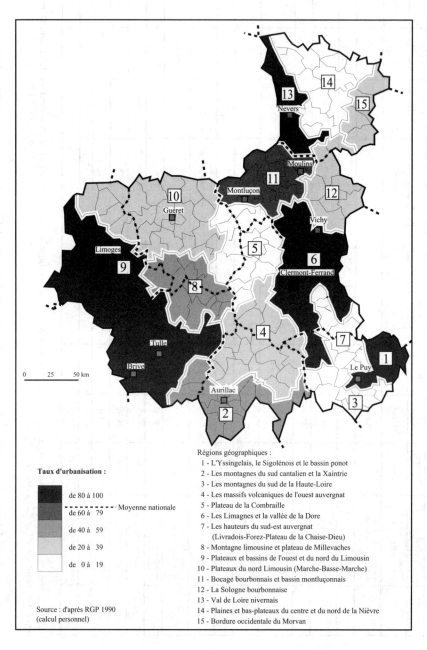

Taux d'urbanisation :

de 80 à 100
- - - - - - - Moyenne nationale
de 60 à 79
de 40 à 59
de 20 à 39
de 0 à 19

Source : d'après RGP 1990
(calcul personnel)

Régions géographiques :
1 - L'Yssingelais, le Sigolénois et le bassin ponot
2 - Les montagnes du sud cantalien et la Xaintrie
3 - Les montagnes du sud de la Haute-Loire
4 - Les massifs volcaniques de l'ouest auvergnat
5 - Plateau de la Combraille
6 - Les Limagnes et la vallée de la Dore
7 - Les hauteurs du sud-est auvergnat
    (Livradois-Forez-Plateau de la Chaise-Dieu)
8 - Montagne limousine et plateau de Millevaches
9 - Plateaux et bassins de l'ouest et du nord du Limousin
10 - Plateaux du nord Limousin (Marche-Basse-Marche)
11 - Bocage bourbonnais et bassin montluçonnais
12 - La Sologne bourbonnaise
13 - Val de Loire nivernais
14 - Plaines et bas-plateaux du centre et du nord de la Nièvre
15 - Bordure occidentale du Morvan

3 - Les objectifs

Cette étude a trois finalités importantes. La première est de vérifier si le terme souvent employé de « France du vide » ou de « diagonale aride » correspond à une réalité, en matière urbaine, pour la totalité de l'espace nord du Massif central, ou si, au contraire, elle représente une simplification abusive.

Deuxièmement, nous voulons vérifier et mesurer précisément la situation de plus ou moins grand isolement supposé des différentes régions géographiques de notre espace d'étude vis-à-vis du fait urbain. Enfin, nous souhaitons déterminer les caractéristiques du semis urbain, dans la mesure où les taux d'urbanisation peuvent cacher des cas de figure différents, voire extrêmes, comme la présence d'une seule ville, mais de grande taille, sur un espace étendu et peu peuplé dans son ensemble. Ainsi, en cas de semis très lâche, même avec un taux qui peut être assez élevé, l'accès à la ville, pour un nombre important de personnes, peut s'avérer problématique de par l'éloignement relatif à l'unité urbaine.

B - Les espaces à forte présence urbaine.

1 - Des taux d'urbanisation supérieurs à la moyenne française

Dans les faits, les taux d'urbanisation régionaux (au sens géographique) varient sur l'ensemble du nord du Massif central entre 8 % et 95 % ! (voir tableau n°10 et fig. n°21). Ainsi, nous avons, bel et bien, à l'échelle de notre espace d'étude, des régions fortement urbanisées avec des pourcentages qui n'ont rien à envier aux pays de l'Europe du nord (Pays-Bas, Belgique, Allemagne).

Nous trouvons ainsi des taux supérieurs à la moyenne nationale officielle (75 %, celle-ci étant d'ailleurs minorée par l'INSEE) dans quatre régions géographiques : le Val de Loire nivernais, les plateaux de l'ouest du Limousin et le bassin de Brive, le Bocage bourbonnais et la vallée du Cher et enfin les Limagnes et la vallée de la Dore. Elles représentent un peu plus du tiers de la superficie totale (37 %) et regroupent plus des trois-quarts des citadins (80 %). Nous trouvons dans ces régions trente-trois des soixante-deux villes que compte le nord du Massif central. Si nous ajoutons à cet ensemble l'Yssingelais, qui avec 64 % d'urbains a un taux proche de la moyenne de la zone d'étude

(Auvergne, Limousin, Nivernais), nous avons alors près de 90 % de la population urbaine sur 41 % de la superficie seulement, et 70 % des villes ou agglomérations.

Ces régions fortement urbanisées appartiennent, pour l'essentiel, aux espaces de faible altitude, centrés sur les principaux couloirs de circulation. Les chiffres sont sûrement plus surprenants pour les plateaux de l'ouest du Limousin qui, avec 76,7 % d'urbains, présentent un taux d'urbanisation conforme à la moyenne nationale. Ceci renverse bien des images désuètes de ruralité exacerbée ! Il est toutefois évident que ce chiffre cache de profondes inégalités entre l'axe de la Corrèze (suivi par la RN89) et la région limougeaude, qui concentrent l'essentiel des villes et donc des urbains, d'une part, et les plateaux qui les encadrent et qui n'ont pratiquement aucune unité urbaine, d'autre part.

2 - Des unités urbaines rapprochées (voir fig. n°22)

Dans les régions précédemment citées, la ville ou agglomération est omniprésente. Effectivement, il ne faut jamais faire plus de vingt kilomètres maximum à partir d'un chef-lieu de canton pour en trouver une. Ainsi, nous voyons se dessiner de véritables couloirs urbains où les villes sont proches les unes des autres et où l'espace peuplé environnant n'est jamais éloigné d'une ville ou agglomération. Ceci est particulièrement net autour des deux métropoles régionales (Limoges et Clermont-Riom), au sud du Bourbonnais entre Montluçon et Vichy, dans le sud-ouest de la Corrèze entre Brive, Tulle et Argentat, axe se prolongeant au nord jusque vers Ussel, dans l'Yssingelais-Sigolénois encore. Enfin, comme une épine dorsale excentrée vers l'est, nous trouvons un espace linéaire à forte présence urbaine depuis Langeac au sud jusqu'à Cosne-Cours-sur-Loire au nord, suivant la vallée de l'Allier, puis celle de la Loire dans le Nivernais. Nous retrouvons, ici, une nouvelle fois, les principales régions de faible altitude, plaines ou bas-plateaux, et surtout les principaux couloirs de circulation comme la vallée de la Corrèze ou l'axe du Val d'Allier (ensemble de bassins et plaines d'effondrement centrés sur la rivière Allier) prolongé au nord par la Loire.

3 - Des densités de villes conformes à la moyenne nationale (voir fig. n°23)

Ces espaces qui disposent de forts taux d'urbanisation, et d'une présence spatiale notable de la ville, bénéficient également d'un semis

Fig. n°22 : L'accès à la ville
sur la frange nord du Massif central

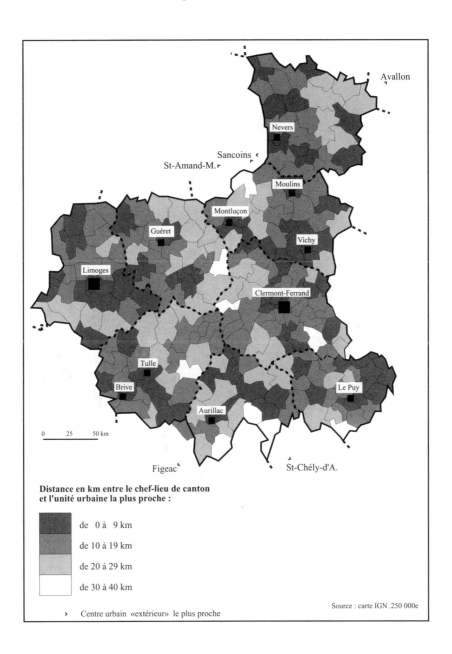

Avallon

Nevers

Sancoins
St-Amand-M.

Moulins

Montluçon

Guéret

Vichy

Limoges

Clermont-Ferrand

Tulle

Brive

Le Puy

Aurillac

0   25   50 km

Figeac

St-Chély-d'A.

**Distance en km entre le chef-lieu de canton
et l'unité urbaine la plus proche :**

de 0 à 9 km

de 10 à 19 km

de 20 à 29 km

de 30 à 40 km

Source : carte IGN .250 000e

›   Centre urbain «extérieur» le plus proche

Fig. n°23 : La densité des villes
dans les différentes régions géographiques
du nord du Massif central

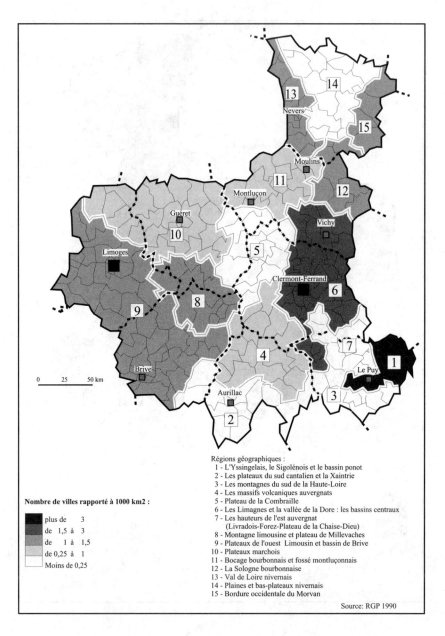

Régions géographiques :
1 - L'Yssingelais, le Sigolénois et le bassin ponot
2 - Les plateaux du sud cantalien et la Xaintrie
3 - Les montagnes du sud de la Haute-Loire
4 - Les massifs volcaniques auvergnats
5 - Plateau de la Combraille
6 - Les Limagnes et la vallée de la Dore : les bassins centraux
7 - Les hauteurs de l'est auvergnat
    (Livradois-Forez-Plateau de la Chaise-Dieu)
8 - Montagne limousine et plateau de Millevaches
9 - Plateaux de l'ouest Limousin et bassin de Brive
10 - Plateaux marchois
11 - Bocage bourbonnais et fossé montluçonnais
12 - La Sologne bourbonnaise
13 - Val de Loire nivernais
14 - Plaines et bas-plateaux nivernais
15 - Bordure occidentale du Morvan

Source: RGP 1990

Nombre de villes rapporté à 1000 km2 :

plus de   3
de 1,5 à 3
de   1 à 1,5
de 0,25 à 1
Moins de 0,25

urbain relativement dense puisque l'on trouve, en général, une ville pour moins de mille kilomètres carrés (voir tableau n°10), soit un carré théorique de trente kilomètres par trente kilomètres environ. Le record de densité est détenu par l'Yssingelais-Sigolénois qui, sur un espace réduit, ne concentre pas moins de neuf unités urbaines même si deux d'entre elles appartiennent à la réalité géographique de l'agglomération stéphanoise. Le semis urbain est également dense dans la région des Limagnes et de la vallée de la Dore, ainsi que dans le Val de Loire nivernais. Il est dans ce cas conforme à la moyenne nationale de trois villes pour mille kilomètres carrés. Il est un peu plus lâche sur les plateaux de l'ouest du Limousin. Toutefois, à l'exception du nord-est de la Haute-Loire et des espaces limagnais, la densité des villes est bien inférieure à la moyenne nationale. Malgré tout, nous sommes, ici, très loin de la « diagonale aride » sous-urbanisée trop souvent représentée ou décrite. Au contraire, nous avons affaire à une France à forte présence urbaine, où la part de la population qui habite hors des villes ou agglomérations n'est plus que résiduelle. Ceci est particulièrement probant pour l'espace limagnais.

A l'observation des différentes cartes, une constatation s'impose cependant. La « nature » semble encore influencer la localisation préférentielle de la population et des villes ou agglomérations. En effet, les principales régions urbaines, par l'importance du taux d'urbanisation, la densité du semis urbain, et la distance moyenne d'accès à la ville, suivant un schéma valable pour bien d'autres régions montagneuses, se trouvent, dans la plupart des cas, à proximité des plaines, bas-plateaux et des bassins. Plus précisément, nous pouvons distinguer deux types de localisation. Tout d'abord, les bassins et les zones de contact entre différents terroirs, opposant souvent moyennes montagnes ou hauts plateaux à des plaines ou vallées. Nous trouvons dans ce cas, par exemple, le bassin de Brive ou celui du Puy. Les plaines et bas-plateaux concentrent également les espaces les plus fortement urbanisés. C'est le cas, bien sûr, du Val d'Allier depuis Brioude jusqu'à Moulins, en passant par Vichy, ou du Val de Loire dans le département de la Nièvre. C'est d'ailleurs aussi dans ces régions basses que l'on trouve les villes ou agglomérations les plus peuplées, soit plus de cinquante mille habitants. Seule Aurillac, qui appartient aux espaces moins urbanisés, déroge à la règle et se situe à plus de cinq cents mètres d'altitude.

Nous avons donc une géographie urbaine d'apparence classique, voire désuète, dans la mesure où le développement des unités urbaines a privilégié les zones basses, de contact. Les villes ou agglomérations se sont alors développées grâce aux échanges entre les différents milieux complémentaires, mais également en liaison avec le développement de l'industrie, puisque la révolution industrielle a bien eu lieu ici, pour l'essentiel, en ce qui concerne le Massif central[10]. Les plus grandes facilités de communication, la présence d'une source d'énergie (l'eau), entre autres, ont été favorables à la multiplication de petits centres industriels devenus urbains par leur poids démographique et par le développement de fonctions tertiaires nécessaires au fonctionnement du secteur secondaire, mais également, et surtout, à l'approvisionnement des populations locales et environnantes.

Finalement, il apparaît clairement, surtout aujourd'hui, que les espaces fortement urbanisés sont en relation avec les principaux couloirs de circulation, de transports ou corrélés à une situation de carrefour d'axes de communication, comme c'est plus précisément le cas pour l'agglomération clermontoise ou celle de Limoges. Ainsi, notamment à la lecture de la figure n°22, nous pouvons aisément retrouver les principaux réseaux de circulation du nord du Massif central avec l'axe du Val d'Allier qui concentre nationale, autoroute et chemin de fer, prolongé au nord par la Loire, mais également, assez nettement, la Route Centre-Europe-Atlantique depuis Bellac jusqu'à Dompierre-sur-Besbre en passant par Guéret, Montluçon et Moulins, la Nationale 89 de Brive à Clermont-Riom et enfin la Nationale 20, devenue autoroute A20, de Brive à l'ouest immédiat de la Souterraine. Si les villes ou agglomérations sont nées des échanges entre milieux proches et complémentaires, ce sont aujourd'hui les communications avec les espaces extérieurs, nationaux et de plus en plus européens qui expliquent leur développement. C'est pourquoi le Massif central urbanisé est avant tout celui des vallées et couloirs ouverts vers l'extérieur.

Al'observation de la figure n°23, nous pouvons faire plusieurs constats qui renforcent les analyses précédentes. Les villes les plus peuplées (plus de 20 000 hab.) se localisent toutes, à l'exception d'Aurillac, dans les zones basses, plaines, bas-plateaux ou bassin d'effondrement, le long ou à proximité d'un axe de circulation important. Par contre, dans les parties hautes, plateaux ou moyennes montagnes (plus de 500 m), nous trouvons uniquement des organismes urbains ayant moins de vingt mille habitants. Cependant, la présence urbaine beaucoup plus lâche n'est jamais absente.

Ces remarques auront, sans aucun doute, des conséquences importantes sur l'organisation urbaine de l'espace et sur la distribution et l'importance spatiale des zones d'influence de chaque centre. Les espaces de commandement, pour des centres de niveau comparable, seront, a priori, plus étendus dans les espaces où les villes et agglomérations sont peu nombreuses (monts du Cantal, Combraille, Montagne limousine...), et la concurrence entre elles moindre. Le problème sera différent dans les espaces à plus forte densité de villes, comme le Val d'Allier.

C - Les espaces à faible présence urbaine

1 - Des taux d'urbanisation très faibles (v. fig. n°21)

A l'opposé, sur plus de la moitié de l'espace nord du Massif central, nous trouvons des taux très bas, frôlant quelquefois l'indigence en ce qui concerne, par exemple, le Livradois, l'ouest des monts du Forez et le plateau de la Chaise-Dieu (voir tableau n°10). Mais c'est encore moins d'un habitant sur cinq de la Combraille ou des montagnes du sud de la Haute-Loire qui est citadin. Nous sommes, dans ces cas, proches de la situation de la France du XVIIIe siècle ou de celle de quelques pays attardés d'Afrique noire aujourd'hui. En fait sur 59 % de l'espace nous trouvons à peine plus de 10 % de la population urbaine, et 30 % des unités urbaines seulement.

Contrairement aux idées reçues, la Montagne limousine et le plateau de Millevaches, ainsi que les plateaux du sud cantalien, bénéficient des taux les plus élevés de leur groupe, avec une quasi égalité entre population urbaine et population rurale, ce pour au moins deux raisons. Dans le premier cas, nous avons inclus les villes bordières aux massifs, comme Ussel, Felletin, Eymoutiers et Meymac, dans la mesure où celles-ci rayonnent largement sur ces espaces. En réalité, la partie centrale est bien dépourvue de toute présence urbaine, mais aussi largement de présence humaine ! Pour le Cantal, les plateaux du sud occupent un espace étendu, où la population est quantitativement très faible et pour l'essentiel concentrée dans la seule ville d'Aurillac, préfecture du département. Mais, avec plus de cinquante mille habitants, elle représente donc plus de la moitié de la population de cette région géographique. Toutefois, dans les deux cas, les autres critères observés, distance moyenne d'accès aux unités urbaines et densité du semis urbain, montrent que nous sommes bien dans des espaces peu urbanisés.

Trois autres espaces se situent en position intermédiaire entre ceux qui restent profondément ruraux (moins de 15 % d'urbains !) et ceux qui sont déjà presque majoritairement urbains. Il s'agit de deux régions de faible altitude, à dominante d'activités agricoles : la Sologne bourbonnaise et les plateaux du nord Limousin, et d'un espace d'altitude : les montagnes volcaniques de l'ouest auvergnat. Nous sommes ici proche d'un urbain pour trois habitants. Dans les trois cas, la ville ou agglomération n'est pas absente, mais elle reste de taille fort modeste. Par exemple, la préfecture creusoise, Guéret, ne dépasse guère les vingt mille habitants, et ne concentre qu'une petite partie de la population des plateaux du nord du Limousin qui restent à majorité rurale. Dans ces espaces, une situation de relatif retrait par rapport aux grands axes de communication (ce n'est pas le cas de Guéret qui est sur la RCEA), des axes tardivement mis en place (comme la RCEA), ou des activités trop faibles et insuffisamment diversifiées n'ont pas permis le développement de grands organismes urbains.

2 - Des villes ou agglomérations souvent éloignées (voir fig. n° 22)

En règle générale, dans les régions où les taux d'urbanisation sont inférieurs ou proches de 50 %, il faut, dans la plupart des cas, effectuer, au départ d'un chef-lieu de canton, entre vingt et trente kilomètres pour accéder à un niveau urbain quelconque. Ce qui, dans des espaces de moyenne montagne, où les axes de circulation sont souvent très sinueux et de qualité médiocre, représente des temps de parcours importants (plus de 30 minutes). L'isolement vis-à-vis des unités urbaines est particulièrement important pour certaines parties des plateaux du sud cantalien, de la Montagne limousine, du Livradois et de la Combraille, puisque certains chefs-lieux de canton se situent à plus de quarante kilomètres d'une ville ou agglomération (voir figure n° 22). Il s'agit d'une situation d'isolement relative qui permet, cependant bien, dans notre zone d'étude, et à échelle nationale, de distinguer ces espaces à plus faible présence urbaine. Toutefois, il est clair que nous sommes loin ici de la situation de nombre de pays du Tiers-Monde où l'accès à la ville demande souvent de parcourir beaucoup plus de quarante kilomètres ! D'autant plus que la population est motorisée. Une comparaison serait sûrement plus judicieuse avec l'ouest américain (ou encore le centre de l'Australie !). On aurait, alors, une situation européenne classique de moyenne montagne, plus que celle des grands espaces.

3 - Un semis urbain très lâche (voir fig. n°23 et tableau n°10)

Nous sommes également très loin des chiffres français moyens (une unité urbaine pour 300 km²), puisque la plupart des régions à population rurale majoritaire dispose d'une densité de villes faible, avec une ville pour plus de 1 000 km². Le record étant détenu par le sud du Cantal dont le ratio est d'une unité urbaine pour 3 500 km², soit la moitié d'un département français, et même plus ! La ville ou l'agglomération appartient donc bien ici, plus au monde extérieur qu'à une réalité de terrain quotidienne.

Les espaces à faible présence urbaine répondent à deux logiques de localisation. Il s'agit d'abord, majoritairement, de régions d'altitude, massifs montagneux ou hauts plateaux, comme les monts du Cantal, l'Aubrac, le Cézallier, la Margeride, la Montagne limousine, le plateau de la Combraille, celui de Millevaches…. La chose ne peut surprendre. Ces régions géographiques sont celles où les densités sont les plus faibles, souvent inférieures à vingt-cinq habitants au kilomètre carré, où l'exode rural a été des plus accentué (J.P. Larivière, 1975). Ainsi, le socle démographique n'a jamais été suffisant pour permettre l'existence et le développement d'unités urbaines, du moins de grande taille. Notons, de plus, que l'on est, la plupart du temps, à l'écart des principaux axes de circulation dont nous avons déjà vu qu'ils étaient un vecteur essentiel du développement urbain.

Un deuxième type d'espace se retrouve, pourtant, avec certaines plaines ou bas plateaux proches des grands couloirs, en particulier ceux de l'Allier et de la Loire. Nous trouvons dans ce cas la Sologne bourbonnaise à l'est de l'Allier ou le Bazois et la Puisaye à l'est de la Loire. Il semble ici que les villes ou agglomérations se soient concentrées et développées dans les vallées et les couloirs de circulation, laissant place sur de vastes espaces à une activité agricole dominante et ne suscitant pas sur place la création d'unités urbaines, nombreuses et de grande taille. Nous sommes en présence de « déserts humains » conquis tardivement. La densité globale y est également très faible et a bloqué, sans aucun doute, les possibilités de développement urbain. Si ces espaces n'échappent en aucun cas à l'organisation urbaine du nord du Massif central, c'est en dehors de leur propre région géographique que les habitants doivent aller, pour avoir accès à la ville, et surtout à la grande ville.

Ainsi, nous pouvons, déjà, distinguer des nuances dans la « carence urbaine ». Effectivement, certains espaces apparaissent véritablement comme des « déserts urbains », quasi parfaits, avec des taux d'urbanisation inférieurs à 25 %, des villes ou agglomérations situées, la plupart du temps, à plus de trente kilomètres et présentent enfin un semis urbain très lâche, avec une ville seulement pour plus de 1 000 km². Nous trouvons, dans ce cas, les bas-plateaux du Nivernais, le Livradois-Forez, le plateau de la Combraille, les montagnes du sud de la Haute-Loire... D'autres espaces géographiques ne sont que des « déserts urbains relatifs », dans la mesure où, soit leur taux d'urbanisation est plus élevé (parfois supérieur à 50 %), comme c'est le cas pour les plateaux du sud du Cantal, soit leur semis urbain est assez dense avec plus d'une ville pour mille kilomètres carrés comme en Sologne bourbonnaise. Nous trouvons également dans cette catégorie la Montagne limousine (plus de 40 % d'urbains) et les montagnes volcaniques de l'ouest auvergnat (plus d'une ville pour 1 000 km²). Il s'agit, alors, des montagnes industrialisées ou touristiques de notre espace d'étude. En fait, ici, la présence d'une agglomération de taille assez importante, comme Aurillac, ou la multiplication de petits centres relativisent la faiblesse urbaine. Malgré tout, la ville n'est jamais absente. Elle est soit numériquement moins présente que dans les espaces plus fortement urbanisés, soit, surtout, le semis urbain est composé essentiellement d'unités urbaines de petite taille (souvent moins de 5 000 habitants).

Les contrastes entre les espaces à forte et à faible présence urbaine sont encore confortés par la prise en compte de la répartition selon la taille des villes ou agglomérations, entre les différentes régions géographiques composant la frange nord du Massif central. Ainsi, de vastes espaces (près de 40 % de la superficie totale) sont totalement dépourvus d'unités urbaines de plus de dix mille habitants. C'est le cas de la quasi-totalité des zones de montagne, ainsi que des espaces encore fortement ruraux où l'agriculture occupe la majeure partie de l'espace comme la Sologne bourbonnaise ou les plateaux du centre et du nord nivernais. A l'inverse, ce sont les plaines et les vallées qui concentrent la totalité des villes de plus de cinquante mille habitants, à l'exception notable et unique d'Aurillac qui appartient à la région des montagnes du sud cantalien.

Donc, l'espace nord du Massif central apparaît clairement comme scindé en deux parties opposables. Un Limousin, une Auvergne et un Nivernais parfaitement intégrés au système urbain français et, avec une coupure nette, des massifs isolés et marginalisés. Nous avons donc, ici, un dualisme fort, à l'intérieur même de la zone dite « du vide » central français. Ceci nous conduit à reconsidérer sérieusement les réductions trop abusives qui font du nord du Massif central un espace rural par excellence ! En fait, la question que l'on peut se poser, alors, est de savoir s'il ne serait pas concevable de prolonger jusque dans cette partie basse du Massif central, le Bassin parisien administratif. Il s'agit, en fait, de rattacher les régions basses au reste de la France vivante. A l'inverse, l'entité géopolitique Massif central se réduirait à ses hauteurs, ce qui donnerait à sa fréquente qualification d'espace rural sa légitimité. Mais alors, se pose la question des bases mêmes de son existence.

Cette approche géographique, indispensable, ne peut faire l'économie d'une analyse administrative du phénomène urbain sur le nord du Massif central. Il faut, en effet, tenir compte de ces unités de gestion, même si elles n'ont pas l'homogénéité et la pertinence des régions géographiques, et ce pour au moins deux raisons. Premièrement, le cadre administratif est celui qui est pris en compte par l'aménageur, le politique. Il est donc utile de rétablir la réalité de la présence urbaine, dans ce qui représente son cadre de référence, de décision. Secondement, cette approche nous permettra de corriger et de comparer, les résultats de l'INSEE avec ceux effectifs obtenus par une analyse scientifique rigoureuse.

D - Les déséquilibres de la répartition administrative des villes, selon leur taille démographique

1 - Le déséquilibre au niveau des régions (au sens administratif du terme)

Dans l'espace nord du Massif central, on constate un déséquilibre net entre les deux régions de programme, Auvergne et Limousin. Si les deux régions sont dotées d'une grande agglomération de plus de cent cinquante mille habitants, avec toutefois une taille sensiblement différente puisque la capitale du Limousin regroupe un peu plus de deux cent mille personnes, alors que celle de l'Auvergne dépasse les trois cent cinquante mille habitants, il n'en est pas de même pour l'équilibre numérique des villes à population inférieure. L'Auvergne dispose aussi de quatre agglomérations qui franchissent le cap des cinquante mille : Montluçon (82 282 hab.),Vichy (75 951 hab.), Moulins (54 034 hab.) et Aurillac (50 757 hab.), contre seulement une en Limousin : Brive-la-Gaillarde (75 232 hab.).

Par contre, à un niveau démographique inférieur, entre dix mille et cinquante mille habitants, les deux régions comptent le même nombre d'unités urbaines, pour des populations d'ordre différent, rappelons-le. Ce sont, par importance décroissante, pour l'Auvergne : Le Puy (45 640 hab.), qui pourrait également se rattacher au groupe précédent, Thiers (24 994 hab.), Issoire (20 571 hab.) et Saint-Flour (10 285 hab.) ; pour le Limousin, nous trouvons Tulle (28 793 hab.), Guéret (22 700 hab.), Ussel (13 481 hab.) et Saint-Junien (12 932 hab.).

Pour les villes comprises entre deux mille et dix mille habitants, le déséquilibre est à nouveau accentué puisque l'Auvergne compte vingt-huit villes de ce niveau et le Limousin seulement seize. En fait, si l'on ramène le nombre de villes par rapport à celui de la masse totale de la population, les deux régions de programme se retrouvent dans une situation équivalente, avec environ une ville pour quarante-cinq mille habitants. Dans les deux régions, la majorité des villes se situe, donc, en dessous du seuil de dix mille habitants, avec plus de 75 % du total, contre 50 % à l'échelle nationale. Il y a donc surreprésentation des niveaux de base, ce qui confirme, encore une fois, le décalage du phénomène urbain dans cette France qui n'est peut-être ni celle du vide ni celle de la sous-urbanisation, mais plutôt celle de la médiocrité de la taille urbaine (P. Estienne, 1963).

Donc, l'essentiel de l'armature urbaine reste bien représentée, dans l'espace nord du Massif central, par les niveaux de base. Par contre, l'importance elle-même du phénomène urbain n'est, en réalité, pas fondamentalement différente de la moyenne nationale. Pour l'ensemble de notre espace d'étude, nous pouvons dénombrer 63 % d'urbains, avec des différences entre les deux régions de programme, puisque l'Auvergne avec 65 % de citadins est plus urbanisée que le Limousin (60 %), contre, cependant, 80 % au niveau national (75 % pour l'INSEE qui minore la réalité). En tout cas, nous sommes bien au-delà des chiffres fournis par l'INSEE avec respectivement 58,6 % et 51 % d'urbains !

Pour confirmer l'urbanisation de cette France « rurale » et du « vide », notons que les agglomérations de plus de cinquante mille habitants regroupent la plus grande partie des urbains avec près de trois citadins sur quatre en Auvergne et juste un peu moins dans le Limousin (67 %). Dans les deux régions, la métropole occupe une place prépondérante, puisqu'elle concentre près d'un citadin sur deux (42 % à Clermont-Riom et 50 % à Limoges). La faible part des urbains qui vivent dans les villes ou agglomérations de moins de dix mille habitants, dominant pourtant très largement en nombre, montre surtout le poids démographique individuel très limité de celles-ci, puisque leur moyenne se situe en dessous de cinq mille habitants. La répartition urbaine selon la taille semble donc tirée vers les deux extrémités au détriment des échelons intermédiaires. Et cette absence fait la différence avec le cadre français.

2 - Le déséquilibre au niveau des départements

Au niveau des départements, il existe également de forts contrastes de répartition des unités urbaines, prises selon leur importance démographique. Et une lecture un peu élémentaire a pu faire passer nombre d'idées fausses sur la « sous-urbanisation » du Massif central. Ainsi, dans le département de la Haute-Loire, la moitié des urbains vit-elle dans des villes ou agglomérations de moins de dix mille habitants, le reste habitant la préfecture ponote. De même en Creuse, ces dernières représentent plus de 40 % de la population urbaine. Enfin dans le département de la Nièvre, elles regroupent encore près d'un citadin sur cinq. Cette importance relative des unités urbaines de faible taille démographique, seul aspect souvent retenu de l'urbanisation du Massif central, s'explique largement par l'absence ou la faiblesse relative des unités de grande taille, à l'exception de Nevers dans la Nièvre (plus de 50 000 habitants).

Les deux départements où se localisent les métropoles régionales ont, toutefois, une répartition fortement contrastée de leur population urbaine selon les niveaux démographiques représentés. Ainsi, Limoges et Clermont-Riom exercent-elles une lourde hégémonie dans la mesure où huit citadins sur dix et près de sept sur dix sont respectivement Clermontois ou Limougeauds, dans les départements du Puy-de-Dôme et de la Haute-Vienne.

Les préfectures regroupent souvent une très forte part de la population citadine de leur département. C'est particulièrement net pour Aurillac, Nevers et Guéret (plus de 55 % des urbains). La préfecture du Cantal et celle de la Creuse profitent de la faiblesse numérique des unités de moins de dix mille habitants. En ce qui concerne Nevers, c'est surtout le très faible poids démographique de ces mêmes niveaux urbains de base qui explique qu'elle concentre une part aussi élevée des citadins de la Nièvre. Cependant, la préfecture bourbonnaise, Moulins, se trouve dans un cas de figure totalement différent, puisqu'elle ne regroupe que 23 % des urbains de son département. Ceci s'explique aisément par la concurrence d'autres agglomérations de poids démographique supérieur. En effet, Montluçon et Vichy représentent respectivement 35 % et 31 % de la population citadine de l'Allier. Le cas de Tulle, préfecture de la Corrèze, est également spécifique. Avec environ un urbain sur cinq, elle est très largement dépassée par Brive-la-Gaillarde, première ville du département par le nombre d'habitants et qui regroupe 55 % des urbains corréziens.

En fait, nous constatons pour l'ensemble des départements, deux faits importants. Premièrement, les unités urbaines de moins de dix mille habitants dominent très largement en nombre, et ce sans exception. Elles représentent, effectivement, entre 65 % (Allier, Corrèze) et 90 % (Haute-Loire) du total des unités urbaines présentes. Par contre, leur importance dans la part total des urbains est généralement secondaire. Ceci signifie que les urbains auvergnats, limousins et nivernais sont avant tout des habitants de grandes villes à l'échelle du nord du Massif central (plus de 50 000 habitants). En effet, ces dernières représentent neuf urbains sur dix dans le Puy-de-Dôme et l'Allier, sept sur dix dans la Haute-Vienne, le Cantal et la Nièvre, un sur deux en Corrèze.

En fait, seuls deux départements font exception. La Creuse où la totalité des urbains vivent dans des villes de moins de trente mille habitants. Le tissu humain et économique du XIXe siècle, lié à l'exode rural et à l'absence d'industrialisation (P. Busutil, 1990), n'ayant pas permis ici le développement de plusieurs grandes villes. Quant à la Haute-Loire, elle voit la moitié de ses urbains habiter dans des unités de petite taille (moins de 10 000 habitants). L'explication est, ici, tout autre. Elle est effectivement liée à la dynamique industrielle du nord-est de la Haute-Loire, autour de l'Yssingelais-Sigolénois, dans l'orbite stéphanoise (voire lyonnaise) où l'on trouve sept des neuf villes de moins de dix mille habitants. Nous sommes ici dans une vraie région industrielle dans la mesure où le secteur secondaire représente au moins 40 % de l'activité totale (contre 30 % au niveau national). C'est en fait le résultat d'une vieille tradition historique, de la promotion d'un artisanat (R. Commère, 1971). En effet, dès la fin du XIXe siècle, nous trouvions dans cette région l'artisanat du bois (fabrication de poteaux de mines, par exemple), l'exploitation des pierres de granite (pavés stéphanois) et le travail du papier avec l'utilisation de l'eau de la Loire. Enfin, traduction de la dépendance vis-à-vis des grandes agglomérations proches (en particulier Saint-Etienne), le travail du textile était une activité essentielle. Aujourd'hui, en raison du déclin de cette dernière activité (depuis le début des années soixante), selon un schéma classique au niveau national, le point fort de l'industrie se trouve dans le travail du plastique, auquel s'ajoutent des activités métallurgiques (décolletage), l'industrie du bois (fabrication de cercueils) et enfin des industries agro-alimentaires (charcuterie, laiterie, fromage). C'est donc un milieu industriel fortement varié qui s'est mis en place et qui s'est accroché, au départ, aux gros villages existants qui ont vu leur population gonfler numériquement et sont devenus, pour une bonne partie d'entre eux, des villes ou agglomérations (nous retrouvons un phénomène de localisation industrielle identique dans l'Ambertois, ou le Thiernois). Ainsi, la ventilation de l'activité industrielle dans cet espace nord-est de la Haute-Loire explique-t-elle la multiplication des petits centres urbains.

En conclusion, sur la totalité de la bordure nord du Massif central, les villes ou agglomérations de moins de dix mille habitants représentent trois unités urbaines sur quatre. Ceci leur donne un rôle clef dans l'organisation de l'espace, dans la mesure même où il s'agit du niveau urbain le plus fréquemment rencontré et donc le plus accessible aux populations. Toutefois, elles ne regroupent que 16 % de la population urbaine totale, car ce sont, le plus souvent, des unités de taille très modeste (4 500 habitants en moyenne).

Par contre, 84 % de la population urbaine vit dans les agglomérations de plus de cinquante mille habitants, alors qu'elles ne représentent que 13 % du nombre total des unités urbaines. Ainsi, les citadins auvergnats, limousins ou nivernais sont-ils d'abord des habitants d'une « grande » ville, à l'échelle régionale du moins, et 40 % d'entre eux vivent dans l'une des deux métropoles régionales. Ce qui fait donc bien de cet espace, un espace urbain français et non un espace marginal. Clermont-Riom domine nettement, du point de vue démographique, le nord du Massif central, puisqu'elle représente un citadin sur quatre et plus de 15 % de la population totale (27 % pour la seule région Auvergne). Limoges ne représente que 15 % des citadins du nord du Massif central mais regroupe tout de même trois Limousins sur dix. On ne peut donc parler ni d'absence de villes, ni de sous-urbanisation véritable, ni du manque de grandes villes. La problématique se réduit, plutôt, à l'équilibre entre les échelons urbains et à leur répartition spatiale. Ceci nous amène donc directement à la réflexion sur l'armature urbaine. La spécificité du nord du Massif central se trouve-t-elle dans la surreprésentation des niveaux de base, l'hégémonie des plus grandes villes ou, au contraire, la carence des niveaux intermédiaires ?

II - L'ÉVOLUTION DE LA PRÉSENCE URBAINE SUR LA FRANGE NORD DU MASSIF CENTRAL

Pour mesurer les variations récentes du phénomène urbain sur notre espace d'étude, nous sommes tributaires des données de l'INSEE. Aussi utiliserons-nous les taux d'urbanisation, et leur évolution, depuis 1975. Après une étude synthétique de ces derniers, en prenant appui sur une entité de compte de base, le département, nous chercherons, surtout, quelles sont les différences qui peuvent exister à l'échelle des régions géographiques précédemment définies. Puis, nous tenterons, en prenant toutes précautions d'usage, de faire des comparaisons avec d'autres entités administratives nationales. Effectivement, nous avons travaillé, pour le nord du Massif central, sur des unités recomposées. Une telle démarche n'a pas encore été entreprise dans les différents travaux existants, notamment de thèses, effectués sur l'organisation urbaine des autres espaces régionaux. Le cadre des agglomérations telles qu'elles sont définies par l'INSEE reste la référence la plus fréquemment utilisée. De plus, le nouveau concept d'aires urbaines (1996) est trop récent pour avoir encore été utilisé et retravaillé dans des travaux de géographie urbaine. Toutefois, l'établissement des taux d'urbanisation réels par départements ou régions reste un point de départ précieux pour permettre la comparaison avec d'autres régions dans lesquelles les travaux futurs devraient obligatoirement s'attacher à redéfinir la réalité urbaine. De même, nous essaierons de comparer les résultats obtenus, selon nos critères géographiques de définition des unités urbaines, à ceux de l'INSEE.

A - Un espace de plus en plus urbanisé (ou qui rattrape lentement son retard d'urbanisation)

Si, dans un premier temps, nous observons les taux d'urbanisation par département en 1990, nous constatons que trois d'entre eux ont un taux inférieur à 50 %, c'est-à-dire qu'ils ont, encore, une population en majorité « rurale ». Nous trouvons, dans ce cas de figure, le Cantal, la Haute-Loire et surtout la Creuse qui ne compte que trois habitants sur dix dans les unités urbaines. Ce sont les départements les plus excentrés par rapport aux grands axes de circulation et notamment le Val d'Allier, ou ceux qui sont traversés par de grands axes de communication récents (A20, A71, RCEA), mais également ceux où le développement industriel a été le plus ténu, restant très largement à l'écart de la révolution secondaire du XIXe siècle. Toutefois, dans la totalité des départements, les taux d'urbanisation réels sont bien supérieurs à ceux définis par l'INSEE, puisqu'ils gagnent entre cinq et dix points, selon nos calculs. Par exemple, la Corrèze qui apparaît, selon l'INSEE, comme un département encore équilibré (49,7 % d'urbains) est en fait à nette prépondérance urbaine (près de 59 %, voir tableau n°11). De même, les départements du Puy-de-Dôme et de la Haute-Vienne, auxquels l'institut national de statistiques accorde seulement, respectivement, 67 % et 63 % de population urbaine, présentent en fait des taux d'urbanisation beaucoup plus conformes à la moyenne nationale.

En second lieu, la totalité des départements voit le poids de leur population urbaine augmenter encore sensiblement depuis 1975, à l'exception de l'Allier où celle-ci stagne entre 1982 et 1990. Ceci indique bien qu'il y a rattrapage par rapport au niveau national et que le « retard » s'estompera à terme, et de toute façon, ne serait-ce que grâce au recul naturel des populations rurales ! En effet, alors que le taux d'urbanisation a gagné un point en France (passant de 73 % en 1975 à 74 % en 1982), la progression de celui-ci a été beaucoup plus forte dans la plupart des départements du nord du Massif central (à l'exception de l'Allier). Dans le cas de l'Allier, on observe, en fait, dans le détail, un déclin démographique des unités urbaines de moins de dix mille habitants. Il se conjugue avec celui des plus grandes villes du département, à savoir surtout Montluçon et Moulins, dont nous essaierons de comprendre la nature, un peu plus loin dans notre étude, mais pour lesquelles nous pouvons déjà évoquer autant des difficultés économiques particulièrement accentuées qu'une structure d'âge défavorable.

Au total, alors que les départements connaissent une baisse sensible de leur population totale (à l'exception du Puy-de-Dôme), accentuée depuis 1982, le nombre d'urbains ne cesse d'augmenter. Les villes ou agglomérations du nord du Massif central représentent ainsi des môles de résistance au déclin démographique, et concentrent une part de plus en plus importante de la population et donc du dynamisme régional. Cette évolution se lit également à l'observation de l'évolution de la population urbaine du Limousin et de l'Auvergne, puisqu'elles connaissent toutes les deux une augmentation de la part de leurs citadins (de trois points depuis 1975). Nous sommes donc bien dans un espace majoritairement urbain et de plus en plus urbain.

Tab. 11 - L'évolution des taux d'urbanisation

Département ou région	Nombre de citadins			Taux d'urbanisation réel			Taux d'urbanisation INSEE		
	1975	1982	1990	1975	1982	1990	1975	1982	1990
Puy-de-Dôme	418 894	430 687	449 626	72,2	72,4	75,2	66,2	66,6	66,4
Allier	250 261	247 176	239 100	66,1	66,8	66,8	60,5	60,8	60,3
Haute-Loire	86 546	91 861	102 081	46,1	48,5	49,4	44,9	46,2	46,8
Cantal	65 910	69 820	71 889	39,6	42,8	45,3	34,1	35,1	36,1
Haute-Vienne	240 379	251 371	254 499	68,3	70,6	72	62	62,8	62,7
Corrèze	132 695	135 026	138 869	55,2	57,9	58,4	49,3	49,9	49,7
Creuse	39 263	41 427	40 439	26,8	29,6	30,8	22,4	24	23,7
Nièvre	138 585	139 716	136 670	56,5	58,3	58,6	52,7	53,7	53,7
Auvergne	821 611	839 544	862 696	61,7	63	64,3	57,9	58,7	58,6
Limousin	412 337	427 824	433 807	56,2	58	59,6	50	51,2	51,4

Sources : unités urbaines recomposées (J.C. Edouard) et RGP 1990

B - Une augmentation géographiquement sélective des citadins

Une fois rétablies, la réalité de la présence urbaine et son évolution, dans le cadre de travail étroit des aménageurs, et politiques, à savoir les limites administratives (départements ou régions), il est nécessaire de revenir à la géographie pure. C'est bien au niveau d'ensembles homogènes, cohérents, que nous devons, maintenant, nous interroger sur l'évolution de la présence urbaine, permettant, ainsi, de déterminer des situations géographiques plus ou moins favorables au développement de l'urbanisation.

1 - Les régions géographiques où la population urbaine augmente (voir tableau n°12)

A l'échelle des régions géographiques, plusieurs remarques s'imposent. En premier lieu, et sans surprise, ce sont, en général, les zones basses et couloirs de circulation qui enregistrent les plus fortes croissances de population urbaine entre 1975 et 1990. Le fait est particulièrement net pour les Limagnes avec une augmentation de 7 %, et pour les plateaux et bassins de l'ouest Limousin avec une croissance de 6 %. Cette évolution positive est liée à la présence d'agglomérations de grande taille démographique comme Clermont-Ferrand et Limoges, ou encore Brive-la-Gaillarde, qui continuent à voir croître leur population, en corrélation, dans tous les cas, avec un très fort étalement spatial. Cependant, Le Val de Loire nivernais, après avoir gagné de la population urbaine entre 1975 et 1982, voit celle-ci diminuer depuis, en raison essentiellement d'un déclin démographique accentué des villes de taille modeste (moins de 10 000 hab.) et de la crise des industries traditionnelles (comme Decize ou La Charité-sur-Loire). On retrouve donc là l'évolution évoquée, déjà, pour le Bourbonnais. Il y a alors une problématique particulière à la partie nord du Val d'Allier, ou peut-être à ses villes moyennes et en tout cas à ses villes « industrielles » ou « industrialisées » (Vichy).

Toutefois, les plateaux du sud cantalien et les massifs volcaniques auvergnats voient également leur population urbaine augmenter. Les premiers bénéficient de la présence de la préfecture de leur département qui continue à voir augmenter sa population. Les seconds peuvent compter sur de petites villes ou agglomérations dynamiques qui continuent à maintenir leur population, comme Saint-Flour, et qui profitent également, pour certaines d'entre elles, d'une activité touristique

Tab. 12 - Evolution du nombre de citadins dans les différentes régions géographiques

Régions géographiques	Nombre de citadins			Part dans la population urbaine régionale		
	1975	1982	1990	1975	1982	1990
Yssingelais, Sigolénois, bassin du Puy	76 156	79 302	85 519	5,6	5,6	6
Montagnes sud du Cantal, Xaintrie	45 602	48 634	50 757	3,3	3,4	3,5
Montagnes sud Haute-Loire	4 849	4 617	4 196	0,3	0,3	0,3
Massifs volcaniques ouest auvergnat	30 402	30 561	31 215	2,2	2,2	2,2
Plateau de la Combraille	13 259	12 758	11 434	1	0,9	0,8
Limagnes et vallée de la Dore	495 647	516 685	531 122	36,3	36,6	37,2
Livradois-Forez, Plateau de La Chaise-Dieu	3 087	3 186	3 006	0,2	0,2	0,2
Montagne limousine, plateau de Millevaches	20 109	20 927	20 916	1,4	1,5	1,5
Plateau de l'ouest du Limousin et bassin de Brive	345 322	363 499	368 207	25,3	25,7	25,8
Plateaux du nord du Limousin	39 397	41 569	40 476	2,9	2,9	2,8
Bocage bourbonnais et bassin montluçonnais	149 229	147 007	138 769	10,9	10,4	9,8
Sologne bourbonnaise	6 431	6 413	6 067	0,4	0,4	0,4
Val-de-Loire nivernais	117 054	118 278	117 515	8,7	8,5	8,2
Plaines et bas plateaux centre et nord nivernais	14 033	13 113	12 325	1	0,9	0,9
Bordure ouest du Morvan	5 275	5 209	4 931	0,4	0,4	0,3
Total	1 365 852	1 411 758	1 426 455	100	100	100

Source : d'après RGP 1990
*Il s'agit de la part que représentent les citadins de chaque région géographique par rapport à la population urbaine totale de l'espace nord du Massif central.

attractive, avec une population encore relativement jeune. C'est tout particulièrement le cas pour l'ensemble La Bourboule-Le Mont-Dore (et également le cas de la cité cantalienne). La région de l'Yssingelais-Sigolénois, à laquelle nous pouvons associer le bassin du Puy, enregistre également une solide croissance du nombre de ses citadins. Le dynamisme industriel et la proximité d'une grande agglomération (Saint-Etienne) sont sans aucun doute deux facteurs explicatifs fondamentaux. Notons, enfin, que l'on enregistre, dans ces deux cas, le résultat d'un croît naturel encore positif, reste d'une tradition de forte fécondité.

2 - Les régions géographiques où la population urbaine décline

Mais, le plus souvent, les zones de moyenne montagne ou de hauts plateaux présentent une évolution autre. Nous pouvons d'abord isoler les zones hautes, où se localisent uniquement des unités urbaines de moins de dix mille habitants, le plus souvent de traditionnelles villes-marchés, ou encore villes d'activités en déclin, voire disparues, comme l'extraction de matières premières : en l'occurrence le charbon, comme à Saint-Eloy-les-Mines. Les montagnes du sud de la Haute-Loire, le plateau de la Combraille, une grande partie de la Montagne limousine et du plateau de Millevaches et enfin le Livradois-Forez appartiennent à ce cas de figure. Ici la population urbaine décline, et le plus souvent dès 1975, au moins.

La même évolution négative se retrouve, également, dans certaines régions de plaine, les plus agricoles, et situées à l'écart des principaux axes de circulation, comme la Sologne bourbonnaise ou les plateaux du centre et du nord de la Nièvre. Le Bocage bourbonnais connaît également un affaiblissement de sa population urbaine. L'explication majeure est à relier aux difficultés économiques accentuées des deux principales villes, Montluçon et Moulins. La première, longtemps ville d'industries traditionnelles (sidérurgie, textile) qui ont aujourd'hui fermé leurs portes, en est à son sixième plan de reconversion, tandis que la deuxième, préfecture et plutôt ville de fonctionnaires, ne cesse de lutter pour le maintien de quelques industries, nées de la décentralisation parisienne, fragilisées (Potain, Bosch) qui annoncent régulièrement fermeture ou licenciements en nombre.

Ainsi, vieilles régions industrielles et espaces purement agricoles se rejoignent-ils dans un même repli. Alors que les régions d'activités variées et celles des grandes villes (les « métropoles » locales) connaissent une expansion notable. Le nord du Massif central est un bon condensé de l'évolution urbaine générale française, et il est, donc, parfaitement intégré au territoire national, loin de toute marginalisation théorique et conceptuelle.

3 - Le poids des différentes régions géographiques dans la population urbaine totale du nord du Massif central

A l'observation de la part des citadins de chaque région géographique par rapport au total de la population urbaine du nord du Massif central, nous constatons que les zones les plus élevées et les plus rurales voient leur importance diminuer (ou au mieux stagner au fil du temps). A l'inverse, les zones basses des Limagnes, ou de l'ouest et du nord du Limousin, concentrent une part croissante des citadins. Nous retrouvons donc la préférence accordée aux régions d'accès aisé, situées sur ou à proximité des principaux axes de circulation, et ouvertes sur l'extérieur. Ainsi, il est clair que le nord du Massif central voit se dessiner deux évolutions très contrastées. Nous trouvons tout d'abord des espaces privilégiés, concentrant les activités les plus dynamiques et variées, ouverts sur l'extérieur, fortement urbanisés et qui ne cessent de renforcer leur position. A l'inverse, il y a des espaces fragiles, situés à l'écart des principaux couloirs de circulation, consacrés à des activités trop exclusivement agricoles, caractérisés par l'absence de villes importantes et dont ruralité et fragilité ne cessent de se renforcer.

Nous avons, en fait, avec cet espace nord du Massif central, un résumé de la situation de bien des pays d'Europe (Espagne, Italie, Allemagne, Grande-Bretagne, Suède...). Comme pour ces derniers, nous pouvons constater l'opposition entre les couloirs peuplés, à fort taux d'urbanisation, et les moyennes montagnes encore largement empreintes de ruralité. Mais nous pouvons également mettre en évidence une classique opposition interne, duale, ici nord-sud. La partie nord concentre les plus grandes villes, mais également, en grande partie, l'essentiel de la dynamique économique : présence de villes « industrielles » développées surtout avec la première révolution économique, de villes touristiques et thermales, des principaux axes de communication (routiers, autoroutiers, ferroviaires, aériens), d'une agriculture céréalière intensive... Par comparaison, la partie sud est plutôt le domaine de la petite ville. Elle est encore largement à l'écart des grands axes de circulation et reste dominée par l'activité agricole (élevage). De surcroît, cette opposition nord-sud se conjugue également avec la première citée, dans la mesure où le nord est majoritairement le domaine des plaines et des bas plateaux alors qu'au sud domine la moyenne montagne (la comparaison la plus justifiée est alors l'Italie). De fait, notre espace, en plus d'être typiquement français, est, alors, parfaitement européen.

Notre espace d'étude ne s'individualise donc pas, par rapport au reste de la France, par l'absence de villes (même grandes), ou par la faiblesse des taux d'urbanisation et de leur évolution. Ainsi, son originalité tient-elle de l'évolution démographique des villes ?

III - LA SITUATION DÉMOGRAPHIQUE DES VILLES ET AGGLOMÉRATIONS DU NORD DU MASSIF CENTRAL

Avant de passer à l'analyse détaillée des différents indicateurs démographiques des unités urbaines de la frange nord du Massif central, il n'est pas inutile de rappeler, de façon rapide, le contexte de l'évolution démographique de leurs régions respectives. Nous pourrons ainsi mieux observer le décalage éventuel qui peut exister entre les villes et leur espace de commandement. Dans leur ensemble, les régions du Limousin et de l'Auvergne connaissent une même stagnation démographique. Régions de petite taille, elles sont par leur population respectivement à la 19e et 21e places des régions françaises (sur 22 !). Elles comptent actuellement à peu près les mêmes effectifs qu'au début du XIXe siècle (soit 1 308 878 pour l'Auvergne et 710 939 pour le Limousin), après avoir connu un long déclin depuis la fin du XIXe siècle (1891) jusqu'à l'immédiat après-guerre (1946). Cette phase fut suivie d'une légère reprise qui s'est poursuivie jusqu'à la fin des années 1970. Mais, le déclin est à nouveau à l'ordre du jour depuis les deux derniers recensements et les prévisions sont encore à la baisse. Elles sont les seules régions, avec la Champagne-Ardennes, à perdre actuellement des habitants et cette évolution semble se confirmer depuis 1990. Ainsi, entre 1990 et 1999, le Limousin a-t-il perdu 11 911 habitants, contre 12 336 pour l'Auvergne. Ajoutons que leur part dans le total de la population française est infime : 2,3 % pour l'Auvergne et 1,3 % pour le Limousin.

Ces deux régions ont une population en voie de vieillissement accentuée. Et si la population française dans son ensemble vieillit, l'importance des personnes âgées en Limousin et en Auvergne est encore plus grande et, corrélativement, le pourcentage des jeunes y est plus faible.

**Tab. 13 - Part des personnes âgées et des jeunes
dans la population régionale**

	France	Limousin	Auvergne
+ de 60 ans	20,5 %	29,4 %	24,6 %
- de 20 ans	25,6 %	19,5 %	21,5 %

Source : RGP1999

Enfin, si le Limousin est devenu une nouvelle terre d'accueil, alors que l'émigration était une tradition (temporaire dès le XVI-XVIIe siècle et de plus en plus définitive vers la fin du XIXe siècle[11]), l'Auvergne reste encore globalement une terre de départ. Ainsi, si les deux régions ont perdu des habitants entre les deux derniers recensements, le Limousin le doit seulement à un solde naturel négatif marqué (-18 480), tandis que le solde migratoire est assez nettement excédentaire (+ 14 312). Il ne s'agit pas uniquement de « retours au pays » puisque seul un immigrant sur trois est né dans la région. Nous pouvons, en fait, distinguer trois « catégories » d'immigrants[12]. Il s'agit, en premier lieu, de jeunes couples, accompagnés de leurs enfants, qui s'établissent dans les nouvelles banlieues des principales agglomérations comme Limoges ou Brive-la-Gaillarde. De même, nous trouvons des étudiants attirés par l'Université de Limoges, qui bénéficie de son dynamisme et de la saturation des Universités voisines. Enfin, ce sont également de jeunes retraités qui privilégient plutôt les communes rurales éloignées des centres-villes. Quant à la région Auvergne, elle cumule un déficit naturel et un excédent migratoire très limité (+2 378). Les départs se font essentiellement en direction de la région parisienne et de Rhône-Alpes.

Le département de la Nièvre, quant à lui, connaît une évolution démographique tout aussi peu favorable. Nous constatons la même évolution négative de la population, et le cumul d'un mouvement naturel et d'un solde migratoire négatifs. La part des personnes âgées (27 % de plus de 60 ans) est bien supérieure à la moyenne nationale, et celle des moins de vingt ans reste bien inférieure (23 %). La structure par âge de ce département est encore plus défavorable que pour l'Auvergne et le Limousin. Effectivement, nous retrouvons ici les caractéristiques communes à la plupart des régions ou départements inclus dans la diagonale centrale qui s'étend de la région Midi-Pyrénées, au Sud, jusqu'à celle de Champagne-Ardennes, au Nord.

A - Villes et agglomérations : « les éclaircies dans un ciel démographique régional couvert »

Nous commencerons cette étude démographique des unités urbaines du nord du Massif central par l'analyse de l'évolution générale de la population au cours des deux périodes censitaires : 1975-1982, 1982-1990. Il est, effectivement, intéressant de séparer nettement l'analyse de ces deux périodes, dans la mesure où 1982 représente une date charnière dans l'évolution de la population régionale. Pour l'Auvergne, par exemple, 1982 marque la date d'arrêt d'une évolution positive de la population débutée en 1946. Ainsi, est-il sans aucun doute judicieux de voir si l'évolution démographique des villes et agglomérations connaît la même tendance. De plus, afin de replacer chaque type d'unité urbaine dans le contexte général de l'urbanisation, nous avons opté, pour chaque période censitaire, pour une analyse en fonction des différents seuils par nombre d'habitants déjà utilisés précédemment dans notre étude. Notons, enfin, qu'une comparaison avec les données urbaines nationales est peu probante, dans la mesure où nous ne disposons, pour le reste de la France, que des chiffres de l'INSEE qui ne tiennent pas compte d'un grand nombre de communes périphériques, dynamiques démographiquement, et qui restent pour elle, rurales, alors qu'elles appartiennent bien à la réalité géographique de la ville !

1 - 1975-1982 : une évolution majoritairement positive

Entre 1975 et 1982, il apparaît clairement que la bordure nord du Massif central connaît une période de forte croissance urbaine (voir annexe n°1). Contrairement à l'évolution générale de leur région, les unités urbaines, dans leur très grande majorité, voient leur population augmenter, et ce quelle que soit l'importance numérique de leur population.

a - Les villes de plus de trente mille habitants : une dynamique démographique nette

Toutefois, l'augmentation est tout particulièrement nette pour les plus grandes villes (plus de 30 000 habitants), notamment pour les deux métropoles, également pour les centres de commandement régional (au sens géographique du terme) ou chefs-lieux de département. Dans le détail, nous observons que les villes du sud de notre espace d'étude enregistrent la croissance la plus forte. C'est le cas pour Brive-la-Gaillarde et Aurillac. Celles-ci bénéficient pleinement d'un phénomène de rattrapage d'urbanisation dans des régions géographiques qui étaient restées plus tardivement à forte dominante rurale. Elles connaissent à cette époque une accélération de leur croissance urbaine.

Cependant, dans les villes ou agglomérations de plus de trente mille habitants, Montluçon connaît un déclin accentué (-3,7 %), puisqu'elle a perdu entre 1975 et 1982 plus de trois mille personnes. Nous ne pouvons ignorer, ici, les difficultés économiques d'une agglomération née de la première révolution industrielle et qui en est à sa sixième reconversion industrielle (P. Couderc, 1971). Nous pouvons d'ailleurs constater que la commune-centre de Montluçon et celle de Commentry, les deux pôles originels du développement économique de l'agglomération, connaissent l'hémorragie la plus accentuée (-6 478 habitants pour la première et -826 pour la deuxième). Les communes de banlieue, qui enregistrent une évolution positive, ne parviennent pas à combler ce déclin.

En règle générale, ce sont toutes les grandes villes de la partie nord de notre espace d'étude qui connaissent une croissance plus modérée qu'ailleurs (Vichy, Moulins, Nevers). Ceci s'explique, en partie, par le fait qu'elles appartiennent à des régions géographiques plus précocement urbanisées, et où les taux sont déjà élevés (plus de 75 %, voir tableau n°12). Ainsi, les possibilités d'accroissement sont ici plus limitées. Elles dépendent du croît naturel local ou de l'apport de populations extérieures, dans la mesure où l'espace proche a déjà été largement « aspiré » par la ville.

Entre 1975 et 1982, à l'exception d'Aurillac, dont la commune-centre continue à gagner des habitants, toutes les villes ou agglomérations de ce niveau démographique doivent leur évolution à leurs communes de banlieue. Celles-ci sont alimentées par des migrations depuis la commune-centre, mais également par des arrivées extérieures. Les nouveaux venus s'installent alors directement dans ces communes de banlieue. La conséquence est donc un renforcement de l'étalement urbain qui fait exploser le problème statistique que nous avons rencontré dans la définition même de l'espace urbain.

b - Les petites villes (moins de 30 000 habitants) : une évolution plus contrastée

Pour les villes ou agglomérations de dix mille à trente mille habitants, souvent petites villes à fort passé industriel comme Ambert ou centres administratifs comme Guéret ou Tulle, ou enfin villes-marchés encore actives comme Saint-Flour ou Ussel, la croissance est également à l'ordre du jour entre 1975 et 1982. Thiers fait toutefois exception, puisqu'elle enregistre une évolution négative de sa population (voir annexe n°1).

Par contre, pour les unités de moins de dix mille habitants, l'évolution est plus contrastée. Nous trouvons, en fait, plusieurs cas de figure. En premier lieu, les villes ou agglomérations de l'Yssingelais-Sigolénois connaissent une évolution, en général, fortement positive. Elles bénéficient à la fois de la présence de la grande agglomération stéphanoise qui s'étale (plus de 400 000 habitants) et du dynamisme industriel local (un des plus faibles taux de chômage en France). Nous retrouvons la même évolution positive, bien que moins marquée cependant, dans la région de Thiers, surtout dans la partie proche de la capitale auvergnate (Lezoux, Courpière notamment). De même, quelques petites villes isolées parviennent également à « tirer leur épingle du jeu », grâce à leur dynamisme économique, lié soit à la présence de grands établissements industriels comme à La Souterraine (SOCOMEC, M. de Fursac qui a fermé ses portes)[13] ou à Saint-Georges-de-Mons (Aciérie électrique Aubert et Duval), soit à une activité touristique (La Bourboule-Le Mont-Dore)[14]. Enfin, certaines unités urbaines, appartenant à des régions moins urbanisées comme Mauriac, Meymac, Brioude, Uzerche, Objat, bénéficient encore d'une augmentation de leur population et résistent donc au déclin général de leur région ou de leur département.

Si nous constatons une évolution globalement positive, et ce finalement quel que soit le niveau démographique concerné, il apparaît clairement plusieurs niveaux d'opposition liés surtout à la localisation géographique des unités urbaines. Ainsi, en Limousin, ce sont essentiellement les villes situées dans les zones basses (plaines, vallées, bas-plateaux), hors Montagne limousine, qui connaissent les évolutions les plus positives, à l'exception des petites villes de l'ouest comme Bellac ou Saint-Junien, mais nous retrouvons là d'anciens centres industriels en difficulté économique. En Auvergne, nous avons une opposition proche puisque ce sont bien les villes des plaines et vallées qui voient leur population le plus augmenter (surtout dans le Val d'Allier). Toutefois, les exceptions ne sont pas rares, à l'image d'Aurillac, de Saint-Flour, et des villes de l'Yssingelais qui appartiennent plutôt à des zones d'altitude. Saint-Eloy-les-Mines en Combraille, Riom-ès-Montagnes, Murat dans les Monts du Cantal, Château-Chinon sur la bordure ouest du Morvan reflètent parfaitement l'évolution démographique plus problématique des espaces de moyenne montagne. Toutefois, nous rencontrons également nombre de petites villes de plaines qui connaissent une diminution générale de leur population. Nous avons, donc, une image complexe des types d'évolution démographique en fonction du nombre d'habitants des unités urbaines et de leur localisation géographique. Nous pouvons, malgré tout, mettre en évidence quelques permanences, avec deux oppositions majeures. Les villes et agglomérations des zones de moyenne montagne connaissent une évolution démographique généralement négative. A l'opposé, celles des plaines ou vallées voient le nombre de leurs habitants augmenter. De même, les plus grandes villes (plus de 30 000 habitants) connaissent, le plus souvent, une augmentation de leur population, alors que les plus petites ont une évolution plus contrastée, et en tout cas moins positive.

c - Les villes du nord du Massif central dans le contexte national urbain

Les villes du nord du Massif central connaissent une évolution totale de leur population quasi identique à la moyenne nationale (soit environ 3 % de croissance entre 1975 et 1982). Malgré tout, nous pouvons faire quelques différences en fonction de la taille démographique des unités urbaines. Effectivement, nous constatons que les plus grandes villes (plus de 30 000 hab.) connaissent une évolution souvent plus soutenue que la moyenne nationale, mais également que celle de la plupart des autres villes de l'hexagone, de même importance démographique (P. Bruyelle, 1983). En effet, les deux métropoles régionales (Limoges et Clermont-Riom), ainsi que Brive et Tulle, connaissent, pendant cette période (1975-1982), une augmentation de leur population supérieure à 5 %, alors que pour les villes de plus de cinquante mille habitants, en France, celle-ci se situe plutôt aux alentours de 4 %. Par contre, les villes, de trente mille à cent mille habitants, du nord de notre zone d'étude (Moulins, Nevers, Vichy, Montluçon), enregistrent une évolution beaucoup plus faible que la moyenne nationale, et que celle des villes de même importance (il s'agit même d'un déclin démographique pour Montluçon).

Pour ce qui est des petites villes (moins de 30 000 habitants) du nord du Massif central, elles connaissent, globalement, une évolution moins favorable qu'au niveau national. Effectivement, entre 1975 et 1982, les petites villes françaises enregistrent, encore, une augmentation significative de leur population (6 % environ, pour l'ensemble des petites villes françaises). Or, nous constatons que la majorité des villes de ce niveau démographique, dans notre espace d'étude, sont en stagnation ou même en déclin. Cette situation démographique plus problématique des petites villes du nord du Massif central se confirme si on la compare avec celle de la région Aquitaine (J.P. Charrié, M. Genty, P. Laborde, 1992), par exemple. En effet, sur près de cinquante-six villes étudiées (moins de 20 000 habitants), seules sept (soit 12,5 %) ont une évolution négative de leur population. Sur les cinquante-quatre centres urbains de moins de vingt mille habitants que compte le nord du Massif central, quarante-quatre (soit 81 %) ont enregistré, entre 1975 et 1982, une évolution négative de leur population ! Toutefois, il semble bien que l'évolution des petites villes, au niveau national, soit dirigée à la baisse, pendant cette période, comparativement aux périodes précédentes, et qu'ainsi l'évolution enregistrée n'ait rien de très original, même si elle est plus accentuée. « *Très dynamiques jusqu'en 1975, elles subissent de plein fouet les conséquences des difficultés économiques et du renouveau de la croissance métropolitaine* » (J.P. Laborie, 1975).

2 - 1982-1990 : un net ralentissement de la croissance

Entre 1982 et 1990, les unités urbaines connaissent, globalement, une évolution moins positive (voir annexe n°1). La croissance urbaine semble bien se ralentir. En fait, nous assistons à une sélection plus nette de la croissance selon les niveaux démographiques.

a - L'affirmation des plus grandes villes

Les plus grandes villes comme Limoges et Clermont-Ferrand connaissent une croissance accentuée et affichent un dynamisme démographique marqué par le biais de leurs nouvelles banlieues (communes encore définies comme rurales par l'INSEE !) alors même que leurs centres continuent à se dépeupler. Pour les mêmes raisons, les villes de plus de cinquante mille habitants, comme Nevers, Brive et Aurillac, maintiennent une certaine croissance, ou comme les villes du Bourbonnais et le Puy, stagnent ou commencent une légère décrue démographique. Montluçon, par exemple, n'a pas reculé de manière significative par rapport à la période précédente.

b - « Un ciel nettement assombri » pour les petites villes

Moulins, Vichy, Montluçon et Le Puy sont accompagnées dans leur stagnation ou recul démographique par les unités urbaines de dix mille à trente mille habitants comme Tulle, Ussel, Saint-Flour, Guéret et Cosne-Cours-sur-Loire qui appartiennent à des espaces géographiques (plateau de Millevaches, plateaux creusois, Montagne cantalienne) dont le dépeuplement s'accentue. Toutefois, en tenant compte de l'étalement urbain, on constate qu'elles résistent plutôt mieux que les petites villes de moins de dix mille habitants. Ces dernières présentent plusieurs situations.

Nous trouvons, d'abord, au chapitre des évolutions négatives à fortement négatives, les anciennes petites cités minières où la reconversion ne parvient pas à combler la perte de vitalité économique et sociale occasionnée par la fermeture des mines. C'est le cas de Saint-Eloy-les-Mines, Brassac-les-Mines et La Machine. Il y a, également, le cas des petites villes qui ont connu la première révolution industrielle et disposent aujourd'hui d'industries traditionnelles (métallurgie) en crise, comme à Decize. De même, celui des petites villes « industrielles » isolées, fragilisées économiquement par le fait qu'elles dépendent d'une ou de deux grosses entreprises seulement, obéissant à des logiques nationales ou internationales, et qui peuvent fermer leurs portes à tout moment. La Souterraine correspond à cette situation, bien que son déclin démographique soit très relatif (M. De Fursac y a fermé ses portes). Enfin, dans ces évolutions négatives, nous retrouvons les centres des classiques zones de moyenne montagne comme la Montagne limousine avec Felletin, les monts du Cantal avec Riom-ès-Montagnes, la bordure Morvandelle avec Luzy, les plateaux creusois avec Bourganeuf, le plateau de Craponne au sud du Livradois-Forez avec Craponne-sur-Arzon. Par contre, les petites villes de l'Yssingelais-Sigolénois gardent globalement un fort dynamisme démographique, en liaison avec une vitalité économique maintenue. Mais des signes de fragilisation apparaissent tout de même, puisque Dunières et Yssingeaux voient leur population stagner et que Sainte-Sigolène est freinée dans sa croissance.

Comparativement à la période précédente, plusieurs idées clefs se dégagent. Tout d'abord, la quasi-totalité des unités urbaines du nord du Massif central, quelle que soit leur taille, ont connu une diminution de leur croissance, avec, même, une forte augmentation du nombre de centres urbains enregistrant depuis 1982 un déclin démographique. Ce phénomène est surtout accentué pour les petites villes. De plus, la croissance démographique est de plus en plus sélective, pour ne plus concerner, à quelques exceptions près, que les plus grandes villes (plus de 50 000 habitants). En fait, il s'agit, essentiellement, des deux métropoles, auxquelles nous pouvons ajouter Brive et Aurillac. La croissance de la population urbaine au nord du Massif central s'est donc bien ralentie, puisqu'elle a été, au total, entre 1982 et 1990 inférieure à 2 % (plus de 3 % dans la période précédente).

c - Une évolution de la population plus modeste qu'au niveau national

Malgré ce dynamisme démographique maintenu, bien que plus modéré, qui voit les plus grandes villes et surtout les deux métropoles garder une évolution positive, nous assistons à un phénomène de concentration de la population au profit de Clermont-Riom et Limoges. Si nous comparons cette évolution avec celle de la moyenne nationale, nous pouvons mettre en évidence les éléments suivants. Dans la période 1982-1990, le nord du Massif central connaît une évolution globale de la population dans ces villes bien inférieure à celle de la France urbaine dans son ensemble (plus de 5 %). En fait, quelle que soit la taille démographique des villes, elles connaissent une évolution moins favorable qu'au niveau national, même si les tendances évolutives sont les mêmes. Ce sont, toutefois, les métropoles qui sont les plus proches de l'évolution globale des villes de même rang en France. Quant à la diminution confirmée de la population dans les petites villes, elle est, somme toute, conforme à l'évolution générale de celles-ci, mais peut-être avec une ampleur plus accentuée. « ...Est-ce les effets nocifs de la métropolisation sur cet échelon du réseau urbain ? » (J.P. Laborie, 1995).

3 – L'évolution générale entre 1990 et 1999

Pour les petites villes (moins de 10 000 hab.), le recensement de 1999 confirme largement leur évolution négative puisque c'est encore près de 80 % d'entre elles qui continuent à perdre de la population. Comme entre 1982 et 1990, seuls deux types de petites villes parviennent à « tirer leur épingle du jeu ». Celles qui appartiennent à des régions industrielles encore dynamiques (comme le Thiernois et l'Yssingelais-Sigolénois) et celles qui se situent en position de « grande banlieue » (comme Billom et Objat). Notons que les plus fortes croissances se situent dans les espaces cumulant les deux avantages. Il en est ainsi des petites villes de l'Yssingelais-Sigolénois.

Pour les petites villes de dix mille à trente mille habitants, l'évolution à la baisse s'est également confirmée. Dans cette catégorie, seules Issoire et Saint-Junien, villes « industrielles » et en situation de « grande banlieue » par rapport à leur métropole régionale respective, connaissent une augmentation de leur population entre 1990 et 1999, confirmant l'évolution déjà observée entre 1982 et 1990.

En ce qui concerne les villes de plus de cinquante mille habitants, les tendances observées entre 1982 et 1990 se retrouvent en partie. Effectivement, si les villes situées au nord de notre espace d'étude (Montluçon, Moulins, Vichy, Nevers) perdent encore des habitants, celles du sud (à l'exception du Puy) continuent ou recommencent à en gagner. Pour ce qui est des deux métropoles régionales, elles sont entrées dans une nouvelle phase de croissance (après une période de stagnation dans les années 1980) et ce, fait nouveau, non seulement grâce à la croissance démographique de leurs banlieues, mais également à celle de leur commune-centre (+959 hab. à Clermont-Ferrand ; +504 hab. à Limoges).

On constate donc, globalement, que la situation démographique des villes du nord du Massif central est peu encourageante, même si le dynamisme reste aux villes et surtout aux plus grandes d'entre elles. Le cas est plus problématique pour les plus petites.

Il s'agit, donc, maintenant de s'interroger sur les raisons d'une telle évolution. Or, deux éléments importants entrent en jeu pour expliquer les mouvements d'une population : le solde migratoire qui résulte des entrées et des sorties à l'échelle des villes ou agglomérations (v. annexe n° 2), et le solde naturel qui conjugue, lui, le taux de natalité et le taux de mortalité (v. annexes n° 2 et n° 3).

B - Les facteurs de l'évolution : solde migratoire et mouvement naturel

1 - Le solde migratoire : les unités urbaines sont attractives

Nous n'isolerons pas dans cette analyse les deux périodes censitaires (1975-1982, 1982-1990), car elles présentent en fait des nuances très limitées que nous signalerons au fur et à mesure de notre étude. Constatons-le d'emblée, que ce soit entre 1975 et 1982 ou entre 1982 et 1990, les villes et agglomérations du nord du Massif central restent attractives. Ce qui n'est pas le cas, d'après les statistiques de l'INSEE, au niveau national, puisque le solde migratoire des villes est en fait négatif (environ -0,2 % par an pour les deux périodes censitaires). Mais, il ne faut pas oublier que les statistiques omettent un grand nombre de communes. Elles les considèrent comme rurales, et pourtant elles appartiennent à la réalité de la ville. Or, elles accueillent la plus forte part de la population. Sans une redéfinition rigoureuse de la réalité urbaine sur notre espace d'étude, nous aurions également observé un solde migratoire négatif dans la plupart des villes, dans la mesure où nous aurions occulté un phénomène urbain majeur, à savoir l'étalement. La prise en compte de celui-ci au niveau national aboutirait, sans aucun doute, à l'observation d'un solde migratoire positif, comme au nord du Massif central.

a - Plus la ville est grande, plus elle attire

Ce phénomène concerne d'abord les deux métropoles régionales (Clermont-Riom et Limoges), même si les soldes ont tendance à diminuer depuis 1982, surtout pour Limoges. Mais, il intéresse aussi les centres régionaux et les chefs-lieux de département (villes moyennes) et, enfin, les unités urbaines qui ont entre dix mille et trente habitants (Issoire, Thiers, Ussel, Saint-Junien, par exemple...).

Les deux grandes villes du sud, Aurillac et Brive-la-Gaillarde, sont les plus attractives du nord du Massif central, et ce pour l'ensemble de la période 1975-1990. Effectivement, leur solde migratoire reste assez nettement positif sur les deux périodes censitaires, ce qui n'est pas le cas de Moulins et Nevers, attractives entre 1975 et 1982 et qui sont devenues depuis répulsives.

Si l'agglomération de Vichy était l'une des plus attractives, des unités de plus de cinquante mille habitants, entre 1975 et 1982, elle connaît, inversement, le ralentissement le plus net depuis 1982. Ceci s'explique surtout par le solde très négatif du centre qui gomme en grande partie l'attraction soutenue des communes de banlieue.

A l'opposé, seules Montluçon et Le Puy connaissent un solde migratoire négatif sur les deux périodes intercensales. Il participe donc, au premier chef, au déclin démographique global des agglomérations. Il doit être corrélé avec une aggravation des « crises » économiques montluçonnaises, cycliques (deux dans les années 1970) et l'évasion vers la métropole stéphanoise en ce qui concerne Le Puy.

Pour ce qui est des villes ou agglomérations de dix mille à trente mille habitants, très largement attractives entre 1975 et 1982, sans exception ou presque, on constate qu'entre 1982 et 1990, bon nombre d'entre elles ont désormais un solde négatif. Nous trouvons, par exemple, dans ce cas Saint-Flour qui était pourtant la plus attractive de sa catégorie entre 1975 et 1982, mais également Cosne-Cours-sur-Loire, Thiers et Tulle. Il est possible que le volume d'emplois offerts par ces unités urbaines, en période de crise, se soit restreint et ait obligé les actifs à migrer vers des unités plus grandes.

b - Les petites villes attirent généralement moins que les autres (moins de 10 000 habitants)

Pour les unités urbaines de petite taille démographique, des soldes positifs existent depuis 1975, dans les régions (ou unités isolées) économiquement les plus actives (Yssingelais-Sigolénois, Thiernois, Rochechouart, Saint-Yrieix-la-Perche, La Souterraine…). Mais, c'est à ce niveau que l'on trouve, aussi, les villes ou agglomérations les plus répulsives. Celles-ci appartiennent à deux types d'espaces géographiques et économiques clairement identifiés. Il y a, tout d'abord, les régions à dominante rurale et agricole (Bourganeuf, Felletin, Murat, Riom-ès-Montagnes et Bellac depuis 1982…), et également les bassins industriels traditionnels, basés sur l'exploitation du charbon (Saint-Eloy-les-Mines, Brassac-les-Mines dès 1975 et La Machine depuis 1982).

Globalement les soldes migratoires ont tendance à diminuer depuis 1982. Ceci est lié à deux phénomènes cumulés (voir fig. n°24 et n°25). D'abord, entre 1975 et 1982, le solde migratoire des communes-centres n'est pas encore très négatif, alors que l'étalement urbain est déjà très important, avec des nouvelles communes de banlieue très attractives et dont la croissance est alimentée par une importante migration de personnes qui viennent s'y installer directement. Puis, entre 1982 et 1990, l'étalement urbain se renforce, les communes-centres continuent bien à se dépeupler au profit des banlieues, mais celles-ci voient leur solde migratoire diminuer. Il y a donc bien une perte d'attractivité des agglomérations de notre secteur d'étude. De plus, l'auréole de communes attractives s'est encore éloignée du centre ville et concerne désormais des communes qui ne peuvent plus être incluses dans la définition géographique d'une agglomération, mais appartiennent bel et bien au monde du périurbain. L'étalement spatial paraît ici très fort, en considération même de la taille des agglomérations étudiées.

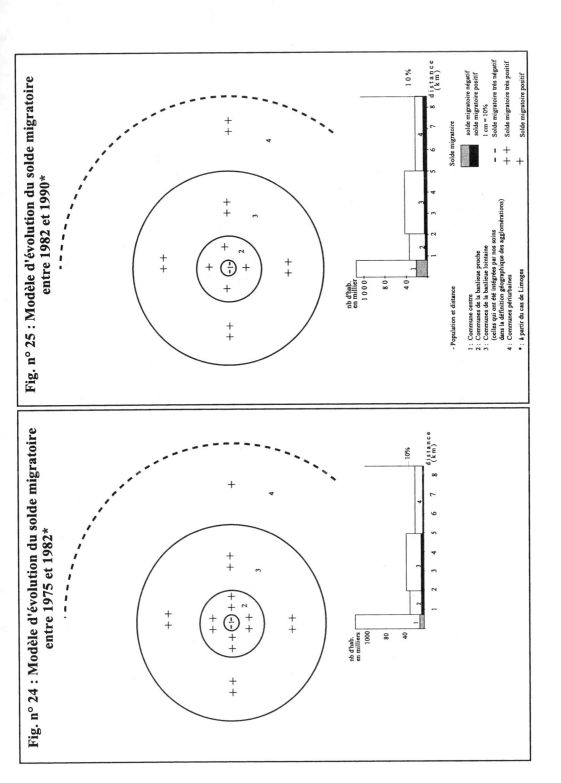

Fig. n° 24 : Modèle d'évolution du solde migratoire entre 1975 et 1982*

Fig. n° 25 : Modèle d'évolution du solde migratoire entre 1982 et 1990*

- Population et distance

1 : Commune centre
2 : Communes de la banlieue proche
3 : Communes de la banlieue lointaine
(celles qui ont été intégrées par nos soins dans la définition géographique des agglomérations)
4 : Communes périurbaines

* : à partir du cas de Limoges

Solde migratoire

solde migratoire négatif
solde migratoire positif

1 cm = 10%

Solde migratoire très négatif

Solde migratoire très positif

Solde migratoire positif

Les villes et agglomérations au nord du Massif central connaissent des soldes migratoires plus favorables que ceux de la région administrative entière. Par exemple, les unités urbaines participent largement à l'accueil des nouveaux arrivants en Limousin qui, depuis 1982, sont plus nombreux que ceux qui partent. Ceci est particulièrement vrai pour les plus grandes villes régionales, c'est-à-dire celles qui regroupent plus de dix mille habitants, avec en particulier Limoges, Brive-la-Gaillarde, Ussel, Saint-Junien et surtout Guéret. Seule Tulle fait exception avec, depuis 1982, un solde négatif, alors qu'elle était attractive dans la période censitaire précédente. Par opposition, si certaines petites villes (moins de 10 000 hab.), comme Meymac, Saint-Yrieix-la-Perche, Rochechouart, Bellac, Saint-Léonard-de-Noblat (les deux dernières profitant de la proximité de la métropole) sont également attractives, les autres unités urbaines de cette taille démographique ont un solde négatif. La population s'établit donc bien dans les banlieues des grandes agglomérations (Limoges, Brive et même Guéret). En Auvergne, le schéma des unités les plus attractives est encore plus clair, puisque ce sont surtout Clermont-Riom, Vichy et Aurillac qui résistent au déclin régional, accompagnées, cependant, par de petites villes « industrielles » comme Issoire ou les villes de l'Yssingelais-Sigolénois, et par les cités touristiques comme La Bourboule—Le Mont-Dore. Par contre, les villes et agglomérations nivernaises accompagnent largement le déclin démographique de leur département, puisque seule Château-Chinon présente un solde migratoire positif. Au total, l'avenir de l'espace nord du Massif central est donc urbain, comme partout ailleurs, puisqu'il n'y a que dans les villes (et plus précisément dans les communes de banlieue) que l'on trouve, en fait, des soldes migratoires positifs.

c – Entre 1990 et 1999 : de plus en plus de villes attractives

Entre 1990 et 1999, si le nombre de villes disposant d'un solde migratoire négatif reste majoritaire, la situation s'est tout de même sensiblement améliorée. On constate, en réalité, que de plus en plus de villes sont attractives. Le phénomène a surtout profité aux plus petites d'entre elles.

Les villes de moins de dix mille habitants restent majoritairement répulsives mais un nombre non négligeable d'entre elles recommence à être plus attractif que répulsif depuis 1990. Ainsi, Aigueperse, Puy-Guillaume, Langeac, Billom, Courpière, Mauriac, Gannat, Brassac-les-

Mines et Yssingeaux viennent s'ajouter à la liste des petites villes qui maintiennent leur solde migratoire positif de la période censitaire précédente (voir infra). L'appartenance à des régions encore dynamiques économiquement, la proximité d'une grande agglomération, la localisation sur, ou à proximité, d'un axe de communication majeur (autoroute) sont autant de facteurs qui semblent favorables à une grande attractivité des petites villes (en dehors naturellement des avantages humains, environnementaux liés à la taille même de l'unité urbaine).

La situation des villes de dix mille à trente mille habitants est tout à fait comparable à celle déjà observée entre 1982 et 1990. Elles gardent un solde migratoire négatif, à l'exception de Saint-Junien et Issoire (villes « industrielles » et « banlieues »).

La situation des plus grandes villes, en matière de solde migratoire, s'est plutôt détériorée dans la dernière période censitaire. En effet, si, entre 1982 et 1990, la majorité d'entre elles avait un solde positif, ce n'est plus le cas entre 1990 et 1999. Ainsi, Aurillac se retrouve depuis 1990 avec un nombre de sorties supérieur à celui des entrées. Le Puy, Montluçon, Moulins, Nevers confirment leur déficit migratoire. Par contre, Vichy, Brive-la-Gaillarde et Limoges attirent plus qu'elles ne répulsent. Quant à la métropole clermontoise, elle connaît un relatif équilibre entre les entrées et les sorties.

En conséquence, pour mieux cerner les chances urbaines du nord du Massif central, nous devons, sur un plan scientifique, essayer de répondre à plusieurs interrogations. Dans un premier temps, nous devons analyser l'origine géographique des migrants (arrivées) pour savoir qui arrive dans nos villes. Y-a-t-il encore une arrivée de ruraux ? Si oui, d'où peuvent-ils venir ? Sont-ils directement venus vers la grande ville, ou sont-ils d'abord passés par une petite ville relais (voire même par le bourg-centre) ? Si non, d'où viennent ces néo-urbains ? D'unités urbaines plus petites ou des grandes villes nationales (Paris, Lyon…) ? Dans le même ordre d'idée et selon des problématiques complémentaires, nous analyserons les départs. Se font-ils vers d'autres villes ? De quelle taille ? Ou en direction du monde rural comme on le prétend ? Dans un second temps, il faudra s'interroger sur les finalités de ces migrants, notamment les entrants. Que viennent-ils faire ? Sont-ce des cadres de l'industrie ? Ou appartiennent-ils au secteur tertiaire ? Ces migrations seraient alors en relation avec le développement fonctionnel des villes, avec la hiérarchisation des réseaux, dans la mesure où ils privilégient les villes

les mieux équipées, celles qui offrent déjà le plus grand nombre d'emplois et appartiennent sûrement au niveau supérieur de la hiérarchie. C'est ainsi que l'on pourra voir apparaître une première ébauche d'approche de la hiérarchisation des villes (qu'il sera indispensable de préciser dans la deuxième partie, en fonction d'autres critères…).

d - Origine et destination des migrants

• Point méthodologique

Pour connaître l'origine des flux migratoires définitifs concernant les unités urbaines du nord du Massif central, dans le sens des entrées comme des sorties, nous avons demandé une étude spéciale à l'INSEE, à partir des recensements de 1982 et 1990. Mais, nous avons dû travailler à partir des aires urbaines, telles qu'elles ont été définies par l'INSEE en 1996. Le problème est relatif, car il s'agit de l'unité statistique la plus proche de nos agglomérations géographiques. Pour pouvoir obtenir les renseignements dans les limites exactes de ces dernières, nous aurions été obligés de travailler commune par commune, ce qui représentait un travail de recomposition titanesque. Or, nous avons déjà constaté que les aires urbaines de l'INSEE étaient assez proches, spatialement et démographiquement, de nos agglomérations géographiques, et ce tout en maintenant les réserves qui ont été précédemment émises. Leurs limites, inexactes, ne faussent guère, par contre, la réalité démographique de fond.

• Les « immigrants » sont avant tout des urbains

Dans un premier temps, nous allons mettre en évidence les tendances générales des migrations définitives à l'échelle nationale. Globalement, les flux interurbains sont très largement majoritaires, et ce quelle que soit la taille démographique des villes concernées. Ils représentent, le plus souvent, près des deux tiers et jusqu'aux trois quarts des entrées. Ainsi, le monde rural ne fournit presque plus de migrants. De plus, l'essentiel des entrées dans une agglomération donnée, en dehors de Paris, provient des autres villes de la même région. Une première constatation s'impose alors. Paris est très uniformément, pour la quasi-totalité des unités urbaines du nord du Massif central, le premier réservoir. Il s'agit probablement du résultat de plusieurs faits conjugués : retour au pays des retraités, effets de la politique de décentralisation administrative et industrielle, sans oublier, surtout, le rôle de Paris dans la formation des cadres, sans compter la puissance parisienne qui délègue ses cadres en province.

A l'échelle régionale, Limoges a un pouvoir attractif, sur les villes de sa région ou celles limitrophes, moins net que celui de Clermont-Ferrand. Il semble donc que le phénomène de métropolisation démographique soit moins marqué en Limousin qu'en Auvergne. En effet, pour toutes les villes et agglomérations auvergnates, Clermont-Riom représente toujours le premier pôle attractif, sauf pour Le Puy qui envoie ses migrants surtout à Lyon, mais la capitale régionale vient immédiatement après. Par contre, les habitants de Tulle ou Ussel, par exemple, sont davantage attirés par Brive (ville de 80 000 hab., très attractive) que par Limoges. Toutefois, les Brivistes partent majoritairement pour la capitale régionale. Nous avons ici une belle hiérarchie des flux. Ce qui n'est pas le cas en Auvergne, où les villes moyennes sont souvent court-circuitées.

Nous allons, dans un deuxième temps, effectuer une analyse plus détaillée des arrivées en fonction des niveaux hiérarchiques. Ainsi, en ce qui concerne les petites villes, l'essentiel des flux vient de la grande ville la plus proche, comme Clermont-Riom pour Thiers, Issoire et Ussel, et Limoges pour Saint-Junien. Mais, en dehors des métropoles régionales, ce sont les unités urbaines de petite taille démographique (souvent moins de 5 000 hab.) les plus proches qui fournissent, en général, les plus gros contingents, comme Bort-les-Orgues pour Ussel, Rochechouart pour Saint-Junien, Courpière pour Thiers... Il y a donc un véritable échange entre les petites villes d'une région donnée. Il remplace l'arrivée depuis le milieu rural profond, selon la vision traditionnelle des choses.

Pour ce qui est des villes de trente mille à cent mille habitants, nous constatons trois tendances nettes. Tout d'abord l'essentiel des flux provient de Paris. A côté de la capitale, les flux viennent des métropoles régionales proches (Clermont-Riom, Limoges). Enfin, une part notable des flux vient des autres villes moyennes, ou des villes de poids démographique inférieur et situées à proximité. Il en est ainsi de Vichy qui a reçu un nombre important de migrants entre 1982 et 1990, de Moulins, mais également de Lapalisse, Varennes-sur-Allier, Gannat...

Pour les métropoles, les flux proviennent majoritairement des villes moyennes de leur région respective. De plus, les flux directs des petites villes ou unités urbaines de base vers les métropoles régionales sont également très importants.

Donc, deux idées essentielles se dégagent nettement pour les entrées. Au niveau national, les « immigrants » des villes du nord du Massif central viennent surtout de Paris, et le phénomène est d'autant plus accentué que la ville auvergnate, limousine ou nivernaise est grande. Au niveau régional, la plus grande partie des entrées se fait dans les métropoles, et secondairement dans les villes de trente mille à cent mille habitants, et provient des unités urbaines moins peuplées. Les grandes villes accueillent les migrants ayant quitté, en général, des villes plus petites et proches.

• **Les sorties : de la petite à la grande ville**

Les flux interurbains peuvent représenter, aussi, jusqu'aux trois quarts des sorties. Quant aux départs considérés à destination du rural, il faudrait isoler la frange qui s'arrête manifestement dans le périurbain, notion totalement occultée par l'INSEE. Il aurait été intéressant encore de savoir si l'on se dirige vers le périurbain de la ville que l'on quitte ou celui d'une autre cité. Nous allons suivre la même démarche que pour l'analyse des entrées. En effet, dans un premier temps, nous mettrons en évidence les tendances générales des sorties définitives, et dans un second temps, nous ferons une analyse détaillée par niveau de population.

Comme pour les entrées, la majorité des migrants partent vers la capitale. Paris représente, pour la quasi-totalité des unités urbaines du nord du Massif central, le premier pôle attractif. L'attrait du premier pôle d'emploi de France, pour des gens à la recherche d'un travail, joue sans aucun doute ici un rôle majeur. Il ne faut pas non plus oublier l'influence du premier centre directionnel du pays, entre autres… Plus globalement, sur le plan spatial, en ce qui concerne les sorties effectuées vers des villes extra-régionales, nous constatons que celles concernant les unités urbaines du Limousin se font majoritairement avec un grand Centre-Ouest (Poitou-Charentes, nord de l'Aquitaine), alors que celles de l'Auvergne privilégient nettement un grand Centre-Est (sud Bourgogne, Rhône-Alpes). Ainsi, les Limougeauds se tournent prioritairement vers Bordeaux et les Clermontois vers Lyon.

Un autre phénomène apparaît très clairement à l'analyse des flux migratoires des différentes villes et agglomérations du nord du Massif central. Les gens quittent leur ville, le plus généralement, pour se rendre dans une ville de niveau démographique supérieur. Ainsi, on quitte Ussel pour aller à Tulle ou Brive, Tulle pour Brive, Brive pour Limoges, enfin

Limoges pour Bordeaux. Il y a toutefois quelques nuances, d'ordre géographique, à apporter à cette constatation. Les flux qui se dirigent vers le sud de la France privilégient uniquement et directement les plus grandes métropoles et sont déséquilibrés (bien supérieurs dans le sens des départs à celui des arrivées). Par contre, les grandes agglomérations du nord du pays attirent peu. Une dernière nuance est à apporter à la hiérarchisation des flux. Bien souvent, le niveau ville moyenne est court-circuité. Donc, on quitte la petite ville pour se rendre directement dans la métropole. C'est le cas, par exemple, des habitants de La Souterraine et Bourganeuf qui migrent, le plus souvent, directement vers Limoges et non vers Guéret.

Pour ce qui est de l'analyse des sorties, par niveau démographique, nous constatons, d'abord, que les habitants des petites villes partent pour la plupart vers des agglomérations de niveau supérieur. En effet, les petites villes voient, assez souvent, leurs migrants se diriger d'abord vers la métropole régionale, et donc court-circuiter le niveau ville moyenne.

En ce qui concerne les villes moyennes (30 000 à 100 000 hab.), la majorité des flux de départ se dirige vers la capitale nationale ; Nevers représentant le pôle urbain le plus pourvoyeur pour cette dernière. Toutefois, Guéret, Vichy, Moulins envoient désormais plus de migrants vers leur métropole régionale respective (idem pour Le Puy vers Lyon). En dehors de cette tendance générale, trois observations complémentaires peuvent être formulées. Après Paris, les villes moyennes privilégient très fortement la métropole la plus proche d'elles, c'est-à-dire, en général, leur capitale régionale, sauf pour Le Puy davantage tourné vers Lyon (mais pas aussi nettement qu'on le laisse supposer souvent). Ensuite, ce sont les autres grandes agglomérations nationales du sud de la France qui accueillent les flux extra-régionaux. Ainsi, parmi les destinations les plus souvent choisies reviennent majoritairement : Lyon, Bordeaux, Toulouse, auxquelles nous pouvons ajouter, à un degré moindre : Montpellier et Aix-Marseille. Enfin, dans quelques cas particuliers, liés à la proximité géographique, les flux de ville moyenne à ville moyenne peuvent être plus importants que ceux en direction des grandes agglomérations précédemment citées. C'est le cas, notamment, entre Moulins et Vichy.

Pour les métropoles, il est net que les flux de sortie se dirigent préférentiellement vers les grandes agglomérations, souvent, de niveau supérieur, de la partie sud de la France (en dehors de Paris qui reste bien sûr le premier pôle attractif). Trois destinations se dégagent nettement : Lyon, Bordeaux et Toulouse, auxquelles il faut ajouter dans une moindre mesure Montpellier et Marseille, comme pour les villes moyennes (30 000 à 100 000 hab.).

• Le bilan migratoire

Nous pouvons ici mettre en évidence plusieurs tendances fortes. Tout d'abord, sur un plan général, trois situations apparaissent nettement en termes de bilan migratoire. Premièrement, le solde migratoire des villes et agglomérations de notre espace d'étude avec Paris est dans la quasi-totalité des cas excédentaire (plus d'arrivées que de départs). En fait, seules les villes les plus industrielles et en difficulté économique voient leur bilan migratoire avec la capitale nationale être négatif. Deuxièmement, les sorties l'emportent largement sur les entrées, pour les flux concernant les grandes agglomérations du sud (Bordeaux, Toulouse, Marseille, Nice...). Enfin, à l'inverse, le bilan migratoire est quasi systématiquement positif avec les villes de la moitié nord de la France (sauf région parisienne), et ce, finalement, quelle que soit leur taille. Dans ce cas, d'ailleurs, on quitte le plus souvent de grandes agglomérations pour des villes, de notre espace d'étude, de plus petite taille. C'est particulièrement net pour Lille.

Si nous analysons le bilan migratoire en fonction des différents niveaux de population, plusieurs constantes semblent également se dégager. Les petites villes (moins de 30 000 hab.) connaissent un solde migratoire négatif avec la plupart des agglomérations plus peuplées, vers lesquelles se dirige la grande majorité des flux qu'elles émettent, sauf quelques cas particuliers comme Thiers qui enregistre dans les deux dernières périodes censitaires un bilan positif. Ceci est, sans aucun doute, lié à l'étalement urbain clermontois faisant de la capitale de la coutellerie une lointaine banlieue. Par contre, les petites villes ont un bilan excédentaire avec les unités moins peuplées qu'elles. Mais, dans la majorité des cas, les flux qu'elles émettent en direction des niveaux supérieurs sont plus importants quantitativement que ceux qu'elles reçoivent. Par exemple, si Thiers connaît un bilan positif avec Puy-Guillaume, les migrants qu'elle envoie sur Clermont-Riom sont bien plus nombreux.

Le bilan migratoire des villes de trente mille à cent mille habitants présente des similitudes avec celui des petites villes, dans la mesure où elles ont, le plus souvent, un solde négatif avec les villes plus grandes, et en particulier, leur métropole régionale et les grandes agglomérations du sud de la France. Par contre, à deux exceptions près (Montluçon, Nevers), elles présentent un bilan positif avec Paris.

En ce qui concerne les métropoles, leur bilan est positif avec toutes les villes et agglomérations de leur région (sauf Thiers pour Clermont), ainsi qu'avec la plupart de celles extérieures de la moitié nord de la France, et même Paris pour Limoges. Par contre, elles sont quasi systématiquement déficitaires avec les agglomérations du sud, dans la mesure où les entrées provenant de celles-ci sont souvent infimes.

En conclusion, nous pouvons donc dire que le monde urbain fonctionne de plus en plus en vase clos. Seules des villes moyennes appartenant à des milieux moins urbanisés, comme Aurillac ou Guéret, ont des pourcentages plus faibles de migrants provenant d'autres villes et accueillent encore un nombre notable de ruraux, mais ceux-ci restent largement minoritaires dans le total des flux. De plus, les flux migratoires sont très majoritairement intrarégionaux et montrent une redistribution géographique de la population en faveur des métropoles françaises. Pour répondre, plus précisément, aux questions posées au départ, nous pouvons dire que les migrants à destination des villes ou agglomérations du nord du Massif central sont essentiellement des urbains. L'exode rural massif appartient bien à un passé révolu. La plupart des flux sont aujourd'hui hiérarchisés, c'est-à-dire que l'on choisit d'abord la ville plus petite avant la grande agglomération ; mais, le niveau ville moyenne est celui qui est le plus souvent délaissé dans les entorses hiérarchiques.

e - La « qualité » des migrants (ou les facteurs de la migration)

• **Rappel méthodologique**

Pour appréhender les catégories socioprofessionnelles concernées par les migrations définitives, nous avons une nouvelle fois fait appel aux services de l'INSEE pour une sortie spéciale concernant les actifs ayant un emploi. Ces derniers ont été ventilés en six postes : agriculteurs ; artisans, commerçants ; cadres et professions intellectuelles ; professions intermédiaires ; employés ; ouvriers. Nous avons délibérément exclu les non-actifs (retraités en particulier) et les chômeurs, dans la mesure où nous cherchons à mesurer les potentialités dynamiques de nos unités urbaines. De plus, la ventilation proposée par l'INSEE est suffisante pour déterminer deux éléments majeurs : la part des actifs du tertiaire dans les migrations et celle des catégories les plus qualifiées par rapport à celles qui le sont moins. Là également, l'intérêt est de mesurer les potentialités évolutives des villes et agglomérations par l'accueil d'une main-d'œuvre tertiaire de haut niveau ou au contraire l'évaluation d'un avenir problématique par la fuite des forces vives, les plus qualifiées. Il est de toute façon inquiétant lorsque le nombre de migrants non actifs (surtout quand il s'agit de retraités) ou chômeurs représente plus de 50 % des flux, dans le sens des entrées, ce qui est le cas dans la plupart des villes du nord du Massif central.

• **Des migrants appartenant très majoritairement au secteur tertiaire (voir tableau n°14)**

Globalement, les villes et agglomérations du nord du Massif central accueillent essentiellement des actifs du secteur tertiaire (plus de la moitié des entrées), mais c'est également là que les sorties sont les plus fortes, aboutissant le plus souvent à un solde négatif, donc à une perte de substance vive pour la ville du Massif central et à son appauvrissement en matière de pouvoir de commandement ! Nous trouvons bien, ici, globalement le signe d'une société tertiairisée où les emplois dans ce secteur sont les plus importants et de loin. Mais ces migrations se font de ville à ville, et même, globalement, des plus petites villes vers les plus grandes villes. La redistribution géographique de la population accompagne donc la concentration tertiaire dans les métropoles (métropolisation tertiaire). Nous constatons, par ailleurs, que plus la ville est petite, plus la part des migrations ouvrières[15] est importante, ce qui tendrait à montrer que les petites villes restent « industrielles ». Ceci est sûrement fondamental pour le maintien de la ville en espace rural, mais se pose le problème de leur maintien en tant que centre de services.

• **Des nuances en fonction de la taille démographique des villes**

Plusieurs types de villes apparaissent en fonction du niveau démographique auquel elles appartiennent. Nous avons privilégié, ici, l'observation, en pourcentage, du nombre de migrants appartenant aux grandes catégories d'activité définies précédemment, dans la mesure où les chiffres absolus ne peuvent être de bons indicateurs de comparaison. En effet, les volumes d'emplois offerts sont fort différents, et ce même pour des villes de niveau démographique identique. Donc, les potentialités de migrations d'actifs ne peuvent être les mêmes. L'intérêt est alors de voir quels types d'actifs attirent les villes, et ce quel que soit leur nombre absolu, lequel dépend forcément du total des emplois offerts.

Tab. 14 - Migrations pour les actifs ayant un emploi (en %)

Agglomérations		Agriculteurs	Artisans-commerçants	Cadres-Professions intellectuelles	Professions intermédiaires	Employés	Ouvriers
Clermont-Riom	Arrivées	0,1	4,5	16,0	27,8	28,8	22,8
	Départs	0,4	5,9	18,9	27,1	26,3	21,4
Limoges	Arrivées	0,1	4,2	18,1	27,4	29,7	20,5
	Départs	0,8	5,6	18,1	25,8	26,9	22,8
Nevers	Arrivées	0,2	6,5	13,8	25,3	28,7	25,5
	Départs	0,4	6,7	12,3	23,8	29,1	27,7
Montluçon	Arrivées	0,4	7,1	12,1	23,2	29,0	28,2
	Départs	0,8	6,9	11,4	26,1	30,0	24,8
Vichy	Arrivées	0,2	10,1	12,8	22,8	29,1	25,0
	Départs	0,4	8,6	12,1	24,6	27,7	26,6
Brive-la-G.	Arrivées	0,4	6,8	14,1	23,4	28,5	26,8
	Départs	0,6	7,4	13,7	26	27,8	24,5
Moulins	Arrivées	0,4	5,0	10,6	24,6	35,7	23,7
	Départs	0,6	7,3	10,7	25,6	31,2	24,6
Aurillac	Arrivées	0,9	5,7	11,8	20,6	34,5	26,5
	Départs	1,9	6,7	11,4	26,0	31,4	22,6
Le Puy	Arrivées	0,1	7,0	13,8	26,4	27,4	25,3
	Départs	1,0	6,7	12,1	25,8	28,8	25,6
Tulle	Arrivées	0,4	3,6	16,1	20,9	36,5	22,5
	Départs	0,7	4,8	14,8	24,1	32,5	23,1
Thiers	Arrivées	0,3	6,8	11,2	23,1	27,7	30,9
	Départs	1,3	6,4	12,8	22,6	25,2	31,7
Guéret	Arrivées	0,4	2,9	11,0	23,5	40,3	21,9
	Départs	1,4	4,9	15,6	26,9	31,3	19,9
Issoire	Arrivées	0,2	8,1	13,6	28,4	23,3	26,4
	Départs	0,8	6,2	12,1	25,2	31,8	23,9
Ussel	Arrivées	0,7	5,4	10,0	31,9	28,4	23,6
	Départs	2,1	3,4	10,4	25,7	36,1	22,3
Saint-Junien	Arrivées	0,0	9,6	8,4	15	29,3	37,7
	Départs	1,9	4,2	12,6	26,2	24,7	30,4
Saint-Flour	Arrivées	2,1	7,2	12,4	23,3	32,1	22,9
	Départs	1,2	5,4	10,4	26,7	34,2	22,1
Decize	Arrivées	1,1	4,9	9,3	25,7	31,1	27,9
	Départs	1,8	8,0	10,5	17,2	36,3	26,2
St-Eloy-les-M.	Arrivées	0,0	15,5	4,8	19,0	26,2	34,5
	Départs	2,1	7,8	7,8	23,4	22,7	36,2
Aubusson	Arrivées	1,5	8,6	14,2	22,8	21,3	31,6
	Départs	2,5	9,2	11,6	27,1	29,6	20,0
Yssingeaux	Arrivées	2,9	12,7	10,8	19,6	31,4	22,6
	Départs	2,5	8,6	8,6	22,8	30,9	26,6
La Bourboule-le	Arrivées	1,5	14,7	10,9	23,2	37,2	12,5
Mont-Dore	Départs	1,2	16,9	12,2	19,8	28,5	21,4
Clamecy	Arrivées	0,7	10,9	19,9	14,4	24,6	29,5
	Départs	0,9	7,3	9,5	18,2	30,5	33,6
La Souterraine	Arrivées	1,2	4,1	* 10,6	27,8	26,1	30,2
	Départs	0,5	7,0	7,6	17,4	29,9	37,6
St-Pourçain/S.	Arrivées	1,5	13,6	3,8	23,5	30,3	27,3
	Départs	0,0	9,7	10,8	27,5	27,5	24,5
St-Georges	Arrivées	0,0	4,8	9,5	22,2	15,9	47,6
	Départs	0,9	5,3	12,5	25,9	25,9	29,5
La Machine	Arrivées	0,0	12,7	14,5	18,2	23,7	30,9
	Départs	0,0	7,4	5,3	17,9	30,4	39,0
Meymac	Arrivées	5,5	9,2	14,8	40,7	14,9	14,9
	Départs	8,0	4,0	10,0	24,0	24,0	30,0

Classement par ordre d'importance démographique des villes
Source : RGP 1990

En ce qui concerne les petites villes (moins de 30 000 habitants), nous pouvons mettre en évidence trois cas de figure. Il y a d'abord les petites villes normalement « tertiairisées ». La majorité des arrivées et des départs concerne, pour elles, les actifs du tertiaire, et les ouvriers ont une place réduite (un tiers environ des arrivées ou des départs). Nous trouvons, dans ce cas, par exemple, Saint-Flour et Saint-Pourçain-sur-Sioule. Ensuite, nous pouvons isoler les petites villes « industrielles ». Elles sont, sans aucun doute, majoritairement tertiaires par l'emploi, et ce sont bien les actifs appartenant à ce domaine qui représentent la plus forte part des entrées comme des sorties, mais les ouvriers représentent encore plus d'une entrée sur trois, voire presque sur deux dans le cas de Saint-Georges-de-Mons. Nous trouvons dans ce cas de figure des villes comme Saint-Eloy-les-Mines, La Souterraine et Thiers (voir tableau n°14). Enfin, nous pouvons déterminer un troisième groupe, caractérisé par une véritable « hypertrophie tertiaire ». En effet, la domination du tertiaire est écrasante, soit en raison de la faiblesse absolue et relative des autres secteurs comme à Meymac, soit en raison d'un grand nombre d'emplois de service, comme dans les villes touristiques et thermales du type La Bourboule-Le Mont-Dore (plus de 70 % des entrées sont le fait d'actifs appartenant au secteur tertiaire). Il y a donc, a priori, une véritable spécialisation urbaine qui apparaît, signifiée par les migrations.

Pour les villes moyennes (30 000 à 100 000 hab.), deux cas de figure se présentent (voir tableau n°14). Tout d'abord, celui des villes moyennes les plus peuplées (plus de 70 000 hab.), auxquelles nous pouvons ajouter Le Puy. Ce sont naturellement des villes tertiaires qui accueillent majoritairement des actifs travaillant dans ce secteur (plus de 50 % des arrivées). Malgré tout, en isolant les différentes catégories socioprofessionnelles, nous constatons une structure assez équilibrée entre les employés, les professions intermédiaires et les ouvriers, et ce tant au niveau des entrées que des sorties. Ces villes gardent, à côté, une fonction industrielle non négligeable, comme en témoigne le nombre important d'ouvriers qui arrivent ou qui partent. Brive, Montluçon, Nevers, Vichy entrent parfaitement dans ce schéma migratoire. Mais, nous pouvons également distinguer, parmi les villes moyennes moins peuplées (moins de 70 000 hab.), les préfectures. Leur caractéristique essentielle est la part écrasante des métiers du tertiaire et surtout des employés (services publics) dans les migrations, tant dans le sens des entrées que dans celui des sorties. Ce dernier aspect s'explique sans aucun doute par la forte mobilité des fonctionnaires. Moulins et Tulle, par exemple, représentent tout à fait ce type de migrations.

Quant à Clermont-Riom et Limoges, les deux métropoles, elles présentent un profil de migrants très similaire (voir tableau n°14). Les employés et les professions intermédiaires, donc les métiers du tertiaire, représentent la part des arrivées et des départs la plus importante (respectivement 56,6 et 57,1 % du total des migrants actifs). Par contre, celle des ouvriers, dans les deux sens, est plus modeste, un migrant actif sur cinq seulement (même si la part de ceux qui arrivent à Clermont-Riom est supérieure à celle de ceux qui arrivent à Limoges). La première bénéficie, sans aucun doute, d'une réputation industrielle plus affirmée, même si le volume d'emplois secondaires offert n'est pas considérablement plus élevé. Le profil migratoire des métropoles présente, en fait, beaucoup de similitudes avec celui des villes moins peuplées.

Pour conclure sur les causes des migrations définitives, nous pouvons dire que les migrants sont essentiellement des actifs du secteur tertiaire, que ce soit dans le sens des entrées comme dans celui des sorties. Ce qui, en termes de bilan, confirme parfaitement la concentration croissante des activités tertiaires sur les plus hauts niveaux de la hiérarchie urbaine. On vit d'abord dans la petite ville (en fait dans les petites villes, les possibilités de migration interne au groupe sont fortes), on occupe un emploi tertiaire, mais on la quitte pour des villes de niveau supérieur offrant des emplois, toujours tertiaires, mais plus qualifiés et diversifiés. Le phénomène tend à se propager jusqu'au sommet de la hiérarchie.

Si les villes du nord du Massif central restent encore souvent attractives, il est intéressant de voir maintenant si le solde migratoire positif accompagne ou non, et éventuellement favorise, un excédent naturel, permettant ainsi à nos unités urbaines de bénéficier d'une dynamique démographique qui serait encourageante pour l'avenir. A l'opposé, si l'excédent migratoire ne fait que combler tout ou partie d'un déficit naturel, il ne fait alors que retarder une décroissance démographique inévitable, dans la mesure où le réservoir migratoire finira toujours par se tarir. N'oublions pas que nous avons constaté une diminution globale des soldes migratoires dans les villes du nord du Massif central.

2 - Un solde naturel peu encourageant mais qui s'améliore (voir fig. n°30)

Dans cette étude, sur le bilan entre la natalité et la mortalité, nous séparerons les deux dernières périodes censitaires (1975-1982, 1982-

1990). En effet, les différences d'évolution sont assez nettes par rapport à 1982, en particulier pour les plus grandes villes qui passent, le plus souvent, d'un déficit naturel à un croît positif.

a - 1975-1982 : une période de déficit naturel dans les agglomérations et villes du nord du Massif central (v. annexe n° 2)

• Un déficit naturel marqué pour les agglomérations de plus de trente mille habitants

L'observation de l'annexe n°2, sur la variation annuelle du solde naturel, nous montre une très forte majorité de situations négatives et ce, quelle que soit la taille démographique des unités urbaines. Ainsi, pour les villes ou agglomérations de plus de trente mille habitants, seule la métropole auvergnate et les deux préfectures du sud de l'Auvergne (Le Puy et Aurillac) ont une natalité supérieure à la mortalité (voir annexes n°2 et n°3). Et seule Le Puy a un croît naturel supérieur à la moyenne nationale (0,46 % l'an contre 0,39 % en France). Si les trois agglomérations précédentes ont un taux de fécondité[16] supérieur à la moyenne française (voir annexe n°3), par contre, leur taux de natalité reste très inférieur au taux national (14,2 pour mille en 1982), ce qui témoigne d'une structure par âge peu favorable. Les autres agglomérations de plus de trente mille habitants ont un solde naturel négatif, en raison d'abord de la faiblesse intrinsèque de leurs taux de natalité (souvent inférieurs de trois à quatre points, et plus, à la moyenne nationale !) comme à Limoges, Montluçon, Brive-la-Gaillarde, Moulins et Vichy. De surcroît, dans ces mêmes unités urbaines, le taux de mortalité est élevé, dépassant le taux français de deux à trois points (voir annexe n°3). L'importance numérique des personnes âgées et la faiblesse relative de celle de la population jeune expliquent largement ces caractéristiques. Cette situation est d'autant plus inquiétante que l'on enregistre dans ces agglomérations un taux de fécondité très en deçà de la moyenne nationale (76,2 pour mille), à l'exception de Nevers, Moulins et Vichy dont la population féminine est légèrement plus féconde qu'au niveau français (voir annexe n°3).

• Le déficit est également à l'ordre du jour pour les villes de dix mille à trente mille habitants

Pour les villes ou agglomérations de dix mille à trente mille habitants, nous observons également un déficit naturel, en règle quasi commune. En effet, seules Cosne-Cours-sur-Loire et Saint-Flour enregistrent une évolution très légèrement positive. Elles bénéficient, toutes les deux, de taux de natalité élevés, surtout à l'échelle régionale, proches de la moyenne nationale (voir annexe n°3). Elles le doivent surtout à un taux de fécondité très élevé (bien supérieur au taux français), qui correspond au maintien d'une tradition nataliste, notamment dans le cas du Cantal, plus qu'à une structure d'âge favorable. Leur taux de mortalité se situe également à un niveau élevé, ce qui limite considérablement l'accroissement naturel (voir annexe n°3). Pour toutes les autres villes de cette catégorie démographique, il y a conjugaison d'un taux de natalité faible, d'un taux de mortalité élevé (16 pour mille à Ussel, 16,1 pour mille à Guéret !!) et d'une fécondité réduite, même si Saint-Junien, Tulle et Issoire font mieux ou presque aussi bien que la moyenne nationale (voir annexe n°3).

• Une situation plus contrastée pour les villes de moins de dix mille habitants

Pour les petites villes de moins de dix mille habitants, la situation en regard de l'évolution du solde naturel est, une nouvelle fois, contrastée. Effectivement, si une majorité d'entre elles ont un solde naturel négatif, 40 % ont des naissances numériquement supérieures aux décès (voir annexe n°3). Nous trouvons dans ce cas plusieurs types de villes ou agglomérations. Tout d'abord, celles qui appartiennent aux espaces économiques les plus dynamiques (Yssingelais, région de Thiers), ou qui ont gardé une activité, notamment industrielle, suffisamment importante pour maintenir et attirer une population assez jeune (Decize, Ambert, Bort-les-Orgues, La Souterraine...). C'est également le cas pour les villes à fonction thermale et touristique comme La Bourboule-Le Mont-Dore. Ensuite, nous trouvons d'autres unités urbaines, souvent d'anciennes villes minières comme Saint-Eloy-les-Mines ou Brassac-les-Mines, des villes appartenant à des régions rurales, qui bénéficient, soit d'une structure d'âge restée, jusqu'au début des années 1980, encore assez favorable, soit d'une tradition de forte fécondité comme dans le cas du Cantal, du Nivernais ou de La Sologne bourbonnaise. Ainsi, dans ces unités urbaines à évolution positive du solde naturel, les taux de natalité restent élevés (voir annexe n°3), quelquefois très supérieurs à la moyenne nationale comme à Dompierre-sur-Besbre (16,9 pour mille), Sainte-Sigolène (15,7 pour mille), Murat (15,1 pour mille), Cercy-la-Tour (15,1 pour mille)... En ce qui concerne les taux de mortalité de ces deux types urbains, s'ils sont en général plus élevés qu'au niveau national, ils restent, à l'échelle du nord du Massif central, plutôt modérés, oscillant entre dix et douze pour mille (voir annexe n°3). Ceci montre que si la structure d'âge est ici plus favorable que dans les autres petites villes, le vieillissement de leur population est cependant nettement amorcé. Notons, toutefois, que toutes ces villes bénéficient de taux de fécondité élevés, quelquefois très supérieurs à la moyenne nationale, comme à Cercy-la-Tour, Dompierre-sur-Besbre, Clamecy, Bort-les-Orgues et Yssingeaux (voir annexe n°3) ; ce qui représente un atout certain pour leur dynamisme démographique à venir. Et il serait bon de savoir pourquoi les populations ont eu de tels comportements qui pourraient laisser penser que, finalement, elles « vivaient » bien leur situation d'habitants d'une petite ville !

Mais, pour l'essentiel des petites villes de moins de dix mille habitants (60 %), le déficit naturel est déjà à l'ordre du jour entre 1975 et 1982, et ce malgré un taux de fécondité qui est, là aussi, le plus souvent à un niveau relativement élevé (voir annexe 3), à quelques exceptions près (Mauriac, Saint-Léonard-de-Noblat...). L'explication majeure de ce déficit est à rechercher dans un taux de mortalité très élevé (bien supérieur à la moyenne nationale), qui dépasse dans la majeure partie des cas les treize pour mille, voire même les quinze pour mille ! (voir annexe n°3). Nous avons ici le signe fort d'une structure par âge peu favorable où le vieillissement de la population est déjà très marqué. Celui-ci résulte d'un héritage qui se traduit par deux périodes d'exode rural intense, du milieu du XIXe siècle à la veille de la Première Guerre mondiale, puis pendant les « trente glorieuses »[17]. Celles-ci ont vu le départ des forces vives, surtout, vers la capitale nationale d'abord, puis vers les métropoles régionales ensuite. Nous avons, pourtant, parmi ces petites villes, des unités qui continuaient à attirer des gens entre 1975-1982 et avaient donc un solde migratoire positif. Ceci tend à démontrer que la population migrante est essentiellement une population adulte ou déjà âgée (retraités), en tout cas une population qui ne fait plus, ou très peu, d'enfants. A un taux de mortalité fort, s'ajoute une natalité faible avec des cas extrêmes comme à Luzy ou Saint-Léonard-de-Noblat où elle est inférieure de moitié à la moyenne nationale ! L'écart pour les autres unités urbaines de même taille démographique se situe plutôt entre deux et cinq points de moins (voir annexe n°3).

b - De 1982 à 1990 : un déficit naturel stoppé ou ralenti pour les plus grandes villes

En effet, entre 1982 et 1990, un nombre non négligeable d'unités urbaines est passé d'une situation de déficit naturel, à celle d'un excédent modéré, ou en tout cas, d'un écart plus faible entre la mortalité et la natalité. Il en est ainsi de Moulins, Brive, Le Puy...

• **Une « éclaircie » pour les plus grandes villes**

A l'observation de l'annexe n°3, et plus en détail, nous constatons que, de 1982 à 1990, la situation démographique des plus grandes villes s'améliore en ce qui concerne l'évolution annuelle du solde naturel. Les gains sont plus élevés à Clermont-Riom, par exemple, et on passe du négatif au positif à Nevers, Brive-la-Gaillarde et Moulins. Le croît naturel se maintient au Puy et se rapproche de l'équilibre à Aurillac. Enfin, à Limoges, l'hémorragie naturelle semble arrêtée. De plus, si Vichy et Montluçon restent toujours « dans le rouge », leur évolution négative s'est ralentie (pour se rapprocher de la stagnation pour la première ville citée).

Cette situation, plus favorable, ou en tout cas moins défavorable, s'explique surtout par une baisse sensible des taux de mortalité, qui se rapprochent de la moyenne nationale (9,7 pour mille en 1990). Par contre, les taux de natalité restent relativement bas et le taux de fécondité, qui a augmenté en France (passant de 76,2 pour mille à 92 pour mille entre 1982 et 1990 pour les femmes de 20 à 39 ans), reste ici comparativement bas et a même souvent tendance à diminuer (voir annexe n°3). La baisse du taux de mortalité s'explique essentiellement par des structures d'âge somme toute assez favorables. Même si seule la capitale auvergnate bénéficie d'une population de jeunes (moins de 20 ans) proportionnellement très supérieure à la moyenne nationale (27 %) et, corrélativement, d'une population âgée (plus de 60 ans) bien inférieure. Ceci représente un aspect positif pour l'avenir, d'autant plus que le nombre d'adultes est légèrement inférieur à la moyenne nationale. Aurillac dispose également d'une structure par âge favorable en 1990, puisque la part des jeunes est identique à la moyenne française et que la population âgée est moins nombreuse. Toutefois, dans la mesure où le pourcentage d'adultes est bien supérieur à celui qu'il représente en France, ceci laisse présager un vieillissement sensible de sa population dans un avenir relativement proche. Ces villes bénéficient, sans aucun doute, de l'apport de population jeune ou adulte (en âge de procréer et ayant eu des enfants ensuite), notamment, pendant la période 1975-1982 (voir annexe n°2) où le solde migratoire était confortable.

En ce qui concerne les autres villes ou agglomérations de plus de trente mille habitants, si elles ont, en général, une population plus âgée et moins jeune que la moyenne nationale (en fait, la part de chaque groupe est très proche), elles représentent, malgré tout, à l'échelle de la région des pôles à structure par âge favorable. Toutefois, Montluçon a plus de personnes âgées et moins de jeunes que la moyenne régionale respective. Il est vrai que le solde migratoire y est déficitaire depuis longtemps. De plus, la capitale du Limousin présente encore un avenir sombre. Effectivement, la population adulte y occupe une forte part dans la population totale, tandis que les personnes âgées sont assez bien représentées (part supérieure à la moyenne nationale) et que les jeunes occupent une place très modeste (inférieure aux moyennes nationale et régionale !). Cette dernière n'a pas bien bénéficié du solde migratoire très positif qu'elle a connu, notamment, entre 1975 et 1982. Ceci signifie, probablement, qu'elle a essentiellement accueilli des adultes qui n'étaient plus en âge d'avoir des enfants, ainsi que des retraités. Notons enfin, que ce sont deux villes à activités traditionnelles en difficulté : Montluçon avec l'industrie et Vichy avec le thermalisme, qui restent entre 1982 et 1990 avec une évolution négative de leur solde naturel. Cette dernière est, dans sa catégorie démographique, la ville où la population est la plus âgée, et celle corrélativement où les jeunes et les adultes représentent les plus faibles parts. Ceci représente une situation critique pour l'avenir, d'autant plus que le solde migratoire est de moins en moins positif ; ce qui freine le renouvellement de la population, et ce même s'il est vrai que la station thermale accueille essentiellement une population âgée.

• **Un « ciel démographique toujours sombre » pour les agglomérations de dix mille à trente mille habitants**

Entre 1982 et 1990, les unités urbaines de dix mille à trente mille habitants gardent un solde naturel en grande majorité négatif. En fait, seule Saint-Flour continue de voir le nombre de ses naissances dépasser légèrement celui des décès (voir annexe n°3). Toutefois, comme pour le niveau démographique supérieur, l'évolution négative est, en général, freinée. Le cas est net, par exemple, à Thiers, Tulle, Issoire et Guéret... A nouveau, ceci est dû, pour l'essentiel, à la baisse des taux de mortalité (qui restent cependant assez nettement supérieurs à la moyenne nationale). Les taux de natalité, eux, restent bas et ont même quelquefois tendance à diminuer (Saint-Flour, Saint-Junien, Cosne-Cours-sur-Loire, Thiers, Tulle). Leur solde migratoire positif entre 1975 et 1982 n'a pas abouti à un rajeunissement important de la population. Elles ont, essentiellement, accueilli des retraités (retour au pays) et des adultes qui n'étaient plus en âge de procréer. De plus, pour la période 1982-1990, le solde migratoire est devenu moins positif, ce qui ternit considérablement leur avenir démographique. Ces symptômes s'accompagnent, le plus souvent, de taux de fécondité très inférieurs à la moyenne nationale et systématiquement en baisse (v. annexe n°3). Ce qui, encore, n'a rien de très encourageant pour ce niveau urbain intermédiaire.

Globalement, ces villes et agglomérations ont, évidemment, une structure par âge moins favorable que la France dans son ensemble. Elles bénéficient, tout de même, d'une répartition des classes d'âge plus satisfaisante que celle du nord du Massif central en totalité. Cette structure s'est améliorée depuis la période 1975-1982, grâce, notamment, à un solde migratoire positif, ce qui explique la baisse du taux de mortalité. De surcroît, la part élevée des adultes laisse présager une évolution future critique dans la mesure où les jeunes représentent une part limitée de la population totale et où le taux de natalité et le taux de fécondité sont faibles. Saint-Flour, qui a connu la baisse la plus importante de son taux de mortalité, entre les deux périodes censitaires, est aussi l'agglomération de dix mille à trente mille habitants qui bénéficie, actuellement, du pourcentage de jeunes le plus élevé et la proportion de personnes âgées la plus faible. Malgré tout, les taux de natalité et de fécondité ont fortement chuté. A l'opposé, Saint-Junien, qui est la seule ville de dix mille à trente mille habitants à enregistrer une évolution négative de son solde naturel, est caractérisée par une structure par âge très défavorable. Les personnes âgées sont surreprésentées (une personne sur trois !), et les jeunes très nettement sous-représentés (moins de un sur cinq habitants). A cela, s'ajoute un taux de fécondité très faible et nettement inférieur à la moyenne nationale (voir annexe n°3).

• **Une situation qui se dégrade pour la plupart des plus petites villes**

A l'opposé des deux groupes précédents, la situation des petites villes (moins de 10 000 hab.) s'est très nettement dégradée, dans la mesure où 17 % d'entre elles, seulement, maintiennent une évolution positive de leur solde naturel. Dans la plupart des cas, on assiste à un ralentissement du croît naturel ou, au mieux, à une stagnation. La situation est meilleure pour les villes de l'Yssingelais qui améliorent légèrement leur rythme naturel d'évolution (Sainte-Sigolène et Monistrol-sur-Loire passent du négatif au positif). La ville industrielle de Saint-Georges-de-Mons passe également d'une évolution négative à une évolution positive grâce à l'augmentation de son taux de natalité et à la baisse de son taux de mortalité (voir annexe n°3), probablement en relation avec une structure par âge plus favorable (une part des jeunes équivalente à la moyenne nationale et une part des personnes âgées très nettement inférieure). De plus, le taux de fécondité élevé dans la période censitaire reste à un bon niveau entre 1982 et 1990 (supérieur à la moyenne nationale). Elle avait connu un fort appel migratoire durant la période 1975-1982, en relation avec l'essor de son entreprise principale (l'aciérie Aubert et Duval). L'amélioration ne concerne donc que des cas particuliers de petites villes industrielles à l'économie bien vivante.

Par contre, pour 83 % des villes ou agglomérations de moins de dix mille habitants, l'évolution annuelle du solde naturel est négatif. Beaucoup d'entre elles voient désormais les décès l'emporter en nombre sur les naissances. Une fécondité faible, en baisse, (souvent inférieure à celle de la France dans sa totalité) et une population vieillissante sont les principaux facteurs d'explication. Nous sommes, ici, dans le niveau urbain qui connaît, depuis 1975 au moins, un solde migratoire négatif. Les jeunes actifs, et ceux qui, généralement, sont en âge d'avoir des enfants, partent dans les plus grandes villes trouver un emploi dans le tertiaire. De plus, elles ne sont plus alimentées par le milieu rural déjà exsangue, et les migrations de petites villes à petites villes sont également insuffisantes pour couvrir le déficit migratoire avec les grandes agglomérations. Il y a, là, un problème majeur pour l'avenir de ce qui constitue la base d'un réseau urbain.

c – 1990 à 1999 : l'écart s'accentue entre les petites villes et les grandes

Lors du dernier recensement, la tendance évolutive observée entre 1982 et 1990 s'affirme. En effet, alors que pour les petites villes de moins de dix mille habitants le déficit naturel se confirme très largement, la plupart des villes qui dépasse ce seuil d'habitants enregistre un solde naturel positif. L'évolution la plus favorable concerne surtout les plus grandes villes (plus de 50 000 hab.). Seules Vichy et Montluçon font exception.

Près de 90 % des petites villes de moins de dix mille habitants ont un solde naturel négatif. Seules les villes « industrielles » ou touristiques comme Saint-Georges, Saint-Didier-en-Velay, Monistrol-sur-Loire et La Bourboule ont un nombre de naissances supérieur à celui des décès. La présence d'emplois permet à ces petites villes de maintenir une population jeune sur place et donc de profiter encore d'une structure d'âges plus favorable. Même les petites villes des régions à tradition de forte fécondité (Cantal, Sologne bourbonnaise...) qui ont résisté plus longtemps (solde naturel positif jusqu'au recensement de 1990) sont depuis entrées dans une phase de déficit naturel. Il y a donc pour ce niveau démographique une perspective d'avenir fort inquiétante.

Pour les villes de dix mille à trente mille habitants, la situation est plus favorable que pour le niveau inférieur. Elles résistent mieux au déclin grâce à une structure d'âges moins défavorable. Toutefois, des signes d'inquiétude apparaissent puisque le solde des villes à évolution positive a diminué entre les deux derniers recensements. C'est le cas, par exemple, à Thiers, Issoire, ou Ussel.

Les villes de plus de trente mille habitants connaissent encore un réel dynamisme démographique bénéficiant des structures d'âges les plus favorables. Elles représentent les principaux pôles d'emploi et parviennent donc à garder, et même attirer, des populations jeunes.

En conclusion, sur l'évolution du solde migratoire et du solde naturel, nous pouvons mettre en évidence les éléments suivants. Très majoritairement attractives entre 1975 et 1982, les villes et agglomérations du nord du Massif central voient leur solde migratoire faiblir, ou même devenir négatif, entre 1982 et 1990. L'évolution négative se retrouve largement lors du dernier recensement. Ce phénomène est général pour les petites unités urbaines (moins de 10 000 hab.), mais est également fréquent pour une majorité d'agglomérations de plus de dix mille habitants. Quant aux deux métropoles régionales, on constate que Limoges présente un bilan entrées-sorties parfaitement équilibré entre 1982 et 1990, alors qu'il était négatif entre 1975 et 1982. Il est redevenu positif entre 1990 et 1999. Clermont-Riom reste une agglomération attractive, mais son bilan devient moins positif. Cette tendance se confirme lors du dernier recensement puisque le bilan est seulement équilibré.

En ce qui concerne le solde naturel, les villes et agglomérations du nord du Massif central présentent très majoritairement un bilan négatif (les décès sont supérieurs aux naissances), et cela pour les deux périodes censitaires. Elles souffrent globalement de deux maux qui quelquefois se combinent : une structure par âge marquée par une part élevée de personnes âgées et un taux de fécondité faible et en forte diminution. Toutefois, entre 1982 et 1990, ce sont, à nouveau, les plus grandes villes qui semblent dans la situation la plus favorable. Le fait se confirme largement entre 1990 et 1999. Ceci s'explique surtout par le fait qu'elles concentrent la plus grande part de population jeune, ou adulte, et une fécondité généralement meilleure. Pour ce qui est du solde naturel, la situation s'est globalement améliorée entre les deux périodes censitaires, comme lors du dernier recensement également. Effectivement, à l'exception des petites villes (moins de 10 000 hab.), le déficit naturel semble se ralentir, voire même se stopper, pour devenir légèrement positif dans quelques villes comme Limoges, Brive, Nevers ou Moulins. Cette amélioration de la situation naturelle est, sans doute, à mettre en relation avec un solde migratoire positif entre 1975 et 1982 surtout, qui a permis à ces villes de rajeunir leur population et, notamment, d'accueillir une population en âge de procréer. Malgré tout, l'évolution plus problématique du solde migratoire entre 1982 et 1990 et entre 1990 et 1999 semble indiquer un frein sensible au renouvellement de la population, et donc un avenir plus terne. Le phénomène est d'ailleurs d'autant plus marqué que la ville est petite. Les plus grandes villes semblent pouvoir, depuis 1982 au moins, rajeunir leur population par leur propre croît naturel, mais sera-ce suffisant et durable ?

3 - Les types de croît démographique (voir fig. n°26a et 26b)

La mise en parallèle de l'évolution du solde migratoire et du solde naturel, comme facteurs d'explication du mouvement démographique global des unités urbaines de notre espace d'étude, nous conduit très logiquement à dresser le bilan de ces évolutions. Pour cela, nous allons faire l'analyse des types de croît démographique de la période censitaire la plus récente, dans la mesure où nous souhaitons, seulement, avoir la situation démographique actuelle des unités urbaines, résultat des évolutions passées et données d'appréciations des situations démographiques futures.

Nous pouvons donc distinguer quatre types de croît démographique en fonction de l'évolution des deux facteurs précédemment étudiés : le solde migratoire et le solde naturel. Ainsi, nous trouvons d'abord une série de villes ou agglomérations qui connaissent une évolution positive des deux facteurs et voient donc leur croît total être également positif. Nous trouvons dans ce cas seulement six unités urbaines, soit moins de 9 % du total. Il s'agit, pour trois d'entre elles, de grandes agglomérations : Clermont-Riom, Brive-la-Gaillarde et Aurillac. A ces dernières s'ajoutent Monistrol-sur-Loire et Sainte-Sigolène appartenant à un espace économique dynamique et La Bourboule-Le Mont-Dore, ville thermale et touristique. Dans la dernière période censitaire (1990-1999), cinq villes cumulent un solde naturel et un solde migratoire positifs (voif fig. n°26b). Brive-la-Gaillarde, Monistrol-sur-Loire et Issoire confirment leur vitalité démographique. Par contre, Clermont-Ferrnad, Sainte-Sigolène et La Bourboule-Le Mont-Dore ne font plus partie de ce groupe. Elles sont remplacées par Limoges et Saint-Didier-en-Velay. A l'opposé, nous trouvons un nombre important d'unités urbaines cumulant une évolution négative du solde migratoire et du solde naturel : vingt-neuf villes ou agglomérations, soit 43 % du total. Il s'agit essentiellement de petites villes, à l'exception de Montluçon et Tulle qui appartiennent à un niveau démographique supérieur. Le recensement de 1999 confirme largement ces observations. En effet, ce sont dès lors trente villes qui voient leurs deux soldes être négatifs.

Les autres organismes urbains se situent dans une position intermédiaire. Il y a, tout d'abord, ceux qui connaissent une évolution globale positive mais avec le problème d'un solde naturel négatif. Nous trouvons dans ce cas six unités, soit 9 % du total, qui appartiennent toutes au niveau des petites villes. Pour ces unités urbaines, la faiblesse de la fécondité explique, en partie, un taux de natalité quelquefois très bas, et la structure par âge défavorable joue à la fois sur les naissances réduites et un nombre de décès élevé. Par contre, elles restent attractives et le solde migratoire compense le déficit naturel (voir fig. n°26a). Nous retrouvons une situation fort proche en 1999. Ce sont sept villes qui bénéficient d'un solde migratoire suffisamment positif pour permettre à la population d'augmenter malgré un nombre de décès supérieur à celui des naissances. Il n'y a plus, comme par le passé, de villes à évolution positive assurée par un croît naturel fort. En effet, il n'existe plus de régions à forte fécondité, car même les jeunes couples qui arrivent n'ont plus suffisamment d'enfants pour assurer un renouvellement de la population. Entre 1990 et 1999, trois villes seulement (Aurillac, Sainte-Sigolène et Clermont-Ferrand) parviennent à maintenir leur croissance démographique par le seul fait d'un solde naturel positif. Elles profitent de l'apport migratoire des années précédentes (arrivées de jeunes enfants,

Fig. n°26a : Les types de croît démographique entre 1982 et 1990

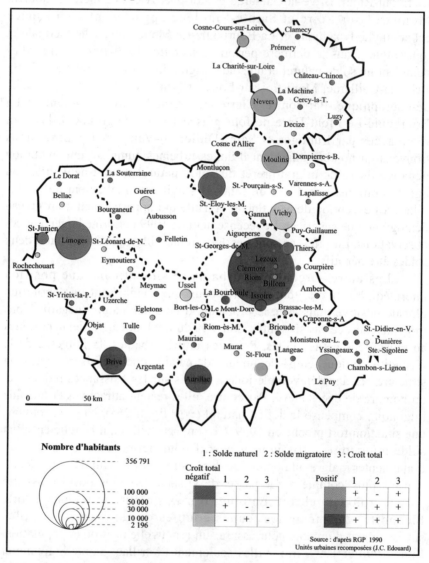

Nombre d'habitants

356 791
100 000
50 000
30 000
10 000
2 196

0   50 km

1 : Solde naturel   2 : Solde migratoire   3 : Croît total

Croît total négatif	1	2	3
	-	-	-
	+	-	-
	-	+	-

Positif	1	2	3
	+	-	+
	-	+	+
	+	+	+

Source : d'après RGP 1990
Unités urbaines recomposées (J.C. Edouard)

Fig. n°26b : Les types de croît démographique entre 1990 et 1999

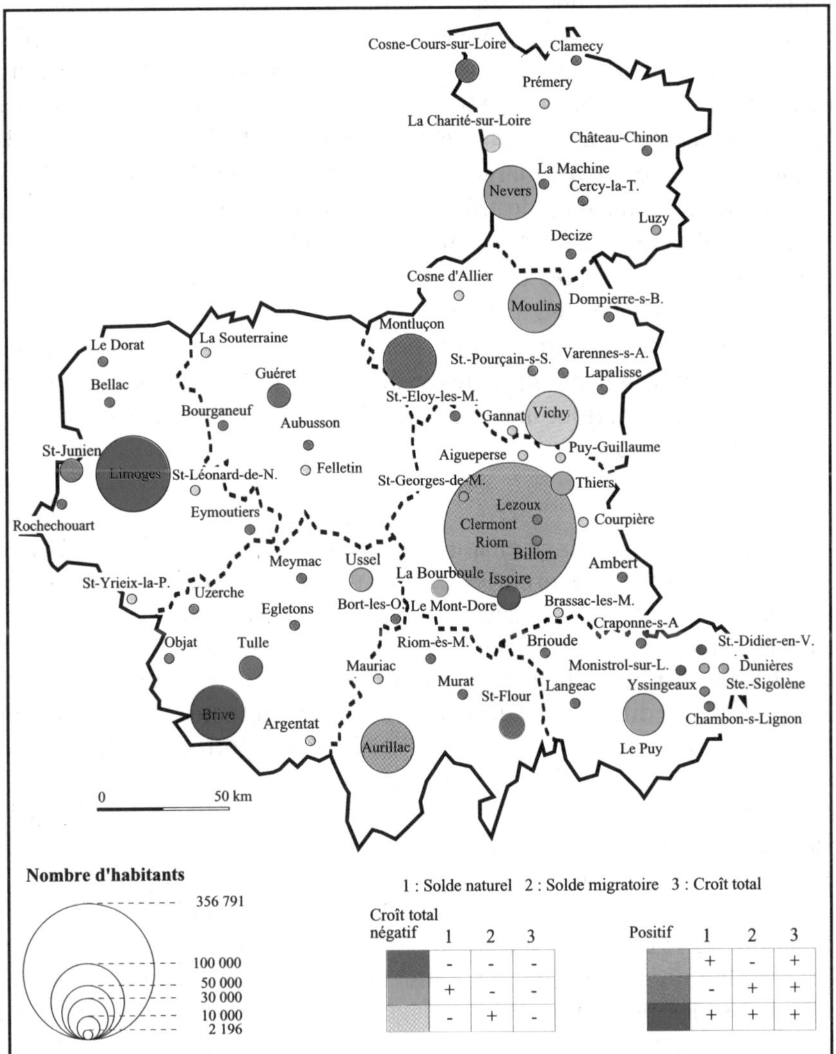

Cosne-Cours-sur-Loire
Clamecy
Prémery
La Charité-sur-Loire
Château-Chinon
La Machine
Cercy-la-T.
Nevers
Luzy
Decize
Cosne d'Allier
Dompierre-s-B.
Moulins
Montluçon
Le Dorat
La Souterraine
St.-Pourçain-s-S.
Varennes-s-A.
Guéret
Lapalisse
Bellac
St.-Eloy-les-M.
Bourganeuf
Gannat
Vichy
Aubusson
Puy-Guillaume
St-Junien
Aigueperse
Felletin
Limoges
St-Léonard-de-N.
St-Georges-de-M.
Thiers
Rochechouart
Eymoutiers
Lezoux
Clermont
Courpière
Riom
Billom
St-Yrieix-la-P.
Meymac
Ussel
La Bourboule
Ambert
Uzerche
Issoire
Bort-les-O.
Le Mont-Dore
Brassac-les-M.
Egletons
Craponne-s-A
Objat
Tulle
Riom-ès-M.
Brioude
St.-Didier-en-V.
Mauriac
Monistrol-sur-L.
Dunières
Murat
Langeac
Yssingeaux
Ste.-Sigolène
Brive
St-Flour
Chambon-s-Lignon
Argentat
Aurillac
Le Puy

0   50 km

Nombre d'habitants

356 791

100 000
50 000
30 000
10 000
2 196

1 : Solde naturel 2 : Solde migratoire 3 : Croît total

Croît total négatif	1	2	3
	-	-	-
	+	-	-
	-	+	-

Positif	1	2	3
	+	-	+
	-	+	+
	+	+	+

Source : d'après RGP 1999
Unités urbaines recomposées (J.C. Edouard)

qui sont maintenant en âge de procréer). Enfin, le dernier type de croît démographique que l'on trouve est celui des villes qui enregistrent une évolution globale négative en raison d'un facteur négatif qui est soit, cas le plus fréquent, le solde naturel, comme à Billom, Ussel, Argentat, la plupart des villes de la Haute-Vienne, Guéret, Saint-Pourçain... soit, plus rarement, le solde migratoire comme à Dompierre-sur-Besbre, Moulins, Varennes-sur-Allier, Nevers, Murat, Decize... Nous trouvons, dans les deux cas précédents, une vingtaine de villes ou agglomérations, soit 30 % du total. Nous retrouvons largement ces situations en 1999 (fig. n°26b). C'est donc, en tout, près de trois unités urbaines sur quatre qui ont un croît naturel négatif en 1990 comme en 1999 (voir fig. n°26a et 26b). C'est donc, en tout, près de trois unités urbaines sur quatre qui ont un croît total négatif (voir fig. n°26a) !

L'analyse démographique nous montre, ainsi, une situation générale assez problématique des villes ou agglomérations du nord du Massif central, et surtout une concentration du dynamisme dans les plus grandes d'entre elles.

En conclusion sur ce chapitre 2, plusieurs points essentiels peuvent être mis en avant. Le premier est qu'une fois rétablie la définition géographique de la ville, plusieurs poncifs sur la ruralité affirmée de notre espace d'étude deviennent caduques. En effet, le nord du Massif central est parfaitement bien urbanisée avec un semis régulier de villes, de taille démographique différente, permettant à la quasi-totalité de la population d'être, somme toute, proche de la ville. Le taux d'urbanisation de notre espace d'étude est en réalité bien supérieur à celui souvent avancé à la seule analyse des chiffres donnés par les statisticiens de l'INSEE. Supérieur à 60 %, il fait du nord du Massif central un espace très majoritairement urbain et, qui plus est, l'est de plus en plus au fil du temps, opérant un lent rattrapage par rapport à la situation française, dans la mesure où le taux d'urbanisation connaît une croissance plus soutenue. Cette réalité d'une forte présence urbaine doit être, absolument, prise en compte par les politiques, les aménageurs, qui en restent trop souvent à une vision purement statistique de la présence de la ville, et considèrent, encore fréquemment, le Massif central comme un espace, avant tout, rural. Nous voyons bien comment ceci peut conduire à des erreurs de stratégie dans les choix de développement.

Si le nord du Massif central est donc bien, globalement, un espace urbanisé, l'analyse détaillée de celui-ci, au niveau des différentes régions géographiques qui le composent, montre, malgré tout, des nuances dans l'importance de l'urbanisation. En fait, nous pouvons opposer, classiquement, deux types d'espaces : les zones basses (vallées, couloirs de circulation...) où les taux d'urbanisation sont dignes des pays à forte densité humaine de l'Europe du nord et les zones hautes (moyennes montagnes) où la population est, encore, majoritairement rurale, mais moins qu'on ne l'écrit souvent, et surtout, où la ville est bien présente, même si elle est plutôt petite.

On le voit bien, ce n'est pas dans la présence de la ville que le nord du Massif central dispose d'une réelle originalité par rapport au reste de la France. Il n'est pas dans ce domaine marginalisé. Mais, il ne l'est pas, non plus, au regard de la situation démographique de ses villes, puisque l'on y retrouve, largement, les tendances évolutives de la France urbaine dans sa totalité. En effet, nous constatons que ce sont bien les villes qui concentrent l'essentiel du dynamisme démographique. La population y est, globalement, moins vieillissante et plus procréative que dans le milieu rural environnant. Elles représentent des pôles attractifs, et ce d'autant plus qu'elles sont de taille démographique importante. De plus, si le solde naturel est plus rarement positif, il enregistre une amélioration grâce à un meilleur renouvellement de la population urbaine. Ces aspects démographiques positifs concernent surtout les plus grandes villes, car les plus petites (moins de 10 000 hab.) connaissent une situation beaucoup plus problématique, cumulant, le plus souvent, un solde migratoire et un solde naturel négatifs, et ce surtout depuis 1975. Mais là, encore une fois, les petites villes du Massif central ne font que reproduire, à l'échelle régionale, une évolution observable au niveau national pour les unités urbaines de même importance démographique (J.P. Laborie, 1995). Dans le nord du Massif central, comme en France, en général, il y a un phénomène de métropolisation démographique.

Nous avons donc, ici, un espace parfaitement intégré au niveau national quant à ses caractéristiques urbaines et démographiques, même si la présence de densités humaines plus faibles a deux conséquences : les villes, quoique bien présentes, sont globalement de taille démographique plus faible que dans bien d'autres régions ; les tendances démographiques positives sont plutôt moins accentuées qu'au niveau national, et à l'inverse, celles négatives sont, semble-t-il, plus marquées. C'est pourquoi, dans un troisième temps, nous allons analyser leur structure fonctionnelle, pour rester dans l'un des objectifs majeurs de notre travail : montrer en quoi l'espace nord du Massif central est parfaitement intégré, ou non, à l'espace urbain français.

Chapitre 3

DES VILLES FONCTIONNELLEMENT
BIEN INTÉGRÉES À L'ESPACE NATIONAL

Nous allons, maintenant, après l'étude démographique et celle de la présence spatiale des villes, analyser la structure fonctionnelle des villes du nord du Massif central. Nous aurons alors plusieurs objectifs. En effet, notre étude a pour finalité majeure l'analyse du (ou des) réseau urbain. Or, celui-ci se définit, entre autres, par le positionnement hiérarchique de ses éléments constitutifs. Ce dernier est dépendant, non seulement du niveau quantitatif et qualitatif des équipements tertiaires, mais également de leur aire d'attraction (leur étude sera entreprise dans la deuxième partie). Ces deux aspects sont dépendants des activités économiques présentes dans les villes ou agglomérations. De plus, il est indiscutable que l'activité tertiaire soit l'élément fondamental de la définition d'une hiérarchie urbaine. Effectivement, c'est elle qui induit un rayonnement, basé sur la recherche de satisfaction d'une clientèle située dans un rayon plus ou moins étendu en fonction de la diversité et de la qualité de l'offre urbaine.

L'industrie, quant à elle, ne peut fonder un rayonnement urbain, dans la mesure où les flux induits par l'occupation d'un emploi peuvent être totalement indépendants de la fréquentation des équipements tertiaires de la ville. De plus, leur installation peut obéir à des logiques politiques ou stratégiques étrangères à la notion de rentabilité calquée sur la fréquentation d'une clientèle locale ou régionale la plus nombreuse possible. Toutefois, la présence d'un secteur industriel important peut avoir un double avantage, rentrant parfaitement dans la problématique qui nous intéresse, à savoir mesurer les potentialités attractives des agglomérations et donc définir leur niveau hiérarchique. Effectivement, des activités tertiaires en liaison avec les besoins industriels ont pu s'installer et être utilisées par une clientèle extérieure. Enfin, les migrations quotidiennes liées à l'occupation d'un emploi dans une industrie peuvent se doubler de la fréquentation des commerces ou services urbains.

L'analyse fonctionnelle sera menée sur un double plan. Tout d'abord, par le volume d'emplois offerts et le nombre d'entreprises, pour une approche quantitative, ensuite, par l'étude détaillée de la population active employée dans les différentes branches des activités secondaire et tertiaire afin de mettre en évidence le potentiel qualitatif des villes.

Avant de commencer cette analyse fonctionnelle, précisons que, logiquement, nous excluons celle du secteur primaire. En effet, celui-ci a un rôle tout à fait secondaire, et ne change rien au problème des réseaux et de la hiérarchie.

I - DES ACTIVITÉS SECONDAIRES ENCORE BIEN REPRÉSENTÉES

A - La place encore importante du secondaire dans les milieux urbains[1]

1 - Une part des emplois souvent supérieure à la moyenne nationale (voir fig. n°27)

<u>a - Près des deux tiers des villes ont une part d'emplois secondaires plus élevée que la moyenne française (v. annexe n°5)</u>

Si nous comparons la part des emplois secondaires (par rapport au total des emplois occupés) dans les unités urbaines du nord du Massif central à celle de la France métropolitaine (30 %), nous constatons qu'une forte majorité d'entre elles (63 %) ont un taux supérieur, et ceci indépendamment de leur taille démographique. Nous retrouvons d'ailleurs une opposition classique. D'un côté, les zones basses (Val d'Allier et ses bordures, vallées de la Dore, de la Vienne, de la Corrèze, et dans une moindre mesure la vallée de la Loire dans le département de la Nièvre), auxquelles nous pouvons ajouter l'Yssingelais-Sigolénois. Ici, les emplois secondaires occupent une part comparativement élevée, en liaison avec une concentration des industries (et surtout des plus grandes) dans ces espaces géographiques, à l'échelle du nord du Massif central. De l'autre, des régions de moyenne montagne où les petits organismes urbains n'ont pas de tradition industrielle marquée, n'ont pas profité de décentralisation, et n'ont pas attiré suffisamment d'activités industrielles pour que la part des emplois secondaires puisse y être plus importante.

<u>b - Des emplois secondaires très présents dans les petites villes</u>

En ce qui concerne plus précisément les villes ou agglomérations à forte part d'emplois dans le secondaire (plus de 40 %), nous constatons

Fig. n° 27 : La part des emplois secondaires dans les unités urbaines du nord du Massif central

qu'il s'agit très majoritairement de petites unités urbaines, de moins de dix mille habitants, même si quelques agglomérations comme Thiers, Saint-Junien, Issoire qui ont plus de dix mille habitants appartiennent à cette catégorie. Par contre, pour les villes de plus de trente mille habitants la part des emplois dans le secondaire est, au mieux, équivalente à celle de la France (soit environ 30 %). Cette présence plus affirmée du secondaire dans les agglomérations de plus petite taille se retrouve à l'échelle de notre échantillon de comparaison (voir annexe n°4), puisque seules des villes comme Annonay, Tarare, Saint-Claude ont un pourcentage d'actifs employés dans le secondaire bien supérieur à la moyenne française (en fait seule Roanne fait exception). Il y a donc ici une constance nationale, et peut-être plus précisément de la moyenne montagne française (P. Estienne, 1988).

2 - Un nombre d'établissements industriels souvent plus important, aussi, que la moyenne nationale (voir fig. n°28)

<u>a - Une industrie bien présente dans les petites villes</u>

Il est clair que les entreprises appartenant au secteur secondaire sont aujourd'hui très peu représentées. La moyenne nationale est de 16,9 %, et la moyenne régionale de l'Auvergne et du Limousin un peu plus élevée (respectivement 19,5 % et 18,2 %). Voilà, d'ailleurs, une donnée qui balaie, à nouveau, quelques idées reçues sur la ruralité et l'absence de développement industriel qui « collent » à l'image du Massif central. De l'analyse de la fig. n°28, nous pouvons dégager plusieurs idées importantes. En premier lieu, ce sont les petites unités urbaines (moins de 30 000 hab.) qui ont la plus forte part d'établissements dans le secondaire. La moyenne du secondaire se situe entre 20 et 30 %. C'est donc une entreprise sur cinq à une entreprise sur trois qui appartient au secteur secondaire. Nous sommes ici nettement au-dessus de la moyenne nationale, mais également au-dessus des moyennes de nos deux régions (Auvergne, Limousin) et de la plupart des départements de l'espace nord du Massif central. La notion de petites villes « industrielles », fortement soulignée par P. Estienne (P. Estienne, 1963), semble donc encore parfaitement d'actualité dans le nord du Massif central, même si le poids de l'industrie est aujourd'hui limité.

Ces unités urbaines comptent 65 à 75 % « seulement » d'entreprises tertiaires. Les industries existantes devant s'adresser alors,

Fig. n° 28 : La part des entreprises secondaires dans les unité urbaines du nord du Massif central

pour les services rendus aux entreprises, directement à des villes de taille supérieure où l'offre tertiaire est plus importante, plus diversifiée, et les prix plus avantageux ! Ceci est particulièrement vrai pour les unités de petite taille, à forte présence d'activités secondaires (plus de 30 % pour certaines d'entre elles), proches géographiquement de villes de plus grande taille, comme dans le cas des villes du nord-est de la Haute-Loire où les industriels utilisent très largement les services de Saint-Etienne mais également, de façon non négligeable, Lyon.

b - Une présence industrielle plus discrète dans les grandes villes

Dans les plus grandes villes (plus de 30 000 hab.), le secteur secondaire occupe une place plus modeste, puisque seulement 8 à 16 % des entreprises appartiennent à celui-ci. Nous sommes, dans ce cas, en dessous de la moyenne nationale et des moyennes régionales et départementales. Nous avons donc ici des villes encore plus tertiaires que les précédentes. Elles ne présentent dans ce domaine aucune originalité, puisque dans toutes les autres villes de plus de trente mille habitants, appartenant à des espaces géographiques différents, la part du secondaire est inférieure à la moyenne nationale. Seule Roanne, ville à forte tradition industrielle, échappe à la règle dans la partie centrale de la France. Dans notre espace d'étude, c'est à Limoges (pour les villes de plus de 30 000 hab.) que le secteur secondaire, en part relative, occupe le plus d'entreprises (15,7 %). C'est d'ailleurs le meilleur score de toutes les capitales régionales choisies dans notre échantillon de comparaison (voir annexe n°4). Là également, une tradition industrielle ancienne explique cette pérennité du tissu structurel de la fonction secondaire. C'est donc dans les niveaux supérieurs de la hiérarchie démographique que l'on trouve, corrélativement, et logiquement, sans surprise, la plus forte proportion d'entreprises tertiaires en liaison avec un rôle majeur de desserte et d'organisation de l'espace, plus ou moins grand et peuplé.

3 - Une concentration des emplois secondaires dans les plus grandes villes (voir fig. n°29)

a - Les métropoles : principaux foyers d'emplois secondaires

Si nous observons maintenant la répartition des principaux foyers d'emplois secondaires, c'est-à-dire les villes offrant le plus grand nombre

Fig. n° 29 : Le volume d'emplois dans le secteur secondaire pour les unités urbaines du nord du Massif central

de postes de travail dans l'industrie, selon leur taille démographique, le constat est clair (voir fig. n°29). Les grandes villes (plus de 100 000 hab.), donc les métropoles, sont très majoritairement concernées. Elles offrent entre vingt mille (Limoges) et cinquante mille (Clermont-Riom) postes de travail, soit au total 30 % des emplois. Clermont-Riom est donc plus industrialisée que Limoges, au prorata des masses de population. Mais, les deux métropoles régionales sont de très loin les principaux foyers d'emplois secondaires du nord du Massif central.

b - Les villes de trente mille à cent mille habitants : de forts écarts entre les préfectures et celles qui ne le sont pas

Pour les villes de plus de trente mille habitants, nous trouvons deux cas de figure. Tout d'abord, celles qui n'ont pas de fonction administrative spécifique (si ce n'est celle de sous-préfecture). Il s'agit de Montluçon, Vichy et Brive-La-Gaillarde. Elles offrent environ, chacune, dix mille postes de travail dans le secondaire, ce qui représente entre 30 et 40 % de leurs emplois totaux. Notons particulièrement le poids de l'industrie à Vichy, qui est pourtant une ville tertiaire, thermale, par excellence (C. Jamot, 1988). De même, c'est Brive qui représente, pour les villes de ce niveau démographique, le plus important foyer d'emplois secondaires (voir annexe n°5). Ensuite, les agglomérations qui sont des préfectures, où la place de l'industrie est beaucoup plus limitée. Nous trouvons, ici, Le Puy, Aurillac et Moulins qui offrent près de cinq mille emplois industriels (soit la moitié moins que pour les précédentes). Ceux-ci représentent 20 à 30 % des emplois totaux, soit un niveau inférieur à la moyenne nationale.

Il y a également le cas particulier de Nevers. Avec seulement sept mille cinq cent emplois secondaires, il semble être un foyer d'emplois, dans ce domaine, de moindre importance que les autres villes de poids démographique proche, comme Montluçon ou Vichy. Toutefois, il s'agit seulement d'un problème statistique, puisque Nevers, agglomération polynucléaire, voit l'essentiel de son industrie être localisé sur les communes de Fourchambault et Imphy, non prise en compte, ici, par l'INSEE. Le calcul du nombre d'emplois à l'échelle de l'agglomération polynucléaire, redonnerait à Nevers son poids secondaire exact, qui est sans aucun doute fort proche de celui de Montluçon, ou même de Brive (plus de 10 000 emplois).

c - Les villes de dix mille à trente mille habitants : une grande diversité de situation

Les villes de dix mille à trente mille habitants présentent une plus grande diversité de situation et nous pouvons distinguer trois cas de figure. Il y a, tout d'abord, celles que l'on peut qualifier d'« industrialisées » par le nombre d'emplois secondaires. Thiers et Issoire offrent entre trois mille et cinq mille emplois, soit presque autant que dans des villes préfectures de niveau démographique bien supérieur. De plus, ces postes de travail représentent plus de 40 % des emplois totaux. Nous pouvons, ensuite, distinguer les villes « préfectures », comme Guéret, qui ne disposent pas d'un grand poids industriel et qui offrent en regard de leur taille démographique un volume d'emplois secondaires très limité, entre mille et trois mille postes de travail seulement, soit moins de 20 % des emplois totaux. Enfin, il y a des villes « préfectures industrialisées », comme Tulle, qui bénéficient d'une meilleure présence industrielle (liée, par exemple, dans le cas de la préfecture corrézienne, à une délocalisation stratégique de l'industrie d'armement, employant à elle seule plus de mille personnes : GIAT industrie). Tulle offre autant d'emplois industriels que Thiers ou Issoire, mais la part des emplois secondaires est inférieure à 20 % des emplois totaux.

d - Les villes de moins de dix mille habitants : une opposition nette entre les zones basses et les zones hautes

Pour les unités urbaines de moins de dix mille habitants, nous pouvons distinguer une nouvelle fois deux types de situation. Les unités « industrialisées » ou « industrielles » des zones basses et du Sigolénois avec Ambert, Courpière, Decize, Cosne-Cours-sur-Loire, Saint-Yrieix-la-Perche, La Souterraine, les villes de l'Yssingelais-Sigolénois, Saint-Eloy-les-Mines, Saint-Georges-de-Mons... qui offrent entre cinq cents et deux mille emplois industriels, représentant plus de 40 %, voire plus de 50 % des emplois totaux. Les unités urbaines « peu industrialisées », au mieux, ont cinq cents postes de travail industriel, qui représentent moins de 20 %, voire moins de 10 % de l'emploi total. Il s'agit majoritairement des petits organismes urbains des zones les plus élevées (monts du Cantal, Montagne limousine, bordure morvandelle...).

Il apparaît, donc, nettement que la hiérarchie des villes, en fonction de leur offre d'emplois secondaires, respecte parfaitement celle liée à leur poids démographique. Toutefois, l'observation de la figure n°27 montre qu'il existe de véritables concentrations géographiques de villes dans lesquelles le secteur secondaire est fortement présent (que ce soit la part de la population active employée, le nombre de postes de travail offerts, ou même le nombre d'établissements appartenant à ce secteur économique). Il se dégage donc bien une véritable géographie de l'industrie urbaine sur le nord du Massif central.

B - La géographie de l'industrie urbaine au nord du Massif central

1 - Des villes « industrielles » ?

a - Existe-t-il encore, réellement, des villes ou agglomérations « industrielles » ?

Le terme très relatif de « ville industrielle » ne peut s'appliquer désormais qu'aux petits organismes urbains dont notre zone d'étude a tout de même une belle représentation (les villes de l'Yssingelais-Sigolénois, Ambert, Thiers, Saint-Junien, La Machine, Saint-Eloy-les-Mines, Courpière...). Dans ces cas, le nombre d'emplois secondaires est sensiblement supérieur à la moyenne nationale (supérieur à 40 %, voire à 50 % de l'emploi total), et la part des industries dans le nombre d'entreprises total est également proche ou supérieure à celle que l'on trouve en moyenne en France (en fait, le nombre d'industries est variable selon la plus ou moins grande concentration de la structure industrielle). Nous trouvons ici, souvent, le poids des héritages, d'une tradition multiséculaire (P. Estienne, 1963), qui a su se maintenir en passant de l'artisanat à l'industrie et en modifiant ses productions. L'exemple du Sigolénois, qui est passé du textile au plastique, est l'un des plus probants en la matière. Si le maintien d'un nombre d'établissements industriels et d'un nombre d'emplois important ne semble pas définir un véritable modèle auvergnat ou limousin, il s'apparente à celui que l'on a souvent proposé pour les moyennes montagnes. Effectivement, à l'analyse de l'échantillon de comparaison (voir annexe n°4), nous constatons que les petites villes appartenant au Massif central ou au Jura, avec Saint-Claude ou Morez, par exemple (on retrouverait sans aucun doute la même chose pour les Vosges ou les Ardennes) ont un nombre d'emplois dans les industries (et un nombre d'établissements secondaires) supérieur à la moyenne nationale. Mais le secteur secondaire est également davantage présent que dans les unités urbaines appartenant à d'autres régions géographiques, comme les Pyrénées notamment (voir l'exemple de Saint-Girons en annexe n°4).

Tab. 15 - Villes « industrialisées » et villes « industrielles »
dans le nord du Massif central

Villes « industrialisées »	Villes « industrielles »
Issoire - Thiers - Saint-Junien - Decize - Ambert Saint-Yrieix-la-Perche - La Souterraine - Clamecy - Bort-les-Orgues - Varennes-sur-Allier - Saint-Léonard-de-Noblat - Lapalisse - Uzerche - Argentat - Saint-Didier-en-Velay-La Machine	Saint-Georges-de-Mons - Sainte-Sigolène - Saint-Eloy-les-Mines - Courpière - Dompierre-sur-Besbre - Monistrol-sur-Loire - Rochechouart - Puy-Guillaume - Dunières - Cercy-la-Tour - Prémery

Nous devons, toutefois, être plus précis dans la désignation des villes que l'on peut réellement qualifier d'« industrielles ». Effectivement, bon nombre d'unités urbaines ont, certes, une présence de l'industrie plus importante qu'à l'échelle nationale, mais elles restent majoritairement des villes tertiaires, et ce, notamment, par l'emploi (plus de la moitié de la population active est employée dans le secteur tertiaire). Nous trouvons dans ce cas des villes comme La Souterraine, Ambert, Thiers, Decize... Ainsi, il nous semble plus judicieux, pour celles-ci, d'employer le terme d'« industrialisées » (voir tableau n°15) qui insiste bien sur une présence notable du secteur secondaire, supérieure à la moyenne nationale en termes d'emplois (plus de 35 % de la population active). Nous retrouvons, ici, les villes « plutôt industrielles » définies par P. Estienne (P. Estienne, 1963), même si certaines d'entre elles ont disparu de cette catégorie, en raison d'une crise industrielle importante, notamment dans les années 1980 (fermeture d'établissements), comme c'est le cas d'Aubusson (F. Laumière, 1995). Par contre, nous réservons le vocable « industrielle » pour toutes les unités urbaines dont plus de la moitié de la population active est employée dans le secondaire. Le nord du Massif central en compte un nombre non négligeable (voir tableau n°15). Toutefois, nous constatons que ce cas de figure ne concerne que les villes de moins de dix mille habitants.

La présence industrielle dans les villes du nord du Massif central est donc un aspect essentiel de leurs activités, mais nous pouvons trouver, en fait, plusieurs types de villes « industrielles », en fonction de l'origine des industries qui se sont installées dans celles-ci.

b - Les types de villes « industrielles » ou « industrialisées »

• Les plus nombreuses : les villes à tradition industrielle plus ou moins ancienne

Nous pouvons placer ici les villes nées de la révolution industrielle, comme Decize qui a connu l'évolution classique des vieux centres industriels isolés, à savoir un déclin de la fonction secondaire et une affirmation progressive du secteur tertiaire. Nous trouvons, ensuite, dans le nord du Massif central, toute une série d'organismes urbains où l'industrie actuelle est venue renforcer, ou est dans la continuité d'une tradition ancienne pouvant remonter jusqu'au Moyen-Age. Il s'agit d'Ambert, Rochechouart et Saint-Junien qui appartiennent à l'axe industriel de la vallée de la Vienne, Thiers et les villes de l'Yssingelais-Sigolénois... Enfin, un dernier type de villes à « tradition industrielle » peut-être isolé. Il s'agit des anciens bassins miniers (Saint-Eloy-les-Mines, La Machine) qui ont attiré des industries pour assurer la reconversion d'une partie de la main-d'œuvre après la fermeture des mines.

• Des villes « industrielles » nées de choix stratégiques ou d'une réussite personnelle

Il s'agit de celles qui doivent la part importante du secondaire à la présence d'une grande industrie arrivée récemment (au début de ce siècle). Elle a pu s'installer à la suite d'un choix stratégique de délocalisation lié à une période de guerre (Première ou Seconde Guerre mondiale), comme ce fut le cas pour l'aciérie des Ancizes en 1914. Ou bien, elle est née et s'est développée à la suite d'une réussite personnelle, comme à Dompierre-sur-Besbre (Puzenat, modeste constructeur de machines agricoles en 1900, dont les installations, après de multiples reprises, ont abouti à la fonderie Peugeot qui emploie près de 400 personnes aujourd'hui)[18]. Dans les deux cas, nous avons de véritables kystes industriels, isolés, dont la main-d'œuvre vient essentiellement des communes environnantes et parfois même d'assez loin. Ainsi, le chiffre de population de la ville d'accueil est resté fort modeste et n'a pas favorisé un développement important des activités tertiaires, en tout cas de celles qui offrent le plus d'emplois.

• Des satellites industriels

Nous pouvons déterminer un autre cas de figure, à savoir celui des petites villes industrialisées dans l'orbite des plus grandes. C'est le cas de Puy-Guillaume avec la fabrication de bouteilles pour l'eau minérale de Vichy. Il en est de même pour Saint-Junien (cité du gant et de la mégisserie, aujourd'hui dominée par l'industrie du papier et du carton) et La Souterraine (mécanique, textile) qui peuvent être rattachées à la capitale du Limousin dans un axe d'industrialisation Nord-Sud (l'Autoroute A20), de desserrement de l'industrie limougeaude, et également de Châteauroux, pour la petite ville creusoise (textile).

• Des villes « industrielles » nées de la décentralisation

Le cas le plus net est celui des agglomérations du nord de la Nièvre, comme Cosne-Cours-sur-Loire, Clamecy, Prémery, et dans une moindre mesure La Charité-sur-Loire. En effet, elles ont un nombre d'emplois dans le secondaire supérieur à la moyenne nationale. Ceci s'explique par le fait qu'elles ont bénéficié de la politique de décentralisation mise en place par l'Etat dans les années 1960. Ainsi, les entreprises installées (Moore Paragon, EPEDA, Rhône Poulenc, Borden Chemical Company…) s'adressent directement aux services de la capitale et ne suscitent pas un développement tertiaire important sur place. En fait, le problème de ces petits centres est qu'ils représentent des créations industrielles récentes et non des organismes urbains industrialisés au XIXe siècle, ou même avant.

En conclusion, cette importance relative du secondaire dans ces petites villes pose le problème de savoir si celles-ci disposent d'un secteur tertiaire suffisamment important pour servir dans les réseaux christallériens. De même, nous pouvons nous demander ce que leur apporte l'industrie sur ce plan. Elle leur assure, sans aucun doute, une pérennité dans le réseau dans la mesure où elle favorise le maintien d'un certain volume d'habitants, ou en tout cas leur fréquentation par une clientèle potentielle nécessitant la présence d'un minimum de commerces ou services.

2 - De nombreuses régions à forte concentration de petites villes « industrielles »

En ce qui concerne la géographie de l'emploi secondaire (nombre d'emplois offerts par les villes) sur le nord du Massif central, il est clair que les principaux couloirs de circulation, Val d'Allier, RN89, vallée de la Loire nivernaise, qui concentrent aussi les principales agglomérations, représentent logiquement les principaux foyers d'emplois secondaires urbains. A l'inverse, les zones de moyenne montagne (Combraille, Montagne limousine, bordure morvandelle, plateaux creusois, monts du Cantal, Monts-Dores...) restent très largement à l'écart de l'industrialisation et n'offrent pas un volume d'emplois secondaires signifiant.

En fait, nous pouvons, quand même, distinguer au nord du Massif central un grand nombre de régions à forte concentration de villes « industrielles » ou « industrialisées », présentant d'ailleurs des structures différentes. Effectivement, si nous mettons en parallèle les figures n°27 et n°28, nous pouvons, assez nettement, distinguer des régions de villes à structure industrielle plutôt dispersée, c'est-à-dire disposant d'un grand nombre de PMI employant une forte part de la population active (plus de 40 %). Elles résultent, le plus souvent, d'une tradition ancienne dont les productions ont pu évoluer au fil du temps en s'adaptant au contrainte du marché. Elles peuvent, également, résulter d'une politique de reconversion qui a abouti à l'installation de plusieurs PMI destinées à remédier aux difficultés nées de la disparition de l'activité principale (c'est le cas typique de la plupart des anciens bassins charbonniers). Nous trouvons donc, dans ce premier cas de figure, l'Yssingelais-Sigolénois (Monistrol/Loire, Sainte-Sigolène, Saint-Didier-en-Velay, Yssingeaux...), la région de Thiers (Thiers, Courpière, Lezoux...), le Val de Loire dans la région de Decize (Decize, Cercy-la-Tour, La Machine...), la Limagne (Issoire, Gannat...), la vallée de la Dore (Ambert), et même, enfin, l'Artense, surtout avec Bort-les-Orgues. A ces régions de dispersion industrielle, nous pouvons ajouter celles qui présentent des villes à structure plus concentrée, c'est-à-dire que l'essentiel de la population active (plus de 40 %) est employé par un nombre d'établissements, de grande taille, réduit (un ou deux seulement). Il en est ainsi, surtout, du nord de la Nièvre (Cosne-Cours-sur-Loire, Clamecy, Prémery...), et, dans une moindre mesure, la Combraille qui comprend seulement deux unités urbaines, mais que l'on peut qualifier d'« industrielles » puisque plus de la moitié de la population active est employée dans le secteur secondaire. Toutefois, dans les deux cas, mais surtout à Saint-Georges, il n'y a qu'une seule grosse entreprise qui emploie la plus grande partie de la main-d'œuvre industrielle (Aciérie Aubert et Duval). Le phénomène est moins marqué pour Saint-Eloy-les-Mines qui, dans le cadre de sa politique de reconversion, a essayé d'attirer un grand nombre de PMI, sans grand succès d'ailleurs, ce qui explique qu'aujourd'hui l'essentiel des emplois dans le secondaire est concentré dans une industrie : Rockwool Isolation.

Nous retrouvons bien sur notre espace d'étude les régions de petites villes qualifiées de « *plutôt industrielles* » par P. Estienne (P. Estienne, 1963). Il s'agit donc, ici, d'une superbe base pour un réseau urbain, dans la mesure où l'activité industrielle est un élément essentiel de la survie des petites villes et du maintien de leur population. Nous sommes bien loin du rural profond tant de fois décrit dans les études géographiques du Massif central. Même si l'industrie ne sert pas pour la hiérarchie, elle est, sans aucun doute, fondamentale pour l'existence même des réseaux. C'est sûrement dans ces petites villes « industrielles » ou « industrialisées » que se joue l'avenir du réseau urbain, dans la mesure où elles sont nombreuses dans notre espace (près de 40 % de la totalité des unités urbaines du nord du Massif central). Leur survie dépend, en grande partie, du maintien de l'activité industrielle, fragilisée de nos jours.

En conclusion, sur cette étude du secteur secondaire, nous pouvons croiser les trois éléments de base de l'analyse (pourcentage d'établissements industriels, part des emplois secondaires, volume total d'emplois industriels). Le but est de mettre en évidence les potentialités de maintien d'une population urbaine locale de base vivant de l'industrie et susceptible de fournir le socle d'une pyramide hiérarchique. Ceci nous permettra, aussi, une première approche sur le rôle potentiel des différentes villes étudiées dans le système urbain du nord du Massif central, ainsi que leur plus ou moins grande autonomie. La comparaison entre la ville de La Souterraine et celles du Sigolénois est très utilisable à ce chapitre. Ainsi, trois aspects se dégagent-ils. En premier lieu, à La Souterraine, nous constatons que le pourcentage d'établissements appartenant au secteur secondaire est très marginal (moins de 15 %), par contre celui des emplois secondaires est supérieur à la moyenne nationale (40 %). Nous avons donc ici, en réalité, une ville tertiaire (et ce de tous temps) disposant d'éléments d'équipements pour rayonner sur l'espace environnant. La quantité et la qualité de ceux-ci influeront naturellement sur l'étendue de sa zone d'attraction. Et l'étude de cette dernière sera l'un des objets majeurs de la deuxième partie. A l'inverse, les villes du Sigolénois sont de véritables villes « industrielles ». Elles ont, effectivement, plus d'un établissement sur trois qui appartient au secteur secondaire. Ce dernier représente plus de 50 % des emplois totaux. Ceci signifie donc que le tertiaire occupe une place modeste dans le cadre français et on peut s'interroger pour savoir si ces villes auront un rayonnement significatif, ou en tout cas comparable à celui de la petite ville creusoise.

Toutefois, en ce qui concerne le nombre d'emplois industriels, La Souterraine avec près de mille postes de travail offerts, fait mieux que la plupart des centres urbains de l'Yssingelais-Sigolénois (à l'exception de Sainte-Sigolène même). Ceci a une double signification. En premier lieu, la structure industrielle de la petite ville creusoise est beaucoup plus concentrée que celle des villes de la Haute-Loire, où la petite usine de moins de cinquante salariés représente l'essentiel des emplois offerts. En second lieu, dans la mesure où ces masses d'emplois offerts font vivre des gens qui ont, sans aucun doute, des besoins, même élémentaires, nous nous trouvons alors devant deux situations différentes. Dans le cas de La Souterraine, ces derniers sont, pour les besoins les plus courants du moins, satisfaits sur place dans la mesure où les activités tertiaires sont très largement dominantes. Pour les commerces ou services plus rares, la petite ville peut bénéficier de la proximité de Guéret et de Limoges. Par contre, dans le cas du Sigolénois, où les activités tertiaires sont sous-représentées, le recours à de plus grandes villes, même pour des besoins courants, s'impose. Il s'agit bien sûr de Saint-Etienne, mais également, de façon plus limitée, de la préfecture : Le Puy. Ces grandes villes joueront alors, vraisemblablement, le rôle de centre de proximité.

Dans une situation identique à La Souterraine, nous trouvons beaucoup d'autres petites villes comme Ussel, Cosne-Cours-sur-Loire, Tulle, et plus généralement toutes les villes « industrialisées » de plus de 10 000 habitants. Parmi les villes qui sont dans une situation proche de celle des unités urbaines du Sigolénois, nous trouvons : Courpière, Puy-Guillaume, Saint-Junien, Rochechouart, Saint-Eloy-les-Mines, Cercy-la-Tour, Prémery..., donc les autres villes « industrielles ». Il apparaît, alors, clairement que la part occupée par le secteur tertiaire est fondamentale dans le rôle joué par les villes et agglomérations dans l'espace. C'est pourquoi, il est indispensable de mesurer, maintenant, et en détail, son importance.

II - DES ACTIVITÉS TERTIAIRES OMNIPRÉSENTES

Quel que soit l'angle d'étude adopté, par nombre d'entreprises ou selon l'importance de l'emploi, le tertiaire reste le secteur dominant et ceci quelle que soit la taille de la ville (voir fig. n° 30). De plus, c'est lui qui permet réellement de définir les niveaux hiérarchiques urbains et, depuis très longtemps, il occupe une place de premier plan dans les études de villes. Tous les auteurs comme M. Rochefort (M. Rochefort, 1960), R. Dugrand (R. Dugrand, 1963), Y. Babonaux (Y. Babonaux, 1968), G. Armand (G. Armand, 1974), M. Genty (M. Genty, 1980), P. Oudart (P. Oudart, 1983), N. Commerçon (N. Commerçon, 1987)... ont largement privilégié les activités tertiaires dans la définition d'une hiérarchie urbaine et la délimitation des zones d'influence.

A - Des villes bien intégrées à la France urbaine, dans le domaine tertiaire

1 - Une population active très majoritairement employée dans le secteur tertiaire (voir fig. n°30)

Pour environ la moitié des villes du nord du Massif central, le tertiaire représente près ou plus de 70 % des emplois occupés, ce qui est une part équivalente ou même supérieure à la moyenne nationale. Il y a donc bien une forte « tertiairisation » du monde urbain. Nous trouvons quelques constantes dans l'importance de la population active employée dans le tertiaire. Ainsi, pour les métropoles régionales et les villes ou agglomérations de plus de trente mille habitants, l'emploi tertiaire représente toujours plus de 60 % du total, avec une part plus élevée pour les préfectures (Le Puy, Aurillac, Moulins, Nevers) qui dépasse les 70 %. Plus précisément, nous constatons que, au niveau des métropoles, Limoges est sensiblement plus « tertiairisée » que Clermont-Riom, ce qui explique, sans doute, que dans bien des études, alors que Limoges est qualifiée de ville « *tertiaire* » (F. Fontaine, 1990, F. Damette, 1995), nous trouvons encore la capitale régionale de l'Auvergne sous le vocable de métropole industrielle (F. Fontaine, 1990). Notons, pour ce qui est de la métropole auvergnate, que le tertiaire y occupe, globalement, une place beaucoup moins prépondérante que dans la plupart des autres métropoles de notre échantillon (voir annexe n°4), ce qui signifie qu'elle a une structure plus équilibrée, mais elle reste bel et bien une ville tertiaire. Les

Fig. n° 30 : La part des emplois tertiaires dans les unités urbaines du nord du Massif central

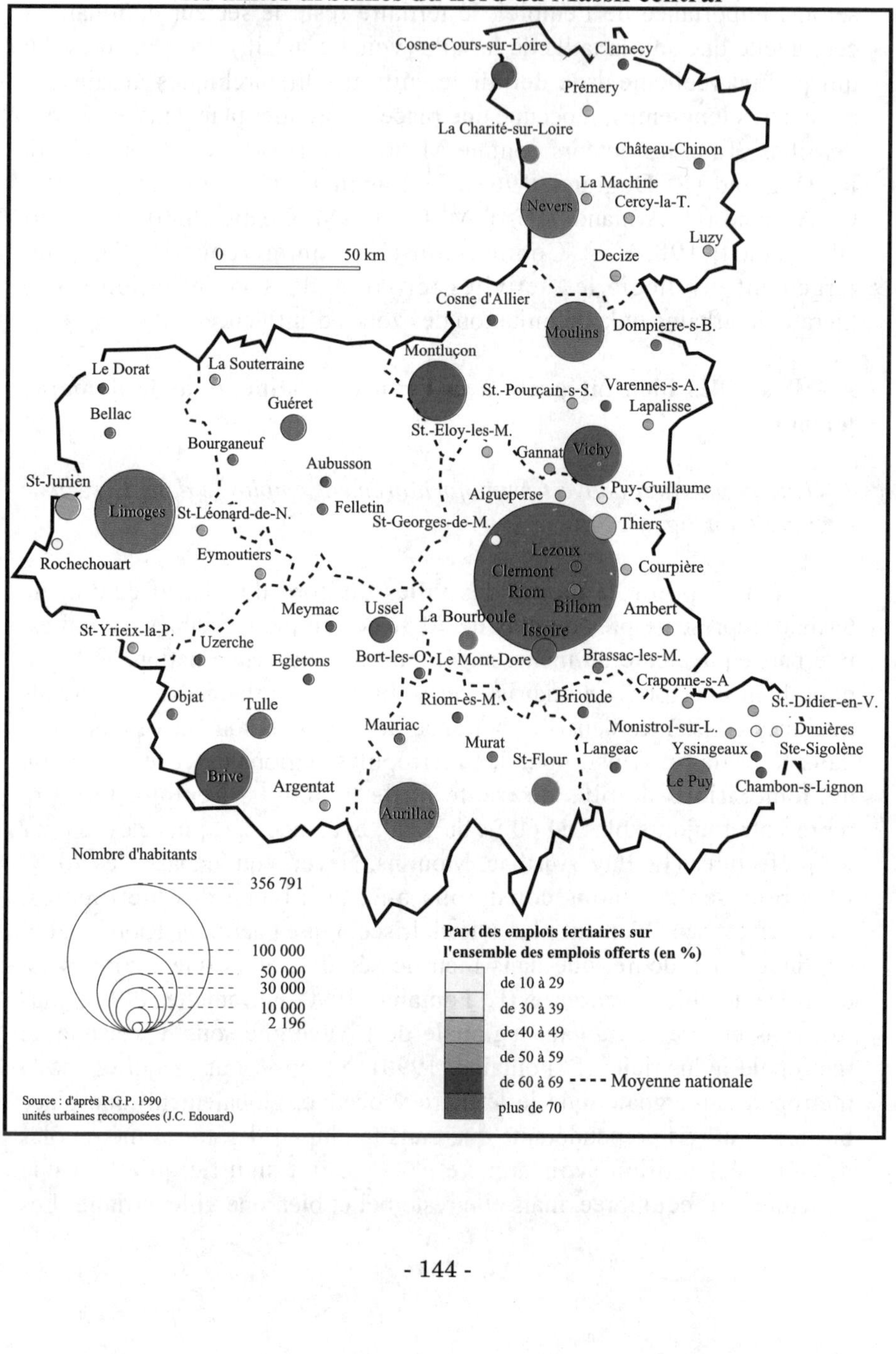

Cosne-Cours-sur-Loire
Clamecy
Prémery
La Charité-sur-Loire
Château-Chinon
La Machine
Nevers
Cercy-la-T.
Luzy
Decize
Cosne d'Allier
Moulins
Dompierre-s-B.
Le Dorat
La Souterraine
Montluçon
Guéret
St.-Pourçain-s-S.
Varennes-s-A.
Bellac
Lapalisse
Bourganeuf
St.-Eloy-les-M.
Aubusson
Gannat
Vichy
St-Junien
Aigueperse
Puy-Guillaume
Limoges
St-Léonard-de-N.
Felletin
St-Georges-de-M.
Thiers
Rochechouart
Eymoutiers
Lezoux
Clermont
Courpière
Riom
St-Yrieix-la-P.
Meymac
Ussel
La Bourboule
Billom
Ambert
Uzerche
Issoire
Egletons
Bort-les-O.
Le Mont-Dore
Brassac-les-M.
Objat
Craponne-s-A
St.-Didier-en-V.
Tulle
Riom-ès-M.
Brioude
Monistrol-sur-L.
Dunières
Mauriac
Murat
Langeac
Yssingeaux
Ste-Sigolène
Brive
St-Flour
Le Puy
Chambon-s-Lignon
Argentat
Aurillac

0   50 km

Nombre d'habitants

356 791

100 000
50 000
30 000
10 000
2 196

**Part des emplois tertiaires sur
l'ensemble des emplois offerts (en %)**

de 10 à 29
de 30 à 39
de 40 à 49
de 50 à 59
de 60 à 69 - - - - Moyenne nationale
plus de 70

Source : d'après R.G.P. 1990
unités urbaines recomposées (J.C. Edouard)

villes non préfectures réalisent, en fait, un beau tir groupé entre 65 et 68 %, tandis que les préfectures font beaucoup mieux (près de 10 points de plus), avec un taux proche de 78 %, soit un pourcentage supérieur à la moyenne nationale. Nous retrouvons là une situation très classique dans la France urbaine, faisant que notre secteur est tout à fait intégré à l'espace national (voir annexe n°4).

Pour les unités urbaines de dix mille à trente mille habitants, plusieurs cas de figure se présentent. Les préfectures et les « villes-marchés » traditionnelles ont un pourcentage d'emplois tertiaires équivalent au niveau national et à celui du niveau démographique supérieur, soit plus de 60 % (Saint-Flour, Ussel, Cosne-Cours-sur-Loire, Tulle, Guéret, et dans une moindre mesure Issoire). A côté, et en opposition, nous trouvons des villes ou agglomérations à forte tradition industrielle, où les emplois tertiaires ne représentent plus que 50 à 60 % du total seulement. C'est particulièrement net à Thiers et Saint-Junien. Il n'y a donc rien, ici, de véritablement catastrophique, et il existe bien une base tertiaire assez solide puisque représentant, au minimum, la moitié des emplois.

La même opposition apparaît pour les unités urbaines de moins de dix mille habitants. D'un côté, les traditionnels centres-marchés ou villes de contact, tels que définis dans les études de P. Estienne et A. Fel dans les années 1960 (comme Riom-ès-Montagnes, Le Dorat, Murat, Saint-Pourçain-sur-Sioule, Bourganeuf), et les petites villes touristiques (La Bourboule—Le Mont-Dore, Château-Chinon, Clamecy, Meymac...) : le tertiaire représente plus de 60 % des emplois. De l'autre, les petits organismes à forte tradition industrielle également où il occupe moins de 40 % ! Nous trouvons dans ce cas : Rochechouart, Sainte-Sigolène, Dunières, Dompierre-sur-Besbre, Saint-Georges-de-Mons..., c'est-à-dire la plupart des villes que l'on a qualifiées d'« industrielles ».

2 - Une dichotomie classique à l'échelle nationale (voir fig. n°31)

Nous retrouvons donc une dichotomie simple, voire simpliste, dans le cadre général d'une dominante tertiaire. Nous pouvons, en effet, distinguer deux grands types de villes, en fonction de l'importance de cette activité (pourcentage de la population active employée dans le tertiaire) : les villes que l'on peut qualifier de « fortement tertiaires » ; les villes que l'on peut qualifier de « moins tertiaires ». Dans le premier cas, nous trouvons deux variables. Tout d'abord, celles où nous pouvons parler d'hypertrophie tertiaire. Ce secteur représente, alors, plus de 70 %, voire plus de 75 %, de la population active employée. Nous sommes, donc, assez sensiblement au-dessus de la moyenne nationale. Nous trouvons là : les préfectures (Moulins, Aurillac, Le Puy, Limoges, Guéret, Nevers…) et les villes du tourisme, avec, ici, surtout La Bourboule—Le Mont-Dore. Nous retrouvons les mêmes cas de figure dans les villes « extérieures » à notre espace d'étude, avec Gap et Mende par exemple (qui sont à la fois préfecture et ville du tourisme). Ensuite, nous trouvons des villes qui ont une part des actifs tertiaires proche de la moyenne nationale, soit entre 60 et 70 %. Elles représentent, environ, le tiers des villes du nord du Massif central, et donc, le cas le plus fréquent. Il s'agit, ici, finalement, des villes les plus équilibrées. Il en est ainsi de Clermont-Riom, et de toutes les villes non préfectures de plus de 30 000 habitants, mais également d'un bon nombre de petites villes (Yssingeaux, Brioude, Ussel, Aubusson, Gannat, Egletons…).

Le deuxième grand type de villes que l'on distingue concerne donc celles que l'on peut qualifier de villes « moins tertiaires », avec, là, également, deux cas de figure. Il y a, tout d'abord, celles qui sont « moins tertiaires » dans le relatif. Le pourcentage de la population active employée dans ce domaine d'activités reste le plus élevé (plus de 50 %), mais il est, quand même, en deçà de la moyenne nationale. Nous retrouvons, ici, les villes que l'on a qualifiées d'« industrialisées ». En fait, nous avons là des villes assez étoffées, avec un tertiaire somme toute bien représenté et une fonction industrielle également très présente. Nous trouvons dans ce cas : Thiers, Issoire, Saint-Junien, La Souterraine… Dans notre échantillon de comparaison, seules Roanne et Annonay (qui appartiennent à un niveau démographique supérieur) correspondent à ce cas de figure. Ensuite, nous avons des villes « moins tertiaires » dans l'absolu. La population active employée dans le tertiaire est moins nombreuse que celle qui l'est dans le secondaire. Nous trouvons, ici, nos villes « industrielles » définies précédemment (voir tableau n°15). Tarare, Saint-Claude, Morez font partie de ce groupe.

Ainsi, globalement, c'est près de six villes sur dix qui présentent une structure d'activités assez équilibrée (c'est-à-dire avec un pourcentage d'actifs employés dans le tertiaire inférieur à la moyenne nationale, mais qui représente, quand même, plus de la moitié du total des emplois. Cela s'ajoute à un nombre d'actifs dans le secondaire proche ou supérieur à la moyenne nationale). Il y a donc, bien, dans notre espace d'étude, une base solide pour le maintien urbain. Nous avons au nord du Massif central une gamme complète de situations tertiaires telle que l'on peut la trouver dans bien des réseaux urbains régionaux (voir les nombreuses thèses déjà précitées). Et finalement aujourd'hui, ce ne sont que 13 %, environ, des unités urbaines qui ne sont pas « tertiaires » sur notre espace d'étude. Une fois encore, on le voit bien, le nord du Massif central est parfaitement intégré à la France urbaine.

3 - Une structure tertiaire classique (voir fig. n°32)

La quasi-totalité des unités urbaines du nord du Massif central, prises isolément, regroupe plus de 70 % d'entreprises tertiaires et se situe au niveau de la moyenne nationale (voir annexe n°4) ; voire pour nombre de villes, nettement au-dessus. C'est notamment le cas pour toutes celles qui ont plus de trente mille habitants, et où les établissements tertiaires représentent plus de 80 % du total. Cependant, la taille des villes n'intervient que modérément dans les pourcentages observés. Une ville comme Saint-Flour a la même proportion d'entreprises tertiaires que Limoges.

Nous pouvons cependant remarquer (v. annexe n°4) que les villes thermales et touristiques ont les taux les plus forts (autour de 90 %), et ce quelle que soit l'importance démographique de l'unité urbaine concernée. C'est le cas, pour une ville moyenne (30 000 à 100 000 hab.) comme Vichy pourtant industrialisée, à l'instar de La Bourboule-Le Mont-Dore. Seule Guéret, préfecture de la Creuse peut rivaliser avec ces villes-là. Effectivement, elle dispose de l'essentiel des établissements tertiaires (services publics surtout) d'un département fortement dépourvu en unités urbaines susceptibles d'attirer ce type d'entreprises. C'est aussi, et surtout, le résultat corrélatif de l'indigence de la fonction secondaire (8,2 % seulement d'entreprises appartenant au secteur secondaire !). Mais en règle générale, toutes les préfectures sont bien placées en termes d'entreprises tertiaires (voir fig. n°32 et annexe n°4).

Ainsi, en conclusion, nous pouvons dégager deux idées importantes qui font de notre espace d'étude un espace urbain classique à l'échelle nationale. Tout d'abord, et notamment à la lecture comparative des figures n°30 et n°32 mettant en opposition le nombre d'entreprises tertiaires (en %) et la part de la population active employée dans ce même secteur, nous constatons que le tertiaire a une structure très éclatée avec

Fig. n° 31 : Typologie des villes en fonction de la part de la population active dans le secteur tertiaire

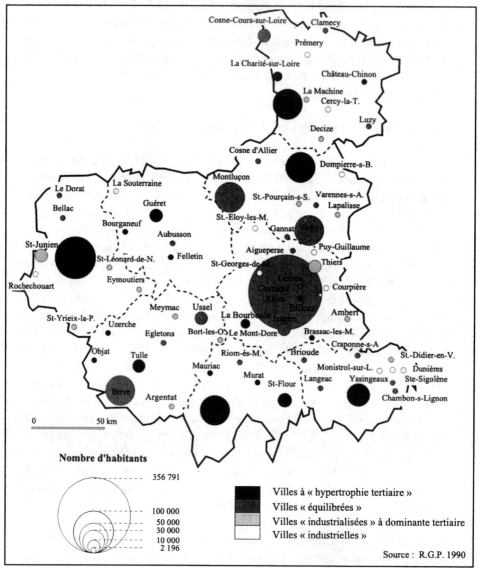

Nombre d'habitants

356 791
100 000
50 000
30 000
10 000
2 196

Villes à « hypertrophie tertiaire »
Villes « équilibrées »
Villes « industrialisées » à dominante tertiaire
Villes « industrielles »

Source : R.G.P. 1990

Fig. n° 32 : La part des entreprises du secteur tertiaire dans les unités urbaines du nord du Massif central

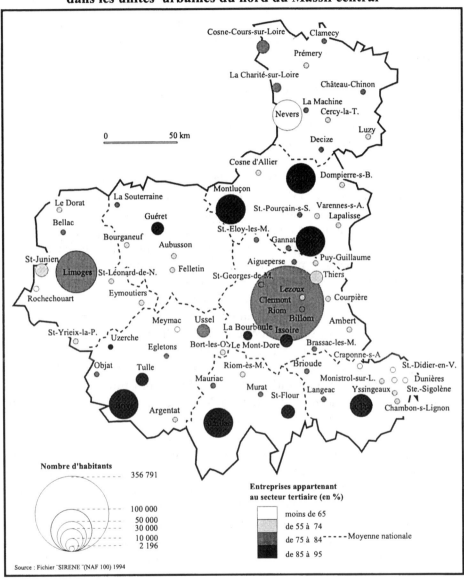

un plus grand nombre de PME que pour le secteur secondaire. Ensuite, les records (près de 90 % d'entreprises dans le secteur tertiaire) sont dus à deux paramètres : soit la faiblesse relative du secondaire (comme dans le cas de Guéret), soit a une véritable hypertrophie tertiaire, comme pour les villes touristiques (La Bourboule-Le Mont-Dore...).

B - Les principaux foyers d'emplois tertiaires

1 - Les grands foyers d'emplois tertiaires sont souvent aussi les grands foyers d'emplois secondaires

Si nous comparons la carte de répartition des foyers d'emplois tertiaires (voir fig. n°33) avec celles des foyers secondaires (voir fig. n°29), nous pouvons mettre en évidence des situations différentes. Tout d'abord, nous constatons, clairement, que les métropoles sont les principaux foyers d'emplois dans le tertiaire comme dans le secondaire. Elles offrent, dans le premier domaine cité, de cinquante mille à cent mille emplois (soit environ deux à trois fois plus que dans le secondaire). De même, nous retrouvons dans les principaux foyers d'emplois tertiaires, les villes de plus de cinquante mille habitants, dont le nombre de postes de travail se situe entre quinze mille et vingt mille, environ. Nevers qui est la plus peuplée des agglomérations de cette dernière catégorie (plus de 80 000 hab.), et qui dispose, en plus, de la fonction administrative préfectorale, offre le plus grand nombre d'emplois tertiaires (voir tableau en annexe n°5). Montluçon, Vichy, Brive font aussi bien, ou même mieux, que des préfectures comme Moulins, Le Puy et Aurillac. Elles sont donc plus équilibrées que ces dernières, avec plus d'emplois dans l'industrie ainsi que dans le tertiaire non administratif. La taille démographique compte en premier lieu, de même que la variété des activités. En fait, plus la clientèle à satisfaire est importante, plus le personnel nécessaire est important, et ce sans compter les zones d'influence desservies. En fonction de leur importance démographique, des villes moins peuplées comme Thiers, Issoire, Saint-Junien, voire des petites villes (moins de 10 000 hab.) comme La Souterraine, Ambert, Decize, Saint-Yrieix... représentent des foyers d'emplois tertiaires non négligeables (entre 1 500 et 5 000 emplois environ), et se situent, finalement, à un rang comparable à celui occupé pour les emplois secondaires (entre 1 000 et 3 500 emplois environ).

Fig. n° 33 : Le volume d'emplois dans le secteur tertiaire des unités urbaines du nord du Massif central

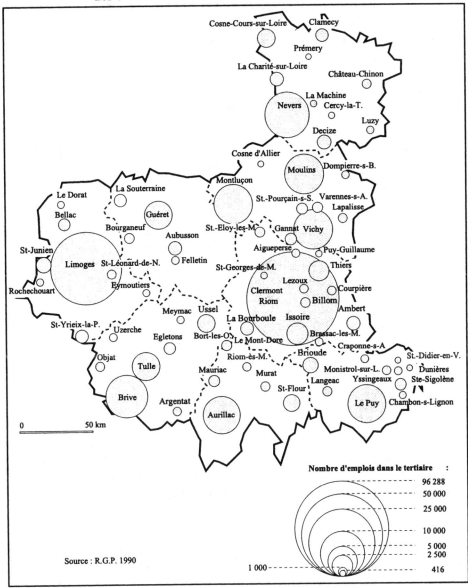

Source : R.G.P. 1990

Nombre d'emplois dans le tertiaire :
96 288
50 000
25 000
10 000
5 000
2 500
1 000
416

Nous avons donc, ici, une trame de villes solides, puissantes, aux activités diversifiées, et qui occuperont, vraisemblablement, une place majeure dans leur rang hiérarchique. Ce dernier est également dépendant, bien sûr, de leur poids démographique, mais aussi d'autres critères qu'il conviendra de définir par la suite.

2 - Des foyers d'emplois tertiaires importants qui ne sont pas de grands foyers d'emplois secondaires, et inversement

Nous avons une série de villes, toutes de taille modeste (moins de 10 000 hab.), qui présentent une différence importante entre les emplois secondaire offerts dans le secteur tertiaire. Effectivement, elles sont caractérisées par une faiblesse assez marquée du nombre d'emplois industriels (moins de 1 000). Par contre, elles représentent des lieux d'emplois tertiaires importants. Elles ont souvent plus de deux mille emplois dans ce domaine, pour une population résidente dont le nombre se situe plutôt aux alentours de cinq mille. Nous trouvons là les « villes-marchés » classiques du Massif central, souvent décrites par P. Estienne ou A. Fel, comme Saint-Flour, Aubusson, Bellac, Mauriac, Bourganeuf et Billom. Bien que plus peuplées et appartenant à un autre type de villes, nous pouvons placer ici Tulle, et surtout Guéret. Elles représentent des pôles d'emplois tertiaires de première importance (près de 9 000 emplois). Par contre, elles ne sont que de bien piètres foyers d'emplois secondaires. Pour elles, bien sûr, c'est la fonction préfectorale qui explique l'importance des emplois tertiaires offerts, qui sont en fait, essentiellement, des emplois du tertiaire public.

Enfin, et à l'inverse du cas précédent, il reste encore une trame de petites villes purement industrielles, où les emplois tertiaires sont indigents, surtout comparativement à ceux offerts dans le secondaire. Saint-Georges-de-Mons en est l'exemple le plus net (elle offre 4 fois plus de postes de travail dans le secondaire que dans le tertiaire !). De même, une ville comme Sainte-Sigolène offre un profil fort proche.

En conclusion, nous constatons que les déséquilibres régionaux sont marqués (voir fig. n°33), d'où un vrai problème de desserte (et de niveau de desserte) dans certaines zones (Montagne limousine, monts du Cantal, Livradois-Forez, Combraille, bordure morvandelle...). Cependant, les petits organismes urbains présents dans les régions les plus défavorisées, à l'échelle du nord du Massif central, jouent un rôle de commandement majeur dans leur environnement immédiat, au moins pour les besoins les plus courants. Ainsi, ils ont développé et maintenu un minimum de commerces et de services et ce, même si ils n'ont pas d'industries. Il se pose, tout de même, la question de leur maintien si le rural profond vient à manquer, si le tissu humain devient insuffisant. Ceci constitue une différence énorme avec les petits centres industrialisés qui parviennent, grâce à leur fonction secondaire, à maintenir un minimum de population pouvant faire vivre un tertiaire de base.

L'étude quantitative de la ventilation des emplois et des entreprises, selon le secteur d'activité auquel ils appartiennent, nous a permis d'avoir une première approche globale sur les points forts et les points faibles des unités urbaines du nord du Massif central. Toutefois, elle ne saurait être suffisante en soi pour évaluer les potentialités évolutives de chaque ville ou agglomération, car celles-ci dépendent certes des types d'entreprises présentes mais également de la qualité professionnelle des hommes qui y vivent. Il est alors indispensable, dans la perspective d'une étude sur la dynamique urbaine, et donc sur les possibilités d'évolution du réseau urbain qui sera défini ultérieurement, d'analyser leur potentiel humain en matière d'activité.

III - L'ÉQUILIBRE DES SECTEURS D'ACTIVITÉS DANS LES VILLES ET AGGLOMÉRATIONS DU NORD DU MASSIF CENTRAL[19]

A - Les deux métropoles régionales : une répartition entre les différents métiers de la production et du tertiaire assez voisine

1 - Les métiers de la production : plus d'un métier sur trois... (voir tableau n°16)

a - Des métropoles qui occupent les premiers rangs

Dans les deux cas, et dans une proportion identique, ce sont les métiers de la production qui, intrinsèquement, représentent la plus forte part des domaines d'activités étudiés (36,7 %). Ceci confirme bien le poids des activités secondaires dans les métropoles auvergnate et limousine, et la relative industrialisation, dès le XIXe siècle, du nord du Massif central[20]. En effet, c'est bien la révolution économique et l'aventure industrielle qui permettront à ces deux villes d'atteindre la dimension d'une grande agglomération susceptible d'accueillir dans les années 1960, les fonctions de capitale régionale[21]. Avec 36,7 %, Clermont-Riom dispose de l'un des taux les plus élevés enregistré par les métropoles régionales, avec Lyon et Limoges (à l'exception des villes industrielles du Nord). Limoges, avec 36,8 %, se situe même au niveau record de Lyon. Ce sont aussi les deux villes de notre échantillon d'étude où la part des métiers de la production est la plus forte. Elles appartiennent, comme Clermont-Riom d'ailleurs, au monde localisé au pied des montagnes industrialisées dès avant le XIXe siècle, et ayant connu l'épopée de ce siècle. A l'inverse Rennes, et dans une moindre mesure Montpellier, apparaissent comme des agglomérations très nettement tertiairisées (voir tableau n°17). De plus, elles doivent leur plus faible part en matière de métiers de la production (par comparaison à Clermont-Riom, Limoges ou Lyon) à une structure industrielle très différente, fruit du développement plus récent, basée sur des industries de haute technologie, peu utilisatrices de main-d'œuvre.

Tab. 16 - Répartition des différentes catégories socioprofessionnelles des métiers de la production

	Clermont-Riom		Limoges	
	Nombre absolu d'actifs	Part relative (%)	Nombre absolu d'actifs	Part relative (%)
PRODUCTION				
Artisans	2 996	2,6	1 904	2,4
Techniciens	5 484	4,7	2 380	3,1
Contremaîtres	2 172	1,8	1 636	2,1
Ouvriers qualifiés	17 596	15	13 540	17,4
Ouvriers non qualifiés	14 430	12,3	8 900	11.5
Total	42 678	36,7	28 360	36,8

Source : d'après RGP 1990

b - Plus de techniciens à Clermont et plus d'ouvriers qualifiés à Limoges

L'analyse du détail des postes apporte des enseignements complémentaires sur les potentialités des deux métropoles. Clermont « domine » Limoges au niveau des emplois de techniciens, secteur où sa position est remarquable puisqu'elle rejoint des villes d'industries de pointe ou variées comme Lyon ou Toulouse (voir tableau n°17). Elle présente également un pourcentage plus important d'ouvriers non qualifiés (12,3 % contre 11,5 %) et donc moins important d'ouvriers qualifiés (15,0 % contre 17,4 %). Clermont doit cette position à sa structure duale. Il existe d'un côté une grande industrie, fière de ses techniciens, mais, qui fait travailler une main-d'œuvre souvent peu qualifiée (par exemple chez Michelin...). Et, de l'autre, une présence notable de PMI qui produisent dans des domaines ordinaires, souvent en sous-traitance (métallurgie, mécanique...), ce qui renforce l'absence de qualification des salariés[22].

La sous-représentation des techniciens, à Limoges (seule Tours présente la même faiblesse relative), est en partie compensée par une part bien supérieure d'ouvriers qualifiés (17,5 %) témoignant de types d'industries différents, comme l'imprimerie, la céramique, la porcelaine, la fabrication d'appareils électriques demandant une main-d'œuvre mieux formée. Cette faiblesse limougeaude est confirmée par l'analyse du rapport des effectifs de techniciens entre elle et Lyon (un à dix). En effet, l'écart se creuse de façon considérable en comparaison de celui existant pour la population (un à sept) par exemple. Si, globalement, la situation de Limoges semble plus favorable en ce qui concerne les ouvriers, dans la mesure où la qualification implique en général des rémunérations plus élevées, Clermont compense son handicap par un nombre d'emplois bien supérieur. En fait, les deux métropoles régionales ne proposent guère de masses salariales remarquables en raison de rétributions ouvrières souvent peu élevées, et le tertiaire local part avec un handicap certain par rapport aux villes extérieures (commerce de détail, culture, restauration...). Les deux métropoles doivent donc compenser la relative faiblesse que constitue une clientèle interne à forte part d'ouvriers, par une importante attraction sur les populations rurales et urbaines extérieures. Toutefois, dans la mesure où ces agglomérations regroupent près d'un habitant sur trois de leurs régions administratives respectives, leur marge de manœuvre est réduite.

c - Un nombre d'actifs dépendant des chiffres de population

L'analyse, en fonction de la masse absolue des actifs appartenant aux métiers de la production, nous conduit à plusieurs remarques. En premier lieu, la hiérarchie qui résulte du nombre d'actifs est conforme à celle issue des simples chiffres de population. Le potentiel productif est donc d'autant plus important que la ville est grande. Les rapports existants pour les chiffres de population entre Clermont-Riom, Limoges et Lyon (ville de référence, car la plus peuplée de notre échantillon de comparaison), se retrouvent pour les masses d'actifs appartenant aux métiers de la production, même s'ils sont, pour ces derniers, légèrement supérieurs. Ainsi, Clermont-Riom est quatre fois moins peuplée que Lyon, et elle compte cinq fois moins d'actifs dans les métiers de la production. Il n'y a donc pas, ici, de faiblesse clermontoise.

A l'échelle de notre échantillon, Clermont-Riom, conformément à son poids démographique, occupe une place correcte dans la mesure où seules les villes de Tours, Toulouse et Lyon font mieux qu'elle. Par contre, elle dépasse Rennes et Montpellier de poids démographique comparable. Limoges, qui compte le moins d'habitants des villes de l'échantillon, parvient cependant à faire mieux que la capitale du Languedoc-Roussillon. Son écart avec Lyon est assez conforme à celui qui correspond aux chiffres de population (voir tableau n°17). Ce qui tend à montrer qu'il n'y a pas véritablement, non plus, de faiblesse limougeaude dans ce domaine.

Enfin, si nous comparons les deux métropoles du nord du Massif central entre elles, nous constatons que si la part des métiers de la production est assez proche, le nombre des actifs donne nettement l'avantage à la capitale auvergnate, mais cela est conforme au rapport existant entre le nombre d'habitants. Il n'y a donc pas dans ce domaine d'avantage relatif pour l'une ou l'autre de ces agglomérations et toutes deux paraissent correctement placées dans l'espace du territoire national.

2 - Le tertiaire d'entreprise : Clermont-Riom et Limoges, une même faiblesse relative (voir tableau n°18)

Même si le tertiaire d'entreprise représente un emploi sur cinq dans ce domaine, nos deux villes occupent une place très médiocre à l'échelle des métropoles régionales. La part occupée par les métiers du tertiaire d'entreprise étant assez nettement la plus faible de toutes les grandes agglomérations de notre échantillon. Cette faiblesse s'affirme également avec la prise en compte du nombre absolu d'emplois, même si Clermont-Riom fait mieux que Montpellier et Dijon, de poids démographique plus ou moins comparable. L'écart avec la ville de référence, Lyon, est logiquement plus limité que pour ces deux dernières villes. Par contre, Limoges confirme sa modeste place en matière de tertiaire d'entreprise, et l'écart avec Lyon devient très important, notamment en raison d'un

Tab. 17 - Les rapports de population et d'activités dans l'échantillon urbain

Agglomérations	Clermont-Riom		Limoges	
	Pop. Clermont/ Pop. ville considérée	Actifs Clermont/ Actifs ville considérée	Pop. Limoges/ Pop. ville considérée	Actifs Limoges/ Actifs ville considérée
Lyon	*4,4*		*6,7*	
Production		5,0		7,5
Tert. Entreprise		6,5		10,0
Tert. public		4,0		5,6
Services privés		3,9		7,4
Commerce		4,5		6,8
Total		4,9		7,5
Toulouse	*2,3*		*3,5*	
Production		2,2		3,3
Tert. Entreprise		3,2		5,5
Tert. public		2,6		3,6
Services privés		2,3		4,3
Commerce		2,4		3,6
Total		2,5		3,8
Tours	*1,01*		*1,5*	
Production		1,06		1,6
Tert. Entreprise		1,2		1,8
Tert. public		1,03		1,4
Services privés		1,05		1,9
Commerce		1,1		1,6
Total		1,08		1,6
Orléans	*0,88*		*1,3*	
Production		0,97		1,5
Tert. Entreprise		1,3		1,8
Tert. public		0,96		1,3
Services privés		0,81		1,5
Commerce		0,79		1,2
Total		0,98		1,5
Rennes	*1,3*		*1,9*	
Production		0,77		1,2
Tert. Entreprise		1,05		1,7
Tert. public		1,15		1,6
Services privés		0,96		1,8
Commerce		0,97		1,5
Total		0,96		1,5
Dijon	*0,87*		*1,3*	
Production		0,83		1,3
Tert. Entreprise		0,95		1,5
Tert. public		0,99		1,3
Services privés		0,79		1,5
Commerce		0,89		1,3
Total		0,90		1,4
Montpellier	*1,1*		*1,3*	
Production		0,63		1,3
Tert. Entreprise		0,96		1,5
Tert. public		1,07		1,3
Services privés		0,94		1,5
Commerce		0,97		1,3
Total		0,87		1,4

Source : d'après RGP 1990
Les chiffres en gras indiquent que l'écart entre le nombre d'actifs est plus faible que celui issu de la population.

véritable déficit en termes de cadres (problème également clermontois). L'explication première vient de sa taille démographique, plutôt modeste en comparaison des concurrentes. Effectivement, ce sont généralement les plus grandes villes qui disposent des plus grandes entreprises, du plus grand nombre de sièges sociaux et des plus gros chiffres de personnel de gestion au service d'entreprises suprarégionales, comme Toulouse ou Lyon. La seconde explication vient, encore plus sûrement, d'un fort volant d'entreprises locales orientées vers des secteurs traditionnels, voire en déclin, peu consommatrices de tertiaire d'entreprise. Elles ont, notamment, peu de cadres ou de professions intermédiaires et conjuguent ceci à une faible liaison avec la recherche.

Si nous comparons la position relative des deux métropoles du nord du Massif central, nous constatons que leur situation est relativement proche. En premier lieu, parce que la part des actifs est quasi équivalente (un actif sur cinq). Et en second lieu, parce que l'écart entre leur nombre absolu d'actifs du tertiaire d'entreprise est fort proche de celui qui résulte du nombre d'habitants.

Tab. 18 - Répartition des différentes catégories socioprofessionnelles du tertiaire d'entreprise

	Clermont-Riom		Limoges	
	Nombre absolu d'actifs	Part relative (%)	Nombre absolu d'actifs	Part relative (%)
TERTIAIRE D'ENTREPRISE				
Chefs	548	0,5	536	0,7
Cadres	5 108	4,4	3,72	3,9
Professions intermédiaires	6 740	5,8	4 720	6,1
Employés	12 413	10,6	7 174	9,2
Total	**24 809**	**21,3**	**15 502**	**20,1**

Source : d'après RGP 1990

Pour revitaliser les métiers de ce secteur d'activité, il serait donc nécessaire pour nos deux villes d'attirer des entreprises dynamiques, bien placées dans le domaine de la haute technologie, dans le cadre, par exemple, de parcs technologiques. La création, décidée depuis 1988, d'un technopôle (ESTER[23]) à Limoges est sûrement une tentative intéressante pour corriger cette faiblesse. Toutefois, sera-t-il facile d'attirer des entreprises utilisatrices de ce type de tertiaire alors que l'on a peu à leur offrir ? Le problème se pose en termes encore plus accrus à Clermont-Ferrand qui n'a pas de parc technologique mais dispose d'une simple zone d'activités tertiaires à La Pardieu.

3 - Le tertiaire public : le tiers des métiers présents dans les deux métropoles (voir tableau n°19)

Après les métiers de la production, ce sont les métiers qui sont proportionnellement les mieux représentés. Quoi de plus normal pour deux métropoles régionales ayant toutes les deux profité de la régionalisation ? Toutefois, Limoges dépasse ici Clermont-Ferrand, en valeur relative, avec 30 % d'emplois contre 27,6 % (voir tableau n°19). Les raisons en sont d'abord la plus grande faiblesse des autres activités tertiaires. Ensuite, l'existence d'un volant incompressible d'emplois nécessaires pour assurer la prérogative régionale, pesant d'un poids d'autant plus important que la métropole est de taille démographique modeste. Cependant, il est clair que dans l'absolu Clermont-Riom dispose d'un nombre d'actifs dans le tertiaire public nettement supérieur à celui de Limoges.

Tab. 19 - Répartition des différentes catégories socioprofessionnelles du tertiaire public

	Clermont-Riom		Limoges	
	Nombre absolu d'actifs	Part relative (%)	Nombre absolu d'actifs	Part relative (%)
TERTIAIRE PUBLIC				
Cadres	7 084	6,1	4 628	6,0
Professions intermédiaires	11 808	10,1	8 356	10,8
Employés	13 192	11,3	10 152	13,1
Total	32 084	27,6	23 136	30,0

Source : d'après RGP 1990

Dans les deux villes, les employés de la fonction publique occupent la première place, mais celle des cadres reste faible comparée à des villes comme Montpellier, Rennes ou Toulouse. Ceci démontre que nos deux métropoles ont surtout attiré des administrations courantes, à leur niveau régional, mais elles ne rayonnent guère au-delà. En tout cas, il y a là une base absolument indispensable à ces deux villes pour le maintien même des autres activités, et pour l'assise de ce qui peut faire leur rayonnement régional. Une telle base doit être sauvegardée à tout prix. L'idéal serait, bien sûr, de la développer vers l'extra-régional, à la manière de Rennes ou Montpellier. On pourrait ainsi penser à l'accueil de départements ministériels ou d'administrations nationales. Le problème est politique et relève du lobbying et de l'image de marque offerte par les deux métropoles[24], nous y reviendrons en troisième partie.

Dans le cadre de notre échantillon, une fois encore, le nombre d'actifs du tertiaire public est largement fonction de la taille démographique des agglomérations étudiées. Clermont-Riom et Limoges occupent alors une place conforme au rang hiérarchique lié au nombre de leurs habitants. Nous pouvons toutefois noter que l'écart entre les actifs du tertiaire public à Clermont-Riom et ceux de Limoges est plus réduit que celui issu de la population. Ceci tend à montrer que la capitale du Limousin est proportionnellement mieux équipée, dans ce domaine, que Clermont-Riom confirmant son appellation de ville tertiaire à dominante publique (F. Dalmette, 1996).

4 - Services privés et commerces : Clermont-Riom renforce ses avantages par rapport à Limoges (voir tableaux n°20 et n°21)

a - Les services privés : la bonne tenue de Clermont-Riom et la place médiocre de Limoges

La part des actifs, dans ce domaine, est sensiblement supérieure à Clermont-Riom par rapport à la plupart des autres métropoles. Elle rejoint des villes comme Montpellier et Rennes. Clermont-Riom est donc une ville de services privés, image à valoriser encore sûrement, et dispose d'un potentiel qu'il conviendrait d'étoffer. Ceci est un élément important pour exercer une influence sur un vaste espace et notamment au-delà de sa région administrative (on pense particulièrement au Massif central). Clermont-Riom peut ainsi bénéficier d'une aire de commandement « dynamique » liée aux atouts de ses services et pas seulement une influence « statique » calquée sur l'attraction obligée des services publics (administratifs) du cadre régional. Dans l'absolu, Clermont a deux fois plus d'actifs que Limoges et se classe très honnêtement en France centrale, faisant mieux que Montpellier et Rennes, et jeu égal avec Tours

Tab. 20 - Répartition des différentes catégories socioprofessionnelles des services privés

	Clermont-Riom		Limoges	
	Nombre absolu d'actifs	Part relative (%)	Nombre absolu d'actifs	Part Relative (%)
Professions libérales	1 736	1.5	908	1.2
Personnel de service	6 560	5.6	3 568	4.6
Total	8 296	7.1	4 476	5.8

Source : d'après RGP 1990.

Limoges présente dans ce domaine un handicap certain, avec une importance relative des services privés faible. La ville se situe au dernier rang des métropoles régionales de notre échantillon, au même niveau, en part relative, qu'Orléans qui subit la concurrence « impitoyable » des services parisiens. La situation de Limoges, seule grande agglomération entre la Loire moyenne et Toulouse et entre l'Océan et le Massif central, n'a pas joué en faveur d'un développement particulier des services privés. La taille démographique, somme toute modeste, de l'agglomération (à peine plus de 200 000 habitants), une aire d'influence marquée par une pauvreté relative, des densités faibles et le déclin passé de sa population sont sûrement des facteurs d'explication essentiels. De plus, la métropole du Limousin est restée très longtemps à l'écart des principaux moyens de transport moderne (pas de grand aéroport, pas de TGV et pas d'autoroute jusqu'à une date très récente), ce qui ne permettait pas de valoriser sa situation relative de carrefour entre l'Océan et le Massif central, entre l'Aquitaine et le Bassin parisien Limoges reste donc avant tout, du point de vue tertiaire, une ville de services publics et son influence régionale est alors trop calquée sur les espaces de commandement de ses différentes administrations ; ce qui réduit son influence théorique au seul Limousin. A cette faiblesse relative des métiers des services privés, s'ajoute celle des chiffres absolus, puisque, non seulement, elle présente dans ce domaine près de deux fois moins de métiers que Clermont, mais, de plus, elle occupe très nettement la dernière place de notre échantillon.

En ce qui concerne le commerce, Limoges et Clermont-Riom présentent les mêmes potentialités et se situent correctement au niveau de la plupart des métropoles régionales françaises, du moins en part relative. En ce qui concerne les chiffres absolus, Clermont-Riom occupe une place intéressante, dans la mesure où seules Toulouse, Lyon (bien plus peuplées) et Tours ont un nombre d'actifs supérieur dans ce domaine. L'écart entre les actifs du commerce de Limoges et Clermont-Riom est identique à celui de leur nombre d'habitants. Ainsi, Limoges occupe donc une place honorable dans ce domaine, en rapport avec le nombre de ses habitants. La bonne tenue de nos deux métropoles, à l'échelle nationale, est confirmée par la comparaison avec Lyon. En effet, l'écart du nombre d'actifs du commerce est, entre les deux métropoles du nord du Massif central et Lyon, proche de celui observé pour les chiffres de population (voir tableau n°17).

Tab. 21 - Répartition des différentes catégories socioprofessionnelles du commerce

	Clermont-Riom		Limoges	
	Nombre absolu d'actifs	Part relative (%)	Nombre absolu d'actifs	Part relative (%)
Commerçants	2 928	2,5	1 892	2,4
Employés	5 448	4,7	3 676	4,7
Total	8 376	7,2	5 568	7,1

Source : d'après RGP 1990

En conclusion, sur l'équilibre des secteurs économiques dans les métropoles, nous pouvons mettre en avant plusieurs idées clefs. Tout d'abord, nos deux métropoles (Clermont-Riom et Limoges) présentent, globalement, un profil fort proche et n'ont pas de véritable carence au regard de leur nombre d'habitants. En effet, pour la plupart des métiers, les écarts enregistrés avec les autres agglomérations de l'échantillon, entre le nombre d'actifs et ceux liés au nombre d'habitants, sont fort proches (voir tableau n°17). Toutefois, ils sont quand même, la plupart du temps, légèrement plus élevés pour les actifs, ce qui traduirait bien une relative faiblesse. Il n'y a que Rennes qui fait moins bien que nos deux métropoles, et ce dans tous les domaines étudiés ici. Clermont-Riom fait également mieux que Montpellier, dans tous les métiers. Si nous raisonnons en termes de points forts et de points faibles, en considérant qu'il y a force quand l'écart enregistré pour les actifs est plus faible que celui lié à la population, et inversement, qu'il y a faiblesse quand l'écart est plus accentué, nous pouvons en conclure les situations suivantes. Il ne fait aucun doute que la force de Clermont, comparativement à l'échantillon urbain étudié, se trouve dans les services privés, comme nous l'avons déjà indiqué. Dans ce domaine, seules Tours et Toulouse font mieux (voir tableau n°17). Le point faible est, sans conteste, celui du tertiaire d'entreprise, dans la mesure où c'est dans ce domaine que l'écart entre le nombre d'actifs s'accroît le plus par rapport à celui de la population. En ce qui concerne Limoges, sa force réside dans le tertiaire public où elle fait mieux, ou aussi bien (en fonction de son importance démographique bien sûr) que toutes les villes de notre échantillon urbain. Comme pour Clermont-Riom, c'est nettement le tertiaire d'entreprise qui représente la faiblesse la plus évidente.

Nous avons donc, ici, des métropoles qui, bien que présentant quelques faiblesses dans certains domaines d'activités (en fait, surtout le tertiaire d'entreprise), ont, finalement, un équilibre de leur structure d'activités proche des autres métropoles régionales françaises. Il n'y a donc pas de marginalisation de notre espace d'étude, même s'il apparaît clairement qu'il est nécessaire de faire progresser certains secteurs d'activités. Nous ne pouvons pas conclure sur l'existence d'une faiblesse globale des métiers, notamment tertiaires, des métropoles du nord du Massif central, qui font, en réalité, bonne figure à l'échelle nationale. En est-il de même pour les villes de trente mille à cent mille habitants, que nous pouvons qualifier de moyennes ? Représentent-elles du point de vue fonctionnel le maillon faible de notre trame urbaine ? Ou bien, une nouvelle fois, avons-nous des villes parfaitement intégrées à l'espace urbain national, présentant un équilibre des secteurs économiques proche des autres villes de poids démographique comparable appartenant à d'autres espaces géographiques ?

B - Les villes de trente mille à cent mille habitants : des situations contrastées

En ce qui concerne les villes de cette importance démographique, nous observons fréquemment une opposition nette dans l'équilibre des différents métiers de la production et du tertiaire, en fonction de deux éléments : la présence ou non de la fonction préfectorale, l'importance démographique avec un seuil qui semble se situer autour de cinquante mille habitants.

1 - La place variable des métiers de la production (voir tableau n°22)

Pour toutes les agglomérations « moyennes », les catégories socioprofessionnelles appartenant aux métiers de la production sont, en part relative et en nombre absolu, les plus nombreuses. Nous pouvons toutefois observer de fortes différences (jusqu'à 10 points !). Ainsi, peut-on classer nos villes moyennes en deux groupes.

a - Des villes « ouvrières » ?

Il y a, tout d'abord, les agglomérations « moyennes » où les métiers de la production représentent près ou plus de 40 % de la population employée, c'est-à-dire que l'on se trouve au-dessus de la moyenne nationale (celle-ci se situe à environ 30 %). Il s'agit, par ordre d'importance, de Montluçon (43,6 %), Brive-la-Gaillarde (40,8 %) et Nevers (40,4 %). A ce niveau démographique, seules des unités urbaines comme Roanne, Châteauroux, Laval et Colmar font aussi bien, ce qui remet bien des choses en place, puisque les deux dernières agglomérations citées ont une solide image de villes très tertiaires. Dans ce type d'agglomération, la population ouvrière occupe encore la première place par rapport aux autres catégories socioprofessionnelles formant les métiers de la production, mais également par rapport à la totalité des métiers (plus d'une personne sur trois !). Nous pouvons presque parler, en termes très relatifs, de « villes ouvrières », même si le tertiaire l'emporte ici très largement. Mais ne l'oublions pas, il y a également de nombreux ouvriers dans ce secteur d'activité. Ceci est d'ailleurs confirmé par l'analyse des chiffres absolus. On constate, en effet, que ces villes ont un nombre d'actifs, dans les métiers de la production, supérieur aux autres villes de notre échantillon comparatif. En effet, seules Bourges et Colmar ont un nombre d'actifs supérieur dans ce domaine, mais ceci correspond, en fait, seulement à la différence d'importance démographique

Dans les trois cas, les ouvriers qualifiés occupent une place plus importante que les ouvriers spécialisés, mais c'est à Nevers et Brive-la-

Activités	Brive		Montluçon		Nevers		Vichy		Aurillac		Moulins		Le Puy	
	Val. absolue	%	Val. absolue	%	Val. absolue	%	Val. absolue	%	Val. absolue	%	Val. absolue	%	Val. absolue	%
Production														
Artisans	1 192	4,3	848	3,2	780	3	972	3,9	432	3,1	280	2,7	272	3
Techniciens	784	2,8	940	3,6	628	2,4	576	2,3	300	2,1	216	2,1	192	2,1
Contremaîtres	640	2,3	592	2,2	596	2,3	580	2,3	180	1,3	128	1,2	80	0,9
Ouvriers Qualifiés	5 224	18,8	5 096	19,3	4 994	19,2	4 196	16,7	2 004	14,3	1 576	15,3	1 368	15
Ouvriers Spécialisés	3 737	13,4	4 157	15,7	3 553	13,7	3 460	13,8	1 857	13,2	1 308	12,7	1 165	12,78
Total	*11 577*	*41,6*	*11 633*	*44*	*10 551*	*40,6*	*9 784*	*39*	*4 773*	*34*	*3 508*	*34*	*3 077*	*33,8*
Tertiaire d'entreprise														
Chefs	248	0,9	136	0,5	128	0,5	184	0,7	84	0,6	52	0,5	76	0,8
Cadres	1 064	3,8	776	2,9	948	3,7	968	3,9	384	2,7	344	3,3	216	2,4
Professions intermédiaires	1 604	5,7	1 140	4,3	1 304	5	1 384	5,5	644	4,6	424	4,1	404	4,4
Employés	2 692	9,6	2 604	9,9	2 404	9,2	2 268	9	1 472	10,5	1 060	10,3	872	9,6
Total	*5 608*	*20*	*4 656*	*17,6*	*4 784*	*18,4*	*4 804*	*19,1*	*2 584*	*18,4*	*1 880*	*18,2*	*1 568*	*17,2*
Tertiaire public														
Cadres	1 028	3,7	872	3,3	1 020	3,9	932	3,7	624	4,5	432	4,2	508	5,6
Professions intermédiaires	2 292	8,2	2 200	8,3	2 480	9,6	1 884	7,5	1 484	10,6	1 180	11,4	1 172	12,8
Employés	2 656	9,5	2 740	10,4	3 268	12,6	2 384	9,5	2 040	14,5	1 492	14,5	1 212	13,3
Total	*5 976*	*21,4*	*5 812*	*22*	*6 768*	*26,1*	*5 200*	*20,75*	*4 148*	*29,6*	*3 104*	*30,1*	*2 892*	*31,7*
Services privés														
Professions libérales	420	1,5	292	1,1	396	1,5	424	1,7	236	1,7	192	1,9	184	2
Personnel de service	1 744	6,3	1 472	5,6	1 412	5,4	1 940	7,7	876	6,2	696	6,7	524	5,8
Total	*2 164*	*7,8*	*1 764*	*6,7*	*1 808*	*6,9*	*2 364*	*9,4*	*1 112*	*7,9*	*888*	*8,6*	*708*	*7,8*
Commerce														
Commerçants	1 008	3,6	956	3,6	824	3,2	1 368	5,5	640	4,6	300	2,9	444	4,9
Employés	1 548	5,6	1 592	6,1	1 232	4,8	1 568	6,3	764	5,5	632	6,2	412	4,6
Total	*2 256*	*9,2*	*2 548*	*9,7*	*2 056*	*8*	*2 936*	*11,8*	*1 404*	*10,1*	*932*	*9,1*	*856*	*9,5*
Total général	**27 581**	**100**	**26 413**	**100**	**25 967**	**100**	**25 088**	**100**	**14 021**	**100**	**10 312**	**100**	**9 101**	**100**

Source : RGP 1990

Tab. 22 - Répartition des CSP des villes « moyennes » dans les différents domaines d'activités

Gaillarde que l'écart est le plus important au bénéfice des premiers cités. Ceci traduit l'existence, à Nevers, d'une vieille industrie (métallurgie, textile) relayée par des entreprises de plus haute technologie (électrique et électronique) dans lesquelles la formation des ouvriers occupe une place essentielle (J.B. Charrier, 1981). Pour Brive, c'est plutôt le résultat d'un développement industriel plus récent (M. Genty, 1980), mais également basé sur des industries modernes employant, plutôt, une main-d'œuvre qualifiée. Une situation moins favorable se retrouve à Montluçon, même si cette lacune est en partie compensée par une part de techniciens plus importante (supérieure à celle de Limoges !). En valeur absolue, Montluçon compte le plus de techniciens (à l'exception de Bourges). Le rôle de Dunlop (industrie du caoutchouc), de Landis et Gyr (fabrication d'instruments de précision) et de la SAGEM (fabrication d'instrument de navigation aéronautique, militaire et civil) est sans aucun doute essentiel.

Vichy peut être parfaitement intégrée à ce groupe puisque les métiers de la production représentent 38,5 % de la population employée et que la population ouvrière occupe plus d'un emploi sur trois, démontrant la place non négligeable du secteur industriel. Ceci peut paraître, a priori, surprenant pour les habitants d'une ville d'eau fière de son passé (C. Jamot, 1988). Mais, la réalité fonctionnelle de la ville n'échappe pas à l'œil du chercheur. La population est donc bien nettement plus ouvrière à Vichy qu'à Moulins, Le Puy ou Aurillac ! En fait, nous avons ici un cas de figure assez classique dans les villes thermales françaises ayant connu une industrialisation (C. Jamot, 1988).

Si nous comparons Montluçon, Nevers et Brive aux autres villes de notre échantillon urbain, nous constatons d'abord, qu'en part relative, les métiers de la production occupent une place essentielle. En effet, seule Colmar a un pourcentage d'actifs, dans ce domaine, supérieur à celui de Brive et Nevers. Par contre, Montluçon garde nettement la première place. En ce qui concerne les chiffres absolus, ils confirment l'importance de ce secteur d'activités, puisque nos trois villes occupent une très bonne place, en faisant mieux que la plupart des agglomérations de notre échantillon, à l'exception, déjà signalée ultérieurement, de Bourges et Colmar. Nous avons donc ici trois villes particulièrement bien positionnées à l'échelle de la France urbaine, dans ce domaine et en fonction de leur taille démographique.

<u>b - Les villes préfectures</u>

Un autre groupe d'unités urbaines peut être distingué. Les agglomérations moyennes, préfectures, où les métiers de la production occupent une place plus modeste, (un peu plus de 33 %). Il s'agit d'Aurillac (33,4 %), du Puy (33,6 %) et de Moulins (33,7 %). Cette place est souvent nettement plus modeste que dans les unités urbaines, de même niveau démographique, de notre échantillon comparatif. Seules Gap, Rodez, Agen font moins bien. Malgré tout, cela montre que l'on peut très bien n'avoir aucune industrie (Gap) et avoir des ouvriers ! Dans les trois agglomérations du nord du Massif central, la part de la population ouvrière (environ 27 %) est plus faible que celle des métiers du tertiaire public réunis (environ 30 %). Ce sont donc des agglomérations plus équilibrées que les précédentes, non préfectures.

En chiffres absolus, il est nécessaire d'isoler le cas du Puy et de Moulins qui ont le nombre d'actifs, dans les métiers de la production, le plus faible de notre échantillon. Etant donné que l'écart du nombre d'actifs dans ce domaine avec Aurillac est supérieur à celui lié aux chiffres de population, il y a bien une faiblesse de ces deux préfectures. Ceci est confirmé par des chiffres absolus beaucoup plus faibles que dans les agglomérations de poids démographique comparable comme Gap ou Rodez. Par contre, Aurillac dispose d'atouts par rapport aux préfectures de la Haute-Loire et de l'Allier. En effet, elle a le nombre d'actifs, dans les métiers de la production, qui est le meilleur des villes de notre échantillon, de poids démographique proche, et elle fait même mieux qu'Agen qui regroupe plus de quatre-vingt mille habitants. Donc, Aurillac paraît une ville équilibrée (si on peut comparer), car la faiblesse relative du pourcentage ne signifie pas l'absence ou la faiblesse d'actifs dans les métiers de la production.

2 - Le tertiaire public : un nombre d'actifs important dans les agglomérations « moyennes » (voir tableau n°22)

La place, essentielle, des catégories socioprofessionnelles appartenant au tertiaire public se vérifie pour toutes les agglomérations « moyennes » de l'espace nord du Massif central, mais également pour toutes les autres villes « moyennes » extérieures, à l'exception notable de Valence. Très important dans les quatre préfectures (Nevers, Le Puy, Moulins, Aurillac) avec des pourcentages situés entre 25 et 31 %, le tertiaire public est proportionnellement beaucoup plus modeste à Brive, Montluçon et Vichy qui ne sont que sous-préfectures (inférieur à 22 %), mais non négligeable puisqu'avec un emploi sur cinq ou même sur quatre (Nevers) on est finalement proche de la part occupée par la population « ouvrière ».

L'importance du tertiaire public dans les quatre chefs-lieux de département est sûrement un atout non négligeable pour le maintien des autres activités. Toutefois, nous aurons ici un problème de niveau et de définition du tertiaire public. En effet, en chiffres absolus, les trois sous-préfectures que sont Brive, Montluçon et Vichy ont un nombre d'actifs dans le tertiaire public plus important qu'à Moulins, au Puy ou à Aurillac qui appartiennent à un niveau démographique inférieur. Nevers, qui cumule la fonction administrative préfectorale et un chiffre de population aussi élevé que Brive, Montluçon et Vichy, dispose ainsi, en valeur absolue, du plus grand nombre d'actifs du tertiaire public. L'échelle est donc largement inversée.

Au niveau de notre échantillon comparatif, nous constatons que, en part relative, les préfectures du nord du Massif central font aussi bien, voire mieux, que la plupart des autres villes, à l'exception de Valence, Châteauroux et Roanne. En valeur absolue, Nevers est dépassée uniquement par Bourges et Colmar. Aurillac se situe à un niveau conforme aux autres villes de poids démographique équivalent. Par contre Moulins et Le Puy, ont, une nouvelle fois, le nombre d'actifs le plus faible. Elles sont, par exemple, largement dépassées par une préfecture de région montagnarde, encore bien enclavée, et représentant la ville la moins peuplée de notre échantillon : Gap.

En ce qui concerne Brive, Montluçon et Vichy, à l'inverse des quatre préfectures précédemment étudiées, les actifs du tertiaire public y sont, en part relative, parmi les moins bien représentés de notre échantillon puisque seule Roanne a un pourcentage plus faible. Par contre, en valeur absolue, elles se situent dans le peloton de tête avec des chiffres proches de Châteauroux, Laval et Tarbes. Ces unités urbaines, souvent les plus importantes démographiquement et économiquement de leur département, concurrencent ainsi les villes préfectures, dans la mesure où elles concentrent des activités du tertiaire public, de niveau important, comme les hôpitaux, les lycées ou même des antennes universitaires (IUT). Il y a, par exemple, près de deux fois plus d'actifs dans le tertiaire public à Montluçon (sous-préfecture) qu'à Moulins (préfecture). Il sera donc intéressant de voir, ultérieurement, leur positionnement hiérarchique et dans l'espace. Celui-ci pouvant remettre en cause la notion même d'espace départemental, héritage de la Révolution française et monocentré !

3 - Le tertiaire d'entreprise : une homogénéité de façade ? (voir tableau n°22)

En matière de tertiaire d'entreprise, les agglomérations « moyennes » se situent entre 18 et 19 %. Ainsi, se trouvent-elles, pour ce domaine, plus mal loties que la plupart des autres villes de même niveau démographique appartenant aux autres régions de la diagonale centrale. Seules Tarbes, Colmar et Roanne font moins bien. Ce qui confirme le fait que ces dernières sont des agglomérations « industrialisées » avec un tertiaire d'entreprise faiblement représenté ! La moyenne nationale étant de 21 %, nous pouvons considérer qu'il y a ici une faiblesse apparente des agglomérations « moyennes » du nord du Massif central. Ceci témoigne de la présence d'entreprises secondaires (ou tertiaires) à structure traditionnelle, peu utilisatrices de services (commerciaux, marketing…), et vraisemblablement de petite taille (PMI-PME).

Toutefois, cette première observation doit être tempérée par l'analyse des valeurs absolues. Ainsi, nous pouvons faire remarquer qu'il existe une réelle faiblesse concernant Le Puy et Moulins (qui cumulent ainsi la chose avec une faiblesse relative du tertiaire d'entreprise). Il y a donc pour ces deux préfectures un véritable handicap par rapport aux villes extérieures de poids démographique comparable. Remarquons qu'il n'est pas surprenant que des préfectures, sous-industrialisées, n'aient pas un tertiaire d'entreprise important. Par contre, Montluçon, Nevers, Vichy ne présentent guère de faiblesse en valeur absolue, puisque leurs chiffres sont du même ordre de grandeur que ceux des agglomérations équivalentes en nombre d'habitants. Elles font nettement mieux que Tarbes, Roanne, Epinal et Agen, voire Colmar pour Brive. En fait, seules Bourges, Valence et Châteauroux ont plus d'actifs dans le tertiaire d'entreprise.

4 - Les services privés et le commerce : un rôle essentiel (voir tableau n°22)

a - Les services privés : les villes « moyennes » du nord du Massif central sont bien placées

Dans ce domaine, les agglomérations moyennes du nord du Massif central font plutôt mieux que la plupart de leurs homologues extérieurs, en part relative du moins. Ceci confirme le rôle essentiel que ces agglomérations jouent dans l'organisation de leur région, qui est ainsi correctement équipée et desservie, en relais des métropoles régionales. Vichy est l'agglomération la mieux pourvue de toutes. Ceci est à mettre en liaison avec sa fonction touristique et celle de centre de services à vocation régionale. Moulins n'apparaît, en part relative, que grâce à son passé de centre de commandement du milieu environnant et à son rôle de préfecture. Mais, dans l'absolu, elle présente une véritable faiblesse avec un potentiel qui est, en moyenne, de moitié inférieur à celui des autres villes, et qui ne représente que le tiers de celui de Vichy.

b - Le commerce : une place essentielle

La part des activités commerciales est très importante avec, là encore, la domination de Vichy sur la totalité des agglomérations de l'échantillon. En part relative, seules Tarbes et Agen font mieux que Brive, Montluçon, Aurillac, Moulins et Le Puy. Quant à Nevers, elle se situe au niveau de Bourges, Colmar et Valence. En nombre d'actifs employés, Vichy confirme nettement sa première place. Toutefois, Brive, Montluçon et Nevers occupent également une place de premier plan. Nous retrouvons là deux villes, à la réputation « industrielle », qui disposent pourtant d'un véritable atout en matière commerciale. En chiffre absolu, Montluçon occupe la seconde place de notre échantillon urbain (derrière Vichy). Quant à Brive et Nevers, elles ne sont dépassées que par Bourges, Valence et Colmar, auxquelles nous pouvons ajouter Tarbes pour la préfecture nivernaise. Par contre, elles font systématiquement mieux que les agglomérations de même niveau démographique (autour de 80 000 hab.). Il y a, ici, sans aucun doute, des potentialités mal connues, à mettre en valeur. La place de premier plan de Brive-la-Gaillarde est la moins surprenante, dans la mesure où elle joue un rôle traditionnel de centre d'échanges entre le Massif central et les plateaux du Sud-Ouest (Aquitaine).

En ce qui concerne nos trois préfectures, Moulins, Le Puy et Aurillac, si en part relative le commerce occupe une place importante comparativement aux agglomérations de même poids démographique, il n'en est pas de même pour le nombre d'actifs. Elles sont dépassées par Gap, Rodez et Epinal. Il y a donc, encore, pour ce domaine une situation de relative faiblesse.

A l'issue de l'analyse de l'importance de la population active dans les différents métiers de l'activité tertiaire, nous constatons aisément que nous avons deux types d'unités urbaines parmi les villes « moyennes » (30 000 à 100 000 hab.). En effet, les agglomérations de plus de soixante-dix mille habitants (Brive, Montluçon, Vichy, Nevers) peuvent être considérées comme complètes, équilibrées, véritables modèles réduits des métropoles. Elles occupent le plus souvent une place de premier plan au niveau des villes « moyennes » de notre échantillon, avec une répartition assez homogène entre les différents domaines d'activités définis. Par contre, les trois agglomérations préfectures (Moulins, Le Puy et Aurillac), moins peuplées, sont plus nettement dominées par les catégories socioprofessionnelles appartenant au domaine du tertiaire public, et ce en relation avec leur fonction administrative. Elles occupent souvent les derniers rangs de l'échantillon d'étude, traduisant l'existence de nombreuses faiblesses autant absolues que comparatives.

Ceci pose d'ailleurs un double problème. Tout d'abord, celui du seuil de la ville « moyenne » apte au meilleur rayonnement (50 000 ou 100 000 hab. ?). Ensuite, celui de l'origine de la ville, l'administration n'amenant guère un bon équilibre, comme c'est le cas à Moulins ou Le Puy, mais également dans des villes comme Guéret, Tulle et Mende qui appartiennent d'ailleurs au niveau inférieur d'un point de vue démographique. Pour celui-ci aussi nous allons analyser l'équilibre des structures économiques, et essayer de mettre en valeur les spécificités des villes du nord du Massif central en les comparant à un échantillon, certes réduit, mais qui présente les deux cas de figure possibles : une ville préfecture (Mende), et deux villes sans fonction préfectorale (Annonay et Aubenas).

C - Les agglomérations de dix mille à trente mille habitants : une typologie plus marquée

L'analyse du tableau n° 23, sur la répartition des CSP en pourcentage, nous servira de base pour la mise en place d'une typologie. Nous avons choisi de procéder ainsi, dans la mesure où, à ce niveau démographique, les chiffres fournis par l'INSEE, et résultant d'un dépouillement au quart, sont moins fiables, et donc les pourcentages calculés aussi, que pour les autres niveaux où le nombre d'actifs est beaucoup plus important. Un commentaire détaillé de l'importance de chaque type de métiers présente donc un intérêt plus limité, et les risques d'erreur d'interprétation sont plus grands. Ainsi, il est plus judicieux, semble-t-il, de raisonner par tendances, en fonction des équilibres entre les différents métiers que l'on a choisis. Nous pouvons, ainsi, distinguer trois types de villes définis par la part occupée par chaque CSP dans le total des métiers.

1 - Les petites agglomérations « ouvrières » (voir tableau n°23)

Nous pouvons, effectivement, dans un premier temps, isoler des petites agglomérations, que l'on peut qualifier d'« ouvrières » dans la mesure où cette CSP est fortement représentée, en part relative. Nous trouvons dans ce cas Saint-Junien, Thiers avec plus de 40 % d'ouvriers, Issoire, Cosne-Cours-sur-Loire et Ussel avec plus de 30 %. On remarquera, pour Ussel, Saint-Junien et Thiers, la faiblesse relative du tertiaire d'entreprise, liée à la présence de PME traditionnelles (comme le montre le nombre relativement important de chefs d'entreprises à Thiers) souvent très proches de l'artisanat, et donc très peu utilisatrices de service. Issoire qui dispose d'industries de plus grande taille, en nombre plus réduit (voir le % des chefs d'entreprises), mais de rayonnement national ou international, a développé, par contre, un minimum de tertiaire d'industrie (qui entre dans la définition du tertiaire d'entreprise). Elle a notamment un plus grand nombre d'employés de maintenance, par exemple (voir tableau n°23).

2 - Les petites agglomérations de « services publics »

Dans un second temps, nous pouvons distinguer les agglomérations marquées par les services publics. C'est le cas des deux préfectures que sont Tulle et Guéret, où le tertiaire public représente, à lui seul, entre 35 et 38 % des activités. Elles dominent ainsi nettement les autres agglomérations de même niveau démographique du nord du Massif central (10 000 à 30 000 hab.). La présence d'administrations liées à la fonction de préfecture dans des agglomérations, somme toute, de taille modeste (elles sont parmi les plus petites préfectures de France avec Foix, Mende ou Cahors par exemple) explique cette prépondérance.

La faiblesse industrielle intrinsèque de ces deux agglomérations justifie en partie la représentation limitée de la population ouvrière, d'autant plus qu'une grande partie d'entre elle appartient en fait au

Tab. 23 - Répartition des CSP des « petites » agglomérations (de 10 000 à 30 000 hab.) dans les différents domaines d'activité

Activités	Tulle Val. absolue	Tulle %	Guéret Val. absolue	Guéret %	Thiers Val. absolue	Thiers %	Issoire Val. absolue	Issoire %	Cosne Val. absolue	Cosne %	Ussel Val. absolue	Ussel %	St-Junien Val. absolue	St-Junien %	Annonay Val. absolue	Annonay %	Mende Val. absolue	Mende %	Aubenas Val. absolue	Aubenas %
Production																				
Artisans	280	3,1	204	2,9	264	4,1	196	3,3	220	4,2	152	3	232	5,2	256	3,3	184	3,6	144	3,4
Techniciens	264	2,9	148	2,1	112	1,7	160	2,7	140	2,7	88	1,7	44	1	168	2,1	124	2,4	108	2,5
Contremaîtres	164	1,8	108	1,5	148	2,3	116	2	148	2,8	128	2,5	108	2,4	200	2,6	48	0,9	64	1,5
Ouvriers Qualifiés	1 384	15,3	1 068	15,1	1 300	20,1	1 124	19	1 032	19,6	1 036	20,4	1 016	22,5	1 764	22,6	540	10,6	724	17
Ouvriers Spécialisés	969	10,7	600	8,5	1 456	22,5	888	15	728	13,8	692	13,6	972	21,6	1 704	21,8	424	8,3	544	12,8
Total	*3 061*	*33,8*	*2 128*	*30,1*	*3 280*	*50,7*	*2 484*	*42*	*2 268*	*43,1*	*2 096*	*41,2*	*2 372*	*52,7*	*4 092*	*52,4*	*1 320*	*25,9*	*1 584*	*37,3*
Tertiaire d'entreprise																				
Chefs	36	0,4	20	0,3	68	1,1	56	0,9	28	0,5	36	0,8	20	0,4	36	0,5	20	0,4	32	0,7
Cadres	216	2,4	176	2,5	168	2,6	152	2,6	180	3,4	60	1,2	88	2	188	2,4	164	3,2	132	3,1
Professions intermédiaires	388	4,2	296	4,2	240	3,7	272	4,6	256	4,9	184	3,6	148	3,3	280	3,6	232	4,6	164	3,9
Employés	900	9,9	712	10,1	528	8,2	604	10,2	520	9,9	368	7,2	324	7,2	664	8,5	472	9,3	452	10,6
Total	*1 540*	*17*	*1 204*	*17,1*	*1 004*	*15,6*	*1 084*	*18,3*	*984*	*18,7*	*648*	*13,8*	*580*	*12,9*	*1 168*	*15*	*888*	*17,5*	*780*	*18,4*
Tertiaire public																				
Cadres	532	5,9	444	6,3	192	3	228	3,8	156	3	228	4,5	116	2,6	252	3,2	456	9	236	5,6
Professions intermédiaires	980	10,8	896	12,7	452	7	588	9,9	388	7,4	580	11,4	268	6	624	8	788	15,5	472	11,1
Employés	1 632	18	1 352	19,1	636	9,8	596	10,1	580	11	724	14,2	480	10,6	756	9,7	948	18,6	492	11,6
Total	*3 144*	*34,7*	*2 692*	*38,1*	*1 280*	*19,8*	*1 412*	*23,8*	*1 124*	*21,4*	*1 532*	*30,1*	*864*	*19,2*	*1 632*	*20,9*	*2 192*	*43,1*	*1 200*	*28,3*
Services privés																				
Professions libérales	148	1,7	100	1,4	48	0,7	92	1,6	64	1,2	68	1,4	24	0,56	68	0,8	84	1,6	108	2,5
Personnel de service	488	5,4	448	6,3	340	5,2	300	5,1	296	5,6	280	5,5	208	4,6	408	5,2	236	4,6	256	6
Total	*636*	*7,1*	*548*	*7,7*	*388*	*5,9*	*392*	*6,7*	*360*	*6,8*	*348*	*6,9*	*232*	*5,2*	*476*	*6*	*320*	*6,2*	*364*	*8,5*
Commerce																				
Commerçants	316	3,5	140	2	236	3,7	300	5	220	4,1	228	4,5	252	5,6	196	2,5	232	4,6	212	4,9
Employés	352	3,9	360	5	276	4,3	252	4,2	308	5,9	228	4,5	200	4,4	252	3,2	140	2,7	112	2,6
Total	*668*	*7,4*	*500*	*7*	*512*	*8*	*552*	*9,2*	*528*	*10*	*456*	*9*	*452*	*10*	*448*	*5,7*	*372*	*7,3*	*324*	*7,5*
Total général	**9 049**	**100**	**7 072**	**100**	**6 464**	**100**	**5 924**	**100**	**5 264**	**100**	**5 080**	**100**	**4 500**	**100**	**7 816**	**100**	**5 092**	**100**	**4 252**	**100**

Source : RGP 1990

secteur tertiaire (hôpitaux, écoles, communes…). Ce qui est d'ailleurs valable partout, et ces actifs là appartiennent bien au monde ouvrier. Et c'est l'indigence du secteur secondaire qui explique que Guéret soit encore moins ouvrière que Tulle. Cette dernière compte une grande industrie, avec GIAT, manufacture d'armement, qui représente de plus un support pour l'administration (sans oublier une tradition métallurgique). Guéret compte également moins d'ouvriers que la totalité des villes du nord du Massif central, de même poids démographique. C'est probablement cette même industrie qui fait que la préfecture corrézienne dispose d'un plus grand nombre de techniciens par comparaison à Issoire, Thiers, Guéret et Ussel et à des villes extérieures comme Aubenas ou Mende.

A l'opposé, Tulle et Guéret comptent, dans le groupe, le plus grand nombre d'actifs dans le domaine du tertiaire d'entreprise. Dans ces deux agglomérations, il s'agit avant tout de la multiplication de petites entreprises artisanales (maintenance) et tertiaires. Elles ont pu être attirées par la fonction de préfecture qui assure un rayonnement sur l'espace environnant et plus précisément sur le département. Le même phénomène joue pour les services privés dont le nombre est beaucoup plus important à Guéret et Tulle que dans les autres petites agglomérations du nord du Massif central, conformément à un nombre d'habitants plus élevé.

Si ces deux préfectures présentent beaucoup de points communs dans la répartition des catégories socioprofessionnelles selon les différents domaines humains définis, l'agglomération tulliste dépasse celle de Guéret en ce qui concerne les chiffres absolus (voir tableau n°23). Cette dernière rayonne sur un espace encore rural, en perte de vitesse démographique et de faible densité, peu favorable à la création, voire au maintien de commerces et services privés susceptibles d'employer un grand nombre d'actifs. De plus, elle souffre probablement de la proximité, surtout en termes de distance-temps, de la métropole du limousin où se concentre l'essentiel du dynamisme économique et démographique régional. Tulle, pourtant proche de Brive, mais appartenant à une région géographique plus densément peuplée et économiquement plus active entre Brive et Tulle surtout (ailleurs il s'agit du même désert économique et humain que pour Guéret), semble résister davantage.

3 - Les petites agglomérations « commerçantes »

Un troisième type de villes peut être distingué. Il s'agit de celles que l'on peut qualifier de villes « commerçantes ». Dans les agglomérations étudiées (voir tableau n°23), nous pouvons en distinguer au moins quatre : Cosne-Cours-sur-Loire, Ussel, Saint-Junien et Issoire. Bien qu'elles appartiennent également aux petites villes « ouvrières », elles présentent une part des métiers du commerce nettement supérieure aux autres villes, de poids démographique équivalent, due nord du Massif central et de notre échantillon de comparaison (voir tableau n°23). Cette importance du commerce est largement confirmée par les chiffres absolus. A l'exception de Saint-Junien qui dispose d'une solide tradition industrielle (ganterie, mégisserie), les autres correspondent à des villes plus récemment industrialisées (délocalisation stratégique de la Deuxième Guerre mondiale, décentralisation parisienne, « fait du prince »...). Nous retrouvons, en fait, ici, l'héritage d'une fonction traditionnelle de villes-marchés, de contact entre des mondes agricoles différents et complémentaires, situées, de plus, sur des axes de communication importants, à l'échelle du Massif central, facilitant les échanges.

Ainsi, pour les petites agglomérations, de dix mille à trente mille habitants, comme pour les autres niveaux, l'effet de la masse démographique joue-t-il pleinement (apparemment) pour expliquer le développement des activités tertiaires. Ainsi la hiérarchie démographique se retrouve-t-elle, globalement, dans celle que l'on pourrait établir en fonction des métiers du tertiaire pris dans leur ensemble. Notons que ceci ne se retrouve pas, ou moins bien, pour les métiers de la production (qui appartiennent pour l'essentiel au secteur secondaire). En effet, les industries sont moins sensibles au niveau démographique de la ville où elles s'installent, dans la mesure où, désormais, elles ne gèrent plus que des masses limitées de main-d'œuvre, et ce, de plus en plus, avec l'automatisation accrue. C'est bien le tertiaire qui est le gros employeur (les trois quarts de la main-d'œuvre environ). De plus, les activités tertiaires sont dépendantes de deux critères. Tout d'abord, de la population sur place (y compris celle qui travaille dans les industries) qui représente sa première clientèle, mais également celle de la zone d'influence qui constitue un élément vital pour le maintien ou le développement des activités tertiaires. Un environnement dynamique, démographiquement et économiquement, est indispensable au développement du tertiaire, notamment de base, pour ce niveau hiérarchique.

En conclusion, sur cette analyse fonctionnelle des unités urbaines du nord du Massif central, plusieurs idées importantes peuvent être mises en évidence. Tout d'abord, les villes de notre espace d'étude sont parfaitement intégrées à l'espace national urbain. En effet, elles présentent un équilibre de leur structure économique assez classique, fort proche de celui que l'on observe dans d'autres villes appartenant à des espaces géographiques différents. Cette remarque est valable quel que soit le niveau démographique considéré. Si les chiffres absolus sont quelquefois un peu plus faibles que dans d'autres villes « extérieures », ceci est essentiellement lié au fait qu'elles sont en général moins peuplées (la population active y est donc moins nombreuse). Nous avons, ici, la traduction de la spécificité de notre espace d'étude, à savoir la faiblesse des densités humaines, ayant freiné le développement démographique des villes, et donc, en grande partie, leur développement fonctionnel. En fait, si nous ramenons le nombre d'actifs à la masse de population, nous constatons que les villes du nord du Massif central sont, en général, bien placées à l'échelle de notre échantillon de comparaison. Ceci remet bien en cause les idées souvent avancées de retard économique. Il n'y a pas de retard, mais seulement une adaptation à un tissu humain plus faible que dans d'autres régions plus densément peuplées. Faut-il rappeler, ici, que Clermont-Riom, par exemple, fait mieux, dans les métiers étudiés, que Montpellier, à la réputation pourtant nettement plus flatteuse. De même, Brive, Montluçon, Nevers, avec près de quatre-vingt mille habitants, seulement, se hissent très souvent au niveau de Bourges, Valence ou Colmar, par exemple, qui dépassent pourtant les cent mille habitants! Les villes de dix mille à trente mille habitants se situent également très bien par rapport à leurs homologues. Intégrées par les équilibres de leur structure économique, les villes du nord du Massif central le sont également par la gamme très variée, complète, des situations fonctionnelles que l'on peut y trouver. Elles constituent, ainsi, un véritable « résumé » de l'espace national, puisque l'on va de la ville « ouvrière » à la ville « commerçante », en passant par celle des « administrations publiques ».

Ce tableau optimiste de la situation fonctionnelle des villes du nord du Massif central ne doit quand même pas occulter quelques faiblesses, que l'on peut situer à deux niveaux. Le premier est celui de l'existence de villes qui, en fonction de leur poids démographique, peuvent être considérées en situation difficile. Ceci se mesure par le fait qu'elles ont systématiquement moins d'actifs, dans la plupart des métiers étudiés, que leurs homologues, et les écarts, pour ceux-ci, avec les autres villes sont supérieurs à ceux liés aux seuls chiffres de population. Moulins et Le Puy, par exemple, entrent dans ce cas de figure, avec un nombre d'actifs quelquefois même inférieur à celui que l'on trouve dans des villes d'importance démographique bien moindre. Mais, finalement, n'est-ce pas commun à bien des espaces géographiques d'avoir quelques villes « à la traîne ». Le deuxième concerne la faible représentation de l'un des domaines d'activité. Effectivement, quel que soit le niveau démographique étudié, il apparaît très clairement un « retard » dans le domaine du tertiaire d'entreprise qui est donc, quasi systématiquement, sous-représenté. Il y a là, sûrement, le résultat de régions à activités plutôt traditionnelles, peu utilisatrices de services. Il leur manque, probablement, une « locomotive technologique », comme peut l'être la présence d'un grand technopôle, notamment dans la métropole régionale, voire dans plusieurs grandes agglomérations comme pour la région Rhône-Alpes. Il manque, sans aucun doute, à nos deux régions, un Labège-Innopole, une ZIRST-Meylan, un Sophia-Antipolis, un Rennes-Atalante... représentant, non seulement, un pôle technologique, mais également une vitrine plus moderne de la région, susceptible d'attirer des entreprises « high-tech » utilisatrices du tertiaire d'entreprise, favorisant ainsi son développement. Il y a donc des progrès à réaliser, indispensables pour certaines villes ou pour certains secteurs d'activité, mais les villes du nord du Massif central se trouvent, globalement, en bonne place à l'échelle de la France urbaine.

CONCLUSION DU LIVRE PREMIER

A l'issue de cette première partie plusieurs idées clefs apparaissent, remettant bien souvent en cause des poncifs souvent avancés sur la ruralité dominante de notre espace d'étude, encadré par un monde urbain déficient. Or, une analyse rigoureuse de la réalité urbaine, grâce à une redéfinition géographique, indispensable, des villes et agglomérations du nord du Massif central, nous montre que nous sommes bien dans un espace très majoritairement urbain, puisque plus de six habitants sur dix sont des citadins. S'il est vrai que ce chiffre est encore très en deçà de la moyenne nationale (75 %), la ruralité proclamée est quand même assez éloignée. De plus, les espaces les plus bas, ceux des grands couloirs de circulation, voient en réalité plus de 80 % de leur population habiter dans des unités urbaines. Ainsi, le terme de Massif central rural ne s'applique-t-il réellement qu'à la moyenne montagne (monts du Cantal, des Dômes, des Dores, Montagne limousine, plateaux de la Combraille, plateaux creusois...) où la population urbaine est encore inférieure à 50 % de la population totale (30 % dans les monts du Cantal, ou 16 % sur les plateaux de la Combraille, par exemple).

Et si l'évolution démographique régionale est défavorable, cumulant le plus souvent un solde naturel et un solde migratoire négatifs, sur les deux dernières périodes censitaires, les villes et agglomérations apparaissent, sans conteste, comme des « môles » de résistance voire, pour certaines d'entre elles, des « pôles » de dynamisme. Toutefois, ici, une sélection s'est faite en fonction de deux critères. Tout d'abord, la taille démographique, puisque ce sont les plus grandes des agglomérations (plus de 30 000 hab.) qui concentrent l'essentiel du dynamisme : solde migratoire et solde naturel presque toujours positifs. Ensuite, en fonction de la vitalité économique, puisque les régions les plus dynamiques dans ce domaine, comme la région clermontoise ou limougeaude, l'Yssingelais-Sigolénois, ou la région de Thiers, abritent des villes à évolution démographique positive. Ce sont aussi les plus grandes villes qui attirent le plus les urbains en provenance des autres unités, souvent de plus petite taille, internes ou externes à notre espace d'étude. Elles attirent aussi les actifs du tertiaire et les personnes les plus qualifiées. Nous avons donc, ici, la constitution de môle de concentration de la population, correspondant à un phénomène désormais classique en France, à savoir celui d'une métropolisation démographique et économique.

L'analyse quantitative de l'emploi et des différents établissements, en fonction des trois grands secteurs économiques auxquels ils appartiennent, nous a conduit à observer une situation proche du niveau national. En effet, les emplois et les établissements tertiaires dominent très largement la structure des villes et agglomérations du nord du Massif central. Si ce dernier n'est pas « sous-urbanisé », il n'est pas non plus « sous-tertiairisé ». On enregistre même des taux records dans la moyenne montagne correspondant aux traditionnelles villes-marchés (Saint-Flour) ou aux petits centres touristiques (La Bourboule-Le Mont-Dore). Les villes de service ne sont donc pas absentes de notre zone d'étude.

Notre espace d'étude est également parfaitement intégré à l'espace national dans le secteur secondaire. En fait, les villes du nord du Massif central sont plutôt plus industrialisées que la moyenne nationale : 62 % des villes ont un nombre d'actifs employés dans le secondaire supérieur à la moyenne nationale. Le phénomène est particulièrement net pour les villes les plus petites (moins de 30 000 hab.), confirmant que l'appellation de villes « industrielles » ne s'applique plus qu'aux petits organismes urbains. Ici, il s'agit largement du maintien d'une tradition que soulignait P. Estienne, celle des moyennes montagnes françaises en général. Il y a là une donnée essentielle pour la base démographique du réseau urbain (qui reste à définir), pour l'équilibre de ce dernier, avec l'existence d'un socle important de petites villes disposant d'une activité capable de maintenir la population sur place. Les deux tiers des villes de moins de dix mille habitants ont une activité industrielle (plus ou moins dispersée) qui occupe plus du tiers de la population active. C'est donc un élément essentiel de maintien de ce niveau démographique bien qu'il s'agisse d'une activité aujourd'hui très fragile (d'autant plus que l'on a pu voir précédemment que bon nombre des industries présentes dans les petits organismes urbains dépendaient de centres de décision extérieurs).

Enfin, l'étude du potentiel humain des différentes villes et agglomérations du nord du Massif central (grâce à l'observation des différentes CSP du secteur secondaire et tertiaire) montre que celles-ci ne présentent, en fait, aucun véritable retard économique vis-à-vis d'agglomérations extérieures de même poids démographique et appartenant à des espaces géographiques différents (Berry, plaine d'Alsace, Bassin parisien...). Bien au contraire, les agglomérations de plus de soixante mille habitants, à savoir Brive-la-Gaillarde, Montluçon, Nevers et Vichy, disposent d'un nombre d'actifs dans les différents métiers de la production et du tertiaire souvent supérieur aux autres unités urbaines extérieures, de niveau démographique comparable. Limoges et Clermont-Riom surtout parviennent également à se situer dans le peloton de tête des métropoles, de poids démographique comparable, pour bon nombre de secteurs d'activités (métiers de la production, tertiaire public, services privés, commerces).

Malgré tout, il est clair que le problème du maintien des petites villes, non industrialisées, se pose, dans la mesure où la population continue souvent de décroître, dans la ville elle-même, et surtout dans le milieu rural environnant qui représente le réservoir de clientèle, mais également de main-d'œuvre. En fait, le problème est de savoir quelles sont leurs chances de maintien, alors qu'elles représentent la base même du réseau urbain et qu'elles sont indispensables à son équilibre. Le secteur tertiaire qui occupe une très forte majorité de la population active (près ou plus des trois quarts) est forcément en position difficile et son avenir est très problématique. En effet, il ne peut, à lui seul, maintenir la population sur place, bien au contraire, puisqu'il est, en fait, lui-même, fortement dépendant de sa présence en nombre suffisant. Le déclin démographique ne peut conduire, à terme, qu'à un déclin du secteur tertiaire. Alors comment peut-on sauver, ou même renforcer ce niveau de base ? Il ne fait aucun doute que pour certaines petites villes le maintien passe par le tourisme, comme bien sûr à La Bourboule-Le Mont-Dore. D'autres petites villes peuvent jouer, également, cette carte, comme Château-Chinon dont l'activité touristique dépend, en grande partie, de ce que l'on appelle le « fait du prince » : la création du musée de la présidence. C'est également une activité importante pour Murat qui peut profiter du tourisme de passage au pied du col du Lioran. On peut également se demander s'il n'est pas possible de faire venir, dans ces petites villes « tertiaires », l'activité industrielle. On pourrait alors, par exemple, profiter des ressources locales, en développant l'industrie du bois, comme à Ussel (celle-ci a largement profité du « fait du prince »), ou bien sûr l'agro-alimentaire. En fait, le problème du devenir économique de ces petits organismes urbains, sans industrie, se pose avec acuité. Des villes comme Langeac, Felletin, Riom-ès-Montagnes, Cosne-d'Allier, Objat, Bellac ont sûrement un avenir problématique. La première ville citée a longtemps profité d'une petite activité de transport aujourd'hui disparue. Felletin, malgré son école du bâtiment et ses quelques ateliers textiles, ne parvient pas à garder ses habitants, mettant en péril un secteur tertiaire qui emploie 83 % de la population active ! Cosne-d'Allier, Objat, Bellac peuvent, éventuellement, trouver leur salut en devenant les banlieues lointaines des grandes villes proches : respectivement Montluçon, Brive et Limoges. Par contre plus difficile est l'avenir de Riom-ès-Montagnes qui peut, peut-être, également jouer la carte du tourisme dans les monts du Cantal. De toute façon, le risque de voir la base du réseau urbain « s'effilocher » est grand, surtout si elles ne parviennent pas à compenser la baisse de leur population par un espace de commandement suffisamment étendu pour maintenir un volume de clientèle, au moins potentiel, nécessaire à leur survie.

Nous avons donc une région géographique correctement urbanisée (de par la régularité du semis urbain, la densité des villes, les taux d'urbanisation, la proximité même de la ville pour une forte majorité de la population, ...) avec des villes ou agglomérations bien intégrées à l'espace urbain national tant par leur dynamisme démographique que par les caractéristiques qualitatives de leur population active. Mais, l'espace nord du Massif central semble nettement divisé en deux mondes très inégalement concernés par le développement urbain. Effectivement, nous pouvons distinguer : d'un côté un Massif central des zones basses (vallées, plaines, couloirs de circulation...), avec des villes en croissance démographique, et présentant une structure d'activités conforme à celle que l'on rencontre, généralement, dans les autres villes au niveau national ; de l'autre, les zones de moyennes montagnes où l'évolution démographique est moins favorable, avec des villes souvent surtertiairisées et dont l'avenir économique pose problème.

C'est pourquoi, il est indispensable, dans une seconde partie, d'analyser en détail l'organisation urbaine de notre espace d'étude, et ceci en deux temps. Tout d'abord, par l'étude des chiffres de population associée à celle du nombre de commerces et de services dans chaque unité urbaine, nous pourrons définir les niveaux urbains présents sur la bordure nord du Massif central. Il sera, alors, intéressant d'observer la répartition spatiale de ceux-ci pour déterminer, à l'intérieur de notre espace d'étude, quelles sont les zones qui semblent marginalisées, notamment parce que leurs habitants n'ont à proximité que des villes à offre commerciale et de service très limitée. Toutefois, pour prendre la pleine mesure de cette marginalité apparente, il faudra, dans un second temps, nous intéresser à la desserte de l'espace, c'est-à-dire aux zones d'influence. Nous pourrons alors répondre à plusieurs interrogations sur la situation réelle de la population vis-à-vis de l'offre tertiaire urbaine. Comment les villes se partagent-elles le commandement de l'espace nord du Massif central ? Quelle est la part dans celui-ci qui revient aux unités urbaines localisées dans les espaces « bas » et celle qui revient aux villes des espaces de moyennes montagnes internes à notre zone d'étude ? Vers quelles villes les habitants, des régions dépourvues en agglomérations de grande taille, se tournent-ils? Quelle est la part dans le commandement de l'espace qui revient aux agglomérations internes à notre zone d'étude ? A celles appartenant à d'autres régions limitrophes ? Lesquelles ?...

NOTES DU LIVRE I

1 - Vincent Vallès, *Le Point économique de l'Auvergne*, n°47-1996.
2 - Source : enquête de terrain.
3 - Enquête de terrain.
4 - Source : fichier du Rectorat de Clermont-Ferrand.
5 - Taux d'urbanisation : rapport entre le nombre de personnes habitant dans les villes ou agglomérations définies dans la première partie et la population totale de la région géographique étudiée.
6 - Les régions retenues résultent, en fait, de la synthèse des idées, sur les espaces régionaux internes au Massif central, contenues dans les grandes thèses qui l'ont étudié : A. Perpillou (1940), M. Derruau (1949), A. Fel (1962), J.P. Larivière (1974) et P. Bonnaud (1980).
7 - Voir P. Estienne sur les villes du Massif central (P. Estienne, 1963) ; P. Couderc, sur la région de Montluçon-Commentry (P. Couderc, 1971), ou encore J. Delaspre (J. Delaspre, 1956) sur l'apparition de l'industrie dans les régions minières du Massif central...
8 - Pour plus de détail sur les migrations en Limousin, on peut se référer à G. Bouet, Le Massif central (1983).
9 - Conseil Régional du Limousin, *Limousin 2007*, Etude d'une prospective 1991-1993, Edition du Limousin.
10 - P. Busutill, 1990.
11 - A. Fel 1983.
12 - Il est bien entendu que les ouvriers n'appartiennent pas obligatoirement au secteur secondaire, et donc à l'industrie. Il y a notamment bon nombre d'ouvriers dans le tertiaire public (collèges, lycées, hôpitaux...). Toutefois, dans les petites villes, celui-ci est souvent très réduit, soit qu'il est peu présent, soit que la taille des établissements est fort modeste, et donc le nombre d'ouvriers employés très faible. Dans ce cas, ces derniers appartiennent, sans aucun doute, majoritairement au domaine de l'industrie.
13 - Nous n'avons retenu que la fécondité des femmes âgées de 20 à 39 ans qui représentent les classes d'âge où la quasi-totalité des naissances ont lieu. Avant 20 ans et après 39 ans, la natalité est un phénomène quantitativement marginal.
14 - Voir P. Estienne (P. Estienne, 1963 et 1988).
15 - Voir C. Crétin (C. Crétin) 1970.
16 - Pour mieux mettre en évidence la spécificité éventuelle de notre espace d'étude des références à des villes voisines extérieures, de niveau comparable, sont indispensables. Il s'agit de : Agen, Annonay, Aubenas, Bourges, Châteauroux, Colmar, Dijon, Epinal, Gap, Laval, Lyon, Orléans, Mende, Montpellier, Rennes, Roanne, Rodez, Tarbes, Toulouse, Tours, Valence.
17 - Pour l'histoire industrielle de ces deux villes, on peut se référer à l'ouvrage de A. Fel et G. Bouet sur le Massif central (A. Fel, G. Bouet, 1983).
18 - C. Jamot, *Clermont, Métropole régionale*, rapport d'étude pour le SGAR et la DRE (CERAMAC, 1993).
19 - C. Jamot, *Clermont, Métropole régionale*, rapport d'étude pour le SGAR et la DRE (CERAMAC, 1993).
20 - ESTER : Espace Scientifique et Technologique d'Echanges et de Recherches.
21 - C. Jamot, 1993, opus cité.

Livre deuxième

COMMANDEMENT ET ORGANISATION DE L'ESPACE NORD DU MASSIF CENTRAL

La première partie nous a permis d'étudier la ville d'un point de vue essentiellement statique. Il s'agissait, après avoir précisé ses limites géographiques, d'apprécier sa situation démographique et fonctionnelle. Dans cette seconde partie, nous allons aborder la dynamique de la ville. En effet, chaque unité urbaine occupe dans l'organisation spatiale de sa région une place spécifique. Elle joue le plus souvent un rôle d'impulsion, d'animation dans la vie économique et elle commande les relations à l'intérieur d'un espace plus ou moins étendu (du local ou du régional au national, voire à l'international). Toutefois, la place de ces villes est souvent corrélée à une certaine taille démographique, à la quantité et à la qualité de leur offre en équipements tertiaires. En effet, de cette dernière découle un espace de commandement plus ou moins peuplé et étendu.

L'objectif est alors double. Il tournera autour de deux problématiques majeures. La première est qu'il existe, sur tout espace géographique défini, plusieurs niveaux parmi les villes qui l'occupent. Il s'agit d'un fait indiscutable perçu par tout un chacun. Ceci se caractérise, tout d'abord, et le plus simplement, par la différence du nombre d'habitants. En effet, on parlera communément de petites villes pour celles qui ne regroupent que quelques milliers de personnes, et à l'opposé, de grandes villes si on en dénombre plusieurs dizaines de milliers, voire plusieurs centaines. Mais la différence de niveau est également perceptible, par exemple, pour l'équipement commercial. Ainsi, sur un espace donné, il y a des villes qui n'ont qu'un nombre réduit de commerces et qu'un choix limité de produits courants, d'autres qui présentent déjà un bon assortiment de produits courants et moins courants, et d'autres, enfin, qui offrent des produits rares et une grande diversité de choix. Il y a donc bien une hiérarchie des villes, perceptible concrètement par la population elle-même. Toutefois, ce terme de hiérarchie « *n'implique pas nécessairement des relations de subordination d'un niveau à l'autre ; celles-ci existent parfois, dans le domaine administratif ou économique, mais c'est loin d'être toujours le cas ; le plus souvent il y a exercice des mêmes fonctions à divers niveaux* » (D. Noin, 1996). Il s'agira donc, dans un premier temps, d'analyser la place hiérarchique de chacune des unités urbaines du nord du Massif central. Il conviendra, en fait, de savoir si nous sommes en présence d'un espace urbain hiérarchisé et complet (ou au contraire lacunaire), d'en mesurer les carences et les points forts, ceci dans l'éventualité de réaménagements futurs du réseau urbain (troisième partie). Pour cela plusieurs angles d'étude ont été choisis. Tout d'abord, par le croisement de trois critères d'analyse des unités urbaines, à savoir leur importance démographique, la quantité et la qualité de leurs services et commerces, nous aboutirons à la définition des différents niveaux urbains. Nous proposerons, alors, pour chacun d'eux une dénomination. Nous mettrons ainsi en valeur « ... *un ensemble ordonné de classes de villes qui comportent d'autant moins d'unités que l'on se rapproche des classes supérieures. Chaque classe est définie par un niveau de fonctions...* » (D. Pumain et Th. Saint-Julien, 1976). Mais nous ne pourrons encore réellement parler de hiérarchie urbaine, dans la mesure où nous n'aurons étudié que la structure d'équipements tertiaires de ces différents pôles urbains. Or, pour définir la place hiérarchique d'une ville dans son réseau urbain, il est indispensable de connaître son aire de commandement ; c'est-à-dire le pouvoir qu'elle exerce sur son espace environnant, urbain ou rural.

Ainsi, la deuxième problématique forte qui sera au centre de cette deuxième partie est celle des zones d'influence. En effet, chaque ville a une zone d'influence plus ou moins vaste. Ses équipements tertiaires (administratifs, commerces et services surtout) ne sont pas seulement destinés à faire face aux besoins de sa propre population, ils sont également destinés à satisfaire ceux de la population environnante. Selon le niveau de la ville, les équipements sont plus ou moins importants et rares, ils intéressent donc une « clientèle » d'un espace plus ou moins étendu. « *Un petit centre offrant une gamme réduite de biens et services n'a évidemment qu'un faible rayonnement. Un grand centre offre au contraire une gamme étendue de biens et services ; ceux-ci intéressent la population d'un territoire plus vaste englobant les aires d'influence de centres plus petits* » (D. Noin, 1996). Il s'agira donc, dans le cadre du nord du Massif central, de mesurer les modalités de cette polarisation et de préciser les limites des zones d'influence des différents niveaux de villes. Est-ce un espace totalement polarisé par les villes ? Existe-t-il des inégalités internes dans l'importance de l'influence exercée par les différents centres urbains ? Il s'agira également de mesurer à la fois le degré d'autonomie de notre espace d'étude, en matière de besoins servocommerciaux, et celui de sa dépendance vis-à-vis des unités urbaines extérieures. De même, nous pourrons observer pour quels types de commerces ou services l'autonomie, ou au contraire la dépendance extérieure, est la plus forte. C'est pourquoi, en second lieu, nous essaierons, grâce aux résultats d'une enquête de terrain, complétée par d'autres sources, de mesurer les aires d'attraction des différents niveaux urbains préalablement définis, afin d'observer le partage de l'espace nord du Massif central par les villes. Cette étude sera effectuée selon les divers niveaux de services et de commerces pour mettre en évidence aussi bien les aires de commandement locales des niveaux urbains de base (liées à des besoins de proximité) que celles, plus étendues, des grandes villes (en fonction de besoins plus spécifiques, concernant donc des équipements plus rares).

Chapitre 4

LES NIVEAUX URBAINS
SUR L'ESPACE
NORD DU MASSIF CENTRAL

Nous allons, dans un premier temps, évaluer la place des différentes unités urbaines du nord du Massif central dans une grille hiérarchique. Celle-ci tiendra non seulement compte de leur poids démographique, mais également, et surtout, du nombre et de la qualité (en fait plus exactement la rareté) de commerces et de services mis à la disposition des populations. Il s'agira, bien sûr, de retrouver les appellations classiques quasi systématiquement utilisées dans les études de géographie urbaine, et de voir comment elles peuvent s'appliquer à un espace appartenant à la France des faibles densités. A partir de quel seuil démographique, de quel nombre de commerces et de services peut-on parler, par exemple, de ville moyenne à l'échelle du Massif central ? Comment se situe-t-elle par rapport aux autres unités urbaines appelées communément « ville moyenne » dans d'autres régions, ou à l'échelle nationale ? Nous essaierons, cependant, d'affiner davantage la définition hiérarchique classiquement retenue en établissant, notamment, des nuances internes dans chaque grand niveau urbain connu (petite ville, ville moyenne, grande ville).

I - LA DÉFINITION DES NIVEAUX URBAINS SELON L'IMPORTANCE DÉMOGRAPHIQUE DES UNITÉS URBAINES

A - Sources et méthode

Il s'agit, dans ce premier temps, de mettre en place une grille hiérarchique prenant en compte la population des différentes unités urbaines. Nous utiliserons le nombre d'habitants des agglomérations, telles qu'elles ont été redéfinies dans la première partie. Les limites inférieures et supérieures de chaque niveau à définir se feront à partir de l'observation de la loi de ZIPF[1] appliquée à notre espace d'étude (voir graphique n°1). La loi de ZIPF (P. Merlin, 1973) consiste, en effet, en une analyse statistique de la hiérarchie des villes selon le seul critère de la taille. Elle met en évidence une relation simple entre la population des villes d'un même réseau et leur rang hiérarchique (loi rang-taille). De fait, elle définit une hiérarchie théorique, « idéale », qu'il est intéressant de comparer avec la réalité des niveaux présents dans la partie nord du Massif central[2].

Le graphique proposé (voir graphique n°1) s'appuie donc sur une comparaison entre la courbe issue de l'application stricte de la loi de ZIPF et celle qui résulte de la répartition réelle des unités urbaines du nord du Massif central, en fonction de leur importance démographique. Pour ce qui est de la courbe de ZIPF, la ville primatiale est Clermont-Riom avec 356 791 habitants. A partir de là, nous avons divisé son chiffre de population par le rang des villes théoriques. Nous obtenons ainsi le nombre d'habitants que chaque unité urbaine devrait avoir en fonction de l'application de la théorie et donc du rang qu'elle occupe. Le calcul a été effectué de manière systématique pour toutes les villes de rang un à dix. Ensuite, dans la mesure où nous travaillons sur un échantillon d'unités urbaines relativement important, nous avons opté pour une observation de dix en dix jusqu'au soixante-dixième rang final. Ceci explique d'ailleurs que notre courbe n'ait pas la forme d'une hyperbole pure, dans la mesure où nous passons d'un écart d'un rang à un écart de dix rangs, en gardant la même échelle (échelle semi-logarithmique). Mais l'écart importe peu, c'est la position qui compte. Sur le même graphique, nous avons tracé la courbe de répartition réelle des villes du nord du Massif central, en respectant leur ordre démographique décroissant. Nous avons donc une lecture directe des écarts entre la théorie selon ZIPF et la réalité de terrain.

B - Les enseignements de la loi rang-taille appliquée au nord du Massif central

1 - Les écarts avec le modèle théorique

L'observation du graphique n°1 nous conduit à effectuer plusieurs remarques d'ordre général. En effet, nous pouvons constater, en premier lieu, qu'un nombre important d'unités urbaines ont un poids démographique insuffisant au regard du rang qu'elles occupent dans le classement hiérarchique des villes de l'espace nord du Massif central. Ceci est particulièrement exact pour les unités les plus faiblement peuplées (moins de 10 000 habitants), se situant après la dixième place.

Dans les premiers rangs, entre la première et la dixième places, les unités urbaines du nord du Massif central ont, le plus souvent, un poids

Graphique n°1 - Application de la loi de Zipf
à la bordure nord du Massif central

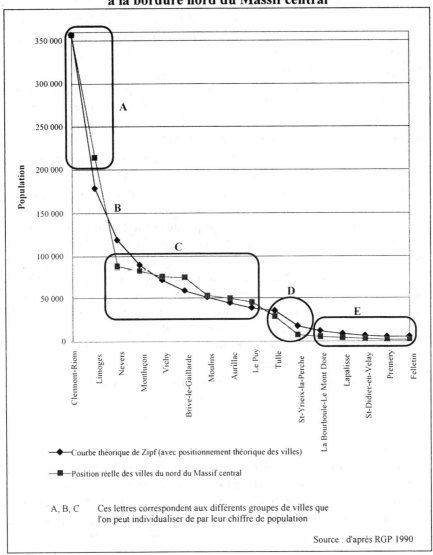

Courbe théorique de Zipf (avec positionnement théorique des villes)

Position réelle des villes du nord du Massif central

A, B, C   Ces lettres correspondent aux différents groupes de villes que
l'on peut individualiser de par leur chiffre de population

Source : d'après RGP 1990

démographique supérieur à celui accordé par la loi de ZIPF. C'est particulièrement le cas de Limoges dont la position hiérarchique par rapport à Clermont-Riom n'est pas évidente, dans la mesure où ces deux villes représentent sans doute deux têtes de réseaux différents. Ceci tenterait, toutefois, à démontrer que le milieu est correctement urbanisé si l'on juge la taille de ses villes. Toutefois, les villes situées à la troisième et quatrième places ont, elles, un niveau de population insuffisant. Il s'agit de Nevers et Montluçon. Pour la première ville citée, le manque démographique est de plus de trente mille habitants, tandis que pour la seconde, il est encore de près de dix mille habitants.

Il n'est pas inintéressant de constater que ces deux unités urbaines sont proches, géographiquement, de villes de poids démographique important, à l'échelle de notre région d'étude. Effectivement, Nevers se situe à moins d'une heure de route de Moulins, préfecture de l'Allier, dont l'agglomération dépasse les cinquante mille habitants, il en est de même pour Montluçon vis-à-vis de Guéret, préfecture de la Creuse, qui a un peu plus de vingt mille habitants. Brive-la-Gaillarde qui se place au sixième rang du point de vue démographique, avec un peu plus de soixante-quinze mille habitants, se situe seulement à une vingtaine de minutes de Tulle, préfecture de la Corrèze, qui approche les trente mille habitants. Il y a donc ici, vraisemblablement, des situations de « concurrence » qu'il faudra prendre en compte dans les possibilités d'aménagement et d'évolution du réseau urbain que nous envisagerons dans la troisième partie. Toutefois le problème est d'ores et déjà posé.

2 - L'inégale représentation des niveaux démographiques

En complément du graphique sur l'application de la loi de ZIPF, nous avons dressé un graphique prenant en compte la totalité des unités urbaines du nord du Massif central. Ainsi, grâce à l'observation des nuages de points qui s'individualisent (voir graphique n°2), nous pouvons effectuer une distinction plus précise entre les différents niveaux démographiques et la réalité de leur représentation sur notre zone d'étude.

a - La place limitée des plus grandes villes

Ainsi, en premier lieu, nous remarquons la faiblesse des villes de niveau supérieur, quantitativement peu représentées et isolées sur les deux graphiques. Il s'agit des deux seules agglomérations de plus de deux cent

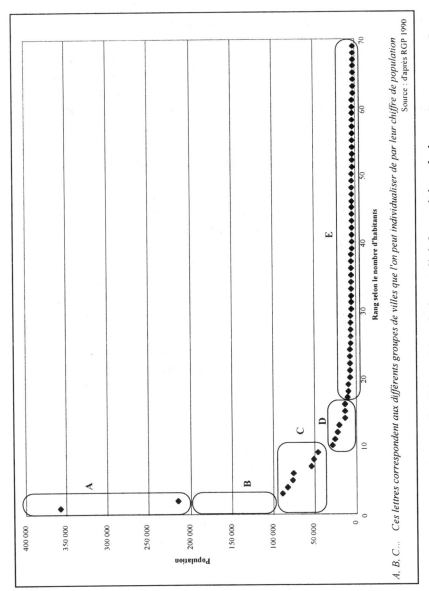

A. B, C .... Ces lettres correspondent aux différents groupes de villes que l'on peut individualiser de par leur chiffre de population

Source : d'après RGP 1990

Graph. 2 - Répartition de la totalité des unités urbaines du nord du Massif central selon leur taille et leur rang

mille habitants (soit 3 % de la totalité des unités urbaines du nord du Massif central), Clermont-Riom et Limoges. Elles dominent toutefois très largement les autres villes ou agglomérations de par leur poids démographique. Cependant, la différence entre elles, par leur nombre d'habitants, est inférieure à celle de la loi de ZIPF. En fait, Limoges dispose d'un niveau de population bien supérieur à celui accordé théoriquement à son rang, avec un surplus de soixante-dix mille habitants ; ceci, naturellement, dès lors que l'on considère notre région d'étude comme espace uniforme, ce qui ne constitue qu'une base de départ d'analyse.

b - L'absence d'agglomérations de cent mille à deux cent mille habitants

Nous observons une carence évidente en agglomérations de cent mille à deux cent mille habitants. Ce deuxième niveau démographique qui résulterait de l'application de la loi de ZIPF n'existe pas dans l'espace nord du Massif central. Il y a donc un vide théorique à combler. L'absence d'un tel niveau démographique trouve deux explications. En premier lieu, dans les espaces à forte présence urbaine (le nombre de villes), la concurrence est vraisemblablement trop importante pour permettre l'affirmation d'une grande agglomération. Nous nous trouvons alors avec une pluralité de têtes locales de réseau, avec une répartition relativement équilibrée de la population ne permettant à aucune d'entre elles d'atteindre un seuil démographique plus conforme à la théorie, laquelle prend en compte un espace uniforme avec une répartition rationnelle des différentes agglomérations selon leur nombre d'habitants. Par exemple, la partie nord de notre espace d'étude (Bourbonnais, Nivernais) est partagée entre quatre agglomérations moyennes, dont trois de près de quatre-vingt mille habitants, et ce dans une région où les densités sont faibles. Il y a donc une « dispersion » de la population urbaine sur plusieurs pôles principaux et absence de concentration sur une seule agglomération qui pourrait être, alors, beaucoup plus peuplée. Nous avons d'ailleurs, ici, une situation peu commune dans la France des faibles densités.

Ainsi, Montluçon, Nevers et même Vichy ont un niveau quantitatif de population inférieur à celui que leur rang devrait leur permettre d'avoir. Il y a, dans ce cas, trop d'agglomérations de poids démographique voisin pour permettre à l'une d'entre elles de dominer plus nettement les autres. Il y a une autre explication à l'absence d'une ou plusieurs agglomérations de cent mille à deux cent mille habitants : elle résulte de la forte proportion en superficie des régions de faible densité, ce qui semble interdire aux unités urbaines tout développement démographique important. Nous pouvons, d'ores et déjà, sans intenter à l'intérêt de la troisième partie, constater que l'association de Nevers et Moulins qui représenterait près de cent quarante mille habitants, celle de Brive-la-Gaillarde et Tulle, cent dix mille habitants, ou encore celle de Montluçon et Guéret, avec cent cinq mille habitants, permettrait de combler cette lacune sur le plan théorique (groupe B[3] du graphique n°2).

c - Un écart marqué avec les villes de niveau immédiatement inférieur

L'écart entre les grandes villes et la troisième ville est nettement supérieur à celui qui résulte de l'application de la loi de ZIPF, puisque Limoges est trois fois plus peuplée que Nevers (3e rang). La différence est de près de cent quarante mille habitants au lieu des soixante mille théoriques ! L'écart modéré de population entre les deux premières villes (Clermont-Riom et Limoges) et leur relatif « isolement » démographique leur donne donc un rôle de premier plan dans l'organisation urbaine du nord du Massif central qui, ainsi, apparaît plutôt comme une région « bicéphale » que comme une région « monocéphale » (groupe A[4] du graphique n°2).

En fait, les deux métropoles régionales n'ont, *a priori*, aucun lien hiérarchique entre elles et s'ignorent même en grande partie. De plus, les axes de communication les reliant sont d'une médiocrité affligeante. Divers auteurs ont montré que Limoges regardait vers l'Ouest[5] et commandait un espace ouvert comprenant une grande partie du Limousin, mais également de la Charente et de la Dordogne. Quant à Clermont-Ferrand, elle est la capitale incontestée de la région Auvergne, étendant également son influence sur un bon tiers oriental du Limousin et le sud du Nivernais. Ainsi, elles représentent deux têtes de réseau dans des espaces qui se juxtaposent plus qu'ils ne s'associent.

d - La surreprésentation des villes de trente mille à cent mille habitants

A un niveau inférieur, nettement décrochées quant à leur chiffre de population vis-à-vis de Clermont-Riom et Limoges, nous trouvons sept unités urbaines comprises entre trente mille et cent mille habitants, soit 10 % du total (Nevers, Montluçon, Vichy, Brive-la-Gaillarde, Moulins, Aurillac, Le Puy). Toutefois, nous pouvons distinguer, à l'analyse des graphiques, deux niveaux. Les villes de soixante-cinq mille à cent mille habitants ont une représentation numérique plus importante que celle accordée par le modèle théorique de ZIPF, avec quatre villes au lieu de deux. Rappelons que nous trouvons ici trois villes qui, par association avec des unités urbaines voisines, pourraient atteindre le niveau démographique supérieur. Quant aux villes de trente mille à soixante-cinq mille habitants, elles ont un poids démographique supérieur à celui défini par la loi rang-taille (groupe C^6 du graphique n°2).

Nous trouvons ici deux cas de figure. Il y a tout d'abord celui de Moulins, préfecture de l'Allier, qui s'inscrit dans un espace où des agglomérations de poids démographique supérieur, et de dynamisme économique plus affirmé, sont proches (Montluçon, Nevers, Vichy). Si Moulins dispose bien d'un chiffre de population supérieur à celui accordé par ZIPF, vis-à-vis du rang qu'elle occupe, il s'agit, en fait pour elle, d'une situation quasi négative. En effet, tout se passe comme si les villes précédemment citées avaient vraisemblablement limité sa croissance, l'empêchant ainsi d'occuper un rang plus élevé. La réalité du problème est que Montluçon et Vichy sont venues se rajouter au réseau urbain au XIXe siècle, avec le développement des fonctions industrielle et touristique. A cette époque, Moulins était une classique place locale, ville de propriétaires fonciers, et occupait alors une place plus importante que ses deux concurrentes bourbonnaises. Effectivement, elle accueillait alors près de quinze mille habitants, contre cinq mille à Montluçon et Vichy (la commune la plus importante de l'agglomération était alors Cusset). Ainsi, l'industrie et le tourisme impliquent, bel et bien, des superpositions urbaines et des intégrations dans les réseaux au cours du XIXe siècle. Dans le cas du Puy et d'Aurillac, le contexte urbain est bien différent. Elles se situent au cœur d'espaces moins urbanisés, sans concurrentes de niveau comparable à proximité, et constituent donc des têtes locales de réseau. Elles concentrent, ainsi, une forte part de la population de leur espace de commandement et peuvent paraître surdimensionnées au regard de la théorie.

Notons enfin que, pour ce niveau démographique, on peut observer un faible écart entre la troisième et la quatrième agglomérations ; à savoir respectivement, Nevers et Montluçon. En effet, alors que l'écart théorique (loi de ZIPF) devrait être de près de soixante mille habitants, il n'est en fait que d'un peu plus de cinq mille. Elles appartiennent, vraisemblablement, chacune à des réseaux locaux différents et n'entrent donc pas en concurrence directe dans le partage de l'espace. En effet, ces deux villes dominent probablement une série d'unités urbaines de plus petites tailles appartenant à des espaces qui n'entretiennent quasi aucune relation entre eux.

e - Le foisonnement des niveaux inférieurs (moins de 10 000 habitants)

A l'analyse du graphique n°2, deux niveaux urbains peuvent être distingués dans le groupe. Tout d'abord, nous trouvons huit unités urbaines comprises entre dix mille et trente mille habitants (groupe D^7 du graphique n°2) représentant ainsi 11% du total des villes et agglomérations du nord du Massif central (Tulle, Thiers, Guéret, Issoire, Ussel, Cosne-Cours-sur-Loire, Saint-Junien, Saint-Flour). Elles ont généralement un poids démographique inférieur à celui accordé par la théorie. Certaines d'entre elles souffrent probablement de la proximité d'une agglomération beaucoup plus peuplée et dynamique économiquement qu'elles. Nous trouvons dans ce cas des villes comme Saint-Junien, trop proche de Limoges, ou Thiers et Issoire situées à proximité immédiate de Clermont-Riom et même incluses dans les projets du Conseil Régional visant à constituer une seule et même agglomération (projet Arvernia centré sur Clermont). Le même problème se pose encore pour Tulle avec Brive et Cosne-Cours-sur-Loire avec Nevers. Pour les autres, nous pouvons évoquer l'insuffisance du tissu humain environnant. Ussel ou Saint-Flour, par exemple, appartiennent à des espaces de faible densité. Certaines de ces villes cumulent même les deux handicaps. C'est particulièrement le cas de Guéret qui domine des plateaux creusois faiblement peuplés et qui est sans aucun doute trop proche de la capitale régionale (Limoges), surtout si on mesure le fait en espace-temps, en relation avec la RCEA et l'autoroute A20, et même de Montluçon (avec également la RCEA).

Les villes de moins de dix mille habitants sont très fortement représentées. Elles constituent 76 % du total des villes (voir tableau n°40) ! Malgré leur faible ou très faible chiffre de population, leur fréquence dans l'espace étudié, en fait, sans aucun doute, les niveaux de base de l'organisation urbaine de la région (groupe E^8 sur le graphique n°2). La forte représentation de ces unités urbaines (supérieure à celle liée à l'application de la loi de ZIPF) est sûrement liée à l'existence d'espaces parfois encore ruraux de la moyenne montagne, situés à l'écart des grands couloirs de circulation, avec des densités souvent très faibles (Montagne limousine, Combraille, montagnes volcaniques de l'ouest auvergnat, certains plateaux creusois...), ne permettant guère aux organismes urbains existants de se développer démographiquement. Toutefois, l'étendue spatiale souvent importante de ces régions, par opposition aux régions basses proches des axes de circulation, a nécessité la multiplication des petits centres (autrefois voués aux échanges, et aujourd'hui bases de l'organisation de l'espace) offrant les principaux commerces ou services, privés et publics, de première nécessité, et ayant atteint le niveau urbain. Des unités urbaines comme Luzy, Cosne-d'Allier, Prémery, Langeac, Lapalisse... sont de bons exemples. Mais, l'explication majeure de cette forte représentation des niveaux de base est, sans aucun doute, l'apparition, au XIXe siècle, d'une trame de petits organismes urbains nés de l'industrie ou de l'exploitation de matières premières (charbon). La Combraille est un exemple particulièrement intéressant, puisqu'elle doit ses deux seuls organismes urbains à ces deux activités : l'industrie pour Saint-Georges dont l'unité principale, l'aciérie Aubert-et-Duval, correspond à une délocalisation stratégique de la Première Guerre mondiale et l'extraction charbonnière pour Saint-Eloy-les-Mines. Ambert, Clamecy, Brassac-les-Mines, Saint-Junien, parmi d'autres, constituent autant d'exemples d'unités urbaines à forte présence industrielle. Nous retrouvons là les petites villes industrielles décrites, il y a plus de trente ans, par P. Estienne (Estienne 1963). Si nous ajoutons à celles-ci les petits organismes urbains nés du tourisme comme La Bourboule-Le Mont-Dore nous ne trouvons pas là un monde rural de la pauvreté et de la faible densité, mais bien plutôt un espace économiquement diversifié, un modèle, notamment, de l'industrie diffuse des XVIIIe et XIXe siècles. Il y a eu ici toutes les bases du développement industriel de la révolution économique du XIXe siècle sans la concentration qu'ont pu connaître d'autres espaces régionaux français, comme dans le Nord. Nous nous trouvons, ici, plus proche du type de développement des moyennes montagnes allemandes (Harz, Forêt Noire).

Finalement, nous constatons que notre espace est assez proche globalement, par la répartition hiérarchique de ses unités urbaines, d'un modèle « zipfien ». Nous observons, en effet, une décroissance assez régulière de l'importance démographique des villes en fonction de leur rang. De plus, si nous reprenons l'hypothèse formulée par ZIPF pour l'application de sa loi, certains aspects peuvent parfaitement s'appliquer à notre espace.

En effet, il considère que la répartition hiérarchique des villes est fonction du comportement humain qui suit la loi « du moindre effort ». Géographiquement, le moindre effort est assimilé au moindre coût de transport. Pour expliquer la répartition des individus entre des agrégats de taille différente, ZIPF a invoqué l'effort conjugué de deux forces opposées : une force de « diversification », selon laquelle un très grand nombre de petites villes se développe, de manière à se trouver le plus près possible des matières premières et sources d'énergie, elles-mêmes spatialement dispersées (ce qui est contestable en soi), et donc à minimiser les coûts de transport à la production ; à l'inverse, une force d'« unification » tend à faire surgir un petit nombre de très grandes villes pour minimiser les coûts de transport au consommateur. La distribution observée pour les tailles résulterait d'un équilibre entre ces deux forces opposées (D. Pumain, 1982).

Ainsi, l'espace nord du Massif central semble bien avoir connu, pour partie du moins, la conjugaison des deux forces identifiées par ZIPF. Effectivement, la force de « diversification » est bien représentée par le grand nombre de petites villes minières, industrielles et même thermales (Saint-Georges, La Machine, Brassac-les-Mines, Saint-Eloy-les-Mines, La Bourboule-Le Mont-Dore, ...). De même, nous pouvons retrouver la force d'« unification » avec la présence des plus grandes villes situées pour l'essentiel sur, ou à proximité des principaux axes de communication (Montluçon, Moulins, Clermont-Riom, Limoges...).

Malgré tout, ZIPF ne prend pas en compte l'intervention de facteurs exogènes qui peuvent modifier la répartition hiérarchique des unités urbaines qui selon lui n'obéit qu'à des facteurs internes. Ainsi, l'installation d'entreprises venant d'autres régions, ou même d'autres pays (décentralisation stratégique ou économique), peut multiplier le nombre des petites villes ou gonfler la population d'unités qui étaient rurales auparavant. Il en est de même pour les choix politico-administratifs. Effectivement, la fonction de préfecture peut donner un poids hiérarchique à une ville, indépendamment des choix humains d'ordre économique. De plus, des facteurs plus spécifiquement géographiques influent sur l'importance démographique des villes. Ceux-ci ne sont pas pris en compte par ZIPF qui en reste essentiellement à des principes économiques. Par exemple, les zones d'altitude, où les communications sont mal aisées, favorisent la multiplication des points de vente de petite taille. Ceci, également, peut favoriser une surreprésentation des niveaux hiérarchiques de base dans la répartition totale des villes d'un espace donné. De même, les densités de population sont aussi un élément fort de l'explication de l'inégale représentation des différents niveaux hiérarchiques. Les « déserts » humains ne facilitent pas la création et le développement de grandes villes. A l'inverse, les zones de circulation aisées : vallées, plaines, carrefours, sont favorables à la croissance des villes et leur forte représentation peut jouer en faveur d'une présence plus fréquente des niveaux supérieurs de la hiérarchie.

Ainsi, globalement, l'espace nord du Massif central compte-t-il un nombre plus important de petites villes, avec un poids démographique plus faible, que celui accordé par ZIPF (voir graphique n°1). Ceci s'explique, en partie, par le fait que les zones basses plus favorables au développement urbain occupent, spatialement, une place plus réduite que dans d'autres régions plus septentrionales, par exemple. Nous pouvons donc reprocher à ZIPF d'ignorer en grande partie la géographie de terrain. Nous observons alors des décalages entre le nombre d'unités urbaines représentées par niveau démographique, selon la théorie et dans la réalité, mais également en fonction de leur nombre d'habitants. La géographie fait varier les aptitudes à la présence d'un plus ou moins grand nombre de villes de niveaux hiérarchiques différents.

Toutefois, l'approche démographique ne peut être suffisante. L'importance d'une ville dans l'espace est surtout liée à la diversité quantitative et qualitative des commerces et services tertiaires qu'elle peut lui offrir. C'est effectivement ce type de données qui implique une aire de commandement, et non pas tant le poids démographique. L'importance du rayonnement des villes « ... *est loin d'être en rapport avec le nombre de leurs habitants. Par exemple, Toulon et Strasbourg ont un poids démographique comparable, mais le rôle régional de ces deux agglomérations est fort dissemblable. Lens a beau avoir plus de 300 000 habitants, son influence régionale est négligeable* » (D. Noin, 1996).

II - L'IMPORTANCE QUANTITATIVE ET QUALITATIVE DES ÉQUIPEMENTS TERTIAIRES DANS LA DÉFINITION DES NIVEAUX URBAINS

Il est donc clair que l'on ne peut fonder une définition des niveaux urbains sur le seul critère du nombre d'habitants. Les commerces et les services, qui constituent la base même de l'offre urbaine et induisent une fréquentation des villes plus ou moins importante et étendue spatialement, représentent, donc, des éléments de classification hiérarchique incontournables. En effet, plus une ville rayonne sur un vaste espace, et attire une population nombreuse, plus elle joue un rôle important dans le réseau urbain. Elle doit donc occuper un rang hiérarchique élevé. C'est pourquoi il est indispensable de mesurer la présence commerciale et celle des services dans les villes avec la plus grande précision possible.

Toutefois pour une activité tertiaire donnée, et en particulier un commerce ou un service, il y a plusieurs manières de percevoir leur importance, non exclusives l'une de l'autre et souvent complémentaires. La première approche consiste à apprécier, simplement, son importance quantitative, mesurée par le nombre d'établissements représentatifs dans les villes. Pour ceci, il existe des comptages statistiques d'accès aisé (INSEE) et fiables, bien que non exempts de reproches. La deuxième approche, beaucoup plus délicate, est celle de la qualité de l'offre. Avouons-le, il y a, ici, matière à de longs débats pour définir rigoureusement un aspect qui a aussi une dimension largement humaine et qui est donc impossible à comptabiliser. Le choix de ce travail, pour évaluer la qualité des commerces et services présents dans les unités urbaines du nord du Massif central, part en fait d'un postulat : les commerces et les services de qualité sont aussi, en général, les plus rares. A partir de là, pour mesurer la qualité de l'offre, il nous fallait apprécier le degré de rareté des commerces et services et parvenir à le comptabiliser, à lui donner une valeur chiffrée. Nous avons, alors, pris en compte la densité des localisations, essentiellement à l'échelle de notre espace d'étude (d'autres choix étaient naturellement possibles, mais trop difficiles à chiffrer, comme celui de mesurer la périodicité de la demande pour certains types de biens ou services). En fait, le principe choisi est simple : plus un type de commerce ou de service présent dans une ville donnée est rare dans l'espace régional (c'est-à-dire quantitativement peu représenté), plus il est considéré comme un équipement de qualité. Il restera ensuite à appliquer des pondérations (coefficients), choisies en fonction du degré de rareté observé, à la grille quantitative des commerces et services, pour obtenir un nombre de points d'autant plus élevé que la ville a une offre de qualité (voir annexes n°7 et n°8).

A - L'analyse des modifications du classement hiérarchique par rapport à celui obtenu avec les chiffres de population

1 - Le positionnement hiérarchique des villes de cent mille à trente mille habitants

Il y a, pour ce niveau hiérarchique, les trois cas d'évolution possibles. Ceux-ci sont largement dépendants d'un élément clef : l'importance de l'aire de chalandise, tant sur le plan spatial que sur celui du nombre d'habitants concerné. Elle comprend, outre la population de la ville ou agglomération, celle de l'espace environnant desservi. Les zones d'influence seront délimitées avec précision plus loin dans l'étude, mais d'ores et déjà nous pouvons jauger leurs potentialités en observant les caractéristiques de l'espace environnant, avec, en particulier, les densités humaines, la présence d'autres villes de même niveau proche et concurrentes.

**Tab. 24 - Evolution hiérarchique des agglomérations
de 100 000 à 30 000 habitants**

Anomalie positive	Anomalie négative	Equivalence rang population/rang équipement
Brive-la-Gaillarde (+3)	Montluçon (-2)	Vichy
Aurillac (+1)	Moulins (-2)	
Le Puy (+1)	Nevers (-1)	

Source : Fichier « SIRENE » 1994

a - Des villes qui « gagnent » des places...

Nous trouvons, dans ce cas de figure, trois villes pour lesquelles l'explication de cette progression hiérarchique est quelque peu différente. En ce qui concerne, tout d'abord, Brive-la-Gaillarde qui enregistre le gain de place le plus notable, elle bénéficie, sans aucun doute, d'un espace environnant assez densément peuplé, surtout dans la vallée de la Corrèze, à l'échelle du nord du Massif central. C'est même, dans cet ensemble géographique, la ville, de ce niveau démographique, qui dispose de l'espace proche le plus densément peuplé (voir Fig. n°34). Il ne faut pas oublier non plus la proximité de Tulle, la préfecture, qui représente près de 30 000 clients potentiels pour tous les commerces et services seulement présents à Brive, ou ceux qui offrent une plus grande diversité

**Fig. n°34 : Evolution hiérarchique des unités urbaines
du nord du Massif central et densité de population**

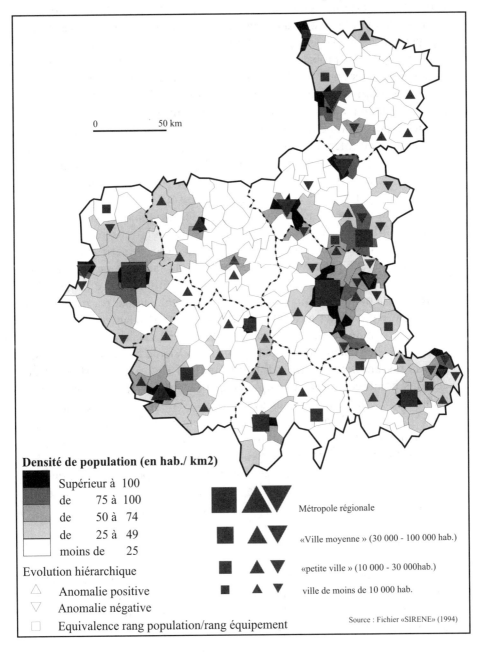

Densité de population (en hab./ km2)

Supérieur à 100
de 75 à 100
de 50 à 74
de 25 à 49
moins de 25

Evolution hiérarchique

△ Anomalie positive
▽ Anomalie négative
☐ Equivalence rang population/rang équipement

Métropole régionale

«Ville moyenne » (30 000 - 100 000 hab.)

«petite ville » (10 000 - 30 000hab.)

ville de moins de 10 000 hab.

Source : Fichier «SIRENE» (1994)

de choix. Nous pouvons ajouter à cela un dynamisme tertiaire propre à la ville, qui se traduit notamment par un ratio (voir annexe n°6), entre le nombre de commerces et de services et la population de son agglomération, plus réduit que dans les autres villes de même niveau : un équipement pour dix-huit personnes (contre 1 pour 20 à 1 pour 30 pour les autres). Il y a probablement, ici, l'héritage d'un rôle traditionnel de ville d'échanges entre le Massif central et le Sud-Ouest ayant permis un fort développement de la fonction commerciale. A tout cela, nous pouvons ajouter une situation de carrefour entre l'A20 et la RN89 qui permet à Brive de bénéficier, en plus, d'une clientèle de passage, sans oublier un petit rôle touristique aux portes du Périgord.

Pour ce qui est d'Aurillac et du Puy, les explications sont assez proches. Ainsi, Aurillac bénéficie-t-elle d'une situation de relatif éloignement par rapport aux métropoles que sont Toulouse et Clermont-Ferrand et aux autres villes de même niveau démographique, comme Rodez et Brive (elles sont d'autant plus loin que les relations routières sont chaotiques !). Elle représente en fait le seul pôle attractif sur un vaste espace et elle compense, sans doute en partie, la faiblesse des densités de l'espace environnant par l'étendue de sa zone d'influence. Le Puy semble profiter de la même situation de relatif éloignement, surtout par rapport à sa métropole régionale et aux autres villes de même niveau, et ce malgré la relative proximité de Saint-Etienne. Il faut ajouter à cela une petite fonction touristique (liée notamment au pèlerinage de la Vierge Noire qui entraîne de grands rassemblements trois fois par an) qui favorise l'étoffement de certains commerces (par exemple ceux liés aux articles de souvenirs). Enfin, et c'est un point commun avec Aurillac, la fonction préfectorale joue son rôle, puisqu'elle permet à la ville de rayonner, en fait, sur la totalité du département. Or, la fréquentation « obligée » de la préfecture pour des besoins d'ordre administratif se double en général de la fréquentation des commerces et des services privés. Par contre, nous pouvons remarquer, à l'analyse de la figure n°34, que la capitale ponote peut bénéficier d'un environnement moins dépeuplé que la préfecture cantalienne.

b - ... et d'autres qui en « perdent »

Les trois villes qui perdent des places, par rapport à leur poids démographique, correspondent à deux cas de figure simple. Elles appartiennent à des espaces fortement dépeuplés (voir fig. n°34) où elles concentrent l'essentiel de la population (souvent plus de 80 %). De plus, elles doivent composer avec d'autres agglomérations de même niveau démographique avec lesquelles elles rayonnent, sans aucun doute, sur des espaces communs. Elles doivent donc se partager une population déjà fort rare ! Nous trouvons dans ce cas : Montluçon, Moulins et Nevers. Ainsi, Moulins et Montluçon entrent en concurrence dans le Bocage bourbonnais qui compte moins de vingt-cinq habitants au kilomètre carré ! Le problème du maintien des commerces et des services se pose ici avec acuité pour des villes qui offrent déjà plus d'un équipement pour trente habitants au niveau de leur agglomération (voir annexe n°6) et qui n'ont comme espace environnant, que des « déserts humains ». Montluçon et Moulins sont ici sûrement dans la situation la plus fragile, dans la mesure où, contrairement à Aurillac, par exemple, elles ne peuvent réellement compenser la faiblesse des densités de leur espace d'influence en élargissant celui-ci. En effet, elles doivent très vite compter sur la concurrence d'une autre ville de même importance, ou d'importance supérieure. C'est ainsi le cas, en plus de l'exemple déjà signalé précédemment, de Moulins qui doit faire face à Nevers au nord et Vichy au sud. Seul l'est est « libre », mais il est vide ! Quant à Montluçon, elle doit compter sur la présence assez proche de Bourges au nord, de Guéret et Châteauroux à l'ouest et de la métropole auvergnate au sud. Nevers semble dans ce domaine mieux « armée », puisqu'elle peut rayonner sur l'ensemble de son département, dans la mesure où elle est dans ce cadre là la seule ville importante, et qu'elle peut largement bénéficier de l'éloignement de Dijon.

c - Vichy « maintient son rang »

Nous avons donc, ici, une ville qui présente un rang hiérarchique lié au nombre de commerces et de services, conforme à celui issu des chiffres de population. La concurrence proche de Clermont-Riom, et celle des autres villes du Bourbonnais (Moulins et Montluçon), explique sans aucun doute que les possibilités de développement du tertiaire vichyssois soient faibles. En effet, en dehors de la population de son agglomération, l'aire de chalandise exclusive est spatialement limitée, en tout cas plus que pour des villes comme Brive ou Aurillac, par exemple. Toutefois, la réputation vichyssoise, la qualité de ses commerces et de ses services, son rôle touristique permettent à cette dernière de disposer d'un rayonnement notable, et donc de maintenir un bon niveau d'équipements, en équilibre avec la population réellement desservie. De plus, la figure n°34 nous montre qu'elle peut compter sur un espace proche encore assez bien peuplé, à l'échelle de notre espace d'étude. Elle n'est donc pas obligée de rayonner sur un espace vaste pour avoir la clientèle nécessaire à la rentabilité de ses commerces et de ses services.

2 - Le classement hiérarchique des villes comprises entre trente mille et dix mille habitants

En ce qui concerne les villes ou agglomérations comprises entre trente mille et dix mille habitants, le classement hiérarchique qui résulte de leur importance démographique subit aussi diverses modifications (voir tableau n°25). Cependant, pour ce niveau de population également, les changements sont limités, à l'exception de Saint-Junien qui perd six places. Ainsi, dans l'ensemble, le niveau d'équipement correspond largement au niveau de population.

Tab. 25 - Evolution hiérarchique des villes et agglomérations de 30 000 à 10 000 habitants

Anomalie positive	Anomalie négative	Equivalence rang population/rang équipements
Guéret (+1)	Thiers (-2)	Tulle
Issoire (+1)	Saint-Junien (-6)	Ussel
		Cosne-Cours-sur-Loire
		Saint-Flour

Source : Fichier « SIRENE » 1994   (+1). (-1) : nombre de rangs perdu ou gagné

a - Les villes qui occupent une place conforme à leur niveau démographique (voir fig. n°34)

Tulle, Ussel, Cosne-Cours-sur-Loire et Saint-Flour occupent une place conforme à leur importance démographique, témoignant d'une bonne adaptation de leur équipement à leur population et à celle de leur aire de chalandise. En fait, nous retrouvons ici les traditionnelles villes-marchés du Massif central décrites par P. Estienne en 1963. Elles gardent, probablement, une aire de rayonnement assez importante par rapport à leur taille démographique, en liaison, notamment, avec la présence de foires et marchés qui restent quelquefois actives. Ainsi, Ussel est, sans conteste, le centre de commandement du plateau de Millevaches[9], Cosne celui du Haut Nivernais[10] et Saint-Flour celui de l'Est cantalien[11]. Quant à Tulle[12], elle bénéficie surtout de sa fonction de préfecture qui lui permet de disposer d'un nombre important de services publics.

Ussel doit donc la bonne tenue de ses équipements tertiaires, en regard de sa population, au fait que la ville est traditionnellement un lieu de commerce comme l'atteste encore la vivacité de ses foires et marchés. C'est un lieu de rencontre du monde rural des alentours, et les moments forts de la vie commerciale sont en liaison avec le monde agricole : comices agricoles, par exemple. Mais il ne faudrait pas oublier un certain isolement au nord-est de la Corrèze, puisque Bort-les-Orgues et Meymac ne peuvent réellement la concurrencer et que Tulle est assez éloignée pour lui assurer une aire de chalandise assez vaste. De plus les habitants de Meymac, Bort-les-Orgues, voire Egletons utilisent, sans aucun doute, les équipements d'Ussel, compensant quelque peu la faiblesse des densités dans cette partie-là de la Corrèze. Enfin, un dernier élément de maintien des commerces et des services joue également un rôle ; à savoir une petite activité touristique en été, à laquelle s'ajoute une clientèle de passage sur la route la plus directe entre Clermont-Riom et Bordeaux

Au nord du département de la Nièvre, sur les axes routier Paris-Méditerranée (RN7) et ferroviaire Paris-Clermont, Cosne-Cours-sur-Loire, avec un peu plus de dix mille habitants, joue un rôle actif de centre de commerces et de services pour cinq ou six cantons limitrophes de la Nièvre et du Cher. Deuxième ville du département, elle éprouve toutefois des difficultés à s'affirmer comme véritable centre local en raison de la trop grande proximité de Nevers au sud et de Gien et Montargis au nord. Elle présente donc un bel équilibre de ses équipements par rapport à la population desservie mais avec une possibilité d'évolution réduite.

Saint-Flour, petite unité urbaine cantalienne, est l'exemple type d'une ville marché (P. Estienne, 1963) exerçant (longtemps à l'abri de l'influence directe de Clermont-Riom et d'Aurillac) une véritable petite fonction régionale sur un bon quart nord-est du département. C'est aujourd'hui, avant tout, un centre de commerces et de services dynamique, même si le passé fut sans aucun doute plus brillant au temps où la vieille route de la Limagne au Languedoc entretenait un solide trafic de transit. Mais ce n'est qu'un souvenir car l'autoroute laisse Saint-Flour à l'écart des nouveaux flux, bien que celle-ci puisse profiter de sa proximité. L'avenir de la ville cantalienne est, toutefois, problématique, puisque l'autoroute rapproche considérablement la capitale régionale qui exerce une influence directe, sûrement plus forte, sur l'Est cantalien, là où Saint-Flour dominait sans partage (en dehors de quelques recours administratifs à Aurillac), surtout pour les besoins les plus courants. L'équilibre de l'équipement de Saint-Flour, par rapport à la population desservie, est donc fragile. Les possibilités d'évolution sont considérablement limitées même si les commerces, surtout, et les services dans une moindre mesure, de la petite cité cantalienne, peuvent compter sur un tourisme estival assez actif. Nous avons là un cas de figure qui n'est pas sans rappeler celui d'Ussel, surtout avec la future A89.

Quant à Tulle, préfecture de la Corrèze, agglomération de plus de vingt-cinq mille habitants située au contact des plateaux du Sud-Est et du Haut Limousin, elle est une ville administrative et est à la tête d'un évêché. Toutefois, son rôle de chef-lieu de département lui permet de disposer d'une fonction commerciale et de service importante (avec une école militaire préparatoire) bien que fortement concurrencée par Brive. La fonction préfectorale lui assure un rayonnement sur l'ensemble du département. Ainsi, elle compense, en partie au moins, à la fois, la faiblesse des densités de son espace environnant proche et la concurrence de Brive qui détourne, sûrement à son profit, une bonne partie de la clientèle potentielle des plateaux centraux corréziens.

b - Les villes à tradition industrielle occupent un rang moins élevé que celui donné par leur chiffre de population (voir fig. n°34)

Comme pour les villes moyennes, ce sont deux agglomérations à tradition industrielle ancienne, Saint-Junien et Thiers, qui voient leur rang décroître en termes d'équipements. La présence d'une grande métropole proche et rapidement accessible, limitant aussi considérablement leur rayonnement, a, vraisemblablement, freiné le développement quantitatif des commerces et des services, alors que l'industrie installée au XIXe siècle avait permis la concentration d'une population assez nombreuse sur place[13].

Saint-Junien, avec un peu plus de dix mille habitants, subit sans aucun doute la concurrence inégale de la capitale régionale : Limoges est à proximité. Ainsi, elle ne peut bénéficier réellement d'une aire de chalandise, surtout vers l'est. Ailleurs, et notamment vers l'ouest, sur la Charente limousine, par exemple, les densités sont très faibles (voir fig. n°34) et elle doit compter sur la présence d'autres petites villes comme Confolens.

A Thiers se pose nettement le problème de l'insuffisance de l'aire de chalandise, dans la mesure où la ville est située à proximité de Clermont-Riom (accessible par autoroute) et de Vichy. Ces deux villes exercent leur influence sur les zones de plaines les plus peuplées, laissant à Thiers une petite partie de la moyenne montagne (Forez-Livradois) avec des densités très faibles, et les zones industrielles du thiernois entre La Monnerie et Courpière où l'évasion vers la métropole est, sûrement, très forte.

c - Les villes qui renforcent leur position hiérarchique (voir fig. n°34)

Les deux villes de ce niveau démographique, qui améliorent leur classement, représentent deux cas de figure totalement opposés. En effet, il y a une préfecture où la fonction tertiaire occupe une place « écrasante », avec près de 80 % des emplois, et une unité urbaine que l'on a qualifiée précédemment de ville « industrialisée ». De plus, l'une (Guéret) représente la ville la plus importante de son département, alors que l'autre (Issoire) est située à proximité (liaison autoroutière) de la métropole régionale. Et pourtant ces deux villes ont une offre tertiaire qui leur accorde une place plus importante dans la hiérarchie urbaine que leur seul chiffre de population, comment peut-on l'expliquer ?

Guéret bénéficie de sa fonction administrative et de service. Regroupant plus de vingt mille habitants, au contact de la Haute-Marche et du plateau de faible altitude qui s'étend de La Souterraine à Boussac, elle représente plus de 20 % de la population creusoise. Ancienne capitale politique et administrative des comtes de la Marche, préfecture aujourd'hui, elle concentre l'essentiel des activités tertiaires d'un département faiblement peuplé et encore mal urbanisé (P. Busutill, 1990).

Le cas d'Issoire est plus difficile à cerner. En effet, elle renforce sa position hiérarchique malgré la présence proche de Clermont-Riom. Nous pouvons voir, ici, sûrement, l'héritage du rôle traditionnel de ville-marché, de contact entre la montagne et les Limagnes du sud (P. Estienne, 1963). Ainsi, elle représente encore pour une bonne partie des petites Limagnes sud, pour le rebord oriental des monts Dore et occidental du Livradois, un centre de premier recours. Elle reste donc un véritable centre de services encore actif. De plus, Issoire bénéficie, sans doute, du rôle de lointaine banlieue clermontoise, lui permettant d'accueillir ou de maintenir des commerces et des services destinés à la satisfaction des besoins de la population « banlieusarde ».

3 - *Des évolutions hiérarchiques plus marquées pour les villes les moins peuplées*

Pour les villes et agglomérations de moins de dix mille habitants, les modifications de classement sont encore nombreuses et, surtout, les gains ou pertes de place souvent plus spectaculaires que pour le sommet de la hiérarchie (voir tableau n°26). Certaines villes pouvant gagner ou perdre jusqu'à dix-huit places, et plus ! Cette constatation nous amène à plusieurs interrogations. Les petites villes (moins de 10 000 habitants) sont-elles plus sensibles aux aires de chalandise et à leur dynamisme démographique, dans la mesure où elles disposent essentiellement de commerces ou services de proximité, à faible valeur ajoutée, et nécessitant donc une forte fréquentation régulière pour être rentable ? Existe-t-il une différence marquée entre des petites villes tertiaires pures qui bénéficient d'une tradition de relation avec leur espace proche, mais qui seraient également, de fait, plus sensibles au déclin des populations environnantes (en plus de celle de leur propre unité urbaine), des petites villes plus équilibrées avec une fonction industrielle ou touristique notable qui permettrait le maintien d'une masse de population suffisante (ou qui permettrait de bénéficier de la fréquentation, au moins saisonnière, d'une population extérieure) et enfin des petites villes trop « industrielles » avec un secteur tertiaire sous-représenté ?

Tab. 26 - Variation du niveau hiérarchique des unités urbaines de moins de 10 000 habitants

Anomalies positives	Anomalies négatives	Equivalence rang population/rang équipements
Argentat (+19) - Objat (+18) Bourganeuf (+16) - Luzy (+16) - Château Chinon (+15) - La Bourboule-Le Mont-Dore (+14) - Murat (+14) - La Souterraine (+13) - Uzerche (+11) - Bort-les-Orgues (+9) - Felletin (+9) - Riom-ès-M. (+9) - Egletons (+8) - Saint-Pourçain/S (+8) - Billom (+7) - Clamecy (+7) - Meymac (+7) - Eymoutiers (+5) - Aubusson (+4) - Aigueperse (+3) - Chambon/L. (+3) - Langeac (+3) - Cercy-la-Tour (+1) - Craponne/Arzon (+1).	Saint-Georges-de-Mons (-28) - Sainte-Sigolène (-19) - Rochechouart (-18) - Saint-Eloy-les-M. (-17) - La Machine (-17) - Saint-Didier-en-Velay (-15) - Saint-Léonard-de-Noblat (-14) - Lezoux (-11) - Varennes Allier (-10) - Bellac (-9) - Brassac-les-Mines (-8) - Saint-Yrieix-la-Perche (-8) - Dompierre-sur-Besbre (-7) - Courpière (-6) - Monistrol/L. (-6) - Cosne d'Allier (-4) - Decize (-4) - Puy-Guillaume (-4) Dunières (-3) - Mauriac (-3) - Prémery (-2) - Lapalisse (-1)	Ambert - Brioude - La Charité-sur-Loire - Le Dorat - Gannat - Yssingeaux

Source : Fichier « SIRENE » 1994   (-1), (+1) : Nombre de rangs perdu ou gagné
Classement par ordre dégressif

La répartition entre les unités urbaines qui connaissent une évolution positive et celles qui connaissent une évolution négative de leur classement est riche d'enseignement. En effet, les anomalies négatives concernent de façon très préférentielle trois types de villes ou agglomérations : les villes « industrielles » et les « pays noirs », les villes au centre d'espaces très dépeuplés et enfin les villes très proches de grandes agglomérations (voir fig. n°34).

<u>a - Les villes en « recul »</u>

• Les « pays noirs » et les villes « industrielles »

En premier lieu, les unités urbaines nées de l'extraction de matières premières (charbon) connaissent un déclin souvent accentué de leur positionnement hiérarchique. C'est le cas, par exemple, de Saint-Eloy-les-Mines, La Machine, Brassac-les-Mines. Nous nous trouvons donc ici devant une situation classique, propre à l'existence de véritables « pays noirs ». En effet, l'évolution de ces entités urbaines est proche de celle qu'ont connu les villes du Nord, à une échelle plus modeste et dans la mesure où la production est restée beaucoup plus faible. Ainsi, se sont créés, autour des puits d'extraction, des agrégats d'habitations souvent mal structurés, avec un équipement embryonnaire au départ. Nous avons alors des villes qui ont connu une forte croissance au XIXe siècle (démographique et économique)[14]. Toutefois, elles se sont mal intégrées dans l'espace, avec des aires de chalandise réduites. En effet, elles représentent souvent un simple lieu de travail où se sont développés des commerces de proximité, de première nécessité, mais l'essentiel des équipements tertiaires se concentrent dans d'autres villes proches (Decize pour La Machine, Issoire pour Brassac-les-Mines). Le cas de Saint-Eloy-les-Mines est un peu différent, car plus isolée dans la Basse Combraille, l'accroissement de la population liée à l'extraction charbonnière a davantage favorisé le développement des commerces et des services sur place (c'est le cas, par exemple, des services bancaires).

De même, en second lieu, nous trouvons dans ces évolutions très négatives de véritables « kystes » industriels, dont les exemples les plus nets sont Saint-Georges-de-Mons et Dompierre-sur-Besbre[15]. Effectivement, à la suite d'une réussite personnelle ou d'une délocalisation stratégique, ces unités urbaines ont vu s'installer une grande industrie leur permettant de gonfler leur chiffre de population, sans pour autant provoquer un fort développement des commerces et des services, et ce pour plusieurs raisons. Tout d'abord les populations qui viennent s'installer à proximité de ces usines appartiennent, le plus souvent, aux catégories socioprofessionnelles les plus modestes (ouvriers, employés), et ont donc un pouvoir d'achat limité. De plus, ces villes n'ont pas de rôle traditionnel de centre recours pour les populations environnantes qui s'adressent à d'autres centres, surtout dans le cas de Saint-Georges-de-Mons.

Quoi qu'il en soit la question de la place de ces centres (« kystes » industriels ou « pays noirs »), suffisamment peuplés pour être qualifiés de villes, mais avec un équipement très faible, induisant une aire de chalandise très limitée, dans les réseaux urbains se pose.

• Des villes trop proches de grandes agglomérations[16] ?

Il y a également un certain nombre d'unités urbaines, proches géographiquement d'agglomérations de plus grande taille, qui subissent, probablement, les effets d'une concurrence inégale. C'est le cas notamment de certaines pour lesquelles nous nous étions posé la question de savoir s'il fallait les intégrer précisément dans la grande agglomération proche. Il en est ainsi de Saint-Léonard-de-Noblat par rapport à Limoges, de Courpière vis-à-vis de Thiers, de Lezoux par rapport à Clermont-Riom ou de Monistrol-sur-Loire, Sainte-Sigolène, Saint-Didier-en-Velay avec Saint-Etienne. De même, une ville comme Bellac rentre dans ce cas de figure, puisqu'elle est finalement très proche de Limoges et, dans une moindre mesure, de Poitiers, et elle subit la concurrence de petits centres locaux comme La Souterraine et Montmorillon, par exemple. Le véritable problème de ces petits centres est qu'ils ne peuvent disposer d'une aire de chalandise étendue, et ce d'autant plus que la population est motorisée et que le recours aux plus grandes villes est souvent direct (c'est-à-dire qu'il s'effectue même pour des besoins courants).

• Des villes au centre d'espaces trop dépeuplés[17] ?

Certaines petites villes isolées souffrent probablement d'un espace environnant désormais trop dépeuplé, comme c'est le cas de Mauriac dans les monts du Cantal. De plus, celle-ci doit compter, à l'Est et au Nord, sur des petits centres qui parviennent également à attirer une partie d'une population déjà fort rare. C'est le cas de Bort-les-Orgues et Riom-ès-Montagnes. Quant au sud et à l'ouest de Mauriac, les densités sont infimes (voir fig. n°34).

Enfin, pour comprendre l'évolution hiérarchique négative de certains centres urbains, il faut également tenir compte de la baisse intrinsèque du nombre de commerces et de services, correspondant le plus souvent à une réadaptation, choisie ou spontanée, par rapport aux besoins réels des populations locales. Toutefois, celle-ci a été plus ou moins efficace en fonction de l'importance de l'évasion vers les centres de plus haut niveau, et du maintien d'un tissu humain suffisant. Bellac, par exemple, qui était le prototype de la ville-marché au XIXe siècle avec des foires actives, a vu celles-ci progressivement disparaître, avec une grande partie des commerces et des services qui profitaient de ces grands rassemblements réguliers. La population aujourd'hui ne se maintient, difficilement, qu'avec l'arrivée de retraités, donnant ainsi un caractère tout à fait artificiel à la situation d'aujourd'hui qui risque fort de se dégrader encore dans l'avenir.

b - Les villes qui connaissent des anomalies positives : dynamisme actuel ou héritage d'un passé

• Le tourisme comme source majeure de dynamisme

En ce qui concerne les anomalies positives, nous nous trouvons devant deux situations. La première est celle de La Bourboule-Le Mont-Dore qui profite pleinement de son activité thermale et touristique (C. Jamot, 1988). Ainsi, cet ensemble urbain représente-t-il un fort pôle commercial, voire de service, et bénéficie, à son échelle, des mêmes avantages que Vichy. Il y a une véritable dynamique propre à cette petite ville, liée au tourisme d'été et d'hiver. Avec un commerce ou un service pour huit habitants, et même en tenant compte de l'aire de chalandise qui ne peut s'étendre que sur des espaces dépeuplés (voir fig. n°34), elle bénéficie là d'un niveau d'équipements remarquable, adapté à une population « gonflée » pendant les deux saisons touristiques.

• Des petits centres tertiaires classiques

Les autres unités urbaines correspondent à des centres d'échanges traditionnels concentrant l'essentiel des équipements tertiaires de leur espace environnant, souvent également dynamique. C'est le cas notamment pour La Souterraine et Bort-les-Orgues. Dans la petite ville creusoise (P. Busutill, 1990), les commerces et les services ont assez bien résisté aux difficultés économiques (fermeture du groupe de dimension internationale, M. de Fursac : fabrique de vêtements) grâce au maintien de son aire de chalandise. Il y a, ici, une source de réelle fragilité, dans la mesure où l'évasion vers Limoges et Guéret est très forte (et ce de plus en plus) avec l'amélioration importante des voies de communication qui rapprochent ces deux villes (RCEA, A20). Toutefois, La Souterraine profite encore d'une activité touristique d'été et de week-ends grâce aux résidences secondaires des Parisiens. Quant à Bort-les-Orgues (G. Bouet, 1983), située aux confins de l'Auvergne et du Limousin, elle fut, dès le XVe siècle, un traditionnel centre d'échanges avec des foires réputées. Cette fonction n'existe plus aujourd'hui, mais Bort reste le centre de premier recours pour un espace environnant proche qui est « à cheval » sur trois départements. Ceci permet le maintien d'un bon niveau d'équipements tertiaires. De plus, comme La Souterraine, elle peut bénéficier, en été, d'une petite activité touristique en liaison avec le plan d'eau créé par le barrage sur la Dordogne, ou la visite du château de Val. Enfin, notons que Bort-les-Orgues compte beaucoup sur la réalisation de l'A89 pour rompre une situation jugée longtemps trop à l'écart des principaux axes de communication et qui la rend trop dépendante de son aire de rayonnement proche. On oublie probablement ici que les autoroutes favorisent toujours les plus grandes villes et que, l'A89 rapprochant Clermont-Riom ou même Brive, l'évasion risque de se renforcer considérablement même en premier recours, et donc la clientèle pourrait se faire plus rare.

Notons, enfin, que des unités urbaines appartenant à des espaces « pauvres » comme Felletin, Riom-ès-Montagnes, Langeac, Luzy ou Château-Chinon voient leur position, en matière de commerces et de services, se renforcer par rapport à celle obtenue par leur chiffre de population. Ceci s'explique par le fait qu'elles représentent, le plus souvent, le seul pôle encore actif et concentrent l'essentiel des commerces et services nécessaires à la survie de leur espace environnant. Nous retrouvons, ici, un problème général en moyenne montagne et dans les espaces peu denses, à savoir que les noyaux tertiaires (qui concentrent les commerces et services de première nécessité) ne sont pas forcément des noyaux importants de population, dans la mesure où le nombre de commerces et de services est fonction non seulement de la population locale, mais surtout de l'aire desservie (N. Mathieu et P. Duboscq, 1985).

Ainsi, un centre « isolé », représentant le premier recours de la population sur un espace étendu, peut disposer d'un équipement de base d'une importance sans commune mesure avec le nombre de ses habitants. A l'analyse de l'annexe n°7, on constate aisément que les villes précédemment citées ont un rapport, entre la population de leur unité urbaine et le nombre d'équipements qu'elles offrent, très réduit (1 commerce ou service pour 12 habitants à Luzy ou Château-Chinon, par exemple !)

En synthèse, nous pouvons dresser une typologie des évolutions, en distinguant trois tendances fortes. En effet, on constate tout d'abord que les villes, où l'activité industrielle est fortement représentée (celles que l'on a déjà qualifiées d'« industrielles » ou d'« industrialisées »), connaissent un déclin hiérarchique dès lors que l'on analyse le nombre de commerces et de services. Nous pouvons même ajouter que plus l'activité industrielle occupe une place importante (notamment en termes de part de la population active employée dans le secondaire) plus le déclin est accentué (Saint-Georges-de-Mons, par exemple). Nous pouvons classer dans la même catégorie les « pays noirs » (La Machine, Saint-Eloy-les-Mines). A l'opposé, nous trouvons des villes « tertiaires » pures (Luzy, Langeac, La Bourboule-Le Mont-Dore). Celles-ci enregistrent, très majoritairement, une augmentation de leur rang hiérarchique grâce au nombre de leurs commerces et de leurs services par rapport à celui issu de leur seul chiffre de population. Cette croissance est d'autant plus nette que la ville est de petite taille. Elle est alors, avant tout, un lieu d'achats pour des besoins de première nécessité, sur un espace étendu, avant d'être un lieu de concentration de la population. Enfin, en position intermédiaire, nous trouvons des villes « équilibrées » (les secteurs secondaire et tertiaire occupent une place conforme à la moyenne nationale en termes de population active) qui présentent également un « équilibre » entre les commerces et les services offerts et la population desservie.

Par rapport à ces modèles d'évolution hiérarchique, il existe trois éléments « perturbateurs » qui peuvent modifier le rapport entre le niveau d'équipement et la population desservie théoriquement. Le premier, sans ordre d'importance particulier, est celui de la « santé » démographique et économique des aires d'influence. En effet, de fortes densités dans l'espace environnant proche favorisent un bon niveau d'équipement (dans ce domaine, par exemple, Brive-la-Gaillarde est plus avantagée qu'Aurillac !). Dans le même ordre d'idée, être entouré d'un espace

«riche » (industrie diffuse, activité agricole de bon rapport, tourisme...)
est un atout indéniable qui influe là également sur le nombre de
commerces et de services présents dans la ville, mais aussi sur les types
d'équipements (pour prendre un autre exemple, La Souterraine est pour
cela, au moins, dans une situation géographique plus favorable
qu'Aubusson). Le deuxième est celui d'une situation de plus ou moins
grand isolement par rapport à d'autres villes de même niveau ou de
niveau supérieur. En effet, l'existence d'une concurrence, sur l'espace de
rayonnement proche, diminue la clientèle potentielle et empêche toute
extension de l'aire d'influence, notamment pour compenser la faiblesse
des densités. Si Aurillac peut étaler son aire d'attraction sur une grande
partie du Cantal, compensant, en partie au moins, les faibles densités, ce
n'est pas possible pour Moulins, par exemple. Enfin, un troisième
élément entre en jeu, il s'agit de la présence d'activités économiques
complémentaires et en particulier celle du tourisme. Il permet, en effet,
pour les villes qui en bénéficient de maintenir un bon niveau
d'équipements par rapport à la population desservie directement et
régulièrement (La Bourboule-Le Mont-Dore, La Souterraine, Bort-les-
Orgues, Meymac...).

4 - La carte des services rendus à l'espace par les unités urbaines

a - La bonne tenue générale des petites unités urbaines

Si nous reprenons la problématique du service rendu à l'espace,
avec le nombre d'équipements offert par habitant, la lecture de la carte de
la présence urbaine est à nouveau enrichie (voir figure n°35). Nous avons
souvent un véritable négatif de la carte des masses de population. En
effet, nous constatons que les petites unités urbaines, celles des régions
les plus rurales comme les monts du Cantal, la Montagne limousine, les
plateaux creusois, offrent un niveau d'équipement très élevé en regard de
leur population (voir annexe n°6). Elles sont apparemment en situation de
suréquipement, par rapport à la moyenne urbaine, et on peut penser alors
qu'elles le sont dans la mesure où elles desservent des espaces étendus
peut-être de faible densité, mais qui offrent une masse certaine de support
à leurs activités. Ainsi, l'encadrement urbain de ces espaces est-il correct
et la ville se replace mieux en fonction de son efficacité de desserte
tertiaire. Le rôle traditionnel de ces petites villes-centres est bien réel,
comme pour Luzy, Prémery, Langeac, Argentat, Chambon-sur-Lignon,

Fig. n° 35 : Equipements tertiaires et population
(nombre d'habitants par unité de commerces et de services
dans les villes du nord du Massif Central)

Les cercles sont donc fonction de l'intensité de la desserte extérieure qui est d'autant plus élevée que le nombre d'habitants pour un commerce ou un service est réduit.

Source : fichier «SIRENE» 1994 RGP 1990

Murat, Riom-ès-Montagnes... A côté, nous pouvons évoquer, pour d'autres unités urbaines « suréquipées », l'intervention de facteurs exogènes comme l'activité touristique (dont la présence de nombreuses résidences secondaires), par exemple à La Bourboule-Le Mont-Dore. Celle-ci est également, pour un certain nombre de villes, associée à une fonction industrielle non négligeable (Aubusson, La Souterraine, Clamecy, Egletons, Saint-Pourçain/Sioule...)

En fait, nous avons une véritable inversion des valeurs qui replace la ville par rapport à son espace environnant. Le nombre d'équipements offert par habitant est ici beaucoup plus élevé que dans les espaces où les villes sont nombreuses avec des densités de population fortes (plaines, vallées). Toutefois, n'oublions pas que, dans ce dernier cas, l'offre étant éclatée entre plusieurs agglomérations, de taille démographique importante (axe de l'Allier, de la Loire, vallée de la Corrèze, Bourbonnais...), la desserte de l'espace reste plus satisfaisante. Si nous prenons l'exemple de la vallée de l'Allier entre Langeac et Saint-Pourçain-sur-Sioule, l'ensemble des unités urbaines offre une moyenne d'un équipement pour vingt habitants seulement de l'espace concerné, alors que pour la Montagne limousine et le plateau de Millevaches, les unités urbaines n'offrent, en fait, qu'un équipement pour quarante-cinq personnes.

b - Quelques régions semblent pourtant moins bien desservies par les petites villes locales

Nous constatons donc que l'espace nord du Massif central bénéficie d'un encadrement urbain de bon niveau (sans présager toutefois de l'attraction spatiale réelle, sur le terrain, ni de leur niveau qualitatif). Quelques régions semblent malgré tout en marge, voire handicapées, par la faiblesse quantitative des équipements tertiaires que leurs villes offrent à l'espace environnant et sont donc, sans aucun doute, dépendantes de centres plus équipés qui ne sont pas à proximité immédiate. C'est le cas, par exemple, des plateaux du nord de la Haute-Vienne (Basse Marche) avec les deux petites villes de Bellac et du Dorat, ou des plateaux sud-occidentaux du même département avec Saint-Yrieix et Rochechouart. Ici, les villes présentent un niveau d'équipement proche de la moyenne (1 commerce ou service pour 30 habitants environ). Nous l'avons déjà vu, l'explication majeure tient à l'absence de retombée commerciale importante, d'aire d'influence, et ce en raison de la proximité de Limoges. En fait, ici, l'explication tient à la présence trop proche de Limoges. Nous retrouvons le même phénomène avec Clermont-Riom. Ainsi, en Combraille, St-Eloy-les-Mines et St-Georges-de-Mons doivent-elles composer avec une aire d'influence réduite en raison de la forte polarisation exercée par Clermont, ou même par Montluçon dans sa partie nord.

Nous trouvons, à la lecture de la figure n°35, la confirmation que les petites villes, qui offrent un faible nombre d'équipements par habitants correspondent aux principaux centres industriels comme La Machine, Saint-Junien, Rochechouart, Brassac-les-Mines, Saint-Eloy-les-Mines, les villes du Thiernois et Sigolénois. En fait, dans ces cas de figure, leur « masse » relative de population desservie a été apportée sur place par l'industrie. Mais trop proches de villes plus grandes, et entourées d'espaces peu peuplés, le développement des commerces et des services est resté modeste au regard des seuls chiffres de population de leur unité urbaine, faisant quelquefois figure de « kystes » industriels isolés. Ainsi, se pose une nouvelle fois la question de savoir quel sera le niveau hiérarchique de ces villes sous-équipées ?

Nous avons donc, dans un premier temps, étudié la structure quantitative des unités urbaines pour faire apparaître celles qui ont le potentiel attractif le plus important, dans la mesure où elles offrent la plus grande diversité de choix. Toutefois, cette approche quantitative de la structure d'équipements des villes et agglomérations ne peut être suffisante, même si elle est déjà très enrichissante. En fait, pour mesurer avec plus d'exactitude les possibilités de rayonnement des centres urbains du nord du Massif central, il est un indicateur essentiel que nous devons analyser. En effet, plus encore que la quantité, c'est la qualité, et en particulier la rareté, des équipements tertiaires qui induit le plus souvent l'espace de commandement et surtout qui influe sur l'étendue de celui-ci. En effet, une offre de commerces et services banaux, peu différents de ceux que l'on trouve dans des centres locaux (bourgs-centres), a de fortes chances de se traduire par une influence fort réduite même si elle est étoffée quantitativement. A l'inverse, la présence d'un équipement rare (à échelle régionale) risque d'accroître considérablement l'aire d'attraction de l'unité urbaine concernée dans ce cadre géographique.

B - La nécessaire approche qualitative

Dans cette phase, nous avons, banalement, multiplié le nombre de postes de chaque type de commerces ou de services par le coefficient retenu (voir annexes n°7 et n°8). Ensuite, nous avons additionné les totaux des différents équipements tertiaires au niveau de chacune des unités urbaines. Le résultat donne ainsi un indice tertiaire pondéré. C'est ce dernier qui est indiqué sur le tableau de l'annexe n°8. A l'observation des ruptures dans la décroissance des totaux obtenus sur le tableau (c'est-à-dire une accélération dans la chute des indices pondérés obtenus par chaque unité urbaine), nous pouvons isoler cinq niveaux. Ainsi, les deux agglomérations les mieux équipées obtiennent-elles plus de dix mille points-indices. Ensuite, deux autres unités urbaines se situent dans la fourchette cinq mille à dix mille points. Entre deux mille cinq cents et cinq mille points, nous trouvons sept villes ou agglomérations, huit entre mille et deux mille cinq cents, et enfin cinquante d'entre elles ont moins de mille points.

L'étude des points-indices (voir annexe n°8) nous permet d'observer que la hiérarchie, issue de l'analyse quantitative des équipements tertiaires, est ici en grande partie respectée. Ce sont effectivement les mêmes villes ou agglomérations qui dominent la nouvelle grille, de par la qualité de leurs commerces ou services. Toutefois, l'analyse comparée des deux tableaux en annexes (n°6 et n°8) nous montre que toutes les unités urbaines ne gardent pas le même rang de classement. Ainsi, certaines d'entre elles s'affirment davantage par la rareté des équipements tertiaires, dont elles disposent, que par le nombre de leurs équipements.

1 - Certaines villes appartenant aux niveaux supérieurs voient leur position se renforcer

Si les deux métropoles restent à nouveau sur leurs positions respectives, dans la mesure où Clermont-Riom domine toujours très nettement Limoges, il n'en est pas de même pour certaines villes moyennes comme Aurillac et Montluçon. En système indiciaire, la préfecture du Cantal égale qualitativement l'agglomération du bassin du Cher, alors qu'elle a trente mille habitants de moins. La fonction administrative a ici permis la concentration de services publics moins bien représentés dans une sous-préfecture. Si quantitativement les deux agglomérations présentent le même nombre de services publics, collectifs et sociaux (voir tableau n°27), Aurillac obtient un total de points-indices un peu plus élevé, grâce notamment à plus de postes dans le domaine de l'assainissement et la gestion des déchets, ou encore pour les activités associatives. Or, le premier est affecté d'un coefficient 6 et le second de 2. Montluçon connaît également des insuffisances qualitatives, comparativement à Aurillac, dans le domaine des assurances et des postes et télécommunications. Dans ce dernier cas, le chef-lieu du Cantal bénéficie pleinement de la présence de services départementaux. Mais, il n'y a pas que dans le domaine à dominante public qu'Aurillac dépasse qualitativement Montluçon. Effectivement, nous trouvons plus de services rendus aux entreprises dans la préfecture du Cantal. C'est le cas notamment pour les activités informatiques, la Recherche-Développement. Cette constatation peut surprendre, au premier abord, dans la mesure où les entreprises, surtout industrielles, sont nettement plus nombreuses et importantes dans l'agglomération bourbonnaise que dans l'agglomération cantalienne. Mais cette différence en faveur d'Aurillac se confirme lorsque l'on dresse un tableau sur différents postes inclus par l'INSEE (voir tab. n°28).

Ainsi, nous trouvons plus de postes à Aurillac pour la majorité des types de services, avec un écart confortable pour les activités comptables et celle de l'ingénierie et des études techniques. En fait, il n'y a que dans le domaine du travail temporaire que Montluçon domine nettement Aurillac, ce qui ne saurait surprendre dans une ville où l'industrie occupe traditionnellement une place plus importante. Toutefois, nous pouvons penser, en fonction de notre connaissance de terrain, que la faiblesse apparente de Montluçon dans le domaine des services rendus aux entreprises est le résultat de plusieurs imprécisions ou problèmes statistiques. Tout d'abord, si Aurillac bénéficie de la présence d'un plus grand nombre de services destinés aux Petites et Moyennes Entreprises, c'est qu'ils sont, en fait, plus proches de l'artisanat que d'une réelle activité entrepreneuriale de service. Mais d'autres hypothèses peuvent être avancées. Il faut tenir compte, pour Montluçon, d'une activité industrielle dépendante de groupes à dimension nationale ou internationale (publics ou privés) utilisant des services extérieurs à la ville ou, au contraire, internes aux entreprises, et donc comptabilisés dans le secteur secondaire. Ce dernier phénomène est d'autant plus important que les entreprises sont de grande taille, défavorisant de fait Montluçon. C'est aussi, probablement, le résultat de la présence d'entreprises traditionnelles vivant essentiellement sur leurs acquis et insuffisamment ouvertes sur les techniques modernes actuelles et d'avenir. Notons, enfin, que l'enclavement relatif d'Aurillac se traduit par un nombre plus important de services dans le domaine des transports et communications.

Tab. 27 - Comparaison de la structure d'équipements tertiaires

Liste des commerces et services	Aurillac		Montluçon	
	Nb équipements	Nb points	Nb équipements	Nb points
Commerces et services destinés aux particuliers				
50	97	388	88	352
51	122	244	125	250
52	502	502	558	558
55	150	300	217	434
93	92	184	123	246
Total	*963*	*1 618*	*1 111*	*1 840*
Activités financières				
65	28	112	31	124
66	19	114	12	72
67	32	128	33	132
Total	*79*	*354*	*76*	*328*
Activités immobilières				
70	275	275	238	238
Total	*275*	*275*	*238*	*238*
Services rendus principalement aux entreprises				
71	8	48	11	66
72	8	48	6	36
73	2	12	0	0
74	196	392	156	312
Total	*214*	*500*	*173*	*414*
Services publics, collectifs, sociaux				
75	73	292	44	176
80	90	360	110	440
85	305	305	358	358
90	3	18	2	12
91	144	288	101	202
92	67	268	67	268
99	0	0	0	0
Total	*682*	*1 531*	*682*	*1 456*
Transports et communications				
60	47	188	47	188
61	0	0	1	1
62	1	8	0	0
63	14	84	13	78
64	10	60	8	48
Total	*72*	*340*	*69*	*315*

Source : Fichier « SIRENE » (NAF 100) 1994 : agglomérations recomposées
* Pour la nomenclature correspondante aux numéros indiqués voir liste en annexe n°7.

Tab. 28 - Nombre absolu d'établissements appartenant à la rubrique : « services rendus principalement aux entreprises »

Nom des services	Montluçon	Aurillac
Activités juridiques	33	36
Activités comptables	19	27
Ingénierie, études techniques	10	16
Agences, conseil en publicité	5	4
Travail temporaire	6	2

Source : Fichier « SIRENE » (NAF 600)

2 - *Peu d'évolution hiérarchique pour les niveaux urbains inférieurs*

Pour les villes et agglomérations de trente mille à dix mille habitants, quelques évolutions dans le classement hiérarchique sont également observables. Ainsi, Saint-Junien occupe-t-elle, grâce à la qualité de ses équipements, un rang plus élevé, gagnant ainsi deux places. Ceci est essentiellement dû à la bonne tenue des services aux entreprises où elle dispose de plus de postes que Saint-Flour, par exemple. La présence industrielle, assez marquée dans cette petite ville, explique en grande partie ces résultats. Saint-Flour et Cosne-Cours-sur-Loire subissent, à l'inverse, une légère érosion de leur position, perdant chacune une place respectivement ; ce sont les unités urbaines de Brioude et de La Bourboule-Le Mont-Dore, appartenant aux villes et agglomérations de moins de dix mille habitants qui occupent dès lors le rang hiérarchique qu'elles abandonnent.

Pour la dernière catégorie urbaine (moins de 10 000 habitants), un tableau synoptique est nécessaire pour visualiser le bilan des modifications de classement. Ce dernier comprend seulement deux rubriques ; à savoir d'un côté les unités urbaines qui ont gagné une ou plusieurs places par rapport au classement issu de l'analyse quantitative, et de l'autre celles qui en ont perdu.

Tab. 29 - Evolution du classement des unités urbaines de moins de 10 000 habitants en fonction de leur structure qualitative d'équipements

Anomalie positive	Anomalie négative
Château-Chinon (+6) - Murat (+4) - Saint-Didier-en-Velay (+4) - Bellac (+3) - Langeac (+3) - Mauriac (+3) - Yssingeaux (+3) - Ambert (+2) - Cercy-la-Tour (+2) - Rochechouart (+2) - La Bourboule-Le Mont-Dore (+1) - Brioude (+1) - Chambon/L. (+1) - Dompierre-sur-Besbre (+1) - Dunières (+1) - Egletons (+1) - Meymac (+1) - Monistrol/L. (+1) - St-Pourçain/S. (+1) Varennes/A. (+1)	Bourganeuf (-5) - Luzy (-4) - Ste-Sigolène (-4) - Prémery (-3) - Puy-Guillaume (-3) - La Souterraine (-3) - Argentat (-2) - Bort-les-Orgues (-2) - Brassac-les-Mines (-2) - Charité/L (-2) - Clamecy (-2) – La Machine (-2) - Objat (-2) – Aubusson (-1) - Courpière (-1) – Lapalisse (-1) - Lezoux (-1) - Saint-Léonard-de-Noblat (-1) - Uzerche (-1)

Source : Fichier « SIRENE » 1994   (-1). (+1) : nombre de rangs gagné ou perdu

Dans l'ensemble, les modifications de classement sont modestes, puisque le maximum de places gagnées est de six pour Château-Chinon et celui de places perdues de cinq pour Bourganeuf. Ceci signifie que ces unités urbaines comprennent, en réalité, essentiellement des commerces ou services banaux, à faible coefficient de rareté, ce qui n'a rien de vraiment surprenant.

Il est malaisé de dresser une typologie des unités urbaines connaissant une anomalie positive. Toutefois, nous trouvons ici, majoritairement, les villes ou agglomérations ayant une activité touristique ou thermale (La Bourboule-Le Mont-Dore), celles qui appartiennent aux régions industrielles les plus dynamiques (Ambert, Monistrol/Loire, St-Didier-en-Velay, Yssingeaux...) et enfin celles qui sont situées sur les principaux couloirs de circulation internes du Massif central (St-Pourçain-sur-Sioule, Varennes-sur-Allier, Egletons...). Quelques unités urbaines, souvent plus isolées et appartenant à des régions plus rurales, comme les plateaux de la Marche, les monts du Cantal, la Sologne bourbonnaise, le plateau de Millevaches, parviennent également à gagner quelques places (Bellac, Mauriac, Dompierre-sur-Besbre, Meymac...). Ceci s'explique surtout par le fait que leur rôle traditionnel de petite ville-centre leur permet de garder quelques commerces ou services plus rares à l'échelle régionale. Elles s'opposent en cela à d'autres unités de même niveau démographique et d'équipement tertiaire quantitativement équivalent, mais dont le rôle de centre de premier recours est peut-être moins affirmé, ou atténué par la proximité d'une ville de niveau supérieur.

Les unités urbaines qui connaissent une anomalie négative correspondent à d'autres cas de figure. Ainsi, certaines sont handicapées par une localisation trop proche d'une ville ou agglomération, de niveau supérieur, concentrant les commerces et les services les plus rares (Lezoux, Aubusson, La Souterraine, Saint-Léonard-de-Noblat, Prémery, Puy-Guillaume...). D'autres unités urbaines sont affaiblies par une situation dans un espace à trop faible densité où seuls les équipements les plus courants, et les plus souvent utilisés par la clientèle urbaine et rurale, peuvent se maintenir (comme à Argentat).

En fait, la différence majeure dans les classements hiérarchiques des unités urbaines du nord du Massif central se situe principalement entre celui issu du nombre d'habitants et celui lié aux masses tertiaires. L'application d'une pondération n'introduit que des nuances. Par contre, à la lecture des annexes n°6 et n°8, un phénomène apparaît clairement : il s'agit de la métropolisation, dans la mesure où une forte concentration des équipements tertiaires se fait dans les métropoles régionales qui dominent alors très nettement les autres villes et agglomérations de leur région. Ainsi, Clermont-Riom, avec une population quatre fois supérieure en nombre à celle de la deuxième ville de la région Auvergne, à savoir Montluçon, creuse-t-elle l'écart dès lors que l'on s'intéresse au nombre de commerces et de services, puisqu'elle en compte cinq fois et demi plus. Cette différence se maintient avec la prise en compte du niveau qualitatif. Cette fois, c'est Vichy qui présente l'écart le plus modéré avec la métropole régionale, mais celui-ci reste dans le même ordre de grandeur que celui observé avec Montluçon.

La métropolisation semble plus limitée en Limousin. Limoges ne compte qu'un peu moins du triple de la population de Brive-la-Gaillarde, deuxième ville de la région. Mais l'écart quantitatif en équipements est plus faible, puisque la métropole régionale n'a, environ, qu'une fois et demie plus de commerces et de services. Toutefois, cette différence s'accroît très légèrement (1,7 fois plus) quand on prend en compte la qualité des équipements tertiaires. Donc, Brive-la-Gaillarde « résiste » bien à la concentration des services de niveau supérieur (plus rares) à Limoges. Elle bénéficie aussi sûrement d'un relatif « isolement », vis-à-vis d'agglomérations de poids démographique équivalent (Périgueux, Aurillac).

3 - La carte de la qualité des services rendus à l'espace par les villes

La carte sur la qualité des services rendus par les villes à l'espace (voir fig. n°36), c'est-à-dire sur le nombre de points-indices ramené à la population de l'agglomération, nous apporte deux enseignements riches d'intérêt. En premier lieu, nous constatons que l'écart entre les différents niveaux de villes ou agglomérations s'est considérablement amenuisé (pour se réduire, probablement, à zéro si l'on intègre les aires d'influence), notamment en comparaison des résultats obtenus avec l'approche quantitative des équipements tertiaires. Cela signifie que ce sont bien les plus grandes agglomérations qui concentrent les commerces ou services les plus rares. Mais les petites villes se maintiennent à un niveau relatif élevé au plan qualitatif. C'est le signe de l'existence de petites villes extraverties, ayant adapté leur équipement tertiaire à une aire de chalandise fortement peuplée au XIXe siècle. Le déclin démographique de celle-ci posant d'ailleurs le problème du maintien des équipements et de l'évolution hiérarchique future de ces petites villes. Quelques petites villes présentent, cependant, un rapport entre leur nombre de points-indices et celui des habitants desservis plus faible. Nous trouvons dans ce cas de figure les villes, sans ou avec peu d'espace de chalandise, déjà observées pour l'analyse quantitative (Mauriac, Saint-Georges-de-Mons, Saint-Eloy-les-Mines...).

En conclusion, nous constatons que, comme pour l'approche quantitative, le nord du Massif central est caractérisée par un bel équilibre entre la qualité des commerces et services offerts par les villes et la population desservie (agglomération et aire de chalandise). En fait, tout se passe comme si, plus la ville a une population importante (par rapport à son propre poids démographique) à satisfaire, plus elle a de chances d'avoir des commerces ou services rares.

Ainsi, après avoir déterminé et comparé les classements hiérarchiques des unités urbaines de notre espace d'étude, issus de l'analyse de leur poids démographique, du nombre de leurs commerces et services, et enfin du degré de rareté de ceux-ci, il convient maintenant de compiler les résultats obtenus pour dresser une grille des niveaux urbains présents et proposer une appellation pour chacun d'entre eux.

C - Une représentation complète de tous les niveaux urbains

1 - Le croisement des critères d'analyse urbaine

a - L'utilisation d'une matrice ordonnée

Dans la mesure où la définition des niveaux urbains du nord du Massif central doit résulter du croisement de différents critères d'analyse, nous avons choisi d'utiliser une matrice ordonnée qui prendra en compte les trois niveaux d'étude définis préalablement ; à savoir : le nombre d'habitants, celui des commerces et des services et la structure qualitative des équipements tertiaires.

Pour aboutir à la matrice ordonnée (voir fig. n°37), nous avons réalisé trois graphiques de répartition destinés à définir des seuils. Le premier concerne le nombre d'habitants des unités urbaines, le deuxième, le nombre des commerces et des services et le troisième, le nombre de points-indices. Lors de la lecture de chaque représentation graphique nous avons pu observer huit paliers visuels, c'est-à-dire des zones de rupture dans la décroissance des données chiffrées. Chacun d'entre eux nous a permis de définir des niveaux notés de 1 à 8 (prenant en compte les résultats les plus élevés aux résultats les plus faibles) pour chaque critère d'analyse (voir tableau n°30). A chaque niveau a été attribué un figuré identique pour les trois graphiques (voir légende de la fig. n°37).

Fig. n° 36 : Qualité des équipements tertiaires et population

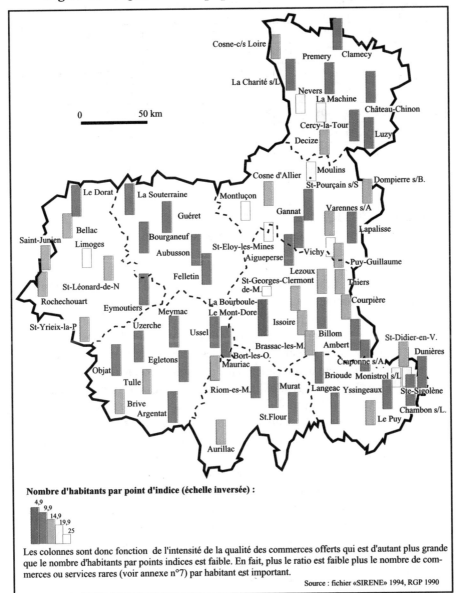

Nombre d'habitants par point d'indice (échelle inversée) :

4,9
9,9
14,9
19,9
25

Les colonnes sont donc fonction de l'intensité de la qualité des commerces offerts qui est d'autant plus grande que le nombre d'habitants par points indices est faible. En fait, plus le ratio est faible plus le nombre de commerces ou services rares (voir annexe n°7) par habitant est important.

Source : fichier «SIRENE» 1994, RGP 1990

Tab. 30 - Les seuils de définition des niveaux

Niveau	Nombre d'habitants	Nombre de commerces et services	Nombre de points-indices
1	plus de 200 000	plus de 5 000	plus de 10 000
2	entre 65 000 et 100 000	entre 2 500 et 5 000	entre 5 000 et 10 000
3	entre 35 000 et 65 000	entre 1 000 et 2 500	entre 2 500 et 5 000
4	entre 10 000 et 35 000	entre 750 et 1 000	entre 1 000 et 2 500
5	entre 8 000 et 10 000	entre 400 et 750	entre 800 et 1 000
6	entre 5 200 et 8 000	entre 280 et 400	entre 650 et 800
7	entre 3 500 et 5 200	entre 175 et 280	entre 375 et 650
8	entre 2 000 et 3 500	moins de 175	moins de 375

b - La détermination des groupes de villes en fonction des niveaux qu'elles occupent (pour les trois critères de définition)

Par regroupement des différents niveaux, auxquels appartient chacune des unités urbaines dans les trois domaines d'observation (nombre d'habitants, de commerces et services, qualité des équipements), la matrice permet d'opérer des rapprochements entre celles qui présentent un profil proche et ainsi de déterminer sept catégories, ou groupes de villes.

• Le premier groupe comprend les deux métropoles régionales qui appartiennent au niveau un quel que soit le critère d'analyse retenu.

• Le deuxième groupe inclut quatre agglomérations, préfectures ou sous-préfectures. Ces quatre unités urbaines appartiennent au niveau deux par l'importance démographique et le nombre de commerces et services et au niveau deux ou trois par la structure qualitative des équipements.

• Nous trouvons ensuite, pour le troisième groupe, cinq préfectures (Aurillac, Le Puy, Moulins, Tulle et Guéret) qui sont de niveau trois ou quatre pour la population et la masse tertiaire et trois par la qualité des commerces et services.

• Le quatrième groupe comprend six villes ou agglomérations qui appartiennent au niveau quatre pour la population et quatre ou cinq pour les équipements tertiaires.

• Le cinquième groupe est beaucoup plus étoffé, puisqu'il compte onze unités urbaines de niveau cinq, six ou sept pour le nombre d'habitants et cinq ou six pour les équipements tertiaires.

Fig. 37 - Matrice ordonnée

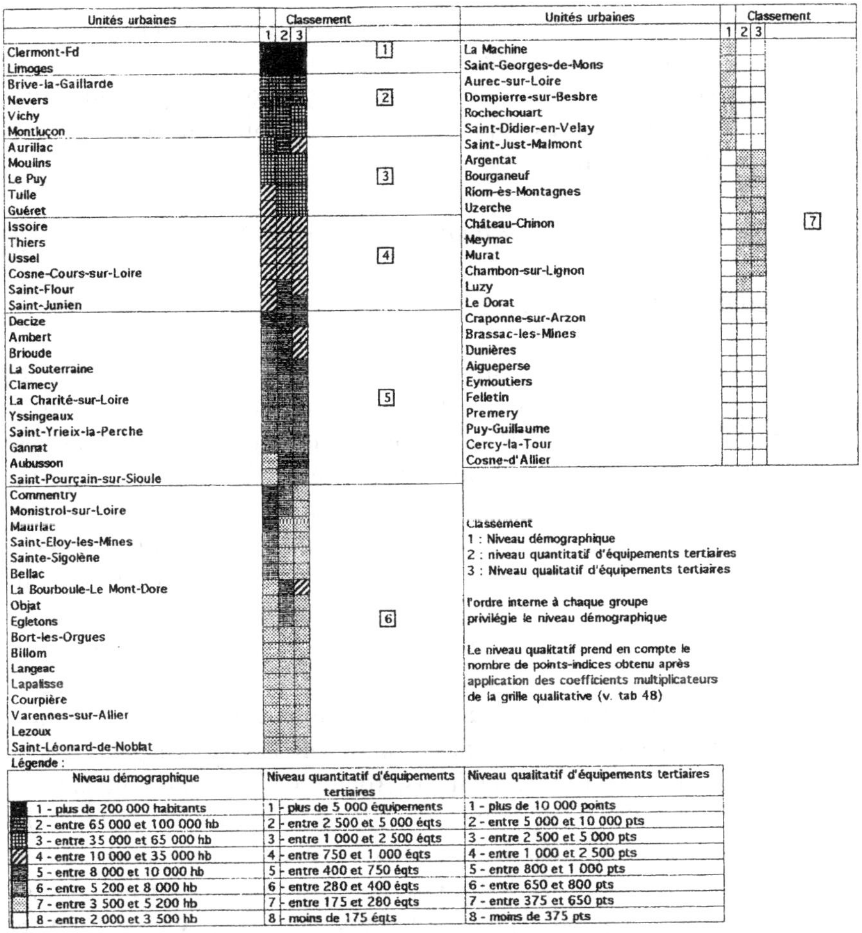

Unités urbaines	Classement 1 2 3		Unités urbaines	Classement 1 2 3
Clermont-Fd	[1]		La Machine	
Limoges			Saint-Georges-de-Mons	
Brive-la-Gaillarde			Aurec-sur-Loire	
Nevers	[2]		Dompierre-sur-Besbre	
Vichy			Rochechouart	
Montluçon			Saint-Didier-en-Velay	
Aurillac			Saint-Just-Malmont	
Moulins			Argentat	
Le Puy	[3]		Bourganeuf	
Tulle			Riom-ès-Montagnes	
Guéret			Uzerche	
Issoire			Château-Chinon	[7]
Thiers			Meymac	
Ussel	[4]		Murat	
Cosne-Cours-sur-Loire			Chambon-sur-Lignon	
Saint-Flour			Luzy	
Saint-Junien			Le Dorat	
Decize			Craponne-sur-Arzon	
Ambert			Brassac-les-Mines	
Brioude			Dunières	
La Souterraine			Aigueperse	
Clamecy			Eymoutiers	
La Charité-sur-Loire	[5]		Felletin	
Yssingeaux			Premery	
Saint-Yrieix-la-Perche			Puy-Guillaume	
Gannat			Cercy-la-Tour	
Aubusson			Cosne-d'Allier	
Saint-Pourçain-sur-Sioule				
Commentry				
Monistrol-sur-Loire				
Maurlac				
Saint-Eloy-les-Mines				
Sainte-Sigolène				
Bellac				
La Bourboule-Le Mont-Dore				
Objat				
Egletons	[6]			
Bort-les-Orgues				
Billom				
Langeac				
Lapalisse				
Courpière				
Varennes-sur-Allier				
Lezoux				
Saint-Léonard-de-Noblat				

Classement
1 : Niveau démographique
2 : niveau quantitatif d'équipements tertiaires
3 : Niveau qualitatif d'équipements tertiaires

l'ordre interne à chaque groupe
privilégie le niveau démographique

Le niveau qualitatif prend en compte le
nombre de points-indices obtenu après
application des coefficients multiplicateurs
de la grille qualitative (v. tab 48)

Légende :

Niveau démographique	Niveau quantitatif d'équipements tertiaires	Niveau qualitatif d'équipements tertiaires
1 - plus de 200 000 habitants	1 - plus de 5 000 équipements	1 - plus de 10 000 points
2 - entre 65 000 et 100 000 hb	2 - entre 2 500 et 5 000 éqts	2 - entre 5 000 et 10 000 pts
3 - entre 35 000 et 65 000 hb	3 - entre 1 000 et 2 500 éqts	3 - entre 2 500 et 5 000 pts
4 - entre 10 000 et 35 000 hb	4 - entre 750 et 1 000 éqts	4 - entre 1 000 et 2 500 pts
5 - entre 8 000 et 10 000 hb	5 - entre 400 et 750 éqts	5 - entre 800 et 1 000 pts
6 - entre 5 200 et 8 000 hb	6 - entre 280 et 400 éqts	6 - entre 650 et 800 pts
7 - entre 3 500 et 5 200 hb	7 - entre 175 et 280 éqts	7 - entre 375 et 650 pts
8 - entre 2 000 et 3 500 hb	8 - moins de 175 éqts	8 - moins de 375 pts

[6] Numéro du groupe auquel appartiennent les unités urbaines (voir fig. n° 54)

Sources : R.G.P. 1990, Fichier "SIRENE" 1994

• Beaucoup plus nombreuses sont les villes ou agglomérations qui appartiennent au sixième groupe, puisque nous pouvons en dénombrer pas moins de seize, avec un niveau cinq, six ou sept pour les trois domaines d'observation[18].
• Dans le septième groupe, nous trouvons vingt-cinq unités urbaines. Toutes sont de niveau sept ou huit pour les trois critères d'analyse.

2 - La définition des niveaux urbains

<u>a - La terminologie proposée</u>

A partir de ces regroupements, nous pouvons proposer des appellations pour définir les niveaux urbains que nous observons sur le nord du Massif central. Celles-ci s'appuieront sur nos bases d'analyse (démographie et équipements tertiaires). D'abord, le poids démographique où nous pouvons opérer quatre distinctions, en fonction du regroupement des différents niveaux précédemment définis et correspondant à des seuils de population. Ainsi, le niveau un, plus de deux cent mille habitants correspond à des « grandes » villes ; les niveaux deux et trois aux villes « moyennes », c'est-à-dire entre trente-cinq mille et cent mille habitants ; les niveaux quatre et cinq aux « petites villes », soit entre huit mille et trente-cinq mille habitants ; enfin les niveaux six et sept regroupent les « unités urbaines de base » de la hiérarchie et ont donc entre deux mille et huit mille habitants. Toutefois, il est clair que la place occupée par les villes ou agglomérations dans un réseau urbain n'est pas fonction de leur seul poids démographique, mais également du niveau quantitatif et qualitatif de leurs équipements. La deuxième base de définition est donc celle de la masse tertiaire dans laquelle nous trouvons des nuances fondées soit sur la quantité, soit sur la qualité. Selon une méthode identique à celle utilisée pour la définition des niveaux en fonction des chiffres de population, pour ce qui est du nombre de commerces et de services, nous pouvons également mettre en évidence quatre niveaux : il est logique de parler de « grandes » villes pour celles qui disposent de plus cinq mille unités commerciales ou de services (et plus de 10 000 points-indices) ; les villes « moyennes » ont alors entre mille et cinq mille commerces ou services (et entre 2 500 et 10 000 points) ; les « petites » villes comptent, quant à elles, entre deux cents et six cents commerces ou services (et entre 650 et 2 000 points) ;

enfin les villes qui ont moins de deux cents commerces ou services (et moins de 500 points-indices) appartiennent à une catégorie que l'on peut appeler « unités urbaines de base »

Au total, nous définirons comme grandes villes, Clermont-Riom et Limoges, à savoir les deux métropoles régionales, dans la mesure où les deux bases de définition montrent une appartenance aux plus hauts niveaux. Les deux agglomérations sont à la fois les plus peuplées, les plus équipées et les mieux équipées. La difficulté ne porte guère sur ce niveau.

La deuxième appellation que l'on peut proposer est celle de villes moyennes. Elles se situent immédiatement après le niveau précédent quant à l'importance des trois critères de définition (nombre d'habitants, de commerces et de services, qualité des équipements), pour lesquels elles se situent le plus souvent au niveau deux ou trois (voir tableau n°31). Il semble cependant nécessaire d'apporter des nuances à l'appellation générique de ville moyenne. En effet, les villes du groupe matriciel deux (voir fig. n°37) sont les plus proches des deux métropoles, puisque étant de niveau deux par l'importance démographique et le niveau quantitatif des équipements, et de niveau deux ou trois par la qualité de ces derniers. Elles peuvent donc être qualifiées de villes moyennes de niveau supérieur. Par contre, les villes du groupe matriciel trois, qui appartiennent le plus souvent au niveau trois, représentent plutôt les villes moyennes de niveau inférieur.

Tab. 31 - Propositions d'appellations des différentes catégories de villes en fonction de leur niveau d'appartenance dans les trois critères d'analyse

Appellation hiérarchique proposée	Niveau démographique	Niveau quantitatif d'équipement	Niveau qualitatif d'équipement
Grande ville	1	1	1
Ville moyenne (supérieure)	2	2	2 ou 3
Ville moyenne (inférieure)	3 ou 4	2 ou 3	3
Petite ville (supérieure)	4	4 ou 5	4 ou 5
Petite ville (inférieure)	5,6 ou 7	5 ou 6	4,5 ou 6
Unité urbaine de base (supérieure)	5,6 ou 7	5,6 ou 7	7
Unité urbaine de base (inférieure)	7 ou 8	7 ou 8	7 ou 8

Il est encore commode de définir les unités urbaines appartenant majoritairement au niveau quatre ou cinq, pour les trois critères de définition, comme des petites villes. Pour celles-ci, c'est surtout par le nombre de commerces et services et leur qualité que la différence s'établit par rapport au niveau immédiatement supérieur. Nous trouvons donc, ici, les unités urbaines des groupes matriciels quatre et cinq (voir fig. n°37). Mais là également, il semble opportun d'introduire une distinction, dans la mesure où le groupe matriciel cinq voit ses villes ou agglomérations disposer d'un niveau de population et d'équipements tertiaires (quantitatif et qualitatif) plus proche de celui des organismes urbains, moins peuplés et moins équipés, que de celui des villes moyennes. Ainsi, nous trouvons dans ce dernier cas des petites villes de niveau inférieur, alors que le groupe matriciel quatre comprend les petites villes de niveau supérieur, puisque présentant des niveaux de population et d'équipements (quantitatif et qualitatif) plus proches de ceux des villes moyennes de niveau inférieur.

Enfin, il reste deux groupes de villes ou agglomérations appartenant systématiquement aux niveaux les plus faibles (7 ou 8). Elles représentent donc la base des niveaux urbains. C'est pourquoi nous proposons, pour elles, l'appellation d'unités urbaines de base. Là encore, nous distinguerons les villes du groupe matriciel six qui, par l'importance de leur population et le nombre de leurs commerces et services, font aussi bien que les petites villes de niveau inférieur et ne pèchent, finalement, que par une représentation plus importante des équipements les plus banaux. Elles seront donc définies comme unités urbaines de base de niveau supérieur. Les villes du groupe sept représentant, sans conteste, le plus bas des niveaux seront dénommées unités urbaines de base de niveau inférieur.

b - Les enseignements du classement proposé

Le tableau récapitulatif (voir tableau n°32) des bases de notre classement hiérarchique nous amène à plusieurs commentaires. En effet, un certain nombre de villes occupe un niveau urbain, grâce à leur structure d'équipement (quantitative ou qualitative), plus élevé que ne leur permettrait leur seule importance démographique. C'est le cas, par exemple, pour Guéret et Tulle, concernant le niveau ville moyenne. Démographiquement, celui-ci s'applique seulement aux agglomérations de plus de trente mille habitants. De même Ambert, Aubusson, Clamecy, Saint-Pourçain-sur-Sioule, La Souterraine, Yssingeaux peuvent être définies comme des petites villes, essentiellement grâce à leurs équipements tertiaires, puisque leur seul chiffre de population les

Tab. 32 - Les différents niveaux urbains du nord du Massif central

Unités urbaines	Importance de la population (en nombre d'habitants)	Nombre de commerces et services (en nombre absolu)	Niveau qualitatif d'équipement (en nombre de points)
Grande ville			
Clermont-Ferrand—Limoges	plus de 200 000	plus de 5 000	plus de 10 000
Ville moyenne de niveau supérieur			
Brive-la-Gaillarde—Montluçon	entre 100 000 et 65 000	entre 2 000 et 5 000	entre 4 500 et 10 000
Nevers-Vichy			
Ville moyenne de niveau inférieur			
Aurillac-Guéret-Moulins	entre 25 000 et 65 000	entre 1 000 et 2 000	entre 2 500 et 5 000
Le Puy-Tulle			
Petite ville de niveau supérieur			
Cosne-Cours/Loire—Issoire	entre 10 000 et 30 000	entre 400 et 1 000	entre 1 000 et 2 000
Saint-Flour—Saint-Junien			
Thiers-Ussel			
Petite ville de niveau inférieur			
Ambert-Aubusson-Brioude	entre 5 000 et 15 000	entre 350 et 600	entre 650 et 1 500
Charité-sur-Loire (La)—Clamecy			
Decize-Gannat-St-Pourçain/S.			
St-Yrieix-la-P.—Souterraine (La)			
Yssingeaux			
Unité urbaine de base de niveau supérieur			
Bellac—Billom—Bort-les-Orgues	entre 2 500 et 10 000	entre 200 et 350	moins de 500
Bourboule (La)—Mont-Dore (Le)			
Courpière-Egletons-Langeac			
Lapalisse-Lezoux-Mauriac			
Monistrol/Loire-Objat			
St-Eloy-les-M.—St-Léonard-de-N.			
Ste-Sigolène—Varennes/Allier			
Unité urbaine de base de niveau inférieur			
Aigueperse-Argentat-Bourganeuf	entre 2 000 et 5 000	moins de 200	moins de 500
Brassac-les-M.—Cercy-la-Tour			
Chambon/L.—Château-Chinon			
Cosne-d'Allier—Craponne/Arzon			
Dompierre/B.-Dorat (Le)			
Dunières-Eymoutiers-Felletin			
Luzy-Machine (La)-Meymac			
Murat—Prémery—Puy-Guillaume			
Riom-ès-M.—Rochechouart			
St-Didier-en-V.—St-Georges-de-M.			
Uzerche			

Source : d'après RGP 1990. Fichier « SIRENE » 1994

placerait à un rang beaucoup moins élevé que bien des villes appartenant aux niveaux urbains inférieurs. Nous pouvons constater qu'elles sont, le plus souvent, soit des préfectures soit des sous-préfectures.

A l'inverse, d'autres villes ou agglomérations présentent un déficit apparent d'équipement en regard de leur population. Elles se retrouvent, donc, dans un niveau urbain plus bas que celui qu'elles pourraient occuper de par leur simple nombre d'habitants. Il en est ainsi de Bellac, Courpière, Monistrol-sur-Loire, Saint-Eloy-les-Mines, Saint-Léonard-de-Noblat ou Varennes-sur-Allier. Il est symptomatique de trouver, ici, des unités urbaines proches de grandes agglomérations (Clermont-Riom ou Saint-Etienne) dont la concurrence semble avoir bloqué le développement des commerces et des services, et ce même si certaines d'entre elles bénéficient d'une dynamique économique favorable (villes de l'Yssingelais). Nous trouvons, également, une petite agglomération minière en mal de reconversion après la fermeture de sa mono-activité (Saint-Eloy-les-Mines). Bellac et Varennes-sur-Allier présentent deux cas particuliers et différents. La première appartient à un espace de très faible densité au cœur de la Basse Marche, même si celui-ci est assez riche (région d'embouche) et représente une sorte de no man's land entre Limoges et Poitiers. De plus, elle doit compter sur une population vieillie et gonflée par les retours. Quant à Varennes-sur-Allier, si elle a l'avantage théorique d'être sur un axe de circulation important (RN7), celui-ci peut se transformer en handicap, dans la mesure où il la place à une vingtaine de minutes seulement de deux villes moyennes, à savoir Moulins (la préfecture de surcroît) et Vichy (pour l'accès à cette dernière, la RN7 est relayée, au sud de Varennes, par la RN209). De plus, il convient d'ajouter la concurrence de Saint-Pourçain située à dix kilomètres seulement et qui possède des équipements de plus haut niveau, notamment à caractère public (lycée classique, hôpital local...). Toutefois, dans ce cas, il est clair que le nombre d'habitants de Varennes-sur-Allier est gonflé par la fonction industrielle, et c'est donc bien la population qui paraît en surnombre et non pas les services sous-dimensionnés.

Tous les niveaux urbains sont donc représentés au nord du Massif central, remettant, une nouvelle fois, en cause l'image qui lui est souvent associée et qui est celle de la carence urbaine, ou d'un espace mal hiérarchisé. Ne lit-on pas, par exemple, dans « *La France dans ses régions* » (SEDES, 1994), à propos du Limousin, sous la plume de G. Bouet et O. Balabanian : « *Limoges-Brive et le désert Limousin* ». De même, C. Mignon, qui a écrit la partie sur l'Auvergne, a intitulé l'un de ses

Fig. n° 38 : Les niveaux urbains et l'espace au nord du Massif central

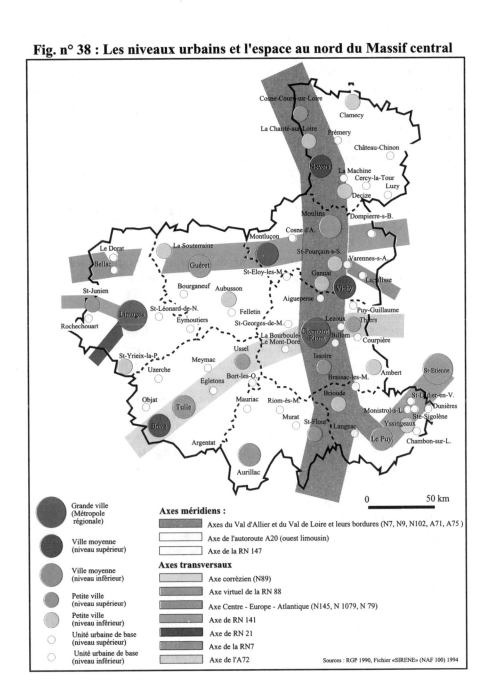

paragraphes : « *L'insuffisance des villes* ». On vient de le voir, la ville est bien présente dans ces régions et elle appartient à des niveaux divers. Toutefois, nous ne pouvons pas rester sur une image statique de la définition des niveaux urbains et l'observation spatiale est encore indispensable. En effet, il est nécessaire d'observer la localisation des différents niveaux urbains, préalablement définis, dans le but d'apprécier les potentialités d'encadrement urbain de notre espace d'étude ainsi que l'accès plus ou moins proche et rapide aux niveaux supérieurs de l'équipement.

III - UNE REPARTITION DES DIFFERENTS NIVEAUX URBAINS SPATIALEMENT NON HOMOGENE

A - La carte de la répartition des niveaux supérieurs de la hiérarchie (grande ville et ville moyenne)

A la lecture de la Fig. n°38, il est clair que la répartition spatiale des différents niveaux urbains est inégale. Les deux grandes villes (Clermont-Ferrand et Limoges) ont une position théorique relativement rationnelle, par rapport à l'espace nord du Massif central, dans la mesure où nous nous trouvons dans une situation proche de celle proposée par la théorie de Christaller sur les places centrales, définissant un réseau urbain parfait. En effet, la distance entre les deux capitales régionales est peu éloignée des cent quatre-vingt-six kilomètres nécessaires à la bonne application de la théorie[19]. De plus, elles bénéficient d'un poids démographique qui est également très proche de celui défini par Christaller, à savoir trois cent mille habitants. La répartition des villes moyennes est également remarquable, puisqu'elles encadrent parfaitement bien les deux métropoles au Nord et au Sud. Cette localisation des niveaux supérieurs de la hiérarchie semble, toutefois, correspondre à plusieurs types de situations géographiques.

1 - Les plaines et vallées

La répartition spatiale des niveaux urbains répond à une lecture géographique simple de l'espace. Effectivement, il est clair que ceux qui appartiennent aux rangs les plus élevés se localisent préférentiellement dans les zones basses (plaines ou vallées, et même bas plateaux). Il en est ainsi des deux métropoles régionales, de toutes les villes moyennes, à l'exception d'Aurillac, et de la quasi-totalité des petites villes (sauf Ambert, Aubusson, Clamecy). Enfin, près de 80 % des unités urbaines de base appartiennent également à ces entités naturelles de faible altitude.

2 - Les couloirs de circulation

Nous observons, également, une forte concentration des unités urbaines appartenant aux rangs les plus élevés dans les principaux axes méridiens de circulation (voir Fig. n°38). Il en est ainsi de l'axe de l'Allier prolongé par celui de la Loire (dans sa partie nivernaise), de même que pour celui de l'autoroute A20 à l'ouest du Limousin. Par exemple, le premier des deux axes comprend quatre des onze grandes villes ou villes moyennes du nord du Massif central, soit près de 40 %.

Plusieurs axes transversaux regroupent également une bonne partie des agglomérations situées au sommet de la hiérarchie (voir Fig. n°38). Il en est ainsi de celui du nord de l'Auvergne et du Limousin, à savoir la RCEA (Route-Centre-Europe-Atlantique). Nous trouvons, sur ou à proximité immédiate de cet axe, pas moins de trois villes moyennes (Guéret, Montluçon et Moulins), ainsi qu'une métropole régionale (Limoges)[20]. De même, l'axe de la RN89 en Corrèze voit s'échelonner deux villes moyennes. Celui de la RN88 comprend également, dans les limites ou en périphérie immédiate de notre espace d'étude, la ville moyenne du Puy et la grande agglomération stéphanoise. En fait, il n'y a aucune ville ou agglomération, appartenant au niveau supérieur de la hiérarchie, qui se localise en dehors de ces principaux axes, à l'exception notable d'Aurillac. Celle-ci préfigure le sud du Massif central avec des petites villes davantage enclavées comme Millau, Mende ou Rodez (et ce même si l'aménagement des infrastructures routières et notamment celui de la RN88 doit atténuer ce type de situation). De même, Vichy ne se trouve réellement sur aucun axe de circulation majeur, mais est quand même à proximité de la RN9 et de la RN7. Ceci n'a rien de surprenant pour une ville qui s'est surimposée au réseau existant grâce au développement du tourisme (C. Jamot, 1988).

3 - Les carrefours

A l'analyse de la Figure n°38, il apparaît, également, très clairement que les agglomérations les plus peuplées et les mieux équipées se situent au carrefour des principaux axes de circulation qui traversent le nord du Massif central. C'est le cas de Clermont-Riom, au croisement de l'axe de l'Allier et de celui de la nationale 89 (axe corrézien), sans oublier l'axe autoroutier à l'est vers Saint-Etienne et Lyon, et surtout l'A71 et l'A75. Limoges est également à la croisée de l'axe méridien de l'autoroute A20 et des RN21 et 141 en direction de l'ouest atlantique, mais aussi reliée par voie autoroutière à la RCEA. Beaucoup de villes moyennes répondent à la même logique de localisation : Brive-la-Gaillarde au carrefour de l'axe de l'A20 et de l'axe corrézien, Moulins au croisement de l'axe majeur du Val d'Allier et de celui de la RCEA, ce qui semble d'ailleurs lui avoir peu apporté. Montluçon se trouve également au carrefour de la RCEA et de l'A71, situation nouvelle pour une ville restée longtemps à l'écart des grands axes de circulation, dans la mesure où la RCEA n'était pas aménagée et l'A71 inexistante.

Il ne fait donc aucun doute que les couloirs de circulation et les situations de carrefour ont favorisé le développement des plus grandes agglomérations (grande ville ou ville moyenne). Ils ont ainsi donné naissance à un système d'espaces linéaires où l'urbanisation s'est réfugiée, profitant des zones basses en fonction des facilités de circulation et de relation avec l'extérieur.

B - Les villes dans les zones les plus élevées ou les plus « rurales » appartiennent essentiellement aux niveaux inférieurs de la hiérarchie (petite ville et unité urbaine de base)

Si nous enlevons les espaces urbains linéaires (voir Fig. n°39), nous constatons que les zones les plus élevées, comme les régions de moyenne montagne (Montagne limousine, bordure ouest du Morvan, Livradois, Devès, Mézenc, montagnes volcaniques de l'ouest de l'Auvergne...), celles des hauts plateaux (Combrailles, Marche, Millevaches...), ou enfin les secteurs les plus ruraux (Bocage bourbonnais, Sologne bourbonnaise, extrême nord de la Creuse et de la Haute-Vienne, que l'on pourrait prolonger au Berry sud), n'ont pour l'essentiel que des niveaux urbains inférieurs. Ainsi, nous trouvons sur la totalité de ces espaces : une seule ville moyenne (Aurillac). Toutes les autres villes appartiennent aux niveaux inférieurs. Ainsi, dans le détail, nous observons : trois petites villes de niveau inférieur (Ambert, Aubusson, Clamecy), soit environ 36 % des unités de même niveau ; trois unités urbaines de base de niveau supérieur (Langeac, Mauriac, Saint-Eloy-les-Mines), soit près de 24 % des unités de ce même niveau ; et enfin une grande majorité des unités urbaines de base de niveau inférieur (voir fig. n°39). En fait, nous avons ici près de 60 % des unités urbaines de ce même niveau. Ceci pose un problème de réseau, à savoir la dépendance de ces espaces par rapport à ceux qui concentrent les grandes villes ou les villes moyennes.

Cette apparente carence en éléments de la hiérarchie urbaine s'explique, sûrement, par le fait que nous sommes, justement ici, dans des espaces élevés, de moyenne montagne, à l'écart des principaux axes routiers. Ils sont donc aussi en périphérie des principaux flux économiques et avec des densités humaines très faibles, ne permettant pas le développement de grands organismes urbains. Mais, la ville est bien présente et elle peut disposer d'un réel dynamisme, la taille de celle-ci étant seulement adaptée à la faiblesse des densités. Ainsi, certaines petites villes industrielles, comme Ambert, restent-elles de bons exemples de solidité urbaine avec des secteurs d'activité encore très actifs, comme le textile, et plus particulièrement la passementerie et l'industrie de la tresse.

En conclusion sur cette répartition géographique des différents niveaux urbains, une idée-clef se dégage. En effet, nous constatons, clairement, un solide quadrillage de l'espace nord du Massif central par les villes, et en particulier les grandes et les moyennes. En effet, nous avons deux métropoles en situation « centrale » et neuf villes moyennes qui se disposent avec une belle régularité de part et d'autres, au nord et au sud (mais des villes moyennes existent également à l'ouest et à l'est de notre espace d'étude, complétant parfaitement le système). De plus, les distances, à « vol d'oiseau », qui séparent ces dernières de la métropole auvergnate ou limousine, sont également très régulières (autour de 100 kilomètres en moyenne). De même, nous pouvons observer une belle régularité dans la localisation des villes moyennes les unes par rapport aux autres, et ce même en dépassant les limites de notre région d'étude.

Sans préjuger de l'influence réelle exercée par ces villes sur leur espace environnant, il semble bien que nous ayons, ici, les éléments d'une application d'un modèle théorique d'organisation de l'espace par les villes, mis en place dans les années 1930 (théorie de Christaller), dans une région pourtant physiquement beaucoup plus homogène que le Massif central, c'est-à-dire l'Allemagne du sud.

La répartition géographique des différents niveaux hiérarchiques pose également le problème de la place dans le réseau urbain des espaces que l'on peut qualifier de « périphériques » (par rapport aux grands couloirs

Fig. n°39 : Les niveaux urbains représentés en dehors des principaux couloirs de circulation

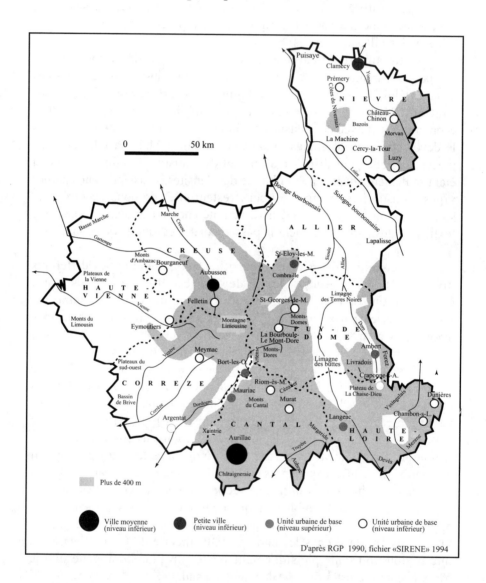

D'après RGP 1990, fichier «SIRENE» 1994

de concentration des niveaux supérieurs). En effet, ceux-ci sont caractérisés par la présence quasi exclusive des niveaux les plus bas de la hiérarchie, d'où la question de leur lien avec les grandes villes et les villes moyennes, et de leur plus ou moins grande dépendance.

Le réseau urbain qui, lui, tient compte de l'accès des populations aux commerces et services offerts, et donc du déplacement de celles-ci qui peut s'effectuer sur des distances importantes, diffère du simple semis urbain. La présence de tous les niveaux urbains dans notre espace d'étude doit permettre à celui-ci une certaine « indépendance », et donc limiter le recours aux autres espaces extérieurs. Par contre, pour les régions où les carences en niveaux urbains élevés sont importantes, la dépendance vis-à-vis des agglomérations extérieures, appartenant soit à d'autres espaces du nord du Massif central, soit même à d'autres régions, sera forte. Les tendances centrifuges y sont donc potentiellement élevées et il sera nécessaire d'analyser quelles sont leurs directions privilégiées, pour voir à quel réseau urbain elles sont en fait intégrées. Pour mesurer pleinement l'importance de ces espaces potentiellement « dépendants », nous allons faire une analyse à grande échelle.

Au total, la répartition géographique des différents niveaux urbains montre nettement que le nord du Massif central dispose d'une potentialité[21] d'encadrement par les villes très forte. En effet, nous pouvons observer de nombreux espaces linéaires présentant des systèmes hiérarchiques complets, allant du niveau le plus bas (unité urbaine de base de niveau inférieur) au niveau le plus élevé (grande ville). De plus, la plupart des espaces que l'on a qualifié de « périphériques » (parce que l'on a pu observer certaines carences dans la représentation des niveaux urbains les plus élevés : grandes villes et villes moyennes) se retrouvent, le plus souvent, à proximité des axes « centraux » (présence de tous les niveaux hiérarchiques). En fait, tous les éléments sont réunis pour que notre espace d'étude ait une « personnalité » urbaine forte, avec une réelle complémentarité de ses espaces internes. Le recours aux villes extérieures du nord du Massif central s'en trouve probablement limité. Le quadrillage de l'espace par les grandes villes et les villes moyennes permet, sans aucun doute, la constitution d'un (ou plusieurs) réseau urbain interne parfaitement fonctionnel.

En conclusion de ce chapitre, deux idées fortes se dégagent. Premièrement, il est clair que l'élément clé de définition des niveaux urbains est celui de la quantité et de la qualité des commerces et des services offerts par les villes. Ils sont les seuls éléments à témoigner du rôle effectif que joue une ville dans le réseau urbain. Effectivement, plus une ville dessert une population nombreuse, plus son niveau d'équipement est important. Toutefois, la population de l'agglomération seule ne suffit pas à un développement notable des commerces et des services, il faut également qu'elle puisse rayonner sur une aire de chalandise étendue et peuplée. Un rôle traditionnel de centre recours, une situation de relatif « isolement », un espace environnant démographiquement et économiquement dynamique, par exemple, sont autant de facteurs favorables à la multiplication des équipements tertiaires. Par contre, le seul chiffre de population ne témoigne pas, forcément, d'un rôle important dans l'organisation de l'espace pour la ville concernée. Une activité extractive, la présence d'une grande industrie, peuvent « gonfler » le nombre d'habitants, sans pour autant que la ville ne soit, finalement, autre chose qu'un lieu de travail.

Secondement, on a pu constater que l'espace nord du Massif central dispose, dans son ensemble, d'un système hiérarchique urbain complet, avec une localisation géographique rationnelle des différents niveaux définis, et qui n'est pas sans rappeler le modèle théorique de Christaller. Malgré tout, une observation de détail nous a, quand même, permis d'observer une inégalité dans la représentation spatiale des différents niveaux urbains. Celle-ci peut se résumer ainsi : les grandes villes et les villes moyennes dans les zones « basses » ; les petites villes et les unités urbaines de base dans les zones de moyenne montagne. Ceci pose un intéressant problème de réseau, puisqu'une complémentarité entre ces espaces est nécessaire pour que le système hiérarchique urbain du nord du Massif central ne soit pas seulement complet dans la représentation hiérarchique des différents niveaux, mais également dans son fonctionnement. Celui-ci implique des relations entre les différents espaces : entre les villes des zones « basses » et les villes et campagnes des zones « hautes ».

Des villes hiérarchisées et des liens de villes à villes, voilà qui nous conduit à la notion de réseau urbain. Ce dernier implique une complémentarité des espaces qui se réalise par les zones d'influence. C'est pourquoi nous allons maintenant aborder le partage de l'espace par les différents niveaux urbains. Alors que l'analyse et la définition de ces derniers se sont largement appuyées sur l'enquête statistique, nous allons ici utiliser, pour l'essentiel, l'enquête de terrain. En effet, la fréquentation des commerces et des services est avant tout le fait d'un choix humain qui est difficile à comptabiliser par la statistique. Il s'agit de voir comment s'organisent les flux liés à l'utilisation des différents équipements tertiaires, quels sont les centres urbains privilégiés et pour quel type de commerce ou service ? Existe-t-il une hiérarchie des relations en fonction des niveaux urbains présents et des besoins ? Au contraire, sommes-nous dans un espace où s'exerce l'hégémonie de quelques villes de niveau supérieur, et ce quel que soit le type d'équipement tertiaire ? Quelle est la part qui revient aux villes et agglomérations extérieures à notre espace d'étude ? Pour quels besoins sont-elles le plus souvent fréquentées ?

Chapitre 5

LES VILLES ORGANISENT

L'ESPACE NORD

DU MASSIF CENTRAL

Il est désormais clairement admis que tout lieu central de l'espace géographique exerce sur les autres lieux de ce même espace une attraction, plus ou moins importante, en fonction de critères divers dont les plus connus et étudiés sont le jeu combiné de leurs masses démographiques, et surtout tertiaires, et des distances les séparant (loi de Reilly)[22]. Cependant, des deux paramètres, l'équipement tertiaire du lieu joue un rôle majeur, très représentatif de la réalité des relations entre la ville et son environnement humain (campagnes ou villes plus faiblement équipées), mais plus complexe à mettre en évidence. Il est, dans ce cas, nécessaire de réaliser des enquêtes de terrain pour le mettre en valeur et mesurer les aires de l'influence urbaine.

Nous avons eu alors deux démarches complémentaires. Dans un premier temps, notre souhait a été de privilégier l'enquête de terrain[23] pour mesurer concrètement l'influence des villes et agglomérations. Il s'agissait de connaître les habitudes d'achats et la fréquentation des principaux services par les populations auvergnate, limousine et nivernaise. Nous souhaitons mesurer, ainsi, grâce à la cartographie des résultats, le partage géographique de l'espace, tel qu'il est vécu par les habitants, mais aussi en fonction de la perception qu'ils ont des villes et agglomérations et des équipements tertiaires qu'elles ont à leur offrir. Toutefois, il est clair que la subjectivité d'une telle enquête se doit d'être corrigée par un apport scientifique plus rigoureux, prenant en compte, notamment, des données quantifiables sur certains équipements structurants, comme les lycées, les hôpitaux, les emplois proposés. Aussi, nous avons utilisé, en complément des sources comme le fichier « MIRABELLE », les fichiers des Rectorats des académies incluses dans notre zone d'étude, les enregistrements informatiques des entrées et des sorties dans les hôpitaux. De même, nous utiliserons les enquêtes effectuées par les différentes Chambres de Commerce et d'Industrie, ainsi que celles des Directions des Affaires Sanitaires et Sociales, mais aussi les études faites par les géographes clermontois ou limougeauds (C. Jamot, R. Lazzarotti, J. Varlet). Il sera également utile d'avoir un regard critique sur les résultats obtenus et sur l'opportunité du choix de ces équipements comme indicateurs d'influence en fonction des niveaux urbains étudiés.

I - LES VILLES ORGANISENT L'ESPACE : LES RÉSULTATS DE L'APPROCHE PAR LE TERRAIN

Nous allons maintenant analyser les résultats obtenus avec l'enquête de terrain. Nous partirons alors des zones d'influence les plus simples à délimiter, car elles correspondent à des flux de proximité, fréquents, pour aborder progressivement les équipements de recours plus épisodiques et nécessitant des déplacements sur de plus grandes distances.

A - Le poids des activités commerciales

Nous allons donc commencer notre analyse des aires d'influence par l'observation des cartes élaborées à partir de l'attraction des commerces répertoriés dans notre grille d'enquête : commerce de détail non alimentaire spécialisé, commerce de détail alimentaire de proximité, commerce de détail d'alimentation générale de grande surface. Nous pouvons regretter qu'il y ait ici des commerces différents quant à leur nature même, puisque l'on trouve aussi bien la bijouterie que l'hypermarché, sans oublier la boulangerie ! Toutefois, l'analyse de l'enquête de terrain montre que, en grande partie, les réponses obtenues, pour l'un ou l'autre de ces commerces particuliers, sont identiques tant pour les villes attractives citées que pour la fréquence des relations évaluées. En fait, il est clair que les instituteurs ont aligné leurs réponses sur les commerces les plus représentés et fréquentés. Ainsi, nous pouvons constater que ce type d'équipement répond, pour l'essentiel, à un besoin de proximité dans la mesure où sa présence est fréquente, même dans des unités de très petite taille comme les bourgs-centres. En effet, l'espace de très forte attraction d'un lieu donné, soit plus de 50 % des achats effectués, se cantonne, le plus souvent, aux limites de l'agglomération étudiée. Ainsi, pour mesurer l'attraction élargie des plus grandes villes, nous compléterons l'analyse de terrain par la prise en compte d'études effectuées pour Clermont-Ferrand, qui servira alors d'exemple, sur l'attraction de commerces plus rares et plus spécifiques d'une grande ville. Il en sera ainsi pour l'hypermarché, le commerce de vêtements et le commerce de luxe. Dans ces derniers cas, l'attraction dépend de la diversité du choix et de la présence de magasins de grandes marques que l'on ne retrouve pas, ou moins, dans les niveaux inférieurs (villes moyennes).

1 - Le rôle commercial des métropoles (voir Fig. n°40)

a - Un recours direct

En fonction des commerces choisis dans la grille d'enquête et de ses limites, Clermont-Ferrand et Limoges ne dominent pas la totalité de leur région administrative. Leur influence se situe, toutefois, à une échelle pluridépartementale, dépassant assez largement les limites de leur propre département pour s'étendre sur une grande partie de leurs régions respectives. La zone d'influence de la métropole auvergnate s'étend même sur les cantons de la région Limousin qui lui sont proches, avec une part non négligeable des achats effectués. Ceux-ci représentent cependant moins de 10 % de la totalité mais, sans aucun doute, plus de 90 % pour les biens ou services anomaux.

La zone d'attraction principale (plus de 30 % des achats) des deux villes s'étend au maximum jusqu'à soixante kilomètres. Ici, la part des achats effectués dans la métropole est considérable et laisse peu de place aux villes moyennes. Toutefois, l'absence de ce niveau à proximité de Limoges permet à celle-ci d'étendre sa zone d'attraction sur la totalité du département de la Haute-Vienne et, à l'Est, jusqu'au centre de celui de la Creuse, soit sur près de quatre-vingt-dix kilomètres. Clermont-Ferrand prolonge sa zone principale d'influence jusqu'aux limites septentrionales du département du Cantal, et parvient également à polariser l'ensemble de son département. L'extrémité sud-est de celui-ci (région de Saint-Anthème) voit s'effectuer une évasion occasionnelle vers des villes extérieures au nord du Massif central (Saint-Etienne en premier lieu).

La zone d'attraction secondaire (10 à 30 % des achats) de Clermont-Riom et Limoges concerne un espace qui s'étend, au maximum, sur cent cinquante kilomètres de rayon. Celle-ci permet à la capitale du Limousin de rayonner sur l'ensemble de sa région. Seuls trois cantons de l'extrémité orientale du département de la Corrèze lui échappent. Quant à Clermont-Riom, elle voit son influence faiblir dans la partie nord du département de l'Allier, les deux tiers orientaux de la Haute-Loire et enfin le tiers sud-ouest du Cantal. Ce n'est donc pas dans le domaine du commerce de détail courant que l'on peut apprécier pleinement le rôle de Clermont-Riom ou Limoges comme métropole régionale, ce qui n'a rien de réellement surprenant.

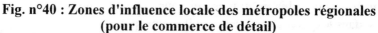

Fig. n°40 : Zones d'influence locale des métropoles régionales
(pour le commerce de détail)

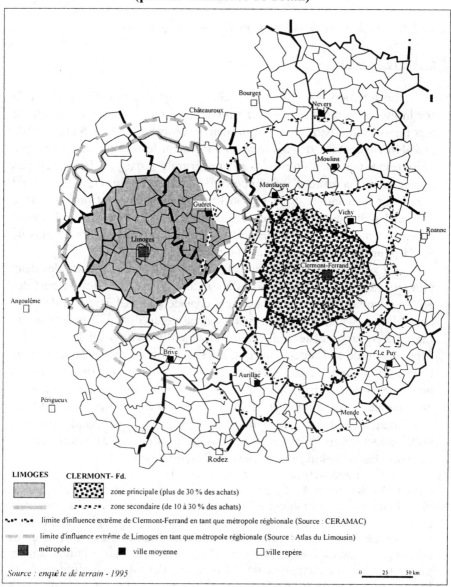

Les pourcentages de fréquentation plus faibles, moins de 10 %, correspondant à une zone d'influence que l'on peut qualifier d'occasionnelle, ne sont pas, en général, apparus dans l'enquête de terrain. Ceci s'explique par le fait que ces flux limités sont mal perçus. Soit il y a effectivement un recours très épisodique de la population du chef-lieu de canton vers une agglomération donnée, soit il n'y a qu'une minorité de la population qui se déplace régulièrement en ville, même s'il s'agit d'une part majeure de ses achats. Toutefois, dans les deux cas, il était très difficile pour l'instituteur de connaître ces flux et de les indiquer. Il faudra donc en tenir compte et corriger cette lacune en utilisant des enquêtes annexes, comme celles des CCI. En effet, cet espace d'attraction occasionnelle, lointain, est le marqueur par excellence du niveau métropole et de l'offre des produits rares et chers.

Dans la mesure où nous avions indiqué dans la grille d'enquête, pour l'essentiel, des commerces de fréquentation courante, les villes moyennes limitent l'influence commerciale des métropoles régionales. On observe effectivement que le sud-ouest du Cantal, le centre de la Haute-Loire, une grande partie de l'Allier et de la Corrèze sont en dehors de la limite d'influence de leur métropole régionale, ou n'ont qu'un recours à celle-ci limité. On constate, aussi, que les villes moyennes auvergnates jouent un rôle plus actif dans l'organisation de l'espace nord du Massif central, en ce qui concerne l'offre commerciale moyenne, que celles du Limousin. Effectivement, nous ne retrouvons pas le même frein à l'influence de la métropole régionale dans le cas de Guéret et dans celui de Tulle. Seule Brive-la-Gaillarde est dans une configuration proche des villes moyennes auvergnates. Cette observation confirme bien l'existence de niveaux urbains différents pour ces villes. Mieux équipées, les villes moyennes de l'Auvergne et Brive-la-Gaillarde résistent donc davantage à l'hégémonie de leur métropole.

b - L'influence commerciale du niveau métropole : l'exemple de Clermont-Riom

Clermont propose, à ces régions, des équipements plus spécifiques du niveau grande ville comme les commerces de luxe ou les grandes surfaces spécialisées, dans les articles de sport par exemple (Décathlon à Clermont-Riom). On peut donc dire que Limoges et la capitale auvergnate exercent, sans aucun doute, une influence sur la totalité de leur région de programme. C'est ce que nous proposons d'observer maintenant.

Pour compléter notre enquête de terrain et corriger ses défauts, nous allons utiliser les résultats d'enquêtes de terrain effectuées par des étudiants (de licence ou maîtrise), encadrés par les enseignants-chercheurs du CERAMAC, et dont la synthèse a été effectuée par C. Jamot, pour une étude sur Clermont-Ferrand (« *Clermont-Ferrand, Métropole régionale* », CERAMAC, 1993). La problématique de l'étude était de montrer en quoi la capitale de l'Auvergne jouait réellement, ou non, un rôle de métropole régionale. Le choix des équipements commerciaux pour tracer la zone d'influence clermontoise obéissait donc à cet objectif. Les enquêtes se sont déroulées d'octobre 1992 à février 1993, et constituent donc des éléments d'observation assez récents. Nous reprenons ici deux marqueurs spécifiques et intéressants, à savoir l'aire d'une grande surface et celle, globale, du commerce de vêtements.

• L'influence de l'hypermarché Leclerc (fig. n°41)

L'enquête menée sur ce type de commerce nous intéresse parce qu'elle détermine la zone d'attraction la plus étendue possible (voir fig. n°41). Ce résultat a été obtenu grâce au traitement de l'origine géographique des clients à partir des chèques remis. L'enquête a été réalisée un mardi et un samedi, soit un jour de semaine et un jour de pointe, et ce à proximité des fêtes de fin d'année. L'idée d'une enquête pendant les vacances d'été aurait également pu être retenue, mais le risque était grand de fausser les limites en raison d'une clientèle de passage sûrement plus nombreuse. Il y a là, réunies, toutes les conditions pour enregistrer une zone d'influence maximale. Ainsi, la première zone d'attraction mesurée correspond-elle, en fait, au recours direct et n'apporte rien à l'observation précédente, par contre la plus extrême est d'un tout autre intérêt. Effectivement, représentant un pourcentage d'attraction mineure (quelques points seulement), elle permet à la métropole clermontoise de rayonner sur la quasi-totalité de l'Auvergne administrative et de déborder sensiblement sur la Creuse et la Corrèze en Limousin. De cette aire d'influence viennent surtout des urbains des villes moyennes (Montluçon, Moulins, Aurillac, Vichy, Le Puy) et ceux des petites villes (Ussel, Saint-Flour...), c'est-à-dire des centres bien équipés en supermarchés ou même en hypermarchés ! C'est pourquoi, cette attraction clermontoise, bien réelle et mesurable, traduit son rôle de métropole régionale, puisqu'elle vient se superposer à celle des villes de niveau immédiatement inférieur. Il s'agit alors d'achats exceptionnels,

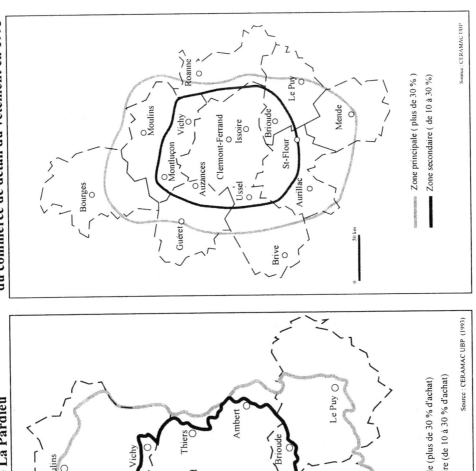

Fig. n° 42 : Zones d'influence
du commerce de détail du vêtement en 1993

Zone principale (plus de 30 %)

Zone secondaire (de 10 à 30 %)

Source : CERAMAC UBP

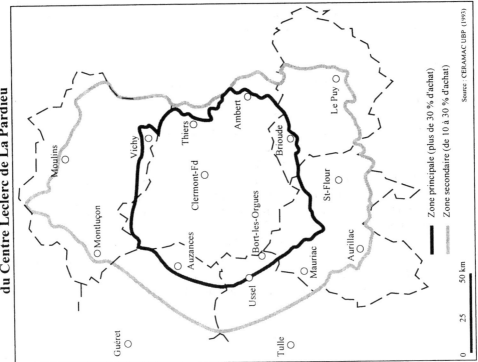

Fig. n°41 : Zones d'influence
du Centre Leclerc de La Pardieu

Zone principale (plus de 30 % d'achat)

Zone secondaire (de 10 à 30 % d'achat)

Source : CERAMAC UBP (1993)

souvent liés à la venue à Clermont pour d'autres raisons (affaires, relations familiales, achats en centre-ville, visite d'un malade au CHU, d'un étudiant de l'Université ou d'une grande école…).

• **Le commerce de détail du vêtement (voir fig. n°42)**

Dans la même étude, une enquête menée sur l'influence de Clermont-Ferrand dans le domaine du commerce de détail du vêtement du centre-ville est également riche d'intérêt, et permet de compléter les limites d'influence d'une métropole régionale. Avant d'analyser la carte établie (voir fig. n°42), il est utile de rappeler quelle a été la méthode d'étude choisie. L'enquête a consisté à sélectionner, sur l'ensemble des rues commerçantes du centre-ville, une liste d'établissements représentatifs, selon des critères élaborés par les Chambres de Commerce (nature des ventes, superficie des lieux de ventes, âge et formation des commerçants,…). L'échantillon, ainsi choisi, a été ensuite sondé par le biais d'un entretien, auprès des commerçants, réalisé autour d'une grille-questionnaire. La carte obtenue (voir Fig. n°42) montre que l'attraction clermontoise déborde au nord de la région Auvergne sur le sud de la Nièvre et du Cher. De plus, elle s'étend très nettement sur le Limousin (Creuse et Corrèze) jusqu'à Aubusson et Tulle. Au sud, la totalité du Cantal est attirée, et l'influence déborde sur la Lozère jusqu'à Mende. En fait, dans la région Auvergne, seule la Haute-Loire n'est pas attirée en totalité, Le Puy constituant une limite extrême.

Dans un domaine où le degré de rareté du produit vendu et la diversité du choix sont des éléments attractifs majeurs, les limites d'influence s'établissent en fonction de la qualité de l'offre des métropoles ou centres régionaux qui entourent Clermont-Riom. Ainsi, cette dernière l'emporte sur Bourges et Limoges et empiète sur leurs territoires administratifs. Elle fait jeu égal avec Toulouse et Montpellier. Par contre, elle est contrée par le doublet Saint-Etienne-Lyon sur l'est de la Haute-Loire.

Notons que ces limites d'influence tiennent compte des facilités de circulation, avec un maximum de deux heures de route accepté par la clientèle pour satisfaire ses besoins en produits rares. La comparaison s'établit alors naturellement avec la carte de l'isochrone de deux heures autour de Clermont-Riom, au moins pour le Nord et l'Ouest, car à l'Est la concurrence est plus rude. La seule inconnue est au Sud où, grâce à l'autoroute, l'isochrone recule rapidement, mais il est vrai sur des espaces de très faible densité.

c - L'attraction des métropoles « extérieures »

En matière commerciale, la part des achats qui échappe aux deux métropoles régionales n'est pas totalement négligeable, même si elle reste limitée quantitativement et spatialement.

• Les concurrentes directes : Saint-Etienne et Dijon

C'est, en premier lieu, l'agglomération stéphanoise, que l'on peut d'ailleurs considérer comme « locale » (et bien sûr du nord du Massif central, même si elle est située hors des limites de notre région d'étude), qui exerce l'attraction la plus nette. Effectivement, le nord-est de la Haute-Loire (Yssingelais-Sigolénois) voit ses habitants effectuer la majorité de leurs achats à Saint-Etienne. Un recours plus occasionnel existe également sur un bon tiers de la Haute-Loire, un petit rebord montagneux du Puy-de-Dôme (région de Saint-Anthème), et même dans La Montagne bourbonnaise.

Dijon, métropole bourguignonne, n'exerce qu'une influence limitée sur les cantons de l'est-nord-est du département de la Nièvre. Le facteur distance et la médiocrité des relations, notamment routières, jouent ici un rôle déterminant, surtout pour le recours à des équipements commerciaux assez courants et présents à Nevers.

• A un niveau supérieur : Bordeaux et Lyon

Dans les enquêtes de terrain, la métropole bordelaise est citée à plusieurs reprises et semblerait ainsi prolonger son influence jusqu'à la région Limousin. Il faut bien admettre que cette donnée paraît peu probable dans les faits. Il existe, sans doute, un recours exceptionnel à cette grande métropole régionale qui, de par son éloignement (près de trois heures de route), ne concurrence en aucun cas Limoges dans les domaines enquêtés. Si l'influence bordelaise est bien présente, elle se situe à un autre niveau hiérarchique et ne concerne probablement pas le commerce de détail. Toutefois, on ne peut exclure, bien sûr, l'éventualité d'un couplage entre des achats à caractère commercial et une fréquentation d'ordre touristique de la ville et de ses environs (proximité de l'Océan) avec possession d'une résidence secondaire, par exemple. Mais, il est cohérent de penser que le recours à la grande métropole bordelaise est beaucoup plus limité dans la réalité. Il est en fait fort probable que l'idée même d'effectuer une partie de ses achats dans la très grande ville est psychologiquement importante et même valorisante et ainsi son rôle a pu être exagéré. L'image de la fréquentation des commerces bordelais est en fait plus celle d'un souhait que d'une réalité.

Lyon, la deuxième agglomération française par l'importance démographique et économique, intervient également sur l'espace nord du Massif central, puisque, d'après l'enquête de terrain, les cantons de l'est du Puy-de-Dôme et ceux du nord-est de la Haute-Loire ont recours à ses commerces. En fait, comme pour Bordeaux, il apparaît évident que les flux vers la capitale rhodanienne sont exagérés. Si la réputation de la grande ville joue ici son rôle, l'influence économique de Lyon sur ces régions donne probablement l'impression aux personnes enquêtées que les flux vers celle-ci sont plus importants qu'ils ne le sont en réalité, surtout pour des achats commerciaux assez courants. Toutefois, on ne peut exclure la fréquentation très réelle, mais occasionnelle, d'un grand centre commercial comme La Part-Dieu, ou, surtout, la volonté de profiter de l'animation du centre-ville lyonnais (quartiers de la presqu'île).

• Et Paris ?

Enfin, il ne faut surtout pas oublier l'influence de Paris qui se fait sentir jusqu'au milieu de l'espace nord du Massif central, même si elle représente une part d'achat faible (quelques points seulement). Les relations du nord du Massif central avec Paris relève de la tradition, notamment avec les migrations du XIXe siècle. C'est ainsi la totalité des départements de la Nièvre et de l'Allier qui est concernée, ainsi que le tiers nord du Puy-de-Dôme, les deux tiers de la Creuse, et le nord de la Haute-Vienne. Il est évident que l'on va chercher dans la capitale la diversité commerciale. On y effectue des achats rares, ou exceptionnels, profitant, le plus souvent, des soldes dans les grands magasins (Printemps, les Galeries Lafayette...), couplés avec des périodes de vacances ou des déplacements de travail. De même, plus minoritaire sûrement mais représentatif pour une certaine classe sociale (« bourgeoise »), un recours non négligeable s'ajoute pour la recherche des produits de luxe dans les commerces de renom. On recherche le prestige de l'étiquette parisienne, les produits d'avant-garde, la mode..., le tout associé à une fréquentation touristique et culturelle (on est seulement à trois ou quatre heures de trajet maximum par le train).

On le voit donc, les deux métropoles régionales restent, dans le domaine commercial, maîtres du terrain dans l'espace nord du Massif central, et l'évasion ne concerne que des zones spatialement marginales (nord-est de la Haute-Loire ou de la Nièvre) ou des achats exceptionnels de produits rares.

2 - L'influence commerciale des villes moyennes (voir fig. n°43)

a - Une polarisation locale solide

Les villes moyennes exercent une influence beaucoup plus limitée spatialement, comme on pouvait s'y attendre, s'étendant au maximum sur un rayon de cinquante kilomètres. Leur zone principale d'attraction (plus de 30 % des achats) peut s'étaler jusqu'à quarante kilomètres maximum.

Cette dernière s'étend d'autant plus que la ville moyenne est suffisamment éloignée d'une unité urbaine de niveau équivalent ou supérieur. Ainsi, l'espace d'influence principale du Puy est-il plus étendu que celui de Vichy. De même, Montluçon bénéficie du relatif éloignement de Guéret, et Moulins de l'absence d'unités urbaines importantes vers l'est du département (et en Saône-et-Loire). La même situation explique l'étendue de l'influence de Nevers sur la partie orientale du département de la Nièvre. A l'inverse, dans le département de la Corrèze, Brive-la-Gaillarde et Tulle ont des zones d'attraction principale très réduites, se limitant, pour l'essentiel, aux cantons de leur agglomération. Les différences d'équipements sont ainsi atténuées au plan spatial par les phénomènes de concurrence : Le Puy et Moulins, moins bien équipées que Vichy et Brive, ont une aire d'influence plus étendue.

Pour les villes moyennes, l'espace d'influence secondaire (entre 10 et 30 % d'achats) s'étale davantage. Mais, certaines se caractérisent, aussi, par la faiblesse, voire l'inexistence de celui-ci. Le constat est particulièrement clair dans les régions où il existe une véritable « concurrence » entre des unités de niveaux hiérarchiques comparables. Nous avons alors une séparation plus brutale des aires d'attraction entre les différentes unités urbaines et les aires de chevauchement sont plus réduites surtout pour les zones faiblement attirées par les deux centres étudiés. Le cas des villes en position de relatif « isolement » est autre, puisque l'on constate que leur zone secondaire peut être très étendue.

Nous pouvons, donc, distinguer deux types de partage de l'espace entre les villes moyennes à l'échelle du nord du Massif central. Il y a, en

Fig. n°43 : Zones d'influence dans les villes moyennes
(pour le commerce de détail)

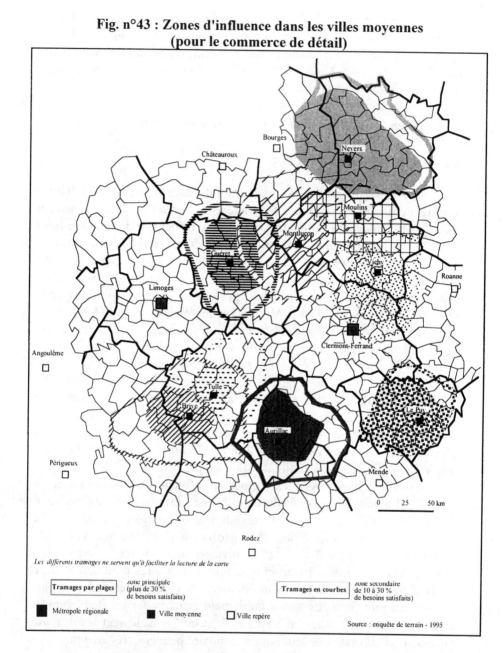

Les différents tramages ne servent qu'à faciliter la lecture de la carte

| Tramages par plages | zone principale (plus de 30 % de besoins satisfaits) | Tramages en courbes | zone secondaire de 10 à 30 % de besoins satisfaits) |

■ Métropole régionale   ■ Ville moyenne   □ Ville repère

Source : enquête de terrain - 1995

premier lieu, les régions où l'on ne trouve qu'une seule ville moyenne dominant un espace étendu. C'est le cas du Velay, du Cantal, de l'ouest creusois et du Nivernais. Dans ce cas, l'agglomération exerce une attraction progressivement décroissante qui se situe spatialement à l'échelle d'un département (exemple : Le Puy, Aurillac et Nevers). Le cas de Guéret est déjà un peu différent dans la mesure où, si elle exerce une influence sans partage à l'ouest et au sud (malgré l'influence directe de Limoges), elle doit compter sur la concurrence de Montluçon, à l'est, car les régions de Boussac, Châtelus-Malvaleix, Chambon-sur-Voueize et Evaux-les-Bains sont davantage attirées par cette dernière. Au nord, la limite départementale semble constituer une barrière à l'attraction guérétoise, puisque, au-delà, c'est Châteauroux qui domine. Nous avons donc, ici, un système limpide de partage de l'espace, lié à la présence de pôles concurrents éloignés géographiquement. Ceci se traduit par une limitation claire (aires de chevauchement très réduites) des aires d'influence.

Avec Montluçon, Moulins, Vichy d'un côté, Brive et Tulle de l'autre, nous abordons un deuxième type d'espace qui est celui où la concurrence entre villes moyennes est plus importante. Ceci a deux conséquences. Premièrement, nous pouvons observer une rétraction de l'étendue spatiale des zones d'influence principale, et secondement nous constatons des chevauchements plus importants entre les différentes aires de commandement, impliquant des espaces communs (au niveau des aires secondaires). Ceci induit une diminution des pourcentages d'achats effectués dans chacune des agglomérations attractives. De plus, ces agglomérations se trouvent au contact de l'influence de villes moyennes extérieures à notre espace. Ceci les empêche d'étendre éventuellement leur attraction au-delà des limites régionales. Ainsi Montluçon, Vichy et Brive sont-elles limitées, respectivement, par Bourges, Châteauroux, Roanne et Périgueux. De plus, ces villes se trouvent sur des espaces communs de communication facile, ce qui accentue les effets de concurrence, à l'inverse du Puy ou d'Aurillac, au sud, dont les principaux concurrents se trouvent dans des « mondes » différents et éloignés.

Finalement, nous observons un partage clair et complet de l'espace par les villes moyennes, proche du modèle christallérien, avec une belle régularité des espaces de commandement qui s'étendent dans un rayon d'environ trente à quarante kilomètres. Notons que les aires d'attraction des villes moyennes de niveau supérieur (donc les mieux équipées) sont souvent plus réduites, ou en tout cas pas plus étendues, que celles des villes moyennes de niveau inférieur. Toutefois, les premières exercent leur influence sur des espaces de plus forte densité et desservent ainsi, sans aucun doute, un potentiel de clientèle bien plus important. Les villes qui appartiennent à des zones de faible densité semblent donc compenser leur « handicap » relatif par un étalement plus accentué de leur espace de commandement.

Surtout, on constate une belle complémentarité, dans la desserte de l'espace, avec les métropoles. En fait, si nous associons les deux cartes (Fig. n°40 et n°43) de l'influence des métropoles et des villes moyennes, il apparaît clairement que l'espace nord du Massif central est en totalité couvert et selon un système fort christallérien d'emboîtement des espaces selon les différents niveaux. Les espaces moyens sont inclus dans les espaces des métropoles. Il nous reste à voir si le système se poursuit jusqu'aux niveaux de base. L'enquête de terrain confirme l'image du partage hiérarchique de l'espace. Par l'analyse de l'influence de l'hypermarché ou des commerces de vêtements du centre-ville à Clermont-Riom, nous avons pu voir que les villes moyennes faisaient bien partie intégrante de la zone d'influence des métropoles.

b - Le rôle très limité des villes moyennes « extérieures »

L'influence des villes moyennes « extérieures » est extrêmement limitée. Elle se borne à quelques espaces limitrophes. Le pourcentage d'achats ne représente, le plus souvent, que quelques points, concernant au mieux des zones d'influence secondaires. En fait, quatre villes moyennes seulement parviennent à capter une partie des achats effectués par les consommateurs du nord du Massif central. Il s'agit d'Auxerre, pour le Haut-Nivernais, qui profite dans ce secteur du relatif éloignement de Nevers et qui représente souvent un premier recours avant celui à la métropole dijonnaise. Châteauroux, la préfecture de l'Indre, étend également une attraction, très limitée, sur la frange nord de la Creuse (surtout dans la région de Châtelus-Malvaleix). Dans la partie sud de notre zone d'étude, la ville moyenne de Rodez semble, d'après l'enquête de terrain, parvenir à étendre son influence sur un petit morceau du Cantal (le canton de Chaudes-Aigues). Elle joue donc le rôle de centre-recours pour un certain nombre d'achats après Saint-Flour, qui représente quand même, ici, la plus grande part des achats les plus courants. Notons enfin, également, l'attraction diffuse d'Annonay sur l'extrémité sud-est de la Haute-Loire, profitant d'une sorte « d'angle mort », à l'écart de la RN88, entre les influences directes de Saint-Etienne et du Puy.

Par contre, aucune ville moyenne, située à l'ouest ou au sud-ouest de la région Limousin (on pourrait penser à Périgueux), ne parvient à attirer des consommateurs de notre zone d'étude. Ainsi, en fonction de leur niveau hiérarchique et des commerces qu'elles proposent en corrélation, les villes moyennes du nord du Massif central ne subissent réellement aucune concurrence extérieure notable.

3 - Le recours aux commerces de détail des petites villes et unités urbaines de base (voir fig. n°44 et n°45)

Dans leur cas, l'attraction exercée est, logiquement, encore plus faible, tant du point du vue spatial qu'en termes de volume des achats effectués. Ces derniers ne sont, en fait, jamais supérieurs à 50 % de la totalité des achats effectués (sauf dans les limites de leur canton). La zone principale d'attraction dépasse rarement les dix kilomètres. Ce constat n'a rien d'étonnant dans la mesure où l'équipement quantitatif et qualitatif étant plus limité, l'évasion vers les niveaux urbains supérieurs est « normale » pour les achats plus rares. Ceci est surtout vrai pour les unités urbaines de base qui jouent véritablement un rôle de centre de proximité, en offrant des commerces et services de première nécessité.

En ce qui concerne, plus spécifiquement, les petites villes, elles présentent une aire d'attraction pouvant s'étendre jusqu'à près de vingt kilomètres, si l'on tient compte de leur zone d'attraction secondaire. Toutefois, deux situations peuvent être observées. Tout d'abord, celle des villes qui bénéficient d'un espace de commandement relativement étendu et d'une attraction assez forte (plus de 30 % des achats effectués dans la ville étudiée).

a - Des petites villes « fortement » attractives

Nous trouvons, par exemple, dans ce cas, Issoire qui bénéficie de ses relations traditionnelles avec les régions de montagne environnantes, en particulier en direction du sud-ouest du département du Puy-de-Dôme. De même, Ussel bénéficie d'une situation comparable en rayonnant sur la Montagne limousine. Saint-Flour domine nettement l'espace oriental du département du Cantal, en raison de son isolement passé qui lui a donné un rôle traditionnel de centre d'échanges entre les planèzes et les régions environnantes ; ce dont elle semble encore garder avantage, même si l'arrivée de l'autoroute (A75) change considérablement les données

Fig. n°44 : Zones d'influence dans les petites villes
(pour le commerce de détail)

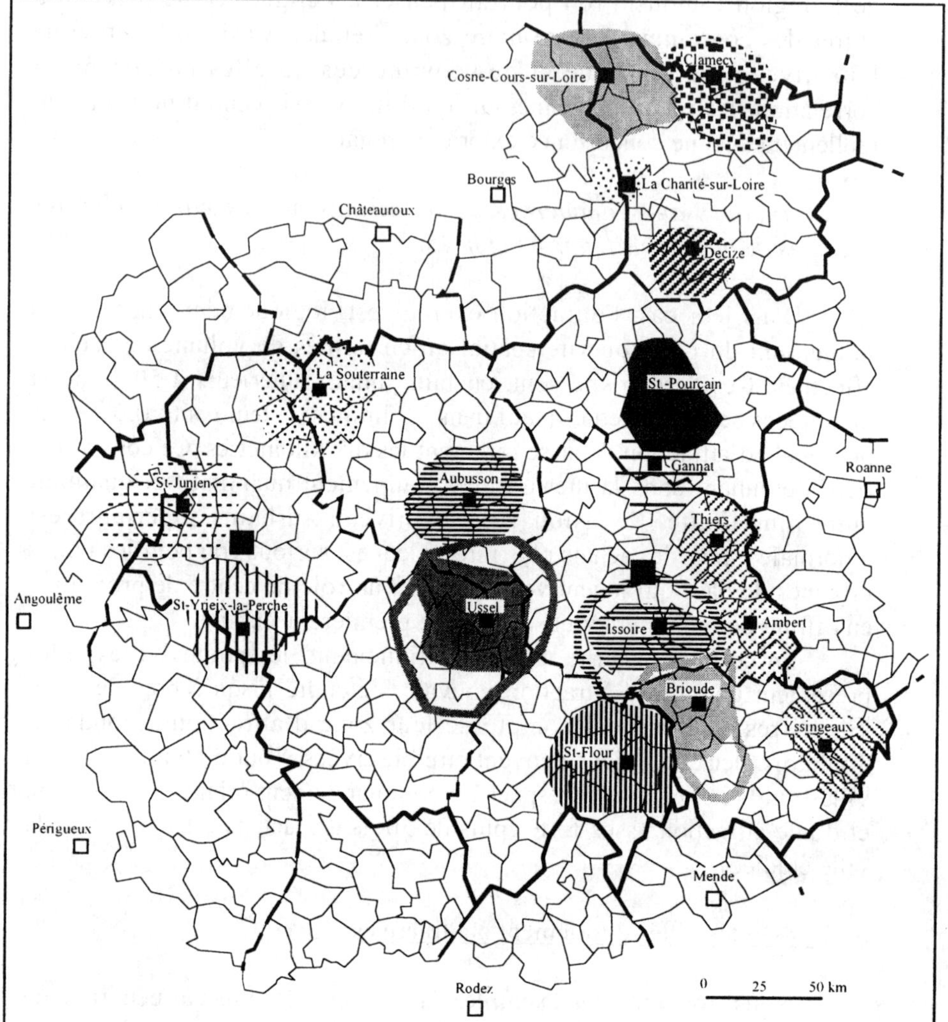

Les différents tramages ne servent qu'à faciliter la lecture de la carte

* L'enquête de terrain ne nous a pas permis de déterminer cette zone pour toutes les petites villes

Tramages par plages	zone principale (plus de 30 % de besoins satisfaits)	Tramages en courbes	zone secondaire (de 10 à 30 % de besoins satisfaits)

Métropole régionale — Ville moyenne — Ville repère

Source : enquête de terrain - 1995

Fig. n°45 : Zones d'influence des unités urbaines de base
(pour le commerce de détail)

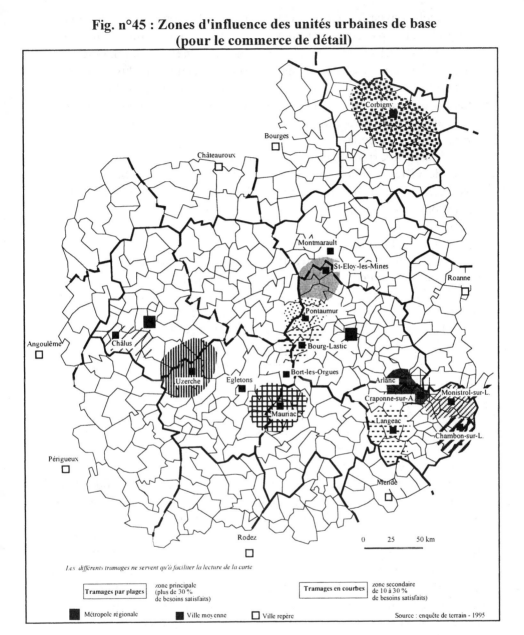

relationnelles avec les espaces extérieurs et notamment avec Clermont-Riom (longtemps, en grande partie, ignorée par les consommateurs locaux). Ambert et Brioude parviennent également à commander un espace relativement étendu. Ainsi, la sous-préfecture du Puy-de-Dôme domine-t-elle le sud Livradois et la bordure occidentale du Forez. Ces contrées étant à « l'abri » de l'influence forte ou moyenne de villes de plus haut niveau hiérarchique. C'est le cas encore de Clamecy dans la partie centre-nord de la Nièvre.

Plusieurs explications peuvent être apportées. L'héritage d'un rôle passé de ville-marché (comme pour Clamecy, Brioude, Saint-Flour, Issoire...) tient probablement une place essentielle. De même, les migrations quotidiennes de travail ont pu jouer. Ainsi, à Ambert, elles étaient autrefois très importantes entre le Livradois-Forez et la vallée industrielle de la Dore.

Elles ont donc créé des liens privilégiés entre Ambert et les montagnes environnantes, et ce d'autant plus que l'on se trouve dans un petit bassin tectonique relativement enclavé et dans un espace circulatoire très limité. De plus, Ambert profite ici d'un rôle de « grande ville », à l'échelle locale, dans la mesure où, sur un espace relativement étendu, il y a absence de niveaux urbains différents ou même équivalents. Courpière au nord, Issoire à l'ouest, Craponne-sur-Arzon au sud sont suffisamment éloignées pour permettre à Ambert d'étendre son influence, d'autant plus qu'elle est « protégée » des villes de la Loire par la barrière physique des monts du Forez. De même, dans les cas d'Ussel, Ambert, Clamecy, par exemple, nous sommes alors dans des milieux « fermés », à l'écart des grands axes routiers et ayant maintenu plus tardivement une tradition de relations entre les campagnes et la ville soit dans le cadre de migrations de travail, soit dans le cadre des marchés et foires. Le cas de Saint-Flour (comme celui de Brioude d'ailleurs) est intéressant, car elle se situe aujourd'hui sur l'autoroute A75. C'est donc l'héritage pur de l'isolement lui ayant donné un rôle de centre de commandement important et longtemps indépendant (presque aucune relation avec la métropole régionale ou la préfecture) qui explique le maintien d'une attraction notable. Combien de temps ceci va-t-il durer ? Saint-Flour va-t-elle subir la même évolution que La Souterraine ou Saint-Junien ? Le cas d'Issoire est également particulier, puisqu'elle se trouve à la fois sur un axe de communication majeur et à proximité de la métropole régionale. Or, son influence est encore assez importante, tant du point de vue spatial qu'en termes de pourcentage d'achats. A cela nous pouvons apporter deux explications. La première, déjà évoquée, résulte du maintien tardif d'une fonction traditionnelle de centre d'échanges entre la plaine (Limagne) et les montagnes environnantes (jusqu'au milieu du XIXe siècle). La comparaison avec Thiers, devenue ville industrielle, où la fonction de commandement de l'espace environnant s'est atténuée au XIXe siècle, est particulièrement riche d'enseignements. Il y a donc, à Issoire surtout, les traces d'un héritage, voire d'un retard. La seconde explication complémentaire est qu'Issoire représente encore « la ville » pour les milieux montagnards, où s'effectue la plus grande part des achats les plus courants. Elle est proche et la métropole est, sans doute, dans la représentation mentale des gens, difficile d'accès (problème de circulation, de stationnement...). On préfère s'y rendre pour des achats groupés et spécifiques, donc plus rarement. En fait, ceci relève encore des héritages et des retards.

b - Des petites villes plus « faiblement » attractives

A l'opposé, des petites villes comme Saint-Junien et La Souterraine voient la part des achats, effectués par les habitants des cantons qu'ils parviennent à polariser, être plus faible (elle est en réalité peu supérieure à 30 %). L'explication de cette faiblesse relative se trouve d'abord dans le fait que les espaces d'influence de Saint-Junien et de La Souterraine appartiennent en totalité à la zone principale d'attraction de Limoges, à laquelle s'ajoute, pour la petite ville creusoise, d'être aussi dans la zone secondaire de la ville moyenne de Guéret. Malgré tout, le fait d'avoir un espace d'attraction, représentant environ cinq cantons, constitue une donnée intéressante. Avec environ 30 % des achats effectués sur des zones plus densément peuplées, La Souterraine, comme Saint-Junien à l'ouest de la Haute-Vienne, s'affirme bien comme un centre de premier recours essentiel, et ceci n'affecte en rien son rôle polarisateur. Si Cosne-Cours-sur-Loire et Thiers disposent d'un espace de commandement qui représente un pourcentage d'achats plus important, celui-ci reste très limité spatialement. La capitale française de la coutellerie dispose d'une aire d'attraction restreinte, car elle est vite limitée par les influences conjuguées des aires directes de la métropole auvergnate et de Vichy. Quant à la petite ville de la Nièvre, elle souffre de la proximité de Nevers, située sur le même axe de communication. Gannat et Decize, qui ont également un espace d'influence spatialement peu étendu, « souffrent » probablement aussi de la concurrence des aires directes de villes de niveau supérieur. Il en est ainsi de Vichy et Clermont pour la première, et de Nevers et Moulins pour la seconde. Pour toutes les petites villes citées dans ce paragraphe, nous sommes dans des espaces « ouverts », proches de villes importantes et situées sur des axes principaux de communication, ce qui explique une évasion (pour les achats anomaux surtout) très forte. Le recours à la petite ville proche reste important, essentiellement pour les besoins les plus courants des populations. Il faut aussi tenir compte de densités plus fortes qui assurent, à ces villes, un volant de clientèle potentielle proche important (le canton de La Souterraine, à lui seul, atteint environ 10 000 habitants).

Il y a donc bien deux de cas de figure. Le premier correspond aux petites villes sans véritable passé de centre de recours pour l'espace environnant proche, et localisées sur des axes de communication qui rendent aisé l'accès aux villes de niveau supérieur. Elles appartiennent donc à des espaces « ouverts ». Dans ce cas, elles sont incluses dans l'aire d'attraction d'une ville moyenne (ou directement d'une métropole), et ne parviennent qu'à limiter très faiblement l'évasion, vers le niveau supérieur, de leur propre population et de celle de leur espace proche. Elles n'ont qu'une influence limitée, spatialement ou en part d'achats effectués, voire même les deux. La Souterraine, Decize, Saint-Junien, Gannat, Thiers, par exemple, répondent parfaitement à cette situation.

Le second cas est celui des villes qui ont eu un rôle important de ville-marché (centre- recours) et qui parviennent à garder une véritable aire d'attraction. Elles limitent le recours direct à la ville moyenne (ou métropole). Elles sont bien incluses dans l'aire d'influence de cette dernière, mais elles ont une véritable zone d'attraction pour les besoins les plus courants au moins. Ceci se vérifie tant dans les milieux « ouverts » que dans ceux que l'on a qualifiés de « fermés ». En effet, on trouve dans cette situation aussi bien Issoire, Saint-Flour, Brioude situées sur, ou à proximité, d'axes autoroutiers, qu'Ambert ou Clamecy appartenant davantage à des milieux « fermés ».

c - L'inégale desserte de l'espace par les unités urbaines de base (voir Fig. n°45)

Trois types d'espaces se distinguent en fonction de leur desserte par les niveaux urbains de base. Nous avons tout d'abord des régions géographiques à présence régulière d'unités urbaines de base, où chacune d'entre elles exerce une influence sur un rayon de dix kilomètres environ. Dans ce cas, les aires d'attraction se juxtaposent sans qu'il y ait vraiment d'interpénétration entre elles. Il n'y a donc guère de zones d'indécision. Elles concentrent ainsi les flux de première nécessité, pour les besoins les plus courants. Nous trouvons un parfait exemple de ceci dans l'espace de contact entre le plateau de l'Artense, les monts du Cantal et la vallée de la Corrèze, là où Bort-les-Orgues, Mauriac (Egletons, plus loin) se partagent équitablement l'espace. Nous nous rapprochons ici de la situation des villes de district ou villes d'arrondissement définies par Christaller dans sa théorie des places centrales (P. Merlin, 1973). Pour les achats anomaux, le recours se fait en direction de la petite ville ou ville moyenne, soit Ussel, Tulle ou Aurillac. Ensuite, pour des besoins plus spécifiques, les flux se dirigent vers la métropole régionale, en l'occurrence pour l'espace cité précédemment, Clermont-Riom. Il y a donc ici une solide hiérarchie des rapports entre les niveaux urbains, en fonction des besoins de consommation et on retrouve l'emboîtement des aires d'attraction.

Le deuxième type d'espace est celui où les niveaux urbains de base sont plus rares. L'exemple le plus clair est celui de la Haute et Moyenne Combraille. Dans ce cas, les flux se dirigent, le plus souvent, directement vers la métropole régionale, et ce même pour des besoins courants. Toutefois, pour les achats les plus banaux (pain, viande...), on a recours aux commerces des centres les plus proches qui n'appartiennent pas obligatoirement au monde urbain, mais jouent en fait le rôle de l'unité urbaine de base qui manque. C'est le cas de Pontaumur et Bourg-Lastic (voir fig. n°45). Le cas de Corbigny, dans la Nièvre, est particulier dans la mesure où elle dispose d'un rayonnement très étendu, là également dans un espace (le Haut Nivernais) en grande partie dépourvu d'unités urbaines. En fait, ici, nous avons les traces d'un héritage de forte relation avec le monde rural environnant (foires et marchés longtemps très actifs). A moins que l'on ait ici le signe d'un retard avec des populations ayant adapté leurs besoins à la médiocrité de l'offre !

Au terme de cette analyse des zones d'influence commerciale, nous pouvons dire que le nord du Massif central présente une organisation de l'espace fort proche d'un modèle christallérien. En effet, il y a un emboîtement quasi systématique des aires de rayonnement des différents niveaux hiérarchiques. Ainsi, Gannat, petite ville, exerce son influence sur un espace limité (15 kilomètres maximum) qui est inclus dans la zone d'influence de la ville moyenne de Vichy, appartenant elle-même à l'aire d'influence de la métropole clermontoise. De plus, on constate que les villes, appartenant à un niveau hiérarchique commun, présentent des aires d'influence, finalement, assez proches, de part leur étendue au moins. Les différences, somme toute limitées, sont liées à des situations de concurrence plus ou moins fortes, ou à la proximité d'une ville de rang supérieur. Enfin, il est net que la totalité de l'espace nord du Massif central est desservie par la ville, et même par la plupart des niveaux hiérarchiques existants, seules les facilités d'accès à ceux-ci changent.

B - L'influence des services à caractère financier

Les cartes réalisées à partir des réponses aux questionnaires, concernant les flux en matière de recours aux services financiers, montrent des aires d'attraction qui dépendent en grande partie du choix effectué : banques, assurances et organismes de crédit. En effet, la présence de nombreux guichets bancaires ou de cabinets d'assurance (même temporaires) dès les premiers niveaux de l'organisation régionale, c'est-à-dire les bourgs-centres, limite considérablement les déplacements vers les unités de rang hiérarchique supérieur. Ces services concernent des besoins de proximité, banaux pour l'essentiel, et les réponses ont d'ailleurs nettement privilégié l'utilisation des services les plus communs, comme les guichets bancaires. Il faut, donc, bien garder ce fait à l'esprit pour relativiser l'analyse qui va suivre sur l'attraction des services à caractère financier.

1 - Une mesure de l'attraction des métropoles régionales (voir Fig. n°46)

a - L'influence directe

Il est clair que l'attraction, mesurée à travers l'enquête, ne correspond en rien aux services bancaires réels rendus par la métropole. Ceux-ci seront étudiés dans un second temps, à partir d'autres enquêtes. Il s'agit, au mieux, de l'aire directe d'un niveau proche de celui proposé par le niveau inférieur des villes moyennes.

A l'observation de la figure n°46, on remarque immédiatement que la zone d'attraction directe de Clermont-Riom et Limoges est relativement limitée : les métropoles régionales n'exerçant une influence notable qu'au niveau de leur département. En dehors de cet espace de

Fig. 46 - Zones d'influence locale des métropoles régionales (pour les services à caractère financier)

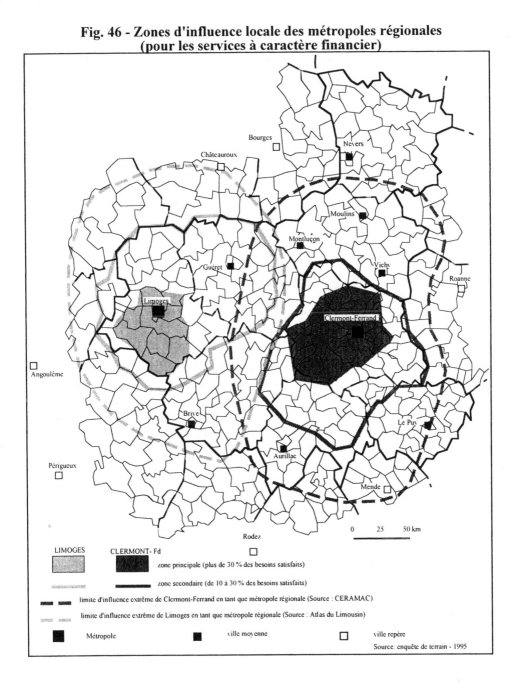

commandement, seuls quelques cantons extérieurs, les plus proches, entretiennent des relations primaires avec les deux grandes villes ; à l'exception du département du Cantal où l'influence clermontoise s'étend sur un espace un peu plus vaste[24], et de celui de la Creuse où Limoges intervient sur la presque totalité (sauf au sud-est dans la région de Crocq et de La Courtine). La faiblesse du nombre de villes moyennes (voire de petites villes bien équipées en services financiers) explique en grande partie l'influence directe des capitales de l'Auvergne ou du Limousin, sur ces départements. Par contre, la Corrèze, la Haute-Loire et l'Allier connaissent une influence des métropoles régionales limitée, en raison d'un recours important aux villes moyennes disposant d'un bon niveau d'équipement, de premier contact avec la population.

L'importance relative de la part des besoins satisfaits par les deux métropoles n'est jamais supérieure à 50 % (sauf pour les cantons centraux des deux agglomérations). Dans les autres cantons appartenant à l'agglomération, la présence de services financiers de proximité (guichets bancaires, par exemple) est fréquente et limite déjà le recours aux équipements de centre-ville, réservé aux opérations les plus spécialisées. Pour Clermont-Ferrand, cette attraction principale, caractérisée par une part de marché de 30 %, s'étend sur toute la partie ouest du département du Puy-de-Dôme, c'est-à-dire sur la montagne auvergnate (monts Dômes et monts Dore). La zone secondaire correspond à 10 %, ce qui représente une forte évasion vers la métropole si l'on considère la densité des réseaux bancaires locaux. Elle se prolonge sur une partie de la Montagne limousine où certains cantons effectuent encore à Clermont 10 à 30 % de leurs opérations financières ou d'assurance de base[25]. La zone d'attraction secondaire de Limoges s'étale sur la plus grande partie du département creusois. Cependant, la grande ville dispose, dans le domaine bancaire ou financier par exemple, d'équipements spécifiques qui ne sont pas apparus ici, et dont il faut tenir compte.

b - Le pouvoir métropolitain : l'exemple des banques

L'influence des métropoles se marque d'abord par la structure des réseaux bancaires, lesquels sont dépendants d'elles. Ainsi, la plupart des guichets bancaires ou agences locales sont-ils directement liés et reliés à un siège limougeaud ou clermontois, comme le Crédit Agricole, la Banque Populaire ou encore les banques clermontoises Chalus et Nuger et la banque Tarneaud à Limoges.

Pour mesurer l'influence de Clermont-Riom, par exemple, en tant que métropole régionale, nous allons analyser l'organisation spatiale des principaux groupes bancaires. Pour cela, nous nous appuierons sur une étude du CERAMAC sur l'interrégionalité (CERAMAC, étude sur l'interrégionalité, 1996) effectuée pour le compte du Comité Economique et Social de l'Auvergne. Nous l'avons complétée par enquête directe, sous forme d'interview téléphonique auprès de directeurs d'agence. La base de l'analyse sera fondée sur l'organisation des groupes ayant opté pour une décentralisation de leurs pouvoirs décisionnels au profit de certaines métropoles régionales. Notons d'emblée que les limites de commandement, fixées pour les sièges régionaux, ne cadrent pas avec les frontières administratives et correspondent à des réalités économiques de terrain.

Nous trouvons, à Clermont-Riom, quatre groupes bancaires nationaux décentralisés : le Crédit Agricole, la Banque Populaire, le Crédit Mutuel et la Caisse d'Epargne. L'analyse des autres établissements bancaires présente peu d'intérêt dans la problématique qui nous intéresse ici, dans la mesure où, le plus souvent, ils dépendent d'une direction régionale située à Lyon ; la métropole rhodanienne étant elle-même dominée par Paris. Tel est le cas, par exemple, de la BNP, la Société Générale et le Crédit Lyonnais.

Ainsi, par l'intermédiaire du groupe régional du Crédit Agricole Centre-France (voir Fig. n°47), la métropole auvergnate étend-elle son commandement sur deux départements de la région Auvergne (Allier et Puy-de-Dôme) et sur deux départements de la région Limousin (Creuse et Corrèze). A côté, la direction régionale du Crédit Agricole, présente à Limoges, n'organise que son propre département et celui de l'Indre (voir Fig. n°47).

La Fédération Auvergne-Bourbonnais du Crédit Mutuel permet à Clermont-Riom d'ajouter à son aire d'attraction bancaire le Cantal et l'Aveyron (voir Fig. n°48). Notons qu'avec l'organisation du Crédit Mutuel, Limoges retrouve une aire d'influence plus conforme à son rang de métropole régionale, puisqu'elle organise la totalité de sa région administrative à laquelle s'ajoute le département de la Vienne.

La direction régionale de la Banque Populaire du Massif Central conforte le rôle métropolitain de Clermont puisqu'elle regroupe tous les départements de la région Auvergne, auxquels s'ajoutent l'essentiel de la Corrèze, ainsi que le secteur de Roanne (voir Fig. n°49). Limoges joue, également, pleinement son rôle de métropole régionale puisqu'elle gère les départements de la Haute-Vienne, de la Creuse, gardant les secteurs de

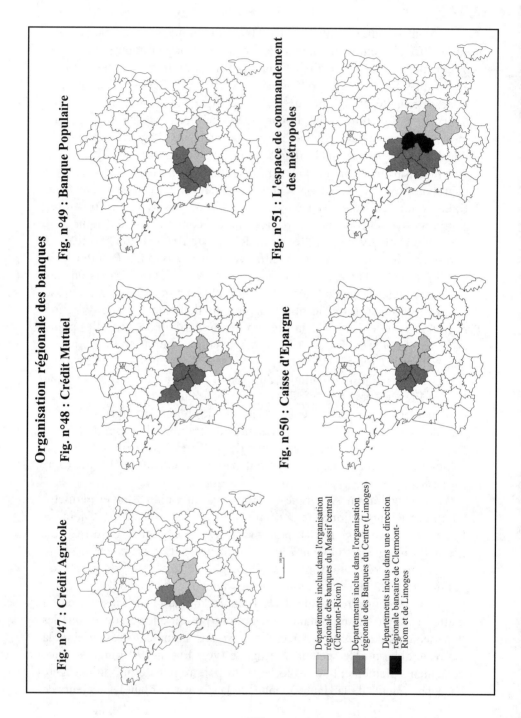

Organisation régionale des banques

Fig. n°47 : Crédit Agricole

Fig. n°48 : Crédit Mutuel

Fig. n°49 : Banque Populaire

Fig. n°50 : Caisse d'Epargne

Fig. n°51 : L'espace de commandement des métropoles

Départements inclus dans l'organisation régionale des banques du Massif central (Clermont-Riom)

Départements inclus dans l'organisation régionale des Banques du Centre (Limoges)

Départements inclus dans une direction régionale bancaire de Clermont-Riom et de Limoges

Brive et Objat dans la Corrèze. La perte de la quasi-totalité de la Corrèze (qui est sous contrôle clermontois) est compensée par le contrôle de la Charente et de la Dordogne, renforçant du même coup l'image d'une métropole du Centre-Ouest (G. Bouet, 1983). Enfin, la Caisse d'Epargne cantonne les limites de commandement aux frontières administratives, et ce aussi bien pour Clermont-Riom que pour Limoges (voir Fig. n°50).

En ce qui concerne les banques régionales, la situation des métropoles du nord du Massif central est moins brillante. En effet, à Clermont-Riom les banques Nuger et Chalus ne rayonnent réellement que sur le Puy-de-Dôme et sur quelques points isolés des départements voisins (Montluçon pour la banque Nuger, quelques agences en Corrèze et à Mauriac pour la banque Chalus). De plus, l'autonomie de ces établissements bancaires, créés par des familles auvergnates, est aujourd'hui toute relative. La banque Chalus est depuis 1998 une filiale à 100 % du Crédit Agricole (après avoir été celle du Crédit Lyonnais), même si elle garde une large autonomie décisionnelle. 40 % des actions de la banque Nuger sont détenues par le Crédit du Nord. Le cas est différent pour la solide banque régionale Tarneaud de Limoges qui permet à cette dernière d'étendre son influence sur tout le Limousin, mais également en Charente (avec notamment des agences à Angoulême, Cognac, La Rochefoucault), en Dordogne (Périgueux, Bergerac, Nontron) et dans l'Indre (Châteauroux).

Ainsi, l'analyse du secteur bancaire, dans son organisation régionale, nous permet de tracer en synthèse les limites extrêmes de l'influence métropolitaine : clermontoise et limougeaude (voir fig. n°51). L'influence clermontoise porte sur la totalité de sa région administrative et déborde largement à l'Ouest sur les départements de la Creuse et de la Corrèze, ainsi que, plus modestement, vers le Sud sur l'Aveyron. Quant à Limoges, elle domine la totalité de sa région administrative, mais intervient également, à l'Ouest, sur la Charente et la Dordogne et, au Nord, sur l'Indre et la Vienne.

De plus, il est évident que, en fonction des équipements proposés dans la grille-enquête, les habitants du nord du Massif central puissent trouver satisfaction dans les centres les plus proches de chez eux. Donc, l'évasion vers les grandes métropoles régionales « extérieures » est forcément très limitée. D'autant plus que les métropoles locales débordent le cadre administratif, comme nous venons de le voir.

2 - Les villes moyennes (voir Fig. n°52)

Elles disposent d'une aire d'attraction principale peu étendue et réduite, pour certaines, à la seule agglomération. Au-delà, on passe très vite à la zone d'influence secondaire qui ne déborde guère au-delà de quarante ou cinquante kilomètres. On retrouve l'aire classique d'influence exercée par les autres équipements liés au niveau ville moyenne.

Certaines agglomérations bénéficient toutefois, comparativement, d'une attraction considérable, comme c'est le cas de Tulle, Montluçon et Aurillac avec une zone d'influence principale très étendue, pouvant atteindre près de quarante kilomètres. Aurillac exerce même une très forte attraction (plus de 50 % des besoins satisfaits). Sa zone principale comprend toute la région des monts du Cantal, relativement isolée et traditionnellement très dépendante de la préfecture. De plus, l'absence d'unités urbaines de base entraîne le recours direct à la ville moyenne.

Toutefois, en termes d'étendue de la zone d'attraction totale (principale et secondaire), c'est la ville de Nevers qui occupe la première place, puisqu'elle polarise la quasi-totalité du département de la Nièvre. En dehors du réseau local, le chef-lieu représente ici le premier recours avant Clermont-Riom (surtout au sud du département), ou Paris (pour le nord du département). Avec près de vingt établissements ou agences bancaires, elle dispose, dans ce domaine, de l'équipement le plus complet des villes moyennes étudiées (source : Minitel). A l'opposé, Brive-la-Gaillarde doit partager sa clientèle avec sa préfecture, Tulle. Ceci réduit donc sensiblement son aire de rayonnement, qui ne peut s'étaler qu'à l'Ouest en Dordogne.

3 - La trame des petites villes et unités urbaines de base (voir Fig. n°53 et n°54) : répondre aux besoins de première nécessité

En dépit de l'adaptation du questionnaire aux types de services qu'elles proposent, la plupart des villes de ces rangs hiérarchiques n'exerce qu'une influence spatiale très limitée en dehors de leur propre canton. Certaines unités urbaines de base n'exercent réellement qu'une influence de proximité (celle-ci s'étendant au maximum sur une dizaine ou une vingtaine de kilomètres). Ceci s'explique par le fait que, au niveau petite ville ou unité urbaine de base, l'équipement en services financiers (guichets bancaires pour l'essentiel) n'est pas suffisamment différent de celui que l'on trouve dans les bourgs-centres les plus proches. Ainsi, la

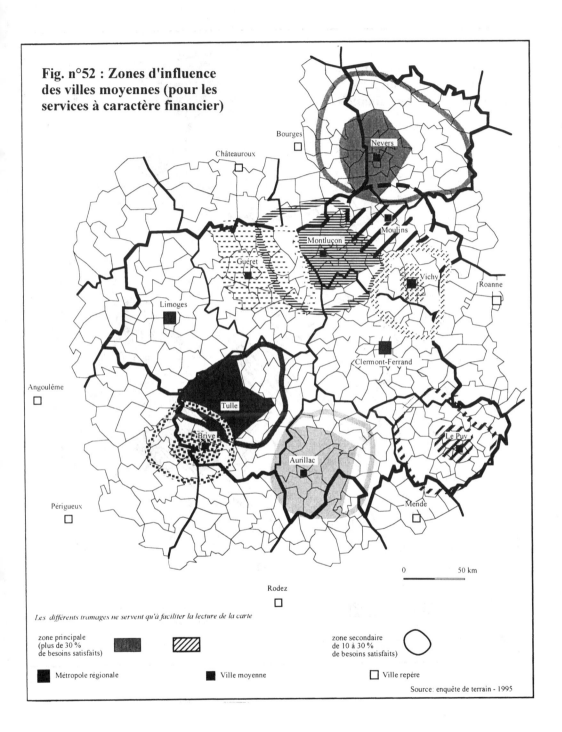

Fig. n°52 : Zones d'influence des villes moyennes (pour les services à caractère financier)

Bourges

Châteauroux

Nevers

Moulins

Montluçon

Guéret

Vichy

Roanne

Limoges

Clermont-Ferrand

Angoulême

Tulle

Brive

Aurillac

Le Puy

Périgueux

Mende

0   50 km

Rodez

Les différents tramages ne servent qu'à faciliter la lecture de la carte

zone principale
(plus de 30 %
de besoins satisfaits)

zone secondaire
de 10 à 30 %
de besoins satisfaits)

Métropole régionale   Ville moyenne   Ville repère

Source: enquête de terrain - 1995

- 279 -

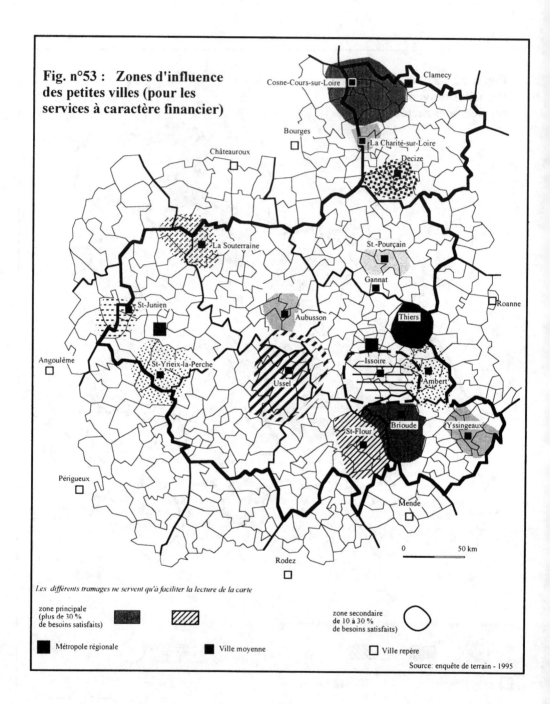

Fig. n°53 : Zones d'influence des petites villes (pour les services à caractère financier)

Cosne-Cours-sur-Loire
Clamecy
Bourges
La Charité-sur-Loire
Châteauroux
Decize
St -Pourçain
La Souterraine
Gannat
St-Junien
Roanne
Aubusson
Thiers
Angoulême
Issoire
St-Yrieix-la-Perche
Ambert
Ussel
St-Flour
Brioude
Yssingeaux
Périgueux
Mende
0   50 km
Rodez

Les différents tramages ne servent qu'à faciliter la lecture de la carte

zone principale
(plus de 30 %
de besoins satisfaits)

zone secondaire
de 10 à 30 %
de besoins satisfaits)

Métropole régionale   Ville moyenne   Ville repère

Source: enquête de terrain - 1995

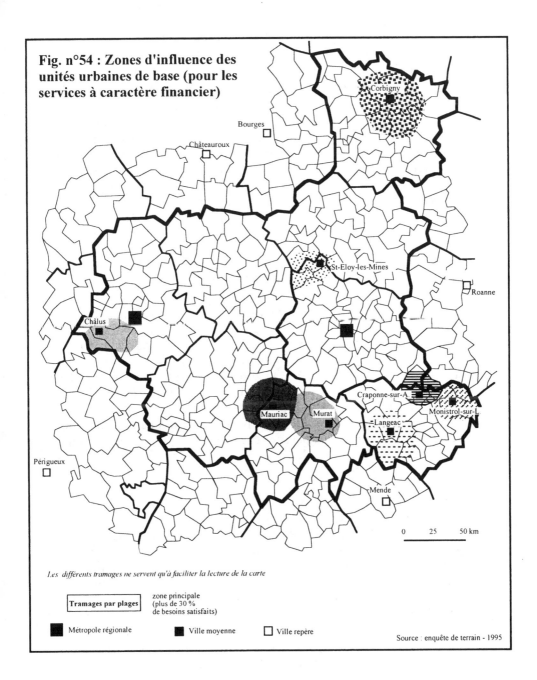

Fig. n°54 : Zones d'influence des unités urbaines de base (pour les services à caractère financier)

Les différents tramages ne servent qu'à faciliter la lecture de la carte

| Tramages par plages | zone principale (plus de 30 % de besoins satisfaits) |

■ Métropole régionale   ■ Ville moyenne   □ Ville repère

Source : enquête de terrain - 1995

desserte de l'espace est-elle suffisamment dense pour limiter considérablement les déplacements. Pour les autres types de services bancaires (crédits, crédit-bail, gestion de portefeuille...), les niveaux urbains les plus bas ne disposant pas d'équipements en la matière, le recours se fait directement vers les villes de rang supérieur.

Dans le cadre de l'analyse des services financiers (banques et assurances, organisme de crédit, surtout), nous pouvons mettre en évidence plusieurs types de relations existant entre les petites villes et unités urbaines de base et leur espace environnant. En effet, certaines gardent une attraction identique à celle liée à la fréquentation des commerces. Elles maintiennent ainsi des relations privilégiées avec leur petite région de commandement. C'est le cas d'Ambert, Clamecy et, en partie, d'Ussel, même si pour cette dernière l'évasion vers la ville moyenne (en l'occurrence Tulle) est plus importante.

Un deuxième type de villes peut être identifié : celles qui voient une grande partie de leur clientèle traditionnelle se détourner de leurs services financiers (et en particulier bancaire) au profit direct des niveaux urbains supérieurs. Nous trouvons ici Brioude et Saint-Flour. Le recours à la petite ville se limite aux besoins les plus courants (opérations bancaires simples comme le retrait d'argent liquide) et l'évasion vers les grandes villes, pour les opérations plus spécifiques (gestion de portefeuille, placement en valeurs mobilières...), se produit davantage, d'autant plus que l'on se situe sur de grands axes de communication rendant les déplacements plus aisés et rapides.

Enfin un dernier cas de figure apparaît, celui des petites villes qui exercent un rôle attractif apparemment beaucoup plus limité au plan spatial que pour le commerce de détail. Il s'agit de Decize, Gannat, Saint-Pourçain-sur-Sioule, Saint-Junien. Ces petites villes n'ont pas été citées comme attractives dans les réponses aux questionnaires renvoyées par les instituteurs. Toutefois, un complément d'enquête (interview téléphonique), auprès des principales agences des banques nationales (Crédit Agricole, BNP, Banque Populaire), a été réalisé et nous a permis de constater qu'elles exerçaient bel et bien une attraction. Nous sommes, ici, à nouveau dans le cas des petites villes qui appartiennent à des milieux « ouverts », ceux des axes de communication, proches des grandes villes. Ainsi, l'influence des niveaux urbains les plus élevés, dans le domaine des services financiers, est parfaitement connue des sondés. Les personnes qui ont répondu au questionnaire ont minoré les relations liées aux opérations bancaires les plus courantes (guichets bancaires) pour privilégier le recours à la grande ville, systématique pour les services financiers de plus haut niveau.

L'image du partage de l'espace, pour le recours aux services financiers (banques, assurances, organismes de crédit...), rejoint en grande partie celle observée pour les commerces. En effet, si l'on raisonne pour chaque ville en fonction d'équipements propres à leur niveau hiérarchique, on obtient en fait le même emboîtement des espaces de commandement. Une particularité se dégage toutefois, nettement, pour les services bancaires : les aires d'attraction des unités urbaines de base, petites villes et même villes moyennes ne sont, en fait, que la représentation de l'influence métropolitaine par le biais de ces relais locaux. Effectivement, les agences bancaires, présentes alors, ne sont que des représentations locales des services de la métropole. Les décisions (notamment les accords de crédit, surtout quand ils sont importants) et même les placements d'argent (remises de chèques, par exemple) reviennent, en fait, au siège régional. Dans ce domaine, il n'y a donc pas d'influence propre pour les niveaux inférieurs aux métropoles clermontoise et limougeaude.

Pour continuer dans notre logique d'approche des services de plus en plus rares, donc de recours plus épisodique et effectué sur des distances plus importantes, nous allons passer maintenant à l'observation des aires d'influence liées aux services médicaux. De terminologie simple, les flux les concernant sont parfaitement connus des personnes sondées ; ce qui nous permet, sans aucun doute, d'avoir une image exacte de l'influence des différents niveaux hiérarchiques dans ce domaine.

C - L'influence des services à caractère médical

Nous avons, pour cette étude, pris en compte les réponses au questionnaire-enquête concernant les médecins spécialistes et les cliniques généralistes. Mais, nous avons surtout pu obtenir, pour la plupart des établissements hospitaliers, des renseignements assez exhaustifs sur l'origine géographique des patients. Ceux-ci seront donc étudiés ultérieurement.

1 - Un bon indicateur de l'influence des métropoles régionales (voir Fig. n°55)

a - Une influence étendue

Dans le domaine des services à caractère médical, Clermont-Riom et Limoges jouent pleinement leur rôle de métropoles régionales, puisqu'elles rayonnent sur l'ensemble de leur région au moins. Seule la partie est de la Haute-Loire échappe à l'attraction clermontoise, en raison de la présence de Saint-Etienne (voire celle de Lyon). Dans cette région, l'influence de la capitale auvergnate n'est toutefois pas nulle, mais plus limitée (moins de 10 % de fréquentation). Dans le même secteur oriental, les régions de Saint-Anthème et Viverols ne sont que dans sa zone d'influence secondaire, une part importante de la patientèle s'échappant vers des centres extérieurs comme Saint-Etienne ou Lyon. A moins que ce ne soit la conséquence d'un isolement relatif. Elles appartiennent, en effet, à des milieux « fermés », avec des populations qui ont peu recours aux médecins spécialistes. Effectivement, elles se contentent, bien souvent, des médecins généralistes qui les envoient directement à l'hôpital (Ambert dans la plupart des cas) pour les problèmes sérieux.

A l'opposé, l'attraction extra-régionale des services clermontois est relativement importante, surtout sur les départements de la Corrèze et de la Creuse où les habitants des cantons du tiers oriental fréquentent davantage la capitale auvergnate que celle du Limousin. C'est en fait une ligne reliant Aubusson, Felletin, Sornac, Meymac, Egletons, La Roche-Canillac et Argentat qui représente la limite d'influence entre les deux métropoles du nord du Massif central. L'attraction globale des services médicaux de Limoges est en fait, très classiquement, décalée vers l'Ouest par rapport à sa zone administrative (Dordogne, Charente).

b - Un recours aux grandes villes « extérieures » existe pour les services médicaux

Si les deux métropoles régionales internes, Clermont-Riom et Limoges, ont une très forte influence au nord du Massif central, elles ne peuvent cependant empêcher une fuite concernant les régions les plus excentrées.

C'est, sans aucun doute, l'agglomération stéphanoise qui exerce l'influence la plus nette. Ainsi, le Sigolénois et l'Yssingelais appartiennent à son espace d'attraction principale. La région du Puy, ainsi que les extrémités sud-orientales du Puy-de-Dôme, vers Saint-Anthème, sont incluses dans sa zone d'influence secondaire comme nous l'avons vu. L'attraction des services médicaux stéphanois s'exerce donc sur un espace plus étendu que pour les autres services ou commerces, c'est particulièrement net en Haute-Loire. Saint-Etienne est donc bien une métropole du nord du Massif central. L'attraction lyonnaise s'exerce sur un espace identique à celui de Saint-Etienne, mais sans aucun doute pour

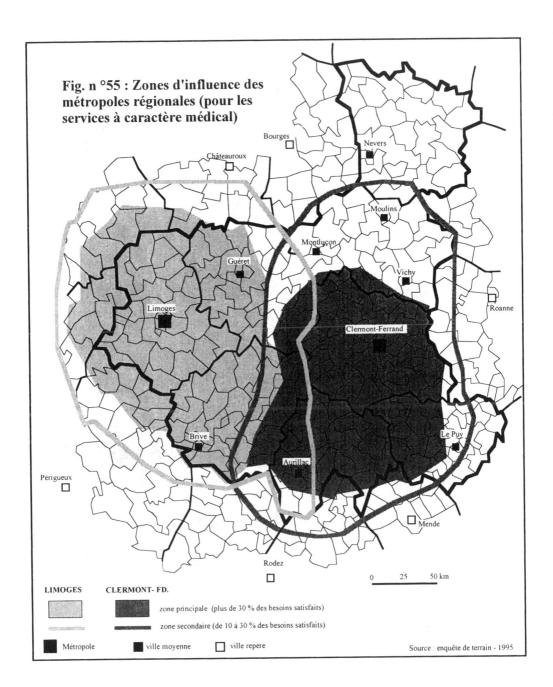

Fig. n °55 : Zones d'influence des métropoles régionales (pour les services à caractère médical)

LIMOGES   CLERMONT- FD.

zone principale (plus de 30 % des besoins satisfaits)

zone secondaire (de 10 à 30 % des besoins satisfaits)

■ Métropole   ■ ville moyenne   □ ville repère

Source : enquête de terrain - 1995

- 285 -

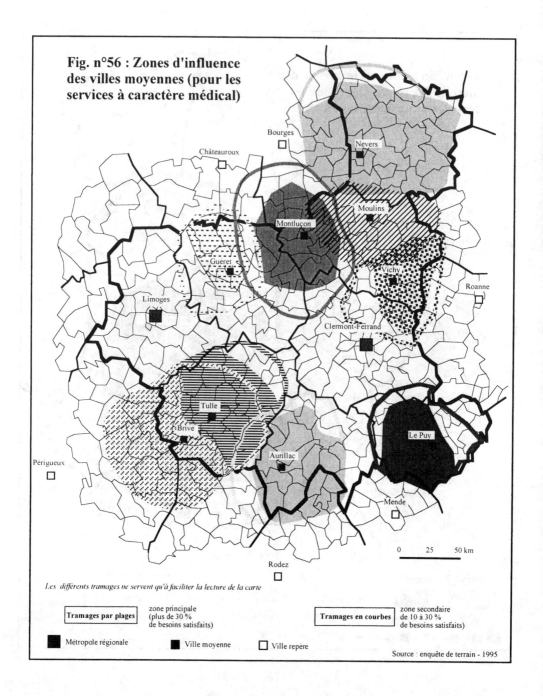

Fig. n°56 : Zones d'influence des villes moyennes (pour les services à caractère médical)

Bourges

Châteauroux

Nevers

Moulins

Montluçon

Vichy

Roanne

Guéret

Limoges

Clermont-Ferrand

Tulle

Brive

Le Puy

Périgueux

Aurillac

Mende

0   25   50 km

Rodez

Les différents tramages ne servent qu'à faciliter la lecture de la carte

| **Tramages par plages** | zone principale (plus de 30 % de besoins satisfaits) | **Tramages en courbes** | zone secondaire de 10 à 30 % de besoins satisfaits |

Métropole régionale   Ville moyenne   Ville repère

Source : enquête de terrain - 1995

des flux quantitativement plus limités. Surtout la présence de services de très haut niveau ou fortement spécialisés, proposés par la deuxième agglomération française, explique la citation à un recours lyonnais dans l'enquête de terrain. Elle relève alors de la psychologie et des liens familiaux. Mais un recours réel existe pour certains domaines (grands brûlés à l'hôpital Saint-Luc, par exemple).

L'influence directe de Paris est très sensible sur tout le nord de la Nièvre. Elle concerne aussi la quasi-totalité de la bordure nord du Massif central pour des flux rares, liés à la réputation des « grands professeurs » de la médecine. Globalement, Paris et Lyon n'interviennent pas comme des concurrents directs, mais à un niveau supérieur, pour des spécialités rares. Ce sont les mêmes raisons qui expliquent que, d'après l'enquête, l'influence bordelaise s'étend sur une partie du Limousin.

En ce qui concerne Dijon, elle est la seule métropole, intervenant sur notre espace, à ne pas agrandir son aire de commandement par rapport aux autres espaces analysés. Il semble donc que la réputation des spécialistes clermontois joue ici davantage en faveur de la métropole auvergnate, permettant à cette dernière de grignoter, dans la Nièvre, sur la zone d'influence traditionnelle de Dijon.

2 - Les villes moyennes : un rôle clef dans la « desserte médicale » de l'espace (voir Fig. n° 56)

Les villes moyennes ont ici un rôle considérable dans l'organisation de l'espace nord du Massif central. Ceci s'explique, logiquement, par le fait qu'elles offrent, dans ce domaine, des services plus spécifiques et diversifiés (spécialité des médecins, pluralité des cliniques) que les niveaux hiérarchiques inférieurs. Seules les grandes villes internes ou externes à notre zone d'étude peuvent les concurrencer et, surtout, les dépasser par le nombre de médecins spécialistes (ou de cliniques) présents, et par la spécificité des spécialités représentées. Nous constatons, par exemple, que la commune-centre de Clermont dénombre plus de trois cents spécialistes (source : annuaire 1997) et qu'aucune spécialité, ou presque, ne fait défaut. Aucune ville moyenne ne lui est comparable. De plus, naturellement, il y a des domaines qui manquent dans les villes moyennes du nord du Massif central comme la biologie médicale, la chirurgie infantile, la neurochirurgie ou encore la médecine des maladies du sang et l'hématologie. L'analyse du tableau en annexe n° 10 nous montre clairement que le nombre de spécialistes est largement fonction du poids démographique des villes moyennes. Nevers et Vichy semblent, quand même, moins bien équipées que Montluçon et, surtout, Brive-la-Gaillarde. Pour les villes moyennes de niveau inférieur, la diminution du nombre de spécialistes correspond à peu près à l'écart démographique qui existe entre elles et les villes moyennes de niveau supérieur. Mais là, encore, Moulins et Le Puy paraissent sous-équipées, par comparaison à Aurillac. Cependant, elles le sont également par rapport à Tulle, pourtant deux fois moins peuplée qu'elles, ce qui pose bien le problème de la relation avec les aires d'influence et la clientèle extérieure.

Dans l'ensemble, nous pouvons dire que le niveau d'équipement des villes moyennes est bon, et ce pour au moins deux raisons. D'abord, le nombre total de spécialistes, rapporté aux chiffres de population, et par comparaison à la métropole régionale, est tout à fait honorable, sauf peut-être à Moulins, Le Puy et Guéret. Ensuite, la diversité des spécialités représentées est importante. Ainsi sur les quarante-quatre qui sont recensées sur l'annuaire 1997 du Puy-de-Dôme, c'est communément entre vingt-cinq et trente d'entre elles que l'on retrouve dans nos villes moyennes (soit 60 à 70 % du total). Une fois encore, seules Moulins, Le Puy et Guéret font moins bien.

L'étendue de leur zone d'attraction dépend apparemment de divers facteurs. Tout d'abord de la proximité de villes de niveau hiérarchique identique ou supérieur, donc de la concurrence. Ensuite, d'un effet de seuil, environ cinquante kilomètres, qui fait, qu'au-delà, on préférera souvent s'adresser directement à la métropole, même si elle est plus éloignée (source : enquête de terrain). Ainsi, les cantons de la moyenne et basse Combraille, au sud de la vallée de la Sioule, comme Menat, Saint-Gervais-d'Auvergne et même Pionsat, s'adressent-ils majoritairement aux services clermontois, au détriment de ceux de Montluçon qui est pourtant plus proche. Cependant, il est vrai que les facilités de la circulation routière jouent également en faveur de la métropole. C'est le cas également des cantons de la Montagne limousine qui se rendent plus volontiers à Limoges, ou même à Clermont-Ferrand qu'à Tulle. A ces facteurs s'ajoute, sans aucun doute, un phénomène, certes non scientifique, mais que l'on ne peut ignorer pour le choix des pôles fréquentés, qui consiste à penser que les meilleurs spécialistes sont dans les plus grandes villes. Enfin, entrent en ligne de compte le nombre de médecins spécialistes et la diversité des spécialités présentes (voir tableau en annexe n°10), selon une référence quasi commerciale et qui relève, à nouveau, du choix potentiel dont dispose le client.

La position excentrée de Dijon dans la région Bourgogne et l'absence d'autres villes moyennes (ou même de petites villes équipées, à l'exception de Cosne-Cours-sur-Loire et Clamecy aux limites nord du département) dans la Nièvre expliquent l'importance de la zone d'influence, tant du point du vue de l'étendue spatiale qu'en termes de part de fréquentation des services médicaux. Aurillac et Le Puy exercent, également, une influence étendue à la majeure partie de leur département. Elles bénéficient, essentiellement, de leur relatif éloignement par rapport aux métropoles régionales et de la quasi-absence de concurrence d'autres villes moyennes pouvant proposer des services identiques. Cependant, les influences clermontoise sur le nord du Cantal et stéphanoise au nord-est de la Haute-Loire limitent déjà l'espace de commandement de ces deux préfectures.

A l'inverse, on constate que l'attraction de Guéret (la plus faiblement équipée des villes moyennes) est fortement concurrencée par celle de Montluçon sur la partie est du département de la Creuse. Cette dernière ville offre une plus grande possibilité de choix et des spécialités médicales non présentes dans la capitale creusoise (voir tableau en annexe n° 27). L'influence de Vichy est également limitée, au sud, par la proximité de Clermont-Riom. Elle franchit, cependant, grâce à la bonne réputation de son encadrement médical et à quelques spécialités rares, comme la médecine physique et de réadaptation ou la phoniatrie (voir tableau en annexe n°10), la limite départementale en direction du Puy-de-Dôme.

Le fait que Brive-la-Gaillarde appartienne au niveau supérieur des villes moyennes, et qu'elle dispose ainsi d'une offre quantitativement supérieure (la plus importante des villes moyennes de notre zone d'étude, voir tableau en annexe n°10), explique que son aire d'attraction soit plus importante que celle de sa préfecture Tulle. En effet, elle offre deux fois plus de médecins et un nombre de spécialités légèrement supérieur (30 contre 27 à Tulle). Cette concurrence entre villes de même niveau, ou de niveau proche, se matérialise parfaitement à l'échelle du département de l'Allier. L'attraction des services médicaux de la préfecture (Moulins) se fait pour l'essentiel à l'est et au nord-est du département, mais est vite limitée, tant spatialement qu'en pourcentage de fréquentation, vers le nord (proximité de Nevers) et vers l'ouest et le sud-est (concurrence de Montluçon et Vichy).

Nous retrouvons donc ici des systèmes relationnels, entre villes, déjà notés pour les commerces et les services, avec deux types d'espace qui s'opposent au niveau de l'étendue (et de la densité) des aires d'influence.

3 - *Quelques petites villes attractives (voir Fig. n°57)*

Au niveau des petites villes, Issoire occupe une position réellement notable, avec une attraction importante sur près d'une dizaine de cantons situés, pour l'essentiel, au sud de la ville. Elle profite d'un bon niveau d'équipement proche de celui d'une ville moyenne comme Guéret, tant au plan du nombre de médecins qu'à celui des spécialités représentées (voir tableau en annexe n°11). Il est vrai que la taille urbaine joue ici, puisqu'Issoire et Guéret ont un nombre d'habitants fort proche. Issoire garde encore en héritage une partie non négligeable de la fréquentation des habitants des cantons montagnards. Nous avons, à nouveau et sûrement, un effet de retard des milieux « fermés ». Ils sont peu utilisateurs, a priori, des services supérieurs offerts par la grande ville. L'équipement de Cosne-Cours-sur-Loire est aussi remarquable avec vingt-huit médecins et treize spécialités présentes, dont certaines sont rares dans les unités urbaines du nord du Massif central. C'est le cas avec la présence d'un spécialiste en chirurgie viscérale, ce que l'on ne retrouve que dans les niveaux urbains supérieurs, ou d'un phoniatre que l'on ne peut consulter qu'à Vichy ou Limoges. Ainsi, dispose-t-elle d'une aire d'attraction relativement étendue, puisque concernant un bon quart nord-ouest de la Nièvre.

A l'opposé, Clamecy, Decize, Ambert, Brioude, Saint-Flour et Saint-Junien, par exemple, n'ont qu'une « petite » zone d'attraction, en raison, uniquement, de la présence de spécialistes « ordinaires » (radiologues, ophtalmologues, cardiologues) qui permettent d'éviter le recours systématique à la ville moyenne ou à la grande ville, surtout si elle est éloignée (voir tableau en annexe n°11). Ainsi, forte de ses onze médecins, exerçant dans huit spécialités différentes (voir tableau en annexe n°11), Saint-Yrieix-la-Perche, petite ville de 7 500 habitants, représente parfaitement ce type.

La proximité de Vichy, de Clermont-Riom (voire de Saint-Etienne avec un accès relativement rapide par autoroute) explique que la petite ville de Thiers, avec une structure médicale proche de celle d'Issoire, n'exerce qu'une influence réduite au-delà des limites de son agglomération. Thiers ne bénéficie donc pas, comme Issoire, d'un espace proche, relativement isolé, sur lequel elle pourrait étendre son influence. De même, Ussel ne garde une influence notable que sur le nord-est de la Corrèze ; l'évasion vers les villes moyennes (en particulier Tulle), mieux équipées, est pour elle beaucoup plus importante que pour les services privés ou financiers.

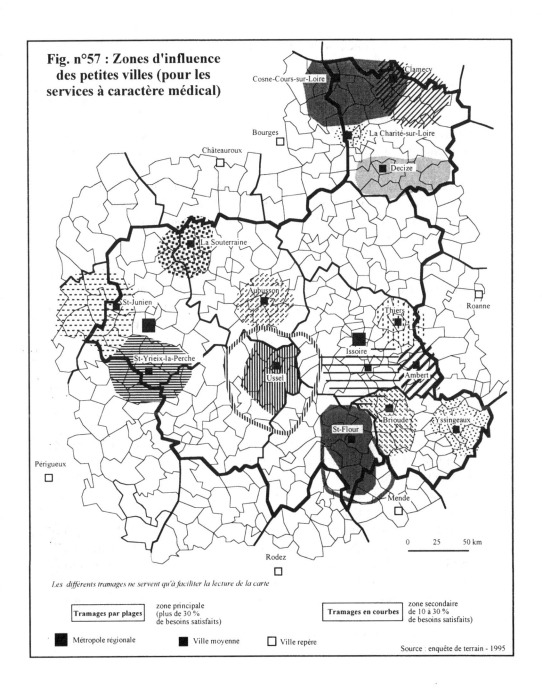

Fig. n°57 : Zones d'influence des petites villes (pour les services à caractère médical)

Les différents tramages ne servent qu'à faciliter la lecture de la carte

| Tramages par plages | zone principale (plus de 30 % de besoins satisfaits) | | Tramages en courbes | zone secondaire de 10 à 30 % de besoins satisfaits) |

Métropole régionale   Ville moyenne   Ville repère

Source : enquête de terrain - 1995

Enfin, certaines petites villes ne disposent même que d'une aire d'attraction très limitée, en raison de l'indigence de leur équipement dans le domaine médical spécialisé. C'est le cas d'Yssingeaux, d'Aubusson, de La Souterraine, de Gannat et de Saint-Pourçain-sur-Sioule (voir tableau en annexe n°11). Nous sommes ici dans le cas des petites villes trop proches de niveaux urbains plus élevés. Cette indigence est souvent récente, liée à la fermeture de cliniques ou hôpitaux locaux. Notons également que ces petites villes sont « désavantagées », dans l'enquête de terrain, par le fait que les réponses concernent surtout les médecins spécialistes privés. Une ville comme La Souterraine dispose bien d'une unité de soins (Centre Hospitalier de Puycharraud). De même, à Aubusson, on peut trouver une clinique (clinique de la Croix Blanche) et un hôpital local (c'est d'ailleurs le cas pour toutes les villes citées dans ce paragraphe).

Les unités urbaines de base ne jouent plus aucun rôle dans le commandement de l'espace. En effet, les services à caractère médical spécialisé apparaissent comme des marqueurs de l'influence des niveaux urbains les plus élevés (villes moyennes et métropoles), puisque c'est là qu'ils ont une représentation suffisamment importante et diversifiée pour être attractifs sur un espace étendu.

Nous avons, à l'issue de l'analyse des différentes cartes dressées, une image claire du partage de l'espace nord du Massif central par les villes et agglomérations.

Les deux métropoles régionales, Clermont-Riom et Limoges, dominent et elles se partagent très nettement notre région d'étude. Elles laissent peu de place à leurs concurrentes extérieures. Au Sud-Ouest, Bordeaux n'intervient que très marginalement. Au Sud, Montpellier est absente. Au Nord, Paris n'est influente que pour des services de très haut niveau et son influence directe n'est réellement sensible que dans la partie la plus septentrionale du Nivernais (région de Clamecy et Cosne-Cours-sur-Loire). Enfin, à l'Est, Saint-Etienne et Lyon ont une influence limitée spatialement, réduite, pour l'essentiel, au quart nord-est de la Haute-Loire. Le Forez, les monts de la Madeleine, la Montagne bourbonnaise constituent une limite assez nette de partage d'influence entre Clermont-Riom et les deux villes rhône-alpines. Notons, enfin, que Dijon n'exerce qu'une attraction limitée sur le nord-est du Nivernais. Le nord du Massif central est donc bien « la chasse gardée » de Clermont-Riom et de Limoges. Mais c'est, cependant, la capitale auvergnate qui s'impose le plus nettement sur l'espace. En effet, elle domine, non seulement, la quasi-totalité de sa zone administrative, mais également les deux tiers du Nivernais. Elle déborde sensiblement à l'Ouest sur le quart oriental du Limousin et sur le sud de la région Centre (jusqu'à Saint-Amand-Montrond dans le Cher). Par conséquent, Limoges voit son influence se restreindre sur l'espace nord du Massif central. Toutefois, ceci est en partie compensé par un décalage, vers l'Ouest, de son aire de commandement (Charente limousine, marges périgourdines). Il y a là, sûrement, les bases d'un découpage régional plus cohérent à réaliser et permettant à chacune des deux métropoles de commander un espace correspondant à leur taille démographique et à leur niveau d'équipement.

Ensuite, les villes moyennes, fort bien représentées dans notre zone d'étude (peu d'autres régions bénéficient d'une aussi importante représentation de ce rang hiérarchique), avec un niveau d'équipement souvent important (comme pour les médecins spécialistes), jouent un rôle essentiel dans la desserte de l'espace. Elles limitent spatialement l'influence directe des deux métropoles sans les empêcher de jouer leur rôle pour les commerces et les services plus rares, pour lesquels le recours est systématique. L'étendue de l'influence spatiale des villes moyennes dépend, globalement, de deux facteurs qui peuvent se conjuguer. Il s'agit, tout d'abord, du niveau urbain auquel elles appartiennent. En effet, les villes moyennes de niveau supérieur (Montluçon, Vichy, Nevers, Brive) ont, le plus souvent, des aires plus vastes que celles de niveau inférieur (Tulle, Guéret). Ensuite, les villes moyennes les plus éloignées de la métropole commandent également un espace plus étendu. C'est le cas surtout d'Aurillac ou du Puy, vis-à-vis de Clermont-Riom.

Enfin, il est clair que les petites villes et les unités urbaines de base jouent bel et bien un rôle décisif de desserte locale pour les biens et les services les plus courants. Mais leur aire d'attraction s'inscrit dans celle des villes moyennes (Decize, par exemple), ce qui leur laisse une certaine ampleur, ou bien dans l'aire d'influence directe des métropoles, ce qui limite leur rôle à celui d'un simple centre de proximité (comme Saint-Junien).

Nous l'avons vu, l'enquête de terrain a, par nécessité, privilégié des commerces et des services assez courants, davantage représentatifs du niveau petite ville ou au mieux ville moyenne. Par contre, peu d'équipements, proposés dans la grille d'enquête, permettaient d'évaluer précisément l'influence du niveau métropole, à l'exception des médecins spécialistes. Pour ce faire, il faudra donc recourir à une approche différente (et faisant moins appel au subjectif) de la mesure des aires d'influence. Notre choix s'est porté sur des méthodes éprouvées. Toutefois, il nous est rapidement apparu que certaines donnaient de meilleurs résultats que d'autres.

III - LES VILLES ORGANISENT L'ESPACE : LA MESURE PAR LE BIAIS DES INDICATEURS CLASSIQUES

A - Emplois et lycées : des marqueurs peu satisfaisants de l'attraction des niveaux supérieurs

1 - La polarisation de l'espace par l'emploi offert

Nous allons ici observer l'attraction des villes en fonction des emplois qu'elles offrent. Etude classique, elle a été couramment utilisée, dans les thèses de géographie urbaine, comme élément de mesure de l'espace d'influence d'une ville et des relations de ville à ville (voir notamment les thèses de M. Genty, 1980 et N. Commerçon, 1987). Mais nous avons privilégié les emplois tertiaires, en ne prenant en compte que les flux concernant la commune-centre des agglomérations.

Cette étude des migrations pendulaires prendra appui sur une représentation cartographique des flux en pourcentage. En effet, mieux que les chiffres absolus, la part de migrants, par rapport à la population active d'une commune donnée, témoigne du degré de dépendance de celle-ci vis-à-vis de la ville attractive. Elle permet donc une visualisation plus juste de l'influence réelle exercée par les principaux pôles d'emploi. Le cas des métropoles est quelque peu différent, puisque, en raison de leur niveau plus élevé d'activités et du volume d'emplois très important qu'elles offrent (secondaire et tertiaire), elles peuvent susciter des flux sur de grandes distances (même si ceux-ci concernent un nombre de migrants très réduit, et donc des pourcentages infimes non représentés sur la fig. n°58), témoins du rôle de métropole régionale. C'est pourquoi, pour ce niveau hiérarchique, nous dresserons, également, une carte en chiffres absolus à l'échelle de l'agglomération telle que définie par l'INSEE. Le but est de retrouver les limites extrêmes de l'influence métropolitaine. Le problème ne se pose pas pour les niveaux inférieurs qui, par leur volume d'emplois offert, ne peuvent avoir, sauf cas particulier et non représentatif, une aire de recrutement très élargie. Notons, enfin, que le travail en pourcentage permet de gommer en grande partie l'effet des faiblesses de densité. Elles diminuent obligatoirement les flux en chiffres absolus, mais pas forcément la dépendance d'une commune vis-à-vis d'un pôle d'emplois (forte part de migrants pendulaires dans la population active, même numériquement très réduite).

a - Le rôle de l'emploi dans l'attraction des métropoles régionales (voir Fig. n°58 et n°59) : un simple indicateur de l'influence locale ?

• Les migrations pendulaires à Clermont

A l'observation de la Figure n°58, il apparaît nettement que l'aire de recrutement de la main-d'œuvre est plus restreinte que celle liée à la fréquentation des commerces et des services, surtout si l'on prend les flux les plus intenses. En effet, l'espace le plus fortement attiré par les emplois clermontois se trouve dans un rayon de vingt-cinq kilomètres environ. Ceci correspond, en fait, seulement à l'attraction clermontoise en tant que centre local. Nous avons alors l'espace qui est sous son influence directe (exclusive), avec lequel elle entretient des relations quotidiennes, correspondant pour l'essentiel à la zone d'emploi définie par l'INSEE.

Si l'on prend l'aire totale, avec des chiffres absolus très faibles (voir Fig. n°59), nous retrouvons, en grande partie, l'influence métropolitaine. En effet, la zone d'attraction des emplois clermontois[26] est alors étendue à la totalité de son département et elle déborde largement au-delà, puisqu'elle s'étend au Nord jusqu'à Nevers, à l'Ouest jusqu'à Ussel et au Sud jusqu'à Aurillac et Le Puy. De même, des migrants viennent aussi de Limoges et Saint-Etienne, les deux autres métropoles du nord du Massif central. Nous retrouvons là les limites, déjà observées pour les commerces et les services, de l'attraction clermontoise en tant que métropole régionale, à l'exception de la Creuse et du sud du Cher. Notons, quand même, que ces deux départements envoient des migrants dans d'autres communes appartenant à la zone d'emploi de Clermont définie par l'INSEE.

Si nous observons, plus en détail, l'attraction clermontoise, nous constatons que, dans le Puy-de-Dôme, les secteurs du sud-est, au-delà de Saint-Dier-d'Auvergne et Sauxillanges, n'envoient qu'un nombre très réduit de migrants pendulaires, et ce tant dans l'absolu que dans le relatif. Ils sont donc très peu dépendants de l'emploi clermontois. De même, le canton de Pionsat, dans le nord du département, et celui d'Ardes-sur-Couze au sud envoient moins de 15 migrants journaliers à Clermont (ce qui représente un pourcentage infime de leur population active). Il y a

Fig. n°58 : Zone d'attraction des emplois

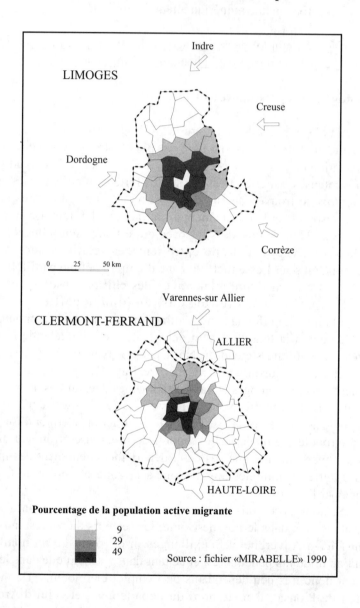

Pourcentage de la population active migrante

9
29
49

Source : fichier «MIRABELLE» 1990

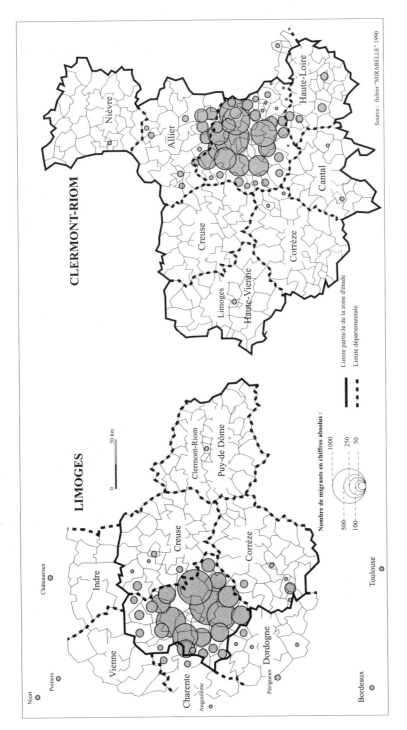

Fig. n°59 : Zone d'attraction des emplois

plusieurs explications à cela. Il s'agit, tout d'abord, de la présence de petits bassins d'emplois locaux à audience pluricommunale comme Saint-Eloy-les-Mines au nord, Bourg-Lastic-Messeix à l'ouest ou surtout Ambert et la vallée de la Dore au sud-est. Ensuite, le facteur distance-temps joue inévitablement un rôle essentiel, dès lors que l'on s'intéresse à des flux quotidiens. Enfin, la carte des flux migratoires pendulaires, en chiffres absolus, en direction de Clermont, reflète aussi celle des différences de densité. Les montagnes de l'ouest auvergnat, le Livradois-Forez, les plateaux de la haute Combraille ont peu d'actifs susceptibles de venir travailler à Clermont.

Ainsi, deux idées se dégagent-elles nettement de l'analyse des migrations pendulaires en direction de la métropole clermontoise. Si nous raisonnons en termes d'intensité des migrations, nous constatons que Clermont n'exerce une influence réelle en matière d'emploi que sur l'espace le plus proche et le plus densément peuplé, soit dans un rayon de vingt-cinq kilomètres environ. Ceci tend à montrer que l'emploi n'est pas un marqueur très satisfaisant pour mesurer l'intensité des flux dans la zone d'influence du niveau métropole régionale. Toutefois, l'aire métropolitaine peut se retrouver par l'analyse de la totalité des migrations, c'est-à-dire même celles qui ne représentent qu'un pourcentage infime de la population active ou un chiffre absolu très faible, et finalement peu représentatif d'une réelle attraction. Si l'on retrouve bien, grossièrement, les limites extrêmes d'influence, il n'en est pas de même pour l'intensité des flux. Celle-ci montre une dépendance beaucoup plus réduite que pour les autres motifs de fréquentation de la métropole. La contrainte du déplacement quotidien joue, ici, un rôle prépondérant pour expliquer cette relative inadaptation du marqueur emploi à la connaissance exacte de l'attraction métropolitaine.

• Les migrations pendulaires à Limoges

Dans le cas de Limoges, nous trouvons également deux espaces d'influence clairement distincts (voir fig. n°58 et n°59). Il y a, tout d'abord, un espace de proximité qui correspond, globalement, à sa zone d'emploi (celle définie par l'INSEE). Ici, c'est plus de 10 % de la population active, des différents cantons, qui se rend quotidiennement à Limoges pour travailler. Cette zone est plus étendue que dans le cas clermontois. Limoges bénéficie, dans son département au moins, d'une situation de « géant » en matière d'offre d'emplois.

Une seconde zone peut-être déterminée en prenant les limites extrêmes de l'influence limougeaude, c'est-à-dire même les flux portant sur des chiffres absolus très faibles (voir fig. n°59). Dans ce cas, la capitale du Limousin attire la main-d'œuvre sur la totalité de son département puisqu'aucun canton de celui-ci n'échappe à son influence. Cette dernière s'étend également sur la Dordogne, l'Indre, la Vienne, la Creuse et la Corrèze, se rapprochant donc de l'aire d'attraction traditionnelle de Limoges, en tant que métropole. Notons que, dans ce cadre là, Limoges reçoit des actifs d'autres métropoles régionales comme Bordeaux, Toulouse et Clermont-Ferrand. Dans son département, seuls les cantons situés à l'extrémité nord lui envoient moins de cinquante actifs. C'est le cas, par exemple, de Saint-Sulpice-les-Feuilles qui appartient à la zone d'emploi de La Souterraine. Malgré tout, Limoges exerce une emprise plus forte sur son département que Clermont, ce qui résulte de la moindre importance des autres bassins d'emploi (Saint-Junien, Bellac, Saint-Yrieix-la-Perche, La Souterraine).

Comme à Clermont, les différences de densité se retrouvent sur la carte des flux migratoires, en chiffres absolus (la Montagne limousine, les plateaux marchois, par exemple, n'ont que peu d'actifs susceptibles de migrer vers Limoges). Le facteur distance-temps joue également son rôle dans la réduction des flux.

Notons, enfin, que le phénomène de métropolisation, vu à travers l'emploi, est relativement limité à Clermont-Riom et Limoges. En effet, si nous observons le pourcentage de migrants, à l'échelle cantonale, qui se rendent chaque matin dans l'une des deux métropoles, plusieurs constats sont à mettre en évidence. Premièrement, seuls les cantons appartenant à leurs agglomérations (les banlieues) envoient plus de 50 % de leur population active travailler quotidiennement dans la commune-centre, ce qui représente un aspect classique des relations domicile-emploi dans toutes les agglomérations françaises. Deuxièmement, dès que l'on quitte les limites de l'agglomération, le pourcentage de migrants diminue fortement, il devient très vite inférieur à 20, voire à 10 % de la population active. Les flux pendulaires qui viennent des cantons des autres départements de leur région ou de ceux immédiatement limitrophes sont extrêmement réduits (moins de 1 % de la population active). Ceci nous montre bien que les autres bassins d'emploi, intrarégionaux, gardent une grande partie de leur population active, et, de plus, que la répartition des emplois à l'échelle régionale est encore assez équilibrée. Mais, naturellement, le volume d'emplois offerts par la métropole reste bien supérieur et induit donc des flux plus importants, quantitativement et spatialement, que pour les autres pôles

b - Est-ce un marqueur satisfaisant pour mesurer l'attraction du niveau ville moyenne ?

Une analyse préalable des flux migratoires totaux, à l'échelle des agglomérations des villes moyennes (définies par l'INSEE), nous a montré que ceux-ci ne modifiaient en rien la répartition géographique des migrants pendulaires, par rapport à celle que l'on peut observer pour la seule commune-centre. De plus, elle ne conduit pas, non plus, à une augmentation forte du nombre de ces derniers. Ainsi, nous en resterons, pour les villes moyennes, à une analyse des flux en pourcentage.

L'observation des cartes en annexe n°12 montre que l'étude des mouvements migratoires quotidiens doit être, comme pour les métropoles d'ailleurs, menée à deux niveaux. Tout d'abord, l'approche spatiale qui montre les limites extrêmes de l'influence liées à l'emploi. Celles-ci sont proches de celles observées pour les commerces et les services à l'issue de l'enquête de terrain. Ensuite, il y a l'approche quantitative. Dans ce cas, l'influence forte (plus de 30 % des besoins satisfaits) des villes moyennes s'exerce finalement sur un espace proche. Elle dépasse peu les limites de leur agglomération, et elle est donc beaucoup plus limitée que celle qui correspond à l'attraction des commerces et des services. En fait, elle s'étend, au mieux, sur une quinzaine de kilomètres et concerne les cantons les plus proches et les plus densément peuplés.

Quelle que soit la situation géographique des villes moyennes, nous trouvons les deux mêmes zones d'influence avec les caractéristiques que l'on vient de décrire. Pour illustrer cela, nous allons prendre deux exemples de situation qui nous permettront de faire quelques remarques complémentaires. Ainsi, prenons d'abord le cas des espaces à forte densité de villes où l'on a pu observer, pour les commerces et les services, une forte concurrence entre les villes moyennes. La Corrèze et le Bourbonnais sont deux bons exemples de ce cas de figure. Deux observations peuvent alors être faites. Tout d'abord, en ce qui concerne l'intensité des flux, nous constatons bien que celle-ci diminue très rapidement. Les villes moyennes n'exercent une forte influence, en matière d'emploi, que sur une zone qui ne s'étend guère au-delà des limites de leur agglomération (c'est le cas de Vichy, Montluçon, Moulins,

Brive et Tulle). Par contre, au niveau des limites extrêmes de leur influence, nous retombons, largement, sur celles définies pour les commerces et les services grâce à l'enquête de terrain, avec les mêmes chevauchements. Ainsi, il y a partage d'influence, pour l'emploi, entre Moulins et Vichy, au niveau des cantons de Saint-Pourçain-sur-Sioule et Varennes-sur-Allier, avec le même pourcentage d'actifs qui se rendent dans l'une ou l'autre de ces villes. Nous retrouvons exactement le même partage pour l'influence commerciale ou celle des services.

En dehors de la concurrence, qui se traduit par un « partage » des actifs sur les espaces communs, diminuant, de fait, les flux vers chacune d'elles, et le facteur distance-temps, la faiblesse des migrations de travail vers les villes moyennes, voire l'absence pour certains cantons, s'explique aussi par la présence de petits bassins d'emploi actifs « détournant » à leur profit la totalité, ou presque, des mouvements pendulaires. Il en est ainsi, pour le Bourbonnais, de Saint-Pourçain-sur-Sioule et Dompierre-sur-Besbre, mais aussi dans une moindre mesure de Saint-Eloy-les-Mines, Digoin ou Saint-Amand Montrond (hors département mais suffisamment proches pour y attirer de la main-d'œuvre). Nous trouvons là, d'ailleurs, une limite à l'utilisation de l'emploi comme marqueur du niveau d'influence des villes moyennes, puisqu'il les met en concurrence directe avec les petites villes, si on l'utilise en termes d'intensité et non d'étendue spatiale.

Le deuxième type de situation géographique, classique, commun à toutes les observations précédentes sur les zones d'influence, est celui des villes moyennes en position de relatif isolement, par rapport à d'autres unités de même niveau, ou de niveau inférieur, mais représentant des pôles attractifs. Nous constatons alors que cette localisation n'a aucune incidence sur l'influence en matière d'emploi et que l'on retrouve donc les mêmes caractéristiques attractives que pour les autres villes moyennes. L'isolement ne permet pas d'accroître sensiblement l'espace de forte attraction, ni même celui de l'influence totale. Ainsi, Aurillac et Nevers ont une zone de migrations intenses très réduite, dépassant peu les limites de leur agglomération. Quant à la zone d'influence totale, elle est conforme à celle des commerces et des services en termes d'étendue. Ces villes ne profitent pas de leur « isolement », car le facteur distance-temps intervient dans tous les cas et peut-être davantage encore ici, dans la mesure où elles ne bénéficient pas de voies de communication très efficaces avec leur espace environnant (à l'exception de la RN7 pour Nevers, mais celle-ci est méridienne et périphérique par rapport à son département).

On peut noter le cas, peut-être plus spécifique, du Puy et de Guéret qui rejoignent plutôt Aurillac et Nevers quant à leur situation géographique. Leur zone de forte attraction est également très limitée, car elles doivent compter sur la proximité de petits bassins d'emploi actifs. C'est particulièrement le cas pour Le Puy avec la région de l'Yssingelais-Sigolénois et, dans une moindre mesure, de Guéret avec la zone d'emploi de La Souterraine.

Au total, l'observation analytique des zones d'emploi des métropoles et villes moyennes du nord du Massif central montre bien qu'il y a deux niveaux d'analyse dans le domaine de l'emploi : le quantitatif et le spatial. Ainsi, nous constatons que la zone de forte influence, dessinée par les flux pendulaires, est beaucoup plus réduite que celle de forte attraction des commerces et des services. Beaucoup de cantons, qui n'envoient qu'un nombre très réduit d'actifs travailler dans une ville donnée, voient une très forte majorité de leurs habitants se rendre très régulièrement dans cette même ville pour y effectuer leurs achats ou utiliser ses services. Il y a donc bien une dissociation nette entre lieu d'emploi et lieu de fréquentation des équipements tertiaires. C'est pourquoi l'emploi n'est pas un facteur de mesure de l'attraction urbaine que l'on peut corréler avec les autres motifs de fréquentation. Toutefois, en termes d'étendue spatiale, il s'avère fort utilisable, puisque l'on retrouve bien les limites extrêmes de l'influence observées pour les commerces et les services. Il représente donc un apport complémentaire, utile à l'analyse des aires d'influence, mais ce n'est pas un marqueur suffisant en soi pour ce niveau hiérarchique.

c - Un marqueur mieux adapté au niveau petite ville ?

Avec ce niveau urbain, les limites de l'étendue spatiale de la zone d'attraction se rétractent considérablement pour ne plus concerner que les communes de l'agglomération étudiée et celles des cantons les plus proches (voir cartes en annexes n°12 à n°13). En fait, seules quelques petites villes disposent d'un bassin d'emploi recouvrant un espace pluri-cantonal. Il s'agit de celles offrant plus de trois mille postes de travail. Ce seuil semblant nécessaire pour pouvoir rayonner au-delà de son propre canton. Ainsi, nous trouvons comme pôles attractifs : Thiers et Issoire dans le Puy-de-Dôme, Saint-Flour dans le Cantal, Cosne-Cours-sur-Loire dans la Nièvre, Ussel dans la Corrèze, La Souterraine et Aubusson dans la

Creuse et enfin Saint-Junien dans la Haute-Vienne. Pour toutes celles-ci, il est bien évident que la commune-centre regroupe en fait une partie importante d'emplois dans le secondaire. Ceci ne fait aucun doute pour des villes d'industries traditionnelles comme Thiers, Saint-Junien ou Aubusson, ou plus récentes comme Issoire, Cosne-Cours-sur-Loire ou La Souterraine qui ont profité de décentralisations stratégiques ou de déconcentrations parisiennes.

Ces petites villes appartiennent, le plus souvent, à des espaces de faible densité, ce qui, corrélativement, réduit l'intensité des flux, mais les étend spatialement. Ceci est d'autant plus marqué qu'une partie non négligeable d'entre eux se détourne au profit d'agglomérations de niveau supérieur (ce qui est aussi le cas pour les commerces et les services). Il en est ainsi pour Saint-Junien avec Limoges. Enfin, la quantité de postes de travail, offerte par ces unités urbaines, influe directement sur l'importance des migrations pendulaires en provenance des espaces polarisés. Ainsi, Thiers et Issoire avec plus de huit mille emplois (soit presque autant que Guéret !) ont, à l'intérieur de leur bassin d'attraction, les flux les plus importants quantitativement. Viennent ensuite par ordre d'importance : Ussel, Cosne-Cours-sur-Loire et Saint-Junien avec plus de cinq mille postes de travail et enfin, avec des flux beaucoup plus modestes, La Souterraine, Aubusson, Saint-Flour et Brioude qui n'ont qu'un peu plus de trois mille ou quatre mille emplois.

Au total, si nous observons l'aire d'attraction spatiale de ces petites villes en fonction de flux pendulaires, nous retrouvons, quand même, dans une large mesure, celle liée à la fréquentation des commerces et des services. Mais, une fois encore, même pour ce niveau hiérarchique, cet indicateur est imparfait. Effectivement, on constate que, en termes d'intensité, l'attraction exercée par ces petites villes est bien inférieure à celle issue des commerces et services. En effet, en dehors du ou des cantons appartenant à l'agglomération, c'est le plus souvent moins de 10 % de la population active qui migre chaque matin vers la petite ville. Les relations commerciales sont, en général, plus intenses, même si l'évasion vers les niveaux supérieurs est forte.

Ainsi, quel que soit le niveau hiérarchique auquel il est appliqué, le marqueur emploi s'avère d'utilisation difficile, surtout en termes d'intensité des flux, dans la mesure où il minore souvent l'espace polarisé. C'est particulièrement net pour les métropoles et les villes moyennes. Il reflète plutôt l'influence de proximité de ces centres. Ses limites d'attraction sont sans commune mesure avec celles globales liées réellement à leur niveau urbain. Les flux pendulaires ne montrent donc pas l'aire de commandement réelle des différentes unités urbaines ; c'est pourquoi, il est indispensable de rechercher d'autres indicateurs scientifiques d'influence.

2 - L'organisation scolaire du nord du Massif central : l'exemple du rayonnement des lycées

Nous avons choisi, pour chaque unité urbaine, le lycée classique ou polyvalent qui accueille le plus grand nombre d'élèves. Ceci nous permet d'élargir au maximum les possibilités géographiques de recrutement, parce qu'il offre les filières les plus diversifiées (filières littéraire, scientifique, économique et sociale, tertiaire, voire technologique...). Toutefois, il était matériellement difficile de prendre en compte la totalité des lycées de chaque métropole régionale. C'est pourquoi nous avons opté pour le choix d'un lycée de centre-ville et d'un lycée de banlieue, ou plus « périphérique » par rapport au centre-ville. Cela nous permet de travailler sur un volume de flux déjà important et de prendre en compte deux systèmes de recrutement. Avec le lycée de centre-ville, tant à Clermont-Riom qu'à Limoges, ce sont les classes spécialisées de plus haut niveau (préparation aux grandes écoles), et donc de recrutement plus étendu, qui sont présentes. Ainsi, par ce biais, nous pouvons mesurer la force attractive du niveau métropole régionale. En ce qui concerne le lycée de banlieue (ou de « périphérie »), il est utile pour mesurer les flux venant de l'extérieur de l'agglomération et témoigne davantage de l'attraction exercée sur un espace plus proche (urbain, voire rural). Notons, encore, que leurs sections spécialisées sont souvent plus banales que dans les lycées de centre-ville. C'est donc bien le recrutement cumulé des deux types de lycées qui nous permettra de mesurer, avec le plus de précision, l'influence scolaire de Limoges et Clermont-Riom.

Les lycées techniques ou professionnels ont été systématiquement écartés, dans la mesure où ils peuvent avoir des enseignements par trop spécifiques (comme la section verrerie du lycée Jean Monnet à Moulins) impliquant un recrutement à l'échelle nationale ; alors l'attraction de la ville s'en trouve considérablement faussée.

a - Clermont-Riom et Limoges : seules les classes spécialisées post-bac renvoient l'image d'un rayonnement métropolitain (voir Fig. n°60, 61 et 62)

Si, dans un premier temps, nous ne prenons en compte que les classes secondaires, le recrutement des lycées choisis pour Clermont (Blaise Pascal et A. Brugière) s'étend sur un espace très réduit, sans commune mesure avec le niveau hiérarchique de la ville. On constate même que l'un des grands lycées de centre-ville (Blaise-Pascal) dispose d'un recrutement géographiquement très sélectif, puisque se limitant presque uniquement à l'agglomération. Ceci s'explique par la forte densité de population en centre-ville (malgré le dépeuplement enregistré), suffisante pour assurer la quasi-totalité des inscriptions, d'autant plus que, aujourd'hui le taux de scolarisation est très élevé pour des enfants de milieux socioprofessionnels souvent privilégiés. Ce n'est donc plus un marqueur d'influence, à la différence du XIXe siècle, ou du début du XXe siècle, où la présence d'un internat témoignait d'un recrutement externe, et parfois lointain, important. Le lycée A. Brugière, à la périphérie du centre clermontois, étend son recrutement sur une aire géographique un peu plus vaste, même si la majorité des élèves ou étudiants vient aussi de l'agglomération. Son recrutement s'étend ainsi sur les espaces périurbains des monts Dômes et sur les Combrailles à l'ouest (Rochefort-Montagne, Tauves, Bourg-Lastic, La Tour d'Auvergne...).

On constate au total que le nord du département, notamment la Basse Combraille, échappe en partie à l'attraction des lycées clermontois. Celle-ci est davantage attirée par les lycées des villes moyennes bourbonnaises (Montluçon surtout). On retrouve également une très faible influence dans un grand quart sud-est, polarisé par Issoire, et plus particulièrement par Ambert (voir fig. n°60). Il y a donc un nivellement des centres urbains, dans la mesure où le lycée de base représente un service banal, de proximité.

Si les lycées clermontois, à travers leur enseignement secondaire, ne peuvent servir en rien à l'étude de l'influence d'une métropole, la prise en compte des classes post-bac modifie considérablement les données et redonne à Clermont un niveau d'attraction bien supérieur. Effectivement, à l'analyse des flux scolaires réalisée par département (voir fig. n°61), prenant en compte la totalité des sections offertes, et donc en particulier les post-bac, nous voyons clairement que la grande ville exerce une forte influence sur l'ensemble de sa région et même au-delà. Par exemple, le

Fig. n° 60 : Zone de recrutement de deux lycées...
(classes secondaires)

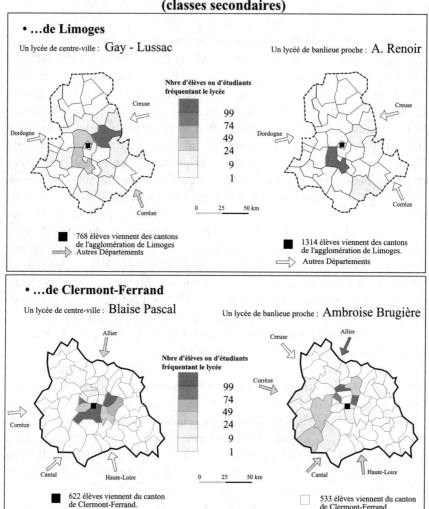

• ...de Limoges

Un lycée de centre-ville : Gay - Lussac

Un lycéé de banlieue proche : A. Renoir

Nbre d'élèves ou d'étudiants fréquentant le lycée

99
74
49
24
9
1

0   25   50 km

768 élèves viennent des cantons de l'agglomération de Limoges
Autres Départements

1314 élèves viennent des cantons de l'agglomération de Limoges.
Autres Départements

• ...de Clermont-Ferrand

Un lycée de centre-ville : Blaise Pascal

Un lycée de banlieue proche : Ambroise Brugière

Nbre d'élèves ou d'étudiants fréquentant le lycée

99
74
49
24
9
1

0   25   50 km

622 élèves viennent du canton de Clermont-Ferrand.
Autres Départements

533 élèves viennent du canton de Clermont-Ferrand.
Autres Départements

Source : Rectorat de Limoges et de Clermont-Ferrand

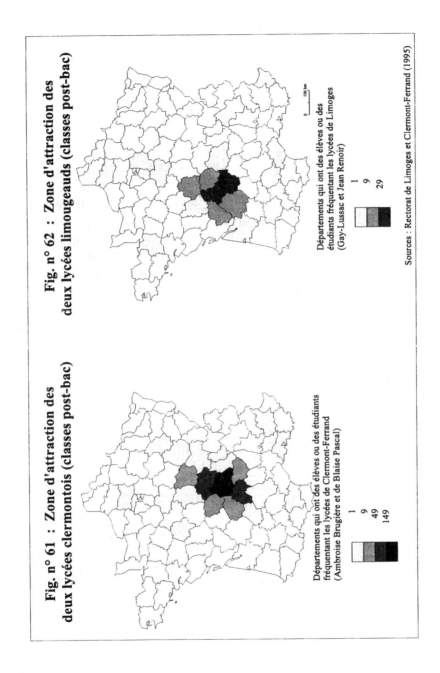

Fig. n° 61 : Zone d'attraction des
deux lycées clermontois (classes post-bac)

Fig. n° 62 : Zone d'attraction des
deux lycées limougeauds (classes post-bac)

Départements qui ont des élèves ou des étudiants
fréquentant les lycées de Clermont-Ferrand
(Ambroise Brugière et de Blaise Pascal)

1
9
49
149

Départements qui ont des élèves ou des
étudiants fréquentant les lycées de Limoges
(Gay-Lussac et Jean Renoir)

1
9
29

0   100 km

Sources : Rectorat de Limoges et Clermont-Ferrand (1995)

lycée Blaise Pascal a un rayonnement important sur tous les autres départements de la région Auvergne, ainsi que sur la Corrèze, en raison de sa très bonne réputation, liée à la présence de classes préparatoires aux grandes écoles. En fait, Clermont-Riom exerce une influence sur la quasi-totalité d'un axe méridien central du nord du Massif central, ce qui correspond bien à son aire régionale pour les commerces et les services de haut niveau.

Les lycées enquêtés à Limoges disposent également, au plan du secondaire, d'une aire d'influence considérablement réduite par comparaison à l'attraction réelle de la capitale régionale (voir fig. n°62). Par contre, le rayonnement de Limoges, en tant que métropole régionale, s'observe bien avec la prise en compte des classes préparatoires ou sections BTS présentes dans ces lycées. Ainsi, la capitale limougeaude influence, dès lors, l'ensemble de sa région, elle la déborde et son aire d'attraction est très nettement décalée vers l'Ouest en direction de la Charente, de la Dordogne et de la Vienne (voir fig. n°62). Ceci confirme les observations précédentes pour les autres marqueurs de l'influence d'une grande ville, comme les médecins spécialistes, les services et les commerces rares.

b - Le rôle des villes moyennes dans la polarisation des flux scolaires (voir annexe n°14)

Pour les aires des classes secondaires des lycées, et comme dans le cas des métropoles régionales, les villes moyennes présentent en général une aire d'attraction relativement limitée, en regard de celle liée aux commerces et services. Toutefois, nous pouvons distinguer deux types de situation.

En premier lieu, certaines villes moyennes voient cependant leurs lycées exercer une influence conforme à celle liée aux commerces et services. Dans ce cas, elle est donc un marqueur correct de leur aire de commandement. Nous sommes, ici, en présence de villes moyennes bénéficiant d'une situation de relatif éloignement par rapport à leurs concurrentes. De même, la taille de leurs lycées (plus de 1 000 élèves), la réputation de ces derniers, la présence de classes post-bac (même si elles n'ont pas été prises en compte ici) donnant la perspective de continuer des études supérieures dans le même établissement permettent à celles-ci d'accroître considérablement leur « pouvoir attractif » et de caler leur aire de recrutement sur celle liée à la fréquentation des commerces et des services. Ceci est surtout net si le lycée est en concurrence directe avec celui, de plus petite taille, de villes de niveau inférieur, et n'offrant pas de perspectives d'enseignement supérieur. Alors, la ville moyenne parvient à superposer son influence et à attirer une partie des élèves appartenant à la zone de recrutement direct des petites villes. C'est donc bien l'influence de la ville moyenne que l'on mesure ici.

Dans ce cas, nous trouvons Guéret et son lycée P. Bourdan qui lui permet d'avoir une audience large. Elle attire un nombre non négligeable de lycéens de La Souterraine et de Bourganeuf surtout, qui disposent pourtant d'un lycée. Son attraction atteint même, à l'est, Evaux-les-Bains et Auzances. Toutefois, ces dernières restent davantage attirées par les lycées montluçonnais. La volonté de ne pas changer d'académie, avec le problème de décalages possibles du calendrier des vacances scolaires, explique en grande partie l'existence de flux en direction de la préfecture creusoise, sans oublier le renom de P. Bourdan notamment dans le domaine des sciences. De même, Le Puy étend nettement son attraction en direction de l'extrémité sud du département du Puy-de-Dôme (sans pouvoir pour autant contrer Brioude) ainsi que pour des flux, plus limités, sur la partie nord de la Lozère et du Cantal. Le lycée Mme de Staël de Montluçon permet à l'agglomération du bassin du Cher d'asseoir une influence large. Une fois de plus, cela se traduit par une attraction franche à l'extérieur des limites départementales, puisque Montluçon accueille un grand nombre de lycéens venant du Puy-de-Dôme, mais également de l'est de la Creuse et dans une moindre mesure du sud du Cher. Ceci rappelle donc l'aire classique d'influence de la ville. Spatialement, le lycée de Brive-la-Gaillarde exerce une forte influence en Corrèze, mais aussi sur les départements de la Dordogne et du Lot. Tulle reçoit des flux provenant, en grande majorité, des plateaux centraux de la Corrèze. Mais, elle étend son influence au nord-est, au détriment d'Ussel qui, ainsi, « perd » de son attraction au bénéfice d'une ville de rang supérieur disposant d'un établissement scolaire pouvant accueillir plus de mille élèves, contre moins de cinq cents pour la petite ville.

A l'inverse, certaines villes moyennes doivent faire face à la concurrence de villes proches (y compris de petites villes) qui disposent d'un lycée et parviennent à polariser l'essentiel des flux scolaires de leur espace environnant immédiat. Nous avons alors un nivellement de la hiérarchie et le lycée n'est pas un bon marqueur d'influence de la ville moyenne. Ainsi le lycée d'Aurillac (E. Duclos) voit-il les flux diminuer très rapidement dès lors que l'on quitte les cantons les plus proches de l'agglomération. Ainsi, un bon quart nord-ouest du Cantal envoie davantage de lycéens à Mauriac. L'est ne s'adresse presque exclusivement qu'à Saint-Flour. Enfin, les espaces du nord Cantal, autour de Champs-sur-Tarentaine ou Auzon, envoient leurs lycéens vers les établissements de Bort-les-Orgues, Issoire ou Clermont-Ferrand. L'influence exercée sur les départements limitrophes comme la Corrèze, le Lot et l'Aveyron est très réduite, tant spatialement que quantitativement, dans la mesure où Ussel, Tulle, Figeac et Rodez sont trop proches et offrent un équipement scolaire de niveau équivalent. De même, la présence d'un lycée à Decize limite considérablement l'influence de Nevers sur le sud de la Nièvre et le Bazois, surtout en termes d'intensité des flux.

Dans le Bourbonnais, la présence d'un lycée dans la petite ville de Saint-Pourçain-sur-Sioule perturbe spatialement et quantitativement les influences respectives des deux villes moyennes que sont Moulins et Vichy. Celles-ci voient effectivement leur échapper, en totalité ou en partie, les flux scolaires provenant des cantons de Saint-Pourçain-sur-Sioule et de Varennes-sur-Allier qui appartiennent pourtant à leur espace de commandement pour les autres types de services. En raison de la concurrence Saint-Pourçinoise, Vichy a une influence affaiblie sur le canton de Gannat, sur lequel elle exerce pourtant une très forte attraction dans les autres domaines (commerces et services). De plus, la ville thermale étend faiblement son influence à l'Est, en direction du département de la Loire. Ceci s'explique par la présence du relief de la Montagne bourbonnaise qui rend les communications mal aisées, mais aussi par l'existence de la ville moyenne de Roanne au-delà des monts. Nous retrouvons là un fait général commun avec les commerces et les services ! Si l'attraction au sud, sur la frange nord du département du Puy-de-Dôme, représente un nombre important d'élèves, elle reste spatialement très réduite, dans la mesure où les lycées de Clermont-Riom et même de Thiers font très vite sentir leur influence.

En ce qui concerne Moulins, l'influence du lycée Banville ne parvient que très faiblement à s'étendre sur les départements de la Nièvre et de la Saône-et-Loire. La limite d'influence scolaire de la préfecture bourbonnaise s'arrête assez nettement aux limites du département. C'est d'ailleurs le seul endroit sur l'espace nord du Massif central où une limite administrative constitue une véritable barrière (à l'exception de celle située entre l'Allier et la Loire, mais ici c'est le relief plus que la limite administrative qui sert de partage). Partout ailleurs, nous voyons clairement que ces limites n'ont aucun rôle et sont parfaitement perméables. Elles ne sont donc que les témoins de l'héritage de la Révolution de 1789 et sont complètement obsolètes aujourd'hui. Dans le cas particulier de l'Allier et de la Nièvre, les explications ne sont pas frappées du sceau de l'évidence. Toutefois, Nevers et Moulins sont deux villes moyennes, préfectures, proches géographiquement et qui offrent un niveau d'équipement scolaire peu différent. Ainsi, partagent-elles équitablement l'espace qui les sépare, et cette limite correspond à la limite départementale. De plus, à cette dernière, s'ajoute ici la limite régionale et donc un changement d'académie.

Le lycée représente un marqueur incomplet de l'influence du niveau ville moyenne. Effectivement si, globalement, l'aire d'attraction spatiale est souvent fort proche de celle observée pour les commerces et les services, c'est au niveau de l'intensité des relations avec la ville étudiée que les données sont quelquefois faussées. En fait, deux cas de figure se présentent. Dans le premier, le lycée de la ville moyenne offre, par la possibilité de poursuivre dans l'établissement même des études supérieures, un motif de fréquentation supplémentaire. Son aire d'influence est non seulement conforme à celle issue de la fréquentation des commerces et des services, mais l'intensité des flux est également comparable. Dans le second cas, nous avons des villes moyennes où les lycées, de par leur taille plus faible, leur plus modeste réputation, l'importance moindre des sections offertes, ne parviennent pas à s'imposer vis-à-vis de lycées proches, appartenant à des petites villes ou à d'autres villes moyennes. Ici, le lycée ne constitue pas un bon marqueur d'influence dans la mesure où il y a nivellement de la hiérarchie urbaine.

c - Les lycées : un bon marqueur de l'influence des petites villes (voir annexes n°14 et 15) ?

En ce qui concerne ce niveau urbain, nous constatons qu'une majorité de petites villes voit leur influence coïncider largement avec celle des commerces et des services. Ceci se vérifie autant par les limites spatiales que par l'importance quantitative des flux. Ainsi le lycée de base est-il un bon indicateur de l'influence de ce niveau hiérarchique. Il correspond, en fait, à un équipement type de la petite ville.

Nous trouvons, par exemple, dans ce cas, les lycées de Saint-Junien et Saint-Yrieix-la-Perche qui parviennent à polariser l'équivalent de cinq ou six cantons de leur département, et à prolonger leur influence, très sensiblement, sur la Charente pour la première et sur la Dordogne pour la seconde. La même similitude entre aire d'attraction commerciale et de service et aire de recrutement des lycées se retrouve pour Saint-Flour et Mauriac. En effet, la première rayonne sur un bon tiers oriental du département du Cantal et prolonge son influence sur le proche Aveyron, jusque vers Laguiole, par exemple. Mauriac polarise, comme pour les commerces et services, un petit quart nord-ouest du Cantal et parvient même à attirer en Corrèze proche. Aubusson, La Souterraine, Cosne-Cours-sur-Loire, Brioude, Monistrol-sur-Loire, Issoire, Thiers, Ambert, Ussel rentrent dans ce même cas de figure.

Le lycée représente même parfois, et pour quelques cas, un avantage d'influence pour les petites villes. Ainsi, Bellac domine tout le tiers nord du département de la Haute-Vienne (plateaux de la Basse-Marche). Ceci représente une zone très étendue par rapport à celle observée pour les flux liés à la fréquentation des commerces et des services. Saint-Pourçain-sur-Sioule, Decize et Clamecy ont également une influence plus marquée, spatialement, pour leur lycée que pour le reste de leur attraction.

Le lycée constitue donc, globalement, un bon marqueur de l'influence de ce niveau urbain. Ceci est particulièrement net dans le partage de l'espace du département de la Nièvre ou de celui du Cantal où les petites villes ont un rayonnement fort. Mais, elles gardent cependant une influence limitée par rapport au niveau supérieur. Par exemple, Cosne-Cours-sur-Loire, Decize, Mauriac, Aubusson ou La Souterraine sont inscrites dans l'aire d'attraction d'une ville moyenne (respectivement Nevers, Aurillac et Guéret). Nous retrouvons donc ici une belle hiérarchie des relations entre villes. En effet, on s'adresse aux petites villes ou unités urbaines de base pour les services courants, et le lycée en est un, et dans un second niveau, on se dirige vers la ville moyenne pour des besoins plus spécifiques, ce qui, dans le cas des lycées, peut correspondre à une plus grande diversité des filières proposées, des options, ou à la possibilité de poursuivre ses études supérieures dans le même établissement...

Quoi qu'il en soit, nous avons (à nouveau) un marqueur d'influence qui privilégie grandement les niveaux de base. Il nous faut donc rechercher des indicateurs plus conformes à la spécificité du niveau des villes de rang supérieur (métropole régionale et ville moyenne).

B - Des marqueurs efficaces de l'influence des niveaux supérieurs : hôpitaux, universités

1 - L'organisation sanitaire du nord du Massif central

Les établissements hospitaliers sont désormais présents uniquement, et dans la plupart des cas, dans les rangs urbains supérieurs (ville moyenne ou grande, plus rarement petite). Leur attraction devrait nous permettre logiquement de dresser une carte des espaces de commandement, pour les niveaux supérieurs. Plus l'équipement est complet et diversifié, plus le nombre de lits est important, plus l'influence doit être élargie. L'observation comparative des zones d'attraction est donc fort intéressante entre les villes de niveau différent.

Mais les représentations cartographiques sont strictement dépendantes des renseignements obtenus. Ainsi, pour les deux métropoles, seuls les flux par département nous ont été communiqués. Une enquête du CERAMAC (1993) nous a toutefois permis de tracer des limites plus précises pour Clermont. En ce qui concerne Limoges, nous avons utilisé également les données d'un atlas publié par l'INSEE (INSEE et C&D, *Atlas Limousin*, 1995). Pour la plupart des moyennes et petites villes, nous avons pu obtenir des données cantonales précises. Enfin, quelques hôpitaux n'ont pas répondu à notre demande de renseignements ; nous avons, donc, tracé les limites d'influence grâce aux données de l'INSEE (*Atlas de l'Auvergne*, 1995), mais les flux ne sont alors pas chiffrés.

a - L'influence des deux Centres Hospitaliers Régionaux et Universitaires

• La zone d'influence interne : la carte sanitaire (voir Fig. n°63 et n°64)

Dans le cadre administratif sanitaire, celui de la région de programme, nous constatons que Limoges exerce une attraction importante sur le Limousin. Effectivement, si le département de la Haute-Vienne représente la très grande majorité de la patientèle avec 65 % des entrées, elle reçoit pour près de 10 % des Corréziens, alors que trois villes disposent de structures hospitalières dans ce département (Brive, Tulle et Ussel). C'est encore près de 8 % de Creusois qui bénéficient, pour une grande partie ouest du département, de la proximité de Limoges.

A cette échelle d'influence, on ne retrouve pas, tout à fait, la même emprise pour la métropole auvergnate. Le département le plus attiré, en dehors du Puy-de-Dôme, est l'Allier (avec trois grands centres hospitaliers) pour moins de 9 % des patients seulement. La Haute-Loire et le Cantal ne représentent que 3 à 5 % des patients. L'attraction du Centre Hospitalier de Clermont-Ferrand est donc beaucoup plus concentrée quantitativement que celle de Limoges. Plus forte sur son département, elle s'essouffle plus rapidement sur les départements environnants. Ceci témoigne, sans aucun doute, des inégalités de l'encadrement sanitaire, avec une partie Est (Auvergne) plus urbanisée et plus équipée et une partie Ouest (Limousin) où la concurrence entre les équipements est beaucoup plus faible (environ six villes disposant d'un centre hospitalier important à l'Ouest, contre au moins une douzaine à l'Est !). Pour les deux CHRU, l'attraction exercée sur les autres départements, inclus dans leur carte sanitaire, concerne, essentiellement, le transfert des cas graves, en recours des autres hôpitaux, selon un principe de service régional.

• La zone d'influence réelle : la carte vraie

Il s'agit ici de l'influence véritable des CHRU de Limoges et Clermont au-delà de leur carte sanitaire, c'est-à-dire des limites de leur région administrative. Elle correspond alors au recours lié aux cas les plus graves ou aux spécialités les mieux reconnues, en relation avec un plateau technique adapté à la structure hospitalière d'une agglomération de niveau métropole régionale.

Pour le CHRU clermontois, nous nous appuierons sur un travail de recherche du CERAMAC mené dans le cadre d'une étude sur Clermont-Ferrand en tant que métropole régionale (voir opus cité). Il a utilisé les statistiques, obtenues auprès du centre hospitalier, indiquant le nombre et l'origine géographique des patients en 1993. Nous avons repris et mis à jour cette étude en 1996. Notons que nous n'avons pu obtenir, en 1996, de données statistiques qu'au niveau départemental, ce qui explique la représentation cartographique (voir Fig. n°63). De même, des enquêtes auprès des CHRU de Limoges (celles du CERAMAC dans le cadre de l'étude sur Clermont et celles personnelles) et Lyon (CERAMAC) sont utilisables pour mesurer l'évasion auvergnate vers les deux places.

Le CHRU clermontois recrute ses patients bien au-delà des limites qui lui sont imparties par la carte sanitaire (Auvergne), laquelle rattache les établissements publics de base (Centre Hospitalier) à des centres

**Fig. n°63 : Limites de recrutement de la clientèle
du CHRU de Clermont-Ferrand (1996)**

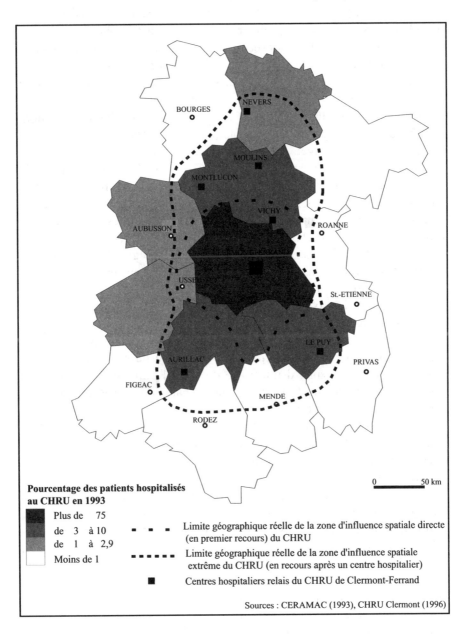

Pourcentage des patients hospitalisés
au CHRU en 1993

Plus de 75
de 3 à 10
de 1 à 2,9
Moins de 1

- - - Limite géographique réelle de la zone d'influence spatiale directe
(en premier recours) du CHRU

▬▬▬ Limite géographique réelle de la zone d'influence spatiale
extrême du CHRU (en recours après un centre hospitalier)

■ Centres hospitaliers relais du CHRU de Clermont-Ferrand

Sources : CERAMAC (1993), CHRU Clermont (1996)

régionaux, mieux équipés et aptes à traiter les cas les plus graves. C'est ainsi que Nevers, Moulins, Montluçon, Vichy, Aurillac et Le Puy sont rattachés à Clermont. De plus, dans la réalité, le recours au CHRU prend des libertés avec le cadre administratif (voir Fig. n°63). Ainsi, en dehors de la carte sanitaire, Clermont reçoit encore plus de quatre mille patients, soit 7 % du total. Ceci représente un chiffre très honorable. Les patients viennent de la Nièvre, depuis toute la zone d'attraction directe du Centre Hospitalier de Nevers. La solution clermontoise étant souvent préférée à un transfert sur la ville de Dijon, d'accès difficile, ou celle de Paris dont les hôpitaux sont engorgés et pour laquelle il est difficile, aux parents du malade, de se loger, avec des coûts élevés de surcroît. La patientèle est aussi creusoise et corrézienne. Il s'agit souvent d'un choix direct de Clermont, comme premier niveau hospitalier : c'est le cas pour Auzances, Crocq, La Courtine, Ussel, Bort-les-Orgues (voir fig. n°63). L'attraction clermontoise est largement conditionnée par les facilités de circulation qui interviennent directement au niveau des transferts des cas graves (même si l'utilisation de l'hélicoptère annihile une grande partie de ces contraintes). Ainsi, l'axe d'attraction est-il méridien, en relation avec l'existence du corridor de plaines du val d'Allier, sur lequel s'embranchent des axes secondaires (Le Puy, Aurillac). On est alors nettement dans le cadre d'une aire régionale d'influence. Il semble que l'on puisse ajouter deux autres facteurs explicatifs, spécifiques à Clermont-Ferrand, pour comprendre l'étendue de son influence. Le premier est qu'il s'agit d'une ville de « taille humaine » (Limoges bénéficie probablement du même avantage par rapport à Bordeaux) : on peut accéder facilement au CHRU et des dispositions ont été prises pour accueillir les parents et les visiteurs (desserte autobus, existence d'un hôtel proche). A cela s'ajoute le renom clermontois pour quelques spécialités (neurologie, cancérologie avec le centre J. Perrin, ou à travers l'aura de quelques médecins de renom).

Limoges accueille encore plus de patients venant de l'extérieur de sa région (voir Fig. n°64). Effectivement, ce sont près de huit mille cinq cents patients qui sont venus des départements limitrophes, en 1993, soit 13 % du total ! Ils viennent majoritairement de la Dordogne (3 408) soit 5,2 % des entrées, mais également de l'Indre (2 455) et de la Charente (2 366) ; ce qui représente, pour chacun, 3 % des hospitalisés. Dans ces départements, le recours direct à Limoges fait largement sentir ses effets sur les cantons limitrophes du Limousin, mais également sur ceux qui sont proches de l'axe méridien de l'A20. Le CHRU profite également de

Fig. n°64 : Limites de recrutement de la clientèle du CHRU de Limoges (1993)

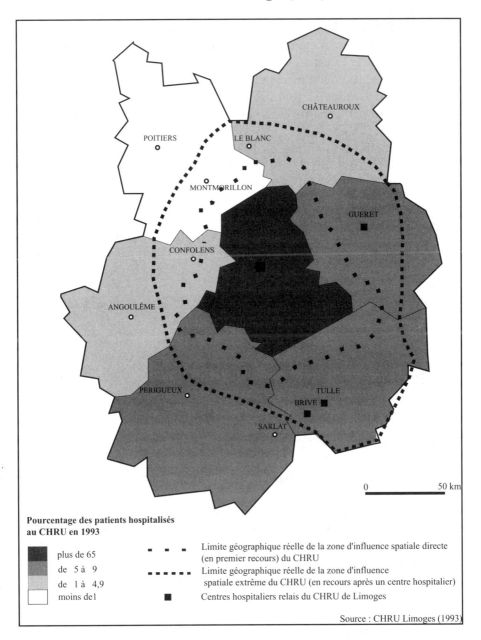

Pourcentage des patients hospitalisés au CHRU en 1993

- plus de 65
- de 5 à 9
- de 1 à 4,9
- moins de 1

- - - Limite géographique réelle de la zone d'influence spatiale directe (en premier recours) du CHRU

▪▪▪▪▪ Limite géographique réelle de la zone d'influence spatiale extrême du CHRU (en recours après un centre hospitalier)

■ Centres hospitaliers relais du CHRU de Limoges

Source : CHRU Limoges (1993)

l'éloignement relatif de Bordeaux et du niveau d'équipement plus réduit des Centres Hospitaliers de Poitiers, Angoulême et Châteauroux, qui appartiennent à des niveaux inférieurs, pour apparaître comme un recours.

En fait, nos deux métropoles régionales se partagent nettement la totalité de notre zone d'étude. Ainsi, l'évasion auvergnate à destination du CHRU de Limoges est très faible (moins de 400 personnes en 1993). Elles concernent, pour l'essentiel, les Cantaliens du secteur d'Aurillac. Ici, les deux métropoles sont distantes de cent soixante-dix kilomètres environ. Une petite partie vient également du secteur montluçonnais limitrophe de la Creuse. Les Limousins fréquentant le CHRU clermontois sont plus nombreux, puisque, en 1993, on pouvait en dénombrer près de mille huit cents, soit 3 % environ des entrées. Ils viennent, essentiellement, du sud-est creusois (Auzances, Crocq, La Courtine) et du secteur d'Ussel.

Finalement, nos deux métropoles ont une assise hospitalière très solide et tiennent bien leur région. Clermont-Riom compense ses pertes en Yssingelais (au bénéfice de Saint-Etienne et Lyon) par des gains vers l'Ouest (Limousin) et le Nord (Nivernais). Limoges compense ses pertes dans la partie orientale de la Creuse et de la Corrèze en décalant sensiblement, et classiquement, son influence vers l'Ouest-Sud-Ouest (Charente et Dordogne surtout), mais aussi vers le Nord (Indre et Vienne). Symptomatiquement, la zone d'influence sanitaire rejoint ici les limites déjà observées pour les services de niveau métropole régionale (comme les médecins spécialistes ou l'organisation bancaire). Dans le cadre de leur influence régionale, les deux métropoles du nord du Massif central entrent en concurrence directe avec les grands centres régionaux comme Lyon, Bordeaux, Toulouse, voire Paris, mais ceux-ci n'interviennent spatialement que très marginalement sur l'espace nord du Massif central.

b - Les villes moyennes : une place essentielle pour des villes-relais

A l'observation des cartes sur l'attraction hospitalière des villes moyennes (voir cartes en annexe n°16), deux cas de figure se dégagent. Tout d'abord, celui des villes qui disposent, comme Brive-la-Gaillarde, d'une aire concentrée spatialement et à forte densité de patients. Il s'agit surtout des villes moyennes de niveau supérieur. A l'opposé, nous rencontrons des villes dont les Centres Hospitaliers disposent d'une zone de recrutement plus étalée et, de ce fait, apparaissant comme « quantitativement diluée » ; c'est le cas, par exemple, de Guéret. Nous avons affaire très largement aux villes moyennes de niveau inférieur. Notons que, globalement, les différences d'étendue spatiale en termes d'attraction ne sont pas toujours en relation avec les différences de capacité d'accueil ou d'entrées effectives sur une année donnée. En d'autres termes, les hôpitaux à plus forte capacité d'accueil ne sont pas obligatoirement ceux dont l'influence spatiale est la plus étendue. Ainsi, en Corrèze, Tulle avec un nombre de lits moins important que Brive a une zone de recrutement plus étendue sur l'espace, avec l'essentiel de sa patientèle en provenance des plateaux centraux corréziens. La capacité d'accueil des hôpitaux est donc largement fonction du chiffre de population des agglomérations mais aussi de leur zone d'influence.

• L'attraction hospitalière des villes moyennes de niveau supérieur

Montluçon et Brive présentent un profil attractif fort proche. Elles proposent deux des principaux Centres Hospitaliers des villes moyennes (en nombre de lits), même si Brive a une capacité d'accueil supérieure. Ces deux centres sont caractérisés par une influence assez limitée spatialement (surtout pour Brive) et une patientèle concentrée numériquement. Surtout, ils ont également en commun d'ignorer les limites administratives, d'autant plus qu'ils occupent tous les deux une position excentrée dans leur département respectif.

Ainsi, le Centre Hospitalier de Montluçon dispose de la plus forte capacité d'accueil du Bourbonnais (708 lits environ et 14 000 entrées par an[27]). Il attire les patients de l'ouest de l'Allier, mais une partie non négligeable vient aussi des cantons appartenant aux départements limitrophes, comme le Cher, la Creuse, et le Puy-de-Dôme. L'attraction de Montluçon s'étend jusqu'à Boussac, Chambon-sur-Voueize, Evaux-les-Bains et Auzances dans la Creuse, Châteaumeillant pour le Cher, Pionsat et Montaigut-en-Combraille pour le Puy-de-Dôme. Au-delà, Montluçon cède la place aux hôpitaux de Guéret, Bourges et Clermont-Riom (en recours direct). Le facteur distance joue donc son rôle, de même que celui du temps d'accès qui peut dépendre quelquefois d'obstacles physiques rendant la circulation plus difficile. C'est ainsi que la vallée de la Sioule marque une limite à l'influence montluçonnaise vers le sud. Les patients du canton de Menat se rendent majoritairement à Clermont-Ferrand, plus rapide d'accès, alors que Montluçon est, en termes de distance kilométrique, moins éloignée. En ce qui concerne l'influence exercée à l'intérieur du département de l'Allier, elle ne comprend que le tiers occidental, car au-delà Moulins et Vichy accueillent les malades.

Brive a une influence qui s'exerce sur le sud-ouest corrézien. Surtout, elle étend très largement son attraction sur les régions limitrophes appartenant à la Dordogne et au Lot. Elle accueille un nombre de patients plus important (environ 15 000 par an). Dans les deux cas, la zone d'attraction est assez concentrée spatialement en raison de la concurrence proche d'une préfecture qui dispose d'un Centre Hospitalier de bonne capacité, avec un plateau technique performant et pouvant accueillir un nombre de patients finalement voisin (près de 10 000 à Tulle et à Moulins). Les cartes sanitaires privilégient, généralement, les chefs-lieux de département. Ils offrent, de plus, des spécialités médicales ou chirurgicales similaires. Dans les deux cas, encore, l'influence directe de leur métropole est forte.

Une deuxième situation, voisine, peut être mise en évidence avec Vichy. Son aire d'attraction présente des similitudes avec celles de Montluçon et Brive quant à son étendue. Toutefois, elle est encore plus réduite, surtout du fait que la majorité des patients vient d'un environnement proche. En fait, la station thermale, qui a la plus faible capacité en lits des trois hôpitaux des villes moyennes de l'Allier (541 lits[28]), voit son attraction se limiter au quart sud-est du Bourbonnais, avec un rayonnement ne dépassant pas trente kilomètres, au Nord-Est, à l'Ouest et à l'Est. La ligne qui joint Le Donjon, Jaligny, Varennes-sur-Allier, Saint-Pourçain et Chantelle marque ainsi la limite du partage d'influence entre Moulins et Vichy. Dans ces cantons, les deux hôpitaux attirent de façon équilibrée la patientèle. Moulins profite des liens administratifs et de la tradition. Vichy possède des spécialités uniques en Auvergne, comme celles liées à la « chirurgie du mou » : nez, bouche, yeux. Si l'influence de Vichy est la plus limitée des trois villes moyennes du département, surtout en termes d'étendue spatiale, elle est également réduite sur les départements limitrophes. Insignifiante dans le département de la Loire, puisqu'elle ne parvient pas à franchir l'obstacle de La Montagne Bourbonnaise, l'influence vichyssoise se fait à peine davantage ressentir sur le nord-est du département du Puy-de-Dôme. La présence d'hôpitaux proches, à forte capacité d'accueil, à Clermont-Riom, Roanne et, dans une moindre mesure, Thiers, explique ce faible rayonnement. De plus, il ne faut pas oublier que Vichy s'est inscrite tardivement dans le réseau urbain bourbonnais et ne bénéficie donc pas, comme sa préfecture, d'une longue tradition de commandement de l'espace.

Enfin, parmi les villes moyennes de niveau supérieur, nous pouvons compter, avec une variante, Nevers qui dispose d'un Centre Hospitalier à forte capacité d'accueil. Il est, de plus, celui qui a le plus fort nombre d'entrées de tous les établissements étudiés dans les villes moyennes. Un plateau technique performant et l'absence de concurrence proche, surtout à l'Est, expliquent l'étendue de la zone d'influence de l'hôpital, même si Cosne-Cours-sur-Loire, Clamecy et Decize possèdent un bon équipement également. L'influence de Nevers atteint la quasi-totalité du département, même si l'essentiel de la patientèle vient de la moitié sud (sauf à l'extrémité méridionale, plus proche de Moulins, comme vers Saint-Pierre-le-Moutier). En effet, la carte sanitaire de Bourgogne « donne » à la ville la totalité de la Nièvre, même si elle reconnaît des relais, modestes (hôpitaux locaux), à Cosne, Clamecy et Decize. Cette carte facilite les formalités de prise en charge administrative des malades et incite le corps médical à favoriser les transferts vers l'hôpital de Nevers quand les cas sont jugés sérieux (avant le recours à Clermont). En fait, le Nord et le Nord-Ouest représentent aussi une part beaucoup plus faible des entrées, dans la mesure où l'on est déjà dans la zone d'influence directe de Paris ou de Dijon. En dehors de la Nièvre, les cantons limitrophes du Cher envoient un nombre de patients important. Toutefois, l'attraction est très vite limitée à l'Ouest par Bourges et au Sud-Ouest par Saint-Amand-Montrond. Nous pouvons, enfin, noter une petite attraction, très secondaire, sur les cantons occidentaux de la Saône-et-Loire.

• L'attraction hospitalière des villes moyennes de niveau inférieur

Nous sommes ici dans des situations différentes. Divers éléments font varier les limites spatiales de l'influence et l'importance quantitative des entrées. Nous aurons comme villes représentatives : Moulins, Le Puy, Aurillac, Tulle et Guéret.

Nous sommes d'abord en présence d'agglomérations moins peuplées qui présentent donc des structures d'accueil plus modestes, tant en ce qui concerne le plateau technique que le nombre de lits disponibles, même si nous avons des nuances entre les différentes villes. Cette situation est liée à la desserte d'une patientèle quantitativement plus réduite que pour les villes moyennes de niveau supérieur. Ceci s'explique autant par la taille démographique des agglomérations que par les faibles densités de l'espace de desserte. Une capacité d'accueil plus réduite et un plateau technique plus limité ont également des conséquences sur le choix d'hospitalisation des malades. En effet, les patients, en dehors des cas graves où le choix n'est pas possible, se dirigent fréquemment vers les CHRU ou les hôpitaux des villes moyennes de niveau supérieur. C'est particulièrement net pour Tulle où l'influence briviste se fait sentir nettement. Il en est de même pour Guéret avec Limoges.

Cependant, d'un point de vue spatial, ces villes font généralement mieux que les villes moyennes de niveau supérieur. Ainsi, dans ce domaine, Guéret vaut largement Montluçon. Ceci s'explique, dans son cas, par la fonction de préfecture qui crée des liens multiples facilitant le recours à l'hôpital. Cela tient aussi à la carte sanitaire. Mais, en général, ces villes bénéficient d'une situation de relatif « isolement » sur un espace assez étendu, n'ayant comme structures concurrentes que des hôpitaux locaux. C'est le cas particulièrement d'Aurillac et du Puy (sauf le Sigolénois davantage attiré par Saint-Etienne), mais aussi dans une moindre mesure de Guéret.

Enfin, Moulins représente un cas particulier puisqu'elle est préfecture ; ce qui favorise, comme nous l'avons vu pour Guéret (et même Nevers pour le niveau supérieur), une influence étendue. Toutefois, elle doit faire face à la proximité de concurrentes appartenant au niveau supérieur (Nevers, Montluçon et Vichy), ce qui, à l'inverse, représente plutôt un facteur de « rétraction » de l'aire d'influence. A Moulins, nous trouvons un hôpital qui exerce, finalement, une influence sur une partie non négligeable du département. L'essentiel des malades vient d'une large frange nord qui s'étend, à l'Ouest jusqu'aux cantons de Lurcy-Levis, Bourbon-l'Archambault et Le Montet, au Sud jusqu'à Saint-Pourçain-sur-Sioule et au Sud-Est jusqu'à Jaligny, soit un rayon de quarante kilomètres autour de la ville. Toutefois, Moulins ne dépasse pas les frontières de la Nièvre au Nord, alors que son attraction est très forte sur l'est de la Saône-et-Loire (canton de Bourbon-Lancy). Moulins bénéficie donc pleinement de sa fonction de préfecture, mais également d'un équipement de bon niveau pour une ville de ce rang (hôpital de 553 lits[29]). Sa capacité d'accueil est supérieure à celle de Vichy, par exemple.

L'attraction des Centres Hospitaliers des villes moyennes met donc en évidence deux éléments. Premièrement, leur relation avec le niveau hiérarchique interne des villes moyennes. Les plus grandes ont les plus grands établissements et les flux quantitativement les plus importants, mais pas forcément le meilleur commandement spatial. Ensuite, le lien, fondamental, entre fonction administrative et relation hospitalière, explique que les préfectures, qui appartiennent presque toutes aux villes moyennes de niveau inférieur, aient les espaces d'influence les plus étendus, et ce même si les flux sont limités quantitativement. Leur fonction préfectorale fait qu'elles sont privilégiées par les cartes sanitaires et elles disposent donc d'un équipement de qualité. Nevers cumulant les deux situations.

c - Les petites villes répondent à des besoins de proximité

A ce niveau, la présence d'un hôpital est loin d'être systématique. De plus, la capacité d'accueil des établissements présents, adaptée à la taille démographique de la ville et de son espace de commandement, est limitée. C'est le cas pour Ambert, Mauriac, Saint-Junien ou même Issoire. Toutes ces villes disposent d'hôpitaux locaux destinés à une patientèle quantitativement réduite et aux soins de première nécessité, les plus banaux, avant un transfert éventuel vers la ville moyenne ou la métropole, selon la gravité des cas. Elles doivent surtout composer avec la proximité de centres hospitaliers de grande taille, comme Limoges pour Saint-Junien et Clermont pour Issoire ou plus modérément Ambert. Ces derniers représentent souvent un recours direct, dans la mesure où ces grands centres sont plus rassurants, privant ainsi les petites villes d'une partie de leur clientèle théorique. La totalité des zones d'influence de ces petites villes s'inscrit donc à l'intérieur de celles des villes de rang supérieur. En fait, elles ne parviennent à garder qu'une petite partie de la patientèle.

Toutefois, des centres hospitaliers comme ceux de Saint-Junien et Cosne-Cours-sur-Loire voient leur influence s'étendre vers respectivement la Charente et le Cher, au-delà de la zone sanitaire dans laquelle ils sont inscrits. Pour le deuxième centre cité, l'influence s'étale davantage que pour les autres petites villes, en profitant probablement d'une bonne réputation et de la présence de quelques services un peu plus spécifiques comme un dispensaire antituberculeux. L'hôpital de Saint-Flour dispose également d'une aire d'influence assez étendue. Il est le centre de premier recours pour un bon tiers est du Cantal, mais il est très directement concurrencé par Clermont-Riom ; ce qui explique que les flux restent limités. Cependant, il attire également des patients depuis les cantons nord de la Lozère. Issoire étend son influence sur les cantons du sud du Puy-de-Dôme, ceux du nord du Cantal et de la Haute-Loire, mais une fois encore, comme pour Saint-Flour, les chiffres sont faibles. L'accès aisé et rapide au

CHRU de Clermont la prive d'une grande partie de sa patientèle théorique. Quant à Ambert, à l'intersection des influences conjuguées de Clermont-Ferrand, Saint-Etienne (en recours direct) et même Montbrison, elle n'exerce une réelle attraction que sur les cantons les plus proches. Le même sort est réservé à l'hôpital de Mauriac dont la patientèle potentielle s'évade en grande partie vers Aurillac et Ussel, sans oublier Clermont-Ferrand. Enfin, Ussel présente une situation tout à fait analogue aux précédentes, puisque, centre primaire pour le tiers nord-est de la Corrèze, elle voit une grande partie de sa patientèle théorique lui échapper au profit de Tulle, mais surtout Clermont-Riom, en recours direct.

En conclusion, trois idées sont à retenir. La première est que l'attraction des centres hospitaliers est en relation directe avec le niveau hiérarchique des villes auxquelles ils appartiennent. Leur capacité d'accueil et leur niveau d'équipement (plateau technique) sont fonction des patients potentiels, internes et externes. Ainsi, l'influence mesurée colle très bien avec les autres aires d'attraction étudiées. La deuxième est que l'on a une bonne lecture de la hiérarchisation des relations en fonction des besoins. Pour les cas les plus bénins, le recours se fait, en général, vers la petite ville qui a une influence locale et qui est la plus proche. Pour les cas les plus sérieux, mais ne nécessitant pas d'intervention très spécialisée, on se rend vers les villes moyennes qui ont une influence qui se situe à l'échelle de trente à cinquante kilomètres environ. Enfin, pour les cas les plus graves, l'hospitalisation se fait vers la métropole, souvent après le relais de la ville moyenne insuffisamment équipée en moyens techniques et en médecins ou chirurgiens à compétence spécifique. Nous passons ici à une échelle d'influence régionale, c'est-à-dire de l'ordre de 150 à 200 kilomètres. En troisième lieu, l'influence spatiale mesurée coïncide très bien avec celle des autres paramètres mesurés.

2 - Une fonction métropolitaine : l'Université

Même si, dans le cadre du schéma Université 2000 (première politique d'enseignement supérieur adoptée depuis longtemps en France)[30], il est prévu de délocaliser des établissements d'enseignement supérieur dans les villes moyennes, l'université-mère reste par excellence un équipement du niveau métropole. Elle constitue, donc, un élément d'analyse incontournable de son influence. Cette étude est d'autant plus utile que le niveau métropole est largement resté le « parent pauvre » de l'observation des zones d'influence des différents niveaux hiérarchiques. Plus précisément, nous allons prendre comme modèle d'analyse de l'influence universitaire celui de Clermont-Riom. En effet, l'Université clermontoise est beaucoup plus ancienne que celle de Limoges et elle dispose donc d'une assise territoriale plus solide et stable. Toutefois, si Clermont-Riom va représenter le « noyau dur » des lignes qui vont suivre, nous ferons référence, en permanence et à titre de comparaison, à l'Université limougeaude. Nous nous appuierons, ici, sur une étude effectuée par le CERAMAC (CERAMAC, étude sur l'interrégionalité, 1996). Les flux concernant Limoges nous ont été fournis par l'université elle-même.

a - L'Université clermontoise : une fonction traditionnelle et de première importance

L'Université clermontoise (née en 1830) peut être considérée comme une Université « traditionnelle ». Elle est mieux aguerrie que les jeunes universités nouvellement créées depuis la Seconde Guerre mondiale, à Limoges, Saint-Etienne et Orléans-Tours. Par contre, elle n'a pas le prestige des très anciennes universités comme Poitiers ou Montpellier.

L'enseignement supérieur auvergnat accueillait, en 1995, près de trente-cinq mille étudiants dans ses deux universités (Clermont I et Clermont II)[31], mais aussi dans ses « grandes écoles » et, de plus en plus, dans les formations techniques courtes non universitaires. Il engendre donc des flux d'étudiants importants qui permettent de prendre la pleine mesure de l'influence du niveau métropole.

Disposant d'un appareil universitaire complet, Clermont-Riom se classe parmi les pôles universitaires de dimension moyenne à l'échelle nationale, respectant en cela grandement la hiérarchie urbaine, loin derrière les foyers universitaires majeurs de province comme Toulouse (70 112 étudiants), Bordeaux (67 099 étudiants), Lyon (77 964 étudiants), Aix (68 515 étudiants), et même Montpellier (55 707 étudiants) pourtant de niveau démographique comparable. Par contre, elle domine assez nettement les jeunes universités de Limoges (12 927 étudiants), Saint-Etienne, Orléans-Tours (38 487 étudiants pour les deux universités)[32]. La croissance vive des effectifs à Clermont-Riom depuis les années 1970, liée au gonflement très fort des inscriptions en premier cycle, au passage rapide à « l'Université de masse », mais aussi au développement sensible des formations de troisième cycle[33], est conforme à celle enregistrée dans la plupart des universités provinciales. Ainsi, Limoges qui avait six mille étudiants au moment de son ouverture en 1970 a largement doublé ses effectifs depuis.

Au regard de la carte universitaire, on constate que l'université clermontoise a longtemps bénéficié d'un relatif isolement et aujourd'hui encore les nouvelles universités, les plus proches géographiquement, sont moins bien dotées en troisième cycle et Grandes Ecoles. En fait, les universités les plus fortes et les plus prestigieuses, à l'exception de Lyon, se trouvent à des distances assez importantes, accrues par des communications peu rapides comme vers Toulouse, Bordeaux, ou Montpellier.

b - La zone d'attraction de l'université clermontoise (voir Fig. n°65)

A l'analyse des flux d'étudiants (tous cycles confondus), nous constatons que l'Université clermontoise, comme ses voisines, et notamment Limoges, reste avant tout une Université régionale qui recrute l'essentiel de ses effectifs dans le cadre de son académie. Celle-ci correspond aux quatre départements de la région Auvergne. En effet, les trois quarts des étudiants sont actuellement originaires d'Auvergne. Notons que, à Limoges, la part des étudiants limousins est un peu plus faible (65 %), en raison d'un fort recrutement en Dordogne et Charente (près de 2 000 étudiants). L'Université de Clermont ne se distingue donc pas fondamentalement des autres universités de province dont les taux de recrutement régional sont quasi comparables.

Toutefois, le fait marquant, enregistré dans la décennie 1983-1993, est un accroissement de l'attraction hors de la région Auvergne : les effectifs recrutés ont augmenté de quelque 7 % pour représenter désormais le quart de la population étudiante. D'où viennent-ils ?

Nous pouvons distinguer deux ensembles, de masses à peu près équivalentes. Chacun d'entre eux forme presque la moitié des effectifs recrutés hors région. Il y a d'abord celui que l'on peut considérer comme une « couronne de voisinage ». Elle recouvre les huit départements limitrophes à la région Auvergne. Elle représente 42 % des étudiants extérieurs et constitue une aire de forte attraction clermontoise (presque toujours plus de cent étudiants par département). Toutefois dans le détail, pour Clermont, nous pouvons remarquer un déséquilibre important des flux. En effet, la grande majorité de ceux-ci viennent du Nord et de l'Ouest. De même, plus des deux tiers des étudiants, provenant de cette « couronne de voisinage », habitent dans un arc de cercle continu allant de la Nièvre à

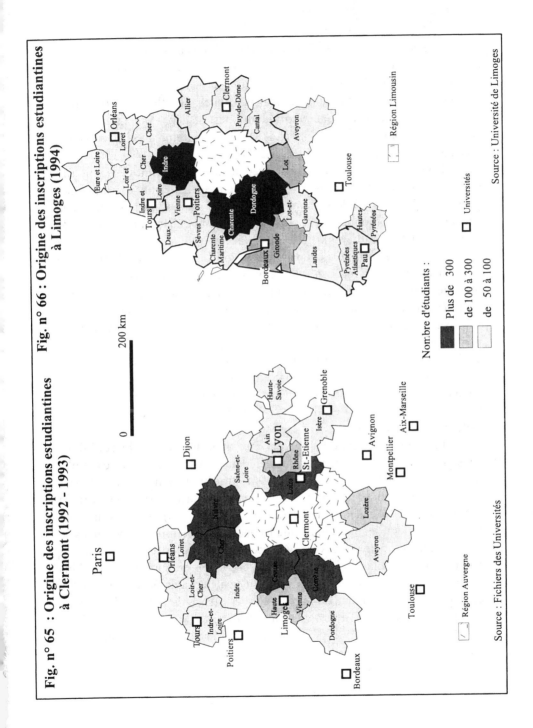

Fig. n° 65 : Origine des inscriptions estudiantines à Clermont (1992 - 1993)

Fig. n° 66 : Origine des inscriptions estudiantines à Limoges (1994)

Nombre d'étudiants :

Plus de 300
de 100 à 300
de 50 à 100

Universités

Région Limousin

Région Auvergne

Source : Fichiers des Universités

Source : Université de Limoges

la Corrèze en passant par le Cher et la Creuse. Ici, chacun des départements concernés envoie plus de trois cents étudiants en Auvergne, avec un maximum pour la Nièvre et la Corrèze qui fournissent respectivement six cent neuf et quatre cent cinquante-neuf personnes. Les flux en provenance de l'Est et du Sud sont beaucoup plus modestes, dépassant rarement les cent étudiants, à l'exception notable de la Loire (414 étudiants) et, dans une bien moindre mesure, de la Lozère (162 étudiants).

Une telle couronne se retrouve également pour Limoges (voir fig. n°66). C'est aussi l'Ouest et le Nord qui envoient le plus d'étudiants à Limoges. L'arc de cercle s'étend ici de l'Indre au Lot en passant par la Charente et la Dordogne. C'est ainsi la Dordogne qui fournit le plus gros contingent (900 étudiants), ce qui la place d'ailleurs à égalité avec la Creuse. Viennent ensuite les départements de l'Indre et de la Charente qui ont chacun près de cinq cents de leurs jeunes inscrits dans l'université limougeaude. Par contre, les flux qui viennent de l'Est (région Auvergne) sont très limités et ne dépassent pas les cinquante inscrits par département. L'Université clermontoise retient ainsi une très forte part de ses étudiants et profite de son ancienneté, de filières complètes et diversifiées, mais également de la médiocrité absolue des communications (routières, ferroviaires) avec Limoges. Au Sud, seul le Lot, avec près de cent étudiants, représente un flux important. La proximité de l'A20 et la distance plus grande pour se rendre à Toulouse ou à Bordeaux sont ici sûrement des facteurs décisifs dans le choix de Limoges.

Plusieurs explications peuvent être apportées à ces déséquilibres dans la provenance géographique des étudiants. A Clermont, par exemple, nous pouvons d'abord voir l'effet d'une tradition bien établie. Depuis longtemps, les étudiants nivernais et limousins (la Creuse et la Corrèze appartenaient à l'Académie de Clermont jusqu'en 1966) ont été attirés par l'Université clermontoise, tandis que les jeunes lozériens ou aveyronnais se dirigeaient plus volontiers vers Montpellier ou Toulouse. L'Est, avec la Saône-et-Loire, était davantage tourné vers Dijon et, surtout, Lyon. Plus surprenant est le cas de la Loire où l'influence clermontoise est importante en dépit de la concurrence de Lyon et de l'existence de la jeune Université stéphanoise. Là encore, une tradition existe, celle de la présence de liens familiaux entre les deux régions (notamment entre Forez et Ambertois). Clermont était plus proche aussi que Lyon. On pouvait plus facilement s'y loger. L'Auvergne est la « chasse gardée » de Clermont, comme le Midi-Pyrénées est celle de Toulouse.

Les facilités de la circulation jouent également un rôle en renforçant les habitudes acquises. Ainsi, les communications avec la Nièvre méridionale, notamment grâce aux relations ferroviaires Clermont-Paris et la RN7, sont aisées. Au sud, la Lozère ou l'Aveyron ne sont ouvertes à Clermont que depuis la mise en service de l'autoroute A75. Les autoroutes vers Lyon (A72) et Paris (A71) drainent désormais les flux en provenance de la Loire et du Cher. Il est également clair que de bonnes relations avec le nord (ferroviaire : Limoges-Paris et autoroutière : A20) favorisent la venue d'un fort contingent d'étudiants berrichons (Indre) vers l'Université limougeaude ; l'axe de la RN89 (bientôt A89) assure son influence périgourdine.

Enfin, pour Clermont comme pour Limoges, le déséquilibre Nord-Sud reflète les différences de potentiel démographique entre un Nord plus peuplé et plus urbanisé et un Sud fortement vidé de sa population, comme la Lozère ou même l'Aveyron. Si on ajoute que l'attraction clermontoise, comme celle de Limoges, a été fondamentalement déterminée par le poids des étudiants du premier cycle, le potentiel démographique des zones concernées est donc essentiel dans l'explication des déséquilibres.

Cependant une influence plus lointaine existe également. Elle concerne, de fait, le reste de l'espace national. Toutefois, Limoges en reste essentiellement à une influence spatiale limitée, concernant le centre-ouest et le sud-ouest de la France (voir Fig. n°66) pour des flux qui sont très vite quantitativement secondaires (moins de 50 étudiants par département). A Clermont-Riom, par contre, la moitié des départements français (44) envoient plus de trente étudiants et une dizaine d'entre eux fournissent des effectifs plus importants (plus de 50 personnes, voire même plus de 100). Nous trouvons, dans ce dernier cas, les départements abritant de grandes villes et de grandes places universitaires, comme Bordeaux, Toulouse, Montpellier, Lille, Aix-Marseille, Lyon et la région parisienne. La masse estudiantine de ces foyers constitue une pépinière de première importance pour le recrutement des troisièmes cycles de nos universités (les étudiants de cette zone d'influence « éloignée » représentent le tiers des effectifs de troisième cycle à Clermont-Riom). Dans cette seconde zone, la proximité relative par rapport à Clermont intervient également, puisque les départements les plus proches (et en priorité ceux qui disposent d'un appareil universitaire : Orléans, Limoges et même Lyon) représentent les flux les plus importants. Une fois encore, les espaces de relation ainsi établis privilégient le Nord et l'Ouest, l'Est également, et soulignent la faiblesse du Sud.

En conclusion, la carte du recrutement clermontois dans son ensemble se caractérise par une opposition majeure. Un espace de relation intense s'étend vers le Nord, jusqu'à la Loire moyenne, et vers l'Ouest sur l'ensemble du Limousin. Un arc continu, de la Loire au Périgord, s'impose comme un « bassin-réservoir » privilégié des universités clermontoises. Des espaces de relation modeste, au Sud, en dépit de la proximité, n'alimentent que des flux de faible volume. En fait, nous retrouvons la carte de l'attraction maximum de la métropole clermontoise. Elle correspond parfaitement à l'espace déjà déterminé pour d'autres activités, là où la métropole offre des équipements conformes à son niveau hiérarchique, comme c'est le cas pour les services médicaux (médecins spécialistes, CHRU). Le même déséquilibre assez net, entre le Nord et l'Ouest où Clermont étend son influence et l'Est et le Sud où elle franchit difficilement les limites administratives qui sont aussi des limites géographiques, apparaît.

Pour Limoges, nous constatons une même similitude entre la zone d'influence élargie (appréciée notamment grâce aux services médicaux) et celle liée à la fréquentation de l'Université. Nous pouvons effectivement déterminer « une couronne de voisinage » qui concerne les départements directement limitrophes au Limousin d'où viennent les trois quarts des étudiants. Nous retrouvons, également, un déséquilibre accentué entre les flux qui viennent de l'Ouest, et secondairement du Nord, qui sont, de loin, les plus importants, et ceux de l'Est et du Sud beaucoup plus limités. Il montre donc une nouvelle fois le décalage à l'Ouest de l'aire de commandement de Limoges (une grande partie de la Creuse et de la Corrèze étant dans l'orbite clermontoise).

En conclusion générale sur le partage de l'espace par les villes, plusieurs constats peuvent être faits. Premièrement, il est clair que le nord du Massif central est parfaitement tenue par les villes internes, lesquelles étendent même leur influence sur les espaces limitrophes. Au niveau des services rares ou commerces de luxe, par exemple, notre zone d'étude se trouve, dans sa quasi-totalité, sous l'influence des deux métropoles régionales « internes » (Limoges et Clermont-Riom). Celles-ci parviennent même à étendre leur influence à l'extérieur des limites du nord du Massif central : vers le Nivernais et le Cher au Nord, l'Aveyron et la Lozère au Sud pour Clermont-Riom ; vers l'Ouest surtout (Dordogne et Charente) mais aussi au Nord (Indre, Vienne) pour Limoges.

Deuxièmement, il existe, de même, une belle hiérarchie des relations urbaines en fonction des besoins. Ainsi, pour des besoins plus courants, mais de fréquentation non quotidienne, ne correspondant donc pas à des besoins de première nécessité, les villes moyennes jouent parfaitement leur rôle de relais de la métropole. Au total, aucun espace du nord du Massif central n'échappe à l'influence de l'une de ses neuf villes moyennes, à l'exception bien sûr du centre du Puy-de-Dôme et de la Haute-Vienne où les métropoles jouent alors un rôle direct, assimilable à celui de la ville moyenne. Enfin, au niveau local, les besoins de proximité sont assurés par un tissu de petites villes et d'unités urbaines de base dont le semis couvre assez régulièrement notre espace, puisqu'on les trouve même dans les zones les plus élevées.

Troisièmement, et par corrélation, on constate que l'influence des villes extérieures est quantitativement minime et toujours géographiquement marginale. Elle porte, le plus souvent, sur des produits rares que n'offrent pas les villes locales et concerne donc des agglomérations de niveau supérieur (Paris, Lyon et dans une bien moindre mesure, Bordeaux) ; ce qui conforte la vision d'un système hiérarchique clair, bien développé sur la zone. Le Nivernais présente un cas de figure toutefois un peu différent, puisqu'il constitue une zone partagée entre trois métropoles régionales. Il est déjà très parisien pour les services médicaux et l'Université, mais il est globalement polarisé, dans une grande moitié sud (jusqu'à La Charité-sur-Loire), par l'agglomération clermontoise et, dans un petit tiers nord-est, par Dijon, sa capitale régionale. Toutefois, ceci ne change en rien les observations sur les hiérarchies et les aires ; simplement, le Nivernais est déjà un élément des espaces du Bassin parisien, une véritable marge sud ou un espace de transition entre Bassin parisien et nord du Massif central. Il serait alors très intéressant de pouvoir comparer un jour ces deux types d'espace avec celui qui s'étale, plus au sud, sur les hautes terres du Massif central (Lozère, Ardèche, Aveyron...). La coupure sera sûrement plus forte entre ce monde-ci et celui du nord (nord Massif central et Bassin parisien) qu'entre le Bassin parisien et sa bordure sud, côté Massif central. Notons, enfin, que Bourges, pourtant proche géographiquement de notre zone, n'exerce aucune influence dans cet espace nord du Massif central. Cela n'a rien de vraiment étonnant dans la mesure où elle n'appartient pas à un niveau sensiblement différent de celui des villes moyennes, lui permettant d'offrir des commerces et services spécifiques. Sa position l'apparente fort à Nevers ou à Châteauroux, dans le Bassin parisien.

CONCLUSION DU LIVRE II

Cette deuxième partie nous a permis de définir les niveaux hiérarchiques présents sur la bordure nord du Massif central. Ainsi, nous avons pu constater que nous avions un espace parfaitement hiérarchisé, quels que soient les critères retenus ou surtout les critères cumulés (population, masses tertiaires, qualité de l'offre tertiaire).

L'observation du partage de l'espace, entre les différents niveaux urbains préalablement définis, aboutit également à une image simple et classique de l'organisation de l'espace. En effet, quel que soit le type de commerces ou de services offerts, il y a une hiérarchisation de l'importance des espaces desservis qui correspond parfaitement à celle des niveaux urbains : plus la ville appartient à un rang élevé, plus elle domine un espace étendu. Ceci se vérifie entre les diverses catégories de niveaux urbains définis : métropole, ville moyenne, petite ville, unité urbaine de base, mais également dans les nuances internes (comme entre les villes moyennes de niveau supérieur et celles de niveau inférieur).

En ce qui concerne les zones d'influence, il est important de noter que nous avons, pour l'essentiel, un véritable système de « poupées russes ». En effet, les deux métropoles régionales (Clermont-Riom et Limoges) se « partagent » la quasi-totalité de l'espace nord du Massif central. Alors, les villes moyennes voient leur aire d'attraction s'inscrire dans ces deux grandes villes. En outre, et en fonction de leur répartition régulière sur l'espace nord du Massif central, les zones d'influence juxtaposées des villes moyennes couvrent également la quasi-totalité de notre zone d'étude. Par voie de conséquence, les petites villes et les unités urbaines de base inscrivent leur espace de commandement dans l'aire d'attraction de ce niveau supérieur. Cet emboîtement des aires d'influence correspond à une hiérarchisation des comportements d'achat. Pour les besoins les plus courants, comme les commerces et les services aux particuliers (commerce alimentaire, guichet bancaire, coiffeur...), le rôle de la proximité est encore important et favorise les niveaux de base. Pour des achats déjà moins courants (hypermarchés, commerce de vêtements, services privés et administratifs), le recours à la ville moyenne, la plus proche, est souvent la règle. Enfin, pour les besoins plus spécifiques (services de niveau régional : Université, CHRU, services destinés aux entreprises...), c'est à la métropole que l'on s'adresse. L'espace nord du Massif central est donc parfaitement classique en termes de géographie urbaine et s'inscrit totalement dans le système national.

NOTES DU LIVRE II

1 - Sur ce sujet, on peut consulter : D. Pumain, 1982.

2 - Selon la loi rang-taille, les effectifs de la ville de rang n (Pn) sont égaux à ceux de la capitale ou ville primatiale (P) divisés par le rang (n) de classement par ordre décroissant. Ainsi Pn = P/n.

3 - Ces lettres correspondent à celles indiquées sur les graphiques n°1 et n°2.

4 - Ces lettres correspondent à celles indiquées sur les graphiques n°1 et n°2.

5 - R. Lazzaroti (1970), G. Bouet (1983).

6 - Ces lettres correspondent à celles indiquées sur les graphiques n°1 et n°2.

7 - Ces lettres correspondent à celles indiquées sur les graphiques n°1 et n 2..

8 - Ces lettres correspondent à celles indiquées sur les graphiques n°1 et n°2.

9 - Pour plus de détail sur le rôle traditionnel de ces petites villes, on peut se référer : pour Saint-Flour (P. Estienne, 1963 et 1969) ; pour Tulle (M.J. Compain, 1970) ; pour Tulle et Ussel, (R. Lazzarotti, 1971). De même, sur le rôle traditionnel d'Ussel dans la Montagne limousine, on pourra se référer à l'ouvrage de N. Lemaitre (Lemaitre, 1978). Enfin, pour Cosne-Cours-sur-Loire, nous sommes obligés de nous référer à des ouvrages généraux comme celui de P. Fénelon (Fénelon, 1978) ou à Ph. Parini et ses articles sur la Nièvre dans les Notes et Etudes Documentaires (Parini, 1976).

10 - Id.

11 - Id.

12 - Id.

13 - Pour plus de détail sur l'histoire industrielle de ces villes on peut se référer : pour Saint-Junien (J.P. Larivière , 1967) ; pour Thiers (A. Fel , 1983).

14 - Plusieurs études monographiques, et indiquées en bibliographie, peuvent servir d'exemple à l'analyse de ce type de villes. Nous pouvons citer ici M.F. Gribet (Gribet, 1973) ou plus ancien J. Delaspre (Delaspre, 1956). Pour l'histoire industrielle de Saint-Georges de Mons, on peut se référer à A. Fel (Fel, 1983) et pour celle de Dompierre-sur-Besbre à C. Crétin (Crétin, 1970).

15 - Id.

16 - Il n'existe pas de monographies sur toutes les villes étudiées ici, mais des informations complémentaires, utiles, peuvent être trouvées dans les nombreux écrits, même s'ils sont anciens, de P. Estienne (voir bibliographie), et en particulier l'incontournable « Villes du Massif central »(P. Estienne,1963). Pour les petites villes du Limousin, on peut encore se référer à l'article de R. Lazzarotti, « Evolution et classification des petites villes du Limousin » (Lazzaroti, 1971).

17 - Id.

18 - A l'exception de La Bourboule-Le Mont-Dore qui dispose d'activités spécifiques, donc à fort coefficient, liées à sa fonction thermale et touristique. Ainsi, elle appartient, pour la qualité de ses équipements, au niveau 4.

19 - Attention, nous considérons Limoges et Clermont-Ferrand sur un pied d'égalité ; à savoir, simplement comme deux grandes villes. Ceci constitue une approche différente de celle de ZIPF qui se place sur un principe hiérarchique faisant de Clermont une ville de niveau supérieur à Limoges.

20 - Limoges est en fait décalée vers le sud par rapport à la RCEA, mais est reliée à celle-ci par l'A20. Elle est donc suffisamment proche (surtout en espace-temps) pour être considérée comme faisant partie de cet axe transversal.

21 - Nous ne parlons ici que de potentialité, dans la mesure où l'étude des zones d'influence n'a pas été encore effectuée de manière systématique et précise.

22 - La loi de Reilly repose sur deux paramètres : le niveau d'action d'une ville sur la région qui l'entoure dépend d'une part du nombre (de la masse) de commerces et de services qu'elle offre, et d'autre part, de la distance que les consommateurs sont prêts à franchir pour se procurer les biens ou les services qui leur font défaut sur le lieu de résidence. La combinaison de ces deux facteurs se traduit par une décroissance du niveau d'attraction en fonction de la distance à la ville (R. Brunet, R. Ferras, H. Théry, « Les mots de la géographie, dictionnaire critique », Reclus, *La Documentation Française*, 1993).

23 - Sur le modèle de l'enquête Piatier. Les modalités de celle-ci sont suffisamment connues pour ne pas être obligé d'y revenir dans le cadre de cette publication. Précisons seulement que la grille d'enquête a fait une large place aux services dans toutes leurs diversités (privés, financiers, médicaux, scolaires, culturels, loisirs…) et que nous n'avons enquêté, par le biais des instituteurs, que les communes qui étaient, à l'évidence, dans une zone d'incertitude quant à leur rattachement à un niveau supérieur.

24 - Cette influence se matérialise, notamment, par la présence d'une agence de la banque Chalus (banque régionale) à Mauriac.

25 - La banque Chalus, par exemple, dispose également d'agences en Corrèze à Ussel, Meymac et Egletons.

26 - Pour la carte en chiffres absolus, nous avons pris la totalité de l'agglomération définie par l'INSEE, ce qui induit une place plus importante pour l'emploi secondaire. Toutefois, il faut bien noter que l'apport des banlieues dans la répartition géographique des flux est infime et que la carte que l'on aurait obtenue avec la prise en compte de la seule commune-centre serait en tout point comparable. En effet, on a constaté que les banlieues reçoivent l'essentiel de leur main-d'œuvre des autres banlieues ou des communes périurbaines. Seule la commune-centre bénéficie d'une attraction élargie. Notons également que la prise en compte des flux à l'échelle de la zone d'emploi montre une attraction plus étendue (voir notamment l'étude du CERAMAC : *Clermont-Ferrand, métropole régionale*, 1993), mais nous sortons ici des strictes limites de la métropole et incluons des pôles industriels ou touristiques importants (Saint-Georges-de-Mons, La Bourboule-Le Mont-Dore par exemple), ce qui fausse l'image réelle de l'attraction de la métropole auvergnate seule.

27 - Ces chiffres concernent les trois grands secteurs médicaux (Médecine - Chirurgie - Obstétrique). Source : DRASS (1993)

28 - Ce chiffre concerne les trois grands secteurs médicaux (Médecine - Chirurgie - Obstétrique). Source : DRASS (1993)

29 - Ce chiffre concerne les trois grands secteurs médicaux (Médecine-Chirurgie-Obstétrique). Source : DRASS (1993).

30 - B. Pouyet (1995).

31 - Effectifs de l'enseignement supérieur à Clermont : Université = 26 487 , grandes écoles = 8513 (source : voir ci-dessous).

32 - Source : Ministère de l'Education Nationale de la Recherche et de la Technologie, *Géographie de l'école*, juin 1998, 171 p. (chiffres de 1997).

33 - Ainsi, les effectifs inscrits en 3e cycle universitaire ont-ils augmenté de 49,4 % à Clermont-Ferrand, entre 1983 et 1997 (Source, voir note infra-paginale n°32 ci-dessus). Pour Limoges, dans la même période, ils se sont accrus de 52,0 % (pour comparaison, ils n'ont augmenté que de 17,7 % dans les universités d'Orléans-Tours, et de 11,7 % dans celle de Montpellier).

Livre Troisième

LES RÉSEAUX URBAINS
DANS L'ESPACE NORD
DU MASSIF CENTRAL

Après avoir mesuré la place des villes dans l'espace nord du Massif central, ainsi que leur dynamique démographique et fonctionnelle, nous avons, dans une deuxième partie, établi une hiérarchie statique et mesuré l'étendue de leur espace de commandement. Dans cette troisième et dernière partie, nous proposons de faire la synthèse de l'organisation et du commandement de l'espace par les villes et d'observer plus particulièrement leur dynamique grâce à l'étude de l'évolution dans le temps de leur emprise sur l'espace. L'intérêt étant de mettre en évidence la plus ou moins grande inertie des espaces d'attraction, et les facteurs qui peuvent modifier l'importance du rôle joué par les différents niveaux hiérarchiques. Il s'agira également d'analyser les relations qu'entretiennent les différents niveaux de villes et ainsi de mettre en place les réseaux urbains existants.

Ce concept de « réseau urbain », nous pouvons le résumer comme étant un ensemble de villes hiérarchisées et interdépendantes dans un espace donné. Cette définition relève parfaitement de la logique de notre démarche. En effet, il s'agit, pour nous, de montrer que le nord du Massif central, loin des clichés de ruralité trop souvent énoncés, est un espace parfaitement intégré à la France urbaine, avec la présence de tous les niveaux hiérarchiques et l'existence de liens forts entre eux ; un espace avec des relations de dominants à dominés, établies en fonction de la quantité et surtout de la qualité des commerces et services offerts. D. Brand et M. Durousset (Brand D., Durousset M., 1993) ont donné également, dans leur *Dictionnaire thématique*, une définition du réseau urbain assez proche « *le réseau urbain est constitué par l'ensemble des villes d'une région ou d'un État, les villes entretenant des relations basées sur l'égalité, la dépendance ou la complémentarité. Un réseau urbain hiérarchisé est dominé par une métropole régionale ou nationale* ».

Les réseaux se sont, pour l'essentiel, constitués, en Europe, au XIXe siècle avec le développement des voies ferrées, des routes et de l'essor industriel en particulier et économique en général. M. Rochefort, dans sa thèse sur les villes alsaciennes (Rochefort, 1960), nous montre que celles-ci vivaient, encore au milieu du XIXe siècle, de façon très autonome, en quasi « autarcie » avec le milieu rural environnant (modèle de Von Thünen[1]), et n'entretenaient aucune relation effective avec les autres centres urbains. Le réseau urbain, et donc les relations intervilles, ne s'est mis en place que dans la seconde moitié du XIXe siècle.

Chaque réseau urbain est associé à un espace territorial donné. Il s'inscrit à différentes échelles, depuis le régional jusqu'à l'international en passant bien sûr par le national. Ces différences d'échelles sont majeures dans la définition des niveaux urbains et leur rôle dans l'organisation de l'espace étudié. Effectivement, la tête de réseau d'un espace régional, le plus souvent métropole, joue ainsi un rôle de premier plan dans l'organisation de celui-ci. Par contre, si nous incluons cette même ville dans le cadre d'un réseau national, voire européen, celle-ci peut voir son rôle s'amoindrir pour ne disposer que d'un rôle secondaire. Ainsi, la définition des niveaux hiérarchiques et l'importance des relations qu'entretient chaque ville avec les autres sont-elles relatives à un espace donné et inscrites dans un espace plus vaste dont il faudra tenir compte.

Quelle que soit l'échelle d'analyse des réseaux, on en trouve cependant de trois types. Tout d'abord ceux que l'on définit comme hiérarchisés avec une ou plusieurs têtes. C'est ainsi le cas à échelle nationale de la France, ou à échelle régionale du bassin Parisien ou de la région Midi-Pyrénées. A côté, nous pouvons trouver des réseaux définis comme linéaires, avec une répartition géographique des différents niveaux hiérarchiques le long d'un axe structurant (routes, cours d'eau), comme c'est le cas en Emilie-Romagne ou en Languedoc. Enfin, certains espaces régionaux, comme le Bade-Wurtemberg ou l'Allemagne de l'ouest en général, disposent de réseaux urbains définis comme équilibrés dans la mesure où les villes de rang supérieur présentent des niveaux hiérarchiques proches. Apparemment le réseau du nord du Massif central appartient au type hiérarchisé, ce que nous indiquent déjà les études précédentes. Il y a même deux têtes de réseau très nettes. Il conviendra alors de préciser leurs rapports et ceux qu'elles entretiennent avec le reste du système national, après avoir précisé les caractéristiques de chacun des deux réseaux.

Nous essaierons, enfin, de confronter l'approche christallérienne des réseaux urbains avec celle des « réseaux de villes ». Cette notion délicate à définir résulte d'une volonté politique européenne très récente, à peine plus de dix ans à l'échelle nationale, de faire travailler les villes ensemble, précisément hors notion hiérarchique[2]. Toutefois, à l'exemple de réseaux plus anciens, apparus dans des régions de forte densité comme la Randstadt Holland ou la Vénétie, caractérisées par une structure polycentrique, ces réseaux apparaissent comme valables pour un ensemble de villes de même rang hiérarchique qui développent des liens de complémentarité, horizontaux. En France, les réseaux existants ou en projet sont rares et un seul exemple semble aboutir à des résultats concrets : l'AIRE 198 entre Angoulême, Poitiers, Niort et La Rochelle. La question est alors de savoir, à travers l'exemple de notre secteur, si l'on peut développer des « réseaux de villes » dans des espaces parfaitement christallériens. Nous analyserons les projets nés au nord du Massif central et nous essaierons de voir s'il est possible d'aller plus loin pour satisfaire aux directives et aux financements européens ; à moins que nous ne montrions que la seule voie possible au développement urbain passe par le renforcement des réseaux classiques, mieux adaptés à l'espace local.

Chapitre 6

UN ESPACE
PARFAITEMENT STRUCTURÉ
PAR LES VILLES

Nous sommes arrivés logiquement au terme de notre problématique de départ avec la fin de la deuxième partie ; à savoir, mettre en évidence l'organisation et le commandement de l'espace par les différents niveaux hiérarchiques. Nous avons effectivement pu voir, dans les deux chapitres précédents, que le nord du Massif central disposait d'une organisation urbaine claire. Tous les niveaux urbains sont représentés. L'espace est en totalité sous l'influence des villes, avec, de plus, une belle hiérarchisation des relations entre les différents niveaux de ville, en fonction des besoins et des équipements tertiaires offerts.

Ces caractéristiques font que l'évasion vers les villes extérieures est des plus limitée. Toutefois, aucun espace, aujourd'hui, ne vit en autarcie. Ainsi, les villes du nord du Massif central entretiennent-elles des relations avec l'extérieur (national, au moins). Ceci est particulièrement vrai pour le sommet de la hiérarchie : les métropoles. Par exemple, Clermont a des relations fortes et variées avec Paris, et secondairement avec Lyon ; Limoges également avec Paris, mais aussi avec Bordeaux. Donc, si nous avons bel et bien un espace urbain hiérarchisé et complet, il n'est ni fermé, ni statique. C'est pourquoi, avant d'analyser, en détail, les réseaux urbains du nord du Massif central (chapitre VII), leur fonctionnement, et de les replacer dans le contexte national (relations avec Paris, Lyon, Bordeaux), le chapitre VI qui va suivre se propose de faire la synthèse du rayonnement des villes sur l'espace, et de s'interroger sur les évolutions observées « au fil du temps ». Le partage de l'espace tel qu'il apparaît aujourd'hui est-il le résultat d'une longue évolution qui aurait vu les villes du Massif central s'affirmer progressivement dans l'espace ? A-t-on plutôt l'image d'un système rapidement mis en place avec une belle stabilité des aires de commandement ? Certains niveaux hiérarchiques s'affirment-ils, alors que d'autres ne font que se maintenir voire même régresser ?

Mais, si l'on doit s'intéresser à l'évolution passée, on ne peut omettre de s'interroger également sur le futur. Pour cela, nous analyserons aussi l'évolution qualitative et quantitative des équipements tertiaires. En effet, de celle-ci dépend en grande partie le pouvoir attractif des villes. Par exemple, une diminution de l'offre qualitative peut se traduire par une rétraction de l'aire de commandement.

I - LES MÉTROPOLES DU NORD DU MASSIF CENTRAL : UNE EMPRISE ACCRUE SUR L'ESPACE

Pour réaliser la synthèse de toutes les aires d'attraction étudiées jusqu'ici (commerces, services, emplois, lycées, hôpitaux, universités, ...), notre démarche sera double. Tout d'abord, nous ferons une analyse des principales études de géographie effectuées sur les zones d'influence globale des grandes métropoles françaises, dans lesquelles se placent Clermont-Ferrand et Limoges.

Dans un second temps, nous dresserons l'état actuel de l'aire d'attraction des deux métropoles du nord du Massif central, à travers la synthèse cartographique des différentes aires que nous avons élaborées selon une méthode très classique. Ensuite, nous essaierons de chiffrer la population totale concernée. En effet, une aire d'influence étendue spatialement peut n'être qu'une adaptation à des densités faibles et ne représenter, en fait, qu'un potentiel limité de clients. Or, c'est bien de celui-ci que dépend l'avenir des métropoles pour le maintien, voire le développement des activités tertiaires. Nous pourrons, de même, corriger éventuellement la hiérarchie des villes (en reportant la méthode sur les autres niveaux urbains) en fonction de ce potentiel attractif. Malheureusement, peu ou pas d'études, sur le volume des clientèles des villes, ont été menées pour d'autres régions géographiques, ce qui rend les comparaisons impossibles.

A - Les aires d'attraction de Limoges et Clermont « au fil du temps »

1 - Les premières cartes de zone d'influence : G. Chabot (1961)

<u>a - Les critères d'analyse</u>

C'est à G. Chabot (Chabot, 1961) que revient, sans doute, le privilège d'avoir tracé les premières limites d'influence des grandes agglomérations françaises. Il distingue alors trois niveaux d'influence. Le premier concerne la zone suburbaine de relation directe. Elle correspond aux migrations quotidiennes de main-d'œuvre, au recrutement régional d'employés administratifs[3], à l'approvisionnement en produits frais, à la fréquentation des marchés, à l'aire de chalandise générale (50 % des relations commerciales avec le centre), à l'origine des habitants du centre[4], enfin aux relations téléphoniques avec le centre (50 % minimum).

Le deuxième correspond à l'aire d'extension régionale des relations commerciales dominantes. Il s'agit de la zone d'activité des banques locales, de la zone de fréquentation des foires périodiques, des relations commerciales dominantes (10-25 % minimum), celle des relations téléphoniques fortes avec le centre, de la zone de chalandise générale, de celle des messageries. Enfin, le troisième niveau d'attraction coïncide avec l'extension régionale de l'influence intellectuelle, du recrutement scolaire ou universitaire, de la zone de diffusion de la presse locale, de la zone de clientèle des hôpitaux et cliniques. Chaque zone d'extension, tracée par G. Chabot, a été déterminée d'après un ou plusieurs des critères désignés ci-dessus. En fait, seules les deux dernières zones d'influence délimitées ici seront prises en compte, puisque correspondant largement à la distinction que nous avons effectuée entre la zone d'attraction principale et la zone d'attraction secondaire.

b - Une zone d'influence principale délimitée par G. Chabot plus réduite que celle d'aujourd'hui

A partir de là, plusieurs aspects peuvent être mis en évidence. Tout d'abord, l'aire d'attraction principale de Clermont est, déjà, nettement plus étendue que celle de Limoges. Ainsi, l'influence clermontoise correspond-elle essentiellement au département du Puy-de-Dôme, mais connaît aussi quelques débordements extérieurs. En effet, elle s'étend, au Nord, jusqu'aux portes de Moulins, laissant l'ouest du Bourbonnais à Montluçon et l'est, en grande partie, à Vichy. Au Sud, elle atteint à peine les bordures du Cantal et de la Haute-Loire. A l'Est, elle ne dépasse pas les hauteurs du Forez. Enfin, à l'Ouest quelques poches d'attraction existent vers Aubusson (en Creuse) et Ussel (en Corrèze), mais la Montagne limousine lui échappe en totalité. On le voit bien, nous sommes encore assez loin de l'aire d'attraction principale d'aujourd'hui qui comprend la totalité de la région (sauf le Sigolénois) et déborde nettement sur un bon tiers oriental de la Creuse et de la Corrèze, ainsi que sur le sud de la Nièvre et du Cher. Quant à Limoges, elle se caractérise, au tout début des années soixante, par une zone d'influence principale extrêmement limitée, puisque confinée au seul département de la Haute-Vienne. Là également, cet espace s'est depuis considérablement « dilaté », puisqu'il déborde aujourd'hui largement à l'Est sur la Creuse et la Corrèze, et à l'Ouest sur la Charente surtout, mais également sur les marges périgourdines.

c - La zone d'influence secondaire délimitée par G. Chabot est également plus limitée

La zone d'extension régionale de Clermont en 1961 est beaucoup plus réduite qu'actuellement. Elle n'inclut pas la totalité de la région Auvergne. Par contre, elle déborde déjà largement à l'Ouest, vers le Limousin. Elle comprend la totalité du Bourbonnais mais ne se prolonge pas jusqu'à la Nièvre. De même, elle s'arrête aux limites nord du bassin d'Aurillac, alors davantage tourné vers Toulouse[5], et à celles du Puy, laissant un bon tiers est de la Haute-Loire à Saint-Etienne et Lyon. Il est donc clair que, depuis, Clermont a gagné du terrain surtout au Nord, puisqu'une large moitié sud de la Nièvre appartient maintenant à son influence secondaire, mais également au Sud en débordant assez nettement au-delà du Puy et d'Aurillac pour atteindre les marges lotoises, aveyronnaises et lozériennes.

La zone secondaire de Limoges en 1961 permet à la ville d'étendre son attraction à l'Est, en Creuse ou en Corrèze, où elle doit partager son influence avec Clermont. Elle étend également son influence à l'Ouest, en direction de la Charente limousine et, plus sensiblement, vers la Dordogne où elle atteint Périgueux. Sur ces deux espaces, elle est concurrencée par Bordeaux, tandis qu'au sud de la Corrèze, elle doit composer avec Toulouse. Nous avons donc avec Limoges, une métropole « coincée » entre Clermont qui domine largement sur la Creuse et la Corrèze, Bordeaux qui intervient jusqu'aux limites de la Haute-Vienne, Toulouse qui vient jusqu'à Brive. Au Nord, au-delà des limites du département, on entre très vite dans l'aire d'attraction parisienne[5]. Cependant, comme pour la zone d'influence principale, l'attraction secondaire de Limoges s'est depuis largement « étalée », surtout au Nord vers Châteauroux, au Sud où elle a sensiblement repoussé l'influence directe de Toulouse au-delà de Brive, mais également à l'Est, puisqu'elle intervient aujourd'hui sur la quasi-totalité de sa région administrative, et ce malgré la forte concurrence clermontoise.

On le voit donc clairement, en 1961, les métropoles du nord du Massif central dominaient un espace plus réduit et les forces centrifuges étaient plus nettes, surtout en Limousin. Elles se sont donc nettement affirmées dans l'espace depuis, et ce en particulier dans les limites de leur région administrative actuelle. Elles vont bénéficier de la régionalisation politique dont la traduction concrète est la création, en 1960, des CAR (Circonscriptions d'Action Régionale). Ceci s'est traduit par un renforcement du potentiel tertiaire public puis privé.

2 - *Les apports de J. Hautreux et M. Rochefort : 1962-1965*

Un an plus tard, en 1962, J. Hautreux trace également les limites d'influence des principales agglomérations françaises. Cette étude sera complétée en 1965, grâce à la collaboration de M. Rochefort, mais les résultats sont similaires. Trois cartes, élaborées grâce à trois critères définis comme majeurs par les deux auteurs, nous montrent clairement les limites d'influence d'alors de nos deux métropoles. Nous n'en retiendrons, ici, que deux, dans la mesure où la carte qualifiée de « synthèse » n'apporte pas d'informations nouvelles par rapport aux deux autres.

a - La carte des communications téléphoniques

Elle nous montre une aire clermontoise comprenant la totalité du Puy-de-Dôme, le sud de l'Allier, avec une excroissance le long de la RN9 jusqu'aux limites de la Nièvre et du Cher. Elle s'étend, également, à l'Ouest, en Creuse jusqu'à Aubusson et en Corrèze jusqu'à Ussel. Le nord et l'est du Cantal ainsi que le nord-ouest de la Haute-Loire appartiennent également à son aire d'attraction. Par contre, elle laisse une grande moitié est (Le Puy compris) de ce département à Saint-Etienne. Montluçon, Moulins et Nevers sont dans la zone d'influence de Paris ; c'est le cas aussi d'Aurillac qui « court-circuite » ainsi sa future capitale régionale. Nous avons ici une zone d'influence fort proche de celle décrite par G. Chabot, même si elle semble encore plus limitée en Haute-Loire, à la faveur de Saint-Etienne.
Par contre, des différences plus sensibles se font jour pour Limoges. En effet, si nous retrouvons, logiquement, l'emprise limougeaude sur le département de la Haute-Vienne, J. Hautreux lui accorde une présence plus affirmée sur l'ouest creusois, incluant Guéret. Par contre, un grand sud-ouest corrézien, avec Tulle et Brive, lui échappe totalement, dans la mesure où le recours à la grande agglomération se fait directement, selon J. Hautreux, vers Paris. De même, si nous retrouvons, par rapport à G. Chabot, une influence sur le sud de la Vienne et le nord de la Dordogne, par contre, Limoges n'exerce aucune influence sur la Charente qui est bordelaise ou parisienne.

b - La carte universitaire

Dans la même étude (Hautreux, Rochefort, 1965), figure une carte sur l'attraction des universités qui permet de conforter les observations précédentes, mais surtout de prendre, avec plus de précision, la mesure de l'évasion vers les centres extérieurs du nord du Massif central.

Limoges ne dispose pas encore, à cette date, d'Université. La Creuse et la Corrèze appartiennent à l'académie de Clermont-Ferrand, ce qui permet à celle-ci de disposer d'une emprise sur ces deux départements. Au milieu des années soixante, ce sont près de six étudiants sur dix, de l'est de la Creuse, qui fréquentent l'Université clermontoise et quatre sur dix pour le nord-est de la Corrèze. Quant aux étudiants de la Haute-Vienne, ils se dirigent préférentiellement vers Poitiers (60 à 79 %), la capitale académique, et non vers Bordeaux.

L'Université clermontoise exerce donc une forte emprise sur le Puy-de-Dôme et l'Allier, en accueillant près de deux étudiants sur trois. Par contre, pour le Cantal et la Haute-Loire, les chiffres ne sont plus que d'un étudiant sur deux (ce qui est, en fait, déjà beaucoup). Une partie non négligeable des étudiants cantaliens se dirige directement vers les universités parisiennes. Près de quatre étudiants sur dix, de l'est de la Haute-Loire, fréquentent les universités lyonnaises. Quant à la Nièvre, elle est très parisienne puisque, pour les deux tiers ouest de ce département, près de 60 % des étudiants se dirigent vers Paris et seul le tiers oriental envoie un nombre notable d'étudiants vers Dijon (entre 20 et 40 %). Clermont est alors quasi absente.

3 - Les années soixante-dix : fonction régionale et élargissement de la zone d'influence

a - L'influence limougeaude à l'aube des années soixante-dix

En 1970, la zone d'influence de Limoges telle qu'elle est définie par Lazzarotti (Lazzarotti, 1970) semble s'être affirmée, et même étendue, dans les limites de la région Limousin, ainsi qu'à l'Ouest. Ainsi, il semble bien acquis que l'ouest creusois appartienne à l'aire d'attraction limougeaude. En ce qui concerne le plateau de Millevaches, Limoges y a accru son influence. Felletin et Aubusson, plutôt clermontoises avant, sont en 1970 limougeaudes. Enfin, la Corrèze est pour les deux tiers rattachée à Limoges, puisque Meymac, pourtant proche d'Ussel, est déjà parfaitement intégrée au Limousin et donc à sa ville principale. En outre, Limoges a définitivement assis son autorité vers l'ouest, en direction du Poitou-Charentes : « *Limoges gagne vers le Poitou-Charentes, une surface perdue à l'est. Elle en tire finalement d'incontestables avantages géographiques. L'avant-pays poitevin et le nord-est du Périgord sont plus riches que la Marche et le plateau de Millevaches »* (Lazzarotti, 1970).

Par contre, Limoges a définitivement cédé la place, sur l'est creusois, à Montluçon (« *vers l'est de la Creuse, grâce à la route, Montluçon empiète sur le Limousin »*, Lazzarotti, 1970) et le nord-est corrézien à Clermont (Ussel et Eygurande restent sous l'influence prédominante de Clermont-Ferrand, notamment grâce à la voie ferrée Ussel—Clermont-Ferrand). De même, Lazzarotti estime l'Indre davantage tournée vers Paris « *conformément à son appartenance géologique et physique »*.

Ainsi, en 1970, Limoges joue déjà le rôle de capitale d'une région qui s'étend, pour l'essentiel, sur trois départements. Elle domine en totalité, ou sur plus de la moitié, Haute-Vienne, Corrèze et Creuse et déborde à l'ouest sur une partie de la Charente et de la Dordogne.

b - Le rôle déterminant de la fonction régionale dans l'évolution des aires d'influence

Avec C. Jamot (C. Jamot, 1979), dans un article sur la hiérarchie urbaine et les zones d'influence dans le Massif central, l'attraction de nos deux métropoles s'élargit et semble repousser en périphérie celle des grandes métropoles extérieures (Bordeaux, Toulouse, et même Lyon et Paris). Ces dernières n'interviennent alors qu'à un niveau supérieur, pour des services, très rares, non présents sur place.

Ainsi, il constate qu'il est nécessaire d'étendre l'influence présumée de Clermont. En effet, elle domine, non seulement très nettement sa région de programme, dans sa quasi-totalité (seul l'Yssingelais dans la Haute-Loire lui échappe encore, au profit de Saint-Etienne), incluant notamment la totalité du Cantal, fait nouveau, mais elle déborde sensiblement au-delà. Au Nord, Clermont dessert l'ensemble du Bourbonnais et rayonne de plus en plus au-delà, vers Nevers. « *De marche frontière de la conquête capétienne en direction des pays de langue d'oc, dont faisait partie l'Auvergne, le Bourbonnais tricéphale se retrouve aujourd'hui marche frontière de l'influence urbaine clermontoise en direction du Val de Loire »* (Jamot, 1979). En ce qui concerne son avancée en Nivernais, Clermont bénéficie de l'éloignement et de la médiocrité des liaisons avec la capitale régionale : Dijon (Charrier, 1973). Clermont contrôle la presse de Nevers (*Le Journal du Centre* appartient au groupe *Centre-France*), accueille 45 % de ses étudiants, offre les services de son CHRU. L'influence clermontoise est perceptible jusqu'à La Charité-sur-Loire. L'excellence des liaisons Nord-Sud (Paris-Clermont) place la ville comme la métropole la plus proche des pays nivernais. Au Sud également, l'influence de la métropole auvergnate s'étend plus franchement en direction du nord de la Lozère (contre Montpellier) jusqu'à Saint-Chély-d'Apcher. A l'Ouest, elle domine jusqu'à Auzances en Creuse (Aubusson est bel et bien tournée vers Limoges) et Ussel en Corrèze (contre Limoges).

Quant à Limoges, elle commande un espace désormais classique et peu évolutif comprenant le département de la Haute-Vienne, l'ouest de la Creuse et de la Corrèze. Elle déborde à l'Ouest sur la Charente et la Dordogne, conformément aux limites déjà tracées par Lazzarotti. Par contre, elle n'étend pratiquement pas son influence au Nord, en direction du Berry et ne dépasse guère, au Sud, Brive et Tulle. Elle a perdu Périgueux.

Un aspect, en grande partie nouveau, par rapport aux études précédentes, est donc la constitution d'un espace nord du Massif central devenu « jardin protégé » de nos deux métropoles. Avec l'arrivée de la fonction régionale, elles sont parvenues à « bouter hors des limites » de leurs régions respectives l'influence des métropoles extérieures, du moins en tant que concurrentes directes, c'est-à-dire pour les activités tertiaires présentes à Limoges ou Clermont. Ainsi Bordeaux, dont l'influence s'étendait, dans les années soixante, jusqu'au pays de Brive, a vu sa limite d'attraction reculer jusqu'à Sarlat. Limoges, capitale régionale, dotée d'une Université depuis 1967, a réussi à faire passer Brive dans son aire d'attraction et à détourner la grande majorité des flux d'étudiants vers elle. Toulouse, dont les études précédentes arrêtaient la limite d'influence à la Châtaigneraie cantalienne et au bassin de Maurs, a dû également laisser la place ici à Clermont. Quant à l'influence lyonnaise, elle est réduite, d'après C. Jamot, à la bordure est du Massif central et concerne finalement peu la région Auvergne en dehors du nord-est de la Haute-Loire. Les bourgeoisies des villes du nord du Massif central, par exemple, fréquentent davantage la capitale nationale pour leurs achats exceptionnels, la consultation d'un grand spécialiste... Il est vrai que les liaisons ferroviaires favorisent la capitale. « *L'influence lyonnaise affirmée sur le nord du Massif central relève, pour l'instant, plus d'un impérialisme intellectuel et économique qui cherche à s'exprimer, que d'une réalité* » (Jamot, 1979).

Nous avons donc, à la fin des années soixante-dix, l'image de deux métropoles régionales, renforcées par leur rôle de capitales administratives. Elles sont devenues les métropoles incontestées du nord du Massif central.

B - Aujourd'hui : deux métropoles régionales solides pour le nord du Massif central

En matière de synthèse sur cette partie consacrée au niveau métropolitain, nous pouvons préciser les limites de l'influence globale, et actuelle, de nos deux villes et mesurer le volume quantitatif de cette influence, solide et de mieux en mieux affirmée.

1 - Clermont-Riom domine la plus grande partie du nord du Massif central (voir Fig. n°67)

<u>a - Par l'étendue spatiale de sa zone d'influence</u>

Il s'agit ici d'analyser des cartes synthétiques issues de la superposition des différentes aires d'attraction tracées pour la totalité des marqueurs utilisés dans le chapitre précédent.

En 1998, l'influence clermontoise s'étend, dans sa globalité, sur près de deux cents kilomètres au Nord comme au Sud, cent kilomètres vers l'Ouest, mais seulement soixante-quinze kilomètres vers l'Est, venant mourir à la barrière physique des monts du Forez, des Bois-Noirs, de la Madeleine et de la Montagne bourbonnaise.

Ainsi, au Nord, l'influence de Clermont se fait-elle sentir jusqu'au rebord occidental du Morvan (au-delà, elle cède la place à Dijon) par-dessus les plateaux nivernais. Elle remonte la vallée de la Loire jusqu'à Pouilly-sur-Loire ; mais à cette extrémité nord, c'est l'influence parisienne directe qui prend le relais. Elle atteint également le Boischaut (Saint-Amand-Montrond), au contact des influences des métropoles du Val de Loire (Orléans, Tours) et de Paris.

Au Sud, elle déborde nettement les hauteurs cantaliennes et englobe, sans conteste, le bassin d'Aurillac et la Châtaigneraie cantalienne et ses abords, pour atteindre le Causse de Gramat (Saint-Céré, La Tronquière) où elle cède ensuite la place à Toulouse. De même, Clermont attire jusqu'aux monts d'Aubrac (Laguiole) et de la Margeride (Paulhac-en-Margeride). Plus au Sud, on entre dans l'aire d'influence montpelliéraine.

A l'Ouest, l'influence clermontoise se fait sentir nettement en Combraille creusoise jusqu'aux portes d'Aubusson et sur le plateau de

Millevaches, pour céder ensuite, totalement, la place à Limoges. A l'Est, les limites d'influence sont franches, puisqu'elles correspondent aux limites faîtières des massifs montagneux présents.

b - Par le nombre de clients potentiels attirés

Pour cette étude, nous avons utilisé une méthode empirique qui a consisté à compter le nombre de cantons, inclus en totalité ou en majorité, dans les deux niveaux de zone d'influence tracés en fonction de l'intensité des relations (principale et secondaire). Ceci nous permettra de mieux jauger le pouvoir attractif réel de nos deux métropoles.

C'est un peu plus de 1 800 000 clients potentiels qui appartiennent à la zone d'influence totale de Clermont-Riom. En fonction du nombre d'habitants de son agglomération (356 791 hab.), cela représente une multiplication par cinq de la population desservie. Clermont draine près de 30 % de chalands en dehors de sa propre région de programme (1 321 214 au recensement de 1990). Exprimé concrètement, cela signifie que près d'un client sur trois n'est pas un Auvergnat. Souvent, cette population correspond à l'aire d'attraction secondaire de la ville.

Tab. 33 - Répartition quantitative de la population dans les zones d'influence de Clermont

Niveau d'influence	Nombre de cantons	%	Population	%	A
ZI principale*	174	71,9	1 353 000	73,9	/
ZI secondaire*	68	28,1	478 322	26,1	/
ZI totale	242	100	1 831 322	100	1/5,1

Sources : d'après INSEE et enquête de terrain
A : Rapport entre la population de l'agglomération et la population totale de la zone d'influence.
* La zone principale correspond à plus de 30 % des besoins satisfaits dans l'unité attractive ; la zone secondaire correspond à seulement 10 à 30% des achats de biens ou de services dans l'unité attractive.

Près des trois quarts des clients qui fréquentent l'agglomération clermontoise appartiennent à sa zone d'influence principale, c'est-à-dire qu'ils y effectuent au minimum le tiers de leurs achats de biens ou services. Il s'agit en fait d'une aire de recours fréquent pour tous les habitants non satisfaits par les équipements qu'ils ont sur place, y compris dans les villes moyennes (absence, manque de choix, prix...). Cette zone d'influence principale est très étendue et comprend environ 174 cantons

Fig. n°67 : Carte de synthèse des zones d'influence des deux métropoles régionales du nord du Massif central

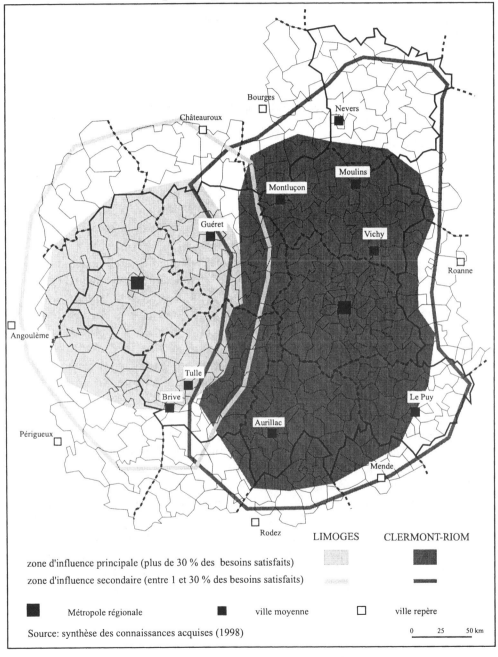

zone d'influence principale (plus de 30 % des besoins satisfaits)

zone d'influence secondaire (entre 1 et 30 % des besoins satisfaits)

■ Métropole régionale   ■ ville moyenne   ☐ ville repère

Source: synthèse des connaissances acquises (1998)

0   25   50 km

pour 1 353 000 habitants (ce chiffre dépassant celui de la population auvergnate, c'est donc près de 30 000 clients extérieurs à la région qui ont un recours direct à la métropole). De plus, cette aire correspond à des zones de densité encore fortes, du moins à l'échelle du Massif central. C'est tout particulièrement vrai pour la zone principale axée sur le Val d'Allier et ses bordures.

2 - L'influence de la métropole limougeaude est plus limitée

<u>a - Par son étendue spatiale</u>

En ce qui concerne Limoges, l'aire d'attraction globale est beaucoup plus limitée que pour la capitale auvergnate (voir Fig. n°67). Ainsi, elle s'étale sur environ cent vingt-cinq kilomètres tant au Nord qu'au Sud. A l'Est comme à l'Ouest, elle correspond à un rayon de cent kilomètres environ.

Au Nord-Ouest, la zone d'influence secondaire de Limoges atteint le Poitou et sa capitale régionale Poitiers. Par contre, la concurrence de celle-ci, même si elle est de niveau hiérarchique inférieur, explique que la zone d'influence principale limougeaude ne dépasse guère les limites régionales du Limousin. Au Nord, elle atteint la Brenne (Le Blanc) et Eguzon dans l'Indre, alors qu'ici la zone secondaire s'avance vers Châteauroux, laissant la place ensuite à Tours, voire à Paris directement.

Au Sud-Ouest, elle s'étend essentiellement sur le nord de la Dordogne, vers les hautes vallées de la Dronne et de l'Isle, jusqu'aux portes de Périgueux. Au-delà, l'influence bordelaise est totale. Au Sud, l'influence secondaire limougeaude ne s'étend guère au-delà de Brive, sur les plateaux du Lot, cédant très vite la place à Toulouse.

A l'Ouest, la zone d'influence de Limoges englobe la Charente limousine et la partie nord de l'Angoumois. Elle rencontre ici l'influence de Bordeaux, mais aussi, éventuellement pour des besoins plus courants, celle de La Rochelle. Enfin, à l'Est, Limoges voit son attraction s'interrompre à l'orée des glacis occidentaux des hauteurs auvergnates : le plateau de la Combraille et celui de la Haute-Corrèze. La Montagne limousine constitue, entre les deux, une zone de partage facile ; chacune des métropoles du nord du Massif central « possédant » son versant.

<u>b - Par le nombre de clients potentiels</u>

Si, spatialement, la zone d'influence de Limoges est moins étendue que celle de Clermont-Riom, elle est également beaucoup plus limitée en termes de population desservie avec, cependant, plus d'un million de clients potentiels, ce qui corrige déjà beaucoup la faiblesse démographique de la région (722 800 hab. en 1990). En proportion, son pouvoir attractif total est quasi identique à celui de Clermont, puisque, en fonction du nombre d'habitants de son agglomération (214 383 hab.), elle parvient, également, à multiplier par cinq la population desservie. De même, elle augmente de 30 % le total de population attirée, par rapport à celui de sa région de programme. L'attraction de Limoges est donc, globalement, comparable à celle de Clermont-Riom, même si elle se situe à un niveau quantitatif inférieur.

Tab. 34 - Répartition quantitative de la population dans les zones d'influence de Limoges

Niveau d'influence	Nombre de cantons	%	Population	%	A
ZI principale	70	45.5	572 077	55.7	/
ZI secondaire	84	54.5	455 395	44.3	/
ZI totale	154	100	1 027 472	100	1/4.8

Sources : d'après INSEE et enquête de terrain
A : Rapport entre la population de l'agglomération et la population totale de la zone d'influence

La répartition des clients entre zone d'influence principale et zone secondaire présente, par contre, une nette divergence. Effectivement, si c'est bien dans sa zone directe que l'on trouve la plus forte part des clients, le rôle de la zone secondaire devient, pour elle, déterminant. Cela veut dire que, devant les faibles densités de sa propre zone principale (Haute-Vienne et surtout ouest creusois et nord corrézien), la ville doit élargir considérablement l'espace sur lequel elle propose ses services. Or, ces zones présentent un double défaut. Elles ont des densités à peine plus élevées que le Limousin et, par rapport à Clermont, la concurrence rencontrée par Limoges est plus rude avec Bordeaux et Toulouse nettement mieux équipées que Montpellier ou Dijon. Les potentialités limougeaudes paraissent donc limitées, sauf à étendre sa région administrative au détriment de Poitou-Charentes et du Centre (département de l'Indre).

En conclusion, plusieurs idées clefs peuvent être mises en avant. Tout d'abord, il apparaît clairement que les aires d'influence des deux métropoles régionales correspondent à deux systèmes axiaux méridiens (A71-75 et A20). Elles sont alors pénalisées par le rôle secondaire joué par les axes transversaux plus encore, peut-être, que par le poids et la proximité de Lyon et Bordeaux.

Clermont et Limoges ont atteint un niveau hiérarchique supérieur avec la fonction régionale. L'aménagement du territoire a favorisé l'élargissement de leur zone d'attraction, lesquelles concernent non seulement la totalité de leur région mais permettent aussi un débordement sur les régions limitrophes. Elles s'affirment donc comme les deux métropoles incontestées du nord du Massif central et limitent l'empiétement des autres grandes agglomérations extérieures à la « portion congrue ». La question est donc de savoir maintenant si cette image du commandement de l'espace, par les métropoles régionales du nord du Massif central, risque d'évoluer dans le futur.

C - Les perspectives d'avenir : des positions solides ou menacées ?

Pour aborder l'avenir du positionnement hiérarchique des deux métropoles du nord du Massif central, nous allons analyser deux éléments. Le premier concerne l'évolution des équipements tertiaires. Le but est de voir si celle-ci est favorable au maintien, ou même au renforcement, de leur influence. De même, pour compléter cette analyse, nous ferons référence aux activités tertiaires des autres grandes métropoles régionales proches et qui peuvent concurrencer directement Clermont et Limoges. Paris sera exclue dans la mesure où, de par son niveau d'équipement, elle domine obligatoirement la totalité de l'espace national. La finalité d'une telle étude est de voir si Clermont et Limoges peuvent être « menacées » dans leur commandement et, si oui, dans quels domaines plus précisément. Nous poserons ainsi implicitement les premières pierres aux propositions d'aménagement du réseau que nous ferons ultérieurement, notamment dans le cadre d'un renforcement des métropoles du nord du Massif central.

1 - La concentration des activités tertiaires de niveau supérieur : une évolution favorable à la consolidation du rôle des métropoles de la bordure nord du Massif central

Les communes-centres de Clermont-Riom et Limoges connaissent une diminution quantitative, globale, des activités tertiaires (voir tableau n°35). C'est, en effet, près de 15 % de celles-ci qui ont fermé leurs portes ou ont migré vers la périphérie.

Tab. 35 - Evolution du nombre de commerces et services dans les métropoles régionales

Limoges					Clermont-Ferrand				
Equipement	Nb unités.		Evolution		Equipement	Nb unités		Evolution	
	1980	1994	abs	%		1980	1994	abs.	%
Commerce de gros*	187	164	-23	-12,3	Commerce de gros*	158	186	28	17,7
Commerce de détail	1 331	959	-372	-27,9	Commerce de détail	1 375	1058	-317	-23,1
Transport	60	82	22	36,6	Transport	94	79	-15	-15,9
Services/particuliers	365	355	-10	-27,4	Services/particuliers	564	383	-181	-32,1
Services/entreprises	261	334	73	27,9	Services/entreprises	337	459	122	36,2
Total	2 204	1 894	-310	-14,1	Total	2 528	2 165	-363	-14,4

Source : Fichier « SIRENE » (NAP 1973 et NAF 1993)

La baisse la plus forte concerne le commerce de détail et les services destinés aux particuliers. Plusieurs explications peuvent être avancées. Tout d'abord, l'évolution défavorable du commerce de détail est liée à sa migration en périphérie, suivant en cela le déplacement de la population. Il fuit également des coûts fonciers trop élevés, surtout pour les commerces les plus courants à faible valeur ajoutée. De plus, le développement des hypermarchés et des grandes surfaces en tout genre, à la périphérie du centre, constitue une concurrence quelquefois fatale pour les commerces centraux courants, offrant des produits identiques à des prix souvent plus élevés. Ainsi, une sélection classique s'opère-t-elle. Les grandes agglomérations gardent essentiellement le commerce anomal et de luxe, et ce phénomène est d'autant plus accentué que l'on est proche du centre. Il faut encore tenir compte de la concentration structurelle que connaît le commerce de détail et de la mutation qui a supprimé nombre de postes de vente désuets. Cette évolution tout à fait conforme à ce que l'on enregistre, au niveau national, dans les autres métropoles, ne porte aucun préjudice au rayonnement potentiel des deux villes.

Quant aux services destinés aux particuliers, ils suivent une évolution comparable dans la mesure où ils obéissent, en grande partie, à la même logique. Ainsi, ils ont largement migré vers les banlieues pour se rapprocher de leur clientèle. Ils ont été, eux aussi, chassés du centre-ville par des coûts fonciers trop élevés pour des activités à faible valeur ajoutée.

A l'opposé, nos deux centres se sont affirmés dans leur rôle de fournisseurs de services aux entreprises (donc les plus rares). Depuis

1980, ce sont plus de soixante-dix et plus de cent vingt unités qui sont apparues (création ou déplacement) respectivement à Limoges et à Clermont-Ferrand. Nous avons donc ici une évolution parfaitement conforme aux métropoles régionales françaises dans leur ensemble, avec une concentration des activités tertiaires présentes. Donc, contrairement aux commerces de détail ou aux services destinés aux particuliers qui migrent fréquemment vers les périphéries, les services destinés aux entreprises restent avant tout des fonctions centrales et privilégient donc grandement les centres-villes. Cette concentration est d'autant plus marquée que la ville est plus grande. A Limoges, la part de ceux-ci est passée de 11,8 % du total des activités tertiaires en 1980 à 17,6 % en 1994, tandis que, à Clermont, elle passait dans le même temps de 13,3 à 21,2 %. Une question reste toutefois en suspens : comment se positionnent nos deux villes par rapport à leurs concurrentes nationales ?

2 - Clermont et Limoges face à leurs « concurrentes »

Si l'évolution de la structure des activités tertiaires, enregistrée dans nos deux métropoles, est parfaitement conforme à celle observée au niveau des métropoles françaises (Pumain, Saint-Julien, 1989), il s'agit maintenant de voir où Limoges et Clermont se situent, en termes d'activités tertiaires présentes, par rapport à leurs principales concurrentes[6]. L'intérêt en est alors multiple : entre Clermont et Limoges, laquelle est la mieux « armée » pour commander éventuellement l'espace nord du Massif central ? Y a-t-il, en fonction de cela, une évolution possible des limites de leurs espaces de commandement respectifs ? Les métropoles du nord du Massif central risquent-elles de voir leur emprise régionale s'affaiblir ?

Pour répondre à ces questions, nous nous appuierons sur divers travaux bibliographiques[7] ayant employé une méthodologie identique ou comparable à la nôtre. Ils nous permettront donc de mettre en rapport la situation de Clermont et Limoges avec celle des métropoles « extérieures ». D'ores et déjà, nous pouvons dire que si, dans certains domaines, la position de Clermont et de Limoges est solide et qu'elles ne sont donc nullement « menacées » par leurs concurrentes, il n'en est pas de même pour d'autres types de services, et en particulier ceux de plus haut niveau.

a - Des positions solides

Par rapport aux résultats des études précédemment cités (voir note infra-paginale 7), ainsi qu'à l'analyse du tableau n°36, nous pouvons constater que Clermont et Limoges disposent de secteurs d'activités pour lesquels leur situation nationale est tout à fait confortable. Dans ces domaines, elles ne sont nullement « attaquables », sur leur espace de commandement, par les métropoles « voisines ». Ainsi, dans le domaine du commerce de détail, Clermont et Limoges se placent à un niveau fort comparable à leurs concurrentes, faisant même mieux dans ce domaine que Lyon en proportion du nombre d'habitants. Remarquons que si l'on prend en compte seulement le nombre d'activités tertiaires présentes à Limoges rapporté à la population totale, elle présente alors un niveau d'équipement comparable à celui de Clermont (un équipement pour cent cinquante habitants environ). Nos deux métropoles sont de toute façon deux solides places commerçantes, héritières d'une tradition qui remonte au Moyen-Age et qui a été confortée par le développement industriel (Jamot, 1993). Elles ne sont donc nullement « menacées » dans leur positionnement régional par les métropoles extérieures, et en particulier Bordeaux et Lyon.

De même, elles font jeu égal avec leurs « voisines », souvent à la tête de régions plus densément peuplées, dans le domaine du tertiaire d'administration (même si l'on peut relever une faiblesse pour l'action sociale, et pour la recherche). Clermont et Limoges profitent ici pleinement de la politique française de régionalisation qui a abouti à une répartition relativement homogène sur le territoire de métropoles dotées de manière assez équivalente. Ainsi Clermont est donc bien une « *ville administrative, et non pas ville noire, industrielle, et cantonnée à la mono-activité du pneumatique* » (Jamot, 1993).

Les services aux particuliers sont également d'un bon niveau, en comparaison des autres villes de même rang. D. Pumain et Th. Saint-Julien (Pumain et Saint-Julien, 1989) accordent même, dans ce domaine, une très bonne place à Limoges où les services aux particuliers apparaissent comme surreprésentés (plus d'actifs que dans la moyenne des villes de plus de 20 000 habitants). Elle fait donc ici mieux que sa voisine clermontoise. Mais ce type de services, plutôt courant, n'implique pas une zone d'influence très élargie et l'écart avec Clermont n'est pas suffisamment signifiant pour qu'elle puisse « grignoter » éventuellement sur l'espace de commandement de cette dernière, notamment en Corrèze et Creuse.

b - Des éléments de fragilité

A l'opposé, pour un certain nombre d'activités tertiaires, Clermont et Limoges sont en position de faiblesse relative et risquent, si elles ne réagissent pas vigoureusement, de voir leur espace de commandement s'éroder au profit de Lyon et Bordeaux (surtout dans la perspective de création de super régions à l'échelle européenne). Il en est ainsi, tout d'abord, pour le commerce de gros. Elles sont, dans ce domaine, largement dominées par Lyon, Toulouse et Bordeaux (pour cette dernière nous nous sommes référés aux études de F. Fontaine, D. Pumain et Th. Saint-Julien) ; Limoges étant encore plus fragile que Clermont. F. Fontaine (Fontaine, 1990), qui a tenté de dégager les points forts des métropoles régionales françaises à partir de leur structure d'activités en quinze secteurs (méthode de l'analyse en composante principale), a lui aussi déjà mis en évidence cette faiblesse limougeaude dans le domaine du commerce de gros. Il y a donc bien une fragilité de nos deux métropoles et elles auront du mal à tenir leur espace de commandement face à la concurrence. Limoges est ici sous la double menace de Bordeaux et Toulouse, sans oublier Clermont qui fait quand même mieux qu'elle dans ce domaine (d'ores et déjà, la zone d'influence du commerce de gros clermontois s'étend jusqu'au-delà de Limoges à l'Ouest !). Enfin, on ne peut ignorer, pour les deux villes, la « menace » parisienne, notamment par l'intermédiaire des postes avancés que représentent Orléans et Tours.

Clermont et Limoges connaissent également une véritable faiblesse dans le domaine du tertiaire supérieur privé qui détermine le plus fort pouvoir de commandement. Elles sont très nettement distancées par Lyon, mais également Toulouse et Bordeaux (voir tableau n°36). Ce qui ne saurait surprendre dans la mesure où le tertiaire rare se concentre dans les plus grandes villes (Pumain, Saint-Julien, 1989). Cependant, même les métropoles, de niveau démographique comparable, comme Tours et Montpellier font mieux que Clermont et Limoges par rapport à Lyon qui est la mieux dotée des villes « concurrentes ». Cette faiblesse des activités tertiaires de niveau supérieur a été bien mise en évidence dans l'*Atlas des villes de France* (Pumain, Saint-Julien, 1989). Ainsi, Clermont et Limoges se retrouvent parmi les villes où les services destinés aux entreprises sont considérés comme sous-représentés (moins d'actifs que dans la moyenne des villes de plus de 20 000 habitants !). Elles sont accompagnées par Saint-Etienne, Dijon, Tours et Orléans. F. Fontaine (Fontaine, 1990), qui a classé vingt métropoles régionales françaises (hors

	Lyon Abs	Lyon %	Toulouse Abs	Toulouse %	Tours Abs	Tours %	Clermont Abs	Clermont %	Montpellier Abs	Montpellier %	Rennes Abs	Rennes %	Orléans Abs	Orléans %	Dijon Abs	Dijon %	Limoges Abs	Limoges %
Tertiaire commercial	93 964	26,0	45 844	23,3	21 080	25,2	17 732	24,6	15 528	21,6	17 136	21,2	17 656	23,5	16 604	23,1	12 472	24,3
Commerce de gros	31 876	8,8	13 776	7,0	6 016	7,2	4 440	6,2	3 420	4,7	4 720	5,8	4 772	6,4	4 404	6,1	3 004	5,9
Commerce de détail	35 736	9,9	19 460	9,9	8 848	10,6	7 688	10,7	7 340	10,2	7 396	9,1	7 864	10,5	7 220	10,0	6 156	12,0
Transports	25 316	7,0	10 978	5,6	6 508	7,8	3 700	5,1	2 036O	3,3	4 300	5,3	4 140	5,5	5 228	7,3	2 988	5,8
Auxiliaires et agences de voyages	5 524	1,5	1 776	0,9	832	1,0	520	0,7	304	0,4	636	0,8	464	0,6	512	0,7	372	0,7
Télécom et Poste	12 548	3,5	7 600	3,8	2 440	2,9	3 096	4,3	3 000	4,2	3 668	4,6	5 072	6,8	3 724	5,2	3 624	7,1
Tertiaire de Gestion	68 505	18,9	30 245	15,3	11 712	14,0	8 565	11,9	10 117	14,0	11 533	14,3	10 474	14,0	9 278	12,9	5 182	10,1
Holdings	242	0,1	88	0,0	60	0,1	20	0,0	32	0,0	32	0,0	28	0,0	32	0,0	4	0,0
Etudes Conseil	39 196	10,8	17 936	9,1	5 452	6,5	4 212	5,9	5 544	7,7	6 164	7,6	5 356	7,2	4 384	6,1	2 212	4,3
Finances - Assurances	17 777	4,9	7 777	3,9	4 100	4,9	3 021	4,2	2 565	3,6	3 765	4,7	3 874	5,2	3 494	4,9	2 130	4,2
Immobilier, location, bail	11 284	3,1	4 444	2,5	2 100	2,5	1 312	1,8	1 976	2,7	1 572	2,0	1 216	1,6	1 368	1,9	836	1,6
Tert. d'Encadrement	137 017	37,8	88 828	45,1	35 844	42,8	33 444	46,5	35 452	49,3	38 008	47,0	32 028	42,7	32 234	44,8	23 392	45,7
Administration générale	33 924	9,3	23 872	12,1	9 596	11,4	8 8856	12,3	8 028	11,2	11 392	14,1	10 732	14,3	9 778	13,6	6 544	12,8
Enseignement	40 808	11,3	25 568	13,0	9 852	11,8	10 460	14,6	10 120	14,1	11 844	14,6	7 752	10,3	9 320	13,0	6 248	12,2
Recherche	3 264	0,9	4 636	2,4	938	1,2	668	0,9	2 220	3,1	612	0,8	1 692	2,3	364	0,5	76	0,1
Santé	45 180	12,5	25 384	12,9	11 368	13,6	10 708	14,9	12 328	17,1	10 952	13,5	8 996	12,0	9 668	13,4	8 284	16,2
Action sociale	13 844	3,8	9 368	4,7	4 040	4,8	2 752	3,8	2 756	3,8	3 208	4,0	2 856	3,8	3 104	4,3	2 240	4,4
Part du secteur public	85 265	62,0	56 384	63,5	23 0068	64,3	22 100	66,1	21 688	61,2	26 500	69,7	21 852	68,2	21 026	65,2	14 452	61,8
Tert. de prestations	24 664	6,8	15 584	6,9	6 132	7,3	5 484	7,6	5 452	7,6	6 168	7,6	5 604	7,5	4 836	6,7	3 560	7,0
Services marchands	11 396	3,1	5 720	2,9	2 164	2,6	2 188	3,0	2 116	2,9	1 980	2,4	2 092	2,8	2 044	2,8	1 216	2,4
Culture-récréation-sport	6 132	1,7	4 112	2,1	1 356	1,6	1 044	1,4	1 828	2,5	1 828	2,3	1 100	1,5	1 228	1,7	820	1,6
Représentation intern.	564	0,1	52	0,0	16	0,0	28	0,0	68	0,1	40	0,0	20	0,0	20	0,0	0	0,0
Part du secteur public	6 784	27,5	3 800	28,0	2 084	34,0	1 468	26,8	1 820	33,4	1 592	25,8	1 772	31,6	1 260	26,0	948	26,6
Total tertiaire	362 014	100	197 079	100	83 716	100	72 021	100	71 989	100	80 813	100	74 974	100	71 904	100	51 218	100

Source : d'après RGP 1990, et CERAMAC 1993
Note : à l'intérieur des branches (ex. tertiaire commercial) comprendre : dont postes détaillés (ex. commerce de gros)

Tab. 36 - Les branches de l'activité tertiaire dans un échantillon de métropoles françaises

Paris) en fonction des services rendus aux entreprises regroupés en cinq secteurs[8], place Clermont-Ferrand et Limoges aux 19e et 20e places. Dans ce domaine d'activité, on voit mal comment les deux métropoles du nord du Massif central pourront rester maîtres de leur région. Comment peuvent-elles éviter de passer sous la coupe lyonnaise pour Clermont, et bordelaise pour Limoges si l'écart se creuse encore ?

D'autres secteurs d'activité tertiaire fragilisent nos deux métropoles. Il en est ainsi des services liés aux transports. Dans ce domaine, Clermont et Limoges sont mal placées, puisque seule Montpellier fait moins bien (voir tableau n°36). On retrouve là (et la chose est valable pour Montpellier) le poids des espaces vides du Massif central, contournés largement par les flux de circulation (C. Jamot, 1993). La lutte est inégale avec Lyon, carrefour reconnu depuis longtemps et bien plus complet. De même, Clermont et Limoges occupent une place médiocre en matière de services culturels. Ceci représente un risque fort de dépendance vis-à-vis des plus grandes métropoles comme Lyon, Bordeaux et Toulouse, dans une société de plus en plus tournée vers le temps libre et les loisirs.

Cependant, on peut se demander si cette absence apparente de points forts dans la structure tertiaire de nos deux métropoles (analysée en pourcentage) n'est pas, en fait, le résultat d'un bel équilibre entre les activités représentatives de ce secteur. En effet, en 1963, J.M. Griffon (Griffon, 1963), dans un article sur les activités tertiaires dans les villes, étudiait la liaison entre la population des villes françaises (32 agglomérations de plus de 80 000 habitants en 1962, Paris exclue) et le nombre d'emplois dans huit branches du secteur tertiaire : commerce de détail, commerce de gros, services publics, administration publique, banques et assurances, services aux entreprises, services aux particuliers, services domestiques. L'idée générale était alors la suivante : dans une ville donnée, certaines activités sont surreprésentées (c'est-à-dire qu'elles ont plus d'emplois que dans les villes de même taille), d'autres sont sous-représentées. J.M. Griffon aboutissait alors aux conclusions suivantes : certaines villes sont équilibrées, c'est-à-dire qu'elles ont un secteur tertiaire homogène, bien réparti entre les huit branches. Nous trouvons parmi elles : Clermont-Ferrand et Limoges qui accompagnent alors Troyes, Amiens, Orléans, Mulhouse, Dijon et Grenoble. A l'inverse, il existe des villes « déséquilibrées », c'est-à-dire avec des branches tertiaires sur ou sous-représentées. C'est tout particulièrement le cas des plus grandes métropoles régionales comme Bordeaux, Marseille, Lyon et

Nice... Il semble donc bien que les deux métropoles du nord du Massif central connaissent une répartition équilibrée de leurs équipements tertiaires, sans pouvoir affirmer pour autant leur importance dans l'un ou l'autre des secteurs, ce qui représente sans doute, en soi, une force. En 1998, nous trouvons que cet équilibre est peu changé, démontrant une stabilité du système de réseau, et donc l'absence d'empiétements forts lyonnais ou parisiens.

En conclusion sur cette analyse du niveau des métropoles régionales, nous pouvons dégager plusieurs idées fortes. Premièrement, Limoges et Clermont dominent bel et bien la totalité de l'espace nord du Massif central, parvenant même à étendre leur influence au-delà. En fait, ces deux villes se sont progressivement imposées sur cette partie de la France, et ce tant par l'étendue spatiale de l'aire d'influence, qui s'est « dilatée », que par l'intensité des relations entretenues avec leur espace de commandement. Elles disposent donc d'une zone d'influence de plus en plus large et de mieux en mieux contrôlée. Ainsi, les villes moyennes auvergnates sont-elles passées de la zone d'influence secondaire de Clermont (donc d'un recours épisodique) à la zone d'influence principale (recours régulier). Et, s'il est apparu clairement, notamment à la lecture de la carte de synthèse (voir Fig. n°67), que Clermont domine un espace plus vaste que Limoges, en fonction d'une masse tertiaire plus importante, le pouvoir attractif (nombre d'habitants de la zone totale desservie rapporté à la population de l'agglomération) des deux villes est tout à fait identique.

La deuxième idée forte qui apparaît est celle d'une évolution tertiaire parfaitement comparable à celle enregistrée dans les autres métropoles françaises, à savoir une concentration de plus en plus forte des services de haut niveau (et notamment de ceux destinés aux entreprises). Dans ce domaine, comme dans celui de la population, il y a bien un phénomène de métropolisation, d'autant plus marqué que la ville est grande (donc davantage à Clermont qu'à Limoges) et que l'écart démographique avec la ville de second rang est important. Ceci ne peut que renforcer leur domination sur leur espace de commandement.

Enfin, la troisième idée est que Limoges et Clermont se comportent le plus souvent comme centres de troisième rang hiérarchique (sans présager des relations effectives des deux villes avec Paris, Lyon et Bordeaux). En effet, Clermont et Limoges sont à un niveau conforme à la moyenne des métropoles régionales dans les domaines d'activité tertiaire les plus « ordinaires », comme le commerce de détail, les services destinés aux particuliers, le tertiaire d'administration, et là elles dominent sans partage leur région. Par contre, pour les services plus rares comme ceux destinés aux entreprises ou le commerce de gros, nos métropoles sont largement dominées par les grandes métropoles voisines : Bordeaux, Toulouse et bien sûr Lyon (elles-mêmes étant surclassées par Paris). Dans ces domaines, l'espace nord du Massif central est moins bien tenu par Clermont et Limoges.

Mais sur un plan opposé, un espace aussi vaste que le nord du Massif central ne peut se satisfaire du seul recours possible à deux métropoles, et ce même pour des besoins autres que de première nécessité. Celles-ci doivent donc avoir des relais efficaces, permettant aux populations de satisfaire des besoins d'un assez bon niveau dans des centres plus rapidement accessibles. Il est donc temps de voir si les villes moyennes jouent réellement ce rôle, que leur donne théoriquement le niveau hiérarchique auquel elles appartiennent.

II - LES VILLES MOYENNES : STABILITE DES AIRES D'INFLUENCE ET CONCENTRATION MODÉRÉE DES SERVICES DE HAUT NIVEAU

A - Les villes moyennes : des espaces de commandement qui s'inscrivent dans l'aire de rayonnement des métropoles

1 - Les aires d'influence : héritage ou espaces dynamiques ?

Il s'agit de voir si les espaces de commandement ont sensiblement évolué depuis une ou plusieurs décennies, au même titre que pour les métropoles. Ou bien, au contraire, si les villes moyennes connaissent une stabilité de leur aire de rayonnement, marquant le pas face, par exemple, à l'attraction directe de plus en plus forte des métropoles. L'intérêt est également de pouvoir mesurer le dynamisme des villes moyennes entre celles qui continuent à s'affirmer sur l'espace (le cas est rare) et celles qui ont des positions stables traduisant une certaine inertie. Ce dernier cas est le plus fréquent, et ce au nord comme au sud de notre espace d'étude. En fait, nous allons mettre en évidence une typologie de l'évolution des aires des villes moyennes.

a - Le cas unique de Brive-la-Gaillarde : un espace de commandement faiblement évolutif mais de mieux en mieux maîtrisé

Si nous prenons l'exemple de Brive, étudié par M. Genty (1980), nous constatons clairement une similitude entre les aires d'attraction qu'il décrit et celles que nous avons pu tracer. Il est vrai que le temps d'observation, pour permettre une évolution réellement significative, est ici assez réduit. En fait, notre zone d'influence principale correspond quasi parfaitement à la zone d'attraction de grande intensité définie par M. Genty. Quant à la zone d'influence secondaire, nous la retrouvons largement dans ce qu'il considère comme les domaines préférentiels et occasionnels.

Quelques évolutions mineures peuvent cependant être observées. Ainsi, il semble bien que l'attraction briviste se soit affirmée au-delà des « frontières » départementales de la Dordogne et du Lot, jusqu'à une trentaine de kilomètres. Nous sommes, aujourd'hui, dans la zone d'influence principale (elle n'était considérée que comme secondaire par M. Genty). De même, l'attraction sur Tulle s'est, sans aucun doute, renforcée. Les Tullistes viennent plus régulièrement qu'il y a dix-huit ans « ...vers les boutiques de Brive ou l'hyper de Malemort ». L'amélioration de la liaison routière est sans aucun doute un facteur décisif de cette nouvelle situation. Nous pouvons cependant reprendre les propos de M. Genty sur la zone d'influence de Brive : « Brive malgré son infirmité administrative, grâce à l'esprit de conquête de ses grossistes, entretient des liens avec un grand espace de la taille d'un département, s'étendant sur les deux tiers de la Corrèze et d'épaisses marches périgourdines et lotoises » (Genty, 1980). En fait, si les limites n'ont, pour ainsi dire, pas évolué depuis 1980, Brive a renforcé sa présence, à l'intérieur de celles-ci, au détriment de Tulle surtout mais, également, dans une moindre mesure, de Périgueux.

b - La plupart des aires d'influence des villes moyennes connaissent plutôt une stabilité : le cas Bourbonnais

Nous sommes dans un cas de figure bien individualisé, à l'échelle du nord du Massif central, puisque nous sommes dans une région d'assez fortes densités (surtout dans les espaces proches des agglomérations) avec une concurrence nette entre les villes.

En 1977, M. Navarre (M. Navarre, 1977) a étudié le réseau urbain bourbonnais et nous apporte donc des éléments de comparaison pour l'étude de l'évolution de la zone d'influence des villes moyennes durant ces deux dernières décennies.

Ainsi, Montluçon voit-elle sa zone d'influence marquer le pas. En fait, la zone d'influence actuelle présente beaucoup de similitude avec celle tracée vingt ans plus tôt. Malgré tout, quelques différences apparaissent. C'est surtout du côté de la Creuse que l'influence montluçonnaise semble avoir le plus évolué. En 1977, Marie Navarre signale qu'Aubusson, Felletin et même Guéret sont dépendantes de la ville bourbonnaise. Or, aujourd'hui, les habitants d'Aubusson et de Felletin se rendent plus volontiers à Guéret, voire directement à Limoges, et ont moins recours aux commerces et services montluçonnais. Guéret a, ainsi, détourné une partie de ces flux à son profit. Le fait est d'ailleurs particulièrement net, par exemple, pour le recours à l'hôpital. Ceci s'explique moins par le rôle de la fonction administrative qui impose certains recours à la préfecture, que par la dynamique propre du chef-lieu creusois qui, notamment, a connu une croissance très positive de ses services (surtout ceux destinés aux particuliers), supérieure à celle de Montluçon. De même, au sud, l'influence montluçonnaise, reconnue en 1977 jusqu'à Pontaumur, n'est plus de mise aujourd'hui. En effet, elle ne dépasse pas la vallée de la Sioule et s'étend au maximum jusqu'à Saint-Eloy-les-Mines et Pionsat. Au-delà, l'attraction de la capitale régionale est quasi exclusive même pour des biens assez courants de niveau ville moyenne.

En ce qui concerne Vichy, l'aire d'influence, décrite en 1977, est également fort proche de celle issue de notre analyse. Elle se heurte déjà, à l'Est, à la limite départementale qui coïncide avec la barrière des monts de la Madeleine, et s'étend au Nord jusqu'à Dompierre-sur-Besbre et Neuilly-le-Réal. Par contre, nous l'avons trouvée légèrement plus étendue au sud. Effectivement, l'influence vichyssoise s'étend en partie sur le département du Puy-de-Dôme, englobant Thiers et le nord de la vallée de la Dore (Courpière), du moins pour ses limites extérieures. Vichy bénéficie de son rôle touristique, de son animation, de l'ouverture de ses commerces le dimanche... Ainsi, un nombre non négligeable de personnes préfère se rendre dans la ville thermale pour les biens et services qu'ils ne trouvent pas à Thiers, même si le trajet est plus long. Notons, enfin, que la mise en service de l'A71 n'a pas modifié les limites d'influence de Vichy, puisque les cantons d'Ebreuil et de Chantelle (proches de l'autoroute) sont toujours vichyssois. Le nombre de personnes qui s'est détourné vers le recours direct à la métropole régionale est en fait peu important. La force de l'habitude et les attraits propres à la ville thermale semblent jouer encore.

Enfin, M. Navarre a étudié la zone d'influence de la préfecture, Moulins. Dans ce cas, nous trouvons une conformité absolue entre l'attraction moulinoise de 1977 et celle de 1998. Elle s'étend bien, toujours et au maximum jusqu'à Decize au Nord, Gueugnon à l'Est, Saint-Pourçain-sur-Sioule et Varennes-sur-Allier au Sud et enfin Cosne-d'Allier à l'Ouest. La seule différence que l'on peut noter est la perte d'une petite attraction sur le Cher (jusqu'à Sancoins qui semble aujourd'hui davantage tournée vers Nevers). La fonction administrative est sans aucun doute un élément déterminant de la stabilité de cette zone d'attraction. Le faible dynamisme moulinois (peu de création de services aux entreprises, par exemple) ne lui a pas permis d'étendre son aire d'attraction, d'autant plus qu'elle est encadrée, au Nord, à l'Ouest et au Sud, par trois villes moyennes de niveau supérieur. Par contre, les services administratifs ont maintenu leur aire d'influence et on peut penser que la fréquentation de ceux-ci implique celle des commerces et autres services privés, permettant à Moulins de garder un espace d'attraction stable.

Au total, l'analyse de ces exemples ponctuels, portant à la fois sur des villes moyennes de niveau supérieur et de niveau inférieur, nous permet de faire deux remarques. En premier lieu, la stabilité de ces zones est nettement affirmée, à l'inverse des métropoles. Préfectures pour certaines d'entre elles, elles se sont depuis longtemps progressivement imposées sur un territoire qui ne semble plus évoluer spatialement depuis plusieurs décennies. Il n'y a plus d'impulsion suffisamment forte (administrative ou privée) pour modifier l'emprise de ces villes sur l'espace. Secondement, il semble que les villes dont l'aire d'attraction est encore légèrement évolutive soient celles qui ne sont pas préfectures. Elles doivent donc leur évolution, essentiellement, aux commerces et aux services privés. Dans ce domaine, la concurrence est ouverte avec les autres villes moyennes. Ainsi, en fonction des potentiels tertiaires (services plus rares et en plus grand nombre, amélioration des voies d'accès...), les limites d'influence peuvent encore quelque peu varier. Par contre, les villes préfectures ont davantage de stabilité, car les limites d'intervention des services publics sont figées depuis la Révolution. De plus, ces derniers assurent une fréquentation au reste du secteur tertiaire, dans la mesure où l'on se déplace rarement uniquement pour eux.

L'influence des métropoles et des villes moyennes couvre donc bien, et régulièrement, la totalité de l'espace nord du Massif central. Leurs aires s'emboîtent assez parfaitement les unes dans les autres.

2 - La mesure de l'influence actuelle des villes moyennes

Ayant précédemment montré que les aires d'influence des villes moyennes connaissaient une belle stabilité temporelle, nous proposons, en synthèse sur cette analyse de l'attraction des villes moyennes, de préciser les limites globales de leur aire de rayonnement en 1998 et de mesurer le volume quantitatif de cette influence qui s'inscrit dans celle des métropoles.

a - Une influence spatiale « locale » (voir Fig. n°68)

Avec ce niveau hiérarchique, nous passons à une autre échelle en ce qui concerne les zones d'influence. Effectivement, les métropoles bénéficient d'aires d'attraction dont les limites se situent au-delà de cent kilomètres, au minimum ; dans le cas des villes moyennes, nous nous situons dans un espace compris entre trente et soixante kilomètres. Globalement, l'aire d'influence la plus réduite est celle de Guéret où elle ne s'étend jamais à plus de quarante kilomètres maximum, et ce quelle que soit la direction géographique retenue. Elle est aussi d'ailleurs la plus symétrique qui soit, puisqu'elle s'étend sur un espace à peu près équivalent en direction de tous les points cardinaux. A l'inverse, la zone d'influence la plus étendue est celle de Nevers, même si elle est très dissymétrique, puisque son attraction se prolonge jusqu'à soixante kilomètres au Nord et surtout quatre-vingt kilomètres à l'Est. On constate donc que le rang hiérarchique interne des villes influe directement sur leur espace de commandement. Plus la ville est étoffée, plus elle rayonne sur un espace étendu. Par exemple, à côté de Nevers, Brive, au premier rang des villes moyennes, parvient également à étendre son influence jusqu'à près de quatre-vingt kilomètres. Toutefois, en plus du niveau hiérarchique, plusieurs éléments interviennent dans l'explication de la plus ou moins grande étendue des aires d'attraction et surtout de leur forme.

b - Les éléments géographiques qui interviennent dans le tracé des limites d'influence

Deux éléments classiques, et bien connus, interviennent dans les limites d'influence des villes moyennes. En effet, en premier lieu, le relief peut aider à marquer certaines aires, dans la mesure où il modifie les facilités d'accès, donc la distance-temps. Nous avons sur le nord du

Fig. n°68 : Carte de synthèse des zones d'influence des villes moyennes

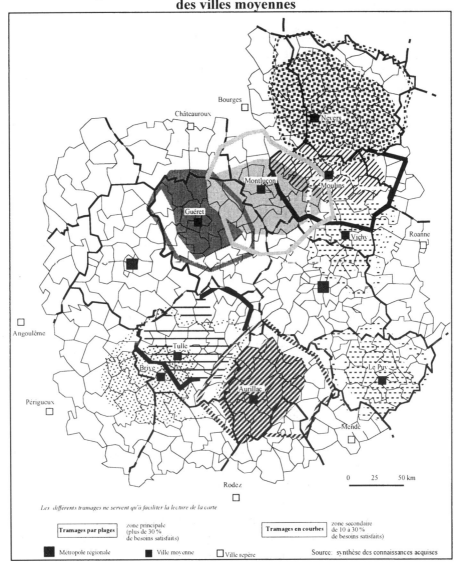

Les différents tramages ne servent qu'à faciliter la lecture de la carte

| Tramages par plages | zone principale (plus de 30 % de besoins satisfaits) | Tramages en courbes | zone secondaire de 10 à 30 % de besoins satisfaits) |

■ Metropole regionale   ■ Ville moyenne   □ Ville repère   Source: synthèse des connaissances acquises

- 373 -

Massif central plusieurs exemples, particulièrement clairs, d'une telle situation. C'est ainsi le cas de Nevers où la limite extrême de l'influence vient buter, à l'est, contre le rebord occidental du Morvan, laissant la place, au-delà, à l'influence d'Autun (ville moyenne) pour les besoins les plus courants et surtout à Dijon la capitale régionale, mais dont le recours peut être direct. Au sud-est du Bourbonnais, Vichy voit sa zone d'attraction se limiter à la ligne de faîte des monts de la Madeleine. Le versant oriental est alors sous l'influence directe de Roanne. L'influence de la capitale ponote semble s'étendre au maximum, vers le sud-est, jusqu'aux monts du Vivarais, cédant ensuite la place aux villes de la vallée du Rhône et en particulier Valence. L'analyse précise de l'aire d'attraction aurillacoise n'est pas, non plus, sans intérêt, bien que de lecture plus délicate. Nous observons, par exemple, que, vers l'Est-Nord-Est, l'influence extrême d'Aurillac s'arrête au Cézallier. Au-delà, on retombe dans la vallée de l'Allier qui constitue un couloir de circulation favorable à l'influence directe de Clermont en tant que centre régional. Cependant, les sommets du massif du Cantal (comme les autres massifs du nord du Massif central) ne sont pas une limite absolue.

La densité et l'importance des axes de communication interviennent également dans la forme des aires d'influence. Ainsi, il est clair que l'axe nord-sud de la vallée de la Loire, emprunté par la RN7 et la voie ferrée Paris-Clermont, favorise, par exemple, l'étirement de l'aire d'influence de Nevers selon un axe méridien. De même, l'axe est-ouest de la RCEA explique, en partie, que l'influence moulinoise puisse s'étendre vers l'Est jusqu'à la Saône-et-Loire, compensant ainsi une influence spatiale réduite vers le Nord, le Sud et l'Ouest en raison de la concurrence de Nevers, Vichy et Montluçon. Enfin, de la même façon, l'axe de la RN89 favorise, sans aucun doute, l'étalement de l'attraction de Brive et, dans une moindre mesure, celle de Tulle jusqu'à l'Ussellois ; soit, pour Brive, sur près de quatre-vingt kilomètres (à vol d'oiseau). Nous trouvons donc là des éléments géographiques, intervenant sur la forme des aires de commandement, conformes à ceux déjà observés pour les métropoles. N'oublions pas cependant que la taille des aires est également fonction du nombre de villes proches de même rang, mais ceci a déjà été largement analysé précédemment.

Pour compléter cette analyse des aires d'attraction des villes moyennes, nous allons chiffrer leurs potentialités en clientèle, en utilisant la méthode déjà éprouvée pour les métropoles.

<u>c - Un nombre de clients important</u>

A l'analyse du tableau n°37, nous constatons que les villes moyennes ont des zones d'influence qui comprennent entre cent mille et trois cent mille clients, chiffres fort respectables[9]. Toutefois, une hiérarchie interne se dégage nettement, respectant les classements précédemment opérés à l'intérieur du groupe. Les villes moyennes de niveau supérieur (Brive, Nevers, Vichy et Montluçon) offrent leurs services à une fourchette de clientèle qui se situe, au total, autour de deux cent cinquante mille. Par contre, les villes moyennes de niveau inférieur disposent d'une masse de clients plus réduite. Parmi elles nous pouvons encore distinguer deux niveaux. D'abord, les agglomérations de plus de trente mille habitants comme Aurillac, Le Puy et Moulins qui rayonnent sur un espace abritant entre cent cinquante mille et deux cent mille personnes. Ensuite, celles qui ont moins de trente mille habitants comme Guéret et Tulle, pour elles on reste en deçà des cent cinquante mille personnes. Ainsi, très logiquement, la masse de population attirée est d'autant plus importante que l'agglomération appartient à un rang hiérarchique élevé (l'agglomération elle-même pesant naturellement un poids plus important dans le total).

Si nous raisonnons maintenant en termes de pouvoir attractif[10], nous constatons, par contre, que ce sont en fait Tulle et Guéret qui sont les mieux placées (voir tableau n°37). Elles parviennent, en effet, à multiplier par cinq la population desservie (par rapport à leur agglomération). Agglomérations de taille modeste mais disposant de la fonction préfectorale, elles parviennent même à polariser une partie non négligeable de leur département. Ainsi, dans les deux cas, la zone d'influence secondaire compte presque autant d'habitants que la zone principale. Elle correspond, en fait, à la zone où Guéret et Tulle partagent leur attraction avec des villes de niveau supérieur (Montluçon et Limoges pour Guéret, Brive et Limoges pour Tulle).

Toutes les autres villes moyennes ont, en fait, un pouvoir d'attraction réel très proche. Elles multiplient par trois ou quatre la population qu'elles desservent au total, par rapport à celle de leur agglomération. La masse de clients attirée est largement fonction de l'offre quantitative (et aussi qualitative). Celle-ci est de l'ordre de quatre-vingt à cent dix postes de commerces ou services par habitant (voir tableau n°37). Nous avons donc un ratio constant. En fonction de la densité, l'aire totale s'étale ou se rétracte. Nous avons là un petit apport théorique et intéressant à la compréhension des aires. De même, nous pouvons constater que le ratio est ici plus fort que pour celui des métropoles, ce qui correspond aux besoins de fréquentation de commerces et services plus courants, à plus faible valeur ajoutée.

Si nous observons maintenant l'importance respective, en nombre d'habitants, de la zone d'influence principale et celle secondaire, deux enseignements peuvent en être tirés. Le premier est celui du rôle essentiel des densités, et ici en l'occurrence plutôt de leur faiblesse. En effet, nous constatons que, en règle générale, la zone d'influence principale est plus peuplée que la secondaire. Ceci s'explique, essentiellement, par le fait qu'elle comprend l'agglomération (qui représente souvent plus de 50 % de la population totale de la zone d'influence principale) et les communes proches (périurbaines) qui sont les plus densément peuplées. Par opposition, la zone d'influence secondaire s'étale davantage lorsqu'elle concerne des espaces à très faible densité. Il en est ainsi de Nevers sur le Nivernais, de Montluçon sur la Creuse et le sud du Cher ou d'Aurillac sur les monts du Cantal.

La deuxième remarque que l'on puisse faire est celle liée à la concurrence entre les villes moyennes. Dans ce cas, la zone d'influence secondaire est souvent presque aussi peuplée que la principale et comprend pratiquement autant de cantons, voire plus (Vichy, par exemple). Ceci est lié au fait qu'il y a, dans ce cas, une multiplication des espaces d'indécision, des zones de partage (possibilité de recours à deux, voire trois villes de niveau proche quant à leur offre commerciale et de services). Brive, Tulle, Montluçon et Vichy en sont de bons exemples. A l'inverse, une situation de relatif « isolement » permet à la zone d'influence principale de s'étendre davantage et d'avoir un nombre d'habitants plus important que la zone secondaire, comme à Nevers, Aurillac et Le Puy.

L'analyse des zones d'influence des villes moyennes, sur le plan spatial et quantitatif, nous laisse à penser que nos villes du nord du Massif central, quelquefois moins peuplées ou même moins bien équipées que leurs concurrentes extérieures (Bourges, Angoulême, Roanne...), sont, en fait, parfaitement bien adaptées à l'espace. L'importance démographique de leur zone d'influence est fonction de leur niveau d'équipement, et inversement. Cela peut expliquer que le nord du Massif central, lui-même assez homogène (voir supra), dispose d'un semis régulier de villes moyennes. En conséquence, aucun espace libre n'existe, d'autant plus

Tab. 37 - Répartition quantitative de la population dans les zones d'influence des villes moyennes

	Nombre de cantons	%	Population	%	A	B
Brive						
ZIP	17	45.9	148 001	54.6	50.8	-
ZIS	20	54.1	122 711	45.4	-	-
ZIT	37	100	270 712	100	27.8	1/64.8
Vichy						
ZIP	14	46.7	140 097	51.8	54.2	-
ZIS	16	53.3	130 124	48.2	-	-
ZIT	30	100	270 221	100	28.1	1/105
Nevers						
ZIP	24	61.5	189 846	71.6	46.6	-
ZIS	16	38.5	75 248	28.3	-	-
ZIT	39	100	265 094	100	34.1	1/86.6
Montluçon						
ZIP	18	51.4	160 611	63.6	51.2	-
ZIS	17	48.6	92 005	36.4	-	-
ZIT	35	100	252 616	100	32.6	1/107
Moulins						
ZIP	14	63.6	117 192	59.6	46.1	-
ZIS	8	36.3	79 423	40.4	-	-
ZIT	22	100	196 615	100	27.5	1/113
Aurillac						
ZIP	17	56.6	117 320	69.6	43.3	-
ZIS	13	43.4	51 128	30.4	-	-
ZIT	30	100	168 448	100	30.1	1/74
Le Puy						
ZIP	21	63.6	108 474	65.5	42.1	-
ZIS	12	36.4	57 197	34.5	-	-
ZIT	33	100	165 671	100	27.5	1/88
Tulle						
ZIP	12	50	74 836	54.1	38.5	-
ZIS	12	50	63 575	45.9	-	-
ZIT	24	100	138 411	100	20.1	1/90
Guéret						
ZIP	11	50	58 777	52.8	38.6	-
ZIS	11	50	52 538	47.2	-	-
ZIT	22	100	111 315	100	20.4	1/86.6

Source : d'après INSEE et enquête de terrain
ZIP = Zone d'influence principale : ZIS = Zone d'influence secondaire : ZIT = Zone d'influence totale
A : Ratio entre le nombre d'habitants de l'agglomération et celui de la zone d'influence principale et totale
B : Ratio entre le nombre d'équipements et la population de la zone d'influence totale (population/équipement)

que les deux métropoles jouent également le rôle de centres régionaux. Nous sommes donc dans une sorte de partage « optimum » de l'espace, il risque alors de ne disposer que d'une marge d'évolution réduite. Un équilibre s'est donc instauré dans des conditions peu différentes de celui qu'on trouve plus au Nord, dans tout le sud du Bassin parisien. La comparaison serait riche avec le Massif central du sud, montueux, où les densités sont nettement plus basses.

Cette dernière remarque nous amène à nous demander si les aires d'attraction, qui connaissent une réelle stabilité depuis longtemps, sont susceptibles d'évoluer, dans le futur, spatialement, par l'intensité des relations, notamment en fonction de l'emprise croissante des métropoles sur l'espace, ou par le biais de la concurrence de villes, de même rang, « extérieures » et plus dynamiques. Le bel équilibre que nous venons d'observer serait alors remis en cause. L'évolution quantitative et qualitative des activités tertiaires peut nous renseigner sur ces éventualités.

B - L'évolution des activités tertiaires dans les villes moyennes (voir tableau n°38)

1 - L'érosion des activités tertiaires les plus courantes

a - « L'agonie » du commerce de gros dans les villes moyennes

Le commerce de gros perd terriblement. La question qui se pose alors est de savoir si nous avons ici l'effet d'une simple délocalisation en banlieue ou une tendance lourde pour les villes moyennes, qui se traduirait notamment par une migration vers les métropoles. Cette forte baisse concerne presque la totalité des villes moyennes du nord du Massif central (à l'exception d'Aurillac, Guéret et Moulins). Une observation de détail montre que ce sont les mêmes types de commerces qui subissent un fort déclin, à savoir les fruits et légumes, les produits laitiers, les boissons, le textile, la quincaillerie et la fourniture d'équipements industriels. En fait, si pour certains il s'agit de disparition pure et simple, d'autres sont victimes d'un mouvement de concentration des sociétés à l'échelle nationale (ainsi, nous pouvons constater en France que ce sont les mêmes commerces qui subissent une diminution de leur nombre). Toutefois, certaines activités de gros, dont le nombre baisse dans les villes moyennes, connaissent une évolution positive dans les métropoles du nord du Massif central. Il semble donc bien que l'on assiste en fait à un double mouvement : la concentration géographique accompagnant celle structurelle. En effet, le commerce de gros quitte les villes moyennes du nord du Massif central pour la métropole régionale, c'est notamment le cas pour la quincaillerie ou la fourniture d'équipements industriels. Enfin, cette activité commerciale suit aussi le phénomène de métropolisation et se concentre de plus en plus dans les plus grandes métropoles (Paris, Lyon, Bordeaux, Toulouse...). Ceci est particulièrement net dans le domaine des grossistes en boissons ou en habillement-chaussure par exemple. Il y a donc là une évolution préjudiciable, qui peut fragiliser l'emprise territoriale des villes moyennes vis-à-vis de leurs métropoles et plus encore de celles extérieures de plus haut niveau.

b - La transformation du commerce de détail en centre-ville

En ce qui concerne l'évolution particulière des commerces de détail, nous retrouvons pour les villes moyennes des explications communes à celles évoquées pour les métropoles. Effectivement, une grande partie d'entre eux ont migré vers la périphérie, suivant en cela l'étalement de la population. De même, il y a des pertes sèches et le commerce de centre-ville est, sans aucun doute, victime de la présence et de la multiplication, à l'entrée des villes, de grandes surfaces destinées à la vente de produits de plus en plus variés. Enfin, nombre de nos villes moyennes doivent faire face à une baisse de leur clientèle, et ce pour deux raisons qui se conjuguent. La première est la baisse démographique de l'espace environnant, la seconde est le recours direct, croissant, aux métropoles, et ce d'autant plus que les relations se sont souvent nettement améliorées (accès autoroutier plus ou moins direct, comme pour Montluçon, Vichy, Guéret et Brive). Les conséquences de ces deux évolutions sont particulièrement marquées car, comme nous avons pu le voir précédemment, elles dominent des espaces stables et ne parviennent donc pas à compenser les pertes de clientèle par un élargissement de leur zone d'influence. Ainsi, comme pour les métropoles, le commerce de centre-ville est surtout anomal et de luxe. Enfin, il ne faut pas oublier non plus les transformations structurelles du commerce, se traduisant par une concentration de plus en plus poussée des formes de distribution. Si le nombre de commerces diminue, l'offre reste identique ou même se renforce permettant aux villes moyennes, dans le cas présent, de garder leur emprise sur leur espace de commandement. Pour appuyer cette idée, nous pouvons prendre l'exemple des créations et des radiations de commerces pour l'année 1993 à Montluçon (C. Jamot, *Les réseaux de villes en Auvergne*, CERAMAC, 1993). Si l'on enregistre plus de mouvements de fermetures que d'ouvertures de commerces (en fait une de plus seulement, puisqu'il y a eu 72 créations contre 73 radiations !), et un déficit aussi en termes d'emplois (-4), on constate surtout qu'il y a eu un gain notable en ce qui concerne la surface commerciale de la ville qui est passée de 7 992 m² à 10 862 m² ; soit un gain net de 2 870 m² !

c - L'évolution également négative des services destinés aux particuliers

Les services destinés aux particuliers connaissent une évolution également négative, et ce pour des raisons souvent fort proches de celles liées à la diminution du commerce : baisse de la clientèle en raison de la diminution de la population rurale, recours de plus en plus fréquent à la métropole, disparition des services les plus désuets et qui étaient souvent surreprésentés (comme les coiffeurs), voire concurrence des unités installées dans les galeries marchandes des grandes surfaces périphériques et qui proposent leurs services en des temps records (coiffeur, réparation de chaussures, clefs-minute, développement de photographies, laverie…).

En fait, nous retrouvons sur le nord du Massif central une évolution des activités tertiaires, et plus particulièrement du commerce de détail et des services destinés aux particuliers, conforme à la tendance générale décrite par A. Metton (Metton, 1987). Ainsi, le commerce de détail serait victime de trois maux conjugués : la métropolisation des comportements commerciaux, la régression démographique rurale avoisinante et le transfert sur un territoire restreint de la dualité centre-périphérie (A. Metton, 1987). Nous retrouvons bien les éléments d'explication donnés pour les villes moyennes du nord du Massif central. Il y a donc là, en apparence, des éléments de fragilisation de la ville moyenne pour le commandement de l'espace, mais la baisse du nombre des commerces et services les plus courants est souvent le résultat d'une adaptation quantitative et qualitative à la demande, et de plus elle est « compensée » par une présence de plus en plus forte de services plus rares.

2 - Le renforcement des services de plus haut niveau

a - Les services aux entreprises

L'évolution la plus marquante reste, sans aucun doute, celle des services aux entreprises. Effectivement, toutes les villes moyennes du

Tab. 38 - Evolution quantitative des commerces et des services dans les villes moyennes

	Brive	Nevers	Vichy	Montl.	Aurillac	Le Puy	Moulins	Tulle	Guéret
Commerce de gros									
1980	100	58	42	53	46	53	29	25	21
1994	94	38	30	47	47	27	35	14	21
A	-6	-20	-12	-6	1	-23	6	-11	0
B	-6	-34,4	-28,5	-11,3	2,2	-43,4	20,7	-44	0
Commerce de détail									
1980	374	442	654	550	438	427	341	268	155
1994	311	346	494	396	357	283	270	213	134
A	-63	-96	-160	-154	-81	-144	-71	-55	-21
B	-16,8	-21,7	-24,5	-28	-18,5	-33,7	-20,8	-20,5	-13,5
Transport									
1980	47	32	7	24	28	22	19	6	15
1994	48	37	10	29	30	20	19	7	7
A	1	5	3	5	2	-2	0	1	-8
B	2,1	15,6	42,8	20,8	7,1	-9,1	0	16,6	-53,3
Services aux particuliers									
1980	246	191	255	163	119	186	96	79	63
1994	179	149	104	122	113	93	72	73	70
A	-67	-42	-151	-41	-6	-93	-24	-6	7
B	-27,2	-22	-59,2	-25,1	-5	-50	-25	-7,6	11,1
Services aux entreprises									
1980	109	86	86	73	51	71	61	43	38
1994	150	125	93	87	108	71	71	51	40
A	41	39	7	14	57	0	10	8	2
B	37,6	45,3	8,1	19,2	111,7	0	16,4	18,6	5,3
Total									
1980	876	809	1044	863	682	759	546	421	292
1994	782	695	731	681	655	494	467	358	272
A	-94	-114	-313	-182	-27	-265	-79	-63	-20
B	-10,7	-14,1	-30	-21,1	-9,6	-34,9	-14,6	-14,9	-6,8

Source : Fichier « SIRENE » (NAP 73 et NAF 1993)
A : Evolution en nombre absolu : B : Evolution en %

nord du Massif central connaissent une évolution positive en la matière (voir tableau n°38). Une observation plus détaillée de cette évolution montre plusieurs situations qui semblent être fonction de deux éléments.

Le premier est le rôle de la taille des agglomérations et leur rang dans la hiérarchie des villes moyennes. En effet, ce sont les villes les plus peuplées qui ont le plus de services de ce type et, surtout, celles des plus hauts rangs hiérarchiques (à l'exception d'Aurillac) qui connaissent l'évolution la plus nettement positive (Brive et Nevers). Le second concerne l'éloignement par rapport à une ville de rang hiérarchique supérieur. Ainsi, les villes moyennes les plus « éloignées » de leur métropole ont-elles connu la plus forte croissance pour les services aux entreprises, comme c'est le cas à Aurillac (et Nevers). A l'inverse, celles qui sont proches de leur capitale régionale (ou, éventuellement, d'une autre ville moyenne mais de niveau supérieur) ont vu le nombre de leurs services augmenter beaucoup plus modestement, voire stagner. Il en est ainsi de Vichy par rapport à Clermont, de Guéret vis-à-vis de Limoges et du Puy entre Clermont et Saint-Etienne surtout. En tout état de cause, l'augmentation du nombre de services plus rares ne peut que favoriser le maintien, au moins, de leur aire de rayonnement, voire même accroître l'intensité des relations en limitant le recours direct aux métropoles.

b - Les services liés aux transports

L'évolution de ces services est très généralement positive (voir tableau n°38), même si cela porte en général sur des chiffres modestes, puisque le maximum est de cinq nouveaux services dans ce domaine à Nevers et Montluçon ! Malgré tout, cette évolution positive montre que les villes moyennes ont un rôle majeur dans l'organisation et la desserte de leur territoire (TER, réseaux locaux). F. Faucon (Faucon, 1997), dans sa thèse sur *Les transports collectifs de voyageurs dans le Massif central* (aérien[11], ferroviaire, routier par autocar), après avoir calculé le nombre de relations quotidiennes[12] pour chaque mode, aboutit aux conclusions suivantes à propos des villes moyennes de notre espace d'étude. Moulins et Brive[13] arrivent en tête, suscitant entre quatre-vingts et cent relations. Elles se trouvent, ainsi, au même niveau que Roanne, Albi, Carcassonne, Montauban ou Montélimar. Elles doivent leur place de premier plan au fait d'être situées sur des axes ferroviaires importants leur permettant de disposer d'une desserte nationale fournie (10-20 relations). De plus, elles sont bien rattachées à leurs capitales régionales (Clermont et Limoges) avec dix à trente relations quotidiennes. Préfecture pour Moulins ou ville la plus importante après la métropole régionale pour Brive, elles sont à la tête d'un réseau local qui couvre toute leur sphère d'influence en développant de cinquante à soixante-dix relations.

Montluçon et Vichy se trouvent dans une situation proche avec soixante-dix relations. Toutefois, si Montluçon le doit, surtout, à un réseau local très développé ; pour Vichy ce sont, essentiellement, les liaisons nationales vers Paris et régionales vers Clermont (y compris les relations de banlieue) qui sont prépondérantes. Le réseau local joue pour cette dernière un rôle mineur.

L'observation de l'origine géographique des flux, sur les cartes tracées par F. Faucon (Faucon, 1997), montre clairement que ceux-ci s'effectuent dans le cadre de l'aire de rayonnement des villes moyennes. Or, il est évident que les relations entretenues avec cet espace sont pour l'essentiel liées à la fréquentation de la ville moyenne pour utiliser ses services, acheter dans ses commerces et y travailler. Ainsi, l'augmentation du nombre de services, dans le domaine du transport, traduit une croissance des besoins liée à une attraction accrue de la ville moyenne.

Enfin, à un niveau nettement plus faible, quelquefois même inférieur à celui que l'on peut trouver dans certaines petites villes comme Issoire et Thiers (qui bénéficient surtout de relations de banlieue avec Clermont), nous trouvons seulement vingt à trente relations : Le Puy, Guéret et Tulle. Les deux premières villes ont même connu, depuis 1980, une baisse du nombre de services liés aux transports et pour Tulle l'évolution est insignifiante. En fait ici, nous avons trois villes où les relations avec l'extérieur sont organisées directement à partir d'agglomérations proches, de niveau supérieur. Il en est ainsi pour Guéret avec Limoges, Tulle avec Brive et Le Puy avec Saint-Etienne. Dans ce cas de figure, la ville moyenne n'accroît pas son emprise sur l'espace, mais elle est intégrée dans celui d'une autre, de niveau supérieur.

L'aire de commandement des villes moyennes du nord du Massif central et leur positionnement hiérarchique ne peuvent être, en aucun cas, remis en question par les villes bordières de même rang[14]. Si l'on se réfère, par exemple, à l'Atlas des villes de France (Pumain, Saint-Julien, 1989), deux constats s'imposent clairement. Tout d'abord, les villes moyennes « extérieures » ne présentent aucun véritable point fort par rapport à celles du Massif central. Ainsi D. Pumain et Th. Saint-Julien accordent une surreprésentation des services aux particuliers pour Rodez, mais c'est également le cas pour Aurillac. Ensuite, aucune ville moyenne de notre espace d'étude ne présente de faiblesses spécifiques et préjudiciables pour son influence, par rapport à ses « concurrentes ».

En définitive, le niveau ville moyenne se caractérise par une évolution proche, dans ses tendances, de celle des métropoles, avec, logiquement, un volume d'activités bien moindre. Ainsi, nous assistons à une augmentation du nombre et de la part des services destinés aux entreprises et, corrélativement, à la baisse du nombre et de la part des commerces ou services les plus courants. Les villes moyennes se comportent donc en véritables « métropoles locales ». Le renforcement des échelons supérieurs de la hiérarchie ne nuit-il pas au rôle et à l'emprise spatiale des petites villes ?

III - PETITES VILLES ET UNITES URBAINES DE BASE : DES CENTRES DE PREMIER RECOURS

A - Les petites villes : un rôle indispensable dans la desserte de l'espace et des centres de services aux particuliers

1 - Des espaces de commandement étroits

a - Une influence de proximité (voir Fig. n°69)

Spatialement, les petites villes rayonnent sur une zone qui s'étend au maximum sur dix à trente kilomètres. Comme pour les autres niveaux hiérarchiques, nous pouvons mettre en évidence plusieurs facteurs, faisant varier la taille et la forme des aires d'attraction.

En premier lieu, interviennent les densités humaines. En effet, les villes, qui sont entourées d'espaces de faible ou de très faible densité, ont un rayonnement plus étendu. Nous trouvons dans ce cas, par exemple, Cosne-Cours-sur-Loire, Clamecy, Saint-Flour, Ussel. Ainsi Saint-Flour domine-t-elle un bon tiers oriental du Cantal, étendant son influence sur un espace presque vide (moins de 25 habitants au km²). Elle compense ainsi la faiblesse des densités de son espace proche en élargissant son aire d'attraction qui peut dépasser les trente kilomètres vers le Sud.

En second lieu, joue nettement le facteur concurrentiel. Celui-ci se place à deux niveaux. D'abord, entre la petite ville et les villes de niveau supérieur qui représentent un recours direct (c'est-à-dire pour des consommations courantes) pour la population locale. Ainsi, Decize n'exerce-t-elle presque aucune influence au Nord, dans la mesure où Nevers est trop proche et représente un véritable centre de proximité. Il en est de même au Sud à l'égard de Moulins. L'étendue spatiale de l'aire

Fig. n°69 : Carte de synthèse des zones d'influence des petites villes

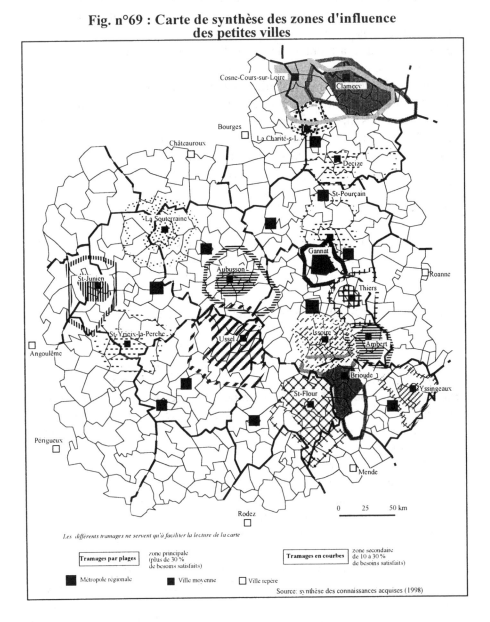

Les différents tramages ne servent qu'à faciliter la lecture de la carte

| Tramages par plages | zone principale (plus de 30 % de besoins satisfaits) | | Tramages en courbes | zone secondaire de 10 à 30 % de besoins satisfaits |

■ Métropole régionale   ■ Ville moyenne   □ Ville repère

Source: synthèse des connaissances acquises (1998)

- 385 -

d'attraction est, au total, considérablement limitée dans le sens méridien. Par contre, Decize peut étaler davantage son rayonnement à l'Est et à l'Ouest où il n'existe pas de réelle concurrence. Nous retrouvons un cas de figure similaire à Saint-Junien dont l'influence est annihilée, à l'Est, par la présence de Limoges ou encore à Thiers qui se heurte, vers l'Ouest, à la métropole clermontoise. Ensuite, la zone d'influence des petites villes est fonction, également, de la concurrence entre elles. Lorsqu'elles sont assez proches les unes des autres, leur attraction est spatialement limitée. Tel est le cas pour Ambert, Issoire, Thiers, voire Brioude, par opposition à Ussel, La Souterraine ou Saint-Yrieix-la-Perche, par exemple.

Nous remarquons également que les petites villes qui disposent d'un niveau d'équipement plus important parviennent à étendre davantage leur influence, aux dépens des villes de même niveau. Le cas est particulièrement net pour Issoire vis-à-vis d'Ambert dans le Livradois, de Saint-Flour par rapport à Brioude dans la vallée de l'Alagnon, d'Ussel en face d'Aubusson sur le plateau de Millevaches ou de Cosne-Cours-sur-Loire en concurrence avec Clamecy pour le haut Nivernais...

b - Un nombre de clients potentiels important (voir tab. n°39)

En ce qui concerne l'importance quantitative de la clientèle potentielle attirée par les petites villes, nous nous situons, pour une grande majorité d'entre elles, dans une fourchette de quinze mille à cinquante mille habitants. Ce sont les petites villes les plus équipées qui ont le nombre de clients le plus important (Thiers, Cosne, Ussel). Le ratio tertiaire (rapport entre le nombre d'activités tertiaires présentes dans une ville donnée et population totale desservie) est aussi, comme pour les villes moyennes, très homogène. Ainsi, l'aire d'influence se rétracte ou se dilate en fonction des densités. Par exemple, Saint-Flour qui dispose d'une zone sensiblement plus étendue que Saint-Junien (voir Fig. n°69) n'a, en fait, pas un potentiel de clients supérieur, dans la mesure où elle rayonne sur un espace faiblement peuplé.

En dehors de ces deux aspects essentiels, deux situations se dégagent en ce qui concerne l'importance respective de la zone d'influence principale, celle où l'attraction est exclusive pour les besoins les plus courants, et la zone d'influence secondaire où l'évasion est très forte vers les niveaux supérieurs. Nous avons, tout d'abord, une série de petites villes qui sont situées en grande proximité d'une ou de villes de niveau supérieur ou égal. Alors, leur zone d'influence secondaire

Ville	Zone d'influence principale				Zone d'influence secondaire				Zone d'influence totale			
	Nb cantons	%	Pop.	%	Nb cantons	%	Pop.	%	Nb cantons	%	Pop.	%
Charité/L.	1	50	11 752	67,1	1	50	5757	32,9	2	100	17 509	100
Ambert	5	83,3	21 846	89,4	1	16,7	2578	10,5	6	100	24 424	100
Aubusson	2	28,5	13 333	45,5	5	71,5	15 964	54,5	7	100	29 297	100
Brioude	6	75	19 240	58,9	2	25	13 438	41,1	8	100	32 678	100
Gannat	1	20	9978	30,4	4	80	22 801	69,6	5	100	32779	100
Clamecy	6	85,7	29 783	86	1	14,3	4844	14	7	100	34 627	100
Decize	2	28,5	18 360	44,6	4	72,5	22 823	55,4	7	100	41 183	100
St-Yrieix	1	12,5	10 988	23,9	7	87,5	34 962	76,1	8	100	45 950	100
St-Pourçain	2	33,3	25 329	53	4	66,7	22 467	47	6	100	47 796	100
La Souterraine	2	25	16 569	34,4	6	75	31 527	65,6	8	100	48 096	100
Yssingeaux	1	12,5	9898	19,7	7	87,5	40 233	80,3	8	100	50 131	100
St-Junien	4	44,4	23 994	47,4	5	55,6	26 600	52,6	9	100	50 594	100
St-Flour	7	63,6	35 543	69,9	5	45,4	15 288	30,1	11	100	50 831	100
Issoire	6	66,6	48 041	85,7	3	33,4	7952	14,3	9	100	55 993	100
Ussel	8	57,1	35 298	53,5	6	42,9	30 678	46,5	14	100	65976	100
Thiers	1	11,1	17 272	24,2	8	88,9	54 196	75,8	9	100	71 468	100
Cosne	5	38,5	25 669	33,4	8	61,5	50 974	66,6	13	100	76 633	100

Source : d'après INSEE et enquête de terrain

Tab. 39 - Répartition quantitative de la population dans les zones d'influence des petites villes

représente une part très importante de la population totale attirée. Ceci signifie que la petite ville voit une forte majorité de sa clientèle potentielle (plus de 50 %) recourir à d'autres centres. Thiers, Saint-Junien et La Souterraine représentent parfaitement bien ce type de situation. Dans ce cas, la petite ville fait souvent partie de la zone d'influence principale d'une ville moyenne ou d'une métropole ; elle n'est alors fréquentée que pour les achats les plus courants. Ce qui est une faiblesse en soi.

Un second cas de figure peut être observé. Il s'agit des petites villes « isolées » par rapport à leurs concurrentes de même niveau. Leur zone d'influence principale s'étend davantage et représente une part de la clientèle totale plus importante. Mais, les espaces des zones secondaires deviennent marginaux et appartiennent, le plus souvent, à des zones de faible densité, et en déclin démographique. Nous pouvons citer en exemple : Brioude, Saint-Flour, Clamecy, Ussel.

La situation des petites villes est donc délicate dans tous les cas. En effet, soit elles voient une grande partie de leur clientèle potentielle s'évader vers les niveaux supérieurs, soit elles dominent un espace de très faible densité dont le « réservoir humain » se tarit. Ceci pose donc le problème de leur survie par rapport à la fin du monde rural. Cependant, ces petites villes jouent encore un rôle majeur dans l'organisation de l'espace nord du Massif central. En effet, si nous prenons comme référence de comparaison l'enquête Piatier (Piatier, 1964), nous constatons que la totalité des petites villes de notre espace d'étude a maintenu son aire d'attraction. Les limites d'influence, telles qu'elles ont pu être tracées en 1964, sont en grande partie identiques à celles observées aujourd'hui. Les petites villes restent pour les populations environnantes, de moins en moins nombreuses, le centre de premier recours pour l'achat des biens de première nécessité. N'oublions pas, non plus, que beaucoup d'entre elles gardent une activité industrielle importante et parviennent ainsi à maintenir leur population. Celles-ci ont donc des besoins élémentaires auxquels les petites villes doivent continuer à répondre. Elles n'ont toutefois pas pu accroître leur aire d'influence qui s'est donc maintenue dans ses limites. Toutefois, cette dernière s'est vidée ou elle a été captée par les niveaux supérieurs, impliquant une adaptation des activités tertiaires présentes. Y a-t-il eu disparition pure et simple de certains services ou commerces, ou délayage des activités les plus désuètes ou surreprésentées ? Si le nombre de postes commerciaux ou de services diminue, la petite ville parvient-elle à maintenir le même type d'offre et à garder son influence spatiale ?

2 - *Une évolution spécifique du tertiaire dans les petites villes*

a - Les petites villes : « pôles de stabilité » ?

Avant d'analyser en détail l'évolution de chaque type de commerces ou de services, plusieurs points fondamentaux, d'ordre général, peuvent être dégagés. A l'exception de La Souterraine, la Charité-sur-Loire, Clamecy et Aubusson, les petites villes ne connaissent qu'une évolution négative très modérée du nombre de leurs activités tertiaires. Il y a donc, pour ce niveau hiérarchique, une tendance nette à la stagnation quantitative. Elles constituent des « pôles de stabilité » indispensables à la structuration de l'espace. Ceci est d'autant plus intéressant qu'elles constituent, souvent, le premier niveau urbain accessible par une population venant de l'espace environnant le plus proche (bourgs-centres et espaces ruraux vrais).

Cependant, certaines petites villes du nord du Massif central connaissent une évolution moins défavorable. C'est le cas, tout particulièrement, des deux petites villes creusoises de La Souterraine et Aubusson (qui ont perdu entre 20 et 30 % de leurs activités tertiaires entre 1980 et 1994). Deux facteurs d'explication peuvent être avancés. Le premier est celui d'une situation de suréquipement, dans la mesure où ces deux villes présentent encore un nombre de commerces et de services offerts par habitant assez élevé (voir annexe n°6). Les fermetures d'établissements commerciaux sont la conséquence d'une rentabilité trop faible. Le second facteur est celui de la concurrence directe de Guéret, ville moyenne et préfecture, et surtout de Limoges, métropole régionale. Le phénomène s'est accru depuis 1980, en raison d'une sensible amélioration du réseau routier (autoroute entre La Souterraine et Limoges, puis aménagement à deux fois deux voies de la RCEA entre La Souterraine et Guéret. La première est à trente minutes, la seconde seulement à vingt minutes).

La Charité-sur-Loire et Clamecy connaissent aussi une évolution négative et nous retrouvons les mêmes critères d'explication : un niveau d'équipement, par habitant, élevé et la concurrence aiguisée de villes, de niveau hiérarchique supérieur, accessibles facilement (Nevers ou même Auxerre pour le nord de la Nièvre).

Les autres petites villes, qui maintiennent ou même renforcent leur équipement tertiaire, correspondent à trois types de localisation. En premier lieu, des villes comme Issoire ou Saint-Junien semblent, au contraire des précédentes, profiter de la proximité de leur métropole régionale. Dans les deux cas, nous sommes face à une évolution de type grande banlieue. Elles bénéficient, sans aucun doute, de l'installation d'activités tertiaires qui recherchent du foncier bâti à moindre coût. En fait, elles ont bénéficié de l'étalement spatial de la population urbaine et de la migration des services venus desservir une population désormais banlieusarde. L'évolution positive des équipements tertiaires de Brioude ou Saint-Flour correspond à une tout autre logique. Ici, un relatif éloignement par rapport aux villes de niveau supérieur leur permet de rayonner sur un espace étendu et elles sont faiblement concurrencées. Elles peuvent bénéficier d'une tradition qui en faisait des villes-marchés et qui explique que, aujourd'hui encore, malgré l'autoroute les rapprochant considérablement de la métropole, elles parviennent à maintenir une forte influence sur leur espace de commandement traditionnel, uniquement pour les besoins courants. Enfin, les petites villes localisées sur un axe de communication important ont également une évolution favorable. Cosne-Cours-sur-Loire est dans ce cas. Ses équipements tertiaires cumulent la clientèle de son agglomération, de sa zone d'attraction et celle de passage.

b - L'évolution différentielle des types de commerces et services

Il est intéressant, maintenant, d'isoler l'évolution des différents postes d'activités tertiaires pour mettre en évidence ceux qui se maintiennent ou s'adaptent et qui permettent aux petites villes de garder un rôle majeur dans la desserte de la population. Nous constatons, en fait, que trois postes présentent une évolution remarquable : le commerce de détail d'un côté, les services rendus aux particuliers et les services rendus aux entreprises de l'autre. Le commerce de gros et les services liés aux transports et communications sont ici représentés par un nombre très réduit d'établissements ; ainsi leur évolution ne peut être tenue pour significative.

• **Le déclin accentué du commerce de détail**

Pour ce qui est du commerce de détail, nous constatons un déclin net pour la plupart des petites villes, avec la disparition, entre 1980 et 1994, de plus d'un établissement sur trois ! Les petites villes du nord du Massif central rejoignent en cela l'évolution classique, de ce niveau hiérarchique, décrite par J.P. Laborie : « *Pendant les cinq dernières*

	Issoire	Thiers	Ussel	Cosne-Cours/L.	Saint-Flour	Saint-Junien	Brioude	Ambert	St-Pourçain	Aubusson	Yssingeaux	Decize	Clamecy	La Souterraine	La Charité/L.
Commerce de gros*															
1980	14	19	30	8	9	12	8	12	5	7	5	4	3	4	5
1994	15	15	18	9	9	8	9	9	7	5	3	5	5	3	4
Evol. absolu	1	-4	-12	1	0	-4	1	-3	2	-2	-1	1	2	-1	-1
Evolution %	7.1	-21.1	-40	12.5	0	-33.3	12.5	-25	40	-28.6	-20	25	66.6	-25	-20
Commerce de détail															
1980	193	169	126	127	116	106	109	87	82	86	67	74	81	84	85
1994	187	123	106	109	116	105	105	77	70	66	65	67	57	53	56
Evol. absolu	-6	-46	-20	-18	0	-1	-4	-10	-12	-20	-2	-7	-24	-31	-29
Evolution %	-3.1	-27.2	-15.8	-14.2	0	-0.9	-3.6	-11.5	-14.6	-23.2	-2.9	-9.4	-2.6	-36.9	-34.1
Transport															
1980	10	10	12	4	5	11	9	14	6	8	11	7	2	7	2
1994	11	11	22	6	3	9	5	11	20	6	12	3	5	4	5
Evol. absolu	1	1	10	2	-2	-2	-4	-3	14	-2	1	-4	3	-3	3
Evolution %	10	10	83.3	50	-40	-18.2	-44.4	-21.4	233.3	-25	9.1	-57.1	150	-42.8	150
Services aux particuliers															
1980	54	45	39	41	46	31	33	40	22	2	19	26	29	36	23
1994	56	57	45	57	41	35	38	42	22	6	23	28	29	25	21
Evol. absolu	2	12	6	16	-5	4	5	2	0	4	4	2	0	-11	-2
Evolution %	3.7	26.6	15.4	39	-10.9	12.9	15.1	5	0	200	21	7.7	0	-3.05	-8.7
Services aux entreprises															
1980	18	29	13	14	9	8	10	10	7	10	12	4	10	5	6
1994	32	40	20	16	19	20	17	23	5	14	10	8	8	11	4
Evol. absolu	14	11	7	2	10	12	7	13	-2	4	-2	4	-2	6	-2
Evolution %	77.7	37.9	53.8	14.3	111.1	150	70	130	-28.6	40	-16.6	100	-20	120	-33.3
Total															
1980	289	272	220	194	185	168	169	163	122	143	114	115	125	136	121
1994	301	246	221	197	188	177	174	153	124	117	113	111	104	96	94
Evol. absolu	12	-26	-9	3	3	9	5	-10	2	-26	-1	-4	-21	-40	-27
Evolution %	4.1	-9.5	-4.1	1.5	1.6	5.3	2.9	-6.1	1.6	-18.2	-0.8	-3.5	-16.8	-29.4	-22.3

Tab. 40 - Evolution du nombre de commerces et de services dans les petites villes

Source : Fichier « SIRENE » (NAP 73 et NAF 93)

années, on peut parler de laminage des activités du commerce alimentaire installées dans le centre des petites villes » (J.P. Laborie, 1995).

Toutefois, quelques nuances peuvent être apportées à cette évolution générale, dans la mesure où, dans ce domaine, certaines petites villes résistent mieux que d'autres. Il en est ainsi d'Issoire dont on a souligné précédemment le rôle de « grande banlieue » clermontoise, permettant au commerce de détail de se maintenir grâce à la desserte des nouveaux « banlieusards ». De plus, elle bénéficie du maintien de relations fortes avec les montagnes qui l'encadrent et pour lesquelles elle continue de jouer le rôle de centre de premier recours. Cette situation est d'ailleurs assez spécifique à Issoire (à laquelle on pourrait ajouter Saint-Junien en fonction de sa localisation par rapport à Limoges), puisque Thiers, également lointaine banlieue clermontoise, voit à l'inverse le nombre de ses commerces diminuer fortement (voir tableau n°40). Il est vrai qu'elle doit faire face à la concurrence conjuguée de la métropole régionale et de Vichy. En fait, elle rayonne sur des espaces « vides » (monts du Forez, Livradois). Saint-Flour, Brioude, Yssingeaux, Clamecy résistent également plutôt bien. Nous retrouvons là, encore une fois, les villes-marchés passées, décrites par P. Estienne en 1963. Il y a donc ici l'héritage de relations commerciales étroite entre la petite ville et son milieu environnant proche. Toutefois, devant le déclin des populations rurales, la tendance est quand même à la baisse. Ces petites villes ont donc, en la matière, un avenir problématique.

Quant aux petites villes qui connaissent une forte diminution du nombre de leurs commerces de détail, elles correspondent à deux situations géographiques simples : la proximité d'une agglomération mieux équipée vers laquelle le recours direct est de plus en plus fort (Thiers, Cosne-Cours-sur-Loire, Aubusson, Saint-Pourçain-sur-Sioule, Decize, La Souterraine, La Charité-sur-Loire) ; un espace de commandement de faible densité et dont l'évolution démographique est très négative (Ambert, Ussel).

A ces explications, issues de l'analyse particulière des petites villes du nord du Massif central, s'ajoutent d'autres, de portée plus générale, qui s'appliquent également à notre espace d'étude. Il en est ainsi de la concentration commerciale, c'est-à-dire du développement des grandes surfaces (supermarchés, hypermarchés) qui proposent une gamme de plus en plus diversifiée de biens, pouvant donc concurrencer tous les types de commerce de détail courants. Ce phénomène est d'autant plus préjudiciable pour les petites villes qu'il apparaît dès le niveau « bourg-centre ». Rares sont en Auvergne, par exemple, les chefs-lieux de canton qui n'ont pas leur supermarché. Ainsi, le recours à la petite ville se justifie-t-il de moins en moins. La situation est encore aggravée par une localisation à proximité d'une grande ville, avec une desserte routière de bonne qualité, impliquant une forte évasion de la clientèle potentielle. Thiers répond parfaitement à ce cas de figure.

• Une évolution positive des services rendus aux particuliers (voir Tab. n°40)

Les services rendus aux particuliers connaissent donc, pour la quasi-totalité des petites villes du nord du Massif central, une évolution globalement positive. Seules Saint-Flour et La Souterraine subissent un léger déclin. En fait, c'est dans ce domaine tertiaire que les petites villes représentent, encore, des centres de premier recours indispensables. En effet, la concurrence des niveaux inférieurs est ici moins rude que pour le commerce de détail (par le biais des supermarchés). Elles parviennent donc à capter une plus forte part de la clientèle potentielle de leur zone d'influence. De plus, beaucoup de services, absents généralement de ce niveau hiérarchique, se sont installés depuis une quinzaine d'années. Ceci permet aux petites villes de maintenir leur influence en offrant de nouvelles prestations. Nous pouvons prendre l'exemple des agences de voyages (hors autocaristes) qui étaient totalement absentes, dans les petites villes du nord du Massif central, en 1980, et qui, aujourd'hui, sont présentes dans la quasi-totalité d'entre elles. Thiers, Issoire, Cosne-Cours-sur-Loire, Brioude, Saint-Flour comptent aujourd'hui trois agences de voyages, alors qu'elles n'en avaient aucune en 1980 ! De même, il apparaît, à l'analyse détaillée des différents services destinés aux particuliers, que ceux à caractère financier se soient étoffés. Beaucoup de petites villes ont vu, depuis 1980, s'installer de nouvelles agences bancaires (Caisse d'Epargne notamment) ou des organismes de placement en valeurs mobilières (Thiers, La Charité-sur-Loire, Decize, Ambert, Saint-Junien, Cosne-Cours-sur-Loire).

L'évolution négative de Saint-Flour et de La Souterraine correspond, en fait, à une adaptation à la diminution de la clientèle, liée soit à la concurrence accrue des niveaux supérieurs proches en distance-temps, soit à la baisse quantitative de la population de leur zone d'influence (surtout pour Saint-Flour). Ceci ne remet pas en cause leur positionnement hiérarchique et n'affaiblit pas non plus leur emprise spatiale. Dans le domaine des services destinés aux particuliers, les petites villes du nord du Massif central connaissent également une évolution très classique en France (J.P. Laborie, 1995).

• Les services destinés aux entreprises en croissance : un phénomène d'adaptation ?

Les services rendus aux entreprises connaissent, eux aussi (en règle générale), une progression très forte en valeur relative (+ 111,1 % à Saint-Flour, + 120 % à La Souterraine, + 130 % à Ambert !). En fait, ils ne représentent que quelques unités (au maximum une dizaine dans chaque ville). Cette évolution résulte surtout de la création d'agences de travail temporaire ou de services de location en informatique. Par contre, des services plus rares, comme le conseil en marketing, les bureaux d'études, les avocats d'affaires, les experts-comptables..., sont absents de ce niveau hiérarchique. Cette évolution positive est donc le résultat d'un phénomène d'adaptation qui voit l'accentuation de la tertiairisation des PME-PMI. Or, nous l'avons vu, nombre de nos petites villes disposent d'une solide base industrielle, bien vivante.

En conclusion, nous pouvons dire que les petites villes maintiennent, dans le temps, leur rôle de centres de services élémentaires, qu'elles s'adaptent à l'évolution générale du profil des activités tertiaires et que leur évolution commerciale (qui suit aussi l'évolution structurelle nationale) tient compte de leur position dans l'espace par rapport aux niveaux supérieurs. Toutefois, la place des petites villes dans la hiérarchie est fragile et semble de plus en plus menacée par l'emprise accrue des niveaux supérieurs. Cette constatation nous amène logiquement à nous interroger sur le rôle actuel et futur des niveaux de base, encore moins équipés et peuplés.

B - Les unités urbaines de base : intermédiaires entre le « bourg-centre » et la petite ville

1 - Définition et méthode

A la base de notre hiérarchie, nous avons défini un niveau urbain spécifique, intermédiaire, en fait, entre le « bourg-centre » (qui est au contact avec le monde rural) et la petite ville. En général moins peuplé que cette dernière, mais surtout moins équipé (quantitativement et qualitativement), il présente également des particularités dans le domaine tertiaire.

Les unités urbaines de base sont fortement représentées au nord du Massif central, où elles constituent plus de 80 % des villes. C'est pourquoi, nous avons choisi d'analyser un échantillon représentatif des quatre types de situation économique et de localisation géographique[11], rencontrés sur notre espace d'étude. Nous avons, en effet, des unités urbaines de base qui appartiennent à une nébuleuse industrielle dynamique ; elles sont proches d'une grande agglomération. C'est le cas de Monistrol-sur-Loire et Sainte-Sigolène. Ensuite, nous trouvons des unités urbaines de base d'activités traditionnelles en déclin, à la recherche d'une reconversion réussie, comme Saint-Eloy-les-Mines. Nous avons aussi des unités urbaines de base plus ou moins « isolées », souvent anciennes villes-marchés actives, comme Langeac, Mauriac, Lapalisse, Varennes-sur-Allier, Egletons... Enfin, ont été également prises en compte des unités urbaines de base, proches d'une grande agglomération mais gardant une certaine autonomie, en liaison, souvent, avec un rôle traditionnel d'ancien bourg-centre ou ville-marché, comme Lezoux, Courpière, Saint-Léonard-de-Noblat.

2 - Des aires d'influence réduites (voir Fig. n°70)

Avec ce niveau hiérarchique, nous avons affaire à des centres exerçant une influence réduite sur un espace très proche. En fait, en dehors de leur propre canton, ils ne polarisent que les communes les plus limitrophes. Leur zone d'influence s'étend au maximum sur dix à quinze kilomètres. Ainsi, dans la réalité, le nombre de clients potentiels ne dépasse guère les vingt mille ou trente mille habitants, sauf exceptions (voir tableau n°41). Par ailleurs, ceux-ci n'effectuent, en général, que leurs achats les plus courants dans l'unité urbaine de base, ce qui représente un pourcentage relativement faible de la totalité de leurs besoins dont la grande majorité est couverte par les villes de niveau supérieur les plus proches.

Ces unités urbaines de base jouent toutefois un rôle de première importance dans l'organisation de l'espace nord du Massif central, desservant, en fait, un nombre de clients potentiels à l'échelle de l'importance démographique d'une petite ville. Nous pouvons donc nous interroger sur les activités tertiaires que l'on y trouve et sur l'évolution de celles-ci dont dépend, en grande partie, l'avenir hiérarchique des unités urbaines de base.

**Tab. 41 - Nombre d'habitants dans la zone d'influence
de quelques unités urbaines de base**

Villes	Zone d'influence totale	
	Nb de cantons	Population
Bourganeuf	3	17 310
Chambon-s-L.	3	17 368
Riom-ès-M.	5	24 533
Craponne-s-A.	6	25 475
Langeac	7	28 560
Egletons	7	29 816
Uzerche	4	31 649
St-Eloy-les-M.	6	32 302
Bort-les-O.	9	36 560
Mauriac	8	40 560
Ste-Sigolène	6	47 440
Monistrol-s-L.	8	60 492

3 - Le déclin accentué du potentiel tertiaire

La particularité majeure de ces unités urbaines de base est la baisse accentuée des postes d'équipement tertiaire. Si nous observons, plus précisément, le commerce de détail, qui reste par excellence l'équipement type de ce niveau hiérarchique, on constate qu'il subit un déclin très important. Il s'agit même, quelquefois, d'une véritable « hécatombe » (plus de la moitié des commerces de détail a disparu en quatorze ans à Lezoux !). Nous trouvons, dans ce cas, tous les types de villes précédemment définis. Il en est ainsi, de manière particulièrement accentuée, pour les unités urbaines proches des grandes villes ou des villes moyennes (Lezoux, Courpière, Varennes-sur-Allier, Saint-Léonard-de-Noblat, Gannat). Les commerces ne peuvent freiner une évasion très forte vers les grandes surfaces périphériques des niveaux supérieurs ; ils ne peuvent non plus faire face à la métropolisation des comportements d'achat. Enfin, n'oublions pas l'installation systématique de supermarchés, sur place, qui attirent la plupart des consommateurs qui ne se rendent pas directement vers la grande ville. Nous trouvons aussi, parmi les villes qui connaissent une baisse notable de leur activité

Fig. n°70 : Carte de synthèse des zones d'influence des unités urbaines de base et des centres non urbains attractifs

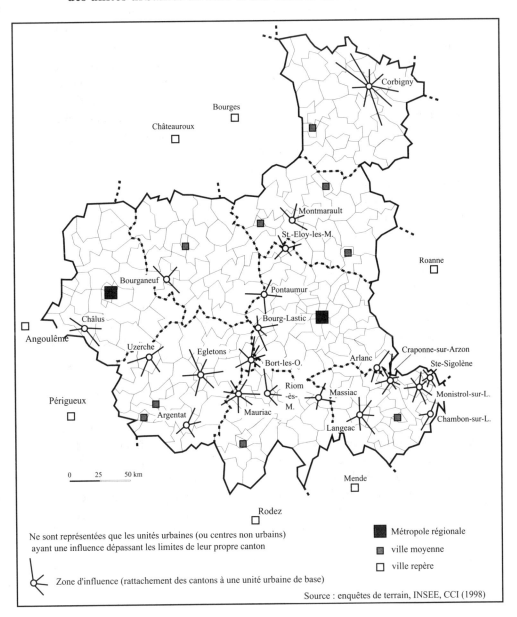

Ne sont représentées que les unités urbaines (ou centres non urbains) ayant une influence dépassant les limites de leur propre canton

■ Métropole régionale

▪ ville moyenne

□ ville repère

Zone d'influence (rattachement des cantons à une unité urbaine de base)

Source : enquêtes de terrain, INSEE, CCI (1998)

commerciale de détail, les unités urbaines de base d'activités traditionnelles en déclin, comme Saint-Eloy-les-Mines, et celles qui sont « isolées ». Le commerce de détail est victime des mêmes maux que dans le cas précédent. Nous pouvons ajouter à ceux-ci la diminution de la population rurale avoisinante. Pour toutes ces villes, un vrai problème de survie se pose. En effet, elles n'ont aucune zone d'influence propre, et elles appartiennent systématiquement à celle d'un ou plusieurs niveaux hiérarchiques supérieurs. De plus, elles ne disposent pas d'autres activités (industrielles), capables de maintenir la population sur place, que celles liées à la vie de relation (à l'exception, pour certaines peut-être, du tourisme, mais c'est banal et manifestement peu porteur !).

En définitive, ce sont bien les unités urbaines de base les plus actives économiquement qui parviennent le mieux à résister au déclin, profitant du maintien d'une population qui trouve, sur place, du travail. Elles bénéficient même de l'apport d'une population de banlieue quand elles sont proches d'une grande agglomération. Monistrol-sur-Loire et Sainte-Sigolène répondent fort bien à ce cas de figure. Ce sont même les seules unités urbaines à avoir connu l'installation de services destinés aux entreprises (mais cela porte sur des chiffres très restreints). Elles ont surtout une dynamique démographique interne beaucoup plus favorable, ce qui permet une meilleure stabilité quantitative des équipements urbains qui s'adaptent, finalement, à une nouvelle situation duale (une évasion forte, mais de nouveaux besoins liés à de nouveaux arrivants urbains).

Au total, les unités urbaines de base sont donc, avant tout, des centres de commerces courants accessibles pour un espace proche. Toutefois, dans une société motorisée, ces dernières subissent de plus en plus la concurrence des niveaux supérieurs de la hiérarchie et surtout des formes de distribution concentrée. En fait, elles sont en quelque sorte un modèle fragilisé de l'évolution des petites villes. Leur assise commerciale, par exemple, est plus faible, car elle dépend d'une clientèle réduite. Elle a subi, plus tôt et plus fort, la concurrence des niveaux hiérarchiques supérieurs. Les unités urbaines de base ont perdu l'essentiel de leur clientèle extérieure. Elles ne peuvent souvent compter réellement que sur leurs propres forces démographiques. Est-ce la préfiguration d'un avenir où le rural et les bourgs-centres se seront réduits ?

De même, à l'observation de la Fig. n°70, nous constatons que des unités, non qualifiées d'urbaines dans notre étude et non retenues en raison de l'insuffisance de leur chiffre de population et de leur niveau

Fig. n° 71 : Carte de synthèse des zones d'influence des villes du nord du Massif central*

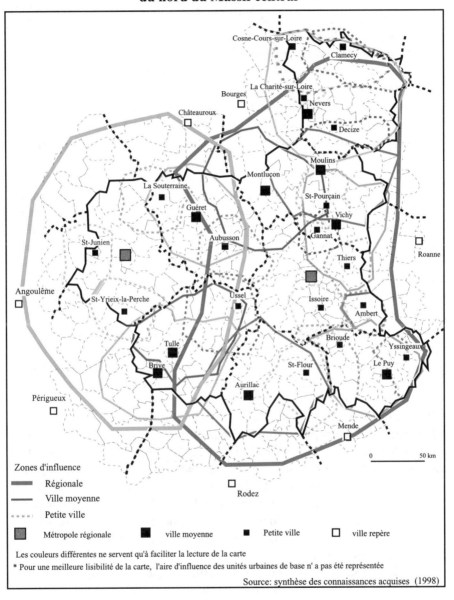

Zones d'influence

— Régionale

— Ville moyenne

---- Petite ville

◼ (gris) Métropole régionale   ◼ ville moyenne   ◼ Petite ville   ◻ ville repère

Les couleurs différentes ne servent qu'à faciliter la lecture de la carte

* Pour une meilleure lisibilité de la carte, l'aire d'influence des unités urbaines de base n' a pas été représentée

Source: synthèse des connaissances acquises (1998)

d'équipements, parviennent toutefois à polariser un certain nombre de cantons limitrophes (quatre ou cinq). Moins équipées que les unités urbaines de base, elles polarisent toutefois un espace plus important que les « bourgs-centres ». Elles bénéficient, sans aucun doute, d'une tradition de fréquentation liée à un rôle ancien de « bourg-centre », disposant de foires ou marchés actifs, et surtout d'une situation de relatif « isolement » par rapport aux autres niveaux urbains. Nous trouvons, dans ce cas, Montmarault, Corbigny, Châlus, Bourg-Lastic, Pontaumur, Arlanc et Massiac. Elles permettent à une population proche (quelques kilomètres seulement) de satisfaire ses besoins les plus courants. La trame urbaine de base a donc été plus large, elle est en cours de régression (ou d'affinage).

Cette synthèse de l'aire de commandement et de l'évolution des activités tertiaires dans les différents niveaux hiérarchiques fait apparaître deux points essentiels sur l'organisation urbaine du nord du Massif central (voir Fig. n° 71). Le premier est l'existence d'une hiérarchie urbaine complète et parfaitement fonctionnelle. En effet, les deux métropoles régionales concentrent les services de plus haut niveau et dominent la totalité de l'espace nord du Massif central. Toutefois, pour les activités les plus rares, elles sont, le plus souvent, directement dominées par Paris, mais également quelquefois par Lyon ou Bordeaux (qui servent, en général, de relais à l'influence parisienne). Clermont et Limoges bénéficient de la présence de relais, représentés par les villes moyennes, dont l'aire d'attraction s'inscrit dans celles des métropoles, qui connaissent une évolution de leurs activités tertiaires identique (celle-ci intervient, logiquement, sur des masses plus réduites). Secondement, s'inscrivant dans l'aire d'influence des villes moyennes (et quelquefois directement dans celle des métropoles comme pour Issoire, Thiers ou Saint-Junien), nous trouvons les petites villes qui restent des unités de services rendus aux personnes ou les unités urbaines de base qui ne sont que des pôles commerciaux pour des achats de première nécessité. Elles rayonnent seulement sur un espace de proximité (quelques kilomètres). Ainsi, le nord du Massif central dispose d'une belle hiérarchie des villes en fonction de l'importance de leurs activités tertiaires. Celle-ci induit des aires d'attraction, plus ou moins étendues, qui s'emboîtent les unes dans les autres. Tout ceci permet de définir un véritable réseau urbain, fonctionnel, dont l'étude détaillée sera l'objet du prochain chapitre.

Chapitre 7

CARACTÉRISTIQUES ET
AVENIR DES RÉSEAUX URBAINS

Les villes ne vivent plus en autarcie. Effectivement, non seulement elles entretiennent des relations avec l'espace environnant (rural ou urbain), mais surtout elles ont des liens forts avec les autres villes. En fonction du niveau hiérarchique auquel elles appartiennent, les unités urbaines sont en situation de dépendance ou de domination. C'est bien la nature et l'importance de ces liens de ville à ville qui définissent un réseau urbain. Ainsi, plus le réseau est hiérarchisé, plus les relations interurbaines sont complexes, mais permettent aux habitants un accès à une offre tertiaire plus diversifiée. Chaque réseau a sa tête qui, en fonction de l'importance des niveaux inférieurs, va exercer une domination plus ou moins hégémonique sur les autres villes. Toutefois, les réseaux caractérisés par des liens de ville à ville ne sont pas statiques, dans la mesure où les « rapports de force » entre les différentes unités urbaines le composant peuvent évoluer en fonction de plusieurs facteurs. C'est en particulier le cas du phénomène de métropolisation qui tend à renforcer les plus grandes agglomérations et, par corrélation, à affaiblir les autres. De même, par exemple, le dépeuplement des campagnes et le déclin du commerce de détail fragilisent également fortement les niveaux de base du réseau et risquent ainsi de modifier son équilibre.

Enfin, si nous pouvons définir des réseaux régionaux en caractérisant les relations interurbaines dans un espace défini, ceux-ci ne représentent qu'un « élément » d'un réseau plus large qui s'inscrit dans une organisation de niveau national ou même européen. Ainsi Clermont, tête d'un réseau qui s'inscrit à l'échelle du nord du Massif central, n'est en fait qu'un élément de deuxième ou troisième rang à l'échelle nationale, puisqu'elle entretient des liens de dépendance avec Paris ou même Lyon.

Ainsi, nous nous proposons donc maintenant de mettre en évidence les caractéristiques des réseaux urbains du nord du Massif central et de replacer ces derniers à l'échelle nationale. De même, après avoir confronté les résultats obtenus par l'observation des liens effectifs qui existent entre les villes du nord du Massif central à des analyses théoriques de l'organisation de l'espace, nous essaierons de voir comment peuvent évoluer les réseaux urbains du nord du Massif central en renforçant notamment les différents niveaux hiérarchiques.

I - L'ORGANISATION URBAINE DE L'ESPACE NORD DU MASSIF CENTRAL

A - Les outils de l'analyse : cartes et organigrammes

Nous allons donc réaliser le « montage » des réseaux urbains du nord du Massif central en formalisant les liens existants entre les villes. Pour cela, nous allons d'abord rechercher les relations effectives entre les différents niveaux urbains en faisant la synthèse de toutes les données existantes. Ensuite, pour faciliter la mise en évidence de ces réseaux, nous établirons une représentation cartographique des résultats. Ceci nous permettra une approche spatiale de l'analyse réticulaire. De même, nous réaliserons des organigrammes pour chacun des réseaux identifiés, dans la mesure où ils permettent une visualisation plus nette des relations hiérarchiques (verticales) entre les villes. Avec l'aide de ces deux documents, nous pourrons faire une analyse critique des réseaux urbains en montrant notamment les manques éventuels.

1 - La représentation cartographique et ses enseignements (voir Fig. n°72)

a - Méthodologie

Il s'agit donc de visualiser les liens entre les villes. Ceux-ci ont été tracés en fonction des relations existant entre les différents niveaux hiérarchiques. Ils représentent, en fait, le choix des citadins dans la fréquentation d'une autre ville, de rang supérieur, pour des besoins non satisfaits sur place. La carte a, ainsi, été tracée selon deux principes. Nous avons, dans un premier temps, distingué par des couleurs différentes (traits) les liens qui aboutissaient, soit directement, soit indirectement (par le relais d'une ville moyenne ou d'une petite ville) à l'une des deux métropoles régionales « internes », ainsi qu'à Saint-Etienne qui est limitrophe et polarise un certain nombre d'unités urbaines au nord-est de la Haute-Loire. Ensuite, nous avons représenté, selon deux figurés différents (trait plein et tireté), les liens forts (ceux qui représentent des liaisons directes et quasi exclusives) et les liens secondaires (ceux qui sont plus occasionnels et partagés). Notons qu'une même entité urbaine peut avoir des liaisons partagées de manière « égalitaire » avec plusieurs centres. Dans ce cas, nous considérerons celles-ci comme fortes. Par contre, la carte ne tient pas compte des liaisons trop exceptionnelles.

<u>b - Les enseignements de la carte</u>

• Deux réseaux urbains bien délimités : le schéma constitutif au plan spatial

La carte présentant des réseaux urbains (voir Fig. n°72) montre un découpage net de l'espace entre l'Ouest et l'Est. L'Est est donc, sans surprise, organisé autour de Clermont-Riom qui est à la tête d'un réseau urbain qui s'étend au Nord jusqu'à Clamecy, cédant la place ensuite au système parisien, à l'Ouest jusqu'à Aubusson et Ussel et au Sud jusqu'à Maurs et Saint-Chély-d'Apcher. A l'Est, il est limité par les différents systèmes montagneux qui s'étendent depuis le Morvan jusqu'au Forez. Ce système clermontois est essentiellement étiré dans le sens Nord-Sud en suivant le Val d'Allier et ses bordures. C'est au Nord qu'il s'étale le plus franchement, profitant, sans aucun doute, de la position excentrée de Dijon dans la région Bourgogne.

L'Ouest, de manière tout aussi prévisible, est organisé autour de Limoges dont le réseau urbain s'étend, pour l'essentiel, dans les limites de la région Limousin. Il déborde, cependant, à l'Ouest jusqu'à Confolens et au Sud jusqu'à Sarlat et Figeac, laissant ensuite la place, respectivement, aux systèmes bordelais et toulousain. Bordeaux au Sud-Ouest et Clermont-Riom à l'Est limitent spatialement le système urbain limougeaud. Au Nord, il s'étire jusqu'à Châteauroux où il cède ensuite la place à Paris.

Enfin, notons qu'au nord-est de la Haute-Loire, les villes de l'Yssingelais-Sigolénois sont rattachées au réseau urbain lyonnais par l'intermédiaire de son relais stéphanois. Le système urbain lyonnais se prolonge jusqu'à la capitale ponote qui est donc au contact de deux réseaux urbains : lyonnais et clermontois.

• Des réseaux inégalement ouverts sur l'extérieur

Les réseaux du nord du Massif central sont ouverts sur l'extérieur. Cependant, deux éléments interviennent pour limiter le phénomène. Il en est ainsi des barrières naturelles. Le système clermontois, par exemple, est nettement coupé du système lyonnais par un ensemble de moyennes montagnes, allant des monts de la Madeleine au Forez. Le Vivarais marque aussi une coupure franche, au sud-est du Puy, entre Clermont et Lyon. Au sud d'Aurillac, il existe également un hiatus topographique

Fig. n° 72 : L'organisation urbaine du nord du Massif central

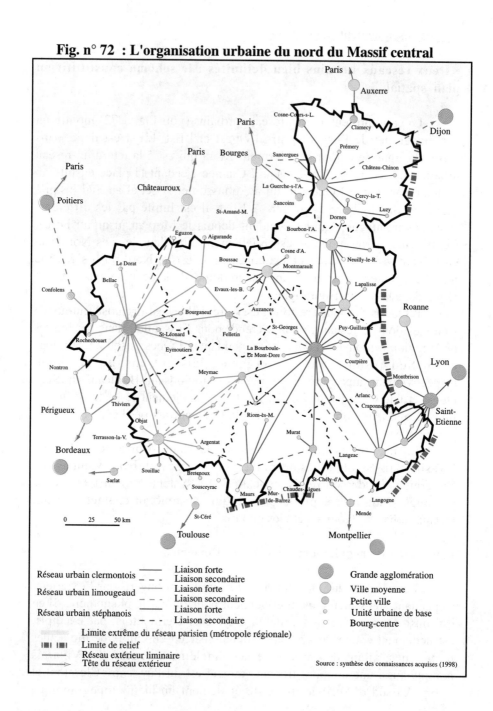

Réseau urbain clermontois	Liaison forte	Grande agglomération
	Liaison secondaire	Ville moyenne
Réseau urbain limougeaud	Liaison forte	Petite ville
	Liaison secondaire	Unité urbaine de base
Réseau urbain stéphanois	Liaison forte	Bourg-centre
	Liaison secondaire	

Limite extrême du réseau parisien (métropole régionale)
Limite de relief
Réseau extérieur liminaire
Tête du réseau extérieur

Source : synthèse des connaissances acquises (1998)

entre le système clermontois et le système toulousain dont la tête de pont la plus avancée vers le nord du Massif central est sans conteste Rodez. Le deuxième obstacle à l'ouverture des réseaux urbains est d'ordre humain. Il est apparemment lié à la forte emprise de Paris, ne serait-ce qu'en tant que simple métropole régionale. Ainsi, le réseau limougeaud ne dépasse-t-il guère les limites nord de sa région, dans la mesure où, au-delà, les liens avec Paris ou ses satellites (Tours) sont quasi systématiques. Ce sont d'ailleurs les mêmes raisons qui expliquent que le réseau urbain clermontois s'« arrête » dans la Nièvre.

Cependant, les réseaux urbains du nord du Massif central sont ouverts, en général, vers les zones basses. Il en est ainsi de celui de Limoges vers le Sud, l'Ouest, et moindrement vers le Nord. De même, Clermont s'étend très nettement au nord dans le département de la Nièvre, profitant ici de l'axe du Val de Loire dans la continuité du Val d'Allier.

Le relief semble donc bien jouer un rôle. On peut, sans doute, expliquer cela par la disposition méridienne des vallées concentrant les principaux axes de circulation. Par contre, les axes transversaux restent très médiocres. Ainsi, se sont formés des réseaux parallèles entretenant peu de relations entre eux.

2 - Les organigrammes : méthode de représentation et enseignements

a - Méthodologie

Si la carte nous a permis de matérialiser les deux principaux réseaux urbains qui s'établissent sur notre espace d'étude, l'analyse détaillée de chacun d'entre eux s'appuiera sur la réalisation d'organigrammes régionaux. Ils nous permettront de présenter conjointement les niveaux hiérarchiques et les liaisons verticales qui rattachent les villes entre elles. Ces organigrammes ont été construits à partir des deux métropoles régionales « internes » et de Saint-Etienne dont le réseau s'étend sur le nord-est de la Haute-Loire (même si ce dernier n'est, en fait, qu'une partie du vaste réseau urbain lyonnais). Certaines villes (surtout petites et peu nombreuses) appartiennent, en fait, à deux réseaux. Elles peuvent donc apparaître deux fois sur les organigrammes (elles seront alors distinguées par leur graphisme : écriture en italique). Quant aux niveaux hiérarchiques, ils seront représentés par des cercles de taille différente.

Cette représentation à travers un organigramme a plusieurs intérêts. Elle permet d'abord de visualiser rapidement le nombre d'unités présentes pour chaque niveau et de repérer facilement les manques. Ensuite, elle met en évidence la structure hiérarchique des différents espaces. Enfin, elle facilite une lecture comparative de la structure de chaque réseau.

b - Les enseignements des organigrammes : caractéristiques des réseaux urbains du nord du Massif central

• Le réseau clermontois

Il s'agit d'un réseau complet, avec présence de tous les niveaux hiérarchiques et, pour chacun d'entre eux, une excellente représentation des unités urbaines (voir Fig. n°73). Clermont dispose de six villes moyennes, en relais, qui sont toutes à la tête d'un réseau local complet, puisqu'elles dominent elles-mêmes des petites villes et des unités urbaines de base. Ainsi, s'individualisent nettement des « grappes » de villes autour des villes moyennes[12]. Cependant, les réseaux urbains locaux présentent des configurations internes différentes (voir Fig. n°73).

Ainsi, Moulins et Aurillac dominent-elles directement un lot d'unités urbaines de base, sans le relais de petites villes. Chacune n'a qu'une seule petite ville dans son réseau local et elle doit la partager avec une autre agglomération, de rang supérieur. Moulins doit partager son influence sur Saint-Pourçain-sur-Sioule avec Vichy et Aurillac doit faire de même, pour Saint-Flour, avec Clermont. Nous avons donc des réseaux locaux que l'on peut qualifier d'« incomplets » de par la faiblesse du niveau des petites villes et surtout de celle des relations que celui-ci entretient avec la ville moyenne. Nous avons, ici, des villes moyennes, de niveau inférieur, qui subissent la concurrence de villes mieux équipées.

Les réseaux urbains locaux de Montluçon, Vichy et Nevers présentent des similitudes fortes. En effet, ces trois villes moyennes entretiennent des liens directs et non partagés avec des petites villes et des unités urbaines de base. Nous sommes plutôt ici dans le cadre de réseaux locaux « hégémoniques », puisque la ville moyenne de niveau supérieur monopolise l'encadrement et les relations dans son espace de commandement (quel que soit le niveau hiérarchique des unités urbaines, les liens sont directs avec la ville moyenne). Finalement, seule la ville du Puy présente un système totalement « hiérarchisé », puisque Yssingeaux,

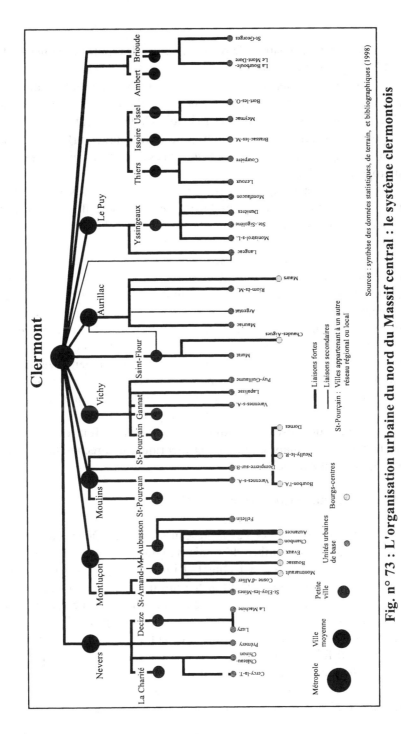

Fig. n° 73 : L'organisation urbaine du nord du Massif central : le système clermontois

Sources : synthèse des données statistiques, de terrain, et bibliographiques (1998)

petite ville, est en position de relais vis-à-vis des unités urbaines de base de l'Yssingelais-Sigolénois.

Cependant, Clermont entretient également des relations directes et sans partage avec un nombre non négligeable de petites villes (cinq) : Thiers, Issoire, Ussel, Ambert et Brioude. Celles-ci sont le plus souvent en position de relais entre la métropole et des unités urbaines de base. Toutefois, quelques-unes de ces dernières sont liées directement à la métropole (voir Fig. n°73).

Notons, enfin, qu'un certain nombre de petites villes ou unités urbaines de base permettent la connexion avec d'autres réseaux régionaux. Ainsi, Aubusson entretient-elle des relations à la fois avec Clermont et Limoges et représente donc un « trait d'union » entre les deux réseaux urbains. Il en est de même pour Ussel rattachée directement à Clermont et indirectement (par le relais de Tulle) à Limoges. Quelquefois les liens entre réseaux se font par les niveaux les plus bas de l'organisation de l'espace, ceux qui échappent aux définitions urbaines : les bourg-centres[13]. A titre d'exemple, Sancergues (Cher) entretient des relations fortes avec la Charité-sur-Loire et est donc rattachée (via Nevers) au réseau clermontois, mais elle en a également avec Bourges (même si elles sont plus occasionnelles) reliant ainsi le réseau clermontois à celui de Paris. Une exception de taille apparaît toutefois, dans la mesure où c'est une ville moyenne (Le Puy) qui est à la « charnière » des réseaux clermontois et lyonnais. Tout ceci mériterait, sur le plan d'une analyse pratique et théorique, une recherche spécifique plus approfondie (articles).

• **Le réseau limougeaud (voir Fig. n°74)**

Nous avons dans ce cas un réseau moins ramifié et, en apparence, plus ténu, avec un nombre de relais nettement plus faible (trois villes moyennes !). En effet, à l'Ouest, Limoges, en raison du poids de Bordeaux qui fait sentir son influence jusqu'aux portes du Limousin, ne dispose pas de vrais relais : Angoulême lui échappe et Périgueux semble désormais davantage bordelaise, même si elle sert en fait de lien entre les deux réseaux (Limoges et Bordeaux). Quant au Nord, c'est la supériorité de Paris qui fait loi, puisque Tours n'est qu'une tête de pont parisienne. En fait, le problème, ici, est celui du rattachement de Châteauroux à Limoges ; laquelle pourrait lui servir de relais dans le cadre d'un nouveau découpage régional, par exemple (idée qui semble être acceptée par le

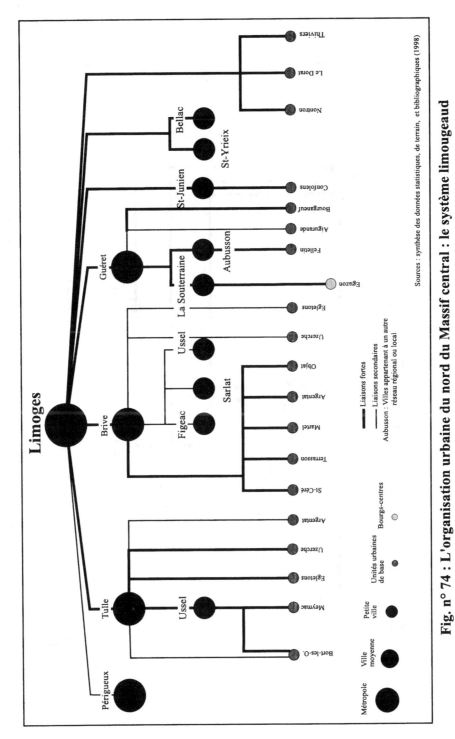

Fig. n° 74 : L'organisation urbaine du nord du Massif central : le système limougeaud

Sources : synthèse des données statistiques, de terrain, et bibliographiques (1998)

Fig. n° 75 : L'organisation urbaine du nord du Massif central : le système stéphanois

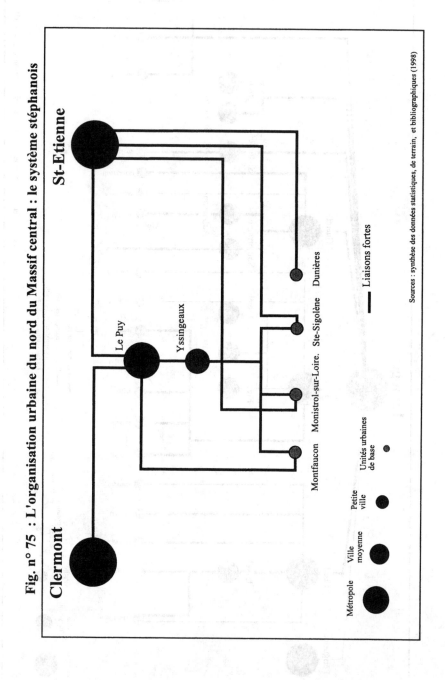

Sources : synthèse des données statistiques, de terrain, et bibliographiques (1998)

maire de Châteauroux !). Si, comme pour Clermont, nous avons en fait un réseau complet, le nombre d'unités urbaines représentatives de chaque niveau hiérarchique est nettement plus faible. Ainsi les « grappes » formées autour des villes moyennes sont-elles beaucoup moins fournies (comme autour de la métropole d'ailleurs). De même, les petites villes sont-elles très rarement des relais des villes moyennes dans leurs relations verticales avec les unités urbaines de base. Les réseaux locaux formés autour de Brive, Tulle et Guéret prennent alors un caractère « incomplet » (lien direct entre la ville moyenne et les niveaux de base).

Limoges entretient aussi des relations directes avec un certain nombre de petites villes (Saint-Junien, St-Yrieix-la-Perche, Bellac) et d'unités urbaines de base (Nontron, Le Dorat, Thiviers, Saint-Léonard, Eymoutiers). Si la capitale du Limousin compte moins de relais de niveau ville moyenne que Clermont, c'est également le cas pour les petites villes.

Enfin, comme pour le réseau clermontois, au bas de la pyramide relationnelle, certaines petites villes ou unités urbaines de base servent de connexion avec d'autres réseaux régionaux. Il en est ainsi de Confolens avec le réseau bordelais et de Gramat avec celui de Toulouse, sans oublier Aubusson et Ussel avec celui de Clermont.

. Le réseau stéphanois (voir Fig. n°75)

Nous n'avons sur le nord du Massif central qu'une toute petite partie du réseau urbain lyonnais, via le système stéphanois. Ainsi, l'est de la Haute-Loire présente un système hiérarchique très primaire, puisque Saint-Etienne domine directement trois unités urbaines de base : Monistrol-sur-Loire, Sainte-Sigolène et Dunières.

Saint-Etienne (et Lyon) ne commande que très partiellement la ville moyenne du Puy. Nous sommes ici dans un cas rare de partage, issu du rôle de la régionalisation. En effet, le Velay, traditionnellement stéphanois et lyonnais, se retrouve aujourd'hui administrativement rattaché à Clermont, ce qui induit des relations « obligées » avec la capitale régionale.

Pour conclure, nous pouvons dire que nous sommes en présence, sur le nord du Massif central, de deux réseaux urbains hiérarchisés très purs. De plus, ils ne présentent pas une grande originalité à l'échelle nationale ; en effet, ce sont des modèles classiques de ce type que l'on rencontre sur les trois quarts du territoire français. Ceci montre, une nouvelle fois, que nous sommes bien en présence d'un espace urbain banal et parfaitement intégré au système national. La faiblesse des densités ne se retrouve, en fait, que par la relative faiblesse du poids démographique de chaque niveau urbain représenté.

Ainsi, Clermont-Riom et Limoges sont-elles à la tête d'un réseau de type « *périphérique dominant* » (D. Pumain, Th. Saint-Julien, 1989), au même titre que Bordeaux ou Toulouse. Dans ce cas, l'espace régional est dominé par une métropole, mais avec une polarisation atténuée par rapport au type parisien dominant[14]. Les villes moyennes, en position périphérique par rapport à la métropole, polarisent elles-mêmes des « sous-régions », ce qui leur vaut d'ailleurs le même équilibre fonctionnel que celui des métropoles régionales (voir supra). Toutefois, seule la métropole assure des services, du niveau le plus élevé, à une zone étendue.

B - Les réseaux urbains du nord du Massif central dans le contexte national

Quel que soit le réseau urbain régional étudié et ses caractéristiques hiérarchiques et fonctionnelles, il ne représente qu'une fraction d'un ensemble plus large, à savoir un réseau national, voire européen. C'est pourquoi, il nous faut maintenant replacer les deux têtes de réseaux identifiées sur notre espace d'étude par rapport aux autres têtes de réseaux régionaux et par rapport à Paris. Il s'agira alors de voir avec quelles villes régionales, de niveau supérieur, Clermont et Limoges entretiennent le plus de relations, permettant ainsi de les classer dans le réseau national et par rapport à Paris. Enfin, il conviendra de s'interroger sur les évolutions possibles du positionnement des deux métropoles du nord du Massif central dans le réseau urbain français (et même européen), dans le cadre de la métropolisation en cours.

1 - Des métropoles plutôt mal placées dans le réseau urbain national

« ...*Toutes les métropoles assurent les services tertiaires désormais considérés comme « basiques » : commerce, commerce de gros, banque, assurances, services sanitaires de niveau hospitalier et universitaire, services éducatifs et de recherche de niveau « universités et grandes écoles »* » (C. Jamot, 1995). Et dans ce domaine, nous avons pu voir que Clermont et Limoges, compte-tenu de leur taille démographique, ne présentaient aucun retard particulier, parvenant même à occuper dans certains domaines, comme le commerce, une place de premier plan.

Toutefois, dès que l'on s'intéresse aux services les plus rares, de rayonnement élargi (national : par les sièges sociaux d'entreprises, les bourses, les sociétés de conseil, d'expertise, de gestion des relations avec l'étranger...), les potentialités des métropoles françaises diffèrent considérablement. Si Paris domine « outrageusement » dans tous les domaines, les autres grandes agglomérations se placent en fonction du niveau de leur équipement tertiaire. Elles occupent alors un rang hiérarchique secondaire par rapport à la capitale nationale, ce qui implique des relations plus ou moins fortes avec cette dernière, mais également une domination plus ou moins nette sur des villes de rang inférieur y compris d'autres métropoles régionales. La question se pose par exemple pour Bordeaux à l'égard de Limoges.

Nous pouvons prendre comme base de référence le classement effectué par R. Brunet et L. Grasland (Brunet et Grasland, 1989)[15] et destiné à mettre en valeur les villes de dimension européenne (et donc fort utile pour connaître l'importance des activités de haut niveau dans les métropoles françaises). On constate que Clermont (et Limoges sans aucun doute)[16] est mal placée pour toutes les fonctions ou activités de dimension européenne. Effectivement, sur les cinq classes (le niveau 5 représentant les villes les moins bien équipées) définies par R. Brunet et ses collaborateurs, nous constatons que Clermont se situe le plus souvent au niveau 4. Il en est ainsi pour les activités technopolitaines, la recherche, la fonction universitaire, la presse et l'édition. Naturellement écrasée par Paris, elle est également, le plus souvent, largement dominée dans les domaines que l'on vient de citer par Lyon et Toulouse surtout, mais également Bordeaux, Grenoble, Montpellier, Rennes[17]... Notons, enfin, que Clermont est même de classe 5 pour les activités financières de plus haut niveau (bourses, marchés à terme, présence de sièges sociaux de grandes banques...). Cette situation n'a rien de réellement surprenant, compte-tenu du poids démographique somme toute modeste de Clermont-Ferrand (et encore plus pour Limoges) à l'échelle des métropoles françaises et surtout européennes. Elle se place néanmoins dans la moyenne des agglomérations de taille comparable au niveau national (Saint-Etienne, Orléans, Tours, Dijon) et même européen (comme Gand en Belgique).

Il y a donc, en conséquence, nécessité pour les deux métropoles du nord du Massif central d'avoir recours à des villes mieux équipées, c'est-à-dire d'intégrer un réseau suprarégional ou national directement.

2 - *A quelles agglomérations de niveau supérieur se rattachent Clermont-Ferrand et Limoges ?*

Pour Clermont, deux possibilités de rattachement à un niveau supérieur sont envisageables : Lyon ou Paris. Actuellement, les relations effectives favorisent grandement la capitale nationale. C. Jamot (C. Jamot, 1995) a montré que pour le tertiaire rare Clermont dépend de Paris à 90 % et de Lyon pour le reste. Le partage est donc clair et pose le problème du rattachement administratif de l'Auvergne à une suprarégion du Centre-Est commandée par Lyon. Les intérêts économiques ne correspondent pas forcément aux choix politiques. En fait, pour la métropole auvergnate l'enjeu est de taille, surtout si l'on raisonne en termes de place dans le réseau national, voire européen. En effet, si Clermont parvient à maintenir, par le biais des entreprises publiques et des sociétés privées, un rattachement parisien, cela signifie qu'elle peut se maintenir éventuellement au rang deux de la hiérarchie nationale (C. Jamot, 1995), en relation directe avec une des deux têtes du réseau européen (rang 1 pour Paris[18]). Par contre, un rattachement à la métropole lyonnaise se traduirait inéluctablement par un recul hiérarchique, puisque Clermont se trouverait alors, dans l'échelle des relations verticales, au niveau 3 en France. De plus, en raison de la place très modeste de Lyon au niveau européen (niveau 3 des relations, 27e rang[19]), son recul serait encore plus net et elle se situerait, au mieux, au niveau 4 des relations européennes. La liaison majeure de Clermont est donc avec Paris, mais celle-ci n'est pas exclusive, et Lyon est bien présente. Le débat est désormais de l'ordre de la stratégie politique.

Limoges, plus petite et moins bien équipée, doit également entretenir des relations fortes avec les échelons supérieurs pour le tertiaire rare (notamment de décision). Le choix limougeaud ressemble à celui de Clermont et les enjeux sont les mêmes ; Bordeaux remplaçant ici Lyon. En effet, l'importance des relations directes de Limoges avec Paris en fait également une métropole de rang 2 dans le schéma des relations hiérarchiques. Un rattachement bordelais impliquerait également, pour la métropole du Limousin, un recul au niveau 3 dans la hiérarchie nationale. Et le recul au niveau européen serait encore plus sérieux que pour Clermont. Effectivement, Bordeaux est bien plus mal placée que Lyon (niveau 4 pour les relations hiérarchiques, 57e rang[20]). Là encore, les intérêts économiques et hiérarchiques de la métropole limougeaude risquent de ne pas coïncider avec les choix de mise en place de nouvelles grandes régions, comme celle d'un Sud-Ouest qui intégrerait, de fait, Limoges dans le réseau bordelais.

Dans le cadre du dilemme de leur rattachement à un échelon urbain de niveau supérieur et du maintien de leur rang hiérarchique, il paraît indispensable d'analyser la position des métropoles du nord du Massif central dans le cadre du mouvement de métropolisation nationale. Pour apprécier les conséquences de ce phénomène, nous prendrons l'exemple de Clermont-Riom.

3 - Clermont et la métropolisation nationale

La capitale auvergnate subit, comme les villes nationales de même rang, le phénomène de métropolisation, c'est-à-dire de concentration des activités tertiaires rares, des activités de gestion et de commandement, sur quelques grandes villes françaises. Ce processus affecte toutes les branches économiques considérées.

Ainsi, d'après un travail effectué dans le cadre d'un rapport du CERAMAC pour la DDE (dirigé par C. Jamot, *Clermont-Ferrand : métropole régionale*, CERAMAC, 1993), Clermont a-t-elle été « oubliée » par France Telecom lors de la redistribution de ses pôles directeurs régionaux, ce qui renforce du même coup sa dépendance vis-à-vis de Paris. Dans le contexte de son changement de statut depuis le 2 juillet 1990, le groupe s'est réorganisé. Jusqu'au premier janvier 1993, épaulant la Direction Générale de Paris, existaient dix-neuf Directions Régionales (dont Clermont). Depuis, au sein de la Direction Générale, ont été créées cinq Directions Exécutives Déléguées (DED) qui se partagent l'ensemble du territoire. Les cinq directeurs contrôlent les nouvelles Directions Régionales dont le nombre est porté à quarante-huit en métropole. En fait, sous l'apparence d'une décentralisation (48 DR), on renforce la concentration et la centralisation sur Paris. De plus, France Telecom a renforcé son organisation hiérarchique par la création de nouveaux services : les Organismes Nationaux de Soutien (ONS) qui jouent le rôle d'experts et de conseillers pour la Direction Générale et de prestataires de services pour les Directions Régionales ; chacune ayant sa spécialité. D'autre part, les Services Nationaux Opérationnels (SNO) sont des services spécialisés, d'obédience nationale, auxquels ont recours les composants du groupe (exemple : service des annuaires).

Dans le cadre de cette nouvelle organisation, Clermont ne joue plus qu'un rôle très secondaire. Elle est intégrée à la DED sud-est, celle de

Lyon avec Saint-Etienne, la vallée du Rhône et la Provence. Elle n'est ni le siège d'une ONS (Paris, Lille, Bordeaux, Nantes, Toulouse, Rennes, Montpellier) ni d'un SNO (Paris, Lyon, Bordeaux, Orléans, Nancy, Montpellier, Marseille, Grenoble). Ainsi, Clermont n'existe-t-elle plus en tant que centre régional. Elle a été rayée de la carte au même titre que d'autres métropoles de l'« intérieur » du territoire national comme Limoges et Dijon.

La stratégie nationale de France Telecom constitue donc un exemple parfaitement représentatif de la métropolisation, puisqu'elle a joué la carte du renforcement de Paris et des grandes villes que l'on considère comme les seules capables de prendre son relais. Clermont, qui peut prétendre occuper une place de second rang dans la hiérarchie nationale, se voit ici reléguée à une place de simple ville moyenne, avec quarante-sept autres cités sur le territoire national. Ceci se répercute, bien sûr, sur l'ensemble du réseau urbain auvergnat, puisque, dans ce système, Clermont n'est plus qu'un centre régional et les villes moyennes deviennent alors des centres locaux !

Au total, il semble se dessiner clairement deux cas de figure. Le premier correspond à un rattachement à Lyon, lié le plus souvent à des choix « politiques », notamment dans la perspective d'une intégration au réseau européen. Nous avons alors une France à quatre niveaux principaux. A la tête, la capitale nationale : Paris, relayée par sept ou huit grandes métropoles régionales (comme Lyon, Lille, Marseille, Bordeaux, Toulouse...). Ces dernières s'appuient sur des centres régionaux qui correspondent largement aux autres métropoles régionales, localisées, le plus souvent, dans les régions « intérieures » de l'hexagone. Quant aux villes moyennes, elles se retrouvent au niveau de centres locaux. Dans ce canevas qui semble se dessiner, notamment dans le cadre de la création de nouvelles grandes régions à l'échelle de l'Europe, Clermont recule forcément dans la hiérarchie. Dans le second cas, qui correspond encore largement aux réalités des relations économiques interurbaines actuelles, Clermont est directement parisienne et occupe donc une place de second rang à l'échelle nationale, au même titre que Tours ou Reims par exemple, faisant avec Limoges la couronne parisienne la plus périphérique. La métropolisation ne joue ici que dans le sens d'un renforcement de la dépendance clermontoise vis-à-vis de la capitale nationale. Quoi qu'il en soit, à l'échelle nationale, la position clermontoise (et *a fortiori* celle de Limoges) semble s'affaiblir. La métropole auvergnate subit bel et bien les effets de la métropolisation.

C - Le nord du Massif central: une organisation christallérienne

Au début des années trente, W. Christaller mettait au point une théorie d'organisation de l'espace, plus connue sous le vocable de théorie des « places centrales ». Le principe de base en est simple : la répartition des villes dans l'espace et leur taille démographique sont conditionnées par la nécessité de desservir l'ensemble de la population, c'est-à-dire par leur rôle de « place centrale ». Cette théorie décrit donc un réseau parfait où les villes sont disposées dans l'espace en fonction de leur taille et des commerces et services qu'elles offrent, permettant ainsi une desserte rationnelle du territoire. Elle a été établie en Allemagne du sud, dans un espace isotrope, et a fait l'objet de nombreuses discussions, ouvrages, articles. Elle fut développée, avec quelques adaptations le plus souvent, dans de nombreux espaces régionaux, étrangers ou français. Son application à la bordure nord du Massif central nous permettra, notamment, de voir si notre espace est doté d'un réseau proche de la théorie, conduisant ainsi à une bonne desserte de la population ou si, au contraire, il existe des lacunes. De plus, l'intérêt est, également, de voir si un espace non isotrope, et donc plutôt accidenté, peut disposer d'un réseau pur, ou en tout cas si le modèle théorique de Christaller peut s'adapter à un type d'espace différent de celui qui lui a donné naissance, tout en permettant le maintien d'une desserte rationnelle de l'espace.

1 - L'organisation de l'espace par les villes, d'après les principes de W. Christaller

a - Le principe de base

Pour Christaller, la représentation de la hiérarchie urbaine est fondée sur deux principes. Le premier considère un espace donné, avec une densité répartie uniformément et où les contraintes du milieu naturel sont gommées. Le second établit des liens existants entre la répartition et la taille des villes d'une part, la consommation de biens ou services plus ou moins rares d'autre part. Pour Christaller « *la fonction propre d'un centre est d'être sur une place centrale fournissant des « biens et services centraux » pour l'aire tributaire qui l'entoure* » (P. Merlin, 1973). Cela nous conduit à élaborer un modèle théorique faisant apparaître des aires de marché et affirmant le principe de la centralité.

b - L'application locale du modèle

Il ne s'agira pas ici d'appliquer strictement la théorie des places centrales de Christaller. En effet, celle-ci correspond à une conception des relations entre la ville et l'espace environnant résultant de l'existence de moyens de déplacement limités. En effet, le principe de base était : « *tout point de l'espace devra être à moins d'une heure de marche, soit quatre kilomètres, d'une place centrale* » (P. Merlin, 1973). C'est cette distance élémentaire qui donne alors l'échelle du système. A partir de là, la hiérarchie de Christaller est systématique : à chaque niveau, l'aire d'influence est triplée par rapport au niveau précédent ainsi que la population de la place centrale. L'ensemble s'applique à un espace isotrope avec des densités uniformes, se traduisant par une répartition spatiale régulière des différents niveaux hiérarchiques. De plus, pour Christaller, il y a un lien systématique entre le niveau démographique et celui des fonctions, ce qui est loin d'être le cas sur notre espace d'étude. Ainsi, Guéret et Tulle, de taille démographique modeste (proche du niveau petite ville, comme Issoire), présentent-elles une masse d'équipement tertiaire qui est plus exactement celle d'une ville moyenne.

C'est pourquoi, comme P. Bruyelle (Bruyelle, 1980) et N. Commerçon (Commerçon, 1987), nous nous inspirerons davantage du système de Lösch (1940) qui se rapproche du modèle de Christaller , mais permet une hiérarchisation plus souple, moins systématique, puisque privilégiant les équipements tertiaires et adaptant la forme des hexagones à l'importance de l'offre. Les niveaux hiérarchiques théoriques que nous allons définir ne tiennent donc pas seulement compte du poids démographique des villes, mais de celui des équipements tertiaires (commerces et services). N. Commerçon (Commerçon, 1987), par exemple, définit trois niveaux que nous pouvons globalement retenir, en y ajoutant au sommet les métropoles régionales :

- les métropoles régionales,
- les places centrales régionales (équivalent aux villes moyennes de notre espace d'étude),
- les petites villes,
- les bourgades rurales que nous pouvons remplacer par les unités urbaines de base, dans la mesure où nous avons opté pour une étude strictement urbaine, laissant la possibilité à d'autres géographes d'étudier l'organisation de l'espace nord du Massif central par les centres ruraux.

A partir de cette classification correspondant aux niveaux présents sur la bordure nord du Massif central, les principes de construction du modèle christallérien cartographique ont été les suivants : la répartition géographique des différents niveaux urbains a été largement respectée, et ce pour tenir compte des spécificités de notre espace étude ; pour tracer le maillage théorique nous avons repris l'idée qui consiste à partager l'espace nord du Massif central selon une trame hexagonale. Celle-ci subit alors des déformations en fonction de la localisation géographique des villes et de l'offre tertiaire. Ainsi, l'aire d'influence d'un niveau hiérarchique donné s'étend jusqu'au point de localisation des villes de niveau immédiatement inférieur. Il s'agit bel et bien d'appliquer un modèle théorique sur une disposition spatiale réelle (même quelque peu simplifiée) des unités urbaines. La déformation des hexagones tient compte de la réalité, mais elle est parfaitement exacte au plan théorique.

Cette analyse présente alors plusieurs intérêts : repérer les manques, voir si certaines villes ne sont pas déplacées par rapport à l'endroit où elles devraient être théoriquement en fonction de leur niveau hiérarchique, voir au contraire si certaines villes ne pourraient pas occuper un rang plus élevé. Ainsi, à partir du pavage théorique de la bordure nord du Massif central, nous pourrons également nous interroger sur les possibilités de corriger les manques éventuels. Notons, enfin, que nous avons regroupé théoriquement Brive et Tulle, dans la mesure où leurs aires de rayonnement correspondent en grande partie au même espace. Il en est d'ailleurs de même, à un niveau hiérarchique supérieur, pour Lyon et Saint-Etienne (C. Jamot, 1979).

2 - La carte christallérienne (voir fig. n°76)

a - Observations générales

Il apparaît clairement que le réseau urbain de l'espace nord du Massif central, pourtant loin de représenter l'uniformité physique de l'Allemagne du sud au pied des Alpes, est assez proche du modèle défini par Christaller. Effectivement, nous pouvons observer une bonne représentation de tous les niveaux hiérarchiques, formant ainsi une trame urbaine solide. La ville est bien présente et notre espace d'étude est bien desservi. Toutefois, cette observation cache une certaine inégalité des « sous-espaces » du nord du Massif central à l'encontre de la présence des différents niveaux hiérarchiques. Nous nous trouvons devant une organisation, à partir des places centrales, nettement plus complexe que celle définie, par exemple, par N. Commerçon (Commerçon, 1987) pour

Fig. n°76 : L'application de la théorie de Christaller à l'espace nord du Massif central (localisation schématique des centres)

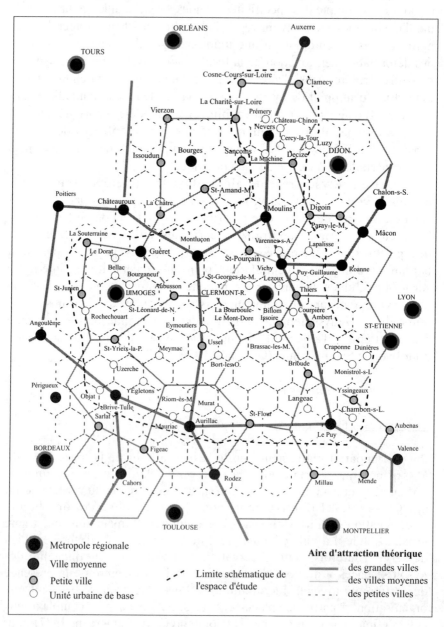

la vallée de la Saône. Ce sont effectivement, et systématiquement, trois à quatre niveaux urbains qui se partagent l'espace.

Si, hiérarchiquement, le modèle théorique s'applique fort bien à notre espace d'étude, le maillage, quant à lui, présente de nombreuses irrégularités. En effet, les hexagones sont très souvent déformés, correspondant le plus souvent à un étirement méridien, surtout pour les deux métropoles du nord du Massif central. Nous constatons également que les aires de commandement théorique d'un même niveau hiérarchique sont fort variables quant à leur étendue : certaines étant beaucoup plus vastes que d'autres. Il y a donc des spécificités à l'espace nord du Massif central qu'il convient de mettre en valeur.

b - La déformation du maillage théorique

Plusieurs éléments entrent en jeu pour expliquer la déformation des hexagones, issus de l'application de la théorie de Christaller à notre espace. En premier lieu, les axes majeurs de circulation jouent sur la trame hexagonale, ceci de manière particulièrement nette au niveau des métropoles régionales. En effet, celle-ci s'étire nettement du Nord au Sud, suivant l'axe autoroutier de l'A71-A75, pour Clermont-Riom, et celui de l'A20 pour Limoges. Réduisant sensiblement le facteur distance-temps, les autoroutes permettent aux métropoles d'« allonger » leur espace de commandement.

Ensuite, la densité de population entre en ligne de compte. Ici, le phénomène est particulièrement clair pour les villes moyennes et il intervient à deux niveaux. Tout d'abord, les villes moyennes qui appartiennent aux espaces les plus faiblement peuplés, et donc à présence de villes plus rares, plus dispersées, ont les aires théoriques les plus dilatées. Ceci est très net pour Aurillac et Le Puy, en comparaison de Vichy et Moulins. Les différences de densités, dans l'espace environnant les villes, expliquent quelquefois la déformation des hexagones. Ainsi, celui de Nevers s'étire-t-il à l'Est sur les espaces « vides » des plateaux nivernais où il n'y a pas de petites villes. Il en est de même pour celui de Montluçon qui s'allonge vers le sud du Cher ou même de celui de Limoges (en tant que centre régional) qui s'étend vers l'est de la Haute-Vienne jusqu'aux abords de la Montagne limousine. L'influence théorique de Clermont, centre régional, se poursuit aussi vers le sud en raison de l'extrême faiblesse des densités et de l'« éloignement » des villes moyennes. A l'inverse, les espaces à plus forte densité voient les hexagones se rétracter comme c'est le cas au sud de Moulins ou au nord-est du Puy.

Un troisième élément peut encore intervenir dans l'explication de la déformation des hexagones. Il s'agit du relief. En effet, s'il n'est pas question ici de faire du déterminisme physique, force est de constater que la forme de certains hexagones est en rapport avec l'existence de zones « hautes ». Celles-ci, peu favorables aux grandes concentrations humaines, correspondent à des espaces de forte carence locale en niveaux urbains, à l'exception des unités urbaines de base et de rares petites villes. Ainsi, pour Clermont en direction du sud, les villes moyennes ne sont présentes qu'au-delà des principales lignes de relief, à la faveur de l'existence de bassins. Il en est ainsi du Puy et d'Aurillac. L'influence théorique de la métropole passe alors au-delà de ces zones de faible densité humaine et s'étire en direction du Sud. L'influence du relief semble également jouer dans la déformation des hexagones en limitant l'aire d'attraction dans une direction géographique donnée. Il en est ainsi de Vichy à l'Est et au Sud-Est avec la Montagne bourbonnaise et les Bois-Noirs.

Enfin, la déformation du maillage théorique peut également être le résultat de la surimposition de villes à une trame plus ancienne. Il en est ainsi de Vichy, née du thermalisme et du tourisme au XIXe, qui est venue se surajouter au réseau déjà existant. Ville moyenne, elle est trop proche théoriquement de Moulins et de Clermont. De même, le découpage administratif et le choix des préfectures ont pu également perturber la répartition théorique, en permettant le développement de villes moyennes dans une position spatiale de petite ville. Guéret et Périgueux semblent correspondre parfaitement à ce cas de figure. En fait, par le biais des départements et de leurs chefs-lieux, il y a une artificialisation de la présence urbaine qui fausse les principes théoriques de Christaller. Ceux-ci sont basés sur le développement des villes en fonction des besoins d'une population et de son accessibilité égale en tous points de l'hexagone. Il ne faudrait pas oublier non plus le rôle du développement industriel au XIXe siècle qui a entraîné le gonflement démographique de certaines villes, ainsi que, par induction, celui de leurs équipements tertiaires. Montluçon correspond tout à fait à ce cas de figure. Ainsi, nous avons, avec ces trois cas de surimposition, l'explication de la tricéphalie du département de l'Allier.

Au total, nous constatons que, en fait, les déformations liées aux différences de densité et au relief sont plutôt l'apanage des villes moyennes et des petites villes. Par contre, pour les métropoles le rôle des axes circulatoires, et en particulier les autoroutes est un élément majeur d'explication de la forme de leur hexagone.

Si le maillage christallérien permet d'avoir l'image théorique des aires d'attraction pour les différents niveaux hiérarchiques, l'intérêt majeur de son modèle d'organisation de l'espace est aussi d'analyser les places centrales. Ainsi, son application à l'espace nord du Massif central nous permet-elle d'observer certaines carences dans l'existence de celles-ci en fonction de leur niveau hiérarchique.

c - L'absence de certains niveaux hiérarchiques et la question des villes mal placées ?

A la lecture de la figure n°76, il est clair qu'il existe divers manques par rapport à la théorie. Le phénomène est surtout marqué pour les niveaux de base, ce qui peut au premier abord surprendre, dans la mesure où ils représentent justement l'essentiel des villes du nord du Massif central ! Mais, centres de proximité par excellence, ils desservent chacun une portion très limitée du territoire et la théorie « exige » une trame encore plus serrée, ce qui n'est pas le cas ici. Ainsi, fait curieux, le Massif central qui, en apparence, regorge de petites villes, en manque au plan théorique ! Si nous prenons ensuite le niveau des petites villes, nous constatons des absences dans les monts du Cantal (en relais d'Aurillac), la Montagne limousine (en relais de Tulle), le Bocage bourbonnais (en relais de Montluçon ou Moulins), les monts Dômes et les monts Dores, le plateau de la Combraille (en relais de Clermont)... Ici, la faiblesse des densités n'a même pas permis le développement d'organismes urbains de cette taille.

Par contre, la trame des villes moyennes présente une belle régularité d'ensemble avec une localisation très proche de la théorie par rapport aux métropoles. Seule, véritablement Guéret est mal localisée pour des raisons déjà évoquées. On peut cependant s'interroger sur l'absence de ce niveau hiérarchique dans au moins un cas. Il s'agit de la Montagne limousine et ses bordures. La théorie accorderait, là, l'existence d'une ville moyenne. En fait, c'est Ussel, petite ville, qui semble occuper cette place dans la trame hexagonale. Il est clair que la faiblesse des densités interdit ici tout développement d'une ville moyenne, démontrant que l'on a affaire à un élément perturbateur majeur pour l'application de la théorie. La disposition des métropoles est quant à elle parfaitement christallérienne, même si Lyon et Saint-Etienne sont trop proches. Mais, c'est le développement industriel (déjà abordé) qui explique, en grande partie, la croissance de cette dernière qui est venue se surajouter au réseau urbain lyonnais, déjà en place.

En conclusion, nous pouvons donc dire que le réseau urbain du nord du Massif central est fort proche d'un modèle christallérien avec un pavage assez régulier de l'espace. Celui-ci connaît cependant des déformations en raison d'éléments perturbateurs classiques : axes de communication, densités de population, relief, inscription tardive dans le réseau de certaines villes (tourisme, industrie), choix politiques.

II - L'AVENIR DES RESEAUX URBAINS

Il s'agit, dans un premier temps, d'analyser le principe d'une « métropolisation régionale » choisie. L'idée est, ici, qu'il est nécessaire de renforcer Clermont et Limoges pour éviter un accroissement de leur situation de dépendance vis-à-vis des grandes agglomérations françaises, en l'occurrence Paris, et plus secondairement Lyon et Bordeaux. Ceci passe par des choix forts, et douloureux, au niveau de la politique d'aménagement du territoire national, avec par exemple de réelles décentralisations. Au niveau des choix régionaux, il pourrait s'agir de l'arrêt de la politique de « saupoudrage », particulièrement probante pour l'Université. En effet, Clermont (comme la plupart des autres métropoles régionales d'ailleurs) délocalise une partie de ses départements universitaires vers les villes moyennes.

A - Faut-il renforcer les métropoles ?

1 - Clermont-Riom : « Arvernia » et les politiques municipales

Il y a donc deux acteurs principaux : la région et l'intercommunalité locale. Toutefois, il est significatif que la région intervienne avant dans un projet de grande envergure. Ceci trahit, au niveau local, une carence grave, en matière de réflexion, dans le domaine du renforcement de la métropole auvergnate au sein du réseau national.

a - « Arvernia » : le projet du conseil régional

Il s'agit du projet le plus clairement énoncé en ce qui concerne l'objectif du renforcement de l'une des deux métropoles régionales du nord du Massif central. Il émane d'une volonté politique régionale (avec le rôle d'un acteur essentiel, Valéry Giscard d'Estaing qui avait des ambitions affirmées sur la direction de la commune clermontoise), ce qui

Fig. n° 77 : Arvernia en Auvergne

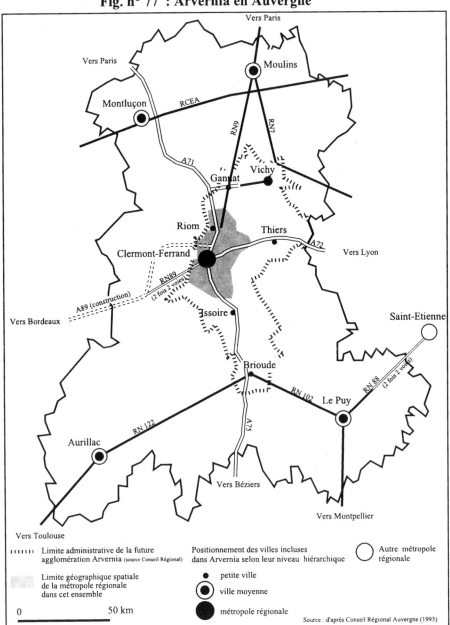

Vers Paris

Vers Paris

Moulins

Montluçon

RCEA

RN9

RN7

A71

Gannat   Vichy

Riom   Thiers

Clermont-Ferrand

A72

Vers Lyon

RN89

(2 fois 2 voies)

A89 (construction)

Vers Bordeaux

Issoire

Saint-Etienne

Brioude

RN 102   Le Puy

RN 88 (2 fois 2 voies)

RN 122

A75

Aurillac

Vers Béziers

Vers Montpellier

Vers Toulouse

ıı ıı ıı ıı   Limite administrative de la future
agglomération Arvernia (source Conseil Régional)

Limite géographique spatiale
de la métropole régionale
dans cet ensemble

0   50 km

Positionnement des villes inclues
dans Arvernia selon leur niveau hiérarchique

● petite ville

◉ ville moyenne

⬤ métropole régionale

○ Autre métropole
régionale

Source : d'après Conseil Régional Auvergne (1993)

n'est pas la filière normale. Il constitue l'une des cinq propositions d'aménagement de la Région inscrites dans le Programme Intégré de Modernisation de l'Auvergne (PIMA), élaboré par le conseil régional, en 1989. Deux de ces objectifs concernent le réseau urbain. Le premier porte sur « *l'organisation d'une grande métropole au centre de la France et de l'Europe* » (projet « Arvernia », 1989). Le second insiste sur la nécessité de « *développer un réseau de villes moyennes vigoureuses* » et sera donc étudié par la suite.

• Un constat, des bases

La finalité du projet est de « constituer » une métropole de quatre cent mille habitants, s'étendant de Gannat à Brioude, de Vichy à Issoire et de Clermont à Thiers (voir Fig. n°77). Les habitants de cet ensemble sont à une demi-heure maximum, par autoroute, du centre de Clermont-Ferrand et les liaisons ferroviaires entre les différents pôles urbains de cet espace sont de type banlieue. L'objectif final est de donner à cette « conurbation » le poids et la cohérence nécessaires pour être de taille européenne. Ainsi, le conseil régional a-t-il prévu la réalisation de plusieurs aménagements qui peuvent être déclinés en deux grands axes : améliorer les communications à l'intérieur des limites d'« Arvernia », mais aussi avec l'extérieur, tant régional que national et même européen ; renforcer l'activité du nouvel ensemble urbain créé.

• Améliorer les communications

- Les relations internes

Pour aboutir à ce résultat, plusieurs axes de développement ont été définis dans le cadre des projets d'aménagements du territoire lancés par le conseil régional. Il s'agit, en premier lieu, d'améliorer les relations internes à « Arvernia » pour créer un ensemble cohérent, fonctionnant comme une véritable agglomération. Cela consiste d'abord à compléter le maillage routier, autoroutier et ferroviaire. Il a notamment été jugé nécessaire de mettre en place de nouvelles infrastructures permettant une desserte autoroutière des principaux pôles urbains d'« Arvernia ». On souhaite, ainsi, permettre une plus grande cohésion du périmètre, une synergie des différents pôles et enfin renforcer l'attractivité de l'ensemble.

On cherche donc à créer un nouveau contexte relationnel. En effet, pour les relations routières, il s'agit essentiellement de la mise en place de la liaison autoroutière Clermont-Vichy par le biais du tronçon Gannat-

Vichy embranché sur l'A71. Le contournement à l'est de Riom, en service depuis quatre ans, a permis également une amélioration des relations de Clermont avec la partie nord du périmètre d'« Arvernia ». En ce qui concerne les liaisons ferroviaires, des lignes de banlieue ont été mises en place, avec une desserte « au quart d'heure », aux heures de pointe, pour la première couronne clermontoise : Clermont-Ferrand—Riom, Clermont-Ferrand—Vic-le-Comte, Clermont-Ferrand—Lezoux. Une desserte « semi-directe » (avec un nombre d'arrêts limité dans les gares intermédiaires) existe pour la deuxième couronne, à savoir Clermont—Vichy—Saint-Germain-des-Fossés, Clermont-Issoire-Brioude, Clermont-Thiers, Clermont-Gannat. La partie sud d'« Arvernia » pourrait bénéficier, à terme, du projet de la SNCF de reporter une partie du transit de fret de la vallée du Rhône sur le Massif central. Ceci permettrait enfin une électrification des lignes aboutissant à une accélération de la desserte de banlieue, avec, il est vrai, un retard certain !.

Nous avons donc là un embryon de cadre relationnel susceptible d'améliorer les relations internes à l'ensemble « Arvernia ». En effet, les principaux pôles urbains sont reliés à Clermont-Ferrand, soit par autoroute, soit par des trains de banlieue. Toutefois, il n'est guère possible d'améliorer la desserte routière interne (dans la mesure où les principaux pôles de la future « Arvernia » sont déjà reliés par voies autoroutières) et de mettre en place un système de bus urbain (en raison de la faiblesse des densités). Peut-être, l'opportunité de la mise en place d'un tramway pourrait-elle être saisie. En effet, le choix d'un véhicule commutable (comme à Karlsruhe en Allemagne ou, bientôt, à Nantes) permettrait non seulement une desserte intra-urbaine de la zone la plus dense (agglomération), mais également, par « basculement » sur les lignes de chemin de fer, de celle des pôles urbains les plus éloignés dans le cadre des limites d'« Arvernia », comme Brioude, Issoire, Gannat, Vichy...(F. Faucon, 1997).

- Les relations avec l'extérieur

Le projet « Arvernia » prévoit également une amélioration des dessertes avec l'extérieur, et ce à deux niveaux essentiels : avec les villes moyennes de la région Auvergne ; avec les autres métropoles extérieures, nationales ou européennes. A ce plan relationnel, les projets et les réalisations sont plus importants et diversifiés.

Du point de vue routier, et concernant les relations intrarégionales, il y a eu une amélioration de l'accès à Clermont par l'aménagement de pénétrantes aux sorties sud, est et ouest de la ville. Le réseau routier de développement régional a été amélioré grâce à la région qui aide même les quatre départements à moderniser les routes départementales ! Mais, tout ceci reste fort modeste. C'est surtout l'autoroute A75 qui a permis une accélération des relations avec Aurillac et Le Puy. Pour cette dernière, la déviation récemment ouverte de Brioude devrait encore permettre une amélioration des données relationnelles avec la métropole régionale. Dans le domaine ferroviaire, il y a eu des accélérations de liaisons, modestes, entre la métropole et les villes moyennes qui étaient, auparavant, les plus mal desservies, à savoir Montluçon, Aurillac et Le Puy[21]. En définitive, les relations avec les villes moyennes du nord du Massif central restent peu efficaces. Cependant, pour renforcer Clermont comme métropole régionale, c'est-à-dire comme tête du réseau, il est indispensable qu'elle puisse bénéficier de relations modernes et rapides avec ses relais. Moulins, par exemple, est encore à près d'1 h 30 par la route (mais à peine plus d'une heure par le train !), Le Puy entre 1 h 30 et 2 h selon que l'on prenne son automobile ou le train, Aurillac est à plus de 2 h par la route ou le train !... Ainsi, la médiocrité relative et maintenue des relations de Clermont-Riom avec les villes moyennes ne lui permet guère de renforcer sa place dans le réseau. En fait, les villes moyennes ne tiennent guère à ces améliorations. Elles ont peur de la « capitale ». Et ce sont leurs élus qui sont les élus régionaux.

Pour les relations avec les métropoles extérieures, d'autres objectifs, de première importance, ont été énoncés pour la dynamique de l'ensemble « Arvernia ». Il s'agit, en priorité, de relier Clermont au réseau européen des TGV. Le projet indique même la nécessité du raccordement du TGV à « Arvernia » à l'horizon 2000 comme « *élément majeur pour éviter une nouvelle situation d'enclavement au niveau national et européen incompatible avec la vocation de grande métropole régionale* » ! Mais, nous avons ici un projet jusqu'à présent refusé par la SNCF, et qui ne pourrait aboutir que par un financement de la Région ! Par contre, la rénovation de l'aéroport d'Aulnat a été mise à l'ordre du jour et réalisée. Cette nouvelle donnée semble être largement positive, dans la mesure où elle donne à Clermont-Riom, dans ce domaine, un rôle majeur à l'échelle du nord du Massif central, avec une forte croissance du trafic. De même, elle a favorisé (avec le soutien de la CCI) l'installation du hub d'une compagnie de second niveau : la Régional Airlines. Elle est ainsi dotée du seul aéroport international de notre ensemble géographique, dominant très nettement celui de Limoges-Bellegarde.

L'aéroport clermontois est ainsi au centre d'une étoile aérienne avec des destinations multiples vers les principales capitales européennes. Il peut donc renforcer le rôle de la métropole auvergnate, dans le réseau urbain, en favorisant le choix d'un départ clermontois pour les longues destinations, nationales ou internationales. Il permet à la métropole auvergnate de se hisser et même de dépasser d'autres métropoles régionales françaises qui lui étaient encore supérieures, sur ce plan, il y a peu d'années, comme c'est le cas de Montpellier. Enfin, dans le domaine autoroutier, Clermont est aujourd'hui un carrefour incomplet : l'A71, Clermont-Paris, étant venue s'ajouter, depuis 1989, à l'A72 qui mène vers Lyon. Depuis, l'A75 vers Béziers (en cours de réalisation finale) ouvre les portes de Montpellier et Béziers. Pour l'instant, seules les liaisons vers l'Ouest sont dépourvues d'axes autoroutiers, mais la réalisation en cours de la Clermont - Bordeaux (A89) devrait en partie compléter cette lacune (2006 ou 2007 !).

• **Des activités à favoriser ou à dynamiser**

- L'industrie

Le deuxième grand volet du projet est celui concernant les activités à créer ou à dynamiser. Or, l'industrie occupe ici une place essentielle. On souhaite la renforcer par l'implantation de PME, notamment dans le domaine de la construction électrique et électronique. De même, il faut continuer à développer les secteurs forts (à côté du pneumatique) comme l'agro-alimentaire et la pharmacie. Toutefois, dans ce domaine, il n'y a eu, en fait, aucune réalisation notable. Mais, il est clair que ce choix industriel manque d'originalité et, de toute façon, il ne pourra en aucun cas servir Clermont pour renforcer sa fonction métropolitaine. S'il est indéniable que l'installation d'industries puisse avoir un effet bénéfique sur l'emploi, elle ne servira en rien au rayonnement de la métropole, et donc au renforcement de sa position à la tête du réseau urbain. La plupart des industries n'entretiennent que des relations très limitées avec le milieu environnant, à l'exception du recrutement de la main-d'œuvre. Elles s'adressent, de surcroît, à des services parisiens ou à ceux d'autres grandes métropoles européennes et vendent au niveau national ou international. De plus, on peut remarquer que le conseil régional semble encore largement persuadé du caractère monofonctionnel de la métropole (syndrome Michelin oblige) et souhaite renforcer des secteurs qui sont déjà bien en place dans la capitale régionale ! Faut-il rappeler que Michelin n'emploie seulement que le cinquième des actifs du secondaire (environ 14 000 emplois sur un peu plus de 70 000 dans l'ensemble du secondaire clermontois) !

- Les activités tertiaires

Le secteur tertiaire n'est cependant pas totalement oublié dans ce projet puisqu'on y trouve, notamment, le souhait de « *favoriser la croissance d'un tertiaire de services aux entreprises, facteur croissant de productivité pour les entreprises de toute taille* ». La volonté de favoriser le développement de ce type de services est une idée saine en soi. Malheureusement, leurs installations sont peu nombreuses, même si nous avons pu voir, dans le chapitre VI, qu'elles étaient bien effectives. En fait, cette activité est souvent basée sur les besoins d'entreprises industrielles de haut niveau de type « high-tech » (même si toutes les entreprises en ont besoin). Or, si celles-ci ne sont pas absentes de Clermont-Ferrand, elles sont, sans aucun doute, en nombre et en taille, insuffisantes pour favoriser la multiplication des services aux entreprises. Dans ce domaine, la volonté de créer un parc technologique (La Pardieu) semblait une initiative intéressante. Toutefois, nous verrons un peu plus loin que celle-ci n'a pas réellement abouti. On en reste ici, largement, à une déclaration de bonne volonté, témoignant notamment d'un manque d'ambition pour le tertiaire supérieur qui est, en fait, absent du projet.

De plus, il est clair que, dans ce domaine, la constitution d'« Arvernia » n'apportera rien. Effectivement, nous avons pu voir (dans le chapitre III de la première partie) que les villes moyennes (et les petites villes) n'étaient que des « modèles réduits » de la métropole. Elles présentent, en effet, une structure d'équipement fort proche, seul le nombre d'activités représentées varie fortement. En fait, si une population plus nombreuse sur le papier représente, sans aucun doute, un élément favorable à l'installation d'équipements tertiaires, elle ne peut permettre d'atteindre l'objectif clairement affirmé par le conseil régional, à savoir faire d'« Arvernia » une agglomération de dimension tertiaire européenne. Pour cela, il faut avoir des services de niveau supérieur. Les études récentes (D. Pumain et Th. Saint-Junien, 1993) montrent toutes clairement que c'est bien le développement de ces services qui permet aux villes de renforcer leur place dans les réseaux régionaux, nationaux et surtout européens. Or, il est clair qu'« Arvernia » ne donnera pas ce type d'activités à Clermont. Et le retard de cette dernière est déjà très lourd pour de nombreux domaines censés être de niveau européen : comme la fonction universitaire, la recherche, la présence de services financiers de haut niveau (marchés à terme, sièges sociaux de grandes banques...), les structures d'accueil de congrès internationaux, le domaine des télécommunications (téléports, nœuds de réseaux spécialisés : réseaux d'établissements financiers, réseaux de recherche...)[22]. C'est donc bien pour attirer ce type de services que l'essentiel des efforts devrait être fait.

Plus précis sont les projets concernant l'éducation et le tourisme. Pour ce qui est de l'enseignement, et plus particulièrement du supérieur (de la compétence de l'Etat, mais la Région accepte de s'associer financièrement aux réalisations), l'objectif est le suivant : il s'agit de capitaliser sur les ressources existantes et de se mobiliser pour que la région capte une part maximum dans le développement important des enseignements spécialisés. La région a donc participé à la création de l'Institut Français de Mécanique Avancée (IFMA) ouvert en 1995, de la nouvelle école d'ingénieurs de Clermont-Ferrand (ISIMA[23]) ouverte en 1997, ainsi qu'à l'extension du Centre Universitaire Scientifique et Technique (CUST)[24], de l'Ecole Supérieure de Commerce (ESCAE), ou, enfin, de l'Ecole Supérieure de Chimie. L'effort mené pour la réalisation ou l'agrandissement des grandes écoles entre parfaitement dans le cadre d'un renforcement des équipements propres à une métropole, pouvant lui permettre d'asseoir, ou même d'accroître, sa domination sur les niveaux inférieurs de la hiérarchie et surtout de maintenir sa position nationale[25].

Le dernier secteur d'activités tertiaires concerné est celui du tourisme et de la modernisation du thermalisme, avec notamment, pour ce dernier, une évolution vers la remise en forme et la santé. Dans ce domaine, nous pouvons signaler la modernisation de l'hôtellerie, des meublés et des équipements dans les stations thermales de Vichy, Royat, Châtel-Guyon et Saint-Nectaire (toutes intégrées à « Arvernia » : Royat et Châtel étant des communes de banlieue de la première couronne), et ce dans le cadre des plans thermaux régionaux mis en place depuis dix ans. Mais, on voit mal comment on peut ainsi renforcer la métropole ! Il s'agit plus de sauver des secteurs économiques en crise. Par contre, il existe un autre projet fort et ambitieux, bien que très contesté et contestable (surtout par le choix de sa localisation), la création d'un véritable « parc d'activités » sur le thème des volcans et du volcanisme : « Vulcania ». Sera-t-il susceptible de renforcer l'attraction métropolitaine clermontoise, comme le futuroscope pour Poitiers ?

En résumé, nous constatons que le projet régional apporte des réponses très partielles et sans ambition. De plus, il se trompe de cadre, dans la mesure où les propositions et les réalisations ne peuvent au mieux que renforcer la métropole dans son cadre régional. Par contre, il n'y a rien de probant en ce qui concerne le renforcement au niveau national et surtout européen. De plus, au niveau interne, l'erreur se reproduit : l'amélioration des relations terrestres, par exemple, est sans aucun doute un support d'influence, mais l'essentiel des efforts porte sur les relations internes à l'ensemble « Arvernia » (lignes ferroviaires de banlieues, axes autoroutiers...). Or, Clermont-Riom ne peut être une métropole efficace que si elle est reliée correctement à ses principaux relais, à savoir les villes moyennes. De même, les actions sont souvent contradictoires. Ainsi, l'effort porté sur l'enseignement supérieur, et plus particulièrement les grandes écoles, est fort judicieux, mais il est immédiatement contrebalancé par des délocalisations universitaires sur les villes moyennes (toutes sont concernées au titre de l'équité régionale). Clermont dispose de deux universités pour vingt-cinq mille étudiants, auxquels nous pouvons en ajouter un peu plus de cinq mille dans les grandes écoles. Ceci est peu par rapport aux grandes métropoles régionales, et on délocalise !

En fait, l'essentiel des projets et des réalisations peuvent au mieux contribuer à maintenir Clermont-Riom à son niveau. Ainsi, on essaie de sauvegarder les industries, les services existants, le thermalisme, de garder la population en tentant de maintenir les emplois, mais, finalement, il n'y a pas de projets d'avenir ni surtout de réalisations aptes à renforcer le potentiel tertiaire et attractif de l'agglomération. A côté de cette politique régionale, somme toute peu efficace dans une problématique de réseau, existe-t-il une volonté locale (municipale ou intercommunale), affirmée, de renforcer la place clermontoise ?

b - Les actions municipales : peuvent-elles contribuer à un renforcement de la métropole auvergnate ?

Le deuxième acteur est représenté par la municipalité clermontoise (ou la COMAC[26]). Peut-elle également, par ses choix d'aménagement, aider la métropole à mieux se placer dans le réseau urbain national ? Il n'est naturellement pas question ici de faire l'inventaire de toutes les réalisations et de tous les projets, mais seulement de ceux qui, les plus importants, sont les plus susceptibles d'entrer dans une problématique de réseau. De même, l'analyse détaillée de tous ces aménagements ne correspond pas aux objectifs de notre thèse, il s'agit seulement de s'interroger sur l'impact de ceux-ci sur le rôle de Clermont-Ferrand au niveau régional, national, voire même européen.

Ainsi, pouvons-nous retenir la mise en place de quelques grands équipements culturels comme l'aménagement du musée des Beaux-Arts, auquel nous pouvons ajouter, en projet, la construction d'un nouveau palais des congrès et d'une grande salle de spectacle, de type « Zénith », capable d'accueillir des grandes assemblées populaires. Dans ce même domaine culturel, il ne faut pas oublier, non plus, l'organisation, tous les ans, du festival international du court-métrage qui permet à l'agglomération d'avoir un rayonnement national. De même, pour renforcer son rôle de ville de foire et de commerces et donc son attraction régionale, la municipalité a en projet la construction d'un palais de la foire et d'une grande halle.

Tous ces équipements sont potentiellement susceptibles de renforcer le rayonnement de Clermont sur son espace régional. Ils peuvent, donc, renforcer le rôle de la métropole auvergnate comme tête de réseau. Par contre, il est clair que l'on ne va guère au-delà, dans la mesure où les équipements construits, ou en projet, sont déjà très largement présents dans les autres grandes métropoles françaises. Ainsi, dans le domaine de l'organisation de congrès ou de foires, Clermont-Ferrand est largement dépassée au niveau national par Montpellier, Angers, Tours, Rennes, ou même Saint-Etienne (foires)… qui disposent de meilleures infrastructures (R. Brunet, 1989). Il s'agit donc plus, ici, d'une tentative de combler un retard certain, que d'un renforcement véritable de la capitale auvergnate au niveau national et européen ! De même, selon une étude effectuée par un étudiant de maîtrise en géographie, de l'Université Blaise Pascal à Clermont-Ferrand (E. Raveyre, 1992) on a constaté l'existence de véritables lacunes dans le domaine culturel. A titre d'exemple, Montpellier, de poids démographique tout à fait comparable, dispose de deux opéras, de neuf salles de théâtre et de trois salles pour les concerts rock, tandis que Clermont doit utiliser son opéra comme salle de théâtre (ou la maison des congrès !), n'a pas d'autres salles de théâtre et fait tenir ses concerts rock dans la seule salle de la maison du peuple (ou à la maison des sports !). De même, le festival du court-métrage n'apporte pas de notoriété nationale, et encore moins internationale, à Clermont-Ferrand

(E. Raveyre, 1992). En effet, s'il est bien fréquenté, avec soixante mille festivaliers en moyenne, 99 % des spectateurs sont des Auvergnats et surtout des Clermontois (sûrement à 95 %) avec une très forte assise estudiantine (80 %).

Finalement, il y a peu, dans le domaine des actions municipales, matière à un renforcement de l'emprise clermontoise sur son espace d'influence traditionnel, et donc de sa place dans son propre réseau urbain. Il s'agit avant tout d'aménagements urbains ponctuels et hétéroclites qui n'ont rien à voir avec une politique métropolitaine cohérente, *a fortiori* d'ambition nationale et européenne. L'absence de coordination avec la politique du conseil régional constitue un autre handicap de taille dans ce domaine. Nous avons donc deux acteurs antagonistes, opposés politiquement (une municipalité de gauche et un conseil régional de droite) qui doublonnent les projets.

Devant ce constat de médiocrité, que peut-on proposer ? Il existe spontanément un phénomène de métropolisation, à l'échelle de la région Auvergne, qui renforce la place de Clermont dans son réseau urbain. Comment, alors, la capitale auvergnate peut-elle résister elle-même au phénomène de métropolisation nationale, vis-à-vis des grandes agglomérations les plus proches : en particulier Paris et Lyon ?

2 - Comment Clermont-Riom peut-elle, réellement, renforcer son rôle de métropole ?

Comme le montrent de nombreuses études récentes, déjà citées, seul le tertiaire supérieur permet aux métropoles de renforcer leur rôle et de participer au réseau urbain qui se constitue à l'échelle européenne (D. Pumain, Th. Saint-Julien, 1993). La problématique est alors de s'interroger sur les réelles possibilités de renforcement de la métropole auvergnate, sur les actions à mener, les décisions à prendre. Pour cela, nous disposons de nombreuses études faites par le SGAR et la DRE, ainsi que par les géographes locaux. De même, il existe des études de géographie appliquée menées par les géographes urbains du CERAMAC. En effet, les chercheurs du CERAMAC, dans un rapport demandé par la préfecture de région (*Clermont-Ferrand : Métropole régionale*, CERAMAC, 1993, sous la direction de C. Jamot), ont déjà largement réfléchi à cette question et ont proposé des pistes que nous reprendrons ici.

L'analyse sera alors menée sur un double plan : des propositions pour un aménagement interne de l'agglomération clermontoise ; une observation de l'existence d'un mouvement de concentration spontanée des activités rares, au niveau régional, sur la métropole.

a - Axer les efforts sur le développement du tertiaire supérieur

L'idée est d'abord d'axer les efforts sur le développement du tertiaire de niveau supérieur, et plus particulièrement sur celui de décision. Par contre, l'axe industriel, qui tient une place essentielle dans le projet « Arvernia », peut se négliger, car largement hors problématique : « *les grandes entreprises débauchent, transfèrent leurs fabrications dans les pays à bas salaire et ignorants de la protection sociale la plus élémentaire... Les PME ne reprennent qu'une fraction infime de l'emploi perdu ; et, de toute façon, l'emploi industriel (toujours bon à prendre) n'intervient en rien dans le débat en cours sur les réseaux urbains* » (C. Jamot 1993). De plus, il s'agit bel et bien d'attirer des entreprises tertiaires privées, et non pas seulement des entreprises publiques, comme ce fut souvent le cas en Auvergne grâce à l'appui d'hommes politiques influents (devenus ministres, chefs de gouvernement ou d'Etat). Faute d'attirer, il faut, au moins, sauver les emplois présents dans le tertiaire supérieur qui subit, après l'industrie, les effets de la rationalisation et de l'automatisation (C. Jamot, 1993). Deux axes majeurs se dégagent alors pour favoriser l'installation éventuelle de ce type d'entreprises.

• Proposer une structure de représentation unique pour l'ensemble de l'agglomération

Il serait souhaitable que l'entreprise, susceptible de s'installer à Clermont, se trouve en présence d'une structure d'accueil unique, pour l'ensemble de l'agglomération, qui puisse l'aider dans toutes les démarches, notamment administratives, inhérentes à son installation : « *L'idéal étant, dans l'absolu, que la structure puisse proposer, clé en main, des bureaux bien situés, en superficie modulable, à des prix attractifs... dans le cadre d'un centre d'affaires bis, par exemple* » (C. Jamot 1993). Pour régler ce problème, il s'agit naturellement d'abord de renforcer l'intercommunalité avec la création d'une communauté urbaine étendue aux limites extrêmes de la zone urbanisée (et régler, en particulier, le problème de la taxe professionnelle). Beaucoup d'avantages se dégageraient d'une nouvelle coopération entre les communes de l'agglomération clermontoise, mais la situation est actuellement politiquement complexe et peu évoluée malgré l'existence de la COMAC (Communauté de Communes de l'Agglomération Clermontoise). En effet, une structure unique et plus intégrée permettrait une plus grande cohérence de la politique d'accueil (qui reste à définir), avec une unicité, bien sûr, des taux de prélèvement des taxes entre les différents secteurs de l'agglomération. Elle rendrait, également, plus aisée l'installation en centre ville par une politique de diminution des coûts. En effet, les communes centrales verraient leurs charges diminuer grâce à l'entretien commun des grands équipements (opéra, théâtre, palais des congrès...) dont elles assurent seules la prise en charge alors qu'ils sont à la disposition de l'ensemble de l'agglomération (et au-delà). Avec l'argent ainsi épargné, on pourrait favoriser la création d'un véritable centre d'affaires concentrant les activités tertiaires de haut niveau. Ceci matérialiserait la puissance tertiaire clermontoise, vis-à-vis des observateurs extérieurs, et pourrait donc rassurer les investisseurs éventuels, qui ne trouvent pas, actuellement, ce repère dans l'agglomération (dans la mesure où le centre d'affaires est éclaté en quatre ou cinq pôles : Gergovia, Jaude, Salins, Centre-Europe...).

• La mise en place d'un projet d'accueil des entreprises et d'une politique d'image de marque

Il s'agit d'un deuxième axe, destiné à favoriser l'installation d'entreprises tertiaires. Il reprend l'un des projets contenus dans « Arvernia », mais en précise les modalités. L'idée, ici, est qu'il ne faut pas diluer ses forces et vouloir tout attirer. Il vaut mieux, en effet, cibler les entreprises tertiaires potentiellement délocalisables à Clermont-Riom (taille, branche d'activité). L'analyse fonctionnelle de notre première partie a confirmé clairement l'analyse du CERAMAC de 1993, à savoir une faiblesse clermontoise dans le domaine du tertiaire d'entreprise, par rapport aux autres métropoles régionales françaises. C'est donc ce type d'activités qu'il faudrait parvenir à attirer. Toutefois, ce tertiaire d'entreprise est souvent lié à des activités de haute technologie. Or, dans ce domaine Clermont a peu à proposer pour l'instant. L'initiative du « parc technologique » de La Pardieu est un échec. En effet, la zone d'activité n'est en fait qu'un lieu de délocalisation des activités tertiaires, commerciales ou de services, existant déjà, dans l'agglomération, avant sa création (nous étudierons plus en détail ce parc par la suite).

En tout état de cause, pour attirer ce type d'entreprises, l'agglomération unifiée doit leur faire connaître les avantages qu'elle peut leur offrir. C'est donc une véritable politique de communication[27] du « produit Clermont » qu'il faudra mettre en place auprès des entreprises nationales et européennes. Cet axe est indissociable des autres, dans la mesure où « *il n'y a pas de bonne publicité sans un bon produit* » selon une formule attribuée à J. Séguela. Pour attirer, il faut vanter les mérites d'une agglomération unie, ayant des projets clairs et cohérents, permettant des économies d'échelles et donc la possibilité d'offrir des conditions d'installation à des coûts plus attractifs, notamment en centre-ville. De même, nous avons pu observer (comme dans l'étude du CERAMAC de 1993), dans la première partie, la bonne place occupée par Clermont, vis-à-vis des autres métropoles, dans le domaine des services privés. Il y a donc là un potentiel à faire connaître, surtout si l'on parvient à le renforcer. Les moyens proposés peuvent y aider.

Une autre solution, plus ambitieuse encore, a été proposée par les chercheurs du CERAMAC en 1993, pour favoriser l'implantation de services privés. Il s'agirait de la décentralisation de quelques services de ministères parisiens avec leur personnel de cadres. « *Les chances seraient alors bien meilleures pour obtenir l'implantation de services privés, en commençant par ceux qui travaillent avec le secteur public décentralisé (impression, reproduction, graphisme, informatique, gestion, communication...)* » (C. Jamot, 1993). Mais, cette dynamique relève de la décision nationale d'une relance de la politique d'aménagement du territoire, avec comme pour objectif la décentralisation tertiaire (comme à Nantes ou Rennes) !

Si l'on parvient à renforcer le potentiel tertiaire clermontois, Clermont-Riom peut également bénéficier de son positionnement hiérarchique comme métropole régionale. La problématique est alors de voir ce que la capitale auvergnate attire comme services à rayonnement régional, renforçant ainsi, de fait, son rôle à cette échelle géographique.

b - Accompagner la métropolisation régionale

L'étude approfondie d'un tel phénomène demanderait une enquête lourde, au niveau régional, pour mesurer les transferts éventuels de sièges sociaux ou d'unités décisionnelles, exécutives ou productives, en faveur de la métropole. En effet, la démarche la plus simple et la plus efficace consisterait à effectuer le recensement de toutes les entreprises tertiaires clermontoises (plusieurs milliers) et à réaliser une enquête de terrain pour savoir si celles-ci résultent d'une création sur place ou d'une migration depuis une autre ville de la région. La tâche est étendue et constitue une thématique de recherche en soi. Mais, afin de cerner une telle réalité, nous proposons de l'aborder à travers une étude de cas.

Pour ce faire, nous pouvons reprendre l'exemple de la politique menée par le groupe bancaire Crédit Agricole étudié par C. Boyer dans un mémoire de maîtrise à l'Institut de géographie de Clermont (C. Boyer, 1993). La métropole clermontoise est à la tête d'un groupe régional (CACF : Crédit Agricole Centre France) qui regroupe trois caisses départementales à part entière : Puy-de-Dôme, Allier et Creuse ; le Cantal et la Haute-Loire restant encore deux caisses départementales à part. La direction régionale du CCAF est localisée au centre de Clermont (place des Salins). Elle est subdivisée en différentes sous-sections à vocations spécifiques (direction réseau ménages et particuliers, sous-direction des professionnels, des risques, des ressources humaines et communication...). Son centre informatique, récemment implanté à La Pardieu (Parc d'Activités Technologiques), gère les trois caisses départementales. Il y a donc eu une concentration décisionnelle et technique au profit de Clermont. Il semble, en effet, que pour accroître le poids économique et financier (et la capacité en matière informatique) d'une unité spatiale de compte, ces regroupements étaient indispensables. D'autant mieux que les investissements nécessaires, afin de rester concurrentiels, sont lourds et difficiles à rentabiliser. La direction envisage sérieusement une concentration (donc une métropolisation) plus accrue, avec l'absorption, à terme, du Cantal et de la Haute-Loire.

Dans l'organisation interne du Crédit Agricole national, le groupe régional possède une autonomie à part entière et une responsabilité totale, quelle que soit l'ampleur financière de la décision à prendre. Ainsi, chaque secteur se voit attribuer un niveau de délégation (c'est-à-dire un droit à accorder des crédits aux particuliers jusqu'à un montant donné) qu'il doit répartir entre ses agences, en fonction de leur importance et de la compétence de chaque directeur. Si cette délégation est dépassée, le groupe régional, donc le siège clermontois, est le seul à pouvoir trancher. Le recours au siège national parisien n'existe pas. De même, pour les crédits professionnels, les délégations distribuées aux agences restent réduites en raison des risques de l'opération. Une concertation collégiale au niveau des instances supérieures du CACF devient alors indispensable. Là également, les décisions se prennent dans le cadre régional. Pour les embauches de personnel, la sous-direction « ressources humaines et communication » gère et prend les décisions.

Le Crédit Agricole est une banque nationale, mais elle fonctionne de manière régionale, puisque chaque région (dont les limites ne correspondent pas obligatoirement avec celles administratives) reste complètement autonome et qu'aucune hiérarchie n'apparaît entre elles. La caisse nationale fonctionne alors comme une sorte de « banque centrale », et il y a concentration des décisions sur Clermont-Ferrand. Au sein de la structuration interne du Crédit Agricole, la ville est considérée comme une métropole régionale à part entière, à la tête d'un groupe, résultant de la fusion récente de trois caisses et susceptible d'évoluer. Ceci augmente son rôle de place centrale en matière de commandement de l'espace. Notons que, d'autres banques nationales ont fait des choix stratégiques similaires : la Banque Populaire, le Crédit Mutuel et, avec quelques nuances, la Caisse d'Epargne.

En conclusion, une idée se fait jour. Si nous avons pu voir précédemment que la métropole auvergnate subissait les effets pervers de la métropolisation, dans le même temps, à l'échelle régionale, Clermont renforce sa position. Elle concentre le pouvoir de décision d'organismes à obédience régionale, comme nous le montre l'exemple bancaire. Nous aboutissons alors à une situation en apparence contradictoire : la métropole est plus forte dans sa région, mais affaiblie au niveau national. Seule une véritable politique nationale d'aménagement du territoire, avec la volonté affirmée d'une décentralisation tertiaire (de quelques grands équipements publics, par exemple), peut renforcer les pôles régionaux et donner à Clermont la place de second rang à laquelle elle est en droit d'espérer en raison de ses relations directes avec la capitale nationale.
Nous devons maintenant nous interroger sur la situation de Limoges. Bénéficie-t-elle d'une politique plus vigoureuse ? Quels en sont alors les acteurs ? Existe-t-il, aussi, une métropolisation à l'échelle de la région Limousin ?

3 - Limoges : une véritable métropole pour une région plus vaste ?

Il n'existe pas pour Limoges l'équivalent d'un projet de type « Arvernia », visant à constituer un ensemble urbain unique pour augmenter son poids démographique, économique et surtout renforcer son image. Toutefois, à la fin des années quatre-vingt, le conseil régional avait demandé à un groupe d'experts, composé d'universitaires (et notamment le géographe limougeaud, G. Bouet) ainsi que de nombreux représentants d'administrations publiques, comme l'Equipement, la Caisse des Dépôts et Consignations, la Trésorerie Générale, la chambre régionale de Commerce et d'Industrie Limousin-Poitou-Charentes..., de faire une étude, appelée « Limousin 2007 », sur l'armature urbaine du Limousin et d'établir des propositions d'évolution des différents pôles urbains pour assurer une meilleure desserte de l'espace régional. Les résultats de celle-ci, fort discutables dans les faits, ont montré que le Limousin souffrait d'une véritable carence urbaine, provoquant une déficience forte de la desserte du territoire par les villes, d'où la décision de mettre en place une politique d'armature urbaine (décidée lors de l'assemblée plénière du 14 décembre 1990) dont le but essentiel est de renforcer le rôle des pôles urbains sur leur espace environnant. En ce qui concerne plus spécifiquement Limoges, l'idée forte, mise en avant par le groupe d'experts, est celle d'en faire la métropole d'une grande région Centre-Ouest.

a - Limoges : métropole du Centre-Ouest

• **Les idées avancées par le groupe d'experts dans l'étude « Limousin 2007 »**

Le premier préalable, énoncé dans le cadre de l'étude, est de donner une réalité tangible à une région Centre-Ouest, par la mise en place de projets concrets. Cette « région » comprend en fait deux entités administratives : le Limousin et le Poitou-Charentes. Il s'agit d'un espace intermédiaire, fortement disputé ou du moins attiré à la fois vers le Nord (Paris), le Nord-Ouest (Nantes), le Sud-Ouest (Bordeaux). Le Limousin est à la frange orientale de l'espace considéré. Limoges, qui étend largement son influence au-delà de ses limites administratives, peut-elle alors devenir la métropole de tout le Centre-Ouest ?

Cet espace du Centre-Ouest devrait donc s'organiser, en prenant appui sur son réseau urbain interne, tout en collaborant étroitement avec les régions voisines et leurs métropoles (Pays-de-Loire avec Nantes et Aquitaine avec Bordeaux). Pour devenir réellement la métropole du Centre-Ouest, Limoges doit d'abord affirmer sa position dominante sur toutes les villes de cet espace, et ce par la mise en place d'une politique dynamique lui permettant de s'affirmer nettement dans divers domaines et, en particulier, l'universitaire, l'économique, le culturel. Limoges doit également renforcer sa présence dans l'espace de « l'Arc Atlantique ». On le voit, au total, la gageure n'est pas simple et ses données sont souvent contradictoires. En tout état de cause, l'aboutissement du projet suppose que Limoges bénéficie de relations modernes avec les autres pôles. En complément de l'axe nord-sud, matérialisé par l'A20, reliant Toulouse à Paris, des axes de relations fortes devraient exister ou se développer (liaisons autoroutières, ferroviaires) vers le Nord-Ouest, avec un axe Limoges-Poitiers-Nantes, en direction du Sud-Ouest, vers Bordeaux, et enfin vers l'Ouest, en direction de La Rochelle.

Selon les experts, pour devenir la capitale d'un Centre-Ouest, il est un autre préalable, indispensable, qui consiste à la mise en place d'une politique d'alliances et de coopérations avec les autres villes de ces régions, au premier rang desquelles figurent Brive-la-Gaillarde et Poitiers. Cette dernière permettrait ainsi à Limoges d'être liée au réseau de villes : Aire 198 (réseau de villes associant Poitiers, Niort, Angoulême et La Rochelle). Mais des liens existent déjà entre Limoges et Poitiers. En effet, l'Université de Limoges s'intègre dans le réseau des universités du Centre-Ouest qui comprend, outre Poitiers et Limoges : Angers, Orléans, Tours et Nantes. En dehors de la présidence tournante, est prévue une coopération dans plusieurs domaines, comme la formation continue des personnels ATOSS ou celui des troisièmes cycles (habilitations de DEA multi-sceaux, sans interdire toutefois des DEA associant Limoges à d'autres partenaires extérieurs au réseau). La coopération fonctionne surtout entre de gros laboratoires, pour le centre d'initiation à l'enseignement supérieur (installé à Poitiers), pour l'organisation de formations continues très « pointues ». Le but de cette coopération est de permettre aux universités des six villes d'atteindre ensemble une dimension européenne, et donc de les conforter en face des gros pôles (notamment en permettant le maintien des enseignements à faibles effectifs dans chaque Université).

Avec Brive-la-Gaillarde les relations actuelles sont plus ténues. Cependant, les deux villes se trouvent sur la même voie autoroutière (A20), « *la plus directe entre l'Europe du nord et l'Europe du sud* » (sic) selon le rapport. D'après les experts, Limoges semble avoir grand intérêt à se rapprocher de la ville corrézienne pour pouvoir renforcer sa place de capitale du Centre-Ouest et de pôle essentiel à mi-chemin entre Toulouse et le Bassin parisien[28]. Ceci lui permettrait notamment d'atteindre un poids démographique et un niveau d'équipements (quantitatif et qualitatif) plus proches de Clermont-Riom, par exemple. Elle n'aurait ainsi pas son équivalent entre la Loire et la Garonne. Quant à Brive, elle pourrait intégrer, à travers l'association, un rang hiérarchique bien supérieur à celui qu'elle occupe aujourd'hui.

Si les deux villes semblent donc avoir tout intérêt à se rapprocher, elles constituent encore largement un « *couple qui ne se parle pas...* ». Toutefois, plusieurs domaines pourraient permettre un rapprochement : l'Enseignement Supérieur et la Recherche, par exemple. En effet, il existe déjà à Brive un IUT, dépendant de Limoges, et une cité universitaire ; de « grands » équipements collectifs « communs » (aéroport de Bellegarde, même si Brive semble jouer sa propre carte) ou complémentaires (plates-formes économiques avec, par exemple, le développement de l'agro-alimentaire : un pôle viande à Limoges, un pôle fruits et légumes à Brive). Un projet récent d'aéroport, émanant d'industriels et de représentants de chambres de Commerce, pousserait même à la création d'une toute nouvelle infrastructure interrégionale, à égale distance de Limoges, Périgueux et Brive-Tulle.

• Des propositions discutables dans la perspective d'un renforcement hiérarchique de Limoges

En face de telles propositions ou ambitions, une remarque s'impose à l'évidence. Le groupe d'experts confond largement deux plans sémantiques : l'entrée dans le réseau de l'AIRE 198 qui correspond à une problématique de liens horizontaux, de complémentarité entre les villes (réseau de villes) et le positionnement comme capitale qui, lui, répond à une lecture christallérienne de l'espace, et donc à des relations verticales de dominants à dominés (réseau urbain). A partir de là, plusieurs questions se font jour. L'idée même de faire de Limoges une métropole du Centre-Ouest est-elle bien adaptée à la situation des deux régions concernées, par rapport à leur propre schéma d'organisation urbaine ? Peut-on réellement créer une grande agglomération capable de diriger une vaste région, par le seul fait de renforcer les liens entre les différents pôles urbains qui la constituent ? Que peut apporter, par exemple, Brive à Limoges qui soit susceptible de conforter son rôle de métropole et lui donner les moyens d'être à la tête d'une plus grande région ? N'est-il pas contradictoire de vouloir renforcer Limoges en l'obligeant à partager ses modestes fonctions avec d'autres villes, notamment dans le domaine universitaire ?

- La pertinence d'une grande métropole

Au départ, l'idée de donner à Limoges le rôle de métropole du Centre-Ouest semble cohérente au regard de la situation urbaine des deux régions que l'on souhaite regrouper sous sa tutelle. En effet, la région Poitou-Charentes n'est pas métropolisée, du moins dans ses limites administratives. Elle est « commandée » par quatre villes moyennes : Poitiers, La Rochelle, Angoulême et Niort, qui se partagent plus ou moins équitablement le territoire (et sont reliées entre elles par une convention de type « réseau de villes » sur laquelle nous reviendrons ultérieurement). Pour ce qui est du Limousin, il est parfaitement dominé par une métropole, mais de faible importance (démographiquement, en nombre d'équipements tertiaires) par rapport aux grandes agglomérations proches de l'« Arc Atlantique » : Nantes et Bordeaux. Il existe bien, en théorie, entre ces deux villes, un espace intermédiaire (le Centre-Ouest) où peut s'inscrire une grande métropole. Mais pour dominer un espace aussi vaste, Limoges doit se renforcer singulièrement et s'imposer à des villes moyennes qui regardent déjà vers Nantes et Bordeaux ! De plus, ces villes moyennes, à l'instar de Brive, sont bien étoffées (et Poitiers est capitale régionale !), on a alors l'impression d'un voeu pieux plus que d'une proposition sérieuse.

- La nécessaire amélioration des infrastructures de communication

De plus, pour le bon fonctionnement d'un réseau urbain qui s'étendrait sur le Limousin et le Poitou-Charentes, avec à sa tête Limoges, il est nécessaire d'améliorer les relations terrestres avec ses relais potentiels ou villes de second rang dans la hiérarchie, à savoir dans le cas présent : les quatre villes moyennes de Poitou-Charentes, Brive et Guéret (pour ces deux dernières les liaisons sont autoroutières, ou autoroutières et à deux fois deux voies pour Guéret). Nous rejoignons pleinement les souhaits émis dans le cadre de l'étude « Limousin 2007 ». Il y a ici, sans aucun doute, une carence dans la mesure où les relations vers l'ouest restent médiocres. En effet, la RCEA s'arrête à Bellac. En fait, Limoges est sur axe de circulation nord-sud, avec absence de grands axes transversaux. Il y a seulement une étoile de nationales autour d'elle. On le voit bien dans ce domaine, les données ne sont pas favorables pour un renforcement du rôle de Limoges dans une hypothétique région Centre-Ouest.

- Renforcer le poids tertiaire de Limoges

Surtout, Limoges ne pourra devenir la métropole du Centre-Ouest que si elle est capable de proposer un niveau d'équipements apte à polariser la majeure partie de la clientèle de cet espace, au détriment de Bordeaux et Nantes, ce qui n'est actuellement pas le cas. Dans cette perspective de renforcement de la place de Limoges dans le réseau urbain du Centre-Ouest, nous ne pouvons alors rejoindre les propositions émises dans le cadre de l'étude « Limousin 2007 ». En effet, l'idée forte est de faire travailler Limoges avec d'autres villes de poids démographique inférieur, certes, dans le cadre de ce que l'on peut appeler des réseaux de villes. Ce n'est pas une politique susceptible d'attirer à Limoges de nouvelles activités de rang supérieur. Il s'agit, au mieux, d'une simple alliance pour mettre en commun ou partager ses compétences. Par exemple, comment Limoges peut-elle se créer un rôle sur l'organisation urbaine du Centre-Ouest en partageant ses compétences universitaires avec Poitiers, Nantes ou Orléans ? Cela signifie que, au lieu de concentrer les activités tertiaires sur une métropole, en l'occurrence, ici, Limoges, pour qu'elle atteigne un niveau supérieur, on procède à un « saupoudrage » sur plusieurs villes. Ceci, en fait, affaiblit chacune d'entre elles, en termes hiérarchiques, puisqu'elle n'a qu'une partie de l'activité concernée. A moins que l'on pense que créer un « réseau de villes », entre des agglomérations, quelquefois éloignées de plus de cent kilomètres (voire de 200), suffise à constituer une grande métropole « théorique et immatérielle » ! Mais ceci est un autre problème que l'on abordera dans le chapitre suivant.

De plus, que peut apporter l'association, à Limoges, d'agglomérations de niveau inférieur (villes moyennes) pour en faire une grande métropole à la tête d'une grande région. Par exemple, que peut apporter Brive-la-Gaillarde à Limoges dans le domaine du tertiaire, le seul à pouvoir renforcer la place hiérarchique de la capitale du Limousin. Nous avons pu voir, dans l'analyse fonctionnelle des agglomérations du nord du Massif central (première partie) que l'agglomération corrézienne n'était, en grande partie, qu'un « modèle réduit » de sa métropole, présentant, toutes proportions gardées, les mêmes forces et faiblesses tertiaires. Dans ce domaine, l'ensemble ainsi formé ne disposerait d'aucun équipement supplémentaire. A titre d'exemple, Limoges qui ne dispose d'aucun holding (source : fichier « SIRENE » 1994), contrairement à Nantes ou Bordeaux, resterait avec la même lacune, dans la mesure où Brive n'en a pas non plus. Donc, l'association entre les deux villes ne peut se traduire que par une augmentation strictement quantitative de l'offre tertiaire. Est-ce bien suffisant pour renforcer la place de Limoges vis-à-vis de Nantes ou Bordeaux, qui la dominent largement dans le domaine des activités tertiaires de haut niveau à rayonnement national et même européen (transports aériens, bourses, sièges de grandes banques, recherche, fonction universitaire...) ?

<u>b - Plaidoyer pour un projet « Limosania » ?</u>

Il semble bien que les choix proposés dans le cadre de l'étude « Limousin 2007 » ne puissent aboutir à l'objectif recherché, à savoir, faire de Limoges la métropole du Centre-Ouest. De même, les actions menées, au niveau municipal, ne peuvent réellement permettre un renforcement de la position limougeaude dans le réseau urbain de cette nouvelle entité régionale. En effet, à l'instar de la métropole auvergnate, il s'agit surtout d'actions d'aménagements urbains susceptibles, au mieux, de renforcer l'emprise de la ville dans son propre réseau (avec par exemple, la création d'un centre commercial régional sur le modèle du Centre Jaude : le centre Saint-Martial) ; mais, en aucun cas, de modifier la place de Limoges dans le réseau national ou européen. Ainsi, le Contrat de Ville passé entre Limoges et le conseil régional à la fin de l'année 1997 se contente-t-il de prévoir des aménagements urbains (opération de rénovation ou de réhabilitation de certains quartiers jugés difficiles) pour lutter contre l'exclusion. On le voit bien, on est loin d'une logique d'évolution de la métropole régionale dans le réseau urbain à quelque échelle que ce soit (régionale, nationale ou européenne). Est-il possible alors de faire des propositions ? En fait, l'exemple clermontois, précédemment détaillé, peut largement nous servir de modèle pour des propositions, même si celles-ci doivent être, naturellement, adaptées aux spécificités limougeaudes.

Il ne fait aucun doute que Limoges se trouve, le plus souvent, au deuxième rang hiérarchique des implantations géographiques des grandes entreprises tertiaires privées, comme c'est largement le cas dans le domaine financier (banques, assurances). Toutefois, dans un certain nombre de domaines, Bordeaux (travail temporaire avec, par exemple, l'agence Synergie ; sociétés financières comme la DIAC qui est une société de financement pour l'automobile), voire Nantes (sociétés financières avec, par exemple, le secteur de relations clientèles de la

SOFINCO) ou même Tours (notamment dans l'immobilier), remplacent, ici, Lyon et font reculer Limoges au troisième rang.

De même, la métropolisation régionale joue sûrement en faveur de Limoges, et la stratégie des banques nationales comme le Crédit Agricole, la Banque Populaire ou encore la Caisse d'Epargne va également dans le sens d'une concentration de leur centre de décision à Limoges, considérée comme une métropole régionale à part entière, même si les limites d'intervention ne correspondent pas toujours à celles de la région administrative.

Nous pourrions, alors, proposer la mise en place d'un projet de type « Arvernia » (appelé « Limosania », par exemple) qui permettrait d'augmenter le poids démographique théorique de Limoges. Ce cadre devrait être ensuite rempli au niveau du tertiaire supérieur. Il s'agirait de créer un ensemble urbain, regroupant toutes les villes se situant, au maximum, à une demi-heure de route ou autoroute de la capitale régionale. Cette agglomération nouvelle incluerait alors les villes suivantes du Nord au Sud depuis Bellac et La Souterraine jusqu'à Uzerche : La Souterraine, Bellac, Le Dorat, Saint-Léonard-de-Noblat, Saint-Junien, Saint-Yrieix-la-Perche et Uzerche. Mais, soyons clairs, l'apport démographique resterait modeste avec un peu plus de quarante mille habitants seulement. Même si une intégration de Guéret semble possible (autoroute A20, plus RCEA, soit cinquante minutes de trajet), l'ensemble atteindrait à peine les trois cent mille habitants. On serait encore loin de Nantes ou Bordeaux. Quant à l'ensemble Brive-Tulle, qui apporterait près de cent mille habitants, il reste quand même un peu trop éloigné (près de 90 km, soit plus de cinquante minutes de trajet), même par l'autoroute, pour fonctionner en symbiose parfaite, mais la chose est à considérer, comme pour Guéret d'ailleurs !

Du point de vue tertiaire, l'apport brut serait, également, bien maigre (sans Brive), incomparable à celui d'« Arvernia » qui bénéficie de la présence, dans son périmètre direct, d'une ville moyenne de niveau supérieur : Vichy. En effet, la plupart des villes de l'hypothétique « Limosania » dispose d'une structure d'équipements tertiaires peu différente de celle déjà existante, dans la plupart des communes constitutives de Limoges, et répondent nettement à des besoins de proximité. Rien de toute façon qui puisse permettre à Limoges de renforcer sa place hiérarchique.

En outre, si dans le domaine industriel, on peut déterminer une diversité certaine dans le cadre d'« Arvernia », le fait n'est pas aussi net ici (même si elle n'est pas totalement absente, loin s'en faut, avec entre autres la papeterie, la mécanique, l'électricité, l'agro-alimentaire, la porcelaine...). Nombre de pôles industriels (Saint-Junien, Saint-Léonard-de-Noblat, voire Saint-Yrieix-la-Perche) sont souvent des éléments de déconcentration de l'industrie limougeaude (la porcelaine, Legrand, Davaye), ou des composantes de celle-ci, depuis son développement au XIXe siècle. Si le manque de diversité industrielle ne constitue pas en soi un problème majeur, dans la mesure où l'emploi induit est favorable au maintien des hommes sur place, elle constitue toutefois un sérieux facteur de fragilité, puisque l'ensemble est dépendant de la « bonne santé » d'un nombre réduit de branches industrielles constituant l'essentiel de l'activité. Bref, l'apport d'un projet « Limosania » serait modeste (mais toujours bon à prendre!) pour renforcer le simple poids démographique de Limoges dans le réseau urbain d'une région Centre-Ouest. Mais, ceci pose également le problème des relations avec Clermont dans le cadre national, de l'existence de deux métropoles concurrentes dans un espace faiblement peuplé entre Paris, Lyon et Bordeaux.

Comme pour Clermont, il est clair que le salut limougeaud ne peut venir que d'un choix volontaire, et national, d'aménagement du territoire, avec des responsables qui cesseraient de considérer que la France urbaine est uniquement celle des périphéries hexagonales. Et ce, d'autant plus que nous sommes au sommet de la hiérarchie nationale. En fait, les régions administratives sont désormais dans l'incapacité de régler le problème de la place des métropoles dans le réseau urbain national et européen. Il faudrait une volonté forte pour mieux équilibrer spatialement l'accès aux services de haut niveau et canaliser le phénomène de métropolisation à l'échelle nationale (Paris)[29]. Mais, la situation est quand même peu favorable dans le cadre d'un réseau urbain français qui fonctionne de plus en plus à l'échelle européenne et voit Paris chercher à se placer comme capitale européenne (vis-à-vis de Londres ou de la Randstad Holland par exemple). De tout façon, ce n'est guère dans sa propre région, ni en Poitou-Charentes, que Limoges peut trouver les activités nécessaires pour accroître son importance. L'Etat a donc un rôle clef à jouer et la décision, par exemple, prise en 1991, de faire de Limoges, siège de la circonscription militaire de défense du Centre-Ouest, l'une des neuf circonscriptions militaires prévues par le plan Armées 2000, englobant, ainsi, les anciennes 13e (Tours), 42e (Poitiers) et 43e (Limoges) divisions militaires territoriales, est seule propre à renforcer le rôle de métropole de Limoges sur la région Centre-Ouest.

Finalement, il est clair que l'avenir de la position des deux métropoles du nord du Massif central, dans un réseau urbain qui est de plus en plus européen, passe obligatoirement par un fort développement des services de haut niveau. Or, ni les régions ni les municipalités n'ont mis en place une vraie politique métropolitaine, se contentant d'aménager l'existant ou d'essayer de combler quelques retards d'équipements flagrants. La seule chance peut alors venir d'une politique nationale, volontariste, d'aménagement du territoire par une meilleure répartition géographique du tertiaire de décision. Toutefois, une telle éventualité apparaît très vite comme incompatible avec la constitution d'un réseau urbain européen dans lequel seule Paris en France dispose pour l'instant de réels atouts (R. Brunet, 1989). Heureusement, toutes les possibilités de renforcement de Limoges et de Clermont ne sont pas bloquées. Ainsi, loin de compter sur une improbable politique de décentralisation économique, la plupart des grandes agglomérations françaises tentent-elles de se renforcer en essayant d'attirer à elles des industries de haute technologie, elles-mêmes susceptibles de favoriser l'installation de services aux entreprises. Ces dernières représentent même parfois des moyens majeurs pour atteindre la taille européenne (D. Pumain, Th. Saint-Julien, 1993). La France voit donc, depuis près de trente ans maintenant, naître ici et là des technopôles. Ces derniers sont le symbole d'une politique volontariste partie de la ville (et non de l'Etat). Avec quelques années de retard, Clermont-Ferrand et Limoges se sont lancées dans cette aventure. La réussite d'une telle initiative pourrait, sans conteste, créer un environnement économique favorable au développement de services de haut niveau. C'est pourquoi, il est intéressant d'étudier plus précisément les expériences de Clermont (parc La Pardieu) et de Limoges (ESTER[30]).

4 - Les « parcs technologiques » : mode ou gadget à usage des volontés de puissance locales ?

Nous allons donc étudier maintenant les parcs d'activités des deux métropoles. Ils représentent des choix locaux pour tenter d'apporter à l'agglomération concernée des solutions permettant l'installation d'entreprises de haut niveau, susceptibles elles-mêmes d'attirer des services rares, et donc surtout, dans l'esprit de leurs initiateurs, de créer des emplois. Les parcs de Limoges et de Clermont se veulent être des « technopôles », mais en fait deux cas apparaissent clairement. L'expérience clermontoise qui est un échec total, et l'expérience limougeaude qui est sans aucun doute une réussite, mais modeste.

a - La Pardieu à Clermont : un simple parc de délocalisation tertiaire

Clermont, comme la quasi-totalité des métropoles régionales françaises, s'est lancée, en 1986, dans la construction d'un « parc technologique », recherchant en cela l'image plus ancienne de Sophia-Antipolis (1969), de la ZIRST de Meylan-Grenoble (1974) ou de Nancy-Brabois (1977). Nous allons donc faire une analyse critique et thématique, en relation avec le modèle français décrit par G. Benko (Benko, 1991)

• Objectif et atouts

L'objectif général des technopôles (G. Benko, 1991) était de créer un site avec des entreprises utilisant les hautes technologies, tout en maintenant le contact avec la recherche privée et la recherche publique (Université) à la demande des acteurs économiques (recherche appliquée). Dès le départ, il ne semble pas que ces trois bases aient été une préoccupation majeure des concepteurs du parc clermontois (municipalité). Il a été en fait bâti comme une simple zone industrielle, dans la mesure où on s'est contenté de mettre à disposition des emplacements susceptibles d'accueillir les entreprises, par contre la recherche a été complètement ignorée.

En fait, le parc de La Pardieu ne retient que deux bases techniques des technopôles. Tout d'abord, sa situation, puisqu'il se trouve sur un carrefour autoroutier : Paris-Clermont (A71) et Lyon-Clermont (A72). Il est également relié très directement, en quelques minutes, à l'aéroport international d'Aulnat. Ensuite, son site est « paysagé » : il s'étend sur trente hectares, avec une faible densité au sol. La végétation arbustive, les pelouses, les bâtiments de faible dimension, à architecture recherchée, donnent à l'ensemble un cadre de travail agréable. Le parc revendique donc le label technopôle. Mais le mérite-t-il réellement ?

• L'absence de pouvoir de décision (et des bases mêmes définies par G. Benko)

Une étude de l'occupation du parc, dans le cadre d'un travail de mémoire à l'Institut de géographie de Clermont II (C. Tymen, 1991), montre qu'il n'y a ni laboratoires d'Université ou de grandes écoles sur le site ni centres de recherche privés. En fait, des entreprises forment la structure essentielle du parc. Or, celles-ci ne sont, le plus souvent, que des agences régionales commerciales de groupes extérieurs. C'est-à-dire qu'elles ne fabriquent pas ; elles se contentent de la vente et de la maintenance dans quelques domaines high-tech, comme l'informatique ou la pharmacie.

Le pouvoir de décision (essentiel dans les critères de classement hiérarchique urbains) leur échappe totalement au profit de Paris : par exemple, dans le secteur informatique avec Alcatel, Bull, Hewlett-Packard, Nixdorf, Digital. La plupart de ces entreprises sont des PME. En tout, La Pardieu dispose d'une cinquantaine d'entreprises, pour un peu plus de sept cents emplois. De surcroît, en réalité, deux cents seulement sont des créations. Le reste résulte d'un transfert depuis le centre-ville ou un autre lieu de l'agglomération (77 % des transferts). C'est le cas, par exemple, de Bull, Siemens, Phone Excel... C'est pourquoi, nous pouvons dire qu'il s'agit bel et bien d'un simple parc commercial de délocalisation d'activités. Au total, si La Pardieu participe un peu au processus de métropolisation à l'échelle régionale, il ne sert en rien le renforcement du rang hiérarchique national de Clermont-Riom.

• **Un parc de services courants**

Une analyse détaillée des entreprises tertiaires, présentes (C. Tymen, 1991) sur le site, montre, clairement, que l'activité de production y est très largement sous-représentée (13 % des sociétés seulement ont une activité industrielle). La pépinière d'entreprises, ouverte en 1988, confirme ces données, puisque sur la vingtaine d'établissements qu'elle accueille, actuellement, 91 % appartiennent au secteur tertiaire et 9 % au secondaire ! La Pardieu n'est donc pas un « parc d'activités technologiques ». De surcroît, c'est un « parc d'activités tertiaires banales ». En effet, un peu plus de la moitié (51 %) des sociétés du parc sont des bureaux « d'études, de conseil et d'assistance » et un cinquième des sociétés commerciales. Les « entreprises de pointe » du parc font essentiellement de la vente-maintenance... ou du conseil ! Si nous prenons l'exemple de l'informatique, activité clef de toute technopôle, nous constatons que, à La Pardieu, aucune société ne produit. Elles sont très spécialisées dans la vente (Bull) ou le conseil (Alcatel).

• **L'absence de toute recherche**

Pour que La Pardieu soit un véritable technopôle, il lui manque toute la recherche théorique (Université, grandes écoles...), la recherche appliquée (du secteur public et des entreprises), et la fabrication issue de la recherche et tournée vers les domaines de haute technologie. En ce qui concerne la recherche d'entreprise, elle est également quasi inexistante. Ainsi le laboratoire pharmaceutique Boiron effectue-t-il toute sa recherche à Lyon. L'antenne de Clermont se borne à conditionner et distribuer (C. Tymen, 1991).

La recherche publique n'existe pas non plus. L'une des caractéristiques du parc est justement d'être éloignée du pôle universitaire scientifique des Cézeaux (Université Blaise-Pascal-Clermont II). Cette faiblesse se retrouve dans la modicité des interventions du CASIMIR[31]. En fait, les petites firmes du parc consacrent seulement 10 à 15 % de leur chiffre d'affaires à la « Recherche-Développement ». Il semble également qu'une taille minimale, d'au moins cent personnes, soit nécessaire à un solide département « recherche ». Or, cette taille est absente à La Pardieu.

En fait, deux reproches majeurs peuvent être formulés au parc. Tout d'abord, le choix d'installer un lycée technique (nommé lycée Lafayette de surcroît) comme « locomotive » de recherche d'un parc technologique ! De fait, les rapports professionnels avec les entreprises du parc n'existent pas. L'installation d'une grande école ou d'une UFR scientifique aurait été, sans aucun doute, plus pertinente (qualification plus élevée, recherche...). La deuxième critique que l'on peut faire à cet ensemble est l'abandon progressif de l'idée de départ. Celle-ci visait à privilégier trois pôles préférentiels (biotechnologique, électronique et productique) pour passer à une politique plus libérale, plus généraliste. Elle a ouvert la porte à l'installation de tous types d'entreprises, et surtout au transfert des services de l'agglomération vers le parc pour bénéficier d'un cadre de travail plus agréable et d'une localisation plus stratégique par rapport aux grands moyens de communication (autoroutes, aéroport). Il ne faut pas non plus oublier le sens opportuniste des commerciaux de l'informatique qui tirent là tous les avantages d'un regroupement. « *La solution clermontoise minimale aurait pu consister, à la manière de Limoges, à monter un technopôle très spécialisé en relation avec ses domaines d'excellence (pharmacie, agro-alimentaire)* » (C. Jamot, *Clermont-Ferrand, Métropole régionale*, CERAMAC 1993).

b - ESTER : un vrai technopôle ?

Les choix limougeauds semblent davantage correspondre à la mise en place d'un réel technopôle. Plus récent, il est aussi, sans aucun doute, plus en cohérence avec les objectifs de ce type d'aménagement.

• Une naissance récente, une croissance rapide

ESTER[32] a été inauguré en 1993 et dispose aujourd'hui de quarante-cinq entreprises fournissant six cents emplois environ. Il s'agit d'un parc d'une superficie de 195 ha (plus de 6 fois supérieur à celui de La Pardieu !), divisé en parcelles commercialisables de 1 500 m^2 minimum, organisé autour d'une coupole de verre et d'acier qui abrite des services communs aux entreprises (restaurant, forum…) et servant de pépinière. Actuellement, il est dirigé par la Délégation pour le Développement de la Technologie de Limoges et du Limousin. Cette structure associe la ville de Limoges, l'Etat, le conseil général de la Haute-Vienne et l'Université. Le technopôle limougeaud bénéficie, comme pour Clermont d'ailleurs, d'une localisation intéressante à l'échelle de l'agglomération. En effet, il se situe en bordure de l'autoroute A20, à dix minutes de l'aéroport, à cinq minutes de la gare SNCF et enfin, à proximité de deux zones industrielles représentant environ trois cent quarante entreprises. Le site bénéficie, en plus, d'installations techniques ultramodernes comme le raccordement au réseau Numéris et un réseau de chaleur centralisé et performant.

• Un parc d'activités tertiaires ?

A l'instar du parc de La Pardieu, nous pouvons noter la taille réduite des entreprises installées, avec une moyenne de dix à quinze emplois par entreprise. Il semble, toutefois, que ce soit une constante de ce type de parc industriel, peu adapté à l'accueil de grandes unités. Ainsi, la moyenne est-elle aussi de dix à quinze emplois pour Labège-Innopole de Toulouse, de vingt-cinq emplois à la ZIRST de Meylan-Grenoble, par exemple. De plus, comme dans la capitale auvergnate, il s'agit encore de transferts d'entreprises déjà présentes à Limoges. Par contre, le pourcentage de création réelle d'emplois, à l'échelle de l'agglomération est remarquable : probablement, environ la moitié des emplois actuellement présents (source : conseil régional). Ainsi, ESTER est-il bien un « parc d'activités tertiaires ». Cette vocation a été renforcée par l'implantation, en 1996, d'un immeuble de bureaux s'étendant sur 4 500 m², capable d'accueillir du « tertiaire de haut de gamme » (*Le Populaire du Centre*, 31/06/1996) comme Bouygues Télécom qui, à partir de Limoges, va installer son réseau de téléphonie mobile sur la Haute-Vienne, la Creuse, la Charente et la Dordogne. Il est accompagné d'un nouveau projet de construction du même type sur 1 500 m².

• Les atouts d'un vrai technopôle

Cependant, de nombreux aspects confèrent à ESTER un rôle de véritable technopôle. Le plus important est, sans doute, le refus de la généralité avec, au contraire, le choix de concentrer les efforts sur cinq pôles de compétence, héritages du passé industriel et scientifique de Limoges. Toutefois, il y a une réelle ouverture aux techniques futures : céramique (liée à la porcelaine), matériaux, traitement de surfaces ; électronique, optique, micro-ondes, télécommunications ; biotechnologies ; traitement de l'eau et des déchets ; mécatronique. Le choix de ces pôles est cohérent dans la mesure où il permet des transferts de technologie de l'un à l'autre, et donc des économies d'échelle. Par exemple, la céramique intervient fréquemment en mécatronique, par le biais des capteurs et des méthodes de traitement des surfaces. De même, pour le traitement de l'eau, on a souvent recours à la céramique pour le filtrage et aux biotechnologies pour la sélection des bactéries utiles ou nuisibles.

De plus, on trouve sur le site d'ESTER les trois éléments clefs de définition d'un technopôle. Le premier est la présence d'entreprises qui produisent réellement et dans le domaine high-tech. Elles installent, sur le site d'ESTER, leurs services de communication, de conception des produits, mais également leurs unités de fabrication. C'est le cas, par exemple, du groupe industriel « mythique » de Limoges, Legrand (électricité et électronique, il est le n°1 mondial de la fabrication d'interrupteurs, et l'équivalent de Michelin pour Clermont). Nous pouvons également citer le groupe Ceric-Thermique, dont les travaux de construction de l'usine ont débuté durant l'été 1998, et qui doit fabriquer des fours, ou encore le Japonais NPK (Nippon Pneumatik Kotone) qui devrait fabriquer des machines spéciales pour travaux publics et qui installe, ici, son siège social en France. De même, la société Bat Graphics fabrique des cylindres en céramique, pour l'impression.

Le deuxième élément est celui de la recherche. Ainsi, la recherche publique (le plus souvent appliquée) est-elle largement présente. Dès 1996, a été ouvert l'ENSIL (École Nationale Supérieure d'Ingénieurs de Limoges) qui accueille aujourd'hui près de trois cents étudiants, pour une capacité totale de six cents à terme. Les enseignements présents sont en adéquation avec les pôles de compétence du parc : eau et environnement, électronique et communication, traitements industriels des surfaces et matériaux. Il y a là, sans aucun doute, une « locomotive » d'un autre niveau que le lycée technologique clermontois ! Nous avons également vu que l'Université était associée à la direction du parc. La faculté de sciences est présente dans la totalité des pôles de compétence que l'on cherche à développer sur le site d'ESTER.

Enfin, le troisième et dernier élément est celui de la liaison entre l'industrie et la recherche ou l'enseignement. Un exemple de cette bonne association est celui du pôle mécatronique. Celui-ci dispose, à Limoges, d'un ensemble de compétences lui permettant de s'affirmer au plan industriel. Sur le site, nous trouvons des fabricants de machines spéciales, comme ELMETHERM ou COUDAMY, ou d'autres sociétés comme STAER (Société Technique d'Automatismes et d'Ensembles à Ressorts), qui utilisent des procédés intégrant la mécatronique. Il en est de même pour CODECHAMP qui conçoit et fabrique des capteurs optiques. Toutes peuvent bénéficier, sur le plan de la recherche, des activités du Laboratoire d'Electronique et d'Informatique Industrielle ou de l'IRCOM (Institut de Recherche en Communication Optique et Micro-ondes). Enfin, dans ce domaine toujours, la formation est dispensée par le département de Génie Mécanique et Productique de l'IUT (hors site), et dans un proche avenir, par l'ENSIL (filière mécatronique).

La recherche privée, quoique plus modeste, n'en est pas moins présente ; c'est le cas pour Legrand, dans le domaine électronique, ou de l'entreprise Ceric-Thermique. De même, la société Mil-Crystal, installée récemment sur le site d'ESTER (inauguration en janvier 1998), spécialisée dans la conception et la fabrication de prothèses médicales, entre autres, et utilisant donc la céramique, matériau le mieux toléré par le corps humain, symbolise la présence de la recherche privée dans les activités présentes sur le site. En effet, elle mène une véritable politique de partenariat avec les chercheurs locaux. Par exemple, plusieurs milliers de prothèses totales de hanches « SAS » (Système Anatomique Saphir) ont été conçues en partenariat avec le Centre Hospitalier Universitaire. Ajoutons, à cette activité de recherche, le fait qu'ESTER-technopôle est un lieu de rencontre de la « matière grise » et un lieu d'échanges d'idées. Ainsi, est-il également utilisé pour des séminaires, colloques, réunions à caractère économique, technologique ou scientifique. Deux cents ont été comptabilisés en 1997.

Nous trouvons, donc, sur le parc ESTER, une cohérence des projets, notamment à partir de l'existant industriel impossible à retrouver dans le cas clermontois, et un lien recherche-industrie qui fait d'ESTER un vrai technopôle. « *La réunion en un même lieu d'activités de haute technologie, centres de recherches, entreprises, universités, ainsi que des organismes financiers facilitant les contacts entre ces milieux, produit un effet de synergie d'où peuvent surgir des idées nouvelles, des innovations techniques et donc susciter des créations d'entreprises* » (G. Benko, 1991).

• Une « réussite » à nuancer

Cependant, la « réussite » d'ESTER doit quand même être nuancée à l'analyse des types d'unités installés. S'il s'agit, le plus souvent, d'agences ou de bureaux d'entreprise à dimension nationale ou, plus exceptionnellement, internationale. Les décisions sont généralement prises ailleurs. ESTER, à quelques exceptions près, ne bénéficie pas de l'installation de sièges sociaux. De plus, l'importance globale d'ESTER reste fort modeste si on la compare aux autres grands technopôles français des principales métropoles régionales. Ainsi Labège Innopole (*Le Monde*, 1/07/1990), créée en 1983, développée sur une superficie trois fois supérieure (310 ha), mais avec seulement un peu plus du tiers réellement aménagé, comprend trois cents entreprises, soit six fois plus, pour près de quatre mille cinq cents emplois. Elle bénéficie de la présence, sur place, de trois centres de recherche occupant trois cents chercheurs.

Bref, bien que plus cohérent que La Pardieu et proche d'un vrai modèle de technopôle, ESTER ne peut, en l'état actuel des choses, jouer un rôle véritablement déterminant dans l'évolution hiérarchique de Limoges. Mais il reste pour la ville une image forte et des possibilités d'évolution, alors que le site clermontois est figé et sans âme.

En conclusion sur le renforcement possible de nos deux métropoles régionales dans les réseaux urbains, nous devons formuler une remarque pessimiste. Il n'existe plus de vraie politique de réseaux urbains. L'Etat a presque démissionné au titre de l'aménagement du territoire. Les collectivités locales se contentent de gérer l'existant. Au mieux, elles mettent en place des mesures visant à favoriser le maintien des villes à leur place hiérarchique, en essayant de sauver les entreprises et les emplois. Elles essaient d'offrir, pour cela, de meilleures conditions d'installation (près des grands axes de communication) ou de meilleures possibilités de rencontre avec des partenaires réels ou potentiels (autres entreprises, centres de recherche, centres d'enseignement...). Mais, il serait nécessaire de relancer la politique volontariste d'aménagement du territoire et de faire des choix (Clermont ou Lyon, Limoges ou Bordeaux). Le problème étant de savoir si l'on opte pour une répartition plus équilibrée des forces économiques nationales ou si l'on entre dans une logique de réseau européen. Ceci passe par le renforcement des quelques pôles, déjà les mieux armés dans les services de haut niveau, pour résister à la concurrence des grandes capitales européennes.

Quelle que soit l'option choisie, se posera le problème des villes moyennes (et par cascade celui des petites villes), puisque, dans les deux cas, elles risquent de voir leur rôle s'affaiblir, soit par le renforcement de leur métropole, soit par l'intégration dans un réseau aux dimensions européennes où elles n'occuperaient que le cinquième ou sixième rang !

B - Les évolutions potentielles des niveaux hiérarchiques inférieurs (ville moyenne et petite ville)

La problématique est ici celle des relations de ces niveaux hiérarchiques avec leur métropole. Peut-on renforcer les villes moyennes sans affaiblir les métropoles ? Est-il nécessaire de renforcer toutes les villes moyennes ?

En ce qui concerne ce niveau hiérarchique, il existe dans les deux régions de notre espace d'étude (Auvergne et Limousin) une véritable politique définie par le conseil régional concernant les villes moyennes. Il s'agit du PIMA (Programme Intégré de Modernisation en Auvergne) pour l'Auvergne et de la Politique d'Armature urbaine en Limousin (qui accorde aussi une belle place aux petites villes). Notons qu'il n'existe rien de semblable en Bourgogne (département de la Nièvre) où l'on en reste à des contrats ponctuels, passés entre la région et les villes, dans le cadre d'opérations d'aménagements urbains ou de mise en place de nouvelles infrastructures. En dehors de cette politique régionale, il y a naturellement, comme pour les métropoles, des actions locales (municipalités) qui peuvent quelquefois permettre aux villes moyennes d'affirmer leur position hiérarchique. Mais celles-ci sont d'une inégale efficacité, se limitant le plus souvent à quelques aménagements ponctuels. C'est pourquoi nous nous arrêterons seulement à celles qui nous semblent être les plus en phase avec une logique de réseau .

1 - En Auvergne : Le PIMA

Les villes moyennes font partie intégrante du deuxième objectif du programme. La finalité clairement énoncée est de développer un réseau de villes moyennes vigoureuses au sein de la région Auvergne. Dans ce cadre, Montluçon, Moulins, Aurillac et Le Puy ont été définies comme « pôles de développement ». Vichy, intégrée dans le projet « Arvernia », ne figure donc pas comme ville moyenne « indépendante ». En fait, ce programme constitue une charte d'objectifs de développement local, pour renforcer les pôles, valoriser leurs points forts, limiter les points faibles. Si les choix sont judicieux et menés à terme, cela peut jouer sur le réseau christallérien, et donc le faire évoluer. Mais avouons-le dès à présent, les objectifs définis, et encore plus les réalisations, sont particulièrement décevants. En effet, alors que chaque ville moyenne auvergnate présente des spécificités économiques, sociales, culturelles, il est impossible de dégager, sérieusement, une typologie des actions envisagées ! Cela signifie que l'on applique partout les mêmes recettes, à quelques nuances près.

Ainsi, trois axes de développement sont-ils systématiquement mis en avant : diversifier le tissu industriel, développer l'attractivité touristique et culturelle, améliorer les infrastructures de transport, surtout dans le but de rendre plus aisées les communications avec la métropole régionale « Arvernia ». Si on tente une classification des actions, en fonction des besoins réels des villes moyennes, on peut diviser l'étude en deux parties, en analysant d'abord ce que l'on peut appeler le PIMA « sauvetage » lequel concerne les villes moyennes dont les finalités sont surtout de rattraper des retards certains et de maintenir celles-ci à leur rang. A cela, s'oppose assez nettement le cas de Montluçon qui bénéficie de ce que l'on peut appeler un PIMA « dynamique ». En effet, il y a véritablement un apport d'activités nouvelles susceptibles de renforcer la ville dans son rang hiérarchique. Rappelons, enfin, que pour chaque ville moyenne étudiée, nous essaierons de mettre en valeur les actions locales, complémentaires ou supplémentaires, surtout quand elles peuvent effectivement jouer un rôle dans la problématique de l'évolution hiérarchique.

a - Le PIMA « sauvetage »

Il concerne les trois préfectures : Moulins, Aurillac, Le Puy. Dans la mesure où les solutions envisagées sont fort proches, nous avons opté pour l'étude détaillée d'un seul exemple, celui de Moulins.

Les axes stratégiques de développement choisis pour Moulins, dans le cadre régional, sont multiples. Il s'agit, notamment, de renforcer et de développer le potentiel économique de l'agglomération. Plusieurs projets sont ainsi présentés. On souhaite développer une offre foncière cohérente pour l'installation des entreprises, en relation avec la nouvelle déviation routière qui permet de contourner l'agglomération par l'est (RN7 aménagée en voie rapide). Il s'agit alors d'éviter la multiplication des zones d'activités et d'aménager, à la place, une ou deux zones « vitrines » attrayantes, à fiscalité modérée, bénéficiant d'un niveau de services performants. De même, on souhaite mettre en place des structures d'aide aux entreprises, comme « l'entreprise d'entraînement », structure de formation aux métiers du tertiaire (comptabilité, gestion du personnel, commandes, commercialisation...) qui revêt la forme d'une entreprise fictive. Elle accueille des stagiaires et les met en situation d'entreprise. Elle peut recruter, ainsi, sur l'ensemble de la région et même au-delà.

Le deuxième volet de développement est axé sur le tourisme et la culture. Ainsi, on souhaite mettre davantage en valeur le patrimoine architectural de Moulins en réhabilitant le centre ancien. Il s'agit, également, de recomposer les rives de l'Allier (piste cyclable, promenade, jeux...), en faisant de la rivière l'un des atouts de la ville. On souhaite ainsi générer une nouvelle dynamique urbaine. Le développement de l'offre culturelle de l'agglomération est également à l'ordre du jour, par la réalisation d'un équipement d'agglomération (salle des congrès ou palais des expositions) capable d'accueillir de grandes manifestations. Du point de vue touristique, l'accueil du musée national des costumes de scène est probablement un atout exploitable. Enfin, l'aspect éducatif n'est pas ignoré avec la volonté de développer l'offre de formation supérieure, par l'implantation de nouveaux BTS et d'un embryon de premier cycle universitaire (IUT, action commerciale, spécialité agro-alimentaire).

Au total, nous avons ici des projets très ordinaires (communs à toutes les villes moyennes) qui entrent mal dans le cadre d'une politique de réseau urbain. En effet, le développement industriel occupe une grande place, pour une ville traditionnellement très tertiaire (et ce dans le seul espoir de bénéficier un jour de la prolongation de l'A77 vers le Sud). On en revient à la mise en place de zones industrielles classiques, ce qui correspond largement à un poncif, quelque peu dépassé, commun à toutes les villes, quel que soit leur niveau hiérarchique ! Le deuxième axe de développement n'est guère plus encourageant, puisqu'il s'agit de la volonté de développer le tourisme (comme partout !) dans une ville où il n'y en a jamais eu, et qui dispose, avouons-le, d'atouts relativement limités, surtout pour en faire un axe de développement majeur. Par contre, le troisième objectif est sans aucun doute plus sérieux, puisqu'il s'agit de prendre à Clermont une petite partie de la fonction universitaire. Mais là encore, cela permettra seulement de combler un retard par rapport aux autres villes moyennes déjà équipées dans ce domaine (Montluçon et Vichy notamment).

• L'amélioration des infrastructures routières

Les réalisations concernent, en premier lieu, les infrastructures routières avec la mise en service récente (juin 1996) de la déviation de Moulins (futur axe RN7 à deux fois deux voies). Celle-ci a considérablement modifié les données pour la ville, en déviant enfin, à l'extérieur de l'agglomération, le trafic automobile et de poids lourds en transit sur la RN7. Nous assistons, depuis, à une migration classique des grands établissements commerciaux (garages automobiles, ventes de pièces détachées...) du centre-ville vers les entrées, nord et sud, à proximité des échangeurs permettant d'accéder à la déviation. Indispensable sur le plan circulatoire, dans la mesure où l'agglomération souffrait d'engorgements répétitifs, cet aménagement routier est plus problématique en termes économique ou touristique, et notamment commercial. Il serait, ainsi, indispensable de créer une signalétique efficace aux points les plus stratégiques, montrant les intérêts de l'agglomération (par exemple touristiques : cathédrale avec son triptyque, centre historique, futur musée national...).

Quoi qu'il en soit, nous sommes, ici, dans le cadre d'un aménagement intra-urbain et d'une adaptation indispensable à la circulation moderne, mais en aucun cas dans celui d'une politique visant à l'évolution de la place moulinoise dans le réseau urbain. Nous pouvons même penser qu'il y a, plus exactement, un risque temporaire de « dégradation » de la position moulinoise, avec la disparition, pure et simple, d'un certain nombre de commerces et de services du centre-ville, inadaptés et déjà en situation de fragilité. En effet, certains d'entre eux ne pourront résister à la diminution d'une clientèle de passage (n'oublions pas que le trafic Nord-Sud, RN7, représente plus de 10 000 véhicules par jour en moyenne, soit une clientèle potentielle non négligeable !). Il semble bien que Moulins paye ici son retard d'adaptation.

Toujours dans le cadre des améliorations des infrastructures routières, nous pouvons noter l'aménagement modeste (élargissement, réfection de la chaussée) du réseau routier de développement régional, vers Cérilly et l'A71 à destination de Paris et Clermont. Celles-ci ne peuvent, en rien, modifier les données relationnelles actuelles de la préfecture bourbonnaise, ni lui assurer la venue d'une clientèle commerciale supplémentaire.

• Heurs et malheurs d'un parc logistique

Cette action, inscrite au PIMA, reçoit l'aide municipale. Elle est élaborée en relation avec la déviation de la RN7. L'idée de départ, fort louable, est de profiter d'une situation de « carrefour » entre la RN7 (Paris-Lyon-Nice) et la Route Centre-Europe-Atlantique (RCEA) qui est fréquentée quotidiennement par cinq mille deux cents poids lourds en moyenne sur une année (source : DDE), ce qui est un chiffre record pour le centre de la France.

Il s'agit, en fait, d'aménager un parc d'activités de douze hectares, composé d'un centre routier de quatre hectares et d'un parc logistique de huit hectares. Deux types d'installations doivent être favorisés : celles des professionnels de la distribution, du transport, du stockage, de la préparation des commandes ; mais, également, celles des services aux entreprises. Les opérateurs sont au nombre de cinq : le SIDEMYAT (Syndicat Intercommunal de Développement Économique de Moulins-Yzeure-Avermes-Toulon-sur-Allier), la chambre de Commerce et d'Industrie de Moulins-Vichy, le conseil général de l'Allier, le conseil régional d'Auvergne, la Communauté Européenne (le FEDER). La maîtrise d'ouvrage du parc est assurée par la CCI, la maîtrise d'œuvre technique par la DDE et la maîtrise d'œuvre commerciale par le SIDEMYAT. Les acquéreurs des lots viabilisés sur le parc logistique bénéficieront de l'exonération de la taxe locale d'équipement, d'un taux avantageux (moins 11,5 %) de taxe professionnelle (avec une exonération à 100 % durant 3 ans, puis à 50 % en années 4 et 5) ainsi que d'un soutien personnalisé à l'ingénierie financière et technique de leur projet.

Le bilan des installations est aujourd'hui presque nul, ce qui n'est pas réellement surprenant puisque le parc n'a été que récemment viabilisé, mais celui des projets d'installation n'est guère plus fourni. En fait, seul le centre routier qui doit comprendre, à terme, une station-service, un garage, une salle de communication et des services de restauration, semble, à l'heure actuelle, en passe d'être fonctionnel dans un délai relativement court (soit d'ici la fin de l'année 1999). Quant au parc logistique, il n'y a, pour l'instant, qu'un projet relativement avancé, celui de l'installation de l'entreprise Bordes, une société spécialisée dans la distribution de produits d'épicerie fine.

Deux critiques majeures, au moins, peuvent être formulées à un tel projet. La première est celle que reconnaît volontiers le directeur du SIDEMYAT : « *Nous sommes forts sur le concept, forts sur l'implantation, le seul problème, c'est que nous ne sommes pas les seuls sur le marché, de nombreuses autres villes se positionnent également sur le même créneau* » (en Auvergne même, à Clermont, Gerzat et Montmarault où les résultats ne sont que partiellement convaincants). Encore une fois, il y a manifestement un manque d'originalité dans le choix de la stratégie de développement. La seconde critique que l'on peut formuler est que le tertiaire que l'on souhaite attirer est d'exécution (dans le domaine des transports) mais, en aucun cas, directionnel, décisionnel. Ainsi, il n'aura aucune emprise sur le niveau urbain de l'agglomération moulinoise. Comme pour l'industrie et le tourisme, ceci ne peut que créer ou plus exactement maintenir des emplois.

• La volonté de faire de Moulins une ville « universitaire » !

Dans le domaine éducatif, un élément est devenu réalité. Il s'agit de l'ouverture de l'« IUT » (en 1995) qui est, en réalité, une simple antenne du département des techniques de commercialisation de l'IUT de Montluçon. Il a, ici, une orientation agro-alimentaire. Il reçoit environ cent vingt-cinq étudiants, venant principalement de l'ensemble du département de l'Allier, mais également du Puy-de-Dôme et de la Nièvre. Moulins bénéficie, donc, très théoriquement, d'une attraction renforcée. Toutefois, deux nuances doivent être apportées. Premièrement, toutes les villes moyennes auvergnates disposent d'un département d'« IUT », et la préfecture bourbonnaise se trouve, encore, la moins bien lotie dans ce domaine. Secondement, l'installation d'une antenne universitaire à Moulins résulte de l'accentuation de la politique de « saupoudrage ». Et nous sommes, ici, au troisième niveau de l'organigramme. En effet, on transfère une antenne technologique de l'Université clermontoise Blaise-Pascal vers

Montluçon, et un département de celle-ci est installé à Moulins. De fait, on affaiblit Clermont et Montluçon pour essayer de renforcer Moulins (« on déshabille Pierre pour habiller Paul ») ! En fait, seul un premier cycle universitaire (comme le DEUG) pourrait accroître l'attraction moulinoise, mais surtout pas une formation spécialisée. Deux questions générales se posent : est-il bien nécessaire de « piller » Clermont-Ferrand pour renforcer les villes moyennes ? Si on choisit de porter ses efforts sur les villes moyennes, est-il nécessaire de le faire pour toutes, en dispersant les mêmes équipements, au risque d'accentuer leur homogénéité ?

• **Les réalisations touristiques et culturelles**

Dans le domaine touristique et culturel, la réhabilitation du centre ancien est déjà bien avancée ainsi que celle de la cathédrale. Ce qui représente un attrait touristique potentiel... qui reste à valoriser ! De même, l'aménagement des rives de l'Allier (piste cyclable, jeux pour enfants, circuit pédestre, parcours santé, piste de skateboard...), est en grande partie terminé ; elles deviennent le lieu de promenade dominicale privilégié des Moulinois. Mais nous en restons, ici, à de l'aménagement urbain élémentaire, que la municipalité n'avait pas pris à son compte et qu'elle a réclamé à la région ! On a, là, le résultat du considérable retard moulinois en matière d'urbanisation et d'urbanisme.

Du côté des collectivités locales, un effort a été fait sur l'amélioration de l'offre culturelle de l'agglomération ; elle s'est surtout traduite par la construction de deux petites salles de spectacles à Yzeure (Yzeurespace) et à Avermes (Isléa). Mais, ce type d'équipement (d'ailleurs en concurrence interne) se retrouve dans toutes les villes moyennes ! Ce qui montre bien que le seul aspect positif que l'on peut en attendre est le maintien de l'agglomération moulinoise dans son rang hiérarchique. Ces équipements évitent, ainsi, de voir la population moulinoise devenir totalement dépendante d'une autre ville de même niveau hiérarchique (Montluçon, Vichy, Nevers), et donc de régresser hiérarchiquement de fait. Mais, naturellement, il ne suffit pas d'avoir des salles, faut-il, également, qu'il y ait des spectacles capables d'attirer un public important. Or, les spectacles organisés sur l'agglomération moulinoise restent modestes. L'évasion vers Montluçon (Athanor), Vichy (Opéra) et, surtout, Clermont est considérable. Le simple maintien de la ville comme place moyenne n'est donc même pas assuré.

Il est, également, intéressant de noter qu'une manifestation annuelle, organisée à Yzeurespace (bénéficiant des mêmes partenaires que le printemps de Bourges !), permet, pendant une semaine, à l'agglomération de « rayonner » sur la quasi-totalité de la région Auvergne et sur tous les départements limitrophes. Il s'agit du festival Carrefour-Chansons-Enfants. Ainsi, à la fin du mois de mai, pendant une semaine, plus de deux mille enfants (et leurs accompagnateurs) par jour viennent assister aux spectacles et animations pédagogiques. Voici un exemple d'initiative originale (quasi unique en France sur la thématique) bien organisée et soutenue par les différentes collectivités locales. Elle reste, naturellement, très ponctuelle et sans effet sur l'espace, mais montre, a priori, une évidence : c'est en proposant des activités spécifiques que l'on peut maintenir la place d'une ville dans le réseau urbain, et non pas en appliquant les mêmes recettes partout. Les autres villes moyennes bénéficient des mêmes possibilités, en organisant aussi des manifestations annuelles sur des thématiques différentes et originales (la fête du roi de l'oiseau au Puy, festival du théâtre de rue à Aurillac). Il conviendrait donc de chercher des éléments permanents, autant que spécifiques, d'influence.

b - Le PIMA « dynamique » : l'exemple montluçonnais

Nous avons isolé le cas montluçonnais, dans la mesure où il semble que certains choix, inscrits dans le PIMA soient davantage susceptibles (par rapport aux cas précédents) de permettre un renforcement de la place centrale montluçonnaise dans le réseau urbain clermontois.

• Les projets

Pour Montluçon, plusieurs objectifs ont été définis. Le premier concerne l'industrie (ce qui est logique ici). Il s'agit, en premier lieu, d'agir sur le domaine industriel en diversifiant et développant le tissu par la création de zones intercommunales attractives et à fiscalité réduite. En deuxième lieu, on souhaite développer le secteur de la sous-traitance. Enfin, on veut mettre en œuvre une complémentarité entre les pôles industriels de Montluçon et Commentry.

Le deuxième objectif est plus intéressant dans la problématique qui nous intéresse ici, à savoir le renforcement des villes moyennes. En effet, si celui-ci est commun aux autres villes moyennes, il est ici plus ambitieux et, sans aucun doute, plus cohérent, s'appuyant sur une tradition déjà bien établie. Il s'agit bel et bien de renforcer le pôle universitaire montluçonnais[33] qui a fêté ses trente ans d'existence en 1998 et est le plus important et le plus ancien des villes moyennes auvergnates. C'est donc un atout fort, pour la ville, que l'on souhaite encore développer. Ainsi, on veut renforcer les structures universitaires, par la création d'un troisième cycle et d'un cinquième département de logistique à l'IUT, ainsi que par le développement de la recherche. On veut aussi renforcer les moyens du département Productique[34], car il représente un atout pour les entreprises locales et un facteur d'attractivité pour celles qui souhaitent former leur personnel et intégrer la productique dans leur chaîne de fabrication.

L'axe du tourisme est également un objectif majeur en relation avec le développement de la station thermale de Néris-les-Bains ; tout comme celui du tourisme d'affaires autour du centre Athanor (salle de spectacle) où l'on cherche à mieux adapter l'offre hôtelière par l'arrivée d'un hôtel trois étoiles qui manque actuellement.

Il apparaît également comme indispensable de poursuivre l'amélioration des voies d'accès à la ville. Cela passe notamment par l'achèvement de la mise aux normes autoroutières de l'axe Est-Ouest (RCEA). Il s'agit, aussi, d'améliorer la liaison ferroviaire vers Paris et vers Clermont-Riom. Enfin, il est demandé de renforcer la desserte aérienne avec, par exemple, la mise en place de navettes routières jusqu'à l'aéroport international de Clermont-Ferrand.

• Les actions en cours et réalisations

Celles-ci concernent d'abord l'accessibilité routière à Montluçon. L'aménagement de la RCEA est en cours vers l'Ouest, puisque la mise à deux fois deux voies n'est effective que dans le département de la Creuse, entre La Croisière (à proximité de La Souterraine) et Guéret ; par anticipation, d'importants travaux de contournement de la ville et de liaison avec l'autoroute A71 ont été réalisés. Par contre, l'amélioration du réseau routier autour de la ville (routes départementales) est ponctuelle. En matière ferroviaire, la convention Région/SNCF sur l'exploitation des services régionaux de voyageurs, destinée, notamment, à améliorer la desserte ferroviaire Clermont-Ferrand—Montluçon, n'a abouti qu'à des résultats modestes (gain de temps de quelques minutes seulement, grâce à l'aménagement du viaduc de Rouzat au-dessus de la Sioule). Il faut encore, au minimum, près d'1 h 30 pour effectuer les cent dix kilomètres qui séparent les deux villes ! Au total, les progrès sont peu sensibles en dehors des grands axes routiers et autoroutiers qui mettent la capitale régionale (et son aéroport international) à une heure de trajet. Montluçon améliore donc sa position dans le réseau urbain clermontois en se rapprochant (espace-temps) de la métropole.

L'objectif du renforcement des structures universitaires a été très largement atteint, puisque le cinquième département de l'IUT, logistique et transport, a ouvert ses portes à la rentrée 1993. Il s'agit de former des Techniciens Supérieurs universitaires en Gestion Logistique et Transport (GLT). C'est un nouveau métier, une nouvelle spécialité, où la demande des entreprises semble assez forte, dans la mesure où la logistique est un facteur important de leur compétitivité, tant pour la maîtrise des coûts que pour celle du niveau et de la qualité des services. Nous avons donc bien, ici, une véritable spécificité montluçonnaise à l'échelle de l'Auvergne, sur un secteur neuf et intégré à l'ensemble universitaire régional.

Le département productique de l'IUT, quant à lui, a été renforcé par la décision d'installer le centre de prototypage rapide du pôle technologique clermontois : CASIMIR (voir note 31). Ce centre réalise tous les types de pièces, en trois dimensions (sur support papier). Il permet, donc, une prévisualisation efficace des objets que souhaitent réaliser les entreprises et, ainsi, d'en détecter les imperfections ou anomalies avant de décider de les fabriquer en grande quantité. C'est, selon le responsable, un renforcement considérable du rôle de ce département qui a permis d'accroître les liens, déjà existants (et même d'en ouvrir de nouveaux), avec les entreprises du bassin montluçonnais et même au-delà, au niveau de toute la région, puisqu'il s'agit d'un équipement unique à l'échelle de cette dernière. Les industriels montluçonnais, comme la SAGEM, Dunlop, Landis et Gyr, pour ne citer que les plus importants, sont fortement utilisateurs de ce centre qui joue alors, souvent, un rôle de prestataire de services (élaboration de pièces, mais également prêt de matériels ou même organisation de conférences). De nombreux liens, entre le département et les industriels, existent sous forme de stages d'étudiants, de vacations (les entrepreneurs montluçonnais dispensent des cours à l'IUT)... Il y a là, sans aucun doute, un choix régional qui vise à renforcer le pôle montluçonnais en le dotant d'un équipement unique pour la région, en raison d'une forte demande des industriels, et pas seulement locaux. Si le fait de délocaliser les structures universitaires depuis la métropole vers les villes moyennes est une pratique discutable, comme nous avons déjà pu le signaler, il s'agit, pour Montluçon, d'un choix justifié, en fonction du rôle traditionnel du secteur industriel à Montluçon par rapport aux autres villes moyennes. La contrepartie n'est même pas, pour Clermont, une perte de substance par décentralisation universitaire, puisqu'il s'agit de créations. Sur un autre plan, il est cependant surprenant d'avoir délocalisé une partie de CASIMIR, alors qu'il aurait été, sans aucun doute, plus pertinent de l'installer dans un parc qui se voulait être un technopôle (La Pardieu). Une localisation clermontoise aurait permis à la ville de mieux se placer par rapport à Lyon.

Enfin, toujours dans le domaine industriel, notons que, depuis 1991, a été créé, sur la commune de Saint-Victor (en banlieue et à proximité de l'autoroute), le parc Mécatronic. En fait, il s'agit d'une banale zone industrielle (alors que le projet de départ était de créer un mini-technopôle !) qui a essentiellement accueilli des activités externalisées de Landis et Gyr (ateliers de décolletage, découpe mécanique de précision) qui ont été ensuite rachetées par d'autres sociétés. Elles n'ont créé que quelques emplois, car, en fait, elles reprennent, essentiellement, des salariés licenciés par Landis et Gyr. On retrouve dans ce parc également d'autres activités délocalisées (à l'échelle de l'agglomération) venant chercher ici des conditions d'installation plus intéressantes (financières, cadres de travail, commodité des locaux...). Les quelques créations effectives proviennent, la plupart du temps, de personnes licenciées par les grandes entreprises montluçonnaises et se lançant seules dans l'aventure industrielle. En définitive, ce parc a permis de créer quelques dizaines d'emplois, et surtout d'en sauvegarder. Une nouvelle fois, les ambitions de départ étaient élevées mais l'évolution est restée banale.

Au total, Montluçon a largement conforté sa place dans le tertiaire universitaire (technique et technologique) grâce à un IUT important et innovant, au service d'une industrie qui se rénove. Mais ce bilan tertiaire positif, pour une ville à la réputation industrielle, ne saurait être complet sans la prise en compte, à côté de la politique régionale, de l'action municipale qui a permis, par exemple, l'installation de l'école de sous-officiers de gendarmerie et le développement de l'enseignement supérieur privé (Institut de Formation aux Affaires et à la Gestion, Académie Commerciale Internationale). De même, il ne faut pas oublier les choix d'aménagements urbains ambitieux, comme la construction d'un centre commercial en centre-ville (Saint-Pierre), la piétonisation du centre-ville, l'aménagement du quai Louis Blanc (espace Saint-Jacques) qui accueille aujourd'hui des grandes surfaces en tout genre et, bien sûr, la construction d'une salle de spectacle (Athanor) qui reçoit des spectacles de renommée nationale. Tout ceci contribue nettement à renforcer l'image tertiaire de Montluçon.

En conclusion, il apparaît clairement deux types de villes moyennes. Tout d'abord, celles qui appartiennent au niveau inférieur et dont l'objectif majeur est de maintenir leur rang, sans autre ambition. Cela se traduit par les choix politiques, régionaux notamment, classiques et concernant toujours les mêmes secteurs de l'économie : industrie, tourisme, éducation et communication. En fait, le problème est que ces villes n'ont pas d'atouts très marqués, dans un domaine donné, pouvant servir de « moteur » au développement et sur lequel l'essentiel des efforts (notamment financiers) pourrait porter. Pour elles, il s'agit surtout de combler des retards et de sauvegarder des emplois. On y applique donc des politiques « généralistes ». A côté de cela, s'ajoutent des actions locales (municipales), toujours fort modestes, s'inscrivant largement dans le cadre des objectifs définis par le PIMA. Elles se limitent, le plus souvent, à des opérations d'aménagement urbain ou trop banales pour permettre une évolution de l'image de la ville.

Ensuite, il y a le cas représenté par Montluçon. Nous sommes ici au niveau supérieur des villes moyennes. Les ambitions sont finalement proches de celles des métropoles, à savoir renforcer l'image tertiaire dans certains domaines spécifiques et être capables d'accroître l'emprise de la ville sur son espace de commandement. Les choix de la politique régionale peuvent alors prendre appui sur certains atouts (le domaine universitaire pour Montluçon), et ce même si, à côté, nous retrouvons les mêmes poncifs que pour les niveaux inférieurs (industrie, tourisme, communication). De plus, l'action régionale est vigoureusement complétée par une politique municipale ambitieuse qui montre une réelle volonté de renforcer l'image tertiaire de la ville. La question qui se pose maintenant est de savoir s'il existe les mêmes constantes pour les villes du Limousin.

2 - La politique d'« Armature urbaine » du Limousin

L'objectif de l'étude est ici identique à celui des villes moyennes auvergnates, c'est-à-dire voir s'il existe des choix régionaux ou locaux susceptibles de permettre un renforcement des différents niveaux hiérarchiques.

a - Mise en place et objectifs

Cette politique fait suite à l'étude « Limousin 2007 » qui avait conclu à la faiblesse de l'armature urbaine régionale. Ainsi, en 1990, lors de l'élaboration du contrat de plan Etat-Région, a été inscrit le projet d'« Armature urbaine », avec deux objectifs. Le premier est de consolider l'armature urbaine du Limousin et le second d'améliorer les services rendus par la ville à son milieu rural (ce qui est déjà tout un programme en soi !). A la différence du PIMA, tous les niveaux de la hiérarchie urbaine sont pris en compte.

La région a défini les axes généraux de développement qui serviront de cadre à l'aide régionale. Chaque ville souhaitant bénéficier de la manne financière régionale (qui vient en complément des autres sources de financement : État, département, commune) doit signer avec le conseil régional un contrat d'« Armature urbaine », dans lequel elle s'engage à réaliser des investissements dans les domaines d'intervention définis par la Région. En fait, la totalité des contrats signés, entre les villes et le conseil régional, sont avant tout destinés à des aménagements intra-urbains. Il en est ainsi de celui qui concerne la ville de Guéret (1995) et qui prévoit une aide financière de la région pour la réfection du théâtre, l'aménagement d'un parking en centre-ville et la création d'un centre d'hébergement. Avouons-le, nous voyons mal comment ceci peut permettre d'atteindre l'objectif fixé par le président du conseil régional (R. Savy), lors de la signature du contrat. « *Le Limousin est une petite région peu peuplée avec, au milieu, la grosse ville de Limoges. Or, nous voulons que la région soit un réseau de villes dont l'ensemble urbain Brive-Tulle et une ville de Guéret renforcée pour un meilleur équilibre régional* » (sic, *Le Populaire*, 7/04/1995).

b - Les points communs avec le PIMA

Beaucoup de points communs se dégagent, cependant, entre les deux programmes. On a défini un canevas d'aides identiques pour toutes les villes, quel que soit leur niveau. Ainsi, nous retrouvons la place essentielle accordée à l'industrie, par la mise en place de nouvelles zones d'activités, la création d'un comité d'accueil destiné à faciliter l'installation des industriels (montage du dossier, aide à l'acquisition de terrain...). Du point de vue des activités tertiaires, il y a une nouvelle fois focalisation sur les activités touristiques et les structures destinées à les favoriser (maisons de pays, organisation de randonnées, équipements hôteliers, bases de loisirs...).

En Limousin comme en Auvergne, on attend beaucoup des activités éducatives (et plus particulièrement de la formation professionnelle), culturelles et sportives. Un dernier élément très intéressant est à noter, dans la mesure où il témoigne de la vision, un peu passéiste, que les responsables régionaux et locaux ont du rôle de la ville par rapport à l'espace dans lequel elle s'inscrit. En effet, dans le but d'améliorer les relations de la ville avec sa zone d'influence, le programme d'« Armature urbaine » propose une aide financière de la région pour les villes qui s'engageront dans une politique de promotions d'opérations commerciales de type marchés ou foires !

Enfin, notons que, comme en Auvergne, l'une des solutions clés utilisées, pour renforcer les villes moyennes, est celle de la délocalisation d'activités depuis la métropole. Nous retrouvons aussi, en Limousin, le « saupoudrage » universitaire, puisque Brive accueille, depuis quelques années déjà, un IUT et que l'on a récemment créé un département IUT « Maintenance Industrielle » à Tulle. Comme pour Clermont, les mêmes remarques peuvent être ici renouvelées.

Nous retrouvons donc partout les mêmes approches, celles de politiciens qui jugent à partir du terrain (et de la nécessité d'obtenir des résultats concrets rapidement en voie d'une réélection). Il y a alors absence d'une vision d'ensemble, et aucune prise en compte de la position de leur ville dans la hiérarchie et dans le réseau urbain.

En conclusion, sur les projets et réalisations destinés, selon les objectifs mêmes du PIMA, à renforcer les villes moyennes du Massif central, plusieurs remarques se dégagent. La première, et sans aucun doute la plus importante, est qu'il n'existe pas de politique de réseau urbain pour ce niveau hiérarchique. Le positionnement hiérarchique des villes échappe au décideur politique ou à l'aménageur. Ainsi, essaie-t-on d'appliquer partout les mêmes recettes. Ceci est peut-être lié à une vision traditionnelle du rôle de la ville. En effet, les politiques en restent encore à l'idée que chaque ville fonctionne en symbiose avec son espace environnant, à l'abri des autres unités urbaines. Ainsi, chacune des villes doit pouvoir offrir les mêmes prestations. Donc, on essaie d'installer, par exemple, dans les villes moyennes, des équipements que l'on trouve dans la métropole : salles de spectacle, antenne universitaire... Mais, ville moyenne signifie souvent équipement moyen, et on oublie que le client potentiel connaît aujourd'hui, parfaitement, les équipements présents dans la métropole qu'il fréquente régulièrement. Ainsi, les chalands préfèrent-ils aller à Clermont pour profiter d'une animation, d'un niveau supérieur d'équipements, de services, sans commune mesure avec ce qu'ils peuvent trouver dans la ville moyenne.

La deuxième remarque, tout aussi essentielle, qui transparaît à l'analyse des projets et réalisations inhérents aux villes moyennes, est celle de l'absence d'originalité dans les choix. Effectivement, l'industrie est un cheval de bataille sans ampleur ni originalité et qui ne peut avoir comme conséquence que la sauvegarde de l'emploi, ce qui est, en soi, un objectif respectable. Plus gênante encore, dans le cadre de la problématique de l'évolution des différents niveaux hiérarchiques dans le réseau urbain, est l'absence de réelles propositions concernant les activités tertiaires (en dehors du tourisme et de l'éducation). En fait, ceci nécessite la connaissance précise du tertiaire, spécifique à chaque niveau hiérarchique. Mais cette approche demande une connaissance scientifique approfondie que n'ont pas les décideurs.

La vraie question, qui résulte de tout cela, est qu'aucun choix n'est fait entre le renforcement de la tête du réseau urbain régional ou celui des niveaux intermédiaires. Jusqu'à maintenant la seule solution trouvée, pour renforcer ces derniers, a été de délocaliser des fonctions depuis les métropoles vers les niveaux inférieurs (l'exemple le plus probant est celui des cycles universitaires). Une réflexion sérieuse reste à mener sur le renforcement intrinsèque et non pas « vampirique » du niveau. Par ailleurs, il semble évident que si l'on ne souhaite pas voir Clermont ou Limoges reléguées au troisième ou quatrième rang (au niveau national et au niveau européen), entraînant l'ensemble des éléments de son réseau dans le déclin hiérarchique, il y aurait intérêt à concentrer les services de haut niveau dans les métropoles. Toutefois, une métropole, renforcée par la concentration d'équipements les plus rares, doit disposer de relais efficaces, avec un tertiaire de second niveau actif (notamment celui d'exécution). Il convient d'étoffer les villes moyennes. L'équilibre reste donc à trouver, ce qui suppose une réflexion globale et cohérente sur l'ensemble du réseau.

Mais, il est également évident que pour parvenir à l'établissement d'un réseau urbain plus rationnel, avec une tête de réseau renforcée et des relais efficaces, un effort important doit être consenti pour les relations terrestres interurbaines à l'échelle du Massif central. On ne peut imposer des trajets longs et fastidieux à une clientèle de plus en plus mobile. Dans ce cadre là, les réalisations concernant l'amélioration des infrastructures autoroutières et ferroviaires sont les plus intéressantes, et sûrement, aussi, les plus utiles dans la problématique des réseaux urbains. Toutefois, l'effort effectué en la matière reste trop timide, comme si, en fait, on souhaitait la chose tout en se gardant bien de passer aux actes. La question de fond demeure bien la diffusion de l'idée même de réseau urbain auprès des décideurs.

Pour terminer, il faut noter également que les petites villes sont la plupart du temps absentes dans le cadre des projets de renforcement urbain. Ce niveau hiérarchique reste, très largement, le parent pauvre des politiques, notamment régionales, concernant les éléments constitutifs des réseaux urbains. Ainsi, le PIMA l'ignore totalement. Par contre, en Limousin, elles occupent une place essentielle dans le programme d'« Armature urbaine » et ce, naturellement, en raison de la faible représentation des niveaux supérieurs. Mais, là également, les contrats signés avec la région sont destinés à financer des actions qui ne peuvent en rien modifier la position des villes concernées dans la grille hiérarchique. Ainsi, Argentat a pour objectif l'aménagement d'un musée archéologique et historique et celui d'une « maison de pays ». Quant à Uzerche ses deux projets se résument ainsi : reconquête du cadre urbain, développement du tourisme et des loisirs (*Le Populaire*, 28/11/1997).

La politique menée par le conseil régional, vis-à-vis des petites villes, est un bel exemple de l'absence d'une vision de l'organisation urbaine dans ses relations verticales, celles d'un réseau urbain. En fait, il s'agit de proposer à tous les mêmes remèdes, d'essayer de renforcer tout le monde, sans choix précis sur les villes qui doivent « émerger ». En fait, à vouloir consolider toutes les villes, on risque de créer des situations de concurrence qui ne permettent à aucune d'entre elles de « sortir du lot », et finalement les affaiblissent. Mais, comment faire accepter à un élu local qu'il doit se « sacrifier » pour renforcer une autre ville mieux placée que lui, géographiquement et économiquement ? Comment lui faire comprendre qu'il est nécessaire qu'il y ait une hiérarchie pour pouvoir dégager des pôles forts, capables de rayonner sur un espace vaste et de résister aux autres villes extérieures ? Enfin, comment lui expliquer qu'il est plus indispensable de focaliser ses efforts sur l'amélioration des communications avec les niveaux supérieurs de la hiérarchie, afin de permettre aux habitants de sa commune d'accéder, en fait, à tous les types de services ?

Chapitre 8

RÉSEAUX URBAINS
ET RÉSEAUX DE VILLES

Force est de constater que, pour bien des acteurs locaux de l'aménagement (politiques notamment), la solution la plus fréquemment mise en avant pour résoudre leurs difficultés est celle, discutable, de la mise en réseau. C'est-à-dire qu'ils souhaitent mettre en place des projets communs avec d'autres villes, généralement de même niveau hiérarchique. L'esprit de ce type d'alliances a été résumé en 1991 par J.P. Duport, alors délégué à l'Aménagement du territoire : « *Mettons-nous à plusieurs, sinon, nous n'existerons plus demain sur la carte européenne des villes* » (J.M. Offner, D. Pumain, 1996). La question qui se pose alors est de voir si, dans le cadre d'un réseau christallérien quasi-parfait, la politique de mise en réseau se justifie. Le problème est bien de savoir ce qu'en attendent leurs initiateurs. S'il s'agit de répondre ou même d'anticiper le souhait des politiques européens, dans le but de pouvoir plus efficacement émerger aux crédits européens, ou de faire des économies d'échelle, la chose peut alors se concevoir. Par contre, s'il s'agit, comme on le proclame souvent, de créer une agglomération fonctionnelle capable de se hisser à un niveau européen (!), cela nécessite que l'association, entre les villes concernées, permette une réelle évolution quantitative et qualitative des équipements tertiaires (et pas seulement une augmentation du seul chiffre de population). Il faut donc une réelle complémentarité entre les villes qui choisissent de se mettre en réseau. Cette idée semble alors antinomique avec le réseau christallérien.

I - RAPPEL DE LA NOTION DE « RÉSEAU DE VILLES »

Il s'agit, dans un premier temps, de définir la notion de réseau de villes. En effet, derrière le vocable se cachent bien des définitions différentes.

A - Des racines pourtant assez lointaines

La notion de réseau de villes est relativement nouvelle en France. C'est seulement depuis une dizaine d'années que l'on a vu apparaître une véritable volonté d'alliance entre les villes françaises, soit sous l'impulsion des villes elles-mêmes, soit avec l'encouragement de l'Etat (notamment grâce à un soutien financier). Par contre, les réseaux de villes existent depuis longtemps à l'étranger. C'est particulièrement le cas en Allemagne, dans le Bade-Wurtemberg ou en Italie avec, par exemple, l'Emilie-Romagne ou la Vénétie[35]. En fait, les premières associations de villes remontent au XIVe siècle, avec la fondation de la Décapole (1354) en regroupant Haguenau, Wissembourg, Obernai, Rosheim, Sélestat, Colmar, Turckheim, Kaysersberg, Munster et Mulhouse. La finalité essentielle de cette association était alors l'assistance mutuelle, soit contre un ennemi extérieur, soit contre des fauteurs de troubles à l'intérieur. Rappelons que, sur un plan commercial, le réseau international de la Hanse fut créé officiellement en 1367. Il regroupait un grand nombre de villes depuis la Livonie jusqu'au Rhin inférieur ; c'est-à-dire, des Républiques Baltes actuelles jusqu'au Pays-Bas. La Suède, le Mecklembourg et le Holstein s'y associèrent. Il s'agissait avant tout d'une association marchande destinée à fixer des règles commerciales communes et à s'organiser face à la concurrence extérieure. Il existe donc bien en Europe, au moins, une culture propre à l'association des villes face à un danger extérieur qu'il soit militaire ou économique. L'idée est ici que « l'union fait la force », et il n'est donc pas totalement surprenant que la politique de mise en réseau, jugée comme le moyen le plus efficace pour éviter une « mort annoncée » dans le nouveau réseau urbain européen, ait été initiée par la commission de Bruxelles relayée par l'Etat.

B – Les différents types de réseaux

La notion actuelle de réseau de villes concerne un ensemble d'unités urbaines qui entretiennent entre elles des liens physiques, techniques et surtout économiques, mais également des liaisons immatérielles (communication). « *Un réseau de villes est une démarche volontariste d'alliance et de coopération entre des ensembles urbains... Il s'agit donc d'un projet politique, au sens noble du terme, c'est-à-dire un projet de développement partagé, sur un territoire dont les membres se sont librement choisis. Bien sûr la proximité joue un rôle, mais l'originalité de cette démarche tient au fait que s'y développe une intercommunalité à distance* » (D. Royoux, 1997). Cette dernière notion est fondamentale dans la démarche d'une association de villes, mais elle laisse perplexe quant à son adaptation au niveau du Massif central. On connaît les retards, en matière d'intercommunalité, de notre espace d'étude au niveau même des agglomérations multicommunales.

Il existe, le plus souvent, deux types de réseau (F. Tesson, 1997). En premier lieu, celui regroupant, autour d'une métropole « tête de pont », un ensemble de villes moyennes. Nous pouvons placer, dans ce cas, des réseaux comme celui de « PYRÉNÉES MÉTROPOLE » (Pau, Tarbes, Lourdes) ou, peut-être, plus encore, celui de « RHIN-SUD » (Saint-Louis, Colmar, Héricourt, Belfort, Montbéliard et Mulhouse). Il correspond à une notion hiérarchisée. En second lieu, un réseau d'alliances entre villes, plus ou moins semblables, fondé sur des coopérations pouvant être de nature très diverse. Tel est le cas de l'AIRE (Aménagement du territoire, Initiatives locales et Régionales, Recherches et Etudes sur l'espace Poitou-Charentes) 198 reliant quatre villes de même niveau hiérarchique (villes moyennes) : Angoulême, Poitiers, Niort, La Rochelle[36]. L'Aire 198 nous offre de bons exemples de pratiques à l'intérieur d'un réseau de villes. Si l'on se réfère à l'article de D. Royoux, dans la revue *Flux* (n°27/28, janvier/juin 1997), les réalisations concrètes sont les suivantes. Il s'agit, tout d'abord, de la création d'un serveur télématique à destination des étudiants, capable de leur fournir toute information utile (logement, transport, stages, emplois saisonniers) à leurs migrations saisonnières entre les quatre lieux d'enseignement supérieur que sont maintenant Poitiers, La Rochelle, Angoulême et Niort, notamment dans le cadre de formation avec stages intégrés. Ensuite, il y a eu création d'un studio mobile d'enregistrement entre les quatre agglomérations, d'abord destiné aux jeunes musiciens des quartiers dits en difficulté. Enfin, la mobilisation des entreprises s'opère à travers la gestion d'outils propres aux agglomérations comme les PLIE (Plans Locaux d'Intervention par l'Economie) dont le rendement s'accroît quand les acteurs, qui les animent, se fédèrent. Actuellement, sur les quatre agglomérations, l'action combinée des quatre PLIE a permis l'entrée de trois mille bénéficiaires (chômeurs de longue durée) sur le marché du travail régional : mille sont en postes actuellement. Il semble, donc, que le niveau de mobilisation soit efficace par la dynamique qu'il met en œuvre, beaucoup plus que si chacune des structures agissait séparément. En définitive, ceci représente bien peu de chose, permettant seulement une mobilité plus aisée des étudiants et une meilleure fluidité de l'emploi. En fait, il s'agit bien de réaliser simplement des économies d'échelle entre les quatre villes concernées.

C - Des objectifs divers

En règle générale, les objectifs des réseaux sont multiples et influent, par définition, sur les modalités d'existence de ceux-ci. Nous pouvons distinguer trois courants majeurs. Le premier concerne la recherche de complémentarités entre les villes, afin de mieux valoriser les spécificités qualitatives de chacune. Ainsi, des liens entre villes, répondant à cet objectif, sont-ils en projet ou en cours de réalisation en France. C'est le cas entre Nîmes et Montpellier ; entre Caen, Rouen et Le Havre (Normandie Métropole) ; entre Orléans, Blois et Tours ; ou, enfin, entre Pau, Tarbes et Lourdes. Ce dernier ensemble constitue un réseau transrégional. Ce partenariat, sans lequel aucune décision concrète ne peut aboutir, est une des composantes essentielles de ces alliances entre villes. Toutefois, ce type de réseau (comme la quasi-totalité des autres, d'ailleurs) n'a pas encore débouché sur des actions concrètes de grande envergure. Dans le cas particulier de Pau-Tarbes-Lourdes, il s'agit surtout du développement ou de la mise en commun d'équipements (publics ou privés)[37], et ce pour réaliser des économies d'échelle en jouant sur les complémentarités possibles entre les pôles. Ainsi, les directeurs des hôpitaux de Pau, Tarbes et Lourdes se réunissent-ils pour réfléchir à leur politique d'infrastructures (J.M. Offner, D. Pumain, 1996).

Le deuxième courant correspond à la mise en place de réseaux prenant appui sur une aire métropolitaine, particulièrement, lorsqu'elle est concernée par une charte d'objectifs destinée à identifier ses forces économiques pouvant profiter à l'ensemble de l'aire. Il en est ainsi de Lyon et du réseau de villes de Rhône-Alpes ou de Toulouse avec les villes de Midi-Pyrénées. Donc, Lyon, Marseille, Lille, Strasbourg, Bordeaux, Rennes, Nancy-Metz, Nantes, Saint-Nazaire, Toulouse et Clermont-Ferrand bénéficient-elles de l'intervention de l'Etat qui a signé avec elles une charte d'objectifs. Celle-ci comprend quatre finalités. Premièrement, il faut rechercher un petit nombre de vocations privilégiées et spécifiques pour un meilleur niveau de compétence internationale. Deuxièmement, il s'agit de choisir, parmi les vocations retenues, celles constituant des ambitions à long terme. Troisièmement, il faut sélectionner les projets économiques, d'impact européen, susceptibles de rayonner sur un territoire le plus large possible. Quatrièmement, il faut déterminer les principales actions à mettre en oeuvre et à financer. En fait, il semble bien que ceci relève plutôt du système christallérien et de la volonté de renforcer la métropole.

Enfin, le troisième courant est celui qui souhaite, par la mise en réseau de plusieurs villes, parvenir à assurer, sur un espace donné, une offre de service globale ou spécifique, et de haut niveau, pour favoriser l'aménagement et le développement du territoire régional. Il s'agit bien alors de jouer sur les complémentarités éventuelles entre villes.

En fait, nous en restons largement, en France, en termes d'objectifs, à des déclarations de principe. Il n'existe donc pas, pour les responsables locaux, de repères forts permettant de se rendre compte de ce que l'on peut faire en matière de réseau de villes.

II - LES « RÉSEAUX DE VILLES » DANS LE NORD DU MASSIF CENTRAL

Il existe deux « réseaux de villes » dans notre espace d'étude. Le premier, par sa mise en place (1994), est celui qui lie Aurillac, Mende et Rodez (ESTELLE)[38]. Le second, beaucoup plus récent (1998), concerne trois villes du Limousin : Limoges, Brive et Tulle (Limousin : axe majeur). Il constitue un cas particulier, dans la mesure où il associe trois villes de niveaux hiérarchiques très différents. En raison de son « jeune âge », il est encore impossible d'en établir le bilan. Nous pourrons, toutefois, voir quels en sont les objectifs et en faire la critique.

A - Le réseau « ESTELLE »

Nous utiliserons, ici, l'enquête réalisée par J. Varlet (*Les villes moyennes*, CERAMAC, 1993) pour une étude du CERAMAC sur les villes moyennes en Auvergne.

1 - Principes généraux et objectifs

Le réseau de villes Aurillac-Rodez-Mende a été officiellement créé le 25 avril 1994. Il met en relation trois villes des hauts plateaux du Massif central. L'ensemble regroupe un peu plus de cent mille habitants (sur 20 communes), ce qui représente près de 20 % de la population des trois départements concernés et cinquante mille actifs. La mise en réseau résulte de l'initiative des maires des trois villes, soutenue par les préfectures.

Au moment de la mise en place de ce réseau, cinq axes ont été définis. Le premier concerne le désenclavement et l'amélioration des communications. Ainsi, deux projets sont mis en avant : l'aménagement prioritaire des RN88 et 122, l'amélioration des dessertes aériennes et ferroviaires. Notons que cet objectif correspond à celui indiqué, pour Aurillac, dans le cadre du PIMA et bénéficiera, donc, de la manne financière du conseil régional d'Auvergne (dans les limites de la région naturellement). Le réseau prévoit, également, une amélioration des relations par le biais d'une desserte ferroviaire des trois villes. Dans ce domaine, le concept retenu est celui d'une voiture motrice à frais et personnel réduits. L'idée de la mise en place d'avions-taxis a été, également, avancée. Il existe également un projet de mise en place d'un hélicoptère commun aux quatre villes pour les services d'urgence. C'est une idée qui paraît concevable. Le deuxième axe, classique, concerne le développement économique. Il s'agit d'organiser des filières spécifiques à chaque ville : lait à Aurillac, viande à Rodez, bois à Mende.

Le troisième axe est, sans doute, le plus surprenant et, avouons-le, celui qui apparaît comme le plus utopique. Il concerne, en effet, l'enseignement supérieur, avec la volonté de créer une Université de plein exercice dans les filières des Sciences de la Vie, du Vivant et de l'Environnement. On voit mal comment celle-ci pourra trouver sa place entre Toulouse, Montpellier et Clermont, dans un espace à population vieillissante, de faible densité et où l'emprise des universités antérieures est quasi totale. De plus, la population estudiantine se satisfera-t-elle de l'animation quotidienne et de la vie nocturne des hauts plateaux du Massif central ? Il y a là deux aspects importants. On veut créer une Université pour tenter de garder les jeunes (si tant est qu'il en reste encore !), mais, en fait, il est clair que si l'on veut que le projet puisse aboutir et être viable, il faut aussi en « importer », la tâche n'est pas simple ! Notons, cependant, que le choix de favoriser l'immobilité des jeunes locaux est bien discutable à une époque où la mobilité est bien souvent indispensable pour trouver un emploi, surtout dans ce type de région.

Le quatrième axe est, comme le deuxième, commun à nombre de villes, et concerne le développement du tourisme, des loisirs et de la culture, avec l'idée de mener une politique d'image de marque et de promotion interne et externe. Enfin, le cinquième objectif est des plus imprécis, puisqu'il s'intitule Vie sociale et Santé. Il est destiné à mettre en place un cadre d'outils sociaux dont les éléments précis ne semblent pas encore clairement définis. Au total, il semble bien que l'on soit, à nouveau, à court d'idées.

2 - *La trilogie de la mise en place d'un réseau*

Les raisons de la mise en place d'ESTELLE répondent, au moins, à trois logiques.

a - L'« effet de mode »

En effet, le but, tout d'abord, est de « *devancer et maîtriser plutôt que de subir* » (J. Varlet, CERAMAC, 1993). En effet, depuis quelques années, sous l'impulsion des politiques nationales dont les choix sont véhiculés dans le cadre de la DATAR, l'idée de réseaux de villes a fait son chemin, à tel point qu'elle est considérée, par la plupart des élus locaux, comme la solution miracle à leurs problèmes, notamment d'emplois, ou comme un moyen de se renforcer dans la compétition interurbaine. Il s'agit alors de mettre en place une « super intercommunalité ». Nous avons vu, précédemment, en quoi cela semble être une erreur d'objectif. Donc, plutôt que de se voir imposer une structure par Paris, les élus locaux ont anticipé une situation à laquelle leurs villes paraissaient condamnées.

b - Un besoin d'argent

La deuxième motivation peut se libeller ainsi : « *s'associer pour être entendu* » (J. Varlet, CERAMAC, 1993). Ici, le problème financier a été déterminant. La création d'un réseau de villes donne, en effet, la possibilité d'émarger plus facilement aux fonds européens et aux contrats de plan Etat-Région. En fait, sans réseau, chaque ville de taille trop petite pourrait craindre de sombrer dans l'oubli des distributeurs de crédit (n'oublions pas qu'il s'agit, en grande partie, d'une idée de Bruxelles et qu'il est donc nécessaire d'encourager les bons élèves !).

c - La nécessité de faire des économies

Enfin, il s'agit de « *s'associer pour créer des synergies et des économies d'échelle* » (J. Varlet, CERAMAC, 1993). Dans le domaine de la formation continue, celle des personnels d'entreprises industrielles ou commerciales, par exemple, la coopération interurbaine permet d'envisager de telles actions et de réduire les coûts quand on souhaite, notamment, utiliser les services d'un intervenant extérieur.

A ces trois motivations, qui ont permis de faire avancer l'idée de mise en réseau, s'ajoute une volonté concrète et forte qui a, sans aucun doute, été le facteur décisif de la signature du projet, à savoir la mise en cohérence des programmes routiers sur les départements de l'Aveyron, du Cantal et de la Lozère. La question du désenclavement des hautes terres du Massif central est à l'ordre du jour depuis des décennies et la politique de décentralisation, mise en place en 1983, donne des compétences aux départements en matière routière (réseau départemental), chacun dans ses limites administratives. Ainsi, la nécessité d'une cohérence interdépartementale s'est rapidement imposée. « *La situation géographique et démographique de ces trois cités place le réseau devant une perspective simple et générale : le désenclavement* » (F. Tesson et coll., 1996)

Nous retrouvons donc, là, les objectifs classiques des « réseaux de villes » qui existent déjà en France, à savoir : lutter contre le désenclavement, éviter une marginalisation trop forte à l'échelle de l'Europe et réaliser des économies d'échelle.

3 - La mise en réseau : une tentative peu convaincante

L'analyse qui précède fait apparaître clairement la faiblesse des projets et des réalisations, qui ne peuvent alors avoir qu'une portée très limitée. Il est donc utile de s'interroger sur les explications d'un tel constat, qui est plus ou moins celui d'un échec sur le fond.

a - Des villes trop semblables

Plusieurs problèmes sont soulevés à propos de cette tentative de mise en réseau. Tout d'abord, nous constatons de grandes similitudes humaines et économiques entre les trois pôles. En effet, Aurillac, Rodez et Mende présentent bien des points communs. Villes des hautes terres du Massif central, elles animent des régions aux évolutions démographiques et économiques semblables et peu favorables (même si Rodez est sûrement la plus dynamique).

De plus, il n'y a aucune cohérence économique réelle dans la mise en réseau de ces trois villes. Chacune a ses spécificités, et les filières envisagées ne présentent aucune complémentarité : le lait à Aurillac, la viande à Rodez et le bois à Mende ! Il n'y a donc, ici, qu'une juxtaposition de différences. Aucune de ces filières ne peut être renforcée, en réalité, par un apport quelconque d'une autre totalement différente. Or, n'est-ce pas là l'un des intérêts majeurs d'une mise en réseau ? Ainsi, il n'apparaît vraiment aucune complémentarité économique forte entre elles, susceptible de donner à l'ensemble un poids supérieur. Il s'agit, alors, plutôt d'un partage de la pénurie !

b - La faiblesse des relations interurbaines

A l'absence de complémentarité, s'ajoute la faiblesse des relations économiques entre les villes. Celles-ci sont, de plus, défavorisées par la médiocrité des relations routières. Les liens les plus étroits sont ceux qui existent, semble-t-il, entre Rodez et Mende (axe RN88). Aurillac et Rodez ont des liens ténus qui peuvent se renforcer grâce à l'amélioration de la liaison routière. Quant aux relations Mende-Aurillac, elles sont inexistantes.

c - Un réseau étalé sur trois régions administratives !

Une dernière difficulté est à noter. Effectivement, nous avons, ici, un réseau qui s'étend sur trois régions (Midi-Pyrénées, Languedoc-Roussillon, Auvergne) différentes et il dépend donc de trois budgets. La cohérence de son fonctionnement passe obligatoirement par des choix communs ; une concertation difficilement envisageable en fonction, notamment, de l'évolution politique divergente, récente, des trois conseils régionaux. Pourtant, il ne s'agit pas d'un problème en soi, dans la mesure où l'initiative vient souvent des responsables locaux qui sont donc prêts à coopérer étroitement, même financièrement. Mais il s'agit, toutefois, d'un obstacle typiquement franco-français, à savoir celui du financement des projets sur plusieurs ensembles administratifs.

En fait, la seule justification réelle de ce réseau semble être la nécessité d'améliorer les relations routières avec l'« extérieur », et notamment avec les métropoles régionales respectives, vis-à-vis desquelles les villes se jugent en position périphérique (même si Rodez est assez bien reliée à Toulouse). Dans ce cadre là, les économies d'échelle, effectuées grâce à la mise en commun des moyens, pourraient permettre d'accélérer les aménagements routiers. Toutefois, cette similitude des situations et cette convergence des intérêts ne peuvent, à elles seules, justifier une mise en réseau. L'absence de relations économiques, de liaisons, notamment routières, correctes, de traditions de relations, l'éloignement des villes entre elles (Aurillac-Rodez : 110 km ; Aurillac-Mende : 150 km ; Rodez-Mende : 110 km) donnent à l'ensemble un côté artificiel. Si les objectifs sont de recevoir l'appui financier de l'Etat national et de l'Europe et ce pour améliorer la desserte du territoire, une telle entreprise peut se passer de réseau. En outre, si la finalité est de renforcer l'ensemble, de créer une « super-agglomération », il y a, une nouvelle fois, confusion des genres. Une accumulation quantitative d'équipements identiques ne peut aboutir à un tel résultat, qui passe obligatoirement par une amélioration qualitative de l'offre. Elle ne pourra s'effectuer que par une complémentarité des apports, manifestement absente ici.

B - Limoges-Brive-Tulle : « Limousin, axe majeur »

Ce réseau de villes est né le 6 avril 1998. Il regroupe les trois plus grandes agglomérations du Limousin et représente un ensemble de près de trois cents mille habitants, soit plus de 40 % de la population totale de la région. Il résulte de l'initiative des maires des trois villes, soutenue par la région et l'Etat. Il est toutefois surprenant de voir que la ville de Guéret n'est pas incluse dans ce projet. Les affinités politiques laissaient pourtant supposer davantage une alliance de Limoges et Guéret, plutôt qu'entre la première ville citée et l'ensemble Brive-Tulle ! A Guéret, il est clair que l'on soit attentif à l'éventualité de l'élargissement du réseau de villes du Limousin associant Brive, Tulle et Limoges. Une telle intégration ne semble pas du tout exclue, puisque dans l'article du journal *Le Monde*, le 7 août 1997, on rappelait que Guéret et son département se plaignaient d'être un peu le « Tiers-monde » de la région Limousin et d'avoir été oubliés une nouvelle fois. Le maire de Limoges ouvrait d'ailleurs, dans ce domaine, des perspectives en annonçant, à propos de l'intégration éventuelle de Guéret : « *Il faut en finir avec les concurrences fratricides, multiplier les solidarités et les coopérations* »[39].

1 - Pourquoi un tel réseau ?

Les motivations qui ont conduit à la signature d'« une charte de réseau de villes », sont, sans aucun doute, fort proches de celles qui ont donné naissance à ESTELLE. Ainsi, l'« effet de mode » a joué son rôle avec la bénédiction de l'Etat. De plus, Raymond-Max Aubert, maire de Tulle, était délégué à la DATAR au moment où l'idée de mise en réseau s'est constituée. Ceci met en évidence le rôle des acteurs, en particulier politiques, à la recherche d'une réélection.

Il y a deux idées essentielles qui sous-tendent cette mise en réseau. Tout d'abord, celle officielle de vouloir constituer un ensemble démographique plus important. B. Murat, maire de Brive, considère qu'avec ce réseau, à l'échelle des régions européennes, le Limousin « *même léger en termes de démographie, n'en aura que plus de poids* » (*Le Populaire*, 07/02/1998).

Ensuite, de manière officieuse, il s'agit surtout d'être plus efficace pour émarger aux crédits européens. En effet, il faut être capable de retenir l'attention des commissaires européens dans leur distribution de crédits. Contrairement aux allégations officielles, ne lisait-on pas, dans le quotidien *Le Monde* du 07 août 1997, que l'objectif de la mise en réseau des trois villes était de « *combler le handicap de l'absence d'une véritable métropole et permettre au Limousin de mieux se faire entendre dans la compétition européenne* ». En effet, n'oublions pas que l'une des premières actions communes, entre les trois villes, est de surveiller les programmes européens mobilisables, c'est-à-dire au titre desquels le réseau de villes pourrait solliciter des subventions.

2 - Les axes de développement choisis et les réalisations

En novembre 1996, l'agence TAD (Territoire Aménagement Développement), chargée d'identifier les champs de coopération entre les trois villes, faisait part de ses conclusions et répertoriaient une quinzaine de domaines possibles touchant l'économique, le social, l'emploi, les jeunes et le culturel notamment. Plus précisément, quatre axes d'action ont été définis (*Le Populaire*, 19/10/1997).

Le premier concerne le développement de pôles technologiques qui pourraient être rattachés au technopôle ESTER. Il s'agit, ici, de mettre en place d'autres zones d'activité susceptibles d'attirer des entreprises pour créer ou sauver des emplois. On peut se demander s'il ne serait pas préférable de concentrer ses efforts sur le technopôle limougeaud lui-même, plutôt que de le disperser entre trois villes, affaiblissant, de fait la métropole du Limousin.

Le deuxième met en avant la promotion économique et touristique. Dans ce domaine, les projets sont modestes, puisqu'il s'agit seulement, pour l'instant, de participation conjointe à des salons ou autres manifestations, ou à la réalisation de plaquettes.

Modeste est également le troisième axe de la coopération. Il concerne une réflexion concertée des trois villes pour l'aménagement d'infrastructures routières, avec notamment des aménagements dans le domaine de la signalisation, la mise en place d'aires de repos ou d'accueil. Il s'agit aussi d'améliorer les installations ferroviaires et aéroportuaires, avec une étude sur la complémentarité des dessertes ou, encore, l'amélioration du réseau TER.

La culture et l'enseignement forment le dernier volet. Il prévoit des programmes de collaboration dans le domaine du multimédia et de la diffusion artistique. Ceux-ci restent d'ailleurs très imprécis. De même, on souhaite étoffer, à Brive-la-Gaillarde, l'antenne universitaire (délocalisation de premier cycle). Nous retrouvons, donc, la stratégie du « saupoudrage », affaiblissant la métropole et ne renforçant pas le nouvel ensemble urbain, puisqu'il s'agit, en fait, d'une simple redistribution spatiale de l'existant à l'intérieur de ce dernier.

3 - La mise en réseau des trois villes : une démarche discutable ?

Nous pouvons sérieusement nous interroger sur l'intérêt d'une association de villes appartenant à des niveaux hiérarchiques différents (une métropole et deux villes moyennes !). On peut effectivement se demander, par exemple, ce que peut bien apporter Tulle à Limoges ! Comment l'association de ces trois villes peut-elle créer une nouvelle entité plus et mieux équipée ?

a - Les atouts

Les liens économiques existants semblent plus affirmés que dans le cas d'ESTELLE ; en fait, les trois villes appartiennent déjà à un Pôle Régional d'Activité. Ce dernier bénéficie d'aides de l'Etat et a été mis en place pour faciliter l'implantation d'entreprises. Ainsi, la PAT (Prime d'Aménagement du Territoire) subventionne jusqu'à 25 % des investissements, selon certaines conditions d'emplois et de localisation. D'autres aides, liées à l'investissement productif ou à la délocalisation de salariés de la région parisienne, sont également mobilisables. Les collectivités territoriales (Région, Département, Commune) attribuent, également, des aides aux entreprises sous forme de subventions, liées à l'investissement matériel ou immobilier. Certaines sociétés d'industrialisation, filiales de la COGEMA, appuient les projets d'investissement et accordent avances ou prêts bonifiés (pour éponger les effets de son retrait). Enfin, la Communauté Européenne a inscrit l'ensemble de ce pli au programme 5b dans le cadre des zones rurales. Il y a donc déjà, au moins, une habitude de travailler en commun, mais il n'y a pas de lien structurel.

De même, les liaisons routières et autoroutières sont beaucoup plus efficaces et les différents pôles plus proches, que dans le cadre d'ESTELLE, surtout en espace-temps. Ceci explique, sûrement, que l'on puisse lire dans le journal *Le Monde* du 07 août 1997 : « *L'idée est de fonctionner en commun (280 000 habitants, c'est déjà mieux) dans un ensemble un peu comparable à ce que l'on nomme aux Etats-Unis une « suburbia », c'est-à-dire une nébuleuse urbaine, parfois entrecoupée de larges territoires ruraux* ».

b - Les faiblesses

Deux carences majeures font que ce réseau reste artificiel. La première, la plus importante et la plus surprenante, est l'idée de faire « fonctionner » ensemble trois villes de niveaux hiérarchiques différents. En fait, il est difficile de voir ce que peuvent apporter Brive et Tulle à Limoges pour renforcer sa position hiérarchique, ou même seulement conforter l'ensemble. Les possibilités d'échanges, de complémentarité, sont pratiquement nulles. Dans la mesure où Brive et Tulle appartiennent à des niveaux différents, nous avons l'impression, à travers les axes de développement énoncés précédemment, qu'il s'agit, principalement, de prendre à Limoges certains équipements pour les installer dans l'une des deux villes moyennes (plutôt Brive d'ailleurs). C'est notamment le cas pour les pôles technologiques ou l'Université. Donc, on affaiblit Limoges pour renforcer Brive et Tulle, mais on ne change rien à l'ensemble. On partage au lieu de concentrer, de créer.

La seconde critique, essentielle, que l'on peut formuler, et qui découle, largement, de la première, est l'absence évidente de complémentarité entre Limoges et l'ensemble Brive-Tulle. Comme nous avons pu le voir dans l'analyse fonctionnelle des villes (première partie), ces dernières ne sont que des « modèles réduits » de la métropole. Selon la formule de B. Murat, maire de Brive (*Le Monde*, 07/08/1997), ce réseau ne peut consister actuellement qu'à « *additionner ce que chacun de nous a de meilleur* ». Il s'agit alors seulement d'une évolution quantitative de l'offre et, en aucun cas, qualitative. L'intérêt d'une telle initiative s'en trouve alors considérablement réduit.

Une fois encore, on se trompe d'objectif dans la réalisation d'un tel réseau. Certes, il peut permettre de réaliser des économies d'échelle. Et, il doit servir à cela pour favoriser la mise en place de nouvelles infrastructures, de nouveaux équipements, de plans d'aide à l'installation d'entreprises tertiaires de plus grande envergure et plus efficaces. Les premières réalisations, d'ailleurs, montrent bien la volonté de mise en commun des services pour diminuer les charges pesant sur chaque ville. Ainsi, il y a eu la mise en réseau de trois missions locales, chargées de l'insertion des jeunes demandeurs d'emploi, et la mise en place d'un système d'information commun.

Mais il semble plus judicieux de concentrer l'essentiel des efforts sur le pôle le mieux armé dans la compétition européenne. En effet, ne serait-il pas préférable de jouer la carte limougeaude et de créer ou attirer, dans la métropole, de nouveaux services capables d'améliorer qualitativement l'offre à la population, et ce malgré la contrainte relative (liaisons autoroutières cependant) de la mobilité. Quels que soient les liens entre les pôles, ils ne formeront jamais une agglomération à part entière, et on ne peut rejoindre, ici, le maire de Limoges, A. Rodet, qui affirmait en novembre 1996, dans *Le Populaire* : « *une association de villes peut peser le poids d'une métropole...* ». Effectivement, si, en théorie, cette affirmation peut être considérée comme exacte, elle suppose une réelle complémentarité qui permettrait à l'ensemble urbain, ainsi formé, de disposer d'un niveau d'équipements qualitativement supérieur. Ce ne peut-être le cas quand une métropole s'allie à des villes moyennes qui, par définition, sont moins bien équipées.

Il faut, naturellement, faire en sorte que les villes moyennes soient parties prenantes dans les retombées notamment financières, de tels choix, en améliorant, par exemple, les relations de tous types avec la métropole, donc le fonctionnement du réseau urbain. Le choix de la dispersion des équipements ne peut suffire à faire émerger un ensemble cohérent et renforcé. Il propose, alors, à la population des équipements communs à chaque pôle, et se contente d'apporter, au plus près d'elle, des équipements présents dans la métropole (exemple : Université).

Le réseau de villes, formé autour de Limoges, présente donc les mêmes caractéristiques que les autres déjà mis en place en France. En effet, outre les objectifs officiels de renforcer le poids démographique de leur ville ou de réaliser des économies d'échelle, il s'agit, avant tout, de répondre aux souhaits des politiques européens pour ne pas être oublié lors de la distribution des crédits.

L'analyse des deux réseaux existants au nord du Massif central, s'inscrivant dans un courant favorable à leur mise en place (encouragements politiques, nationaux et européens), nous amène à nous interroger, maintenant, sur l'existence, ou non, de tels projets dans les autres villes de notre espace d'étude. L'analyse des réseaux effectifs à l'échelle nationale (F. Tesson, 1997) montre clairement, aujourd'hui, qu'ils concernent, la plupart du temps, des villes moyennes. C'est pourquoi, nous allons essentiellement porter notre attention sur les villes de ce niveau hiérarchique qui n'appartiennent pas encore à un réseau. Cependant, nous n'oublierons pas de nous interroger sur les possibilités de mise en réseau de Clermont, par exemple, avec d'autres métropoles comme Limoges ou même Saint-Etienne. D'ores et déjà, il existe en France des réseaux associant des métropoles, comme entre Caen, Rouen et Le Havre.

III - DES CRITÈRES SCIENTIFIQUES POUR UNE MISE EN RÉSEAU DES VILLES

A - Les critères favorables à la constitution d'un réseau

1 - Dans le domaine relationnel

Nous allons établir les critères qui peuvent permettre des relations importantes entre les villes, en fonction de trois aspects : la proximité, la facilité des trajets ou des contacts téléphoniques, l'intensité des relations existantes.

a - Un trajet d'une heure maximum

Pour les relations terrestres (routières et ferroviaires), le facteur décisif est celui de la proximité en espace-temps. Il est apparu, lors de contact avec les responsables locaux (enquêtes personnelles, celles du CERAMAC), qu'il y a un seuil psychologique fort. En effet, on accepte (ou on acceptera) tout contact, à condition de ne pas perdre trop de temps en déplacement. Une demi-heure est un idéal, une heure de trajet, le maximum envisageable. Il y a donc une véritable géographie de la perception par l'utilisateur potentiel. Dans ce cas, la notion de distance réelle n'a pas d'intérêt majeur. Peu importe que le futur partenaire soit à soixante ou cent trente kilomètres, l'essentiel est qu'il soit rapidement accessible (en une heure). Ceci dépend donc, avant tout, de la qualité de la desserte (nationale, deux fois deux voies, autoroute…). Cette proximité est valable aussi bien pour les relations routières que pour les relations ferroviaires. Donc, dans les deux cas, nous considérons comme favorable à la mise en réseau tout trajet entre deux villes, ou plus, égal ou inférieur à une heure (voir tableau n°42).

• Des relations effectives déjà importantes (voir Fig. n°78)

Il s'agit, ici, d'analyser l'intensité des relations existantes, c'est-à-dire, du point de vue routier, le nombre de véhicules circulant, par jour, dans la section reliant les villes étudiées. Il est alors difficile de fixer un seuil à partir duquel on considère que les relations sont suffisamment soutenues, et donc favorables à une mise en réseau. Il est effectivement impossible de connaître, avec précision, la part réelle du trafic local par rapport au transit national. Toutefois, l'observation de la figure n°78, et donc de l'intensité des relations entre des villes dont on sait, par connaissance du terrain, que l'essentiel du trafic est lié aux relations qu'elles entretiennent entre elles, comme entre Commentry et Montluçon (qui appartiennent à la même agglomération polynucléaire) ou entre Gannat et Vichy, nous permet d'envisager le seuil de cinq mille véhicules par jour comme une intensité relationnelle témoignant de l'existence de relations fortes entre deux villes. Celle-ci est donc favorable à une mise en réseau.

Dans le domaine des relations ferroviaires, nous tiendrons également compte de l'intensité du trafic (nombre de voyageurs par jour). Les difficultés pour établir un seuil se posent dans les mêmes termes que pour les relations routières. Nous considérerons alors qu'un minimum de cinq mille voyageurs par jour peut être retenu comme favorable à une mise en réseau.

• Au moins quatre aller-retour quotidiens pour les relations ferroviaires (voir tableau n°42)

En ce qui concerne la facilité, mesurable notamment à travers les relations ferroviaires, nous pouvons choisir comme critère le nombre d'aller-retour. Il ne suffit pas qu'il existe une ligne directe et que les trajets soient courts (en espace-temps), encore faut-il que la desserte permette de réelles relations quotidiennes. Dans ce domaine, et de façon quelque peu arbitraire, nous considérerons que quatre aller-retour par

Fig. n° 78 : Trafic routier et autoroutier, en Auvergne, Limousin et Nivernais, entre les principaux centres urbains et chefs-lieux de canton

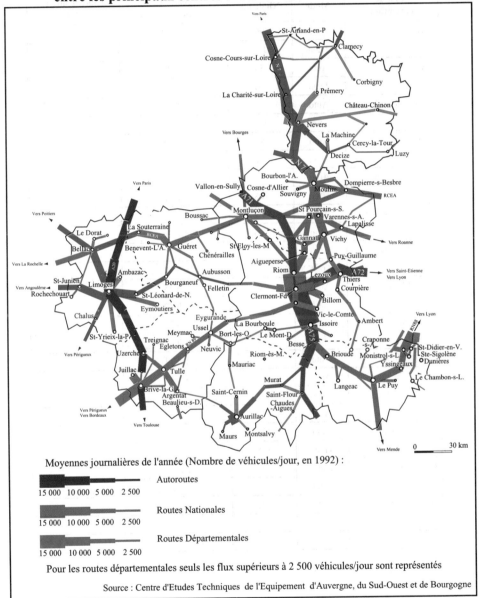

Moyennes journalières de l'année (Nombre de véhicules/jour, en 1992) :

Autoroutes
15 000 10 000 5 000 2 500

Routes Nationales
15 000 10 000 5 000 2 500

Routes Départementales
15 000 10 000 5 000 2 500

Pour les routes départementales seuls les flux supérieurs à 2 500 véhicules/jour sont représentés

Source : Centre d'Etudes Techniques de l'Equipement d'Auvergne, du Sud-Ouest et de Bourgogne

Tab. 42 - Temps de parcours routiers et ferroviaires

Nom de la relation	Mode	Nb de km	Temps de parcours moyen	Nombre moyen AR
Nevers-Montluçon	Auto	99	1 h 42	
	Train	192	2 h 46	4
Nevers-Moulins	Auto	54	0 h 48	
	Train	60	0 h 27	14
Moulins-Montluçon	Auto	76	1 h 00	
	Train	133	2 h 18	2
Moulins-Vichy	Auto	57	0 h 51	
	Train	51	0 h 34	14
Moulins-Roanne	Auto	98	1 h 21	
	Train	108	1 h 12	7
Moulins-Clermont	Auto	95	1 h 17	
	Train	106	1 h 09	13
Vichy-Roanne	Auto	74	1 h 06	
	Train	77	0 h 53	9
Vichy-Montluçon	Auto	90	1 h 15	
	Train	101	1 h 57	3
Montluçon-Guéret	Auto	65	0 h 56	
	Train	78	1 h 00	4
Le Puy-Aubenas	Auto	89	1 h 14	
Le Puy-Mende	Auto	89	1 h 15	
Aurillac-Le Puy	Auto	148	2 h 28	
	Train	193	3 h 20	1
Aurillac-Rodez	Auto	127	2 h 00	
	Train	138	2 h 46	2
Brive-Tulle	Auto	30	0 h 35	
	Train	26	0 h 25	10
Brive-Cahors	Auto	101	1 h 22	
	Train	101	1 h 10	7
Mende-Rodez	Auto	114	1 h 30	

Source : F. FAUCON, 1997

jour, pour un trajet maximum d'une heure, soient un minimum acceptable pour une mise en réseau. En effet, ceci peut permettre alors l'existence de deux allers le matin et deux retours le soir avec une ventilation des horaires qui pourrait, par exemple, se présenter comme suit : un aller vers 7 h-8 h pour le travail et vers 9 h-10 h pour les courses ; un retour vers 17 h-18 h pour le travail et vers 18 h-19 h pour les courses.

• **Appartenir à la même Zone Locale Elargie (ZLE)**

La troisième donnée relationnelle que nous avons mis en évidence est celle de la facilité des relations téléphoniques. Dans ce cas, le choix est simple. Le critère est jugé favorable quand les villes, que l'on souhaite, éventuellement, mettre en réseau, appartiennent à la même zone de proximité tarifaire.

2 - Dans le domaine de la complémentarité économique

L'analyse est, dans ce cas, plus délicate. Deux conditions doivent être réunies pour que ce critère soit jugé favorable. D'abord, naturellement, l'existence de domaines où l'on trouve une différence notable dans le niveau d'équipements (mesuré par le biais de la population active employée) et, ensuite, une réciprocité (la « faiblesse » de l'une pouvant être compensée par la « force » de l'autre dans un domaine donné).

Nous compléterons notre analyse par la prise en compte des volontés locales (politiques et économiques), quand celles-ci sont connues et affirmées (par enquêtes ou par voie de presse).

L'aboutissement de l'application de cette méthodologie est la mise en place, pour chaque réseau envisagé, d'une grille de lecture prenant en compte la totalité des critères définis précédemment. Elle permettra de mettre en évidence ceux qui sont favorables ou non à une mise en réseau. Le bilan et le commentaire explicite, sur les différents critères, nous conduiront alors à faire les propositions qui sont les plus cohérentes dans la logique d'une démarche de création de réseau de villes.

B - Peut-on mettre en réseau les métropoles ?

En fonction d'une nécessaire proximité relative, entre les villes, pour susciter des échanges suffisamment importants dans une logique de réseau, nous n'avons retenu que l'analyse des relations potentielles entre Clermont et Limoges et entre Clermont et Saint-Etienne.

Tab. 43 - Analyse des critères de mise en réseau des métropoles du nord du Massif central

Réseaux	Relations routières et autoroutières		Relations ferroviaires			Appartient à la même ZLE	Existence de complémentarité						Volontés locales
	Proximité	Intensité	Pro-ximité	Faci-lité	Inten-sité		1	2	3	4	5	6	
Clermont-Limoges	N	N	N	N	N	N	N	N	O	O	N	N	N
Clermont-St-Etienne	N	O	N	N	N	N	O	N	N	O	O	N	N

O : Oui (critère favorable)   N : Non (critère non favorable)
1 : Tertiaire commercial ; 2 : Transports ; 3 : Télécommunications et Postes ; 4 : Tertiaire de gestion ;
5 : Tertiaire d'encadrement ; 6 : Tertiaire de prestation

1 - Les données relationnelles (voir tableau n°43)

a - Les relations routières et autoroutières

• La faible intensité des échanges entre Clermont et Limoges

L'analyse de la figure n°78 montre, à l'évidence, la faiblesse des relations entre les deux métropoles du nord du Massif central (Limoges et Clermont). En effet, ce n'est guère plus de deux mille cinq cents véhicules par jour qui circulent sur l'axe principal reliant les deux villes, à savoir la RN141 (et D 141). Il s'agit de l'un des chiffres de trafic les plus faibles, enregistré sur une route nationale à l'échelle de notre espace d'étude ! Ceci en dit long sur les relations entre Clermont et Limoges.

Si l'on regarde maintenant l'intensité du trafic en direction de Saint-Etienne, nous nous apercevons rapidement que le nombre de véhicules par jour, compte tenu du fait que seulement 20 % du trafic concerne le transit, est beaucoup plus élevé qu'en direction de Limoges. Les relations effectives entre Saint-Etienne et Clermont ne sont donc apparemment pas marginales.

• L'absence de proximité (espace-temps)

Entre Limoges et la métropole auvergnate, les relations routières sont très médiocres. Il ne fait aucun doute qu'elles sont inefficaces. En effet, distantes de près de cent cinquante kilomètres à « vol d'oiseau », c'est près de cent quatre-vingt kilomètres qu'il faut parcourir par la route, soit 2 h 30 environ de trajet, pour se rendre d'une ville à l'autre ! Il est clair qu'il manque ici une liaison autoroutière, à défaut un aménagement à deux fois deux voies des routes (D141 et RN141).

Vers Saint-Etienne, le problème est totalement différent, puisque nous avons une relation autoroutière mettant les deux métropoles à près d'1 h 15 seulement pour cent cinquante-quatre kilomètres. Ceci représente, d'ailleurs, une distance bien supérieure à celle qui existe « à vol d'oiseau » (120 km). Les contraintes physiques jouent ici pleinement pour expliquer un tracé peu efficace.

b - Les relations ferroviaires

• **L'intensité du trafic ferroviaire confirme la faiblesse des relations routières**

Le trafic ferroviaire entre Clermont et Limoges (via Ussel) confirme largement l'extrême faiblesse des relations existant entre elles. Nous avons, encore une fois, l'un des trafics les plus limités, en nombre de voyageurs, entre les villes du nord du Massif central. Les données relationnelles, en matière d'intensité du trafic, sont du même ordre entre Clermont et Saint-Etienne et montrent, dans ce domaine, des relations insuffisantes entre ces deux villes dans la perspective d'une mise en réseau.

• **L'inefficacité totale des liaisons ferroviaires (voir tableau n°42)**

Nous pouvons prendre en compte trois aspects : l'existence ou non de liaisons directes, le nombre d'aller-retour et la durée du trajet. Là, le constat est clair et sans appel. Entre Clermont et Limoges, d'abord, il n'existe aucune ligne directe. Il faut alors passer par Ussel ou Montluçon, pour un trajet qui est en moyenne de 4 h 12 dans le premier cas et de 4 h 16 dans le second ! Enfin, ajoutons qu'il n'existe, en cumulant les deux trajets, que quatre aller-retour quotidiens. Il relève du domaine de l'exploit ou de l'opiniâtreté pour un Clermontois, par exemple, de se rendre, pour une journée, dans la capitale limougeaude en empruntant le train !

Les liaisons ferroviaires entre la capitale auvergnate et Saint-Etienne sont certes meilleures que dans le cas précédemment étudié, mais elles restent peu efficaces. En effet, si la relation est directe, le trajet reste long (2 h 07 en moyenne) et le nombre d'aller-retour (trois) très insuffisant pour des relations soutenues, indispensables dans le cadre d'un réseau fonctionnel.

Au total, les données relationnelles, entre les trois métropoles régionales, sont donc très inefficaces et par conséquent les moyens de communication, existant entre elles, peu utilisés. Il n'y a, dans ce domaine, aucun critère favorable à une mise en réseau. Nous pouvons alors nous interroger sur l'existence ou non d'une complémentarité économique.

2 - Une complémentarité beaucoup trop ponctuelle

Il y a absence d'une réelle complémentarité. Le fait est davantage patent entre Clermont et Limoges qu'entre Clermont et Saint-Etienne. Ainsi, entre la métropole du Limousin et celle de l'Auvergne, la seule potentialité est la faiblesse relative de Limoges dans le domaine du tertiaire de gestion. Celle-ci pourrait donc être compensée par Clermont-Riom. Ceci est surtout vrai pour les activités d'études, de conseil et d'assistance. La capitale limougeaude, de son côté, peut apporter à l'association un niveau qualitatif supérieur en matière de télécommunications et postes. Cette complémentarité reste très ponctuelle ! L'intérêt de leur mise en réseau pour combler les lacunes éventuelles de l'une ou l'autre est bien faible. Ce n'est, effectivement, pas par les capacités complémentaires, nées de l'activité tertiaire, que l'on peut entrevoir une mise en réseau de villes solide et s'appuyant sur un véritable partage de compétences.

La situation est largement identique avec Saint-Etienne, même si celle-ci pourrait représenter un apport plus intéressant pour Clermont, dans le domaine du tertiaire commercial et celui de gestion. C'est, plus précisément, le cas pour le commerce de gros, les holdings ou les sociétés immobilières... Clermont pourrait également « compléter », en théorie, l'équipement stéphanois dans le domaine du tertiaire d'encadrement. Mais, avouons-le, nous voyons difficilement ce que cette dernière, satellite de Lyon (ville nettement mieux équipée que Clermont), viendrait chercher, dans ce domaine, dans la métropole auvergnate.

Finalement, le nombre de critères scientifiques, susceptibles de justifier une mise en réseau dans le cadre de ces métropoles, est très insuffisant. Si nous ajoutons à cela qu'il n'existe aucune volonté connue des responsables locaux (politiques et économiques) pour se lancer dans une telle aventure, il est clair que l'idée de mise en réseau n'est absolument pas à l'ordre du jour et qu'une telle éventualité ne serait d'aucune utilité pour améliorer l'offre tertiaire aux populations. De plus, elle ne pourrait être fonctionnelle dans l'état actuel des relations terrestres.

C - Quelles villes moyennes peut-on mettre en réseau ?

1 - L'ensemble Brive-Tulle et les extensions possibles

a - Des relations terrestres très efficaces (voir tableau n°44)

Brive et Tulle se trouvent sur l'axe de la RN89 reliant Clermont-Ferrand à Bordeaux. Ainsi, les deux villes se trouvent-elles à seulement trente kilomètres l'une de l'autre pour un trajet d'environ trente-cinq minutes. De plus, l'intensité des relations routières quotidiennes est très élevée, puisque la section qui se trouve entre Brive et Tulle comptabilise près de dix mille véhicules par jour (voir Fig. n°78). Ces données routières sont donc très favorables et sont doublées par de bonnes relations ferroviaires. En effet, les deux villes corréziennes sont reliées quotidiennement par dix trains (aller-retour), pour un temps moyen de parcours qui est de vingt-cinq minutes.

Dans le domaine des communications terrestres, il ne fait aucun doute que les critères de proximité, de facilité et d'intensité des relations sont réunis pour justifier la mise en réseau des deux villes (qui est d'ailleurs effective depuis 1998). L'ensemble est complété et renforcé par les facilités de contacts téléphoniques, puisque Brive et Tulle appartiennent à la même Zone Locale Elargie.

Tab. 44 - Analyse des critères de mise en réseau de Brive et Tulle

Réseaux	Relations routières et autoroutières		Relations ferroviaires			Appartient à la même ZLE	Existence de complémentarité						Volontés locales
	Proximité	Intensité	Proximité	Facilité	Intensité		1	2	3	4	5	6	
Brive-Tulle	O	O	O	O	O	O	O	O	N	O	O	N	O
Brive-Périgueux	O	O	O	O	N	N	O	N	O	N	N	N	N
Brive-Cahors	N	O	N	O	O	N	O	O	N	O	O	N	N

O : Oui (critère favorable)   N : Non (critère non favorable)
1 : Tertiaire commercial ; 2 : Transports ; 3 : Télécommunications et Postes ; 4 : Tertiaire de gestion ;
5 : Tertiaire d'encadrement ; 6 : Tertiaire de prestation

b - L'existence d'une réelle complémentarité

La répartition relative des différents postes montre une solide complémentarité entre les deux villes. Brive est une ville de commerces et de services privés (tertiaire commercial et de gestion) et Tulle, une ville d'administration (tertiaire d'encadrement et de prestation). Il s'agit d'une complémentarité nécessaire pour Tulle. La préfecture corrézienne a des besoins nets et elle apporte le tertiaire administratif qui manque à Brive. Il y a donc une possibilité forte de créer une véritable agglomération bipolaire cohérente, avec des postes étoffés et renforcés. De plus, il existe, ici, une réelle volonté politique locale de s'associer.

c - Peut-on élargir ce réseau aux autres villes moyennes proches : Périgueux et Cahors ?

Au premier abord, il semble bien que, dans la perspective d'un élargissement du réseau Brive-Tulle, ce soit Cahors qui ait le plus d'atouts (voir tableau n°44). En effet, dans le domaine relationnel, la préfecture du Lot voit notamment l'intensité des relations routières et ferroviaires dépasser largement les cinq mille véhicules par jour ou les cinq mille voyageurs quotidiens (voir Fig. n°78). Mais là, nous sommes sur un axe de circulation majeur (Paris-Toulouse) et la part du transit national n'est sûrement pas négligeable. En fait, dans le domaine des relations terrestres, seuls les temps de trajet restent trop élevés : 1 h 20 par la route ; 1 h 10 par le train (voir tableau n°42). Nous pouvons ajouter à cela que Cahors est en dehors de la Zone Locale Elargie de l'ensemble Brive-Tulle. Toutefois, dans le domaine des relations routières, l'achèvement de l'A20 (prévue fin 1998) devrait permettre d'ajouter un critère favorable à la mise en réseau, puisque permettant de descendre en deçà de la barre d'une heure pour le trajet Brive-Cahors qui représente cent un kilomètres. Pour ce qui est des complémentarités économiques, on se trouve finalement dans le même cas de figure que pour Tulle. Ainsi, l'utilité pour Brive d'une association avec Cahors s'en trouve considérablement réduite. Par contre, comme Tulle, Cahors pourrait notablement renforcer son potentiel tertiaire dans le domaine des services privés. Malgré tout, dans la mesure où Cahors n'apporterait aucun équipement nouveau à l'ensemble Brive-Tulle, l'option d'une mise en réseau avec cette dernière peut être écartée.

En ce qui concerne Périgueux, nous sommes dans une situation relationnelle, avec Brive, encore plus favorable que pour Cahors. En effet, elle bénéficie du facteur proximité puisqu'elle est située, par la route, à soixante-dix kilomètres de Brive, pour un temps de trajet inférieur à une heure. Les relations ferroviaires sont également satisfaisantes, même si l'intensité des liaisons existantes sont, cependant, faibles. Pour ce qui est des complémentarités, Périgueux ayant un niveau d'équipement plus proche de Brive que Tulle ou Cahors, elles apparaissent moins nettement, mais seraient pourtant utiles. Il existe bien une complémentarité entre Brive et Périgueux. En effet, il est clair que la ville corrézienne compléterait avantageusement l'équipement de Périgueux dans le domaine du tertiaire commercial (en particulier pour le commerce de gros non alimentaire). Quant à la ville du Périgord, elle pourrait étoffer Brive dans le domaine des télécommunications et postes. En conséquence, nous pouvons retenir l'idée d'un réseau de villes composé de Brive, Tulle et Périgueux, et ce même s'il n'existe pas pour l'instant de volonté connue des responsables locaux, politiques et économiques brivistes et tulliste, de s'associer avec Périgueux.

2 - Le « noyau dur » : Vichy - Moulins - Nevers, de réelles potentialités de mise en réseau ?

a - De bonnes relations terrestres (voir tableaux n°42 et 45)

Ce sont, en dehors de Brive et Tulle, les trois villes de notre espace d'étude qui apparaissent comme les plus fortement liées. En effet, toutes les données relationnelles sont presque réunies : intensité, proximité et facilité. Plus précisément, les trafics routiers et ferroviaires dépassent les dix mille véhicules ou voyageurs, par jour, dans les sections Moulins-Nevers et Moulins-Vichy (voir Fig. n°78). En ce qui concerne la proximité, Nevers se trouve à seulement cinquante-quatre kilomètres de Moulins, par la route (aménagée en deux fois deux voies sur une grande partie du tracé), et donc à moins de cinquante minutes de trajet. Quant à Moulins et Vichy, elles se trouvent aussi à seulement cinquante-sept kilomètres pour un temps de trajet moyen de cinquante minutes environ.

L'espace-temps entre Nevers et Moulins est encore réduit, grâce aux relations ferroviaires qui placent les deux villes à moins d'une demi-heure. Il en est de même entre Vichy et Moulins, puisqu'il faut seulement trente-quatre minutes, en moyenne, pour aller d'une ville à l'autre par le train.

Tab. 45 - Analyse des critères de mise en réseau
de Vichy, Moulins et Nevers

Réseaux	Relations routières et autoroutières		Relations ferroviaires			Appartient à la même ZLE	Existence de complémentarité						Volontés locales
	Proximité	Inten-sité	Pro-ximité	Faci-lité	Inten-sité		1	2	3	4	5	6	
Moulins-Nevers	O	O	O	O	O	O	N	O	O	N	N	N	N
Moulins-Vichy	O	O	O	O	O	O	O	O	N	N	O	N	N
Vichy-Nevers	N	N	O	O	O	N	N	O	O	N	O	N	N
Moulins-Montluçon	O	O	N	N	N	O	O	O	N	N	N	N	O
Vichy-Montluçon	N	N	N	N	N	O	N	O	N	N	O	N	O
Vichy-Roanne	N	O	O	O	O	O	N	O	N	N	O	O	N

O : Oui (critère favorable)　　　　　N : Non (critère non favorable)
1 : Tertiaire commercial ; 2 : Transports ; 3 : Télécommunications et Postes ; 4 : Tertiaire de gestion ;
5 : Tertiaire d'encadrement ; 6 : Tertiaire de prestation

Les facilités de relation sont également importantes, puisque pas moins de quatorze trains (aller-retour) circulent quotidiennement entre Vichy et Nevers via Moulins. Ces villes profitent des trains grandes lignes (et notamment des liaisons Paris-Clermont). Les facilités de communication se retrouvent également au plan téléphonique, puisque Vichy et Moulins appartiennent à la même zone tarifaire, et Nevers est incluse dans celle de Moulins. Pour terminer sur les conditions relationnelles qui existent entre ces trois villes, nous pouvons ajouter que, entre Vichy et Nevers, si le temps de trajet par la route est long, puisqu'il faut près d'1 h 30 pour cent-dix kilomètres, ce dernier pourrait diminuer à une heure par le biais de l'aménagement autoroutier de la RN7. De plus, les relations ferroviaires permettent de relier les deux villes en un peu plus d'une heure seulement. Les potentialités relationnelles d'une mise en réseau sont donc bien réelles. Existe-t-il alors, entre elles, une quelconque complémentarité économique ?

b - Une complémentarité potentielle

Deux faits apparaissent. Le premier est que, pour chaque ville, on a un équilibre interne, entre les différents secteurs d'activités, fort proche. Donc, les possibilités d'échanges paraissent des plus réduites. Il y a, effectivement, peu d'intérêt à se déplacer pour aller chercher ailleurs ce que l'on a déjà sur place !

Le second est l'existence, cependant, d'éléments de complémentarité potentielle. Vichy domine nettement Moulins et Nevers dans le domaine du tertiaire commercial (surtout en pourcentage). Elle est, par contre, largement dominée par ces dernières dans celui du tertiaire d'encadrement. Donc, *a priori,* une mise en réseau de villes permettrait aux préfectures de la Nièvre et de l'Allier de bénéficier du secteur commercial, plus complet, de Vichy. Mais, en réalité, cette dernière domine surtout grâce à deux types de commerce liés, en grande partie, à sa fonction touristique : le commerce de détail non alimentaire spécialisé et le groupe hôtels-restaurants. Seul le premier paraît intéressant dans le cadre de relations suivies. A l'inverse, les Vichyssois pourraient bénéficier, en théorie, des services d'encadrement plus étoffés de Moulins et Nevers. Mais ici l'administration générale, seule, explique l'essentiel du décalage ! C'est-à-dire qu'il n'est lié qu'à la fonction de préfecture. Une mise en réseau n'apporterait donc, en fait, rien de plus. Vichy, par exemple, recourt déjà sur ce plan à Moulins, de manière « obligatoire ».

Une autre complémentarité potentielle apparaît dans le domaine des transports, secteur où Nevers domine sensiblement Vichy et Moulins. Mais cela concerne exclusivement le transport ferroviaire grâce à des implantations de gestion des lignes. La mise en réseau des trois villes ne permettrait même pas à Moulins et Vichy d'avoir un accès plus important à ce type de services, puisque c'est Clermont-Ferrand qui, au niveau régional, gère le système ferroviaire (direction régionale).

La prise en compte des chiffres absolus confirme les observations précédentes. Nous notons surtout que jouent les différences de taille démographique entre les villes. Par exemple, on s'aperçoit que le tertiaire commercial est finalement plus représenté, en termes de masse, à Nevers qu'à Vichy. Il apparaît alors clairement que c'est bien la préfecture de la Nièvre, en relation avec ses quatre-vingt mille habitants, qui a le plus de choses à mettre dans le « panier de la mariée ». Ceci explique sans doute les réticences des différents responsables locaux à l'idée même de mise en réseau, dans la mesure où ils pensent que les autres ne peuvent rien leur apporter de plus. A ce petit jeu, Moulins est, dans la quasi-totalité des cas, en position de faiblesse, et il n'y a guère que le tertiaire d'encadrement où elle est correctement « armée », ainsi que dans le domaine de l'assurance, voire des organismes financiers, où elle fait mieux que Vichy. Ceci explique, en partie, que ses responsables locaux, pour des raisons opposées à Nevers, portent peu d'intérêt à la question. On n'aime pas négocier en position de faiblesse et comme le remarque F. Tesson « *Lorsqu'une ville est, sur un thème précis, trop différente des autres, la mise en réseau sera plus difficile, car les acteurs locaux peuvent vivre cela comme une domination* » (F. Tesson, 1996).

c - Que pourraient apporter Montluçon et Roanne à cet ensemble ?

Les données relationnelles ne posent pas de problème à une intégration de Roanne à un réseau regroupant Vichy, Moulins et Nevers. En effet, l'agglomération roannaise n'est qu'à soixante-quatorze kilomètres de la ville thermale, pour un temps de trajet de 1 h 08, en moyenne, par la route et seulement cinquante-trois minutes, en moyenne, par le train avec sept aller-retour quotidiens (voir tableau n°42). Les facilités de communication sont, ici, renforcées par le fait que Roanne et Vichy appartiennent à la même zone tarifaire.

Le problème de Montluçon est tout à fait différent (voir tableau n°42). Si elle n'est finalement qu'à 76 km de Moulins et 90 km de Vichy, les relations terrestres avec ces deux villes manquent « cruellement » d'efficacité. En effet, il faut respectivement 1 h et 1h 15 pour se rendre à Moulins et Vichy par la route. De plus, il n'existe aucune relation ferroviaire directe entre Montluçon et Moulins. La liaison se fait alors via Saint-Germain-des-Fossés pour un temps de trajet de 2 h 18 (pour 133 km) ! Ajoutons à cela qu'il y a seulement deux aller-retour et la cause est entendue. Si entre Vichy et Montluçon il y a bien une liaison directe, elle reste peu efficace, puisque nécessitant près de deux heures de trajet en moyenne, avec seulement trois aller-retour !

Les données relationnelles ne sont donc pas vraiment favorables à l'idée d'intégrer Roanne et Montluçon au réseau « virtuel » regroupant Vichy, Moulins et Nevers. Le cas est particulièrement net pour Montluçon. De même, ces deux villes, fort proches l'une de l'autre quant à leur structure tertiaire, n'ont pas de réels points forts par rapport à ceux de Vichy, Moulins et Nevers. Si l'on s'intéresse plus particulièrement à Montluçon, il n'existe pas de réelles complémentarités par rapport à Vichy et Moulins, et l'apport théorique montluçonnais serait moindre que celui de Nevers. Montluçon apporterait un léger avantage dans le domaine des transports (ferroviaires et transports routiers), du tertiaire de gestion (plus particulièrement dans le domaine de la location et du crédit-bail immobilier). Enfin, dans le tertiaire d'encadrement, son rôle serait surtout sensible pour l'enseignement (importance de l'IUT). Mais, on le voit bien, il ne s'agit pas d'une réelle complémentarité, permettant de combler des lacunes observées dans les autres villes moyennes et de créer un ensemble urbain plus complet ; les villes jouent toutes sur des registres voisins.

Quant à Roanne, on voit difficilement ce qu'elle pourrait apporter à l'ensemble, et plus particulièrement à Vichy dont elle est plus proche spatialement, à l'exception peut-être du tertiaire d'encadrement et, également, de l'enseignement grâce à un bon équipement dans le supérieur (IUT, Premiers cycles de l'Université de Saint-Etienne, écoles spécialisées des universités lyonnaises). Mais, dans tous les cas, Roanne dispose ni plus ni moins d'atouts que Montluçon ou Nevers.

Il est donc clair que ces cinq villes présentent, globalement, plus une situation de concurrence (situation d'ailleurs bien ancrée dans la tête des élus ou responsables de la vie politique et économique) que de complémentarité, et ce quelles que soient les associations virtuelles effectuées. En dépit des contraintes administratives, les liens les plus cohérents sont ceux que pourraient avoir Vichy, Moulins et Nevers. En effet, elles disposent des meilleures potentialités relationnelles, ajoutées à une complémentarité relative et ponctuelle. Ceci laisse de côté Montluçon qui semble, pourtant, être la ville la plus ouverte à l'idée d'une mise en réseau. Quoi qu'il en soit, l'analyse cumulée des critères scientifiques choisis nous conduit à retenir l'option de la mise en place d'un réseau regroupant seulement Vichy, Moulins et Nevers.

3 -Un autre réseau viable : Montluçon-Guéret

a - Des données relationnelles favorables (voir tableaux n°42 et n°46)

Entre Guéret et Montluçon, les relations terrestres sont favorables à un rapprochement institutionnel entre les deux villes. En effet, les trois critères préalablement définis (proximité, intensité et facilité des relations) sont réunis. Situées à soixante-cinq kilomètres l'une de l'autre, elles sont reliées, par la route, en cinquante-six minutes. De plus, la perspective d'une mise à deux fois deux voies de la RCEA réduira encore l'espace-temps entre elles. Les liaisons ferroviaires, en fait, moins efficaces, permettent quand même de relier les deux villes en une heure, en moyenne. Si l'on ajoute à cela la présence de quatre aller-retour quotidiens, nous voyons bien que les critères relationnels sont favorables pour la mise en réseau de ces deux villes. Notons, enfin, que celui-ci pourrait s'appuyer sur des relations existantes déjà assez importantes, puisque l'on peut comptabiliser entre Montluçon et Guéret, sur la RCEA, plus de cinq mille véhicules par jour (voir Fig. n°78). De même, du point de vue du trafic ferroviaire, il y a également près de cinq mille voyageurs quotidiens. Qu'en est-il du point de vue de la complémentarité économique ?

Réseaux	Relations routières et autoroutières		Relations ferroviaires			Appartient à la même ZLE	Existence de complémentarité						Volontés locales
	Proximité	Intensité	Proximité	Facilité	Intensité		1	2	3	4	5	6	
Montluçon-Guéret	O	O	O	O	O	N	O	O	O	N	N	O	O
Montluçon-Châteauroux	N	N	N	N	N	N	N	N	O	O	O	N	O
Montluçon-Bourges	O	O	N	N	N	N	N	N	N	N	O	N	O
Guéret-Châteauroux	O	O	N	N	N	O	O	O	N	O	N	O	O
Guéret-Bourges	N	N	N	N	N	N	O	O	N	N	N	O	O

O : Oui (critère favorable)   N : Non (critère non favorable)
1 : Tertiaire commercial ; 2 : Transports ; 3 : Télécommunications et Postes ; 4 : Tertiaire de gestion ;
5 : Tertiaire d'encadrement ; 6 : Tertiaire de prestation

b - Une réelle complémentarité économique

Il existe une réelle complémentarité entre Montluçon et Guéret. Effectivement, en part relative, Montluçon surpasse très nettement Guéret pour le tertiaire commercial et, dans une moindre mesure, pour le transport. Par contre, la préfecture creusoise domine, en part relative toujours, la ville bourbonnaise pour le tertiaire d'encadrement et les télécommunications et postes. Toutefois, si nous prenons en compte les chiffres absolus, nous constatons que la complémentarité est à sens unique, puisque dans tous les domaines (à l'exception des télécommunications et postes) Montluçon l'emporte très nettement sur Guéret, ce qui est conforme à leur différence de niveau hiérarchique. Ainsi, en termes d'échanges, l'un des fondements essentiels d'une mise en réseau perd ici de son sens. L'association des deux villes permettrait bien à Guéret de combler ses lacunes comme ville moyenne. L'option d'une mise en réseau de Montluçon et Guéret est donc à retenir.

• Peut-on élargir ce réseau aux autres villes moyennes proches, hors région ?

La question peut effectivement se poser vis-à-vis de Bourges et Châteauroux. Les données relationnelles sont peu favorables et Montluçon, notamment, n'a pas de réelles possibilités d'échanges avec les autres villes moyennes des départements limitrophes situés au Nord. Par exemple, si le tertiaire emploie plus d'actifs à Bourges qu'à

Montluçon, la répartition des différents domaines montre une structure d'équipements rigoureusement identique. S'il existe bien un tertiaire plus étoffé quantitativement dans la ville berrichonne, celui-ci ne présente pas de réels points forts vis-à-vis de Montluçon. Il s'établit uniquement en fonction de leur taille respective, mais une situation de concurrence prévaut entre les deux villes.

Le problème des relations potentielles avec Châteauroux se pose dans des termes un peu différents. Le tertiaire emploie plus d'actifs dans la préfecture de l'Indre et il serait possible de dégager des complémentarités avec Montluçon, dans la mesure où la répartition entre les secteurs tertiaires présente des différences, alors que nous avons, ici, deux agglomérations de poids démographique identique (environ 80 000 hab.). Ainsi, Châteauroux pourrait compléter avantageusement l'équipement montluçonnais dans plusieurs domaines, et plus particulièrement celui des transports (agences de voyages surtout), de l'encadrement (administration générale et enseignement) et du tertiaire de prestation (services récréatifs, culturels et sportifs). Toutefois, il existe un obstacle majeur à la mise en réseau de ces deux villes, à savoir l'absence de relations efficaces. En effet, il n'y a aucune liaison ferroviaire directe, et les relations routières restent longues : 1 h 10 environ.

La configuration des rapports possibles entre Guéret et Châteauroux est identique à celle observée entre cette dernière et Montluçon, même si les relations ferroviaires sont, dans ce cas, une donnée favorable à la mise en réseau des deux villes. Si le tertiaire d'encadrement, par exemple, occupe une place relative plus importante dans la préfecture creusoise que dans celle de l'Indre, celui-ci est, en fait, beaucoup plus représenté, en termes de population active employée, à Châteauroux, ce qui, en fonction de la taille respective des deux villes, n'a rien de surprenant. En fait, les potentialités de mise en réseau de Guéret avec Montluçon ou Châteauroux sont fort proches. Le choix est donc largement politique et, dans ce domaine, il semble plutôt porté vers la préfecture de l'Indre. Toutefois, à la lecture des différents critères scientifiques cumulés, l'association qui apparaît la plus viable, grâce à de meilleures relations terrestres, est celle de Guéret et Montluçon.

Par contre il est clair, à la lecture des critères scientifiques, que Bourges ne peut, dans l'état actuel des choses, intégrer un réseau de villes regroupant Guéret et Montluçon ou Guéret et Châteauroux.

D - La place des petites villes dans la logique des « réseaux de villes »

Nous pouvons, enfin, nous interroger sur la position des petites villes dans cette problématique de mise en réseau. Pour l'instant, il n'existe pas, en France, de réseau associant uniquement des villes de ce niveau (F. Tesson, 1997), à l'exception, peut-être, de « Cognac Océan » qui regroupe Cognac, Rochefort et Saintes. Dans les autres cas, très peu nombreux, les petites villes sont associées à des villes moyennes. Comment expliquer alors ce manque d'intérêt ? En effet, il n'existe pas, pour ce niveau hiérarchique, de politique nationale. Nous pouvons, de plus, noter que leurs équipements tertiaires sont essentiellement courants, banaux, de proximité et entrent mal dans une logique d'échanges, de complémentarité, qui implique que les gens acceptent de se déplacer pour accéder à certains commerces ou services absents sur place, rares. De même, les responsables locaux ont peut-être une conception moins urbaine de l'organisation de l'espace que leurs homologues des villes moyennes ou métropoles. Ainsi, ont-ils une vision plus traditionnelle de la ville qu'ils considèrent, avant tout, comme une place centrale destinée à apporter au milieu environnant proche les équipements de base (commerces et services de première nécessité). Enfin, accéder au niveau ville moyenne en s'associant à d'autres petites villes est certainement un objectif moins motivant que celui d'atteindre le niveau métropole ou de ville européenne...

En fait, il n'est guère possible de faire une observation détaillée des complémentarités éventuelles existantes entre toutes les petites villes de notre espace d'étude. En effet, l'INSEE refuse de communiquer la répartition de la population active, selon l'activité économique, pour les villes de moins de dix mille habitants (selon sa définition), dans la mesure où le volume d'emploi est trop faible, et le dépouillement au quart, qui est la règle, ne peut donner des chiffres fiables. Ainsi, nous n'aurions pu travailler que sur cinq petites villes, très dispersées dans l'espace (Thiers, Issoire, Ussel, Cosne-Cours-sur-Loire, Saint-Junien). Il restait bien sûr l'analyse de terrain, mais ceci constitue, en fait, tout un programme de recherche future en soi, en raison du nombre très important de ces organismes. Cependant, pour les cinq villes étudiées, nous constatons une répartition très proche des différents types d'activités tertiaires, montrant une absence de complémentarité évidente. Pour les autres petites villes et unités urbaines de base, nous ne pourrons, pour l'instant, qu'émettre des propositions de regroupement en fonction de leur proximité géographique. Ainsi sur la figure n°79, nous avons indiqué les regroupements qui, a priori, nous semblent les plus plausibles. Mais, dans tous les cas, ils n'apportent réellement que l'illusion d'un poids démographique supérieur. Par exemple, on atteindrait juste les dix mille habitants pour Château-Chinon, Cercy-la-Tour et Luzy. Dans aucun cas, le niveau démographique (et, surtout, celui des équipements tertiaires atteint) ne permet, aux petites villes concernées, d'atteindre un niveau supérieur, du type de celui d'une ville moyenne. En fait, il s'agirait surtout de renforcer le niveau de base pour maintenir la desserte de proximité.

En conclusion sur les propositions de mise en réseau, l'idée forte qui apparaît est que l'espace urbain du nord du Massif central est mal adapté à cette politique. En effet, il est très clair que les villes, de même niveau hiérarchique, ont des structures d'équipements quasi identiques. Ainsi, la complémentarité, les échanges (perçus sous la forme de la réciprocité ou de l'addition de l'offre), que l'on peut considérer comme le fondement essentiel d'une mise en réseau, ne peuvent être que très limités, ponctuels sur le plan économique. Le problème se pose dans les mêmes termes dès lors que l'on regarde vers les villes des espaces environnants (Châteauroux, Bourges, Périgueux, Roanne, ...). Dans tous ces cas de figure là, les relations interurbaines se présentent bel et bien en termes de concurrence. Chacune des villes essaie de faire rayonner ses équipements le plus loin possible au détriment de sa voisine qui dispose, le plus souvent, des mêmes commerces et services. Donc, l'idée même de réseau est compromise, ou réduite à quelques domaines (technique, culturel...)

Le réseau christallérien qui caractérise, en grande partie, notre espace d'étude, fait que, à chaque niveau hiérarchique, correspond un niveau d'équipement. Seul le nombre de ces derniers varie, en fonction de l'importance quantitative de la population à desservir. De plus, il est clair que l'on met « la charrue avant les bœufs », car, en plus du handicap de la très faible complémentarité interurbaine, s'ajoute celui des relations routières et ferroviaires. Comment penser augmenter les échanges entre les villes, avant même d'avoir mis en place les infrastructures nécessaires pour les rapprocher significativement en espace-temps (aménagement en deux fois deux voies des axes routiers par exemple). Il ne suffit pas de décréter que l'on est en réseau, et de signer une charte, pour susciter des déplacements interurbains plus importants ; faut-il, aussi, que les populations se sentent plus proches des différents pôles constitutifs.

Fig. n° 79 : Propositions de mise en réseau des villes et agglomérations (1998)

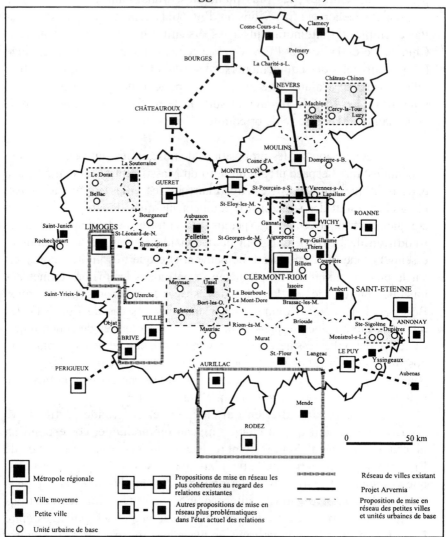

Mais le problème de la mise en réseau, qui concerne essentiellement les villes moyennes, se pose également en d'autres termes. En fait, la problématique est entre le choix du renforcement des plus grandes unités (métropoles) atteignant un niveau démographique et d'équipement plus satisfaisant, susceptible d'accroître leur rayonnement et leur attractivité vis-à-vis d'investissements éventuels mais indispensables, et celui du maintien d'une offre plus dispersée permettant une desserte au plus près de la population locale, mais ne donnant à aucune de ces villes un poids tertiaire suffisant pour appartenir aux niveaux supérieurs de la hiérarchie. Il est clair que dans un contexte européen de métropolisation en faveur des plus grandes agglomérations (millionnaires ou multimillionnaires), qui aboutit à l'appauvrissement des niveaux inférieurs de la hiérarchie, une stratégie visant à délaisser une métropole (clermontoise ou limougeaude) en l'état, trop faible pour résister à la métropolisation européenne, pour se concentrer sur le maintien du niveau ville moyenne, qui plus est, avec des solutions mal adaptées au réseau urbain du nord du Massif central, est sûrement une attitude suicidaire.

En fait, on le voit bien, dans le contexte européen, et en fonction des caractéristiques du réseau urbain, le problème de la place des villes à l'échelle européenne se pose en termes de réseau christallérien et non de « réseau de villes ». C'est, sans aucun doute, par un renforcement de la métropole (où nous avons vu que l'Etat, notamment, avait, dans ces choix d'aménagement du territoire, un rôle majeur à jouer) et une meilleure coopération avec les villes moyennes, donc un meilleur fonctionnement du réseau urbain, que l'on peut éviter la marginalisation de notre espace à l'échelle de l'Europe urbaine. Une métropole plus forte et mieux reliée aux niveaux inférieurs est une évolution nécessaire.

En conclusion de cette troisième partie, nous pouvons mettre en avant plusieurs idées fortes. La synthèse sur le commandement de l'espace nous a permis de constater un bel emboîtement des aires d'influence entre les différents niveaux hiérarchiques. Cette image de l'organisation urbaine du nord du Massif central résulte à la fois de la dynamique des métropoles et de la stabilité des niveaux inférieurs (villes moyennes et petites villes). En effet, les zones d'influence actuelles de Clermont et de Limoges sont l'aboutissement d'une affirmation progressive de leur emprise spatiale en raison de la croissance régulière de leur niveau d'équipement impulsé, en particulier, par la fonction de capitale régionale. Par contre, le partage de l'espace par les villes moyennes et les petites villes montre une belle stabilité dans le temps. Ceci témoigne d'un rôle de relais toujours essentiel entre la métropole et les niveaux de base, ainsi que d'une certaine inertie des habitudes de fréquentation des villes.

De même, l'étude de l'évolution des commerces et des services, depuis quinze ans, nous a également permis de dégager des tendances. Il y a bel et bien une concentration des équipements tertiaires, en fonction du niveau hiérarchique des villes. Et sur ce plan encore, notre espace d'étude s'inscrit parfaitement dans l'évolution nationale. En effet, les métropoles régionales concentrent une part de plus en plus importante des services destinés aux entreprises et des services « rares » au niveau régional, ce qui ne peut, à l'avenir, que conforter, à cette échelle, leur domination spatiale. Une sélection s'opère dans les villes moyennes au bénéfice des services les moins courants. Ceci est d'ailleurs favorable au maintien de leur emprise sur leur aire de commandement traditionnelle. Les petites villes sont de plus en plus des unités de services privés courants, destinés aux particuliers, ce qui à l'avenir devrait leur permettre aussi de maintenir leur rôle de desserte d'un espace proche pour les besoins de première nécessité (mais elles sont très nettement fragilisées par le déclin démographique du milieu rural !). Enfin, les unités urbaines de base deviennent avant tout des pôles commerciaux de proximité, mais ces derniers sont fortement menacés par le recul de leur seule activité tertiaire. Il s'agit sans aucun doute du maillon faible des réseaux urbains du nord du Massif central, avec un maintien futur très problématique.

Nous avons aussi constaté que le nord du Massif central est, en fait, couvert par deux réseaux urbains parfaitement hiérarchisés. De plus, en raison d'un semis de villes régulier, aucun espace n'échappe à l'influence d'une unité urbaine. En fait, sur la quasi-totalité de notre espace d'étude, nous observons une belle hiérarchie des relations avec la ville. Ainsi, pour les besoins les plus courants, de première nécessité, on s'adresse à l'unité urbaine de base ou la petite ville la plus proche, pour des besoins moins courants (grandes surfaces, médecins spécialistes, hôpitaux généraux...) à la ville moyenne, et enfin pour les besoins les plus spécifiques (commerces de luxe, interventions chirurgicales délicates...) à la métropole. En fait, les seules nuances, à ce système de relation, sont, seulement, que certains espaces sont directement influencés par la ville moyenne ou la métropole en raison de leur forte proximité géographique.

Mais l'idée forte, ici, est que la totalité des habitants du nord du Massif central puissent accéder au même niveau d'équipement, et ce avec une contrainte de mobilité, somme toute, limitée.

Toutefois, si les villes du nord du Massif central tiennent bien leur espace, et ont même tendance à renforcer leur emprise sur celui-ci, leur place au niveau national est moins favorable. En effet, les têtes de réseau (Clermont et Limoges) subissent les effets de la métropolisation nationale et européenne (comme toutes les villes de même rang). A cette échelle, l'avenir est plus problématique. En fait, le salut de Clermont et Limoges, et donc de leur espace de commandement, semble bien ne pouvoir venir que d'un amarrage maintenu avec Paris, seule possibilité de rester dans le nouveau schéma relationnel hiérarchique en rang deux (national et européen). Le choix lyonnais (bordelais pour Limoges), politique et encore plus économique, aboutirait à un déclin hiérarchique inévitable sur le plan national, et « catastrophique » sur le plan européen, puisque entraînant, sans aucun doute, une marginalisation accentuée de notre espace d'étude dans le réseau urbain qui se forme à l'échelle européenne (Clermont et Limoges se trouveraient alors au rang 4 ou 5 des relations interurbaines !).

Enfin, le nord du Massif central présente un réseau urbain quasi parfaitement christallérien, dont les possibilités d'évolution sont réduites, et ce pour, au moins, deux raisons. Tout d'abord, le renforcement du réseau urbain ne peut se faire que par des interventions extérieures (en particulier l'Etat) dans le cadre d'une politique volontaire d'aménagement du territoire. Effectivement, les métropoles ne peuvent se renforcer « sur le dos » des niveaux inférieurs (villes moyennes). De même, la politique qui consiste à renforcer les villes moyennes par la délocalisation de fonction métropolitaine (Université) apparaît comme fort peu judicieuse dans le cadre du réseau urbain qui se constitue à l'échelle européenne et qui tend à favoriser seulement les plus grandes villes, celles qui sont déjà les mieux équipées. Ensuite, la politique de mise en réseau des villes, souvent considérée par les responsables locaux comme un moyen de se renforcer, n'apparaît pas vraiment adaptée à un réseau urbain christallérien comme celui de notre espace d'étude. Les villes ne sont pas complémentaires, mais concurrentes, et n'ont rien, ou presque, à échanger.

NOTES DU LIVRE III

1 - Premier des modèles spatiaux auréolaires. Il a été théorisé par Von Thünen (1783-1850), réfléchissant dès 1826 sur la gestion rationnelle des terres, et aboutissant à une succession d'auréoles concentriques pour l'utilisation des sols.

2 - A ce sujet, on peut se référer à la thèse récente de P. Tesson (1998) et aux nombreux articles de D. Royoux (voir bibliographie).

3 - Plus de 50 % des employés viennent de cet espace de forte attraction.

4 - Plus de 50 % des habitants viennent de cet espace de forte attraction.

5 - Mais, ce fait est peut-être contestable. Tout dépend des critères de mesure utilisés alors.

6 - Bordeaux, Dijon, Montpellier, Orléans, Toulouse, Tours.

7 - • D. Pumain et Th. Saint-Julien, Atlas des villes de France, Reclus, La Documentation française, Paris, 1989.
• C. Jamot, Clermont-Ferrand : métropole régionale, CERAMAC, 1993.
• F. Fontaine, Les métropoles régionales, à la recherche de leurs points forts, Economie et statistique, n° 230, 1990.

8 - Conception-réalisation (études techniques, informatiques, juridiques, comptables, financières, publicité, recherche) ; Faire et mise à disposition (travaux à façon, intérimaires, gardiennage, nettoyage, location de véhicules utilitaires, routages, locations diverses) ; Formation et information (étude économique et sociologique, conseil en formation, formation des adultes, enseignement spécialisé) ; Assurances et auxiliaires financiers (assurances et réassurances, crédit-bail mobilier, holding, organismes financiers) ; Commerce de gros, services et intermédiaires du commerce.

9 - Agglomérations comprises.

10 - Il s'agit du rapport entre la population de l'agglomération et celle de sa zone d'influence. Il permet ainsi de mesurer la capacité des villes à augmenter leur clientèle.

11 - Il va de soi que pour les relations intrarégionales, le rôle de l'avion est inexistant.

12 - Arrivant ou partant de la ville étudiée.

13 - On peut penser que Nevers, qui était hors des limites d'étude, située sur le même axe ferroviaire et routier que Moulins, connaît un nombre équivalent de relations.

14 - Périgueux, Rodez, Roanne, Bourges, Châteauroux.

11 - Ceux-ci ont été déterminés en fonction de la répartition de la population active dans les différents secteurs d'activités, des résultats de l'enquête de terrain montrant la plus ou moins grande autonomie des différentes unités urbaines de base et, enfin, des informations bibliographiques.

12 - Le même phénomène s'observe autour de la métropole avec les villes moyennes.

13 - Nous avons choisi de représenter quelques relations avec le niveau des bourgs-centres, même si nous dépassons les strictes limites de notre sujet uniquement centré sur les niveaux urbains. Ceci, pour montrer la complexité des réseaux et des liens qui peuvent exister entre eux.

14 - Le type parisien dominant : « *une ville de très grande taille domine de son poids écrasant une aire d'influence de 200 à 300 km de rayon* » (D. Pumain et Th. Saint-Julien, 1989).

15 - Avec la collaboration de D. Pumain et Th. Saint-Julien.

16 - Limoges n'a pas été étudiée par D. Pumain et Th. Saint-Julien, mais nous avons déjà bien vu que les deux villes présentaient une structure d'équipements similaires, avec une représentation quantitative plus faible à Limoges en liaison avec un poids démographique sensiblement inférieur.

17 - Notons que pour la presse et l'édition, Clermont-Ferrand se situe au même rang que Nantes, Bordeaux, Toulouse et Montpellier.

18 - D. Pumain et Th. Saint-Julien (1993), tableau p. 18.

19 - D. Pumain et Th. Saint-Julien (1993), tableau p. 18.

20 - D. Pumain et Th. Saint-Julien (1993), tableau p. 18.

21 - Ainsi entre Clermont et Montluçon, le trajet a été réduit de quelques minutes seulement grâce notamment à des travaux d'aménagement sur le viaduc de Rouzat (au-dessus de la Sioule) ayant permis d'accélérer la vitesse de son franchissement.

22 - R. Brunet (sous la direction de), « Les villes européennes, rapport pour la DATAR ». *La Documentation française*, 1989.

23 - Institut supérieur d'Informatique, de Modélisation et leurs Applications.

24 - Elle forme des ingénieurs (Grande Ecole de l'Université Blaise-Pascal).

25 - En fait, la région a surtout eu des actions concernant des lycées avec notamment la construction du lycée Lafayette dans la zone d'activités de La Pardieu.

26 - Communauté de Communes de l'Agglomération Clermontoise. Aujourd'hui : Clermont Communauté.

27 - Il s'agit bien entendu de changer l'image de marque négative de la ville et bannir les clichés totalement faux de Clermont ville noire, Clermont ville industrielle, Clermont petite ville de province, Clermont ville de montagne, Clermont ville enclavée...

28 - Ce souhait a trouvé sa concrétisation dans la signature récente (1998) d'une charte de réseau de villes entre Limoges, Brive et Tulle que l'on étudiera dans le prochain chapitre.

29 - Tout n'a pas besoin d'être à Paris dans la perspective de son rôle européen de premier plan.

30 - Espace Scientifique et Technologique d'Echanges et de Recherche.

31 - Centre d'Appui et de Stimulation de l'Industrie par les Moyens de l'Innovation et de la Recherche. Ce dernier installé aux Cézeaux (Campus universitaire) à Clermont-Ferrand (Université Blaise-Pascal-Clermont II) est essentiellement un centre d'information pour les PME-PMI. En effet, il se tient au courant de toutes les technologies nouvelles et en informe les entreprises et industries. De plus, il acquiert du matériel haut de gamme qu'il peut prêter aux entreprises qui le souhaitent et qui ne disposent pas des capitaux nécessaires pour l'acquérir

32 - Espace Scientifique et Technologique d'Echanges et de Recherche.

33 - Celui-ci est constitué d'un l'IUT, Institut de l'Université Blaise-Pascal (Clermont II). Il comprend actuellement cinq départements : Génie Electrique et Informatique Industrielle : Génie Mécanique et Productique : Génie Thermique et Energie : Techniques de Commercialisation : Gestion Logistique et Transport. Sur un campus universitaire de 50 000 m² se côtoient un millier d'étudiants, 160 enseignants et 45 collaborateurs (ingénieurs, administratifs, techniciens, ouvriers et agents de service).

34 - Le département Productique, le premier mis en place (1968), avec le Génie Electrique et l'Informatique industrielle, est destiné à former des Techniciens Supérieurs aptes à assurer les fonctions de collaborateurs d'ingénieurs. La productique est une technique informatique d'amélioration de la productivité.

35 - Ainsi, en Vénétie et en Emilie-Romagne, il existe des structures de coopération intercommunale regroupant des collectivités locales de niveaux différents. Ce sont des rencontres d'intérêt et de recherche de compromis aboutissant à des structures et des projets à caractère collectif. Le plus concret de ces réseaux est sûrement celui des

universités et des centres de recherche. De même, dans le domaine économique, il y a eu la création de services spécialisés aux entreprises ou de formation professionnelle. Ainsi, en Emilie-Romagne, il y a eu création par l'ERVET (société régionale pour la valorisation économique du territoire) de réseaux de services et d'« agent de développement ». En Vénétie, l'ERVET n'existe pas, toutefois il y a un réseau bancaire très actif soutenant les initiatives locales (Bertrand I. et Robert B. 1991).

36 - Sur l'AIRE 198, voir les articles de D. Royoux (Royoux 1995 et 1997).

37 - Dans le cadre de ce réseau, il a été notamment proposé de créer une structure aéroportuaire unique réunissant les deux plates-formes déjà existantes à Pau et Lourdes et drainant actuellement un million de passagers. L'amélioration des navettes entre les deux aéroports et la promotion globale du site ont été imaginées.

38 - Le Puy s'est récemment intégrée à ce réseau.

39 - Guéret a été récemment intégrée au réseau.

CONCLUSION

L'étude de l'organisation et de la dynamique urbaines du nord du Massif central nous permet de dégager plusieurs idées fortes. Ainsi, il est clairement apparu que loin des clichés de ruralité exacerbée, maintes fois énoncés dans les études de géographie régionale, nous avions affaire à un espace urbanisé et constituant même un parfait prototype du schéma de la France urbaine. En effet, nous retrouvons dans notre espace d'étude tous les éléments usuels généralement observés pour qualifier les différents organismes urbains. Nous trouvons, à côté des agglomérations classiques, des agglomérations polynucléaires, des régions urbaines, des villes-satellites... Cette diversité des types de villes se retrouve dans la morphologie urbaine, puisque, en dehors des agglomérations classiques, nous trouvons des cités « industrielles » et des « pays noirs ».

Grâce à cette diversité des formes de la présence urbaine, l'espace nord du Massif central est, en fait, parfaitement urbanisé. Globalement, c'est en effet plus de six habitants sur dix qui sont citadins. Ils habitent majoritairement dans des grandes villes, puisque près des trois quarts d'entre eux se retrouvent dans des unités de plus de trente mille habitants. Si l'on ajoute à cela qu'ils sont de plus en plus nombreux dans les nouvelles banlieues (communes souvent encore qualifiées de rurales par l'INSEE), nous retrouvons le schéma d'un espace urbain très classique dans une région plus connue, et étudiée, sur le plan rural.

La deuxième idée qu'il convient de retenir est celle d'une intégration parfaite de notre espace d'étude à la France urbaine, et ce tant sur le plan démographique que fonctionnel. Ceci se traduit, donc, d'abord par une concentration de plus en plus nette de la population dans les deux métropoles régionales qui enregistrent une évolution démographique équilibrée (solde naturel et solde migratoire). La métropolisation démographique est donc importante dans le nord du Massif central. A côté, les villes de notre zone d'étude sont plutôt « industrialisées » et correctement « tertiairisées ». Voilà qui remet en cause l'image d'une France centrale qui serait celle du déclin démographique généralisé et du retard économique.

La troisième idée que l'on peut retenir (et qui était au centre de notre problématique de thèse) est celle de l'existence de réseaux urbains de type christallérien quasi parfaits. Ceux-ci s'adaptent bien aux caractéristiques géographiques de notre espace, en franchissant aisément les différentes composantes physiques et économiques. L'approche christallérienne est donc tout à fait adaptée à l'étude du réseau urbain du nord du Massif central et à son organisation actuelle. Les espaces peu denses, dits en déclin, n'ont aucun mal à être structurés par les villes. Celles-ci constituent même leur seule chance de survie. Ceci est tout particulièrement probant pour les petites villes qui gardent, aujourd'hui encore, une activité industrielle capable de maintenir les gens sur place en leur offrant un emploi. Cette observation montre clairement que les politiques d'aides pour maintenir les espaces en difficulté, qui s'appuient actuellement sur une problématique de maintien des densités, des paysages et des activités rurales, devraient plutôt concentrer leurs efforts sur le maintien des niveaux urbains de base et de leurs activités (industries).

La dernière idée que l'on peut mettre en avant est l'antinomie évidente entre la notion de réseau christallérien et les politiques de réseaux de villes. En effet, pour que ces dernières soient efficaces, il faudrait, dans une ville, qu'il y ait des faiblesses clairement identifiées, dans un équipement tertiaire donné, que l'on cherche alors à combler par l'association avec d'autres villes mieux équipées. Ceci permettrait donc de constituer un ensemble plus complet que chacune des unités urbaines prises isolément. La mise en place du réseau AIRE 198 trouve, en grande partie, sa justification dans la volonté de combler l'absence d'une vraie métropole dans la région Poitou-Charentes. L'idée, théorique du moins, est alors, par l'association de quatre villes (Angoulême, La Rochelle, Niort et Poitiers), de parvenir à atteindre un seuil démographique susceptible d'attirer des activités de haut niveau, celles d'une métropole régionale. Une telle situation n'existe pas dans le nord du Massif central.

Au contraire, dans le cadre de la mise en place d'un réseau européen, il est indispensable, pour éviter une marginalisation accrue de l'espace nord du Massif central dans le nouvel ensemble urbain européen, de renforcer les têtes de réseaux (Clermont-Riom et Limoges). En effet, dans un réseau urbain centralisé, la solution, certes conservatrice, de protéger l'existant, c'est-à-dire les métropoles régionales, en évitant, au moins, leur recul dans la hiérarchie, semble, sans aucun doute, la solution la plus adaptée. Il faut effectivement maintenir, voire essayer de renforcer, la présence du tertiaire supérieur à Clermont et Limoges, et ce même si l'évolution actuelle est au renforcement de Paris et de Lyon justement au détriment de ces dernières. En fonction de cette évolution, la mise en place d'un réseau maillé, solution adoptée par les responsables locaux, ne peut aboutir qu'à l'éclatement spatial des activités et à l'absence de l'émergence de villes aptes à atteindre un niveau d'équipements tertiaires susceptible de jouer un véritable rôle dans la nouvelle donne européenne. Le choix est politique et peut passer notamment par la modification des limites administratives, c'est-à-dire par une nouvelle partition de l'espace qui se ferait sur la base des zones d'influence des métropoles régionales et qui renforcerait leur commandement sur leur aire d'attraction réelle. Mais, ici, se pose le problème de la place de Clermont-Ferrand vis-à-vis de Lyon ou de Limoges par rapport à Bordeaux dans le cadre d'un schéma régional repensé à l'échelle européenne. En effet, quel rôle pourraient jouer ces deux métropoles placées de fait dans le réseau urbain de l'une de ces deux grandes métropoles ? Il est clair qu'une telle éventualité se traduirait par un recul hiérarchique de ces deux villes au niveau national, se situant alors au niveau 3, et encore plus à l'échelle européenne, puisque reculant, sans aucun doute au rang 4 ou 5.

Ces acquis étant posés, notre étude nous a permis également d'aborder des problématiques qui ne venaient qu'en appui d'une démonstration plus générale, mais qu'il conviendrait sûrement d'approfondir, à l'avenir, dans le cadre d'autres études complémentaires.

En premier lieu, apparaissent avec acuité le problème des petites villes et celui du maintien de leur rôle comme centres de proximité. Effectivement, celui-ci ne peut subsister en théorie (mais la pratique n'a jamais été vérifiée !) que s'il existe un « support » rural, dont le niveau le plus représentatif est celui du « bourg-centre ». Or, dans la perspective du déclin annoncé du milieu rural, et de celui du niveau bourg-centre, le problème est celui du propre maintien des petites villes ou unités urbaines de base qui ne vivent que par la desserte de l'espace rural proche (les villes-marchés). Elles ne pourront résister par la seule activité tertiaire, sans apport d'autres activités susceptibles degarder la population sur place.

Le sort des petites villes industrialisées est différent puisqu'elles parviennent à maintenir leur population sur place, et donc à garder des équipements tertiaires de proximité. Le cas est particulièrement patent dans les régions industrielles du Sigolénois-Yssingelais, du thiernois, ou encore des petites villes de la vallée de la Vienne. Ceci met en évidence donc, au total, l'intéressant problème du recalage de la théorie de Christaller après la disparition même de sa base, à savoir les villes-marchés.

Le phénomène de métropolisation mériterait également, sans aucun doute, une approche plus fine, plus spécifique, avec une analyse des entrées et des sorties d'équipements tertiaires échangés entre les différents niveaux hiérarchiques. Il semble bien que l'on assiste à une concentration accentuée des activités les plus rares sur les niveaux supérieurs. Ainsi, nous avons, notamment à travers des enquêtes conduites par le CERAMAC, pu voir que Lyon (comme Paris) avait repris à Clermont diverses directions régionales qu'elle concentre dans le cadre d'un grand Centre-Est (c'est le cas pour la banque, la publicité, le travail temporaire et les services aux entreprises). Mais la métropolisation se retrouve également au niveau régional. En effet, certaines administrations, ou services privés, ont métropolisé des activités autrefois localisées dans les villes moyennes (centres régionaux). L'exemple du Crédit Agricole est, dans ce domaine, tout à fait significatif. Cette concentration des activités supérieures, dans les plus grandes villes, semble être aussi accompagnée par le recours de plus en plus fréquent de la clientèle au niveau supérieur, dans une logique capitaliste qui se traduit par la recherche du meilleur rapport qualité/prix, de la meilleure qualité ou de la diversité du choix.

Cette observation nous conduit, logiquement, vers une autre interrogation sur laquelle il serait intéressant de s'attarder à l'avenir. Effectivement, une fois l'effet de la métropolisation passé, lorsque la course de Paris vers le titre de capitale européenne sera gagnée, ne devrait-on pas reprendre l'idée d'une décentralisation tertiaire réfléchie et effective vers les villes sans ambition européenne (comme on avait déjà commencé à le faire, par exemple, à Nantes avec les services de gestion des casiers judiciaires). Le but recherché serait bien de renforcer les métropoles régionales, aujourd'hui essentielles dans l'organisation de l'espace, en leur allouant des services de haut niveau (comme dans le domaine culturel ou par la décentralisation de grands ministères), permettant ainsi d'éviter un recours obligatoire à Paris, voire à Lyon pour ce type de services.

Enfin, il semblerait bien utile de revenir sur la notion de réseaux de villes, sur la pertinence d'un tel concept, dans la mesure où ceux qui sont officialisés aujourd'hui montrent qu'il s'agit simplement, le plus souvent, d'échanges formels d'idées, qui n'ont rien à voir avec la réalité d'un réseau, lequel implique l'existence d'une structure organisationnelle. Nous pouvons, en effet, légitimement nous interroger sur la pertinence d'une telle politique, issue de Bruxelles, et qui cherche à s'imposer à une Europe dont les réseaux sont largement christallériens et non maillés. Elle résulte vraisemblablement d'une certaine idée de l'Europe, à savoir celle de l'existence d'un grand marché dans lequel tout le monde échange tout ! Mais faut-il encore avoir des choses à échanger ! Dans ce domaine, qui est aussi celui de l'entreprise, on retombe en fait sur des structures très hiérarchisées entre donneurs d'ordre et sous-traitants, entre sociétés mères et filiales, entre bailleurs de fonds et commandités...

ANNEXES

Annexe 1 - Evolution générale de la population

Unités urbaines	Evolution de la population				Evolution en %		
	1975	1982	1990	1999	1975-82	1982-90	1990-99
Creuse							
Guéret	20 701	22 824	22 700	22 308	+10,2	-0,5	-1,7
Aubusson	7 332	6 979	6 698	5 663	-4,8	-4,0	-15.4
La Souterraine	5 302	5 685	5 459	5 320	+7,2	-3,9	-2,5
Bourganeuf	3 633	3 738	3 386	3 163	+2,8	-9,4	-6.5
Felletin	2 291	2 196	1 985	1 892	-8,3	-10.7	-4.7
Nièvre							
Nevers	87 970	89 522	88 481	81 387	+1,8	-1,2	-8,0
Cosne-Cours/-Loire	12 954	13 458	13 201	12 477	+3,9	-1,9	-5,5
Decize	9 695	9 620	9 057	8 637	-0,7	+5,8	-4,6
Clamecy	6 247	5 891	5 528	5 050	-5,6	-6,2	-8,6
La Machine	4 999	4 708	4 200	3 735	-5,8	-10.8	-11.1
Château-Ch.	2 636	2 463	2 503	2 307	-6,5	+1,6	-7,8
Luzy	2 639	2 680	2 420	2 234	-1,5	-9,7	-7,7
Cercy-la-T.	2 320	2 373	2 259	2 108	+2.2	-4,8	-6,7
Allier							
Montluçon	93 660	90 180	82 282	79 854	-3,7	-8,7	-4.95
Vichy	73 602	76 100	75 951	73 565	-3,4	-0,2	-3,1
Moulins	53 282	54 375	54 034	52 112	+2,0	-0,6	-3,5
Gannat	6 351	6 255	6 351	5 838	-1,5	+1,5	-8,0
St-Pourçain/Sioule	5 345	5 202	5 168	5 266	-2,6	-0,6	+1,8
Varennes/A.	5 512	5 370	5 036	4 695	-2,5	-6,2	-6,8
Lapalisse	4 402	4 392	4 445	4 241	-0,2	+1,2	-4,6
Dompierre/B.	4 111	4 041	3 807	3 477	-1,7	-5,8	-1,9
Cosne d'A.	2 287	2 452	2 453	2 407	+7,2	-0,005	-1,8
Haute-Loire							
Puy-en-Velay	45 481	46 364	45 640	45 055	+1,94	-1,6	-1,3
Brioude	9 062	9 100	9 360	8 843	+0,4	+2,9	-5,5
Ste-Sigolène	5 864	6 473	6 779	5 432	+10,4	+4,7	-19.8
Monistrol/L.	4 601	5 144	6 206	7 451	+11,8	+20,6	+20,1
Yssingeaux	5 877	6 200	6 120	6 492	+5,5	-1,3	+6,1
Langeac	4 849	4 617	4 196	4 070	-4,8	-9,1	-3
St-Didier-en-Velay.	3 440	3 599	3 796	3 986	+4,6	+5,5	+5,0
Dunières	2 992	3 014	3 009	2 949	+0,7	-0,2	-1,9
Craponne/A.	3 087	3 186	3 006	2 653	+3,2	-5,6	-11,7
Chambon/L.	2 808	2 794	2 854	2 642	-0,4	+2,1	-7,4
Cantal							
Aurillac	45 602	48 634	50 757	1 875	+6.6	+4.4	+2.2
Saint-Flour	9 368	10 421	10 285	9 384	+11.2	-1.3	-8.7
Mauriac	5 169	5 373	5 606	5 395	+4,0	-3.0	-3.8
Riom-ès-M.	3 626	3 412	3 221	2 842	-5.9	-5.6	-11.8
Murat	2 607	2 442	2 410	2 153	-6.3	-1.3	-10.6
Puy-de-Dôme							
Clermont-Riom	323 852	341 907	345 158	354 853	+5.6	+0.9	+2.8
Thiers	25 367	25 504	24 992	23 284	+0.5	-2.0	-6.8
Issoire	19 870	20 439	20 571	21 111	+2.9	+0.6	+2.6
Ambert	7 602	7 722	7 424	7 309	+1.5	-3.8	-1.5
Saint-Eloy-les-Mines	8 707	8 074	7 072	6 265	-7.3	-12.4	-11.4
La Bourboule- Le Mt-Dore	5 336	5 285	5 875	5 577	-0.9	+11.1	+5.1
Lezoux	4 630	4 747	4 818	4 957	+2.5	+1,5	+2.9
Courpière	4 347	4 833	4 677	4 612	+11.2	-3.2	-1.4
St-Georges	4 552	4 684	4 362	4 336	+2.9	-6.9	-0.6
Billom	3 962	4 086	3 988	4 246	+3.1	-2.4	+6.5
Brassac-les-Mines	4 042	3 905	3 457	3 249	-3.4	-11.5	-6.0
Aigueperse	2 980	3 060	2 887	2 504	+2.7	-5.6	-13.3
Puy-Guillaume	2 589	2 699	2 634	2 624	+4.2	-2.4	-0.3

Unités urbaines	Evolution de la population				Evolution en %		
	1975	1982	1990	1999	1975-82	1982-90	1990-99
Haute-Vienne							
Limoges	198 963	210 708	214 383	219 559	+6.0	+1.7	+2.4
Saint-Junien	12 897	12 853	12 932	13 013	-0,3	-0,6	+0.6
St-Yrieix-la-P.	7 115	7 343	7 558	7 251	+3,2	+2.9	-4.1
Bellac	6 395	6 168	6 060	5 712	-3,5	-1,7	-5.7
St-Léonard- de-Noblat	5 456	5 176	5 024	4 764	-5,1	-2,9	-5,1
Rochechouart	4 193	4 053	3 985	3 667	-3,3	-1,6	-7,9
Eymoutiers	2 930	2 637	2 442	2 115	-10,0	-7,3	-13,4
Le Dorat	2 423	2 337	2 205	1 963	-3,7	-5,6	-10,9
Corrèze							
Argentat	3 369	3 233	3 190	3 125	-4,0	-1,3	-2,0
Bort-les-O.	5 075	4 512	4 208	3 534	-11,1	-6,7	-16
Brive-la-G.	66 898	70 771	72 232	73 571	+5,7	+2,0	+1.8
Egletons	4 608	4 593	4 487	4 087	-0,3	-2,3	-8,9
Meymac	2 426	2 527	2 797	2 627	+4,1	+10.6	-6,1
Objat	3 790	3 957	3 868	3 372	+4,4	-2,2	-12,8
Tulle	29 256	29 518	28 793	26 944	+0,8	-2,5	-6,4
Ussel	12 451	13 573	13 481	12 756	+9,0	-0,7	-5,4
Uzerche	3 092	3 097	2 813	3 062	+0,1	-9,0	+8.8

Source : d'après RGP 1990 (unités urbaines recomposées : J.C. EDOUARD)

Annexe 2 - Evolution du solde naturel et du solde migratoire dans les unités urbaines du nord du Massif central

Villes et agglomérations	Variation annuelle du croît naturel (en %)			Variation annuelle du solde migratoire (en %)		
	1975-82	1982-90	1990-99	1975-82	1982-90	1990-99
Clermont-Riom	0,19	0,32	0,31	0,6	0,3	-0,03
Limoges	-0,25	0	+0,05	1,09	0,25	+0,26
Nevers	-0,1	0,18	-0,2	0,35	-0,34	-0,37
Montluçon	-0,47	-0,33	-0,22	-0,06	-0,92	-0,37
Vichy	-0,2	-0,05	-0,34	0,68	0,02	+0,16
Brive-la-Gaillarde	-0,13	0,02	+0,1	0,95	0,27	+0,07
Moulins	-0,04	0,17	+0,1	0,33	-0,26	-0,56
Aurillac	0,23	0,03	+0,2	0,71	0,6	-0,17
Le Puy	0,46	0,46	+0,2	-0,18	-0,68	-0,4
Tulle	-0,48	-0,26	-0,16	0,6	-0,09	-0,6
Thiers	-0,23	-0,14	+0,06	0,3	-0,14	-0,8
Guéret	-0,76	-0,65	-0,05	2,22	0,57	-0,17
Issoire	-0,28	0	+0,2	0,68	0,09	+0,07
Ussel	-0,74	-0,3	+0,04	2,02	0,12	-0,55
Cosne-Cours-sur-Loire	0,17	0	-0,14	0,38	-0,27	-0,55
Saint-Junien	-0,03	-0,19	-0,4	-0,02	0,28	+0,5
Saint-Flour	0,05	0,09	-0,06	1,5	-0,27	-0,9
Brioude	-0,34	-0,07	-0,03	0,4	0,48	-0,5
Decize	0,37	0,23	-0,36	-1,27	-1,06	-0,36
Saint-Yrieix-la-P.	-0,2	-0,51	-0,6	0,65	0,92	+0,2
Ambert	0,18	-0,04	-0,06	0,04	-0,5	-0,1
Saint-Eloy-les-Mines	0,2	-0,05	-0,6	-1,23	-1,27	-0,6
Sainte-Sigolène	0,41	0,46	+0,5	1,07	0,21	-0,07
Aubusson	-0,61	-0,37	-0,3	-0,08	-0,2	-0,5
La Charité-sur-Loire	-0,33	-0,64	-0,22	0,31	-0,99	-0,71
Monistrol-sur-Loire	-0,27	0,1	+0,5	1,95	2,85	+1,8
Yssingeaux	0,32	-0,02	-0,1	0,46	-0,16	+0,5
Bellac	0,03	-0,42	-0,4	-0,88	0,06	-0,4
Gannat	0,04	-0,14	-0,3	-0,25	-0,07	+0,1
La Bourboule-Le Mt-Dore	0,13	0,01	-0,07	-0,26	1,58	-0,9
Clamecy	0,04	-0,12	-0,27	-0,93	-0,76	-0,82
La Souterraine	0,06	-0,13	-0,5	0,95	-0,4	+0,2
Mauriac	-0,1	-0,33	-0,5	0,66	-0,09	+0,09
Saint-Pourçain-sur-Sioule	-0,26	-0,3	-0,5	-0,12	0,2	+0,7
Varennes-sur-Allier	0,13	0,01	-0,22	-0,49	-0,89	-0,71
Saint-Léonard-de-N.	-1,08	-0,78	-1,1	0,6	0,17	+0,5
Lezoux	-0,96	-0,53	-0,5	1,32	0,74	+0,8
Courpière	0,17	-0,04	-0,3	1,42	-0,42	+0,1
Egletons	0,14	0,15	-0,02	-0,19	-0,43	-1
Lapalisse	-0,09	-0,23	-0,4	0,06	0,4	-0,3
St-Georges-de-Mons	-0,09	0,15	+0,06	0,5	-1,13	-0,7
Bort-les-Orgues	0,21	-0,37	-0,7	0,02	-1,88	-1,1
Langeac	-0,37	-0,41	-0,6	-0,31	-0,89	+0,2
La Machine	-0,41	-0,81		-0,43	-0,73	
Billom	-0,5	-0,35	-0,8	0,95	0,006	+1,6
Rochechouart	-0,54	-0,78	-0,8	0,05	0,57	-0,05
Brassac-les-Mines	0,03	-0,23	-0,5	-0,51	-1,4	+0,1
Objat	0,12	-0,16	-0,2	0,45	-0,05	+0,9
Dompierre-sur-Besbre	0,67	0,01	-0,3	-0,91	-0,84	-0,6
Saint-Didier-en-Velay	-0,33	-0,13	+0,05	0,99	0,9	+0,5

Villes et agglomérations	Variation annuelle du croît naturel (en %)			Variation annuelle du solde migratoire (en %)		
	1975-82	1982-90	1990-99	1975-82	1982-90	1990-99
Bourganeuf	-0,48	-0,48	-0,15	0,87	-0,76	-0,6
Riom-ès-Montagnes	-0,14	-0,42	-0,7	-0,7	-0,38	-0,6
Argentat	-0,46	-0,33	-0,7	-0,13	0,14	+0,4
Dunières	0,2	0,15	+0,3	-0,09	-0,17	-0,5
Craponne-sur-Arzon	-0,3	-0,44	-0,7	0,76	-0,36	-0,6
Chambon-sur-Lignon	-0,22	-0,1	-0,1	0,14	0,4	-0,7
Uzerche	-0,83	-1,05	-1,1	0,86	-0,26	+2,1
Meymac	-0,79	-0,23	-0,4	1,31	1,52	-0,3
Puy-Guillaume	-0,08	-0,21	-0,3	0,68	-0,14	-0,3
Prémery	-0,06	-0,46	-0,8	-0,9	-0,67	+0,02
Aigueperse	0,27	-0,2	-0,9	0,11	-0,6	+0,4
Château-Chinon	-0,08	-0,18	-0,63	-0,85	0,41	-0,30
Cosne d'Allier	-0,71	-0,73	-0,9	1,73	-0,23	+0,7
Eymoutiers	-1,06	-1,32	-0,9	-0,45	0,37	-0,02
Luzy	-0,78	-0,84	-1,4	1	-0,54	+0,52
Murat	0,18	0,31	-0,65	-1,08	-0,49	-0,10
Cercy-la-Tour	0,07	-0,46	-0,9	0,25	-0,23	+0,09
Le Dorat	-0,51	-0,44	-0,9	-0,01	-0,3	-0,3
Felletin	-0,4	-0,68	-0,58	-0,2	-0,58	+0,03

Source : d'après RGP 1990 (unités urbaines recomposées : J.C. EDOUARD)

Annexe 3 - Natalité, mortalité et fécondité
dans les unités urbaines du nord du Massif central

Villes et agglomérations	Taux de natalité		Taux de mortalité		Taux de fécondité	
	1975-82	1982-90	1975-82	1982-90	1975-82	1982-90
Clermont-Riom	12,1	11,6	10,2	8,4	78,5	76,5
Limoges	9,6	10,3	12,1	10,3	66,7	74
Nevers	12	12,6	13	10,8	82,9	88,1
Montluçon	8,3	8,8	13	12,1	63,9	66,4
Vichy	10,4	10,5	12,4	11	79,3	74,6
Brive-la-Gaillarde	9,9	9,7	11,2	9,5	69,3	67,2
Moulins	10,8	11,2	11,2	9,5	77,2	79,5
Aurillac	11,2	9,7	8,9	9,4	83,8	72,5
Le Puy	12,7	12,3	8,1	7,7	83,6	88,6
Tulle	8,8	8,6	13,6	11,2	61,7	61
Thiers	10,5	10,2	12,8	11,6	76,5	71,6
Guéret	8,5	8,7	16,1	15,2	66,9	65,6
Issoire	9,8	10,8	12,6	10,8	74,2	77,6
Ussel	8,6	11,2	16	14,2	68,9	102
Cosne-Cours-sur-Loire	14,1	12,4	12,4	12,4	103,4	93,8
Saint-Junien	11,4	9,6	11,7	11,5	85,2	68,7
Saint-Flour	13,8	10,6	13,3	9,7	97,5	74,7
Brioude	9,4	9,7	12,8	10,4	68,8	68,5
Decize	13,9	12,4	10,2	10,1	97,5	88,4
Saint-Yrieix-la-P.	11,4	8,9	13,4	14	93	72,1
Ambert	12,6	11,1	10,8	11,5	89,2	79,8
Saint-Eloy-les-Mines	10,9	8,4	8,9	8,9	94,4	69,5
Sainte-Sigolène	15,7	14,4	11,6	9,8	115,6	100,9
Aubusson	10,5	8,4	16,6	12,1	90,4	60,1
La Charité-sur-Loire	11,6	10,3	14,9	16,7	88,2	82,8
Monistrol-sur-Loire	12,4	13,1	15,1	12,1	97,8	96,4
Yssingeaux	14,6	12	11,4	12,2	111	87,9
Bellac	12,6	9,7	12,3	13,9	82,5	75,2
Gannat	12,8	11,4	12,4	12,8	97,9	83,1
La Bourboule-Le Mont-Dore	12,7	12,3	11,4	12,2	81,8	78,1
Clamecy	14,2	13	13,8	14,2	101,3	92,9
La Souterraine	13,9	11,8	13,3	13,1	98,9	83,2
Mauriac	11,8	9,9	12,8	13,2	60,5	47,4
Saint-Pourçain-sur-Sioule	11	11	13,6	14	84,4	91,1
Varennes-sur-Allier	12,1	11,6	10,8	11,5	89,9	87,2
Saint-Léonard-de-N.	7,6	9,7	18,4	17,5	67,9	86,7
Lezoux	10,5	11,7	20,1	17	88,3	85,6
Courpière	13	12,2	11,3	12,6	89,7	92
Egletons	12,5	12,4	11,1	10,9	98,1	97,6
Lapalisse	13	10,8	13,9	13,1	106,3	85,8
St-Georges-de-Mons	11,6	13	12,5	11,5	97,2	97,4
Bort-les-Orgues	14,4	10,4	12,3	14,1	106,3	74,9
Langeac	11,4	10,4	15,1	14,5	90,4	83,9
La Machine	10,9	7,9	15	16	95,4	68,3
Billom	13	13,2	18	16,7	98,7	92,5
Rochechouart	10,2	7,7	15,6	15,5	91,3	65,4
Brassac-les-Mines	11,4	9,6	11,1	11,9	79,5	73,6
Objat	12,5	10,5	11,3	12,1	95,1	83,2
Dompierre-sur-Besbre	16,9	11	10,2	10,9	124,2	85,6
Saint-Didier-en-Velay	12,5	13,1	15,8	14,4	99,8	88,3
Bourganeuf	10,6	10,7	15,4	15,5	86,1	86,6
Riom-ès-Montagnes	11,8	9,9	13,2	14,1	92,9	75,5
Argentat	12	11,5	16,6	14,8	102,9	93,6

Villes et agglomérations	Taux de natalité		Taux de mortalité		Taux de fécondité	
	1975-82	1982-90	1975-82	1982-90	1975-82	1982-90
Dunières	13,7	13,3	11,7	11,8	118,3	99,8
Craponne-sur-A.	10,9	9,2	13,9	13,6	89	77
Chambon-sur-Lignon	10,8	11,5	13	12,5	79	87,5
Uzerche	9,6	8,4	17,9	18,9	87,4	75,2
Meymac	10,3	13,1	18,2	15,4	89,4	101,7
Puy-Guillaume	11,8	10,6	12,5	12,7	91,4	80,9
Prémery	12,2	9,6	12,8	14,2	105,2	82,4
Aigueperse	13,5	12,2	10,8	14,2	103,5	99,2
Château-Chinon	12,1	11,8	12,9	13,6	99	90
Cosne d'Allier	9	10	16,1	17,3	76,6	85,2
Eymoutiers	7,4	7	18	20,2	71,5	74
Luzy	10,1	8,3	17,9	16,7	81,4	73,2
Murat	15,1	13,4	13,3	10,3	97,8	92
Cercy-la-Tour	15,1	11,4	14,4	16	118,6	96,8
Le Dorat	10,2	10,6	15,3	15	81,3	86,2
Felletin	11,8	8,6	15,7	15,3	95,2	72,3

Source : d'après RGP 1990 (unités urbaines recomposées : J.C. EDOUARD)

Annexe 4 - L'importance, en part relative, des établissements et des emplois dans les secteurs secondaire et tertiaire pour les agglomérations de l'échantillon comparatif

Agglomérations	Part des établissements		Part des emplois	
	Secondaire	Tertiaire	Secondaire	Tertiaire
Agglomérations de 10 000 à 30 000 hab.				
Annonay	19,1	80,0	47,9	51,5
Aubenas	13,1	84,3	23,8	73,5
Mende	16,9	77,8	12,8	83,0
Millau	21,2	76,4	30,5	68,1
Morez	29,1	70,0	71,6	27,7
Saint-Claude	23,8	75,2	50,9	48,7
Saint-Girons	17,4	81,0	23,7	73,2
Tarare	27,1	70,8	54,2	45,0
Agglomérations de 30 000 à 100 000 hab.				
Agen	11,3	88,2	20,3	78,7
Châteauroux	15,2	83,2	31,7	67,6
Colmar	14,4	84,0	31,7	67,3
Epinal	10,4	88,7	24,5	74,6
Gap	15,5	80,1	17,9	80,5
Laval	13,1	85,9	31,5	67,4
Orléans	10,2	89,1	24,7	74,4
Roanne	20,0	79,5	44,6	55,1
Rodez	13,5	85,0	23,2	76,5
Tarbes	12,1	87,4	26,0	73,5
Agglomérations de plus de 100 000 hab.				
Bourges	13,9	84,3	29,5	69,5
Dijon	12,7	86,7	22,8	76,9
Montpellier	12,0	87,4	15,9	83,4
Rennes	11,0	88,7	19,5	80,2
Toulouse	13,5	86,3	22,6	77,1
Tours	12,2	87,5	22,5	77,0
Valence	14,5	84,5	28,8	70,1

Source : RGP 1990

Annexe 5 - Volume d'emplois dans le secteur secondaire et tertiaire dans les villes et agglomérations du nord du Massif central

Villes et agglomérations	Secondaire		Tertiaire		Total
	Nombre total	%	Nombre total	%	
Clermont-Ferrand	47 692	33	96 288	66,8	144 132
Limoges	19 858	25,4	58 044	74,2	78 254
Brive-la-Gaillarde	10 061	32,8	20 216	66	30 645
Nevers	7 356	24,5	22 434	74,8	29 994
Montluçon	8 963	34	17 196	65,2	26 379
Vichy	8 544	33,7	17 177	67,7	25 356
Moulins	4 588	20,8	17 176	78	22 024
Le Puy	4 416	21	16 312	77,5	21 036
Aurillac	4 372	21,3	15 856	77,2	20 536
Tulle	3 616	29	8 772	70,3	12 476
Guéret	1 240	12,3	8 792	87,1	10 092
Issoire	3 360	39,2	5 152	60,1	8 568
Thiers	3 428	41,7	4 508	54,8	8 224
Cosne-Cours-sur-Loire	1 788	32,9	3 608	66,3	5 440
Ussel	1 736	32,3	3 500	65	5 380
Saint-Junien	2 140	43,6	2 616	53,3	4 908
Saint-Flour	804	19,9	3 168	78,3	4 044
Brioude	1 184	30,5	2 664	68,6	3 884
Decize	1 584	41,5	2 180	57,1	3 816
Ambert	1 496	41,2	2 056	56,6	3 632
Saint-Yrieix-la-Perche	1 260	37,7	1 840	55	3 344
Aubusson	892	29,9	2 024	67,8	2 984
Souterraine (La)	1 200	40,3	1 688	56,6	2 980
Charité-sur-Loire	748	26,4	2 044	72,2	2 832
Clamecy	980	35	1 768	63,2	2 796
Yssingeaux	904	34,2	1 476	66,1	2 640
St-Georges-de-Mons	2 064	79,1	504	19,3	2 608
Egletons	872	34,8	1 580	63	2 508
Sainte-Sigolène	1 600	66,1	728	30,1	2 420
Saint-Pourçain-sur-Sioule	816	34,8	1 420	50,6	2 344
Saint-Eloy-les-Mines	1 160	50,1	1 140	49,2	2 316
Gannat	748	32,7	1 484	65	2 284
La Bourboule-Le Mont-Dore	296	13	1 936	85,2	2 272
Bellac	588	26,5	1 584	71,4	2 220
Bort-les-Orgues	968	44	1 212	55,1	2 200
Courpière	1 152	55,5	872	42	2 076
Dompierre-sur-Besbre	1 224	59,9	700	34,2	2 044
Varennes-sur-Allier	716	35,5	1 240	61,5	2 016
Monistrol-sur-Loire	940	49,9	856	45,4	1 884
Mauriac	364	19,6	1 432	77,2	1 856
Saint-Léonard-de-Noblat	696	39,4	936	53,1	1 764
Rochechouart	864	54,8	624	39,6	1 576
Lapalisse	572	36,6	928	59,3	1 564
Bourganeuf	240	16	1 136	75,5	1 504
Langeac	416	28,4	992	67,8	1 464
Billom	324	22,9	1 036	73,4	1 412
Uzerche	568	40,9	748	53,9	1 388
Murat	372	26,9	1 008	72,8	1 384
Argentat	496	36	816	59,1	1 380
Objat	352	26,1	960	71,2	1 348
Château-Chinon	373	28	936	70,2	1 333
Lezoux	404	31	840	64,4	1 304

Villes et agglomérations	Secondaire		Tertiaire		Total
	Nombre total	%	Nombre total	%	
Puy-Guillaume	792	61,7	476	37,1	1 284
Riom-ès-Montagnes	296	24	816	66,2	1 232
Craponne-sur-Arzon	424	34,6	700	57,2	1 224
Aigueperse	344	30,7	748	66,8	1 120
Dunières	608	54,6	420	37,8	1 112
Cercy-la-Tour	564	53,8	464	44,3	1 048
Eymoutiers	348	33,7	572	55,4	1 032
Luzy	304	30,9	628	63,8	984
Meymac	244	25,1	636	65,4	972
Prémery	496	51,4	368	38,2	964
Chambon-sur-Lignon	256	27,6	600	64,6	928
Brassac-les-Mines	176	19,5	712	79,1	900
Le Dorat	224	25,8	568	65,4	868
Felletin	112	13,5	692	83,2	832
Saint-Didier-en-Velay	308	37,3	432	52,4	824
La Machine	324	40,3	480	59,7	804
Cosne d'Allier	196	29,3	416	62,3	668

Source : RGP 1990
Les villes et agglomérations sont classées par ordre décroissant du nombre total d'emplois.
Le total prend en compte également les emplois dans le primaire.

Annexe 6 - Comparaison entre le rang hiérarchique lié au chiffre de population et celui lié au nombre de commerces et de services

Unités urbaines	Nb de commerces et de services	Rang selon le nombre de commerces et services	Population	Rang selon le nombre d'habitants	Ratio équipement/ population
Clermont-Ferrand	12 986	1	356 791	1	1/27,5
Limoges	6 169	2	214 383	2	1/34,8
Brive-la-Gaillarde	4 178	3	75 232	6	1/18
Nevers	3 061	4	88 481	3	1/28,96
Vichy	2 574	5	75 951	5	1/29,5
Montluçon	2 349	6	82 282	4	1/35
Aurillac	2 285	7	50 757	8	1/22,2
Le Puy	1 889	8	45 640	9	1/24,2
Moulins	1 735	9	54 034	7	1/31,1
Tulle	1 532	10	28 793	10	1/18,8
Guéret	1 285	11	22 700	12	1/17,6
Issoire	931	12	20 571	13	1/22,1
Thiers	888	13	24 994	11	1/28,1
Ussel	812	14	13 436	14	1/16,5
Cosne-Cours/Loire	758	15	13 201	15	1/22,4
La Bourboule-Le MD	650	16	5 875	30	1/7,5
Saint-Flour	588	17	10 285	17	1/17,5
Brioude	569	18	9 360	18	1/16,4
La Souterraine	520	19	5 459	32	1/10,5
Aubusson	485	20	6 698	24	1/13,8
Ambert	475	21	7 424	21	1/15,3
Saint-Junien	457	22	12 932	16	1/28,3
Decize	449	23	9 057	19	1/20,2
Clamecy	384	24	5 528	31	1/14,4
La Charité/Loire	375	25	6 416	25	1/17,1
Saint-Pourçain	370	26	5 168	34	1/13,9
Yssingeaux	356	27	6 120	27	1/17,2
St-Yrieix-la-Perche	342	28	7 558	20	1/22,1
Gannat	338	29	5 924	29	1/17,5
Objat	322	30	3 868	48	1/12
Egletons	308	31	4 487	39	1/14,5
Monistrol-sur-Loire	292	32	6 206	26	1/21,2
Bort-les-Orgues	265	33	4 208	42	1/15,9
Argentat	263	34	3 190	53	1/12,1
Bourganeuf	245	35	3 386	51	1/13,8
Mauriac	241	36	5 216	33	1/21,6
Bellac	236	37	6 060	28	1/25,7

.../...

Unités urbaines	Nb de commerces et de services	Rang selon le nombre de commerces et services	Population	Rang selon le nombre d'habitants	Ratio équipement/ population
Billom	232	38	3 988	45	1/17,2
St-Eloy-les-Mines	224	39	7 072	22	1/30,4
Langeac	223	40	4 196	43	1/18,8
Lapalisse	219	41	4 445	40	1/20,3
Sainte-Sigolène	215	42	6 779	23	1/31,5
Riom-ès-Montagnes	214	43	3 221	52	1/15
Courpière	213	44	4 677	38	1/21,9
Varennes-sur-Allier	213	45	5 036	35	1/23,6
Uzerche	209	46	2 813	57	1/13,4
Château-Chinon	208	47	2 503	62	1/12
Lezoux	204	48	4 818	37	1/23,6
Luzy	194	49	2 428	65	1/12,5
St-Léonard-de-Noblat	190	50	5 024	36	1/26,4
Meymac	189	51	2 797	58	1/14,8
Murat	186	52	2 410	66	1/12,9
Chambon-sur-Lignon	186	53	2 854	56	1/15,3
Craponne-sur-Arzon	161	54	3 006	55	1/18,6
Brassac-les-Mines	160	55	3 457	47	1/21,6
Dompierre-sur-Besbre	160	56	3 807	49	1/23,8
Dunières	154	57	3 009	54	1/19,5
Aigueperse	142	58	2 887	61	1/20,3
Eymoutiers	141	59	2 442	64	1/17,3
Felletin	135	60	2 196	69	1/16,3
La Machine	135	61	4 194	44	1/31,1
Prémery	129	62	2 603	60	1/20,2
Puy-Guillaume	126	63	2 634	59	1/20,9
Rochechouart	126	64	3 985	46	1/31,6
St-Didier-en-Velay	119	65	3 796	50	1/31,9
Cercy-la-Tour	118	66	2 259	67	1/19,1
Cosne-d'Allier	115	67	2 453	63	1/21,3
Le Dorat	103	68	2 205	68	1/21,4
St-Georges-de-Mons	93	69	4 362	41	1/46,9

Source : villes et agglomérations recomposées d'après sources INSEE, RGP 1990, Fichier « SIRENE » (NAF 100) 1994.

Annexe 7 - Répartition quantitative des commerces et services aux niveaux national et régional

Liste des activités	Niveau national			Niveau régional			Coef. retenu pour l'étude
	Nb	%	Coef	Nb	%	Coef	
Commerce, réparation automobile (50)	94 715	2,55	4	2 090	3,4	4	4
Commerce de gros et intermédiaires (51)	189 241	5,1	2	2 995	4,9	2	2
Commerce de détail et réparation d'art. domest (52)	497 461	13,4	1	12 757	20,7	1	1
Hôtels et restaurants (55)	236 777	6,4	2	5 165	8,4	2	2
Transports terrestres (60)	92 191	2,5	4	1 469	2,4	4	4
Transports par eaux (61)	2 278	0,06	1*	4	0,006	1	1
Transports aériens (62)	1 096	0,03	8	11	0,01	8	8
Services auxiliaires des transports (63)	20 022	0,5	6	349	0,6	6	6
Postes et télécommunications (64)	19 340	0,5	6	338	0,5	6	6
Intermédiation financière (65)	40 263	1,1	4	984	1,6	4	4
Assurance (66)	8 540	0,2	6	360	0,6	6	6
Auxiliaires financiers et d'assurances (67)	37 804	1	4	1 048	1,7	4	4
Activités immobilières (70)	1 384 468	37,3	1	7 720	12,5	1	1
Location sans opérateur (71)	23 274	0,6	6	282	0,4	6	6
Activités informatiques (72)	23 768	0,6	6	167	0,3	6	6
Recherche et développement (73)	3 611	0,1	6	63	0,1	6	6
Services principalement aux entreprises (74)	303 582	8,2	2	5 419	8,8	2	2
Administration publique (75)	80 290	2,2	4	1 542	2,5	4	4
Education (80)	114 397	3,1	4	2 362	3,8	4	4
Santé et action sociale (85)	301 390	8,1	2	8 514	13,9	1	1
Assainissement, gestion des déchets (90)	5 562	0,1	6	114	0,2	6	6
Activités associatives (91)	49 348	1,3	4	2 848	4,6	2	2
Activités récréatives, culturelles et sportives (92)	83 837	2,2	4	2 067	3,3	4	4
Services personnels (93)	101 630	2,7	4	2 743	4,5	2	2
Services domestiques (95)	4	0,0001	10	0	0	10	10
Activités extra-territoriales (99)	548	0,01	8	2	0,003	8	8
Total	3 715 437	100	115	61 413	100	110	110

Source : Fichier « SIRENE » (NAF 100) 1994

Annexe 8 - Indice pondéré pour les unités urbaines du nord du Massif central

Unités urbaines	Rang selon l'indice	Population	Nb de points-indice	Ratio équipement/ population
Clermont-Ferrand	1	356 791	26 030	1/13,7
Limoges	2	214 383	13 275	1/17,1
Brive-la-Gaillarde	3	75 232	7 799	1/10,1
Nevers	4	88 481	6 058	1/15,3
Vichy	5	75 951	4 653	1/15,6
Aurillac	6	50 757	4 618	1/12,0
Montluçon	7	82 282	4 591	1/16,2
Le Puy	8	45 640	3 913	1/13,2
Moulins	9	54 034	3 490	1/17,2
Tulle	10	28 793	2 926	1/10,6
Guéret	11	22 700	2 785	1/9
Thiers	12	24 994	1 845	1/14,7
Issoire	13	20 571	1 810	1/12,5
Ussel	14	13 436	1 606	1/8,6
La Bourboule-Le Mont-Dore	15	5 875	1 544	1/3,1
Cosne-Cours-sur-Loire	16	13 201	1 499	1/11,3
Brioude	17	9 360	1 221	1/6
Saint-Flour	18	10 285	1 189	1/8,7
Ambert	19	7 424	1 095	1/6,7
Saint-Junien	20	12 932	966	1/13,8
Aubusson	21	6 698	962	1/5,3
La Souterraine	22	5 459	928	1/5,9
Decize	23	9 057	881	1/10,2
Yssingeaux	24	6 120	775	1/7,9
Saint-Pourçain	25	5 168	762	1/6,8
Clamecy	26	5 528	762	1/7,2
La Charité-sur-Loire	27	6 416	723	1/8,8
Saint-Yrieix-la-Perche	28	7 558	692	1/10,9
Gannat	29	5 924	686	1/8,6
Egletons	30	4 487	581	1/7,7
Monistrol-sur-Loire	31	6 206	560	1/16,3
Objat	32	3 868	558	1/6,9
Mauriac	33	8 276	558	1/14,8
Bellac	34	6 060	536	1/11
Bort-les-Orgues	35	4 208	528	1/7,9
Argentat	36	3 190	499	1/6,4
Langeac	37	4 196	479	1/8,7
Billom	38	3 988	477	1/8,4
St-Eloy-les-Mines	39	7 072	468	1/15,1
Bourganeuf	40	3 386	461	1/7,3
Château-Chinon	41	2 503	460	1/5,4
Lapalisse	42	4 445	457	1/9,7
Riom-ès-Montagnes	43	3 221	452	1/7,1
Varennes-sur-Allier	44	5 036	450	1/11,2
Courpière	45	4 677	441	1/10,6
Sainte-Sigolène	46	6 779	423	1/16,0
Uzerche	47	2 813	417	1/6,7
Murat	48	2 410	412	1/5,8
				.../...

Unités urbaines	Rang selon l'indice	Population	Nb de points-indice	Ratio équipement/ population
Lezoux	49	4 818	410	1/11,7
Meymac	50	2 797	397	1/7
Saint-Léonard-de-Noblat	51	5 024	393	1/12,7
Chambon-sur-Lignon	52	2 854	384	1/7,4
Luzy	53	2 428	362	1/6,7
Craponne-sur-Arzon	54	3 006	353	1/8,5
Dompierre-sur-Besbre	55	3 807	352	1/10,8
Dunières	56	3 009	337	1/8,9
Brassac-les-Mines	57	3 457	327	1/10,6
Aigueperse	58	2 887	312	1/9,2
Eymoutiers	59	2 442	299	1/8,2
Felletin	60	2 196	281	1/7,8
Saint-Didier-en-Velay	61	3 796	280	1/13,5
Rochechouart	62	3 985	277	1/14,4
La Machine	63	4 194	276	1/15,2
Cercy-la-Tour	64	2 259	272	1/8,3
Prémery	65	2 603	266	1/9,8
Puy-Guillaume	66	2 634	262	1/10.0
Cosne-d'Allier	67	2 453	236	1/10,4
Le Dorat	68	2 205	224	1/9,8
Saint-Georges-de-Mons	69	4 362	203	1/21,4

Source : villes et agglomérations recomposées d'après sources INSEE, RGP 1990, Fichier « SIRENE » (NAF 100) 1994

Annexe 9 - Questionnaire destiné à déterminer les zones d'attraction des différentes unités urbaines

Pour les équipements suivants : Vers quelles communes allez-vous, selon quelle fréquence ?

Légende : 1 = le plus souvent   2 = quelquefois   3 = rarement

Pour chaque commune, et pour chaque type de commerces ou services, mettez une croix dans les cases prévues à cet effet, en fonction de la fréquence du recours (le plus souvent, quelquefois, rarement).

1 : Indiquez en toutes lettres la commune fréquentée (celle-ci peut être la commune de votre école), pour chaque type de commerces et de services. Vous ferez de même pour les communes suivantes (B, C, D, E, F, G). Toutes les communes fréquentées doivent clairement apparaître.

ATTENTION : IL S'AGIT BIEN DE REPONDRE SELON LES HABITUDES DE FREQUENTATION DES HABITANTS DE LA COMMUNE DE VOTRE ECOLE

Equipements	Commune A[1]			Commune B			Commune C			Commune D			Commune E			Commune F			Commune G		
	1	2	3	1	2	3	1	2	3	1	2	3	1	2	3	1	2	3	1	2	3
Nom des communes fréquentées																					
COMMERCE DE DETAIL NON ALIMENTAIRE SPECIALISE (Ex : habillement, chausssures, meubles, quincaillerie, droguerie, électroménager, pharmacie, photo, optique, horlogerie, bijouterie, fleurs, tabac, sport...)																					
Nom des communes fréquentées																					
COMMERCE DE DETAIL ALIMENTAIRE DE PROXIMITE OU SPECIALISE (Ex : alimentation générale, fruits et légumes, viandes, poissons, produits laitiers, vins...)																					
Nom des communes fréquentées																					
COMMERCE DE DETAIL D'ALIMENTATION GENERALE DE GRANDE SURFACE (Ex : super, hypermarchés)																					
Nom des communes fréquentées																					
SERVICES DIVERS (Ex : laverie, blanchisserie, teinturerie, coiffeurs, funéraires, réparation et commerce de l'automobile, réparations diverses...)																					
Nom des communes fréquentées																					
SERVICES RECREATIFS, CULTURELS, SPORTIFS																					
Nom des communes fréquentées																					
ACTIVITES D'ETUDES, DE CONSEILS ET D'ASSISTANCE (Ex : cabinets d'étude technique, d'architecte...)																					
Nom des communes fréquentées																					
PROMOTEURS ET SOCIETES IMMOBILIERES																					
Nom des communes fréquentées																					
BANQUES																					
Nom des communes fréquentées																					
SERVICES FINANCIERS (Ex : assurances, organismes de crédit...)																					
Nom des communes fréquentées																					
AGENCES DE VOYAGES																					
Nom des communes fréquentées																					
MEDECINS SPECIALISTES																					
Nom des communes fréquentées																					
CLINIQUES GENERALES																					

Annexe 10 - Les médecins spécialistes
dans les villes moyennes

	Nevers	Montluçon	Vichy	Brive	Moulins	Aurillac	Le Puy	Tulle	Guéret
Allergologie	4	4	3	4	2	4			
Anatomie et cytologie pathologique	2	3	2	3	1	2	2		1
Anesthésiologie et réanimation chirurgicale	3	11	1	1	6			3	
Angéiologie	4	7	4	2	2	2	2	3	1
Cancérologie, oncologie médicale	2	3			1				
Cardiologie et affections cardio-vasculaires	7	8	6	9	3	4	4	5	4
Chirurgie cardio-vasculaire et thoracique					1				
Chirurgie de la face et du cou						1			
Chirurgie générale	2	5	5	1	1	2	1	1	
Chirurgie maxilo-faciale		1					1		
Chirurgie orthopédique et traumatologie	3	3	4	3	2		2	1	1
Chirurgie plastique reconstructrice et esthétique	1		1	2		1			
Chirurgie urologique	2	3	5	5	1	2	1	1	1
Chirurgie vasculaire	2		2	1		1		1	
Chirurgie viscérale	2							1	1
Dermatologie et vénérologie	4	4	4	8	2	4	4	2	2
Diabétologie-nutrition	4			2				1	
Endocrinologie et métabolisme	2	1	1	2			1	1	1
Gastro-entérologie et hépatologie	5	5	7	8	3	5	4	3	1
Gériatrie et gérontologie	1							1	
Gynécologie médicale, obstétrique	7	12	10	15	3	9	5	5	2
Médecine et biologie du sport				3	1	1		1	
Médecine interne	1	3		1		1	1	1	
Médecine physique et de réadaptation			1	3		1			
Médecine thermale			5						
Néphrologie	1	3		3					
Neuro-psychiatrie	1	1	1		1		1		
Neurologie		2		2		1	1	2	1
Ophtalmologie	12	8	14	9	7	9	6	4	4
Orthopédie dento-maxilo-faciale			1				1	1	
Oto-rhino-laryngologie	5	8	5	6	3	4	3	3	2
Pédiatrie	5	6	5	5	3	3	3	4	2
Phoniatrie			1						
Pneumologie	3	7	2	3	2	3	1	2	2
Psychiatrie	10	6	8	13	5	3	4	3	3
Psychiatrie de l'enfant et de l'adolescent	1	2		2				1	
Radiologie	12	8	11	12	4	6	5	6	2
Radiothérapie		1		1					
Rhumatologie	3	7	5	5	4	2	5	2	3
Stomatologie	1		4	4	1	1	2	1	
Total	**112**	**132**	**118**	**138**	**59**	**72**	**60**	**60**	**34**

Source : Minitel, 1997

Annexe 11 - Les médecins spécialistes dans les petites villes

	Cosne-Cours/L.	Issoire	Thiers	Ussel	St-Junien	St-Flour	St-Yrieix	Brioude	Ambert	Charité/L.	Decize	Yssingeaux	Aubusson	La Souterraine	Clamecy	Gannat	St-Pourçain
Allergologie																	1
Anatomie et cytologie pathologique			1														
Anesthésiologie et réanimation chirurgicale	1	1	1		1	1	1										
Angéiologie	1	1				1	1	1	1								
Cancérologie, oncologie médicale																	
Cardiologie et affections cardio-vasculaires	3	3	2	2	2	1	2	1	1		1	1			1		
Chirurgie cardio-vasculaire et thoracique																	
Chirurgie de la face et du cou																	
Chirurgie générale						1				1							
Chirurgie maxillo-faciale	2	1								1							
Chirurgie orthopédique et traumatologie																	
Chirurgie plastique reconstructrice et esthétique																	
Chirurgie urologique										1							
Chirurgie vasculaire	3																
Chirurgie viscérale	2	2	1	1	1		1	1			1	1	1				
Dermatologie et vénérologie		1															
Diabétologie-nutrition																	
Endocrinologie et métabolisme	2	2	1		1		1						1		1		
Gastro-entérologie et hépatologie																	
Gériatrie et gérontologie	3	4	2	1	1	1		2	2								
Gynécologie médicale - obstétrique	1	1															
Médecine et biologie du sport																	
Médecine interne	2																
Médecine physique et de réadaptation	3	4	4	2	3	1	3	2	3	2	1	2	1	1	1	1	
Médecine thermale				1									2				
Néphrologie	2	2	2	2		2		1	1		1	1	1	2	1	1	
Neuro-psychiatrie	1	1	1	1	1	2	1	1	1								
Neurologie	1	1		2													
Ophtalmologie		1	2							2	1	2	2		1	1	1
Orthopédie dento-maxillo-faciale	4	2	3	1	4	2		1	1		1			2		1	1
Oto-rhino-laryngologie	1	2	1														
Pédiatrie	1	1	1	1			1										
Phoniatrie																	
Pneumologie	1	1	2	2	1			1									
Psychiatrie												1			1		
Psychiatrie de l'enfant et de l'adolescent																	
Radiologie	4	2	3											2		1	1
Radiothérapie	1	1	1			1		1									
Rhumatologie																	
Stomatologie																	
Total	28	28	25	14	14	12	11	10	8	6	6	5	5	4	4	2	2

Source : Minitel, 1997

Annexe 12 : Zone d'attraction des emplois

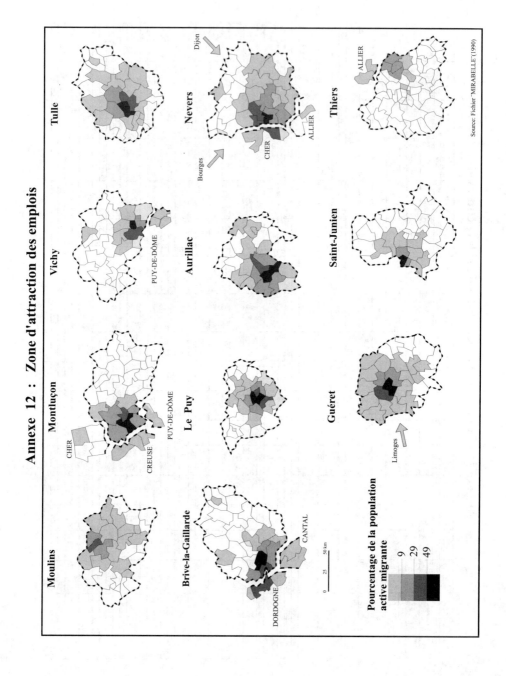

Source: Fichier "MIRABELLE" (1990)

Annexe 13 : Zone d'attraction des emplois

Issoire

HAUTE-LOIRE

Cosne-Cours-sur-Loire

CHER

Aubusson

HAUTE-VIENNE

Limoges

La Souterraine

0   25   50 km

Pourcentage de la population
active migrante

0,1
9
29
49

Ussel

Source: Fichier ¨MIRABELLE¨(1990)

Annexe 14 : Zone de recrutement des lycées

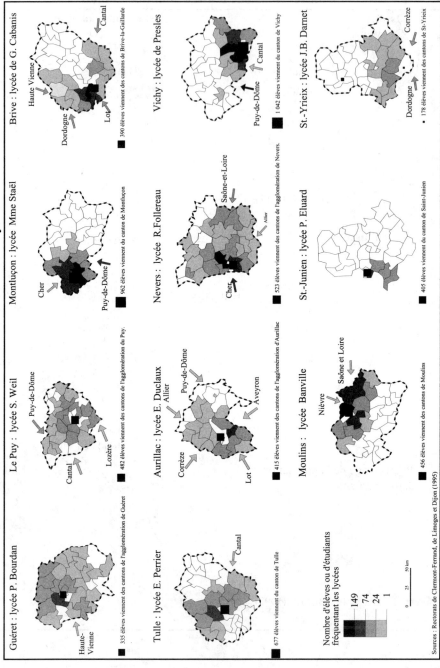

Guéret : lycée P. Bourdan

Le Puy : lycée S. Weil

Montluçon : lycée Mme Staël

Brive : lycée de G. Cabanis

Tulle : lycée E. Perrier

Aurillac : lycée E. Duclaux

Nevers : lycée R.Follereau

Vichy : lycée de Presles

Moulins : lycée Banville

St.-Junien : lycée P. Eluard

St-Yrieix : lycée J.B. Darnet

Haute-Vienne

Cantal

Cantal

Cher

Puy-de-Dôme

Lozère

Puy-de-Dôme

Puy-de-Dôme

Allier

Corrèze

Lot

Aveyron

Saône-et-Loire

Allier

Cher

Nièvre

Saône et Loire

Haute Vienne

Dordogne

Lot

Cantal

Cantal

Puy-de-Dôme

Corrèze

Dordogne

Corrèze

■ 335 élèves viennent des cantons de l'agglomération de Guéret

■ 482 élèves viennent des cantons de l'agglomération du Puy.

■ 962 élèves viennent du canton de Montluçon

■ 390 élèves viennent des cantons de Brive-la-Gaillarde

■ 677 élèves viennent du canton de Tulle

■ 415 élèves viennent des cantons de l'agglomération d'Aurillac

■ 523 élèves viennent des cantons de l'agglomération de Nevers.

■ 1 042 élèves viennent du canton de Vichy

■ 456 élèves viennent des cantons de Moulins

■ 405 élèves viennent du canton de Saint-Junien

• 178 élèves viennent des cantons de St-Yrieix

Nombre d'élèves ou d'étudiants fréquentant les lycées

149
74
24
1

0   25   50 km

Sources : Rectorats de Clermont-Ferrand, de Limoges et Dijon (1995)

- 544 -

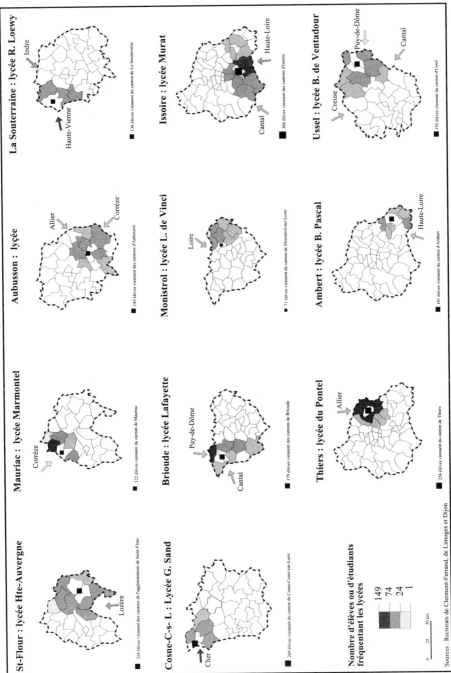

Annexe 15 : Zone de recrutement des lycées

Sources : Rectorats de Clermont-Ferrand, de Limoges et Dijon

Annexe 16 : Bassin d'attraction des centres hospitaliers

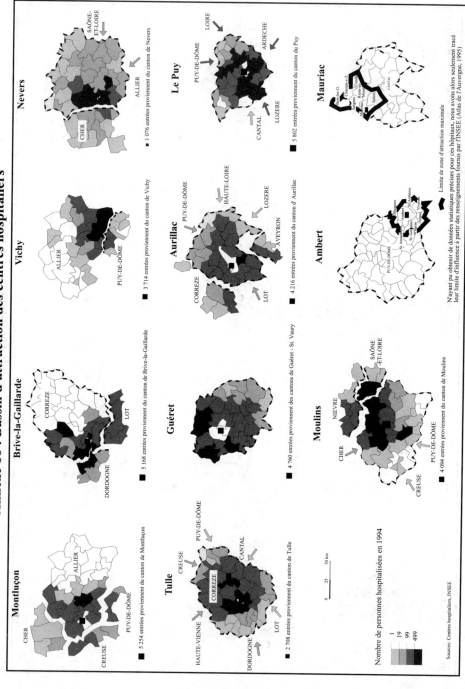

BIBLIOGRAPHIE

1 - OUVRAGES GÉNÉRAUX

. **Bailly A.** (1975), *L'organisation urbaine, théories et modèles*, CRU, 272 p.

. **Bairoch P.** (1977), *Population urbaine et taille des villes en Europe de 1600 à 1970 : présentation de séries statistiques*, IIIe colloque franco-suisse d'histoire économique et sociale. Lyon 22-23 avril 1976, Lyon. Publication du Centre, P. Léon, 344 p.

. **Bastié J., Dézert B.** (1980), *L'espace urbain*, Masson, Paris, 206 p.

. **Bastié J., Dézert B.** (1991), *La ville*, Masson, Paris, 384 p.

. **Barrère P., Cassou-Mounat M.** (1980), *Les villes françaises*, Paris, Masson, 287 p.

. **Benko G.** (1991), *Géographie des technopôles*, Masson, coll. géographie, 223 p.

. **Beaujeu-Garnier J. et collab.** (1980), « La France des villes », *La Documentation Française*, 6 volumes, Paris, Centre-Est, 206 p.

. **Beaujeu-Garnier J.** (1995), *Géographie urbaine*, A. Colin, Coll. U, Paris, 349 p.

. **Berry B.J.L.** (1971), *Géographie des marchés et du commerce de détail* (comporte une étude sur la hiérarchie urbaine de l'Iowa), A. Colin, Paris, 254 p.

. **Béteille R.** (1981), *La France du vide*, LITEC, Paris, 256 p.

. **Bonneville M, Buisson M.A., Commerçon N.** (1992), *Villes européennes et internationalisation*, CNRS, Lyon, programme Rhône-Alpes en Sciences Humaines, 213 p.

. **Boureille B. et Commerçon N.** (1995), *Villes moyennes et stratégie de développement universitaire*, colloque « Villes moyennes, espace, société, patrimoine », PUL, Mâcon, pp. 247-259

. **Brunet R.**, sous la direction de (1989), *Les villes européennes*, rapport pour la DATAR, GIP Reclus, 79 p.

. **Brunet R.** (1990), *Mondes nouveaux*, Géographie universelle, Belin, 551 p.

. **Brunet R., Ferrras R., Thery H.**(1993), « Les mots de la géographie », Paris, *La Documentation Française*, 518 p.

. **Chabot G.** (1948), *Les villes*, A. Colin, n°250, 222 p.

. **Chaline Cl.** (1980),« La dynamique urbaine », Paris, *PUF*, 206 p.

. **Charrier J.B.** (1988), *Villes et campagnes*, Paris, Masson, 208 p.

. **Claval P.** (1968), « La théorie des villes », *RGE*, T. VI, pp. 3 à 56

. **Claval P.** (1970), *La géographie urbaine*, revue de géographie de Montréal, vol. XXIV, n°2, pp. 117-141

. **Claval P.** (1973), « Le système urbain et les réseaux d'information », *Revue de Géographie de Montréal*, vol. XXVII, n°1, pp. 5-15

. **Claval P.** (1982), *La logique des villes, essai d'urbanologie*, Paris, Librairies techniques, 634 p.

. **Commerçon N.** (1986), *La dynamique urbaine à travers les relations entre migrations spatiales et mutations sociales en ville moyenne*, IVe colloque européen de géographie théorique et quantitative. Eindhoven, Pays-Bas, 1985 « Contributions françaises à Eindhoven », Brouillons Dupont, n° 14, pp. 6-16

. **Coronio G.** (1968), *Les villes dans la région, relations d'ordre*, Paris, CRU, Recherches fondamentales, 34 p.

. **Coyaud L.M.** (1973), *L'urbanisation des campagnes, Contribution méthodologique*, Paris, CRU, 164 p.

. **Damette F., Scheibling J.** (1991), « Régions et systèmes urbains, étude pour les 7 chantiers de la DATAR, Informations et Analyses », *La Documentation Française*, Paris, DATAR, 103 p.

. **Damette F.** (1994), « La France en villes », Paris, *La Documentation Française*, DATAR, 271 p.

. **DATAR** (1973), « Régions urbaines, régions de villes », Paris, *La Documentation Française*, 166p.

. **DATAR** (1990), « Vingt technopoles, un premier bilan », *La Documentation Française*, 214 p.

. **Estienne P.** (1988*), Terres d'abandon ? Les populations des montagnes françaises : hier, aujourd'hui, demain*, Institut du Massif central, Clermont-Ferrand, 288 p.

. **Fabries M., Jouves A., Stagiotti P.** (1994), *La France des villes*, Bréal, 356 p.

. **Forrester J.W.** (1979), *Dynamique urbaine*, Paris, 325 p.

. **Fénelon P.** (1978), *Les Pays de la Loire, Atlas et géographie de la France*, Flammarion, 501 p.

. **Gamblin A.** (piloté par) (1994), *La France dans ses régions*, SEDES, 2 tomes, 368 p. et 328 p.

. **George P.** (1952), *La ville : le fait urbain à travers le monde*, Paris, PUF, 399 p.

. **George P.** (1961), *Précis de géographie urbaine*, Paris, PUF, 289 p.

. **Goze M, Leymarie D.** (1977), *L'urbanisation française : analyse typologique, démographique et spatiale des villes de plus de 10 000 habitants*, rapport pour le Centre Européen de Coordination, de Recherche et de Documentation en Sciences Sociales, dirigé par C. Lacour, IERSO, 142 p.

. **Gravier J.F.** (1972), *Paris et le désert français*, 3e édition, Flammarion, Paris, 317 p.

. **Jamot C.** (1988), *Thermalisme et villes thermales en France, Publication de l'Institut d'Etudes du Massif Central*, Université Clermont II, Fasc. XXXII, 519 p.

. **Jouve A., Stagiotti P. et Fabries-Verfaillie M.** (1992), *La France des régions*, Bréal, 356 p.

. **Klaassen L.H., Molle W.T.M., Paelinck J.H.P.** (1981), *Dynamics of urban development*, Gower, Aldershot, 273 p.

. **Kayser B.** (1973), « Le nouveau système des relations villes-campagnes », *Espaces et sociétés,* n°8, pp. 3 à 13

. **Lavedan P.** (1960), *Les villes françaises*; J. Fréal, Paris, 237 p.

. **Le Guen C.** (1960), «La structure de la population active des agglomérations françaises de plus de 20 000 habitants. Méthode d'étude, résultats », *Annales de géographie*, n° 364, pp. 355-370

. **Mathieu N., Duboscq P.** (1985), *Voyage en France par les pays de faible densité*, CNRS, Pub. Centre Toulouse, 181 p.

. **Merlin P.** (1973), *Méthodes quantitatives et espaces urbains*, Paris, Masson, 190 p.

. **Noin D.** (1974), « Les activités spécifiques des villes françaises », *Annales de Géographie*, n°459, Paris, pp. 531 à 544

. **Noin D.** (1996), *L'espace français*, Paris, A. Colin (9e édition), 271 p.

. **Pelletier J. et Delfante Ch.** (1997), *Villes et urbanisme dans le monde*, Paris, Masson, 200 p.

. **Pinchemel P., Carrière F.** (1963), *Le fait urbain en France*, Paris, A. Colin, 378 p.

. **Ponsard Cl.** (1958), *Histoire des théories économiques spatiales*, Paris, A. Colin, 202 p.

. **Pouyet B.** (1995), « La création des universités en villes moyennes », colloque « Villes moyennes, espace, société, patrimoine », *PUL*, Mâcon, pp, 231-247

. **Pumain D., Saint-Julien T.** (1989), « Atlas des villes de France », *La Documentation Française*, Paris, 175 p.

. **Saint-Julien T.** (1980), *Industrialisation récente et système urbain français*, Paris, 526 p.

. **Sallez A.,** dirigé par (1993), *Les villes, lieux d'Europe*, éditions de l'Aube, DATAR, 197 p.

. **Sporck J.A.,** hommage au professeur (1987), *Recherches de géographie urbaine*, Liège, Presses universitaires de Liège, Tome 2 183 p.

. **Terrier C.** (1990), « Les villes : toujours plus tertiaires », *Economie et statistique*, n°230, p. 47 à 54

. **Thibault A.** (1983), « Des systèmes urbains aux milieux locaux », *Analyse de l'espace*, Paris, pp. 56 à 65

2 - OUVRAGES REGIONAUX

- AUVERGNE-LIMOUSIN-NIVERNAIS

. **Bonnaud P.** (1980), *Terres et langages, Peuples et Régions*, Thèse de doctorat de géographie, Clermont-Ferrand, 2 t. dactylographiés, 676 et 453 p.
. **Busutill P.** (1990), *A la recherche du développement : la Creuse*, Clermont-Ferrand, Thèse, 365 p.
. **Charrier J.B.** (1973), « L'agglomération nivernaise : chances et problèmes d'une ville moyenne », *RGE*, n°4, pp. 503-541
. **Commère R.** (1972), *Caractères géographiques de l'arrondissement d'Yssingeaux*, Saint-Etienne, Et. Forez, 2e éd., pp. 23-52
. **Crétin C.** (1970), *De Charlieu à Bourbon-Lancy, étude à propos d'une série de petites villes du Massif central* , Acte du colloque de Saint-Etienne, Centre d'Etudes Forèziennes, pp. 147-179
. **Couderc P.** (1971), *La région de Montluçon-Commentry*, Clermont-Ferrand, Thèse 3e cycle Publication de l'Institut d'Etudes du Massif central, fascicule VIII, 112 p.
. **Derruau M.** (1949), *La grande Limagne auvergnate et bourbonnaise*, Grenoble, Publication de la faculté des lettres de Clermont II, Thèse-Lettres, 545 p.
. **Estienne P.** (1963), *Villes du Massif central*, Clermont II, Publication de la faculté des Lettres, 88 p.
. **Estienne P.** (1969), *Trois petites villes de l'Auvergne, Brioude, Saint-Flour et Murat*, Revue d'Auvergne, Publiée par la sociétés des amis des universités de Clermont, pp. 153-190
. **Estienne P.** (1973), « Clermont-Ferrand en 1973 », *Information Géographique*, XXXVI, pp. 209-220
. **Estienne P. et Joly R.** (1973), *Les régions du Centre*, Collect. France de Demain, PUF, 136 p.
. **Estienne P.** (1975), « A propos des petites villes du Massif central », in *Etudes géographiques*, Mélanges offerts à G. Viers, Toulouse, Vol. I, pp. 225-234
. **Estienne P.** (1976), « Les villes du Massif central », in *Etat de nos connaissances géographiques sur le Massif central français*, Clermont, publication de la Faculté des Lettres et l'Institut d'Etudes du Massif central, 65 p.
. **Fel A.** (1962) , *Les Hautes Terres du Massif central : tradition paysanne et économie agricole*, Clermont, Pub. Fac. Lettres, 340 p.
. **Fel A. et Bouet G.** (1983), *Le Massif central, Atlas et géographie de la France*, Flammarion, 348 p.
. **Genty M.** (1974), « Brive-la-Gaillarde, ville moyenne dynamique », *RGPSO*, t. 45, pp. 271-295
. **Granouillet M. et Lauby-Perbet Cl.** (1975), « Le Puy : dépendance et interdépendance économique d'une ville moyenne », Clermont II, DES, UER

Lettres. Compte-rendu in *Revue d'Auvergne* n° 1, publiée par la société des amis des universités de Clermont, t. 90, (1976), pp. 58-77

. **Jamot Ch.** (1987), Lyon, *Clermont-Ferrand et l'autoroute*, mélanges offerts à M. Derruau, pp. 175-194

. **Laumière F.** (1995), *Aubusson, une dynamique économique difficile à retrouver*, CIEU, Toulouse, Villes et Territoires, n° 9, pp. 45-64

. **Lazarotti R.** (1970), « Limoges, capitale régionale, peut-elle devenir métropole d'équilibre ? », *Norois*, pp. 57-80

. **Lazarotti R.** (1970), *Les villes françaises : Limoges*, NED, n° 3677-3678, 64 p.

. **Lemaître N.** (1978), *Un horizon bloqué : Ussel et la Montagne limousine au XVII et XVIIIe siècle*, Ussel, 1978, 238 p.

. **Pallier G.** (1983), *Les traits spécifiques du commerce de détail à Limoges, métropole régionale*, CESURB, n°23, Bordeaux , Maison des sciences de l'homme d'Aquitaine, pp. 125-143

. **Rolle M.** (1966), *Ambert*, Revue d'Auvergne, Publiée par la sociétés des amis des universités de Clermont, n°1, pp. 46-55

. **Sasmayoux V.** (1972), « Vichy : ville thermale », *Revue d'Auvergne*, Publiée par la société des amis des universités de Clermont, t.8, pp. 1-52

- *AUTRES REGIONS*

. **Babonaux Y.** (1966), *Villes et régions de la Loire moyenne*, Tours, SABRI, thèse, 743 p.

. **Barbier** (1969), *Villes et centres des Alpes du sud*; Ophrys, Thèse, Gap., 372 p.

. **Beauchard J.** (dirigé par) (1994), *Les cités atlantiques, l'invention de la ville-pays*, DATAR, édition de l'Aube, 166 p.

. **Bonnet J.** (1987), « Lyon et son agglomération », NED 4386, *La Documentation Française*, Paris, 68 p.

. **Bruyelle P.** (1972), « Le rôle des petites villes en milieu urbain : l'exemple de la région du Nord », *Bulletin de l'Association de Géographes Français*, n° 400-401, pp. 275-285

. **Bruyelle P.** (1976), « Délimitation et structure des principales zones urbaines de la Région du Nord », *Hommes et Terres du Nord*, 1, pp. 49-96

. **Charrié J.P.** (1986), *Villes et bourgs en Agenais*, Thèse de doctorat, Bordeaux III, 806 p.

. **Charrié J.P. et Laborde P.** (1993), *Dynamiques des systèmes urbains et devenir de la façade atlantique*, CESURB, Recherches urbaines, n° 8, 125 p.

. **Coppolani J.** (1976), « Les villes de Midi-Pyrénées en 1975 », *RGPSO*, pp. 51-60

. **Crozet R.** (1949), *Villes entre Loire et Gironde*, Paris, PUF, 132 p.

. **Dion R.M.** (1983), *La région urbaine de Nancy, étude géographique*, Nancy II,

Thèse de doctorat d'Etat, 2 tomes, 931 p.

. **Dugrand R.** (1963), *Villes et campagnes en Bas-Languedoc*, PUF, Thèse-Lettres, 638 p.

. **Genty M.** (1980), *Villes et bourgs du Périgord et pays de Brive. Le fait urbain dans des espaces de la France des faibles densités*, Bordeaux, Thèse, 860 p.

. **Jeanneau J.** (1995), « La place des villes moyennes dans la France de l'ouest », colloque *Villes moyennes, espace, société, patrimoine*, PUL, Mâcon, pp. 113-121.

. **Laborie J.P.** (1974), « Industrialisation et croissance de petites villes en milieu rural : l'exemple de Midi-Pyrénées », *RGPSO*, pp. 109-131

. **Laborie J.P.** (1995), *Constellation ou nébuleuse : quel avenir pour les villes moyennes dans l'orbite toulousaine*, colloque « Villes moyennes, espace, société, patrimoine », PUL, Mâcon, pp. 181-193

. **Michel M.** (1984), *Développement des villes moyennes : Chartres, Dreux, Evreux*, Publication de la Sorbonne, série géographie, thèse de doctorat d'Etat de géographie, 2 volumes, 1 427 p.

. **Schnetzler J.** (1975), « Les industries et les hommes dans la région stéphanoise », Saint-Etienne, *Le Feuillet blanc*, 490 p.

. **Soumagne J. (1993)**, « Poitou-Charentes, charmière ou rupture dans l'arc atlantique », *Norois*, n° 157, pp. 155-169

. **Thibault A.** (1967), *Villes et campagnes de l'Oise et de la Somme*, Thèse, Beauvais, 183 p.

. **Traband A.** (1976), « Caractères régionaux des petites villes d'Alsace, du Limousin, de Bade et d'Eifel », *Revue de Géographie de l'Est*, n° spécial, Strasbourg, pp. 117-202.

3 - ÉTUDES SECTORIELLES

- Ouvrages généraux

. **Di Meo G.** (1996), *Les territoires du quotidien*, l'Harmattan, 207 p.

. **Le Fillatre P.** (1964), « La puissance économique des grandes agglomérations françaises », *Etudes et conjonctures*, n° 1, pp. 3-40

. **Juillard E. et Nonn** (1976), *Espaces et régions en Europe occidentale*, Editions du CNRS, 114 p.

. **Metton A.** (1987), *Recherches géographiques et activités commerciales*, actes du colloque international Paris 1985, pub. Université d'Orléans, 336 p.

. **Noel M.** (1974), « Mobilité spatiale des industries, croissance et urbanisation », Paris, *Espace Géographique*, n°1, pp. 47 à 56

. **Rozenblat C.** (1991), « Les entreprises étrangères dans les villes françaises », *Annales de Géographie*, n°3, pp. 295-311

- **Ouvrages régionaux**

- *AUVERGNE, LIMOUSIN, NIVERNAIS*

. **Audouze J.** (1968), « Aubusson et son industrie », *Revue d'Auvergne*, Publiée par la société des amis des universités de Clermont T.82, n°1, pp. 57-74
. **Barellon F.** (1993), *La place centrale de commandement clermontoise dans le secteur financier : autonomie ou dépendance ?*, Clermont II, mémoire de DEA, 74 p.
. **Bouet G. et Balabanian O.**, « L'évolution récente de la population du Limousin », *Norois* n°123, pp. 465 - 476
. **Boutet P.**(1993), *La zone d'influence du travail temporaire à Clermont-Ferrand*, mini-mémoire, Clermont II, 59 p.
. **Boyer C.** (1993), *Le pouvoir d'une ville à travers une banque : Nuger*, Clermont II, mini-mémoire de licence, 24 p.
. **Bozon P., Crétin Cl. et Tomas F.** (1973), « Saint-Etienne et son agglomération », *Information Géographique*, 37, n°3, pp. 130-142
. **Chamonard R.** (1975), « Population et organisation régionale dans l'arrondissement du Puy », *Cahiers de la Haute-Loire*, Le Puy, pp.166 à 194
. **Charrier J.B.** (1981), « Localisation des principales usines et sièges sociaux des entreprises industrielles en Bourgogne », *Revue de Géographie de l'Est*, n°1-2, p. 113 et sq.
. **Crétin C.** (1972), *Roanne, ville moyenne*, Et. For. II, Saint-Etienne, pp. 177-230.
. **Estienne P.** (1955), « Les populations de la Combraille », *Revue de Géographie Alpine*, XLIII, pp. 757-791
. **Estienne P.** (1958), « L'émigration contemporaine dans la montagne auvergnate et vellave », *RGA*, XLVI, pp. 463-493
. **Estienne P.** (1985), « Evolution des populations communales dans le Massif central au cours du dernier quart de siècle », *Revue d'Auvergne*, Publiée par la société des amis des universités de Clermont, n° 99, pp. 357-372
. **Faucon F. (1997)**, *Les transports collectifs de voyageurs dans le Massif central*, Thèse, Clermont II, 497 p.
. **Garcia D.** (1992), *La presse et l'imprimerie. Eléments d'une étude comparée entre Clermont-Ferrand et Lyon*, Clermont II, mémoire de maîtrise, 165 p.
. **Georges C.** (1993), *La banque Chalus*, Clermont II, mini-mémoire de licence, 35 p.
. **Gourdy A.** (1993), *France Telecom*, mini-mémoire de Licence, Clermont II, 40 p.
. **Gribet M.F.** (1973*)*, « L'activité minière à La Machine (Nièvre) ou le mythe d'une reconversion », *Mémoires et documents du CNRS*, Nouvelle série, Vol. 14 « Recherches de géographie industrielle », 75 p.
. **Houllier K.** (1993), *Le CHU à Clermont-Ferrand*, Clermont II, mini-mémoire de licence, 49 p.
. **Imberdis F.**, *Le réseau routier de l'Auvergne au XVIIIe siècle*, Paris, PUF, 349 p.

. **Larivière J.P.** (1967), *L'industrie à Limoges et dans la vallée limousine de la Vienne*, Publication de l'Institut d'Etudes du Massif central, fasc. IV, 177 p.

. **Larivière J.P.** (1975), *La population du Limousin*, Lille, Atelier de reproduction des thèses, Thèse de doctorat, 2 tomes, 725 p.

. **Legras D. et Chiffre J.** (1977*)*, « Analyse cartographique de l'espace bourguignon », *Cahiers de géographie de Dijon*, 100 p.

. **Marotte M.** (1993), *Le marché de gros du Brézet*, mini-mémoire de licence, Clermont II, 34 p.

. **Mignon J. Ch.** (1993), *Les centres d'affaires de l'agglomération clermontoise*, mini-mémoire de Licence, Clermont II, 34 p.

. **Moulins M.A.** (1986), *Les maçons de la Haute-Marche au XVIIe siècle*, Publication Institut Etudes Massif central, 29, 576 p.

. **Parini Ph.** (1976), « La Nièvre », NED n° 4283 à 4285, *La Documentation Française*, 76 p et 88 p.

. **Perpillou A. (1940)**, *Le Limousin, étude de géographie physique régionale*, Chartres, Thèse, Imp. Durant, 257 p.

. **Perrel J.** (1981), « Migration et migrants du Massif central », *Revue d'Auvergne*, Publiée par la société des amis des universités de Clermont pp. 464-493

. **Prival M.** (1979), *Les migrants de travail d'Auvergne et du Limousin au XXe siècle*, Pub. Institut d'Etudes Massif central, XIX, 317 p.

. **Terrisse S.** (1993), *Le rôle régional du commerce de vêtement clermontois*, Clermont II mini-mémoire de licence, 25 p.

. **Tymen C.** (1991), *Le parc d'activités tertiaires de la Pardieu*, Clermont II, mémoire de maîtrise, 104 p.

- *AUTRES REGIONS*

. **Lévy J.P. et Poinard M.** (1973), « Dynamique de l'emploi tertiaire dans les villes de Midi-Pyrénées », *RGPSO*, pp. 365-382

. **Prager J.C.** (1973), « L'industrie dans les villes moyennes de la région Midi-Pyrénées », *RGPSO*, pp. 383-396

. **Soumagne J.** (1996), *Géographie du commerce de détail dans le Centre-Ouest de la France*, Thèse, éd. J. Soumagne, 445 p.

. **Thibault A.** (1974), « Mobilité des hommes et organisations spatiales : l'exemple de la Picardie », *L'espace Géographique*, 1, pp. 57-67

4 - OUVRAGES THÉMATIQUES

a - La hiérarchie urbaine

- Ouvrages généraux

. **Babonaux Y.** (1968), *Les activités tertiaires spécifiques de l'armature urbaine française*, Paris, Ministère de l'Equipement et du Logement, 2 vol., 101 p.
. **Beckmann J.** (1958), « City hierarchies and the distribution of city sizes », in *Economic Developpement and cultural change*, vol. VI, pp. 243-248
. **Berry B.J.L.** (1951), *Central places studies. A bibliography of theory and applications*, Philadelphia, Régional Science Research Institute (mise à jour en 1965), pp. 107-120
. **Berry BJ.L. et Garrison W.L.** (1958), « Functional bases of the central place hierarchy », in *Economic geography*, vol. 34, pp. 125-148
. **Berry B.J.L.** (1960), « The impact of expanding Métropolitan communities upon the central place hierarchy », *AAAG*, vol. 60, pp. 112-116
. **Boyer J.C.** (1983), « Les métropoles régionales face aux capitales nationales : l'exemple de petits Etats d'Europe Occidentale », *CESURB*, n°23, Bordeaux, Maison des sciences de l'homme d'Aquitaine, pp. 15-26
. **Bruyelle P.** (1983), « Le comportement des métropoles dans l'évolution démographique récente de la France », *CESURB*, n°23, Bordeaux, Maison des sciences de l'homme d'Aquitaine, pp. 26-41
. **Bruyelle P. et Dézert B.** (1983), Intoduction générale aux journées de Bordeaux sur « Les métropoles, des villes à évolution spécifique », *CESURB*, n°23, Bordeaux, Maison des sciences de l'homme d'Aquitaine, pp. 1-4
. **Bussière R., Stovalle T.** (1977), *Statistiques hiérarchiques des villes d'une région : présentation théorique et application aux villes françaises du XXe siècle*, Paris, CRU, 68 p.
. **Camagny R.** (1986), « Urban growth and decline in hierarchical systems. A supply oriented approch », *Regional Science an Urban Economics*, n° 16, pp. 145-160
. **Carrel J.F.** (1991), « Le développement des fonctions tertiaires supérieures à Paris et dans les métropoles régionales », Collection des rapports officiels, *La Documentation Française*, 128 p.
. **Charre J.G. et Coyaud L.M.** (1969 et 1975), *Les villes françaises, étude des villes et agglomérations de plus de 5000 habitants*, Paris, CRU, 5 volumes, 15 dossiers, non paginés
. **Charrié J.P., Genty M. et Laborde P.** (1992), « Les petites villes en Aquitaine, 1962-1990 », *CESURB*, Villes, espaces et pouvoirs-1, édition de la Maison des Sciences de l'Homme d'Aquitaine, 121 p.
. **Claval P.** (1966), « Chronique de géographie économique : la théorie des lieux centraux », *RGE*, T. VI, pp. 131-152

. **Claval P.** (1966), « La théorie des lieux centraux », *RGE*, n° 1-2, pp. 131-152

. **Claval P.** (1973), « La théorie des lieux centraux revisitée », *RGE*, n° 7, pp. 225-251

. **Claval P.** (1989), « L'avenir de la métropolisation », *Annales de géographie*, n°550, pp. 692-706

. **CNRS (1970)**, *Grandes villes et petites villes*, Colloque de Lyon-Saint-Etienne, 573 p.

. **Conti S.** (1993), « Changements technologiques, mutations économiques et nouvelle hiérarchie des villes, les nouvelles trames de l'espace », colloque : Villes, régions, réseaux, Charbonnières-les-Bains, Programme Rhône-Alpes, *Recherches en Sciences Humaines*, pp. 25-47

. **DATAR** (1976), « Schéma général d'aménagement de la France, les petites villes en France », Paris, *La Documentation Française*, 98 p.

.**DATAR** (1972), « Les villes moyennes », dossiers d'étude, Paris, *La Documentation Française*, 90 p.

. **Di Meo G. et Guérit F.** (1992), *La ville moyenne dans sa région*, Villes, espaces et pouvoir-3, éd. Maison des Sciences de l'Homme d'Aquitaine, 292 p.

. **Fontaine F.** (1990), « Les métropoles régionales, à la recherche de leurs points forts », *Economie et statistique*, n° 230, pp. 17-30

. **Haumont B.** (1968), « Hiérarchie et armature urbaine », *Revue Française de Sociologie*, vol. 9, pp. 251-256

. **Hautreux J., Rochefort M. et R. Lecourt** (1963), *Le niveau supérieur de l'armature urbaine française*, Paris, Commissariat Général au Plan, 54 p.

. **Hautreux J. et Rochefort M.** (1965), « Physionomie générale de l'armature urbaine », *Annales de Géographie*, nov-déc., n° 406, p. 600-677

. **Laborie J.P.** (1976), « Les petites villes en France », *La Documentation Française*, Paris, 216 p.

. **Laborie J.P.** (1978), *Les petites villes dans le processus d'urbanisation*, Thèse de doctorat d'Etat, Toulouse, 519 p.

. **Laborie J.P.** (1985), *Les petites villes, évolution depuis 1975*, DATAR, 196 p.

. **Laborie J.P.** (1995), *Les petites villes et la métropolisation*, Colloque de Nantes, CIEU et ESO, 26 p.

. **Lacour C.** (1993), « La métropolisation ou la ville oubliée, Mutations économiques et urbanisation », *La Documentation Française*, p. 63-104

. **Lajugie J.P.** (1977), *Les villes moyennes*, Paris, Cujas, 216 p.

. **Lazzaroti R.** (1971), « Evolution et classification des petites villes du Limousin », in *Les villes du Massif Central*, Centre d'Eudes Forèziennes, 4e trimestre, pp.103-117

. **Lösch A.** (1ére éd. 1940, 2e éd. 1944), *Die Räumliche ordnung der wirtschaft*, Iena, G. Fischer. Traduction américaine : *The economics of location*, New Haven, Yale University Press, 1954, XXVIII, 520 p.

. **Mercier C.** (1990), « L'apprentissage de la théorie des lieux centraux », *Information Géographique*, vol. 54, pp. 72-85

. **Michel M. (1977)**, « Ville moyenne, ville moyen », *Annales de Géographie*, n°
478, pp. 641-685
. **Miquet J.** (1973), *Les villes moyennes et activités tertiaires, Les grandes
mutuelles d'assurance à Niort*, Poitou-Charentes-expansion, 88 p.
. **Prost M.A.** (1965), *La hiérarchie des villes en fonction de leurs activités de
commerce et de service*, Paris, Gauthier-Villars, 333 p.
. **Pumain D. et Saint-Julien Th.** (1976), « Fonctions et hiérarchie des villes
françaises », Paris, *Annales de Géographie*, n°470, pp. 385-440
. **Pumain D.** (1995), « Les systèmes de villes », *Encyclopédie de Géographie*,
2e édition, Economica, pp. 623-641
. **Soppelsa J.** (1977), « Des distorsions récentes de la théorie des lieux centraux,
proposition pour une nouvelle approche de la notion de hiérarchie », Paris,
BAGF, n°54, pp. 439-440
. **Schultze J.H.** (1951), « Zur Anwendbarkeit der Theorie der Zentralen Orte »,
Petermans *Geographische Mitteilungen*, vol. 95, p. 106-110
. **Veyret-Verner G.** (1959), « Plaidoyer pour les moyennes et petites villes »,
Revue de Géographie Alpine, vol. 56, pp. 5-24
. **Veyret-Verner G.** (1970), « Essai de classification des petites villes, leur
insertion dans le réseau urbain », *Revue de Géographie Alpine*, vol. 57, pp. 51-66
. **Veyret P. et Veyret G.** (1964), « Petites et moyennes villes des Alpes », *RGA*,
Fasc. 1, pp. 1-58

- **Ouvrages régionaux**

- *AUVERGNE, LIMOUSIN, NIVERNAIS*

. **Commère R.** (1971), « Les petites villes de l'Yssingelais », Saint-Etienne, Et.
Forez in *Les villes du Massif central*, pp. 129-146
. **Diry J.P.** (sous la direction de) (1993), *Bourgs-centres et petites villes en
Auvergne*, Clermont-Ferrand, CERAMAC, étude pour la DRE, 83 p.
. **Edouard J.C.** (1987), « Hiérarchie des centres et zones d'influence en
Combraille », Mémoire de maîtrise, 305 p., Clermont II, Compte-rendu in *Revue
d'Auvergne*, Publiée par la société des amis des universités de Clermont n° 4
(1987) pp. 305-325
. **Edouard J.C.** (1997), *La « ville moyenne » dans un milieu fragile : Le Massif
central (définition, fonctions, évolution démographique)*, actes du cinquième
colloque franco-polonais : gestion des espaces fragiles en moyenne montagne,
CERAMAC-9, Université Blaise-Pascal, pp. 105-129
. **Jamot C.** (sous la direction de) (1993), *Clermont-Ferrand : Métropole
Régionale*, Clermont-Ferrand, CERAMAC, étude pour la DRE, 173 p.

- AUTRES RÉGIONS

. **Adam H. et Ioos A.** (1964), « Une application de la règle « de la taille suivant le rang (rank size rule) » à l'étude des villes de la région du Nord », *Hommes et Terres du Nord,* n°2, pp. 77-83

. **Bonnet J**. (1982), *Lyon, place tertiaire*, thèse 2 volumes, Lyon.

. **Bonnet J.** (1993), « L'évolution des métropoles régionales : le paradigme lyonnais en question », *CESURB*, n° 23, Bordeaux, Maison des Sciences de l'Homme d'Aquitaine, pp. 5-14

. **Charrié J.P.** (1995), *Villes moyennes de la façade atlantique*, colloque « Villes moyennes, espace, société, patrimoine », PUL, Mâcon, pp. 169-181

. **Chiffre J.** (1981), « L'organisation de l'espace rural en Châtillonnais, Morvan, Puisaye : hiérarchies et fonctions en milieu rural », *Cahiers de géographie de Dijon*, n°13, pp. 1-49

. **Commerçon N** (1987), *La dynamique du changement en ville moyenne : Mâcon, Chalon, Bourg*, Lyon, Presse Universitaire de Lyon, Thèse, 573 p.

. **Delsaut P.** (1966), « La hiérarchie des villes de la région du Nord d'après leurs fonctions de places centrales », *Hommes et Terres du Nord* n°1, pp. 7-45

. **Ridel F.** (1970), *Hiérarchie et influence des villes de Vendée*, La Roche-sur-Yon, Vendée 2000, Soc. Emul. Vendée, n°2, pp 83-95

. **Robert A.** (1975), *Lieux centraux et comportements commerciaux : étude des niveaux inférieurs de la hiérarchie*, Paris, Eléments de la géographie comtoise, Les Belles-Lettres, pp. 149-190

. **Vignaux D. et Lebel N.**, sous la direction de P. Merlin, (1971), « Hiérarchie spatiale des activités en région parisienne », *Les cahiers de l'IAURP*, vol.22, 55 p.

. **Vigarié A.** (1970), *L'armature urbaine de la Vendée, ses rapports avec la métropole*, Vendée 2000, Soc. Emul. Vendée, n°2, pp. 97-107

b - Les zones d'influences

- Ouvrages généraux

. **Andan O. et al.** (1976), « Types d'organisation des aires de relation des grandes villes françaises », *Analyse de l'espace*, pp. 1-40

. **Chabot G.(1961)**, *Carte des zones d'influence des grandes villes françaises*, Paris, mémoires et documents du Centre de Doc. cart. et géog. CNRS, t. 8, pp. 141-143

. **Giraud L.** (1960), « L'attraction commerciale et la loi de Reilly », *Cahiers de l'ISEA*, série L., n° 7, pp. 33 à 40

. **Hautreux J.** (1962), « Les principales villes attractives et leur ressort d'influence », *Urbanisme,* n° 78, pp. 57-65

. **Moindrot Cl.** (1975), « La délimitation des aires d'influence métropolitaine par un modèle de gravité : le centre-ouest de la France », *L'espace géographique*, n°3, p. 197-207

. **Philbrick A.K.** (1957), « Principles of areal functionnal organisation in regional human », geography, *Economic Geography*, n° 3 , pp. 299 à 335

. **Piatier A.** (1956), « Les attractions commerciales des villes : une nouvelle méthode de mesure », *Revue juridique et économique du Sud-Ouest*, n° 4, pp. 575-602

. **Piatier A.** (1968*)*, « Les villes où les Français achètent », *Informations*, n° 1 229, 28 p.

. **Piatier A.** (1979*)*, « Radioscopie des communes de France », *Economica*, Paris, 65 p.

. **Pini G. (1995)**, « L'interaction spatiale », *Encyclopédie de Géographie*, 2e édition, Economica, pp. 539-557

. **Reilly W.J.** (1929), *Methods of the study of retail relationship*, University of Texas, Bulletin n° 2944, pp. 1-50

. **Roncayolo M.** (1990), *La ville et ses territoires*, Gallimard, 280 p.

. **Saint-Julien Th.** (1987), « L'attraction migratoire des villes et l'évolution récente du système urbain français », *Bulletin de l'Association des Géographes Français*, n°3, p.221-232

. **Vigouroux M.** (1988), « L'attraction des villes françaises vue des communes concernée*s* », *Mappemonde*, 1, p. 32-33

- **Ouvrages régionaux**

- *AUVERGNE-LIMOUSIN- NIVERNAIS*

. **CEREL** (Centre d'Economie Régionale du Limousin) (1965), *Recherches sur les zones d'attraction en Corrèze*, Limoges, T. 1, 96 p.

. **CEREL** (1973), *Attraction commerciale et zones d'influence des villes et communes de la Corrèze*, Limoges, T. 2, 88 p.

. **Compain M.J.** (1970), *Tulle et sa zone d'influence*, Bordeaux, TER, 123 p.

. **Delpuech J.** (1961), « Aurillac, Etude des structures urbaines, zones d'influence », *Revue de la Haute-Auvergne*, t. 37, pp. 15-28

. **Jamot C.** (1979), *Aire d'influence et hiérarchie urbaine dans le Massif central*, Revue d'Auvergne, Publiée par la société des amis des universités de Clermont n°95, pp. 51-96

. **Larivière J.P.** (1970), *Brive et sa région, étude de la zone d'influence d'une ville en expansion*, Mairie de Brive, 80 p.

- AUTRES RÉGIONS

. **Bachelard P.** (1971), *Flux téléphoniques et influence urbaine : l'exemple de la région Centre*, Tours, Plaquette de 12 p.
. **Baratra M.** (1965), *Le ressort d'influence des villes en Aquitaine*, Collection de l'IERSO, volume XVII, Tome II, 158 p.
. **Baste J.P.** (1977), « Zones d'influence tertiaire et d'emploi des villes moyennes en Aquitaine », *RESO*, pp. 413-432
. **Berthe M.C.** (1961), « L'aire d'influence de Toulouse », *RGPSO,* pp. 245-263
. **Bruyelle P.** (1970), *L'influence urbaine en milieu rural dans la région du Nord. Commerces et services.* N° spécial du CERES Nord-Pas-de-Calais, 122 p.
. **Claval F.** (1968), « Contribution à l'étude des zones d'attraction commerciale à propos d'une étude sur les villes du Doubs », *Revue Géographique de l'Est*, vol.8, pp. 129-150.
. **Commerçon N et Monnier C.** (1980), « Influence urbaine et auréole de chalandise à Mâcon », *Revue de l'Economie du Centre-Est*, n° 2, pp. 83-122
. **Dionnet M.S.-Fremont A.** (1962), « La zone d'influence de Bayeux et le réseau des villes et bourgs du Bessin (Haute-Normandie) », *Norois* n° 34, pp. 149-166
. **Dubois R.E.**, « La zone urbaine de Bourges : une nouvelle zone d'appui de la capitale », *Norois* n°85, pp. 97-111
. **Labroille J.P.** (1973), « La zone d'influence d'Agen », *RGPSO*, pp. 461-484
. **Rollan F.** (1992), *La zone d'influence métropolisée de Bordeaux*, CESURB, Villes, espaces et pouvoirs-2, édition de la Maison des Sciences de l'Homme d'Aquitaine, 196 p.
. **Thibault A.** (1974), « Mobilité des hommes et organisations spatiales : l'exemple de la Picardie », *L'Espace Géographique*, 1, pp. 57-67
. **Villemonteix A.** (1973*), Les aires d'influence de Bourges et Châteauroux, étude comparée*, thèse 3e cycle, Institut de géographie de Paris, 168 p.

d - Les réseaux urbains

- Ouvrages généraux

. **Ballaguy R.L.** (1992), *L'armature urbaine française dans le réseau des villes européennes*, Derycke P.H., Armature et équilibre territorial, rapport DATAR, pp. 95-134
. **Brunet R.** (1972), « Organisation de l'espace et cartographie de modèles : les villes du Massif central », *Espace géographique*, n° 1, pp. 44-48
. **Bruyelle P.** (1996), « Réseaux urbains, réseaux de villes : des notions encore pertinentes ? », in *Nouveaux espaces et systèmes urbains*, SEDES, pp. 17-26
. **Cattan N.** (1991), « Une image du réseau des métropoles européennes pour le trafic aérien », *Espace géographique* n°2, pp. 105-116

. **Coppolani J.** (1959), « Le réseau urbain de la France », Paris, *Economie et humanisme,* 80 p.

. **Dematteis G.** (1985), « Contro-urbanizzazzione e structure urbane reticolare », in G. Bianchi e I. Magnaghi ed., *Sviluppo multiregionale, teorie, metodi, problemi,* Milano, Franco Angeli, p. 121-133

. **Goze M. et Leymarie D.** (1978), « Analyse démographique et spatiale du réseau urbain français », *Revue d'Economie Régionale et Urbaine,* n°3, pp. 358-379

. **Hautreux J. et Rochefort M.** (1964), « Métropoles et centres régionaux dans l'armature urbaine française », in *Construction, Aménagement du territoire,* vol. XVII., 54 p.

. **Pinchemel P. et G.** (1988), *La face de la terre* (chapitre concernant les réseaux urbains), Paris, A. Colin, pp. 102 à 114

.**Pumain D., Saint-Julien Th. et Cattan N.** (1992), *Les réseaux urbains en France,* DATAR, 128 p.

. **Pumain D. et Saint-Julien Th.** (1993), « Le réseau des villes de dimension européenne », *Hommes et Terres du Nord,* n° 1, pp. 15-25

. **Pumain D. et Saint-Julien Th.** (edited by) (1996), *Urban Networks in Europe, Réseaux urbains en Europe,* Congress and Colloquia, INED, 252 p.

. **Rochefort M., Dalmasso E., Dézert B.** (1976), *Les activités tertiaires, leur rôle dans l'organisation de l'espace,* Paris, 3 fasc., SEDES, 400 p.

. **Rochefort M.** (1957), « Méthode d'étude des réseaux urbains », *Annales de géographie,* pp. 38-54

. **Rozenblat C.** (1992), *Le réseau des entreprises multinationales dans le réseau des villes européennes,* Université Paris, thèse de doctorat, 458 p.

. **Saint-Julien Th.** (1992), « Réseau, armature, système urbain ? glissement de sens, nouvelles questions, réécriture ? », *Information Géographique,* vol. 56, pp. 62-88

- Ouvrages régionaux

- AUVERGNE, LIMOUSIN, NIVERNAIS

. **Jamot C.** (1987), *Villes et réseaux urbains du Massif central,* actes du colloque franco-polonais de Cracovie (Moyennes montagnes, juillet 1987), cahiers de l'Université Jagellone n°46, pp. 45-62

. **Navarre M.** (1977), « L'organisation du réseau urbain dans le département de l'Allier », DES, UER Lettres, Clermont II, Compte-rendu in *Revue d'Auvergne,* Publiée par la société des amis des universités de Clermont, n° 475, t. 93 (1979)

. **Armand G.** (1974), *Villes et organisation urbaine des Alpes du nord,* Grenoble, Thèse, 490 p.

. **Bruyelle P.** (1980), *L'organisation urbaine de la région du Nord-Pas-de-Calais,* Lille, Thèse, 1050 p.

. **Boyer J.C.** (1978), *L'évolution de l'organisation urbaine des Pays-Bas,* Lille, Thèse de doctorat, 738 p.

. **Coppolani J.** (1966), *Le réseau urbain de Midi-Pyrénées.* In Pierre de Fermat, Toulouse et sa région, pp. 325-336

. **Coppolani J.** (1967), « Un essai de géographie appliquée : l'armature urbaine du Sud-Ouest », *RGPSO,* pp. 113-129

. **Danière Ch. et Dubesset P.** (1970), « Une carte nouvelle : le réseau urbain de la région Rhône-Alpes », *RGL,* 45, n°3, pp. 305-324

. **Helle C. et Leroy S.** (1995), *Système urbain et réseau : l'exemple d'Avignon,* colloque « Villes moyennes, espace, société, patrimoine », PUL, Mâcon, pp. 95-113

. **Laborde P.** (1993), « Villes et réseaux urbains de la partie méridionale de l'Arc Atlantique », *Norois,* n° 157, pp. 127-135

. **Lebeau R.** (1968), « La structure urbaine du Jura suisse et français : une étude comparée », *Revue de Géographie de Lyon,* pp. 45-62

. **Monimart J.** (1965), « Armature urbaine et Région Nord-Pas-de-Calais », *Hommes et Terres du Nord,* 2, pp. 5-7

. **Oudart P.** (1983), *Les grandes villes de la couronne urbaine de Paris, de la Picardie à la Champagne,* Thèse, P. Oudart édition, Amiens, 684 p.

. **Rochefort M.** (1960), *L'organisation urbaine de l'Alsace,* Strasbourg, Thèse-Lettres, 383 p.

. **Veyret P., Veyret G. et Armand G.** (1966), « L'organisation de l'espace urbain dans les Alpes du nord : contribution à l'étude des problèmes de régionalisation », *RGA,* Fasc. 1, pp. 5-73

d - Les réseaux de villes

- Ouvrages généraux

. **Bertrand I. et Robert B.** (1991), « En Europe, des villes en réseaux », DATAR, *La Documentation Française* coll. Informations et Analyses, 223 p.

. **Camagny R.** (1990), « Réseaux de coopération et réseaux de villes : éléments pour une théorisation et une taxonomie », in *Métropoles en déséquilibres ?,* actes du Colloque de Lyon du 22 et 23/11/1990, Paris, Economica pp. 65-85

. **Camagni R.** (1992), « Organisation économique et les réseaux de villes », in Derrycke P.H., *Espace et dynamiques territoriales,* Paris, Economica, pp. 15-32

. **Camagni R.** (1993), « Organisation économique et réseaux de villes », in Sallez (dir.), *Les villes, lieux d'Europe,* DATAR/Edition de l'Aube, pp. 107-128

. **Cattan N.** (1992), *La mise en réseau des villes européennes,* Université de Paris, thèse de doctorat, 523 p.

. **Chevalier J.** (1997), « Des villes en réseaux », *Le courrier du CNRS* n°82, villes 2 p.

. **Damette F.** (1968*),* « Région, armature urbaine et taille des villes », *La vie urbaine,* n°4, pp. 287-323

. **David J. et Durand M.G.** (1995), « L'université et la recherche dans la constitution de réseaux de villes moyennes », colloque *Villes moyennes, espace, société, patrimoine,* PUL, Mâcon, pp. 279-291

. **Dematteis G.** (1990), « Modelli urbani e rete. Considerazioni preliminari », in F. Curti and L. Diappi (eds), *Gerarchie e retti di città : tendenze e politiche,* Milano, Angeli, pp. 27-48

. **Dematteis G.** (1991), *Sistemi locali nucleari e sistemi urbani,* Milano, Angeli, Vol I, pp. 417-439,

. **Fabre J.** (1991), *Le développement des villes françaises de dimension européenne et les réseaux de villes,* rapport présenté au Conseil Economique et Social, n° 5, pp. 98-114

. **Guigou J.L.** (1990), « Réseaux de villes », *Urbanisme* n° 233, déc. 89/janv.1990, pp. 62-63

. **Jamot C.** (1995), « Mise en réseau des villes moyennes et réseau christallérien : comptabilité ou antinomie ? »; colloque *Villes moyennes, espace, société, patrimoine,* PUL, Mâcon, pp 47-57

. **Offner J.M. et Pumain D**. (1996), *Réseaux et territoires : significations croisées,* Editions de l'Aube, 217 p.

. **Royoux D.** (1993), « Réseaux, territoires, dynamiques locales : stratégies, questions de recherche, valorisation », *Métropolis,* n°98-99 « Chercheurs en ville », pp. 77-81

. **Royoux D.** (1995), « Réseaux de villes et politiques publiques locales, Nouvelles questions territoriales et institutionnelles », colloque *Villes moyennes, espace, société, patrimoine,* 26-27 janv., PUL, Mâcon, pp. 157-169

. **Royoux D.** (1997), « Réseaux de villes et logiques d'efficacité et d'équité, Réseaux et équité territoriale », *Flux,* n°27-28, janv-juin, pp. 17-24

. **Tesson F, Thoviste L., Royoux D. et Piolle X.** (1996), « Les réseaux de villes », Dossier d'experts, *La lettre du cadre territorial* 165 p.

. **Tesson F.** (1997), « Les expériences françaises des réseaux de villes : des dynamiques pour de nouveaux territoires, Réseaux et équité territoriale », *Flux,* n° 27-28, janv.-juin, pp. 25-39

. **Tesson F.** (1998), *Les expériences de réseaux de villes et le rapport de l'élu local à l'espace,* Pau, Thèse de doctorat

- Ouvrages régionaux

- AUVERGNE-LIMOUSIN, NIVERNAIS

. **Jamot C.** (sous la direction de) (1993), *Les réseaux de villes en Auvergne (villes moyennes)*, Clermont-Ferrand, étude pour la DRE, CERAMAC, 140 p.
. **Jamot C.** (1995), *Les réseaux de villes : une notion adpatée aux espaces peu ou mal urbanisés : l'exemple du Massif central ?* , Clermont-Ferrand, Colloque Franco-Polonais, CERAMAC, pp. 97-104

- AUTRES REGIONS

. **David J. et Durand M.G.** (1994*)*, « Villes alpines en réseau : Le Sillon Alpin », Grenoble, in *Les dossiers de la Revue de Géographie Alpine*, n° 13, pp. 28-45
. **Royoux D.** (1992), *La démarche des villes moyennes en Poitou-Charentes*, in Réseau de villes en Rhône-Alpes. *Quels contenus ? Quelles stratégies ?*, actes de la journées de l'INUDEL, pp. 27-34

AUTRES DOCUMENTS UTILISES :

. **Atlas et cartes :**

- *Atlas d'attraction urbaine, les zones d'attraction commerciale de la région Auvergne*, TEM, Gauthier-Villars, Paris 1968
- *Atlas de l'Auvergne,* INSEE, 1995
- *Atlas du Limousin,* INSEE, 1996
- *Atlas du Limousin*
- *Atlas des zones d'emploi en Auvergne*, INSEE, 1994
- Cartes routières :   Michelin 1/200 000e
                        IGN 1/100 000e

. **Données statistiques INSEE**

- L'inventaire communal 1988, INSEE
- Le Cartovision 1998, INSEE
- Le recensement général de 1990
- le fichier « SIRENE » 1984 (NAP 1973)
- le fichier « SIRENE » 1994 (NAF 1993)
- le fichier « MIRABELLE » 1990

- Les zones d'emploi de la Nièvre, INSEE Bourgogne
- Liste des établissements de plus de 20 salariés en Auvergne, INSEE, 1993
- Liste des établissements industriels ayant au moins 10 salariés, CRCI Limoges
- Le Point économique de l'Auvergne (mise à jour annuelle)

. Autres données statistiques obtenues auprès d'organismes divers

- Les fichiers d'entrées des hopitaux
- Les listings du Rectorat sur la provenance communale des élèves ou étudiants
des principaux lycées
- Les cartes des zones locales élargies de France-Telecom
- Schéma régional d'organisation sanitaire en Auvergne, recueil cartographique,
DRE Auvergne 1993
- Schéma régional d'organisation sanitaire du Limousin, DRAS,1992

. Etudes diverses

- CERAMAC (sous la direction de J.P. Diry), *Etude sur l'Interrrégionalité*, 1996

. Enquêtes directes

- Les réponses aux questionnaires envoyés aux instituteurs (enquête type
« Piatier »)
- Enquêtes directes menées auprès des Chambres de Commerces et d''Industrie
Régionales ou Départementales de Nevers, Limoges, Brive-Tulle, Clermont-
Ferrand, Moulins-Vichy, Montluçon, des Directions Régionales de France-
Telecom (Limoges, Clermont-Ferrand, Dijon), des Directions Régionales de
l'Equipement (Limoges, Clermont-Ferrand, Dijon), des Conseils Régionaux
(Limoges, Clermont-Ferrand)
- Interviews téléphoniques auprès de certains directeurs d'agences de banques
(La Souterrraine, Saint-Junien...), de responsables de Chambres de Commerce
(Bourges, Brive, Aurillac...).

Liste des figures

Liste des tableaux

Liste des graphiques

Liste des annexes

Table des matières

CHAPITRE 2 : DES VILLES QUI OCCUPENT
PARFAITEMENT L'ESPACE

LIVRE DEUXIÈME : COMMANDEMENT ET ORGANISATION DE L'ESPACE NORD DU MASSIF CENTRAL

CHAPITRE 5 : LES VILLES ORGANISENT L'ESPACE NORD DU MASSIF CENTRAL

CHAPITRE 8 : RESEAUX URBAINS ET RESEAUX DE VILLES

Achevé d'imprimer en mai 2001
N° 12636

Imprimerie BARNÉOUD
BP 44
53960 BONCHAMP-LES-LAVAL

Maquette couverture : CERAMAC
Dépôt légal : 2e trimestre 2001